赵晓东 著

中国西南陆海走廊

先秦汉晋南方丝绸之路
东线出海通道研究

西南交通大学出版社
·成都·

联合出版与编委会

联合出版

西部陆海新通道物流和运营组织中心

四川省历史学会

四川省巴蜀文化研究会

四川师范大学巴蜀文化研究中心

四川省社科院移民与客家文化研究中心

泸州市政协文化文史和学习委

泸州市社科联

泸州市委党史研究室（泸州市地方志工作办公室）

泸州市博物馆

泸州老窖企业文化中心

泸州开放大学

泸州市文化研究中心

编委会主任

邓克刚　彭　兵

编委会副主任

涂红霞　陈　飞　王晓健　唐　刚

编辑委员

刘　玮　史乃广　何晓波　程少华　胡永学　宋国楷　冯　健　胡德明
陈　科　李　宾　何川文　刘　林　夏　艳　李光华

学术顾问（以姓氏笔画为序）

向宝云　祁和晖　刘复生　陈世松　陈有和　李学勤　何孝荣　宫长为
胡昭曦　段　渝　郭声波　晋保平　彭邦本　蓝　勇　蔡美彪　谭继和

凡 例

一、本书时间范围起自史前时期,以先秦汉晋为断代,部分下延南朝及以后;地理范围以四川、黔西、滇东、滇东南、桂西北地域及主要江河为主,涉及川渝黔滇桂粤湘鄂琼等省市及越南中北部地域。

二、本书由正文、注文、附文、历史地图(示意图)、照片、手绘图等组成。

三、历史示意图按考察山川地理内容,各图涵盖范围有广域与局部,既有原创,也有相应著作中的引用和改绘。一般都作古今对照,即把需要显示的历史地理要素描绘在相应的今地理底图上。绘制时以作者的实地考察为主,参照有谭其骧主编《中国历史地图集》、任乃强校注《华阳国志校补图注》、方国瑜著《中国西南历史地理考释》及各古籍和今人论述中的文字阐述。

四、书中照片以考察所拍为主,由于时间跨度7年,有署名也有未署名;各位学者和相关部门提供者,皆署名,后者除署拍摄者、提供者外,还署单位名称,以致谢意。部分图片采自相应著作及地方文物志书。

五、正文中民国及以前各朝代的历史纪年均有公元纪年相对照;注文中也有一定对照;县以上今地名,以中华人民共和国民政部编《中华人民共和国行政区划手册》(2014)为准;县以下今地名,以当地县级政府公众信息网截至2022年3月公布为准。

六、本书引用古籍以今人校注本(点校本)为主,并标明页码;如无校注本,引用时不标明页码,只列出卷次;地方志引用,一般情况下只标明出版年代,不标明页码。

七、本书针对古代民族称谓,皆以现代民族称谓用字为主,引用古籍无法避免时,沿用旧字。

八、文中今人名、职务、职称等称谓，以笔者考察首次见面时为准，特殊情况外，不注明其变动后的职务、职称。正文引用研究者论文、著作时，"先生"等敬辞省略。

九、本书引用书籍、论文、资料截止于2022年4月，特殊印证材料延及是年12月。书中事实，非有闻即录，所录用者皆有笔者的思考、判断和求证，以防谬误流布。

序一

"丝绸之路"一词一般认为是德国地理学家李希霍芬（Ferdinand von Richthofen，1833-1905）在1877年出版的《中国——亲身旅行和研究成果》第一卷最先提出的概念，主要是指代中西经济文化交通的通道。后来该概念逐渐为中国学者接受，指从中国古代长安经过西域到欧洲的贸易和文化交通通道。而近几十年以来，中国学者将丝绸之路的名称泛化，出现了海外丝绸之路、西南丝绸之路、南方陆上丝绸之路、草原丝绸之路等名词。同时，学术界出现了大量功能性通道的话语，如茶马古道、盐茶古道、盐道、陶瓷之路、蜀布之路、钱币之路等。与此同时，学术研究中各种走廊文化、线性遗产等话语也出现。

在历史上由于东亚大陆的区位、环境差异相当大，同样是通道，不同通道功能差异自然也是巨大。一般来说，东亚高纬度地区人口分布零星散落，城镇空间距离大，通道路线往往较为单一，而中低纬度地区人口相对较为密集，城镇分布也较为密集，交通通道往往呈现为一个网状状态。但在东亚大陆低纬度地区往往山河纵列，又限制了通道的布局的随意性，使交通通道常依山川形便而成网形。以我们说的西南丝绸之路（蜀布之路、南方陆上丝绸之路）来看，主线往往是指从成都出发经过雅安、西昌、保山、腾冲经缅甸、印度到中亚、西亚的道路，但实际上不同的时代这个通道的主线位置在不断地换位之中，网络中的每个道路不同时代的地位并不是完全一样的。随着东亚文明舞台东移，中国政治经济文化重心的东移南迁，南方海上丝绸之路地位的上升，中国西南地区的区位地缘格局随之发生变化，西南地区东部地区南下通道地位上升。所以，从成都出发，以泸州、宜宾为盆地出口，南下黔、桂、粤与海上丝绸之路相通的通道地位越来越重要。不过，以前学术界对这个通道或者称为走廊的研究相对薄弱。所以，今天赵晓东著的这本《中国西南陆海走廊：先秦汉晋南方丝绸之路东线出海通道研究》（以下简称《中国西南陆海走廊》）的价值就很重要。

《中国西南陆海走廊》一书在我看来有四个很突出的特点，有的也是有开创的亮点。第一，提出了一些学术话语或学术研究空间，如书名的"西南陆海走廊"、三个三角形区域概念（即滇黔桂、川黔滇、滇桂越）、泸州道、沱江通道等。第二，善于用一些政治、经济、文化问题为入口去深入研究走廊文化，如分别从物质文化器物、族群分布、行政设置、河流运输、军事战争、盐铁生产与贸易等来透视走廊文化。第三，花费七年时间，在川、渝、滇、黔、桂五省做了大量实地考察。应该看到，以西南走廊为主题对黔、桂、粤三省的田野考察，前人做得并不多，故考察报告很有价值。第四，全书近400幅相关照片和十多幅地图（示意图）支撑学术研究，显现了此书拥有现代学术的表达意识。

《中国西南陆海走廊》的作者赵晓东先生原来是从事文化传媒工作的，但一直对历史文化学术研究有一种热情，对于四川泸州的历史文化的研究和组织都有较大的贡献。近七年来，他一直沉浸在西南陆海通道的研究之中，完成这一部约86万字的学术著作，可贺可嘉。

就西南陆海走廊本身来看，赵晓东《中国西南陆海走廊》对诸多问题做了大量的研究，有许多研究都是具有开创性的，也有许多值得我们继续研究的问题，如唐蒙开道史迹、平夷县址位置、牂牁江指向、夜郎国名实、进桑道和邕州通道变迁、宋代泸州"西南要会"的地位、明代泸州的"百担船"和"入蜀旧路"的水陆地位等。

通道研究、线性文化遗产的研究在近十年来方兴未艾，应该说研究的空间仍然是相当大的，怎样更科学地进行研究对于整个学术界来看仍是一个具有挑战性的问题。第一，如怎样加强田野考察中的"驴行"调查，将以前的通道研究只重视通道上的部分重要点，转变到将整个线贯通，做到点与线的完整调查。所以，将来我们都要在这个方面继续努力。第二，怎样将交通科技史融入历史通道研究中，如怎样厘清走廊、通道、路线、路基、碥路的关系，怎样从考古学意义上科学测量碥石、路基的年代。对此，我们深感任重路远。第三，怎样将通道路线复原研究与沿途历史文化的发展研究更有机结合起来。以往的一些通道研究往往是一个通道沿途历史风物研究和简介，与通道兴衰的内在关系的研究并不深入。这也是我们需要共同努力的方面。

蓝　勇

2022年8月

序

从19世纪晚期到20世纪前期，"丝绸之路"经历了一个从狭义到广义的概念扩展过程。首先是德国地理学家李希霍芬，从1868年到1872年间，他在中国进行了7次考察活动，1872年回国，用后半生大部分精力撰写了五卷本的《中国——亲身旅行和据此所作研究的成果》。在1877年出版的第一卷中，李希霍芬首次提出了"丝绸之路"的概念，并在地图上予以标注。他所提出的"丝绸之路"是指汉代从中国到中亚地区的贸易通道，特别指公元前128年至公元150年的交通道路。此后，德国历史学家赫尔曼在1910年出版的《中国与叙利亚之间的古代丝绸之路》一书中，引申了李希霍芬关于丝绸之路的空间概念，将从中国出发的丝绸之路线路从中亚延伸到西亚的叙利亚。1936年，李希霍芬的学生斯文·赫定出版了一部以游记形式写作的书，题名《丝绸之路》。这部著作生动地描述了丝路沿途人物、民俗、风光等，通俗易懂，易于为人们所接受，因而得以广泛传播，于是"丝绸之路"由此逐渐为国际社会所知晓、接受，并迅速传播开来。斯文·赫定对丝绸之路的理解是："这条交通干线是穿越整个旧世界的最长的路。从文化-历史的观点看，这是连结地球上存在过的各民族和旧大陆的最重要的纽带。"如果说，李希霍芬和赫尔曼所说的丝绸之路还是专指丝绸贸易的狭义丝绸之路概念的话，那么斯文·赫定所说的则是广义丝绸之路的概念。当前一般所理解的"丝绸之路"即是广义丝绸之路概念，即是一个由丝绸为符号进而扩展到中西政治经济文化交流、文明互鉴载体的概念。

近几十年来，随着欧亚地区的考古新发现和丝绸之路研究的不断深入，丝绸之路的空间范围和交流线路已从传统的西域丝绸之路扩展到草原丝绸之路、南方丝绸之路、海上丝绸之路和高原丝绸之路，共同形成古代中外文明交流互鉴的大通道。

在学术界对上述几条主要丝绸之路的研究中，南方丝绸之路研究的兴起较晚。尽管中国古代文献对从西南地区通往东南亚、南亚及西亚、北非的交通早已有所记载，但直到20世纪初期学术界才开始注意到古代中国西南与国外的交通问题，逐渐开展了中缅印交通的研究，而"南方丝绸之路"概念的提出并引起学术界比较广泛的关注和深入研究，却是20世纪80年代中期以来的事。

自20世纪80年代以来，学术界对南方丝绸之路开展了多方面的大量研究，取得了丰硕的成果。从已有成果来看，南方丝绸之路的研究大多集中在从四川成都向南经云南、贵州通往缅甸、印度的道路，即古代文献所记载的"蜀身毒道"，以及由此通往中亚、西亚的道路。对于南方丝绸之路其他线路的研究成果较为缺乏。我曾说过，南方丝绸之路由三条主干线组成，一是"蜀身毒道"，即南丝路西线，一是通往中南半岛的安南道，再就是从成都经贵州、广西和广东通往南海的牂牁道。三条主干线均为陆海相互连接的通道，其间还有若干支线相勾连，形成南丝路交通线路网络。而随着国内外政治经济形势的变化，南方丝绸之路的交通线路也发生了若干变化。

南方丝绸之路陆海通道的研究是一个学术界着力不多但研究前景十分广阔的课题。赵晓东先生的这部书，以中国西南陆海走廊为题进行了深入细致的研究。该书的一个主要特点，是将考古资料、文献资料与田野调研资料相结合，因而提出了若干尚未引起学术界重视的新问题，获得了若干新认识。例如，对于沱江在南方丝绸之路中的重要性问题，作者从流域历史文化的视角，结合人物古迹故事等给予重点讨论，予以高度评价，重塑了沱江通道的历史，增进了对于沱江通道历史价值的认识。又如，从海路登陆向北进入巴蜀地区的舶来品，是南方丝绸之路陆海互通的重要证据，一般论著对此讨论不多，该书引证大量考古资料、文献资料尤其实地调查资料对此进行了深入考察，丰富了学术界的研究成果，亦有重要的学术价值。如此等等，诸如此类的新观点，在书中随处可见，难能可贵。

赵晓东先生长期从事文化传媒工作，其职业的优长性无疑对其思维方式和研究视域有着重要影响，体现在这部书中便是以其特有的工作方式提出问题和解决问题，尤其重视信息来源的广泛性以及各种资料的横向联系和纵向联系，同时把田野调研和采访作为印证手段插入相关讨论，富于现实感和场景感，这也是一般学术论著所没有的，读来使人感到亲切。

道路是人类活动的见证，是文化交流、文明互鉴的见证。从历史学的视角看，道路研究的实质，是对发生在道路及道路沿线和周边地区人们的活动、相互联系、相互交流历史的研究，广泛涉及政治经济文化科技等内容，而道路走向和承载内容的与时俱变，则是研究者不可忽视的重要方面。对西南陆海走廊的研究同样如此。相信本书的出版，将进一步推进对中国西南陆海走廊的研究。

段　渝
2022年12月

目录

凡例 / Ⅲ
序一 / Ⅴ
序二 / Ⅶ

第一章 巴蜀达南海：中国西南陆海走廊的概念提炼
第一节 概念与分段 / 2
第二节 节点：3个"三角形" / 13
第三节 重新定义东线：南方丝绸之路研究综述 / 19

第二章 南方丝绸之路东线研究缘起及现实意义
第一节 泸州道研究缘起 / 38
第二节 大型实地考察过程 / 41
第三节 小型考察重点回顾 / 53
第四节 考察中的思考 / 59

第三章 走廊是华夏文化缘巴蜀南延的载体
第一节 巴蜀的"市"是西南经济文化高地 / 92
第二节 巴蜀向南流布文化的考古学证据 / 112
第三节 沱江是蜀中南向的重要经济文化通道 / 129
第四节 再说沱江："忠孝文化带"亘古"流淌" / 144

第四章 南路文化北上证明陆海互通
第一节 从南而来与沿海北进的舶来品 / 164
第二节 胡人：舣舟北望的一路佛缘 / 182
第三节 铜鼓：南北互动的典型器物 / 203
第四节 僚人北迁：铺天盖地的通道利用 / 225

第五章　沿线族群互动证明走廊被频繁利用
  第一节　沿线古人类活动活跃证明走廊天然存在 / 240
  第二节　西南拓路先锋：西进南转的百濮群体 / 247
  第三节　苴侯楙侯：巴蜀地域星星点灯的先秦方国 / 262
  第四节　沿线小语种族群与走廊通道 / 278

第六章　沿线秦汉古县以基点方式支撑通道
  第一节　置邑的目的之一：保障通道安全 / 310
  第二节　古县考证：平夷、鳖、故且兰 / 353

第七章　夜郎临牂牁江及右江上游通道价值
  第一节　夜郎国邑中心定位及与滇的关系 / 376
  第二节　通达南越的牂牁江不是红水河及其上游 / 388
  第三节　太阳黑子：右江通道 / 398

第八章　沿线重大军事行动凸显走廊通道关键
  第一节　鳛部道战争是中原文化深入南夷的重要载体 / 418
  第二节　庄𫏋"循江"与"王滇"之间的地理距离 / 432
  第三节　争夺"僰盐通道"的西南夷小三国战争 / 441

第九章　"盐""铁""僰"贸易支撑走廊形成特殊通道
  第一节　奴隶贸易吸引商贾"持窃出市" / 454
  第二节　盐铁刚需促使方国大开国门 / 468
  第三节　唐蒙出使"食重"的背后 / 489

第十章　华夏文化认同保障走廊长期稳固
  第一节　华夏文化认同缀联族群心理 / 496
  第二节　"故俗"文化共存营造宽政环境 / 511
  第三节　灰姑娘身影下的"桃花源"和"小成都" / 519

第十一章　再说川盐：巴蜀华夏化云贵的长期载体
  第一节　巴东泉盐共振川江 / 534

第二节　秦争巴盐而一统天下 / 544
　　第三节　江阳之盐的重要性与日俱增 / 552
　　第四节　文化趋同是经济的自然表现 / 563
　　第五节　盐价高昂促进道路运输改善 / 575

结　语
　　一、西南陆海走廊通道的具体走向 / 599
　　二、沱江-赤水河是巴蜀南向主通道之一 / 601
　　三、右江及其上游地域是云贵南出、岭南北向的主通道 / 603
　　四、巴蜀-南海经云贵中转先秦即有文化沿走廊互动 / 604
　　五、夜郎和滇等西南夷主要方国控制通道 / 605
　　六、秦汉郡县设置沿走廊形成控制堡垒 / 607
　　七、民族迁徙和华夏化融合左右走廊全线贯通 / 609
　　八、"僮""铁""盐"等走私品是通道主要流通物资 / 611

参考文献 / 614

后　记 / 652

附文目录
　　附1：中国西南出海丝绸之路考察（第二阶段）启动式书面发言**李学勤** / 36
　　附2：长江文化带·泸州共识**李明泉** / 83
　　附3：中国·泸州：赤水河共识**赵晓东　张铭** / 86
　　附4：中国南方丝绸之路·都匀宣言**邹家兴　蒙家原** / 89
　　附5：惠民汉安长陈君**甘光地** / 137
　　附6："升庵学"泸州倡议书**李国政** / 157
　　附7：关于"西南要会"的来信**胡昭曦** / 596

附表目录
　　1：沱江流域状元分布表 / 154
　　2：西南部分"濮""卜""普""僰""不""蒲"字地名表 / 257
　　3：西南部分"赖""濑""来""俫""徕"字地名表 / 296
　　4：庄蹻歧义表 / 434

插图目录

1：苗族川黔滇方言区国内分布示意图 / 6
2：巴国龟亭市位置示意图 / 99
3：沱江上游各河交汇金堂示意图 / 130
4：泸州蓝田洗脚溪荔枝分布示意图 / 178
5：南宋横山寨至特磨道、自杞国市马示意图 / 207
6：越南古螺城布局示意图 / 278
7：滇黔桂结合部古道示意图 / 335
8：左江汉城遗址庭城位置示意图 / 343
9：蜀交趾道中线滇境北段示意图 / 349
10：西汉汾关山古道示意图 / 361
11：平夷至鳖邑古道示意图 / 366
12：庄蹻入滇路线示意图 / 438
13：巴国行销泉盐示意图 / 534
14：宁厂盐场位置图 / 538
15：秦楚争夺巴东泉盐示意图 / 549
16：赤水河流域长坝槽位置示意图 / 580

第一章 巴蜀达南海：中国西南陆海走廊的概念提炼

第一节　概念与分段

孙中山为我们划分过中国西南的概念,笔者的考察和研究,基本沿用。西南包含有"四川,中国本部最大且最高之省分也;云南,次大之省也;广西、贵州,皆矿产最丰之地也;而又有广东、湖南两省之一部。"①迄今,又新增四川析出的重庆。从古至今,该区域连同中南半岛越南、老挝、缅甸等地整体相连、声息相通,云卷云舒,气象万千,其神秘性实具认知价值。

西汉中郎将唐蒙通夜郎②的目的,不仅是汉武帝对西南地区的重大邦国外交,其实质,是拓通从四川③深入云贵远达南越,也就是今两广及越南北部的交通线路,可以说完全是为军事之需。司马相如通西夷④及随后张骞主持的"四道并出"寻找到身毒(今印度)⑤之路,也是同样出于军事之需。

上述目的注定帝国中央及地方拓展者与执政者,上下关注的重点是沿线的道路交通问题,他们首先渴求的是通达,其次是安全,再次是巩固。在中国南方地区(以西南和岭南为代表)华夏势力挟中央王朝之力甫一进入,出任的军政官佐和真心归顺的少数民族上层无一不为此殚精竭虑。至于建设和经济,则是保障道路安全的措施而

---

① 孙中山:《建国方略》,武汉出版社,2011年,第184页。
② [东汉]班固:《汉书》卷九十五《西南夷两粤朝鲜传》,北京:中华书局,1962年6月第1版,1975年4月第3次印刷,第3839页:(汉武帝)乃拜蒙以郎中将,将千人,食重万余人,从巴符关入,遂见夜郎侯多同。蒙厚赐,谕以威德,约为置吏,使其子为令。夜郎旁小邑皆贪汉缯帛,以为汉道险,终不能有也,乃且听蒙约。还报,乃以为犍为郡。又[晋]常璩著、任乃强校注:《华阳国志校补图注》,上海:上海古籍出版社,1987年7月第1版,2011年7月第5次印刷,第235页:唐蒙事,始见《西南夷传》。《史》《汉》并云"拜蒙为郎中将"。下文又云"相如以郎中将往谕"。《常志》并改作"中郎将"。刘敞注《汉书》此处曰:"当作中郎将。后'使相如以郎中将往谕'同"。今按:《百官公卿表》:"郎中令……武帝太初元年,更名光禄勋。属官有大夫、郎、谒者……郎掌守门户,出充车骑。有议郎、中郎、侍郎、郎中,皆无员,多至千人。议郎、中郎,秩比六百石;侍郎,比四百石;郎中,比三百石。中郎有五官、左、右三将,秩皆比二千石。郎中有车、户、骑三将,秩皆比千石。"相如使巴蜀,《史记本传》作"中郎将",则《西南夷传》作"郎中将"为误矣。唐蒙本番阳令,秩六百石,兹出使,得径斩令头,亦当是中郎将比。后转为都尉,亦比二千石秩,则与相如俱当是中郎将,刘敞之说不误。
③ 本书所言古代四川,特殊注明以外,皆包括今之重庆。
④ [西汉]司马迁:《史记》卷一百一十七《司马相如列传第五十七》,北京:中华书局,1959年9月,1982年11月第2版,1982年11月北京第8次印刷,第3047页:司马长卿便略定西夷,邛、笮、冉、駹、斯榆之君皆请为内臣,除边关,关益斥,西至沫、若水,南至牂牁为徼。通零关道,桥孙水,以通邛都。
⑤ 《史记》卷一百二十三《大宛列传第六十三》,第3166页:天子欣然,以骞言为然,乃令骞因蜀犍为发间使,四道并出:出駹,出冉,出徙,出邛、僰,皆各行一二千里,其北方闭氐、笮,南方闭巂、昆明。

已。当然,随着治理的深入、政治野心的膨胀、资源的开发和利用,把边郡上升到王朝的核心版图的意识自会与日递增,教化和巩固才逐步纳入行政范畴,而行之有效的方式则在不断的地创新中探索。

从庄蹻①"循江上"入滇"变服、易俗"为王②,至常頞略通五尺道③,到唐蒙修筑南夷道,和司马相如"桥孙水"④并"通灵关道"⑤,古代巴蜀南向云贵高原的交通,已逐步形成官方大道,构成了一定的网状循环。不过,似乎这些道路只是在内陆循环,现在为止的研究都没有充分论证西南地区还有哪些未进入史载的道路,还有哪些道路是通达大海的。

那么,从西南到南海各古代港口有无通道呢?大量考古材料和散见的文献表明,同样有道路连通,而且是水陆并举。

反向同理,从南海海路进入西南腹地乃至秦都咸阳、西汉长安、东汉洛阳,循此类道路也有大量民族活动与物资流动的痕迹和证据,各地有文化的相互关联与互动影响。若干证据还表明,这些道路甚至还是网络状多向沟通的。

"我们不能排除蜀地的货物也有在输入今贵州后,再转道至南海沿岸,由海路运往印度的可能性。"⑥这一结论显示,从先秦到蜀晋,在今川渝黔滇桂粤和越南中部、北部之间,就形成了一条古代中国西南通达南海的陆海通道。从笔者的观察来看,这是一条"贾""盐""铁""僰"等物流、人流支撑起来的文化信息圈通道。

在过去的研究中,囿于现代政区限制,各省、市、自治区间割裂,全面系统地梳理和论述尚处起始阶段。区间、间段或有论述,特别是在四川至云南乃至缅甸、印度的南方丝绸之路西线和东线的名义下,针对川滇古道的论文和专著洋洋大观,但单就四川经云贵,特别是经贵州到两广和交趾出海的全面论著,还几乎没有专门触及,没有高站位与全视角的研究成果面世。

---

① "蹻"也作"蹺"。"蹺"在《通用规范汉字表》中虽然作为异体字,仅给出了其正字的规范字(简体字),未给出这个异体字本身的简化版本,但根据《关于简化字的联合通知》(1964)等文件,明确了"喬"作偏旁时就应该同样简化为"乔"。故"蹺"的简体字可视作与"跷"同一个字。鉴于出版规范,除引用原文无法避免等情况外,本书采用"跷"字。
② 《史记》卷一百一十六《西南夷列传第五十六》,第2993页:(庄跷)至滇池,(地)方三百里,旁平地,肥饶千里,以兵威定属楚。欲归报,会秦击夺楚巴、黔中郡,道塞不通,因还,以其众王滇,变服,从其俗,以长之。
③ 《史记》卷一百一十六《西南夷列传第五十六》,第2993页:秦时常頞略通五尺道,诸此国颇置吏焉,十余岁,秦灭。及汉兴,皆弃此国而开蜀故徼。
④ 蓝勇:《南方丝绸之路》,重庆:重庆大学出版社,1992年,第19页:孙水,今西昌安宁河。诚谢作者赠书。
⑤ 蓝勇:《南方丝绸之路》,第13页:灵关今甘洛海棠一线;19页:汉晋时的灵关道即今邛崃—名山县长坪—雅安西南长岭—大相岭—汉源县境—海棠—喜德泸沽—沿安宁河—西昌—会理—渡金沙江—永仁大姚—大理,又称零关道。
⑥ 葛剑雄:《关于古代西南交通的几个问题》,段渝主编:《南方丝绸之路研究论集》,成都:巴蜀书社,2008年,第156页。

笔者经实地踏勘、文献查证和地图比对后，反复思考，认为从四川经贵州西部和云南东部出海之路才是南方丝绸之路的东线，是中国西南陆海联运的大通道。此地文化交流频仍、族群涌动复杂、方国叠变突出、政区建置繁复，笔者为此提炼其概念为"中国西南陆海走廊"。

基于族群徙动实际，费孝通精辟地对中国古代民族走廊进行了分类，认为有"西北走廊"[1]"藏彝走廊"[2]和"南岭走廊"[3]。而川渝滇黔桂粤与古代交趾，正好处于这三大走廊的联络处与碰撞区。从西北来的氐羌系与东南来的百越系，由东往西、由北往南的苗瑶系，在原有的百濮系之间，共同在云贵高原及周边区域融汇，互受影响又各守其俗，产生大面积、大刻度的嬗变与升华，睢盱驰逐，形成带状印痕留存至当代。最终，以华夏族群价值取向为主，共同形成灿烂的中华文化。

在中国历史上，中原地区曾出现过无数次的社会动乱，尔后，有的民族南下，有的百姓西迁。在这一次次的迁徙和移民中，原有的地名保存下来，有的地名甚至成为迁徙的唯一记录[4]，地名含有丰富的历史地理信息[5]，是民族史的一种文化化石和纪念碑。研究民族语言的学者李锦芳认为，从川南到黔滇到桂到越南、老挝等中南半岛，就有一条清晰明显"仡央语言走廊"[6]的地名链条。走廊沿线地区常见"都"字地名，本为古代民族语言发音的留存，如沱江在资阳的支流大濛溪别称都溪[7]，泸州宋羁縻州下有都宁、都善、都（掌）诸县[8]，宜宾城区有老街名都长街[9]，赤水河流域有武都城[10]；贵州兴

---

[1] 费孝通:《深入进行民族调查》，费孝通:《费孝通文集》第8卷，北京：群言出版社，1999年，第322页。
[2] 费孝通:《深入进行民族调查》，《费孝通文集》第8卷，第319页。
[3] 费孝通:《民族社会学调查的尝试》，《费孝通文集》第8卷，第165页。
[4] 牛汝辰:《中国地名文化》，北京：中国华侨出版社，1993年，第124页。
[5] 郭声波:《彝语地区历史地理研究——以唐代乌蛮等族羁縻州为中心》，成都：四川大学出版社，2009年，第15页。诚谢作者赠书。
[6] 李锦芳教授2020年2月与笔者的交流。诚谢广西区志办地情信息部部长韦韩韫引荐交流。又李锦芳:《布央语研究》，北京：中央民族大学出版社，1999年，第11页：我们发现在中国西南及与中国相邻的东南亚地区存在这么一个语种丰富但我们还认识不够深入的纵向地带，它北起贵州，南穿广西百色地区、云南文山州，直至越南、老挝北部，这一地带分布有多种属侗台、仡央、苗瑶、藏缅及南亚语系的语言，其中多数语言的发源地在贵州（也包括邻近省区部分地方）。又占升平:《仡佬族方言比较研究》，北京：民族出版社，2012年，第8页：（李锦芳）把横贯西南地区直至越南北部的南北纵向的"黔-桂-滇-越南、老挝"的迁徙线路叫做"仡央语言走廊"。又蒲文泽:《木佬语研究》，北京：民族出版社，2003年，第129页：仡央语群的语言众多，国内就有仡佬、木佬、拉基、普标、布央、羿等……仡央语群诸语言的分布地区也很广，遍及我国的贵州、广西、云南、四川四省区及越南北部地区。
[7] 《清史稿·地理志》:（资州）大濛溪源出城西龙家坝，又名都溪，东流径城南，至唐明渡入资江。
[8] 刘复生:《西南史地与民族——以宋代为重心的考察》，成都：巴蜀书社，2011年，第44页。
[9] 屈川:《都掌蛮——一个消亡民族的历史与文化》，成都：四川人民出版社，2004年，第22页。
[10] 郭声波:《圈层结构视阈下的中国古代羁縻政区与部族》，北京：中国社会科学出版社，2018年，第266-267页。

义市有南盘江支流曰都威河,蜀汉在其旁置有都阳县①,南盘江也曾称作都泥江②;云南省文山市西汉置县名都梦,蜀汉改为都唐③。文山州马关县至今还有都龙镇④。富宁县剥隘镇处有都朗河汇入驮娘江⑤;广西左右江之间,还有德保县都安乡⑥、天等县都康乡⑦;中南半岛古有都元国⑧等。广东学者徐松石认为:都字倒装地名,一看就可以明白。我们说印度支那民族,大部分去至岭南和西南中国。⑨"多""驮""德""达""大"等字,也同"都",皆壮侗语发音,意为"江"或"河"⑩。从今两广珠江而上,在桂西北、黔西南、滇东南一带随处可见,并北延至四川,南绵中南半岛。

再如,"那"("纳"⑪)字地名⑫从北纬16度老挝沙拉湾省的那鲁经广西等地一路北上⑬,直到四川南部的长江沿岸的纳溪县、南溪县(今均已改为区)和江阳区蓝田镇⑭(今改为街道办事处)。其音虽属壮侗语发音翻译,但这些地方长期处于汉文化腹心,皆

---

① 《华阳国志校补图注》,第308页。
② 谭其骧主编:《中国历史地图集》第六册《广南东路 广南西路图》,北京:中国地图出版社,1982年,第65—66页。
③ 《华阳国志校补图注》,第307—308页。
④ 马关县政府公众信息网。
⑤ 张世铨:《汉句町四题》,《民族研究》1983年第5期。笔者注:今那马河。
⑥ 邓敏杰、邓韬:《广西政区集成》,南宁:广西人民出版社,2014年,第583页。
⑦ 《广西政区集成》,第848页。
⑧ 《汉书》,卷二十八下《地理志第八下》,第1671页。
⑨ 徐松石撰,余漾冬、王旭点校:《中国边疆研究文库·初编·西南边疆·卷六·粤江流域人民史》,哈尔滨:黑龙江教育出版社,2015年,第162页。
⑩ 广西西林县地方文化和民族语言研究者邓正甜先生(瑶族)惠告。
⑪ 何正廷:《句町国史》,北京:民族出版社,2011年,第151页:"那"有的资料也写作"纳"。
⑫ 覃乃昌:《壮侗语民族稻作农业独立起源论》,唐正柱主编:《红水河文化研究》,南宁:广西人民出版社,2001年,第241页:在珠江水系流经的地带,分布着许多冠以"那"(或"纳")字的地名……"那"字地名分布的这些地域,正是壮侗语民族——包括中国的壮、布依、傣、侗、水、仡佬、毛南、黎,越南的侬、岱,老挝的老,泰国的泰,缅甸的掸等民族居住的区域。第236页:"那"壮泰语即水田。笔者认为"那"(水田)是因最初种植橉(古作稌)稻而得名。糯米煮熟后具有黏性,在壮泰语中"黏性"叫做奴(nu)和纽(niu)。缘于糯稻的这种品质特征,故而将其称之为"考奴"(khaunu)或"糇纽"(houniu),词序为稻+黏性,意为"黏性糯米",简称"奴"(nu),遂又延称种植糯稻的田为"那"(na)。"奴"(nu)和"那"(na)为相互关联和语言对应的同源词,亦即为汉语所称的"糯"(稌)的底层词。也就是说,"稌""糯""那(田)"是同源的,那(田)因种糯稻而得名。第235—236页:笔者对《说文》等古文献中与稻相关的秏、糇、膏、穤、稌(糯)、稅、糯等字进行考释,发现它们都是壮侗语民族语言的汉字记音。从汉字角度看,它们都是形声字,无义可会,即使试图加以解释,都容易望文生义,引起误解,而用壮侗语民族的语言解释,则其义可通。第242页:古汉语中的田最初写成畷《说文》:"畷,城下田也,一曰畷,却也,从田,奕声,而绿切。""而绿切"应读niu,到南北朝的《玉篇》中,畷记作"奴过切",即no:。niu和no:在壮语中都是"黏"的意思,壮语称糯稻为kan niu、hou nu:、hou no:,说明"畷"是古壮侗语民族语言称田的汉字记音。现代的壮侗语民族语言中称田为"那"(na)则是古壮语言"畷"(niu,no:)的音转。"畷"在写法上与"糯"最初的写法"稌"相似……由此可见,真正意义上的田(即水田)源于古越语,原为畷,后读为na,用汉字记音为"那",并被大量用于地名。
⑬ 游汝杰:《从语言地理学和历史语言试论亚洲栽培稻的起源和传播》,《中央民族学院学报》1980年第3期。
⑭ 古名"南田寨"。刘琳、刁忠民、舒大刚、尹波等校点:《宋会要辑稿》,上海:上海古籍出版社,2014年,第9644页。

被以汉意释之①，甚至误解为"山那边""水那方"。历史和语言学界还没有专门考证，徐松石早有论及，"那"（纳）在壮侗语中是田土之意，并不时转换为"南"字发音②。这些，就是三大民族走廊交融互通的例证之一。

苗族三大方言③中的"川滇黔方言"内有七个次方言④，"川黔滇次方言"主要通行于四川南部，贵州西部、中南部，云南东部、东南部，广西西部，以及泰越边界地区⑤，也如"都"字地名，形成一条北起四川泸州、南至中南半岛的语言走廊。该语言区生活的苗族以"白苗"（也有部分"青苗"）为主⑥，从其族属、语言（方言）、地理形势或迁徙的历史背景，也可以确定有一条"白苗走廊"纵贯其间，与"仡央语言走廊"惊人重叠。

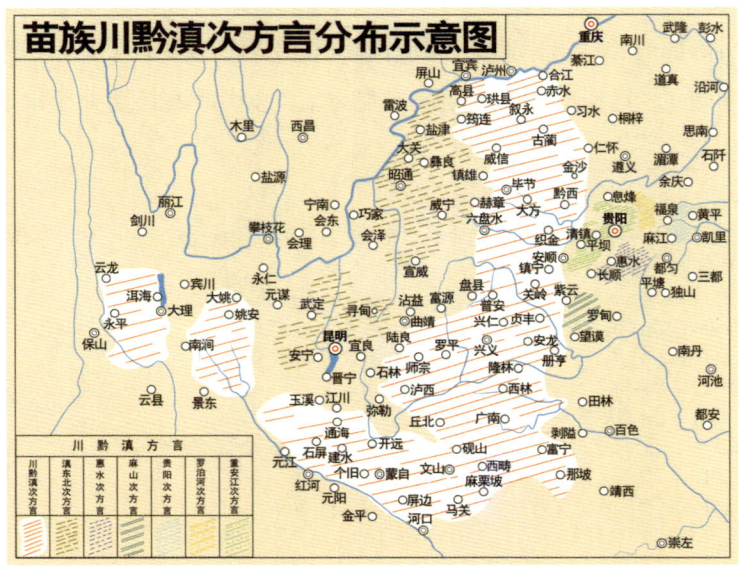

苗族川黔滇方言区国内分布示意图⑦。从中可直观看出，北起四川，南至越南，有一条纵贯川黔滇桂的"白苗走廊"存在

---

① 泸州市纳溪区得名由来，一般按该县民国《纳溪县志》"蛮夷纳贡出此溪"释。1983年12月，胡耀邦同志视察时，当地党政负责人也这样回答。据笔者分析，应该是古代僚人一支从兴古郡一带入蜀后的语言留存，应属古僚语音译。郭声波在《中国历史地理论丛》2011年第1期的《唐宋泸属西部羁縻州县研究》和《贵州民族研究》2001年第2期的《唐宋泸属东部羁縻州研究》两文中考证，纳州为唐高宗仪凤二年（677），开泸州山洞僚蛮地置并为正州，唐先天二年（713），始降为羁縻州（《新唐志》），天宝元年（742）改纳州为都宁郡。[明]曹学佺在《蜀中名胜记》卷16（重庆出版社1984年点校本）中说："纳溪水，源自阿永蕃部，为唐之羁縻纳州。"纳州与都宁郡的地名承续，倘如现今所考，"纳"（那）和"都"皆属壮侗语音留存，那么"纳溪"为僚人语音可备一说。
② 徐松石：《徐松石民族学文集》（上卷），桂林：广西师范大学出版社，2005年，第136页：在僮语，这那字有甚么意义呢？那就是田。第137页：这那字有时写为南字；两广有很多南字地名，是不能作为南方二字解释的。第137页：那字全部，纳字全部，并南字罗字拉字的一部分，乃是"田"的意义。
③ 伍新福、龙伯亚：《苗族史》，成都：四川民族出版社，1992年，第186页。
④ 伍新福、龙伯亚：《苗族史》，第187页。
⑤ 伍新福、龙伯亚：《苗族史》，第187页。
⑥ 伍新福、龙伯亚：《苗族史》，第187-188页。
⑦ 本图采自《苗族史》一书的附图《苗语方言主要分布地区示意图》，笔者引用时做了部分修改。

在古代民族涌动的大潮中，基础的交通条件和区间的物产差异，自然产生了商品的流动，这条基于西南内陆腹地向沿海的物流、人流、信息流、文化流的网状道路，从石器时代开始，状态逐步从"天然"到"自然"直至"人工"。它的大致走向是由川西平原经沱江、长江、赤水河入贵州黔西、安顺、贞丰白层，顺北盘江至黔南州、黔西南州，在黔滇桂结合部南向穿越南盘江、红水河区域，从右江及上游各支流河谷分头进入两广和今越南，在合浦、徐闻、番禺、交趾、日南等古代港口出海。

中国西南陆海走廊是由不同区段在不同时代共同构成，从先秦到汉晋来看，笔者归纳为以下路段，从北向南依次为：中水道、鳛部道、牂牁道、句町-漏卧道、合浦道、蒟酱道、交趾道、南海道和庄蹻王滇故道。

分段道路之间，既有关联又有区别，同时，与其他南北向和东西向道路之间，也既有联通也有阻绝，共同构成中国西南庞大的古代路网。这些道路最终汇成两条连通沿海，一是从滇黔桂交界的句町-漏卧道的左右江分别达于南海，二是从滇黔桂结合部及以西，直通滇南进桑（越南谷柳①）或都梦（文山市）而达南海。

道路连接段有明显的区域隔离，其间民族成份、政区方圆、风俗习惯、文化碰撞、军事行为、物资迭变，都是造成阻隔的因素，但从历史纵向长远观察，这些道路是自古以来西南内陆尤其是川渝直通太平洋、印度洋的交通主旋律。

中水道 即今沱江通道，从大禹"岷山导江，东别为沱"②开始即能"沱潜既道"③，一直是纵贯川渝腹心地带的交通主脉之一。沱江古称较多，不同支流和江段称呼各异，不过，"中水"④一名使用较久，而贯穿中、下游之称。

此水道笔者以"中水道"名之。它承载川西平原如西汉蜀郡、广汉郡富饶物产与精湛手工业制品，以及先秦灿烂的三星堆、金沙文明，南入江阳（泸州）转入长江，溯赤水河而达黔滇。

鳛部道 "鳛部水"最早见于《水经注》："江水东过符县，北邪东南，鳛部水从符关东北注之。"⑤鳛部道即今赤水河通道。"是今之赤水，即昔之鳛部"⑥，它因春秋时有鳛部

---

① 笔者在云南屏边、河口一带考察分析所得结论，详见第六章第一节《置邑的目的之一：保障通道安全》。
② 《尚书·禹贡》，李学勤主编：《十三经注疏·尚书正义》，北京：北京大学出版社，1999年，第163页。
③ 《尚书·禹贡》，《十三经注疏·尚书正义》，第163页。
④ [北魏]郦道元原著，陈桥驿、叶光庭、叶扬译注：《水经注全译》卷三十三，贵阳：贵州人民出版社，1996年，第1151页："绵水（沱江）至江阳县方山下入江，谓之绵水口，亦曰中水。"引者注：沱江未绕行泸州方山脚下，此处有误。
⑤ [北魏]郦道元著、陈桥驿校证：《水经注校证》卷三十三，北京：中华书局，2013年1月北京第1版，2020年11月北京第4次印刷，第739页。
⑥ 赤水市档案局、赤水市地方志办公室编：《增修仁怀厅志（点校本）》，北京：中国文化出版社，2015年，第23页。

方国而得名①。其西承蜀、广汉、犍为三蜀物产,东拥巴郡及以东、以北稀缺如盐等物资,通过此条黔蜀孔道,在今叙永县赤水镇起旱,转入黔中腹地。作为天然通道,自古就有南北交流例证,其中,开明蜀国创始人鳖灵(也作鳖令、鳖泠、鼈令、鼈灵等②)所率族人③进入川西平原,即是此通道天然交通所发挥的作用。徐中舒考证:"(鳖灵)来到蜀地,并不如传说中不合理成分所说那样,是一个死而复生的人,它显为历代附会,或当时故神其事,以表现其部落首领之不同凡流。而他之来到蜀地,从鳖邑渡赤水河以至江北而达蜀境"。④赤水河自古通航,其中茅台到合江一段,舟船四时通行,水涨时还可上溯到赤水镇⑤。

牂牁道 本书牂牁道指西汉牂牁郡的内部通道,与学界之前讨论的牂牁道或夜郎道有一定区别。它北接川黔,南通滇桂,中有庄蹻王滇故道,形成一纵一横十字交通格局,其中心交汇点应在出土众多考古文物的安顺附近。

句町-漏卧道 基于夜郎王兴、句町王禹、漏卧侯俞"更相攻伐"而确定的此条线路线索。它处于黔滇桂三角地带,笔者在这一结合部的南盘江和右江流域的多次调查分析得出此结论。句町-漏卧道其一是滇黔直通珠江主流上游浔江江段的孔道,通过右江及上游驮娘江、西洋江分别连接航运,在罗平、师宗、泸西、弥勒、丘北、广南、西林、田林、富宁、百色市右江区形成有如赤水河地域一样的史书缺载的重要交通路线。其二是通往滇桂越(南)边三角形地带的走廊通道,经此可循盘龙江-清水河(明江)及今中越边境众多陆道进入中南半岛沿海地域。

合浦道 从浔江在西汉所置猛陵(广西藤县)转入北流江,翻过不到10千米的"陆桥"桂门关(鬼门关、天门关),顺流进入南流江直通合浦港,扬帆而去身毒、大食,接通海上"南海道"。

广西学者黎之津认为,桂门关(鬼门关、天门关)是古代水路交通网间"陆桥"概念的典型。在古代广西水系之间的陆桥相当之多,有些如兴安湘漓、桂林的漓柳已修建成运河,未修建成运河的玉林地域地形相对较为平坦,对沟通郁江水系与北部湾水系的内陆和海上交通的畅达,意义深刻。2020年8月,广西交通运输厅公布规划兴建平

---

① 周春元、王燕玉、张祥光、胡克敏:《贵州古代史》,贵阳:贵州人民出版社,1982年,第27页。
② 任乃强:《四川上古史新探》:第101页。
③ 任乃强:《四川上古史新探》:第104页:"'鳖令'是否只身亡命于蜀?由于他做蜀王后,便自别为开明氏,就可知不会只身入蜀,而有家族若干人同来。否则,至少也要发展繁衍若干世才得成为一个氏族。大概他们是率邑叛楚,降附于蜀。"
④ 徐中舒、唐嘉弘:《古代楚蜀的关系》,《文物》1981年第6期。
⑤ 侯哲安:《夜郎初步研究》,贵州省哲学社会科学研究所编:《夜郎考(讨论文集之一)》,贵阳:贵州人民出版社,1979年,第32页。

陆运河方案也是利用古代陆桥实施的工程,仅仅只需人工开挖6千米长水道,就可将郁江水系飞龙江与北部湾水系钦江连通出海。笔者考察中发现,中国西南陆海走廊古代的水路运输中,有不少类似桂门关的陆桥,如赤水河二郎马桑坪、右江达刚瀑布等。这些暂时阻隔航道、上岸可短距离陆上通过,再次入水连接航道的关隘、峡滩、瀑布等,都是陆桥范围,这与古代山一程水一程的走法有很大的关系。

蒟酱道 它是西南入海有别于"合浦道"的另一条主通道。自句町-漏卧道剥隘处直下桂平转入浔江-西江-珠江,在番禺(今广州)而达海。唐蒙通夜郎正因为"南越食蒙蒟酱,蒙问何所来"[①]而引发。蒟酱从蜀南直达广州,为古代西南出海有畅达通道提供了不容辩驳的史证。

交趾道 西汉创设的交趾郡郡治在今越南河内西北的羸陵[②],最新的考古成果[③]中,羸陵一期的汉代城壕中出土了漆耳杯、五铢钱、织物残片等文物,以及在二期的六朝地层中还发现玻璃珠等都具有重要意义。经科学鉴定分析结果表明,织物片为汉代优质丝绸,而玻璃珠原产于南印度,经南海贸易而传入的。这些发现都显示羸陵应是连接东亚和南亚文化交流的重要据点之一。

交趾道宋以前是国内通道,越南独立建国后,应视为国际通道。从蜀王子南逃越南古螺城创立安阳王朝史实,可证这条从古巴蜀而来的通道长期被民族迁徙和物资流动所利用。它从句町-漏卧道分道径南,道分三向:或逆左江水路经雍鸡[④]后南向今越南河内;或往西到滇池,陆路通过进桑关,以向红河麓泠水道。道路走向为由滇中南下至今建水,沿元江-红河经河口地界达今河内[⑤],然后直达入海口进入南海。介于上述东西两道之间,有入交趾中路,则从滇池地域经石林、弥勒、丘北句町-漏卧道南下文山,也沿盘龙江-清水河(明江)入境越南汇入红河水道。

南海道 就是闻名遐迩的汉晋海上丝绸之路。南海一名,徐松石说:"禹贡导黑

---

① 《史记》卷一百一十六《西南夷列传第五十六》,第2994页。
② 周振鹤、李晓杰、张莉:《中国行政区划通史》[秦汉卷(上)],上海:复旦大学出版社有限公司,2017年,第536页。
③ 中国社科院考古所"中国考古网"https://mp.weixin.qq.com/s/fqN8qUyyBTTmto4TU2P41Q:《探索—2018年度考古学研究系列学术讲座第1讲》:2018年3月27日下午,由中国社会科学院考古研究所主办的"2018年度考古学研究系列学术讲座"第1讲,在考古研究所八层多媒体会议室举行。日本东亚大学黄晓芬教授应邀作了题为"越南交趾郡治LUY LAU 羸陵遗址的调查与探索"的学术讲座。讲座中对出土文物作了介绍。
④ 严耕望:《汉晋时代滇越道》,段渝主编:《南方丝绸之路研究论集》,成都:巴蜀书社,2008年,第99页:"汉雍鸡县在今广西崇善县(引者注:今崇左市江州区)"原刊《香港中文大学中国文化研究所学报》第八卷第1期。又谭其骧《中国历史地图集》第2册《交趾刺史部图》第一册35-36页:西汉雍鸡县地在今广西龙州县。现笔者考察应为龙州县上金乡联江村舍巴屯庭城遗址处,后详。
⑤ 方铁:《秦汉蜀晋南朝的治边方略与云南通道开发》,郭声波、吴宏歧主编:《南方开发与中外交通——2006年中国历史地理国际学术研讨会论文集》,西安:西安地图出版社,2007年,第302页。

水至于三危,入于南海。南海名称,这乃初见。"①海上丝绸之路,则是1980年日本学者首先提出来的②。按最新研究成果表明,合浦是中国海上丝绸之路的始发港,承载来自中原和西南大量的物资,在此与番禺、徐闻、日南各"障塞"等中国最早一批有史可稽的港口群,扬帆出海与海外诸国交换商品,《汉书·地理志》有出海的最早详细记录。这几个中国古代西向印度洋等处的古老港口,分发了中外诸多的人群与物资,是中外交流最频繁的两大区域之一(另一为西域地区)。

徐闻汉代古港遗址位于今广东省徐闻县五里乡二桥、南湾、仕尾村一带,距离今县城约14千米,广东学者普遍认为系我国海上丝绸之路首发港
湛江市俚人文化研究会 郭安胤 供图 徐闻县政协副主席 陈北跑 摄

庄蹻王滇故道 此道较为复杂,且由黔入滇之线无任何文献支撑,本书以"庄蹻'循江'与'王滇'之间的地理距离"作专题分析,在此不再赘言。

同为南方丝绸之路,中国西南陆海走廊应以南方丝绸之路的东线视之,而传统意义上的东线(成都-宜宾-云南)应重新定义为中线。新的东线(成都-泸州-滇东黔西-南海)与中线和西线(成都-西昌-云南)既有本质区别又有相互关联。

其区别之一在于,中国西南陆海走廊作为南方丝绸之路的东线,穿行的地域都在当时的中央王朝内。不管是巴蜀、夜郎、且兰、句町、漏卧、进桑、南越,还是今中越交

---

① 徐松石撰,余漾冬、王旭点校:《中国边疆研究文库·初编·西南边疆·卷六·粤江流域人民史》,第146页。
② 葛剑雄:《丝绸之路与西南历史与交通地理》,《思想战线》2019年第2期,第45卷。

界甚或越南北部的秦象郡①,汉交趾与九真、日南三郡,都是中央政府有效行使管理的地域,郡与郡之间、县与县之间,虽被视为"新郡""初郡""边郡",但仍有政治纽带促成其政策、措施和价值体系的趋同性,仍有华夏文化认同者掌取政治、军事,仍有华夏族群在此劳作、生活,因而全线既能保证稳固与畅通,更散布着若干渴求华夏文化产品的庞大消费群体,促成道路及往来商贾的长盛不衰。

区别之二在于,东线主要通过今贵州地域穿行出海。该地域自然地理特征与滇云地域的自然地理特征又有明显区别,特别是缺盐的困厄,使得该地域不得不时刻渴望南方沿海的海盐和北部从巴东、川南沿长江、赤水河转道而来的泉盐、井盐。因有长远和充足的刚性商品保障,该条道路四时通达陡增后劲,不可一日无盐,也就不可长期断路。

区别之三在于,东线是陆海联运,从西南内陆到达沿海港口,尚未完成物资交换的终极使命,至少没有完成全部物资的终极使命。更有相当比例的物资再以港口为起运点,又远涉重洋,去到今中南半岛及印度洋沿岸,经过转手,更达欧陆。涉海而来的舶来品物流、人流、信息与文化流,以之相反,也以古代港口为支撑,向中原和西南腹地流动。

区别之四在于,东线关键节点是以民间商道作为连接点,比西线和中线受政府及政策的干预和影响相对较小,道路运输的波动没有另外两线的大起大落,在相对平静的交流与贸易中,实实在在地保证着商人群体及其利润率,自然受到间出商贾的特别喜爱。

通观南方丝绸之路的西线和中线,从秦蜀郡守张若、李冰开始,到唐蒙、司马相如,都是中央政府以武力和利诱作支撑,"治""桥""通"和"贪"而来的政府行为的通道。既然有此政府行为,就有彼反政府行为,故而两道时通时不通,"西南夷数反"②之事不绝于书,大大影响了贸易行为与效率、信用。转走东线民间通道的商业行为自是长久的和稳固的,只是如鳛部道、句町-漏卧道之类,正因为长期是民间秘密通道,史乘缺载而湮灭于历史长河。

再观南方丝绸之路西线和中线,虽各有政府发卒治道,但陆行比例远大于水行比例,以西线为例更为明显;即使中线有横江、南广河水路通达,到达云南后西行今滇

---

① 秦汉象郡位置及辖境争论较多,本书取郡治崇左、辖境包含中越毗邻区域观点。详见《中国行政区划通史秦汉卷》,第191-204页。
② 《史记》卷一百一十六《西南夷列传第五十六》,第2995页:"当是时,巴蜀四郡通西南夷道,戍转相饷。数岁,道不通,士罢饿离湿,死者甚众;西南夷又数反,发兵兴击,耗费无功。"

西、缅甸、印度阿姆加，仍是取道陆路为主，致使行人反讽曰："汉德广，开不宾；渡博南，越南津；渡澜沧，为他人。"①因为在云贵高原与青藏高原结合部，山脉和河流皆以南北纵向为主，自东逾西，"一山一川相互扶持"②，自然顺流而出可资利用的水道屈指可数。而古代交通，水路就如当今高速公路，转山转岭必行其上，巴蜀西向身毒的交通线，受到天然地遏制，其开通与穿行、运载的困难可想而知。

反之，南方丝绸之路东线这条西南陆海走廊，就被赋予天然的优势，从北向南、从南到北，都可借道河流或南北向或东西向交错的自然流淌方位，山一程水一程让物资接力前行。这条线上，水道而行的比例远远大于西线和中线，沱江、赤水河、北盘江、驮娘江、右江等，都可从起航点水行贯穿全段；中间间或有滩有峡，陆路绕行不到十千米，即可再次入水而行。

但是，南方丝绸之路西、中、东三条主线，还是有密切联系的，不仅有互通，甚至还有借用，终以网络状缀联川滇黔桂山水之间，彼此迂回，彼此利用。

首先，巴蜀南向云贵的道路中，除前文所述中水道外，岷江汇流宜宾进入长江再转溯赤水河，也是其中的重要通道，这就使南方丝绸之路中线和东线在岷江道上可互动共用。

其次，中线南夷道通行今黔西北赫章段作为南方丝绸之路中线主干线③，也是东线借用的道路。从赫章东向今毕节、黔西汇入牂牁道，至安顺可转入今晴隆、普安、盘州、富源的庄𫏋道；西向今威宁、宣威，入今沾益、曲靖五尺道，一路南向陆良、昆明。至于中线和西线，自蜀南和川西分向滇云，最后皆在叶榆(今大理)汇入永昌道(博南道)共同西向④。

中线五尺道再南，顺南盘江在曲靖和陆良宽平的坝子内航行，正如有学者认定的，南盘江"上源自黑桥以下行平原中，可以舟航，至陆⑤良之高古马，四百余里"⑥。笔者在宜良调查，高古马即今日的狗街镇下一自然村。在这里上游陆良大莫古起旱，转陆道经师宗汇同自罗平自东来的句町-漏卧道北段，渡过南盘江，进入广南折东，在今西林县城附近土黄入驮娘江，或在广南县内杨柳井乡西洋街入西洋江，可一路航行至剥隘进入右江。

以上说明，西南地域内部的各主要道路皆可互联互通，这是生活在这方土地的各

---

① 《华阳国志校补图注》，第285页。
② 陆韧：《云南对外交通史》，昆明：云南人民出版社，2011年，第8页。
③ 蓝勇：《南方丝绸之路》，第22-25页。
④ 蓝勇：《南方丝绸之路》，第27页。
⑤ 笔者考察，应为"宜"。
⑥ 《华阳国志校补图注》，第267页。

族人群,逐步克服险恶自然环境摸索甚至探险而成的古老道路。虽然艰险异常,甚或人为阻断,但此消彼长,总有一路可达目的之地。这一事实不容置辩再次证明,西南内陆族群与蔚蓝大海的拥抱,早在汉晋乃至先秦即已发生并形成固有模式,约隐约现地推动着西南和沿海的文明进步。为此,笔者提炼中国西南陆海走廊的概念为:西南中国直至交趾地区肇始于新石器时代晚期纵向分布的族群生存与移动的典型区域,其上有华夏元素主导的氐羌、濮僚、百越、苗瑶各支系民族文化的融汇共生。在缀联而成内陆山川与太平洋、印度洋一体化的网状通道及拱卫其间的政区布局中,绽放出绚丽多彩的中华民族形成中的特色文化。

第二节 节点:3个"三角形"

中国西南陆海走廊是川滇黔渝向南的人流、物流、文化流、信息流通道。文化传播、物资集散、民族迁徙、心理认同、军事征伐、语言流布,都一气呵成连贯其中。从时空整体观察,从川西平原到沱江流域、赤水河流域,从黔西观音洞到兴义猫猫洞,从左右江流域及其下游郁江、浔江、西江乃至入海,乃至越南,都发现大面积的新、旧石器人类遗址,发现丰富多彩的先秦至汉晋民族遗存和华夏元素遗存,整个历史时期都呈带状分布在走廊沿线,"众多的历史记载又暗示着四川的古文化曾经对云南及东南亚等地的文化发展起过促进作用"[①]。

中国西南陆海走廊的研究,是对巴蜀南向通海的古代道路交通研究的尝试,这个尝试冀望解决如下问题,并由此抛砖引玉。

一是古代西南和岭南的地缘接近如何产生中华民族心理认同渠道及其规律问题

巴蜀通过沱江、赤水河等自然河谷与云贵相连,云贵通过红水河、右江等与两广相接,岭南通过陆上左江和南海海域与越南连片,越南又通过红河、盘龙江穿插云贵、老挝、缅甸,南部中国和东南亚整个地域山水一体,人文接近,整体趋同。

中国南方民族迁徙、融合,与中南半岛特别是越南、老挝、缅甸等国各族的作用与反作用,也是这方地域内数千年的主题。漫长岁月里,他们亲近而异源同流、仇视而同源殊途,或者成为一体或者消逝而去,都造成地域文化的张力互动。在这种巨大的

---
① 童恩正:《试谈古代四川与东南亚文明的关系》,《文物》1983年第9期。

张力作用下,最后形成中华民族56个现代民族中的不同分子,共同为中华文明作出努力和贡献。

这个过程,伴随着通道的主观作用和走廊的客观形成。只要有社会活动,族群就会自然和不自然地面临交通问题。本书从几个方面,初步分析了西南和岭南族群通过对交通的依靠和利用,通过对交通的认识和掌握,在中国西南陆海走廊沿线地域,一步步奏放出愈加文明进步的旋律。族属相同或者殊异,习俗进步或者原始,在中华文明浸染下,都自觉不自觉规循其中,特别是中原文化传播下感同身受,繁衍进步。

二是古代道路交通在西南和岭南之间的走向以及如何作用与反作用于方国政区问题

秦汉帝国中央有效行使对今川渝黔滇桂粤和越南中北部的管理,汉武帝继续确立郡国并治政权机构形式予以治理,诸葛亮即其渠帅而用之,郡与郡之间、郡与县之间、县与县之间有上下有效的统一调度和平行级别之间的互联互动,"集中力量"办大事、特事、难事形成制度惯性,有效加强了上述地区的向心和发展,出现方国部落时代前所未有的新局面。

这一局面的形成,伴随中央王朝倚强凌弱的过程,有其消极性。这对西南和岭南民族自身发展造成强烈断陷,但对多元一体的中华民族的形成又产生关键影响,是秦始皇和汉武帝对中华民族的贡献,是历史的进步和必然。

因交通问题引发的帝国统一,也因交通问题矛盾加剧。耗费无功,"西南夷"数反,且兰君杀汉使者及犍为太守,夜郎、句町、漏卧更相攻伐,唐蒙受"南越食(以)蜀蒟酱"[①]引发"巴符关以入"[②],犹如毛线团,一进一出线头清晰,蹈入则其乱如麻,疑路丛生。蔡美彪认为,两千年理不清楚的问题,不祈望一日之功毕其一役,但总要有人去理才好[③]。

自然通道为主,人工雕饰留痕,只是西南陆海走廊通道的特点之一,岷山导江,东别为沱,是其中一个小小段落。从不为史载到实际效用卓著,才是其最大特点。沱江是蜀中长江重要支流,但西比岷江、东比嘉陵江甚或涪江,受关注目光少之又少;赤水河穿行滇黔川,是贵州省内运力最大河流[④],但东比乌江,南比红水河及其支流北盘江,几乎泯灭无闻;左右江是浔江-西江水量最大河流,却因夜郎临牂牁江、夜郎在贵州境内的观念深入骨髓,如同"太阳黑子",从来都被忽略不计。

---

① [西汉]司马迁:《史记》卷一百一十六《西南夷列传第五十六》,北京:中华书局,1982年,第2994页。
②《汉书》卷九十五《西南夷两粤朝鲜传》,北京:中华书局,1962年,第3839页。
③ 2016年6月6日下午,蔡美彪先生在北京寓所与笔者的交谈。
④ 诚谢贵州省航务管理局办公室主任鄂启科惠告。

第一章 巴蜀达南海：中国西南陆海走廊的概念提炼

2016年6月6日下午，蔡美彪先生（左二）在寓所（北京）指导笔者如何开展南方丝绸之路东线的研究工作　　陈有和　摄

秦汉郡、县的治所除了是政治、军事重镇以外，更是交通节点。通过分析比对可看出，它们几乎都分布在走廊交通线上，连线共同构成保障走廊交通畅通的基点，或者是天然通道情况下的自然选择的基点。但是贵州境内有没有夜郎国邑存在，也是影响通道走向判断的重要因素。故且兰所在的牂柯郡郡治、犍为郡郡治首治鳖邑，以及与之关联的平夷、汾关山所在位置，是理解赤水河作为古代天然通道的精髓，也是深入研究西南陆海走廊绕不开的子课题。只有科学研究其地望，这条走廊具备的通道作用才能彻底明白无误呈现。

贵州学者翁家烈（中）指导笔者研究工作　　何川文　摄

同样,对句町、漏卧以及汉置广郁、增食、布山等县的精准定位,才能有效解决牂牁江是哪一条江问题,也才能更加有理由证明,右江及其上下游是先秦开始的古代云贵、岭南北上南移主动脉。再者,如解决了西随、赍古、雍鸡、嬴陵等西汉所置郡县治所地望,才能解决滇桂南通越南三条通道上的政区设置价值。

在这些需要进一步研究的课题中,位于左右江交汇处邕江流域的顶狮山文化的出现和迁移,也许从考古学角度能得到一定提示。

三是巴蜀与黔滇结合部和滇黔与岭南结合部交通路径所形成文化的文化基因问题

这个题目绕不开新石器时期奇特的"顶狮山"人群迁徙现象,也对研究左右江是否是走廊主通道有重要的考古学启示。

从岭南连接越南、滇黔一带的大石铲文化来看,该文化的中心主要是分布在左江、右江和邕江交汇的三角地区,目前在隆安、大新、扶绥、武鸣、邕宁、南宁等市县发现最多。这一中心地带向四周辐射,距中心地越远,石铲遗址发现越少[①]。

有学者认为,顶狮山文化的族群从距今约10 000年到距今约6000年[②],极其活跃地生活在邕江(郁江)及其上游左右江流域的台地上[③]。顶狮山文化遗址属于河旁台地类型,以南宁为中心[④],还包括南宁豹子头[⑤]、横县秋江[⑥]等十多处[⑦]遗址。然而距今6000年以后,该文化突然在邕江两岸消失,在当地考古学上找不到它们的文化延续线索[⑧]。随后的云贵高原、东南亚和南亚地区,却发现这种文化的相似性存在,特别是云南滇池地区发现的贝丘遗址,其文化内涵与顶狮山文化相似性更多,两者传承明显,有相当部分是沿邕江-右江一直西去的。那坡县感驮岩遗址[⑨]发现与之同类的陶器、石器,证明顶狮山族群还沿左右江流域上溯到此并继续南进到越南中北部,越南清化、宁平沿海一带的多笔文化中,就发现有顶狮山文化的葬俗,二者石器和陶器制作技术、器型、纹饰有诸多相似之处[⑩]。向北,北盘江边的贞丰县拉它先秦遗址,也发现

---

① 覃芳:《顶狮山文化衰变的人类学探索》,广西壮族自治区博物馆:《广西考古论文集》,北京:文物出版社,2004年,第327页。
② 中国科学院考古研究所,广西文物工作队等:《广西邕宁县顶狮山遗址的发掘》,《考古》1998年第11期。
③ 覃芳:《顶狮山文化衰变的人类学探索》,《广西考古论文集》,第322页。
④ 林强:《广西史前贝丘遗址与生态环境的关系探索》,广西文物考古研究所编:《广西考古论文集》(第三辑),北京:文物出版社,2007年,第444页。
⑤ 中国社会科学院考古研究所广西工作队等:《广西南宁豹子头贝丘遗址的发掘》,《考古》2003年第10期。
⑥ 广西壮族自治区文物工作队:《广西横县秋江贝丘遗址的发掘》,《广西考古文集》(第二辑),北京:科学出版社,2006年。
⑦ 广西壮族自治区文物考古训练班等:《广西南宁地区新石器时代贝丘遗址》,《考古》,1975年,第5期。
⑧ 覃芳:《顶狮山文化衰变的人类学探索》,《广西考古论文集》,第323页。
⑨ 广西壮族自治区文物工作队、那坡县博物馆:《广西那坡县感驮岩遗址发掘简报》,《考古》2003年第10期。
⑩ 彭长林:《越南早期考古学文化研究》,南宁:广西科学技术出版社,2018年,第118页。

类似感驮岩二期后段夹砂陶为主的陶器,它们在陶质、陶色和纹饰上皆有相似性①。在南,约在距今四五千年新石器时代晚期,桂南地区出现大石铲文化,也应该是顶狮山文化的延续和传承②。以桂南隆安大龙潭遗址③为代表的大石铲为主要特征的文化类型,分布范围很广,涉及广西左、右江-郁江-浔江-西江流域沿线及合浦等沿海地域,还包括广东西部、海南和越南广宁省也有发现④。其中心区域就位于左右江交汇后与邕江的三角地带⑤。

与顶狮山文化类似的消失现象相似,进入青铜时代后,原来高度发达的大石铲文化突然间消失殆尽,没有留下任何后继文化的踪迹。只有桂西的感驮岩类型的后继文化进入较为繁荣的阶段,其中众多岩洞葬是延续着大石铲文化发展并南下占据着大石铲文化的中心区域,并在此与从东而来的几何印陶纹文化形成东、西对峙局面。而这一时期也是岭南两大族群——西瓯和骆越开始出现的时期,侧面可见原来各地独立发展的小区域文化类型已合并为东西两大部分⑥。

这就是说,以左右江及其上下游水路的自然通道,缀连黔滇桂结合部三角地带区域的陆路、水路,在云贵桂粤以及越南等中南半岛国家之间四面发散,促使古人类在漫长的历史进程中,得以悠闲地沿河流动,并把他们流动的痕迹留给我们今天惊奇地搜寻和研究。也促进人类文明进程中,继续依赖和利用这一特殊地理形态以在不断进步中继承和延续,并创新地为这一三角形地带通道巩固做出努力。

应对滇黔桂三角形的通道枢纽作用的审视,尚不止石器阶段,就是金属器时期,这片地域也存在一个相对独立的文化圈。包括广西的百色右江区、乐业、凌云、隆林、西林、田林、田东、田阳等地;包括云南曲靖的罗平,文山州的广南、富宁;包括贵州黔西南州的兴义、兴仁、安龙、册亨、望谟,黔南州的罗甸地域,域内有南盘江、北盘江、红水河、驮娘江、西洋江、右江等河流。该文化圈内一字格剑、舞蹈纹无胡铜戈、曲刃矛、V型鍪带、带♡型铜钺、羊角纽钟、铜鼓等鲜明的地方文化流行⑦。

同样,以广西、云南两省区与越南交界地域,也是一个特殊和复杂的三角形地域。

---

① 贵州省考古研究所、贞丰县文物管理所:《贵州贞丰县拉它先秦时期遗址发掘简报》,贵州省文物考古研究所编:《贵州田野考古报告集(1993-2013)》,北京:科学出版社,2014年,第112页。
② 覃芳:《顶狮山文化衰变的人类学探索》,《广西考古论文集》,第327页。
③ 广西壮族自治区文物工作队:《广西隆安大龙潭新石器时代遗址发掘简报》,《考古》1982年第1期。
④ 彭长林、吴艾妮、周然朝:《试论广西新石器时代文化》,广西文物考古研究所编:《广西考古文集》(第三辑),北京:文物出版社,2007年,第427页。
⑤ 陈远璋:《广西考古的世纪回顾与展望》,《考古》2003年第10期。
⑥ 彭长林、吴艾妮、周然朝:《试论广西新石器时代文化》,《广西考古文集》(第三辑),第431-432页。
⑦ 李飞:《夷汉之间——从考古材料看贵州战国秦汉时期的文化格局》,《贵州民族研究》2009年第6期。

广西民族大学教授谢崇安就分析,滇东南的红河州金平、个旧,文山州广南、麻栗坡、马关等地出土的滇式一字格曲刃短剑、滇式直内曲援戈、人面纹羊角纽钟、心形铜锄等,都与广西西南部、越南北部出土的同类器物较为相似①。由此我们可以从考古学材料判断出,中越边境地区历史时期有趋同文化存在,这一三角形地域自古是西南、岭南、交趾文化互通的重要磁场。直至近代咸同年间,苗族向中南半岛迁徙,也还沿这个文化通道前行,有学者从现居四川南部兴文、叙永、古蔺等地苗族的家谱中得到证实②。

处于川滇黔结合部另一个三角地带的赤水河流域,也有后天形成的奇特文化,既有别于纯粹的巴蜀文化,又有别于"西南夷文化"。通过赤水河地域折射走廊沿线留存的巴蜀文化及源自巴蜀的华夏文化,更能说明蜀地有通道方式南延而来,造成对云贵及其以南的巴蜀文化和华夏文化影响。

中国夏商周断代工程首席科学家、清华大学教授李学勤先生重视古代西南出海丝绸之路考察活动,专门致信考察团予以勉励。图为《酒城新报》采访他后,2016年7月8日刊发的封面照片

李林雪 摄

---

① 谢崇安:《云南石寨山文化与越南东山文化的比较研究》,考古杂志社编辑、朱岩石主编:《考古学集刊》第21集,北京:社会科学文献出版社,2018年,第160页。
② 黄秀蓉:《清代苗族跨国迁徙路径考》,《西南大学学报》(社会科学版)2022年第5期。

赤水河流域的贵州赤水、习水、仁怀、金沙一线有崖墓或画像石墓分布，此类遗存不见于贵州其他地区，而在四川有着广泛的分布①。从贵州已发现的汉代遗存和分布看，汉代移民进入贵州多数也是沿赤水河这一方向线进入的②。华夏族群顺着赤水河及其支流河谷地带居住生活，实际上是四川地区的汉文化在这一带的自然延伸和新的发展。而四川的汉文化，主要是巴蜀族群接受中原文明后的蜕变和升华，换句话说四川地区汉文化的族群载体，自然是先秦的巴蜀族群为主。他们向中原文化转化的同时，难免不残留着浓厚的巴蜀文化基因，以此向南拓展华夏文明。

考察和研究西南陆海走廊，笔者着眼点是针对3个三角形地带里地理、历史、民族、政区的相互反映，折射到交通问题上如何产生作用。这三个特殊的山水所造就的历史与人文，是西南陆海走廊的枢纽所在，只有研究其历史潮流进程中地理环境特殊而造就的民族文化繁育衍进，才能证明走廊融汇贯通；研究清楚关键部位的上连下达，才能探究走廊整体相连。

中国西南陆海走廊是经过反复调查、讨论和思考形成的概念，这条走廊从北向南也从南往北，双向和多向伸缩、流动、互缠、共撞，宽幅不一、段位不等，时空迭变，情节迥异。李学勤指出："考虑到巴蜀文明本身所具有的特色，以及其与中原、西部、南方各古代文化间具有的种种关系，中国古代文明研究中的诸多问题，恐怕也必须由巴蜀文明求得解决。"③也就是说，没有对古巴文化、古蜀文化及其与巴蜀域外关系比较全面、客观、透彻的研究，任何有关华夏文化构成的讨论将是不完整的④。本书循此结论，进一步论证西南陆海走廊的主脉是巴蜀向南。同时，它的主流是文明的升华，对南方中国乃至整个中华文明进程，都造成一定的特殊影响。

第三节　重新定义东线：南方丝绸之路研究综述

对西线和原东线（中线）回顾

对于中国西南通往东南亚、南亚及西亚乃至北非的交通，中国史籍早有记载，如

---

① 李飞：《夷汉之间——从考古材料看贵州战国秦汉时期的文化格局》，《贵州民族研究》2009年第6期。
② 张合荣：《夜郎文明的考古学观察：滇东黔西先秦至两汉时期遗存研究》，北京：科学出版社，2014年，第44页。
③ 李学勤：《中国古代西南出海丝绸之路考察（第二阶段）启动式书面发言》，2016年6月20日。详见附录1。
④ 李诚、张以品：《古蜀文化与三星堆"神鸟扶桑"新证——兼评〈古代巴蜀与南亚的文化互动和融合〉》，《四川师范大学学报》（社会科学版）2022年第3期。

《史记》《汉书》《华阳国志》《三国志》《后汉书》《水经注》等文献中多次提及的"零关道"①"蜀身毒道"②"五尺道"③"南夷道"④"麓泠–进桑道"⑤"蜀交趾道"⑥等。但20世纪以前,这些记载没有引起学术者们的重视,相关问题没有得到更加深入研究。

从20世纪初开始,学术界开始关注上述古代中国西南与国外的交通问题,逐渐开展了中缅印交通研究,基本上以西线和东线的形式进行论述。经笔者整理并综合思考段渝⑦、邹一清⑧、范佳⑨,以及罗群、朱强⑩、张蓉、喻丽⑪、席蓬、任敬文、李丹⑫等学者相关论述,对南方丝绸之路从四川经过云南通往缅印问题的研究轨迹大体梳理如下。

梁启超在20世纪20年代发表《中国印度之交通》,初步探讨了中印的交通线路。20世纪30,40年代开始,抗战军兴,西南交通问题引起学界警觉和重视,出现严德一《论西南国际交通路线》⑬、方国瑜《云南与印度缅甸之古代交通》⑭、夏光南《中印缅道交通史》⑮等研究成果。

其中,任乃强更是在《蜀布、邛竹杖入大夏考》中,对中印间存在古道的必然性作了精辟分析:

"丝绸之路"虽在唐代乃盛传于世,实则远自殷周已成大道,即周穆王西访西王母之路也。其商贾间通时间,又当在周穆王前数千年。否则流沙瀚海

---

① 罗二虎:《汉晋时期的中国"西南丝绸之路"》,邓海春主编:《南方丝绸之路上的民族与文化》,成都:四川民族出版社,2016年,第7页;亦言"灵关道"。汉代称成都至滇西这一段古道为"灵关道",因其通过重要关隘灵关而得名。
② 蓝勇:《南方丝绸之路》第12页:从灵关道西延到今保山到缅印。
③ 蓝勇:《南方丝绸之路》第19页:历史上四川取道滇东北到云南的交通路线。
④ 蓝勇:《南方丝绸之路》第23页:《汉书》卷6《武帝纪》载:"(元光五年)夏,发巴蜀卒治南夷道,故此道可称南夷道。"
⑤ 尤中:《古滇国夜郎考》,《史学史研究》1989年第1期:麓泠水道即今越南永富省以西北的红河水道,经此即可入进桑王国。
⑥ 严耕望:《汉晋时代滇越道》,段渝主编:《南方丝绸之路研究论集》,成都:巴蜀书社,2008年,第97-101页。原刊《香港中文大学中国文化研究所学报》第八卷第1期。
⑦ 段渝:《改革开放以来的"南方丝绸之路"研究》,2019年7月21日《中国民族报》。
⑧ 邹一清:《先秦巴蜀与南方丝绸之路述略》,凉山州博物馆等编:《三星堆研究(第二辑):三星堆与南方丝绸之路青铜文化研讨会论文集》,北京:文物出版社,2007年,第117-126页。诚谢三星堆博物馆厥显凤、朱家可二位馆长先后赠书。
⑨ 范佳:《南方丝绸之路文献整理现状研究》,《四川图书馆学报》2017年第3期。
⑩ 罗群、朱强:《20世纪以来"南方丝绸之路"研究述评》,《长安大学学报(社会科学版)》2015年9月第17卷第3期。
⑪ 张蓉、喻丽:《南方丝绸之路研究述评》,《名作欣赏》2017年第33期。
⑫ 席蓬、任敬文、李丹:《"古代巴蜀与南亚文明"研究综述——兼评〈古代巴蜀与南亚的文化互动和融合〉》,《民族学刊》2021年第5期。
⑬ 严德一:《论西南国际交通线》,《地理学报》第5卷。
⑭ 方国瑜:《云南与印度缅甸古代交通》,《西南边疆》(昆明版)1941年第12期。
⑮ 夏光南:《中印缅道交通史》,北京:中华书局,1948年。

第一章 巴蜀达南海：中国西南陆海走廊的概念提炼

之间,穆王虽有善马,苟无可靠之商贾为之向导,安敢轻尝试哉?穆王既已通行于前,而张骞、堂邑父等乃不能得间以脱匈奴之拘留者,恃在官使遵大道,非求间也。仍得逃逸,完成其使命,并再被留仍得逃归者,能求间也。太伯入吴、枸酱入番禺,皆是间出数千里外之明证。蜀贾入市,仅在滇外数百里,为中印间民间市场,固无足怪。①

回应任乃强推论的考古学材料,终于被葛剑雄半个世纪后发布：

> 现在的河南安阳,也就是商朝后期的首都,发现过一个古墓。墓主是商朝的一个王后,叫妇好,死在3200多年前。这个墓里发现的玉器,经鉴定是用和田青玉制造的。和田青玉产在新疆和田地区南面昆仑山里,也就是说,在妇好死时的3200年前,甚至更早,已有人把产自昆仑山的玉石运到河南安阳。尽管我们不能肯定具体走什么路线,但从地理状况上判断,大致是沿河西走廊进入中原的,这与丝绸之路的方向完全一致。②

20世纪50年代,季羡林在《中国蚕丝输入印度问题的初步研究》③一文中,认为有南海道、西域道、西藏道、缅甸道、安南道数路而去,并详细论述了蚕丝在古代西南的传播和分布情况。同时期,中国香港和中国台湾地区学者也在继续研究,桑秀云《蜀布邛竹杖传至大夏路径之蠡测》④、饶宗颐《蜀布与Cinapatta——论早期中、印、缅之交通》⑤、严耕望《汉晋时期滇越通道》和《唐代滇越通道》⑥等论述,都卓有成效。国外对此研究也有力作,以法国学者伯希和《交广印度两道考》为代表。最终,在国内学界的共识下,四川、云南、贵州学术界在过去"蜀身毒道"研究的基础上,使"南方丝绸之路"概念在20世纪80年代中期被提出来。

在全国推进改革开放的形势下,学术界敏锐地依托《史记》所记载的"蜀身毒道"史实,实地考察从四川成都到云南腾冲的交通线,进一步深化"南方丝绸之路"的概念并使其研究掀起高潮。一批有深度的论文相继出现,如童恩正《试论古代四川与

---

① 任乃强：《华阳国志校补图注·蜀布、邛竹杖入大夏考》,第324页。
② 葛剑雄：《丝绸之路与西南历史交通地理》,《思想战线》2019年第2期,第45卷。
③ 季羡林：《中印文化关系史论丛》,北京：人民出版社,1957年,第137-185页。
④ 台北："中研院"《历史语言研究所集刊》,41本10分册,1969年。
⑤ 台北："中研院"《历史语言研究所集刊》,45本4分册,1974年。
⑥ 香港中文大学《中国文化研究所学报》第八卷第1期(1976)。本处及前两处均转引自段渝主编：《南方丝绸之路研究论集》,成都：巴蜀书社,2008年。

东南亚文明的关系》①和遗作《古代中国南方与印度交通的考古学研究》②等。四川电视台、云南电视台1991年还联合拍摄40集《南方丝绸之路》科教纪录片,聘请任乃强、童恩正、李绍明三人为学术顾问③。川滇考古文博单位共同举办"三星堆与南方丝绸之路青铜文化展",展出沿线青铜文物283件,使得学术研究得到更为广大层面知晓和认可。

任乃强先生（1894-1989）是中国历史地理研究的先行者之一。他对祖国西南的历史地理研究、民族史实研究、政区沿革研究等领域有独到见解。代表作《华阳国志校补图注》撰写于1960年,煌煌150万言,堪称常璩本书后的又一经典工具书④

　　同时,"南方丝绸之路"研究进入了有组织、有系统展开的层面,这推进了研究走向全面和深入。1987年,中央号召重开"南、北丝绸之路",四川省委为加强边贸,大力支持对丝绸之路的学术研究,一大批学者踊跃响应。四川师范大学巴蜀文化研究中心与成都市委宣传部设立了成都市文化建设重大项目"古蜀文明与南方丝绸之路研究",每年组织5至10个科研资助项目,出版学术丛书、论文集。四川泸州、云南永平等城市成立了"南方丝绸之路研究中心"和"南方丝绸之路研究会"。南方丝绸之路研

---

① 童恩正:《试论古代四川与东南亚文明的关系》,《文物》1983年第9期。
② 童恩正:《古代中国南方与印度交通的考古学研究》,《考古》1999年第4期。
③ 李绍明:《近30年来的南方丝绸之路研究》,《中华文化论坛》2009年第1期。诚谢四川省广播电视台纪录片制作中心副主任徐扬惠赐样片。
④ 图采自任乃强:《任乃强民族研究文集》,北京:民族出版社,1990年,扉页图版。

究中心还联合中国先秦史学会、贵州省文史馆、遵义市政协文史委、毕节市委宣传部、黔南州文体广局等,在川黔边、贵州举行了两次大规模考察,在川渝黔滇桂举行了二十余次小规模考察,获得了丰富的田野材料。

以南方丝绸之路研究为主题的学术研讨也是研究的亮点。凉山州博物馆组织了两次"西南丝绸之路学术研讨会";2007年4月,川、滇20多家考古文博单位,举行了大型的"三星堆与南方丝绸之路青铜文化学术研讨会";四川师范大学巴蜀文化研究中心先后联合了中国先秦史学会、中国中外关系史学会、中国社会科学院《中国史研究动态》编辑部、大理市政府、中共德阳市委宣传部、成都市博物院、雅安市博物馆、三星堆博物馆、德阳市文联、四川师范大学文学院、《四川师范大学学报》编辑部等单位,多次共同主办了"南方丝绸之路"学术研讨会,最近一次为2021年10月16日—19日,结合巴蜀文化内涵,又举办了一次。2016年12月,由中国投资协会主办,云南省特色产业促进会、中国投资协会海外投资联合会等承办,在昆明举办首届"南方丝绸之路发展论坛";四川自贡、南充、达州和云南永平等城市,也相继举办过南方丝绸之路学术研讨会议。其中,2017年在成都举办的"天府之国与丝绸之路学术研讨会"[1]和"2019'一带一路'四川国际友城合作与发展论坛",将研究成果有效转化为现实生产力,产生了重大影响。

研究南方丝绸之路的学者也灿若星河,京、川、滇、渝等地学者为主的学术群体中,任乃强、徐中舒、蒙文通、方国瑜、童恩正、李绍明、何耀华、李学勤、耿昇、林向、段渝、蓝勇、罗二虎、黎小龙、霍巍、邹一清、刘弘、邓耀中、陆韧、李保伦、唐长寿、梁晓强、邓海春、汤洪、张铭等老中青学者纷纷加入,构成攻坚梯队,共同攻关,将"南方丝绸之路"学术研究推向新潮。尤其西南高校和地方机构对古代巴蜀与东南亚、南亚之间的交通古道与商贸往来展开了一系列研究活动,出版了《南方陆上丝绸之路》[2]《四川古代交通路线史》[3]《古代西南丝绸之路研究》[4]《南方丝绸之路文化论》[5]《南方丝绸之路》[6]

---

[1] 2017年4月8日,由中国史学会、光明日报社、中国考古学会、中国古都学会、北京大学考古文博学院和四川省社会科学院6家单位共同主办,敦煌研究院、四川省历史学会、成都市博物院、四川省对外文化交流中心和四川大学城市研究所5家单位联合承办的"天府之国与丝绸之路学术研讨会",在成都市锦江宾馆隆重举行。来自中国社会科学院、北京大学、中国人民大学、四川大学、首都师范大学、陕西师范大学、中国佛教协会,以及美国、瑞典、尼泊尔、印度、斯里兰卡、缅甸、越南等国家相关研究机构的90余名中外学者参加了此次研讨会。
[2] 徐冶、王清华、段鼎著,昆明:云南民族出版社,1987年。
[3] 蓝勇著,重庆:西南师范大学出版社,1989年。
[4] 伍加伦、江玉祥主编,成都:四川大学出版社,1990年。
[5] 《南方丝绸之路文化论》编写组编:《南方丝绸之路文化论》,昆明:云南民族出版社,1991年。诚谢乐山唐长寿先生赠书。
[6] 蓝勇著,重庆:重庆大学出版社,1992年。

《中国西南对外关系史研究——以西南丝绸之路为中心》[1]《南方丝绸之路货币研究》[2]《宜宾文史——南丝路东干道史料专集》(总第24辑)[3]《今古生辉南丝路》[4]《三星堆研究(第二辑):三星堆与南方丝绸之路青铜文化研讨会论文集》[5]《南方丝绸之路研究论集》[6]《南方丝绸之路上的民族与文化》[7]《南方丝绸之路沿线古国文明与文明传播》[8]《西南民族与南方丝绸之路》[9]《南丝路曲靖考古与研究》[10]《清代民国时期南方丝绸之路上的宜宾》[11]《西南丝绸之路早期佛像研究》[12]《古代巴蜀与南亚的文化互动和融合》[13]《南方丝绸之路乐山行图记》[14]等专著。2016年至2018年,四川师范大学巴蜀文化研究中心和南方丝绸之路研究所组织编写推出一套"南方丝绸之路丛书",从南方丝绸之路的历史、贸易、古城古国、人物以及新观察等几个方面进行专题解读,为西南地区对外经济文化交流提供了翔实的历史资料。作者分别为段渝[15]、邹一清[16]、杨丽华[17]、李桂芳[18]、屈小玲[19]。他们还通过国内外协作,在20多个国家和地区的博物馆中收集到了大量考古资料,实地考察了缅甸、印度等国交通线路、文物古迹等,使"南方丝绸之路"的研究具有了广泛的国际性和世界视野。就在本书校稿期间,云南学术界由李昆声主编,推出4册《南方丝绸之路研究丛书》[20],分别为云南大学教授陆韧的《历史地理卷》和刘西诺、何兆阳的《文物考古卷》、朱映占的《民族历史卷》、王万平的《民族节庆卷》组成。

---

[1] 申旭著,昆明:云南美术出版社,1994年。
[2] 四川省钱币学会、云南省钱币研究会编,成都:四川人民出版社,1994年。
[3] 四川宜宾市政协文史资料委员会编,内部发行,川宜内图准(96)字第101号,1996年9月。
[4] 川滇黔十一市州政协合编,云南德宏:德宏民族出版社,1998年。诚谢乐山市唐长寿先生赠书。
[5] 凉山州博物馆等编,北京:文物出版社,2007年。诚谢三星堆博物馆阙显凤、朱家可二馆长先后分别赠书。
[6] 段渝主编,成都:巴蜀书社,2008年。
[7] 邓海春主编,成都:四川民族出版社,2016年。诚谢作者赠书。
[8] 屈小玲著,北京:人民出版社,2016年。
[9] 袁晓文主编,北京:民族出版社,2016年。
[10] 李保伦著,成都:四川师范大学电子出版社有限公司,2017年。诚谢宣威市文管所所长、博物馆馆长李家佐赠书。
[11] 凌受勋著,上海:文汇出版社,2018年。诚谢作者赠书。
[12] 何志国著,上海:华东师范大学出版社,2020年。
[13] 汤洪:《古代巴蜀与南亚的文化互动和融合》,北京:中华书局,2020年。
[14] 唐长寿:《南方丝绸之路乐山行图记》,成都:四川文艺出版社,2021年。诚谢作者赠书。
[15] 段渝:《南方丝绸之路丛书:历史越千年》,重庆:重庆大学出版社,2018年。又段渝、邹一清:《南方丝绸之路丛书:老路新观察》,重庆:重庆大学出版社,2018年。
[16] 邹一清:《南方丝绸之路丛书:贸易通天下》,重庆:重庆大学出版社,2018年。
[17] 杨丽华:《南方丝绸之路丛书:古城尽朝晖》,重庆:重庆大学出版社,2018年。
[18] 李桂芳:《南方丝绸之路丛书:人物竞风流》,重庆:重庆大学出版社,2018年。
[19] 屈小玲:《南方丝绸之路沿线古国文明与文明传播》,北京:人民出版社,2016年。
[20] 李昆声主编、陆韧等:《南方丝绸之路研究丛书》,合肥:时代出版传媒股份有限公司安徽人民出版社,2022年。

第一章 巴蜀达南海：中国西南陆海走廊的概念提炼

在四川，南方丝绸之路学术研究活动与深厚的巴蜀文化研究活动越来越呈紧密联系之势，图为2021年10月，四川师范大学巴蜀文化研究中心、广汉三星堆博物馆等在成都联合举办"首届巴蜀文化与南方丝绸之路学术研讨会"后，部分学者的合影　　　　　　　　　　　　　　　　　四川师范大学　汤　洪　供图

此阶段的研究中，以西线研究为热潮。凉山州博物馆馆长刘弘、攀枝花市文物管理处处长邓耀中、大理州博物馆馆长张楠作了重要的组织引领。他们联合南方丝绸之路川滇两省沿线的14家文博单位，于1990年3月至1991年1月，自发举行了"南方丝绸之路文物摄影展"，观众达十数万人。1990年8月刘弘征得全馆30位职工同意，将他们半年的奖金一万元暂不发，全部拿来承办召开"第一届南方丝绸之路学术研讨会"，与会70余名学者除少部分入住客房外，50多名皆"滚地铺"住宿。这次会议所出论文集《南方丝绸之路文化论》成为南方丝路研究的里程碑之一，现在凡涉猎南方丝绸之路的研究必然绕不开这本论文集[①]。

"东线"研究中，作为节点城市的宜宾自我感觉落后了，文博系统以外的其他研究机构怀着迫切的心情主动加入。如政协宜宾市文史委牵头召开座谈会，列出考察计划，出版研究专著，称"我们有责任加快步伐，迎头赶上，把南方丝路东道的考察和研究工作做好。"[②]宜宾学者凌受勋致力不懈，踏步域内山水，最后认为有4条网络状道路通向云南[③]，在"东线"研究中作出进一步田野映证。

随着习近平主席提出建设"新丝绸之路经济带"和"21世纪海上丝绸之路"的合作倡议，"南方丝绸之路"的研究在学术界得到更大热情投入，取得了更加丰硕的成果。

---

① 刘弘：《"接力赛"式的展览和"空前绝后"的学术会议》，刘弘、张正宁、贾丽主编：《微吟集》，成都：四川民族出版社，2016年，第430-438页。诚谢作者赠书。
② 四川宜宾市政协文史资料委员会编：《宜宾文史——南方丝路东干道史料专集》（总第24辑），第17页。
③ 凌受勋：《清代民国时期南丝路之路上的宜宾》，上海：文汇出版社，2018年。

以上学术研究,对"南方丝绸之路"在以三星堆文明、巴蜀文化、滇文化为代表的古代中国西南文明,乃至欧亚古代文明形成与发展中的地位与作用进行系统研究,并且深入研究中华文明经由"南方丝绸之路"的对外传播,探讨其传播时间、路径、机制、内容等,探明"南方丝绸之路"是中华文明对外传播的重要路径之一,中国西南地区是古代中华文明向东南亚传播的"文化集中地"、向印度东北部传播最重要的通道。

对现东线(中国西南陆海走廊)研究简述

针对南方丝绸之路现东线的研究还刚刚起步,只有零星的论文出现,论述专著尚未问世。不过,有学者已经敏锐地认识到,研究南方丝绸之路只专指四川到云南的川滇缅印道,显然视野狭隘和站位过低。霍巍2004年即撰《认同与歧义:汉晋时期"西南丝绸之路"的考古学研究述评》,呼吁:"今后我们应当从一个更为宽阔的区域来观察和思考中国西南汉晋时代古代交通与中外文化交流问题,而不必'画地为牢',将自己局限和封闭在一些前人设置的'认识误区'而不能自拔。"①

从四川到南海,经停贵州是捷径。蔡美彪即指出:"今贵州地区是汉代南越通往巴蜀的要道,早在商代就有通行。"②李学勤用四川广汉的商代牙璋与越南北部"十分相似"的文物材料,以及推论殷墟中出土的一些龟甲是东南亚地区获取原料的现象,提出由西南至东南亚地区存在一条畅通的道路,并与中原殷墟相连③。

更有前辈学者在大胆探求这一问题。最早论述此段线路的,当首推任乃强、徐中舒、蒙文通。任先生早在1960年代④即完成了《蜀枸酱入番禺考》⑤,指出巴蜀入夜郎后,有四条道路从滇黔通到两广⑥,水路、陆路孰难孰易,此路、彼路孰远孰近,一一进行分析比较,翔实自然。徐中舒《〈交州外域记〉蜀王子安阳王史迹笺证》⑦中说,自蜀至交趾,通过安阳王南迁史实,证明有道路通达。该文虽然没有直接就通道问题进行阐发,但也为研究者指明了古道的存在。蒙文通《越史丛考》之《古代中国南方与交趾间之民族迁徙》⑧和《安阳王杂考》⑨中,分别考证夜郎、开明、乌浒之族,通过蜀迁滇黔桂

---

① 霍巍:《认同与歧义:汉晋时期"西南丝绸之路"的考古学研究述评》,霍巍:《西南考古与中华文明》,成都:巴蜀书社,2011年,第290页。
② 蔡美彪:《中华史纲》,北京:社会科学文献出版社,2012年,第55页。
③ 李学勤:《比较考古学随笔》,桂林:广西师范大学出版社,1997年,第196-204页。
④ 任乃强著、任新建编:《川大史学·任乃强卷》,成都:四川大学出版社,2006年,第326页。
⑤ 《华阳国志校补图注》,第316-322页。
⑥ 详见第七章第二节《通达南越的"牂牁江"不是红水河及其上游》。
⑦ 徐中舒:《〈交州外域记〉蜀王子安阳王史迹笺证》,四川大学学报编辑部、四川大学历史系编:《四川地方史研究专辑》(《四川大学学报》丛刊第五辑),成都:四川人民出版社,1980年,第1页。
⑧ 蒙文通:《越史丛考》,北京:人民日报出版社,1983年,第49-57页。
⑨ 蒙文通:《越史丛考》,第63-81页。

再南迁越南等地,而僚人也有自交趾北迁之事,僚人也自南方进入蜀地,充分表明了巴蜀达交趾的通道作用明显;他还撰就《四川古代交通线路考略》一文,提出巴符关当为蜀入南中夜郎之一道命题,并认为此道之开或当在古巴蜀时期①。

沉寂20年之后,时间进入20世纪80年代末90年代初,有关东线的研究迎来转机。1989年,年轻学者蓝勇首先公开提出汉武帝时,从四川合江开通了沿赤水河行进的"符关道(仁岸运道)"概念②。"但是这条路不够理想",唐蒙另修南夷道,"取五尺道南下,至南广东南,经今镇雄到今毕节,南下牂柯江下番禺"③。他在三年后出版的专著《南方丝绸之路》中,进一步描述了南广(珙县沐滩)至古南秦县(云南镇雄)后分东西两路均可抵达番禺,"西路从正南到汉水(三岔河)北岸的汉阳县(今赫章),从此西南可入朱提到益州郡(三国诸葛亮南征便是取汉阳、僰道回成都)、从此正南可到牂柯江(北盘江上游)至夜郎国中心(今安顺地区)再沿牂柯江直下番禺。东路从南秦县东南到平夷(毕节),从平夷到且兰(福泉)牂柯郡中心地带,经毋敛(独山)沿刚水(今都柳江)或沿周水(打狗河)到潭水经郁林郡(桂平)到番禺"④。同时,该书所附地图的第一图《汉晋南方丝绸之路路线图》中,明确标注了交趾附近和合浦两个南海点位(广州未在图中比例尺内),也在印度洋东海岸标注了邑卢没国、克利斯国和湛离国海边点位。

在探讨佛教传入中国路线的同时,有学者开始重新关注这条东线,并以"牂柯道"和"蜀交趾道"概之。其中的代表当属中国社科院历史所吴焯研究员,他在1992年《东南文化》第5期上著文《佛教蜀身毒道传播说质疑》,提出:"牂柯道的走法是指四川宜宾东航至泸州合江,复由此南下,或不由合江,而由宜宾南下,穿越贵州,即古夜郎国境,泛舟北盘江、红水河、西江而至广州。近捷便利,后世东汉、蜀汉由交趾自蜀大体即循此线方向。"

1993年,年轻学者郭声波对凸现东线的媒介商品蒟酱作了初步涉猎,认为"汉武帝时蜀中蒟酱已有很久的外销史"⑤。十余年后又以专文《蒟酱(蒌叶)的历史与开发》⑥,详细考证了备受争议从蜀地进入番禺的蒟酱,究竟是何种植物与作法。

---

① 蒙文通:《四川古代交通线路考略》,蒙文通著、蒙默编:《蒙文通全集》(四),成都:巴蜀书社,2015年,第523页。
② 蓝勇:《四川古代交通路线史》,第203-204页。
③ 蓝勇:《四川古代交通路线史》,第153页。
④ 蓝勇:《南方丝绸之路》,第22-24页。
⑤ 郭声波:《四川历史农业地理》,成都:四川人民出版社,1993年,第205-207页。诚谢作者惠赠本书电子版。
⑥ 郭声波:《蒟酱(蒌叶)的历史与开发》,《中国农史》2007年1期。

1996年，基于贵州考古新成果，贵州省文物考古所研究员张合荣，以《从考古材料论贵州汉代的交通与文化》为题，在1996年第1期《贵州民族研究》上发表。他在考古证据中寻得线索，即从川南合江，沿赤水河的赤水—习水—仁怀—金沙，再到黔西—清镇—平坝—安顺—关岭—贞丰—兴义、兴仁，以点带片，成线状布局，出现大量汉晋时期的汉元素墓葬、遗址、文物，而贵阳以东（除与巴、湘接壤的乌江等河流下游外），基本没有同时期的汉元素文物出土。故认为，此线是秦汉魏晋时期华夏人和巴蜀人进入贵州的交通主线。2014年和2018年，他分别出版了两本专著《夜郎文明的考古学观察：滇东黔西先秦至两汉时期遗存研究》①《夜郎青铜文明探微——贵州战国秦汉时期青铜器研究》②，用更为翔实的考古资料，深化了此结论。

1997年，李富强以《西南-岭南出海通道的历史考察》③为题，讨论了先秦开始到民国，西南到岭南出海的各条通道情况，总结出西南-岭南出海通道具有非常悠久的历史。它的形成和发展，曾为西南人民与华南、东南亚、太平洋诸岛乃至欧、非一些国家人民的经济、文化交流做出了非凡的贡献。

2000年，四川学者赵永康在川南考察，"（于）合江县榕佑乡田野调查发现，该地千佛岩上的摩崖《唐代商人人物群像》里有外国胡僧图像"④。以此为线索，撰《探索古代西南丝绸之路的遗踪》一文⑤，认为"这些不远万里而来的外国商人"，被摩崖刻为《唐代商人人物群像》，"或许就是反映的外国商人和胡僧们，沿着江河逆流航行，辗转进入合江县境内的情况"，"所谓古代西南丝绸之路，就是汉武帝使者唐蒙所开通的牂牁道（夜郎道）"。

2007年，西南大学邹芙都教授有《关于西南丝绸之路东线问题的初步思考》发表在《三星堆研究（第二辑）：三星堆与南方丝绸之路青铜文化研讨会论文集》⑥上。提出"庄蹻故道"应为西南丝绸之路东线，并认为"在研究西南丝路交通时，应该赋予东线与北线、西线同等重要的地位，这样对其研究才可以真正称得上构建了一个整体"。论文认为，成都经西昌达云南为北线，成都经宜宾达云南为西线，湖南穿贵州达云南为东线。

---

① 张合荣：《夜郎文明的考古学观察：滇东黔西先秦至西汉时期遗存研究》，北京：科学出版社，2014年。
② 张合荣：《夜郎青铜文明探微——贵州战国秦汉时期青铜器研究》，上海：上海古籍出版社，2018年。
③ 李富强：《西南-岭南出海通道的历史考察》，《广西民族研究》1997年第4期。
④ 赵永康：《川江地理略》，北京：团结出版社，2016年，第154页。
⑤ 赵永康：《探索古代西南丝绸之路的遗踪》，《泸州日报·酒城星期刊》2000年3月4日，第1版转第3版。又见《成都理工大学学报》2004年第3期。
⑥ 邹芙都：《关于西南丝绸之路东线问题的初步思考》，凉山州博物馆等编：《三星堆研究：三星堆与南方丝绸之路青铜文化研究研讨会论文集》第二辑，北京：文物出版社，2007年，第30-34页。

| 第一章　巴蜀达南海：中国西南陆海走廊的概念提炼 |

笔者2019年3月考察位于合江县榕山镇皇城坝村的唐代胡僧摩崖造像。摩崖处有通往赤水河边故道。赵永康（左一）即以此胡僧线索撰就泸州及赤水河与南方丝绸之路关联的论文。左二为合江县文物局局长贾雨田，左三为该局干部付小玲

周焱 摄

2008年，刘弘所撰《巴蜀文化在西南地区的辐射与影响》中，将巴蜀文化向南传播的主要线路勾画为三条。除最西一条是成都经西昌等地直通滇西的零关道外还有两条，即成都至宜宾后分路一条，"最东"的一条从宜宾到黔西北称"夜郎道"，经过牂牁江可通番禺（广州）；另一条是宜宾向南经昭通、曲靖直到滇中昆明的"五尺道"。他进一步分析夜郎道上巴蜀文化的影响至威宁以远就明显减弱，"是贵州自威宁以南没有形成能接受巴蜀文化辐射和影响的'文化土壤'所致"[①]。

2009年，贵州考古学者李飞研究员发表《夷汉之间——从考古材料看贵州战国秦汉时代的文化格局》[②]，支持、发明了同事张合荣的观点。他认为，汉文化由川渝地区自北向南进入贵州至少存在西、中、东三条通道，即西线南夷道、中线赤水河、东线乌江及其支流。赤水河通道至迟可上溯至商周时期，西汉以降，汉文化沿着既有的孔道，逐步逆流而上，自赤水经习水、仁怀、遵义、金沙直抵黔西，渗入黔中腹地。

2011年，四川大学历史文化学院考古系赵德云教授以《珠饰反映的两汉时期两广

---

① 刘弘：《巴蜀文化在西南地区的辐射和影响》，段渝主编：《南方丝绸之路研究论集》，第25-45页。
② 李飞：《夷汉之间——从考古材料看贵州战国秦汉时代的文化格局》，《贵州民族研究》2009年第6期。

沿海和西南地区的交通》为题,"根据一类过去尚未得到广泛注意的材料——珠饰的发现情况,就两汉时期两广沿海地区和西南地区之间交通的途径、动因等问题进行初步的论述"①。

2017年川渝学界关注从四川经云贵到两广的古代交通问题,开始有进一步的论及。四川大学彭邦本教授以《成都、蜀道与"一带一路"关系》②为题,提及了经过贵州到两广的交通问题,认为东线分为两条干线,其中一条即为"从成都出发,沿沱江水道一线"到达泸州,"然后循川黔边的赤水河进入今贵州"。

从2015年7月开始,南方丝绸之路研究中心组织学者对南方丝绸之路东线进行持续不断地研究。图为考察川黔边赤水河时,部分学者在四川古蔺县太平镇合影
康立沙 摄

2017年4月,南方丝绸之路研究中心赵晓东、魏敏以《南方丝绸之路东线的初步考察》为题,参加"天府之国与丝绸之路学术研讨会",并在当年《中华文化论坛》第12期发表;同年,《贵州文史丛刊》第1期发表西南大学博士张铭、李娟娟《赤水河在"南方丝绸之路"中的支柱意义研究》。二文均以参加2015年7月南方丝绸之路东线考察为由头,论证了赤水河是古代重要的商贸、民族、军事通道。赵、魏文还全面论述了对贵州

---

① 赵德云:《珠饰反映的两汉时期两广沿海和西南地区的交通》,香港城市大学中国文化中心编:《九州学林》(2011·春季),上海:上海人民出版社,2012年,第34页。
② 《中华文化论坛》2017年第5期。

古代交通的初步考察成果,提出了南方丝绸之路东线即四川-云贵-两广和交趾概念,并认为这是古代西南出海丝绸之路。张、李文认为作为南方丝绸之路的一条支路,赤水河在历史时期承担着经济文化交流通道、民族迁徙走廊、军事征伐通道、国家资源调配通道作用。

在2017年9月由中华文学史料学学会、四川师范大学文学院、成都杜甫草堂博物馆等单位联合主办的"南方丝绸之路和中华文化传播"学术研讨会上,王凯《南方丝绸之路上的"雒人"及其南迁》一文,认为蜀王子安阳王的南迁之路,是古代成都通往越南的交通道路,也正是南方丝绸之路。该文后以《"雒人"及其南迁路线考》为题,发表在《中华文化论坛》2018年第2期。他认为,将先秦时广汉雒地定居的雒人南迁的痕迹相联结,便可勾勒出一条古代成都通往越南的交通道路,而这条道路正是南方丝绸之路。至于雒人是不是从一开始就在广汉定居,和距离不远的三星堆遗址的居民有何关系,雒人的南迁过程和文化的比较研究,则还有待进一步地深入研究。

2018年出版的《赤水河流域历史文化研究论文集(一)》①刊发马强《略论赤水河流域的历史地理地位及其意义》一文。他认为赤水河"在历史上曾经是南方丝绸之路的重要通道之一,同时也是秦汉通往西南夷及南越的重要水陆通道"②,"在打通封闭的西南夷和南方丝绸之路早期,赤水河具有非同寻常的交通地理意义"③。

段渝在深刻研究南方丝绸之路通向缅印的同时,也敏锐观察到从四川经贵州、广西、广东至南海的交通情况,并认定其为南方丝绸之路国内线路东、中、西三线的东线④。该线路因经过著名的牂牁地区、夜郎地区,而被称为"牂牁道"或"夜郎道",上接五尺道至贵州西北的赫章地区,折向东南方向而行,沿北盘江过安顺,进入广西,沿红水河、黔江进入广东,再沿西江至出海口⑤,与海上丝绸之路相连接⑥。至于国外线路,他认为也分为西路、中路和东路三条,西路即"蜀身毒道",中路步头道和东路进桑道皆自云南昆明或大理径往越南河内。中路沿红河下航,东路渡南盘江,经丘北、文山市区、麻栗坡出境达河内⑦。

---

① 刘一鸣主编:《赤水河流域历史文化研究论文集》(一),成都:四川大学出版社,2018年。
② 《赤水河流域历史文化研究论文集》(一),第5页。
③ 《赤水河流域历史文化研究论文集》(一),第6页。
④ 据段渝教授2017年1月20日在泸州召开的"南方丝绸之路研究中心成立仪式"上的演讲。又段渝:《〈古代巴蜀与南亚的文化互动和融合〉序》,汤洪:《古代巴蜀与南亚的文化互动和融合》,北京:中华书局,2020年,序第1-2页。
⑤ 段渝:《南方丝绸之路丛书·历史越千年》,重庆:重庆大学出版社,2018年,第29页。
⑥ 段渝:《南方丝绸之路丛书·历史越千年》,第100页。
⑦ 段渝:《南方丝绸之路丛书·历史越千年》,第29-30页。

段渝教授2017年1月20日下午，在泸州南苑宾馆召开的"南方丝绸之路研究中心成立暨第一批泸州全书首发式"上演讲，泸州系南方丝绸之路东线节点之一，三星堆出土的紫贝即经过该线路从南海运至成都平原　　夏艳 摄

2020年12月，四川师范大学教授汤洪在专著《古代巴蜀与南亚的文化互动和融合》中，认为"五尺道在贵州威宁分道经夜郎可至两广之地，继而再入南越地区"，由此得"南方丝绸之路东路不仅可以向南沟通川滇广大地区，同时亦可向东沟通贵州及南越地区"①。他所指的南方丝绸之路东路"是牂牁道，或称夜郎道、南夷道，由蜀之成都经贵州通往两广至南海"②。

在广西，中国古代铜鼓研究会原理事长、广西区博物馆原馆长蒋廷瑜教授以独特的古代铜鼓为视角，切入滇桂古代交通问题。在其《"百越古道"中的铜鼓路》③一文中，用铜鼓考古事实证明："至迟从公元前3世纪战国时期起，从云南到广西的铜鼓之路就已开通，到公元前2世纪的汉代，除从云南文山广南顺驮娘江、西洋江下剥隘河进入右江一路以外，经南盘江过隆林、田林进百色、田东的水道也应打通。""东汉以后铜

---

① 汤洪：《古代巴蜀与南亚的文化互动和融合》，北京：中华书局，2020年，第8页。
② 汤洪：《古代巴蜀与南亚的文化互动和融合》，第103页。
③ 蒋廷瑜：《"百越古道"中的铜鼓路》，广西壮族自治区博物馆编：《广西博物馆文集》第十二辑，南宁：广西人民出版社，2015年，第108-117页。

鼓文化的重心在广西,以冷水冲型铜鼓为代表的铜鼓文化则从广西往云南流动。"

广西民族大学瑶学研究中心教授时玉阶,以《山地丝绸之路:古代中国广西通向东南亚的南方丝绸之路》①为题,论述了古代中国开辟从广西通往东南亚的对外交通陆路,利用这条陆路通道与东南亚各国进行商贸交易,形成独具特色的山地丝绸之路文化。他指出:"早在秦代,广西的山地丝绸之路就已形成。""在广西则主要关注从钦州港出发的'海上丝绸之路',对'南方丝绸之路',特别是其前半段'山地丝绸之路',学术界则少有人关注。"

2021年11月20日,笔者在参加广西民族大学主办的"2021年西南边疆研究学术研讨会"时与赵明龙合影

广西社科院研究员赵明龙,2016年在《"一带一路"视阈下南北丝路旅游走廊建设构想》一文中,认为我国早在汉代就开辟有南北丝路情况。这条路大体始于川渝,经云南、广西出境后到达中南半岛的末端。与南海丝绸之路相会,形成海陆联通格局。他划分该道有东路、中路、西路三条,其中"东路,由成都、贵州西北、广西、广东至南海,即川黔桂'牂牁道'(或称'夜郎道''南夷道')"②。同年,他和张健、颜洁、岑贵安等

---

① 时玉阶:《山地丝绸之路:古代中国广西通向东南亚的南方丝绸之路》,《广西社会主义学院学报》2016年第6期。
② 赵明龙:《"一带一路"视阈下南北丝路旅游走廊建设构想》,袁晓文主编:《西南民族与南方丝绸之路》,北京:民族出版社,2016年,第71-86页。

合著的《南海丝绸之路与东南亚民族经济文化交流研究》专著中,再次论及巴蜀至珠江存在出海通道,巴蜀至交趾"即中国四川、贵州、云南、广西经越南至中南半岛",也存在一条连接南海的通道①。

覃主元等合著的《广西对外交通史》②也作了上述类似论述。在其第二章第四节《经广西出海的红水河水道和文象水水道》中,指出"红水河水道是岭南、西南地区与交趾交往的重要水路"③,"文象与郁水道是途经广西,上达句町国、滇等西南夷地区,下达南越国都番禺的交往通道"④。

在云南,云南大学教授陆韧著的《云南对外交通史》⑤认为,红河道与永昌道的通连互达,沟通了中国南海与印度及其沿海的交通⑥,可以从交州直接深入中国内地或云南内地⑦。可能在先秦西汉中期以前,云南与外界的经济联系中与交趾等沿海地区的交往,较之与中原内地的经济联系更加紧密,受沿海地区经济的影响更大⑧。2020年上半年她新出的《南方丝绸之路·历史地理卷》中,更深刻阐明了这一观点。

在广东,华南师范大学教授周永卫认为,"珠江水系将云贵两广地区联系起来。两地之间的商人往来,民族迁徙都十分频繁"。为此,他以专著《两汉交趾与益州对外关系的研究——以若干物质文化交流为主》⑨,发布了对考古微观文物的观察分析,认为把中国南方地区对外关系的有机整体,人为地割裂为"海上丝绸之路"和"西南丝绸之路",是不恰当的。其后,又在其《对早期华南海上丝路民间贸易的重新审视》一文中进一步论证:"广义的海上丝路可以包含西南丝路或南方丝路","西南丝路与海上丝路是一个不可分割的有机整体"⑩。

以上各类研究成果,是笔者在关注西南地区出海通道时尽力搜集到的,当然也可能还有某些论述限于视野尚未研读。笔者感叹这些成果实属难得的同时,也不无遗憾地看到,大都囿于学者所在行政地域限制,就本省(市、区)视角为主进行分析研判,尚未延伸到省外地域或者全线视角,最多涉及毗邻省区市。拉通川渝滇黔桂粤和古

---

① 赵明龙、张健、颜洁、岑贵安等:《南海丝绸之路与东南亚民族经济文化交流研究》,南宁:广西人民出版社,2016年,第47-48页。诚谢赵明龙先生赠书。
② 覃主元主编:《广西对外交通史》,北京:社会科学文献出版社,2015年。
③ 覃主元主编:《广西对外交通史》,第55页。
④ 覃主元主编:《广西对外交通史》,第56页。
⑤ 陆韧:《云南对外交通史》,昆明:云南人民出版社,2011年。
⑥ 陆韧:《云南对外交通史》,第56页。
⑦ 陆韧:《云南对外交通史》,第57页。
⑧ 陆韧:《云南对外交通史》,第68页。
⑨ 周永卫:《两汉交趾与益州对外关系的研究——以若干物质文化交流为主》,汕头:汕头大学出版社,2009年。
⑩ 周永卫:《对早期华南海上丝路民间贸易的重新审视》,《地域文化研究》2017年第2期。

交趾来审视这条交通大干线的,目前还没有专著面世。

更为遗憾的是,上述研究中,有关黔桂间的通道,大多以牂牁江为据,未经实地考察,只据文献认为北盘江、南盘江或所汇红水河分别为古牂牁江。忽略滇黔桂结合部其他重要通道的客观存在,或者只是附带提及右江-郁江一线。在川滇黔边,多以文献记载的人工五尺道、南夷道等为据,忽略天然水道赤水河在古代交通中的决定性作用。在巴蜀腹地,则聚焦岷江水道的重要作用,忽略中水沱江发挥的交通能动性。因此,西南通海之路的研究,一起步就被人为设置一定的"中梗阻",造成研究的迟滞和迟钝。随着科学认知深入和视野开拓,相信会有更多成果面世,为西南与沿海互通提供更有价值的科学成果,以证西南和岭南的天然和长久联系,以证南海自古是中国不可分割的海域。

附1：

中国西南出海丝绸之路考察（第二阶段）启动式书面发言[①]

古代西南出海丝绸之路考察团组委会：

盛夏时节，欣闻由中国先秦史学会、南方丝绸之路研究中心、贵州省文史研究馆、泸州酒城新报社出版有限公司联合主办的古代西南出海丝绸之路考察活动启动会，在久负盛名的贵州毕节顺利举行。在这里，请允许我谨以中国先秦史学会名誉理事长的名义，向您们并通过您们向与会的各位领导、考察团专家学者以及社会各界的朋友们，致以最热烈的祝贺和最美好的祝福！

大家知道，以巴蜀文明为中心的西南丝绸之路研究，是中国古代文明研究的重要内容，在中国古代文明的形成和发展过程中，独具特色，大放异彩。历史上连接欧亚的几条丝绸之路，其中西南丝绸之路，最值得我们作进一步深入研究，考虑到巴蜀文明本身所具有的特色，以及其与中原、西部、南方各古代文化间具有的种种关系，中国古代文明研究中的诸多问题，恐怕也必须由巴蜀文明求得解决。

近些年来，特别是四川包括西南地区专家学者在内，在这方面作了大量的工作，取得了积极的可喜成果。因此，我们完全有理由相信，通过本次考察活动，采用多方合作的方式，多层次、多视角、多学科探求西南丝绸之路，也必将进一步推动巴蜀文明研究的深入开展，从而带动中国古代文明研究迈上一个新的台阶。

最后，我们预祝考察活动圆满成功，遥祝各位身体健康！

李学勤

2016年6月20日

[①] 中国先秦史学会常务副会长兼秘书长宫长为教授在贵州毕节代为宣读。

第二章 南方丝绸之路东线研究缘起及现实意义

前文已述,南方丝绸之路既存研究,着眼点皆以古代巴蜀经滇缅达印度,走向均在川滇之间为主,并分别以西线的西昌和东线的宜宾为节点。下文为便于叙述,以免产生现东线(以泸州为节点)与前东线混淆,故新叙述的三条线分别以西昌道(西线)、宜宾道(中线)、泸州道(东线)表述。同时,文中出现的单位名称及人物身份,均以考察首次见面时为称。

第一节　泸州道研究缘起

为什么1980年代蓬勃兴盛的南方丝绸之路研究把泸州道甩开了呢?笔者与当年牵头研究的众多学者多次探讨,得出一个结论,做任何事情都需要"事在人为"。当年热衷发起此条古道研究的群体,大都以地方上的文博工作者为主,如凉山州博物馆刘弘、攀枝花文管处邓耀中、大理州博物馆张楠、曲靖文管所李保伦、乐山文保所唐长寿、宜宾博物馆秦保生、成都博物馆卢第升、昭通文管所游有山、昆明文管会周荣华、楚雄文管所肖林、丽江文管所木基元、保山文管所李之彩、德宏文管所耿德铭等,共川滇十四家文博单位自下而上倡议开展[①]。他们所在地域正好位于川滇两省通道沿线,因主观上研究本地问题较熟悉而自然着眼西昌道、宜宾道为主,并联系了在学界有影响的童恩正、李绍明、席克定等参与。1983年才从宜宾地区分治的泸州市,研究力量薄弱、文博机构不健全,无人联络、无缘与会,也就既不了解学术前沿动态,更无人组织力量继续拓展和深入,与此轰轰烈烈的学术潮流隔岸,形同陌路。在随后的20多年

---

① 刘弘:《"接力赛"式的展览和"空前绝后"的学术盛会》,刘弘、张正宁、贾丽主编:《微吟集》,成都:四川民族出版社,2016年,第430-434页。

第二章 南方丝绸之路东线研究缘起及现实意义

里,这些主要成员单位举办了5次学术研讨会,如"第二届南方丝绸之路学术研讨会"(1992年会理召开)、"南方丝绸之路与西南青铜文化研讨会"(2007年广汉召开)等,泸州也无缘参与,更无力为泸州道发出声音。

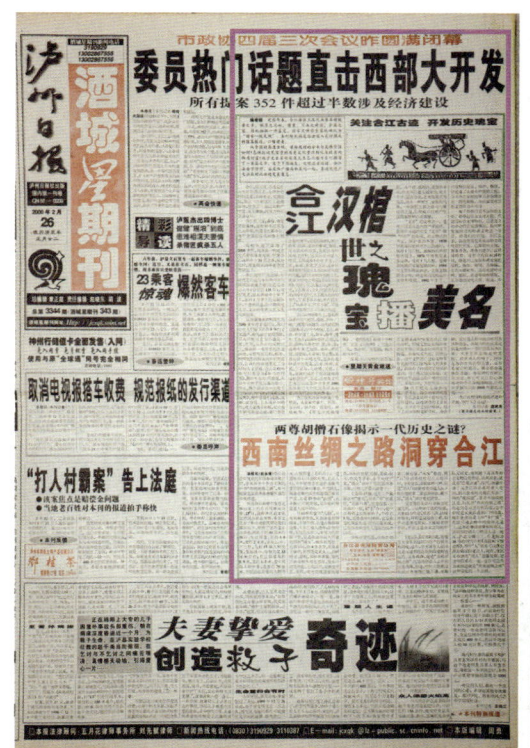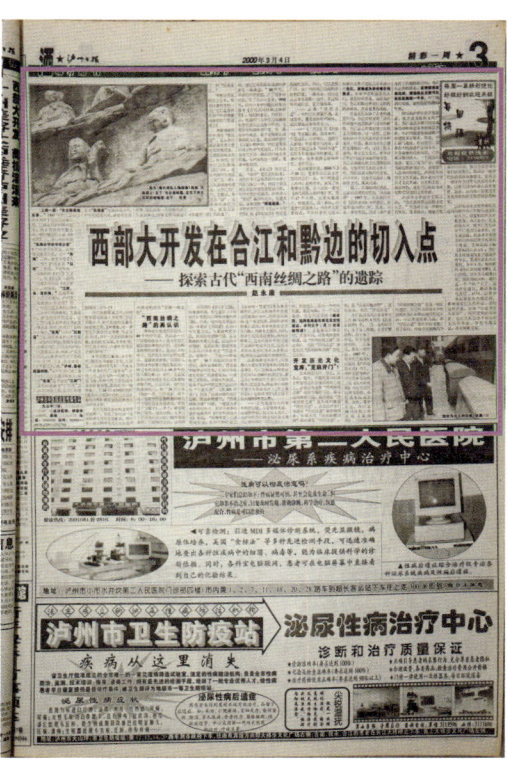

2000年2月26日(左图)、3月4日(右图),《泸州日报·酒城星期刊》连续两期辟出大量版面,报道合江汉棺与西南丝绸之路关联

曹卫兵 摄

敏锐抓住这一学术课题与泸州有重要关联的是泸州媒体单位。早在2000年春节假期,笔者作为《泸州日报·酒城星期刊》编辑室负责人,偶然与合江友人谈及该县又新发现一批沿赤水河一线分布的汉代画像石棺。虽然自身没从事过学术研究,但立即意识到赤水河的文明灿烂与历史悠久不可小觑,意识到它连通黔滇的通道作用明显。假期结束的第一次编辑部选题策划会上,即安排记者庞家夷前往采访,形成《合江汉棺:世之瑰宝播美名》一文。在文稿未见报的编辑过程中,又意识到尚需深化赤水河古通道内容,庚即又派出第二批记者再次采访,形成《西南丝绸之路洞穿合江》一文,一同配发在2000年2月26日出版的《酒城星期刊》上;第二周3月4日出版的报纸,又辟出更大版面,以《西部大开发在合江和黔边的切入点——探索古代"西南丝绸之路"的遗踪》为题,继续上一期观点予以深入阐发。前一期两文是媒体界首次对合江

39

关联南丝路的文字报道;后一期中"透过汉棺看合江"部分,中国汉画学会名誉会长、四川省文物鉴定专家高文作序出版的《合江汉代画像石棺》一书评价道,这一新的观点论证了合江汉棺是南方丝绸之路的产物①。新闻报道引起了市县领导和相关单位重视。后经合江县文管所所长王廷福等地方文博工作者呼吁,2002年3月,合江县委、县政府将市级文物保护单位清代"考棚"(贡院)划拨给县文管所,投资150万元开始筹建合江汉代画像石棺博物馆,把暴露野外散乱堆放在赤水河边的汉棺集中展陈,为其后全国学者探访、考究创造了相应条件。

随着21世纪10年代形势变化,丝绸之路包括南方丝绸之路研究又迎来新一轮热潮。泸州市委、市政府也据十多年前上述两文的学术观点,提出泸州位于南方丝绸之路节点的宣传口号。但是泸州在此路中节点何因?路线走向如何?起讫点分别在哪?途经何地?一连串问题似是而非、模糊不清,故访问泸州的学者皆带着疑问而来、又带着疑问而去,不断摇头,狐疑宣传口号的真实性。

合江汉代画像石棺博物馆内除收藏有国内最多的汉代画像石棺外,还收藏有2具罕见的宋代画像石棺。合江县博物馆馆长王小波(左一)及工作人员唐绍春(左四)、付小玲(右一)介绍,宋棺与汉棺相比较高略宽,棺外图案更为精美,堪证合江县域内汉宋葬俗一脉相承　　徐虹 摄

---

① 《合江汉代画像石棺》编委会编:《合江汉代画像石棺》,北京:中国戏剧出版社,2010年,第5页。

要使人信服，就得科学研究。2014年年底，笔者所在的泸州市文化研究中心（挂有南方丝绸之路研究中心牌子，时与酒城新报社合署办公）即开始进行策划和筹资。翻年后的春季，贵州华西医疗投资集团有限公司（华西毕节健康城）董事长刘林先生听闻，立即表示出资支持。酒城新报社庚即邀请相关历史文献学者、历史地理学者、考古学者、民族学者，与川黔渝桂地方史志、文博工作者，带着这个问题，利用夏季暑假，开始进行田野考察。

第二节　大型实地考察过程

本次启动的大型考察研究工作，笔者制定了分三年共三期考察此条线路的计划，并于2015年7月和2016年6月在四川南部和黔北、黔南、黔东南进行了两度实施。初步查明确实存在一条从川南穿过贵州而从广州或者越南北部出海的"南方丝绸之路"，与海上丝绸之路相连；明确赤水河是古夜郎道的重要组成部分。成果分别在四川泸州和贵州都匀以《中国·泸州：赤水河共识》[①]和《中国南方丝绸之路·都匀宣言》[②]为题进行发布。

两次大型考察前，笔者都带领一个先导组对考察团将行进的主要节点地区进行前期了解和观察。通过踏勘、座谈、询问等方式，遴选地方上与考察团专家探讨、对话的研究者，这实际上也是在进行小型考察工作。大型考察工作结束后，笔者2016年至2022年期间，又20余次在川渝滇黔桂地区作小型专题考察，进一步深化认识，通过田野收集，逐一比对文献记载和新兴观点、出土文物，最终形成了本书的观点和实据。

在查阅各类史料基础上，根据《史记》《汉书》《三国志》《华阳国志》《水经注》《后汉书》等文献分析，得出历史上从四川经贵州、云南至广西、广东出海有一条古老的通道，为唐蒙通夜郎前即已成型的商贸通道。我们联系了习水县政协，并通过他们联系遵义市政协文史委，开始了该路第一阶段川黔边段考察。第二阶段的黔境段考察，又联系了中国先秦史学会、贵州省文史馆、毕节市委宣传部、黔南州文体广局等参与主办和承办。第三阶段考察桂粤境段开始，没有再组织庞大团队参与，只由笔者和相应

---

① 全文见附文2。
② 全文见附文3。

工作人员参加。随后的数年间,笔者利用节假日,自费又对过去所走线路多次重复查勘,获得大量珍贵的田野考察素材。

由泸州市文化研究中心发起的"古代西南出海丝绸之路"大型考察共分两个阶段进行,皆由西南大学蓝勇教授(前右二)和四川大学彭邦本教授(前右三)领队,前后共历时二十余天,行程达9000多千米。图为第二阶段时,酒城新报社常务副总编辑,泸州市文化研究中心副主任、秘书长夏艳(前右一)陪同学者们在贵州毕节市七星关区杨家湾古镇考察　　　　金燕　摄

考察团组团时邀请了国内有关学者蔡美彪、李学勤、胡昭曦、谭继和、陈世松、宋镇豪、陈有和等学者作为顾问,邀请了蓝勇、彭邦本作为领队,邀请了晋保平、宫长为、王兴骥、彭华、夏保国、闫平凡、罗安鸽、刘丽、王德埙、李军、禹明先、张铭、李勇、邹家兴、蒙家原、冯莉等教授、博士和博士生,以及申虹云、涂电林等地方文史研究者为考察队员,共有四十余人次实地参与,两次行程来回近万千米。

2015年7月19日上午,在合江文体广局局长龙启权、文保局局长长贾雨田的安排下,举行了第一阶段考察启动仪式和与地方学者的座谈会,中共泸州市委宣传部副部长任晓波、合江县县长胥兴贵听取了考察的学术意义介绍,并就川境内考察所需后勤支持作了细致安排。

会后,考察团庚即分别对巴符关、先市镇、九支镇等古关、古道、古码头进行观察,在唐蒙通夜郎出发的"巴符关"(已改名"南关")处作了长时间察看和热烈探讨。

第二章 南方丝绸之路东线研究缘起及现实意义

第二阶段考察中，四川大学教授彭邦本（中）在贵州七星关与七星关区志办主任周遵鹏（左一）探讨古道相关史实　　金燕　摄

考察团逆赤水河进入贵州省，在赤水市委宣传部副部长、市文联主席曾强，赤水市博物馆馆长韦玮的安排下，考察团踏勘了复兴、丙安、板桥、元厚等古码头和新石器时代遗存。在习水县政协副主席冯世祥、档案史志局原副局长袁永贵的安排下，与习水县各乡镇、部委局约70多名负责人举行见面会。蓝勇、彭邦本分别阐述了赤水河的古代通道价值和当代保护意义，蓝勇提出保护赤水河的原生态百年以后所产生的经济价值不亚于再建50-100个名酒厂，彭邦本阐述了赤水河所具原形态的重大价值。

随后考察团从习水县同民镇渡古蔺河再入川境，进入古蔺县太平镇、二郎镇赤水河沿线，经专程从成都赶回的四川郎酒集团副总经理李明政组织，与古蔺、叙永两县地方研究者在郎酒厂宾馆召开座谈会，中共泸州市委副书记曹建国前来出席。

2015年7月19日上午，古代西南丝绸之路（川黔边段）考察活动在四川合江县荔乡宾馆启动。图为启动座谈会一角　　魏敏　摄

第一阶段考察中，蓝勇教授在赤水河注入长江的四川合江县巴符关考察。其手指向处为长江，右侧为赤水河，脚下即原关址　　　　　　　　　　　康立沙　摄

座谈会后，考察团重点察看了二郎镇马桑坪"陆桥"，并逆赤水河再入黔境到达仁怀，在市长梁铮安排下，由市政府经济研究室主任周山荣牵头，组织本地学者龙先绪、刘一鸣等人与考察团座谈，随后分陆路、水路察看古道，足迹深入到毕节市金沙县境内洪石镇一带。

第一阶段考察团在四川古蔺二郎镇由郎酒集团副总经理李明政（左六）组织，与古蔺、叙永地方研究者座谈。中共泸州市委副书记曹建国（左五）对考察研究工作给予了高度评价　　　康立沙　摄

| 第二章　南方丝绸之路东线研究缘起及现实意义 |

第一阶段考察团在贵州赤水市元厚镇考察。赤水市地方文化研究者苏林富（笔者右侧）正在介绍赤水河元厚段航运情况
魏敏 摄

整个第一阶段历时10天，行程达3000多千米。田野考察结束后，考察团返回泸州，在巨洋大饭店召开小结会，关注巴蜀文化和西南古代交通史的学者伍松乔、夏洪、李殿元、庹政、李元胜、何小红等人专程赶来参加了会议。中共泸州市委常委、宣传部长鞠丽会前专门拜见蓝勇、彭邦本两位领队，详细征求泸州在南方丝绸之路通道中的历史价值与现实意义。小结会最后，彭邦本教授代表考察团宣读了《中国·泸州：赤水河共识》。

2015年7月31日下午，第一阶段考察团部分学者在泸州巨洋大饭店召开考察小结会，会上发布了《中国·泸州：赤水河共识》
康立沙 摄

第二阶段考察于2016年6月19日—29日进行。20日上午,由毕节市委宣传部常务副部长唐光星和副部长、讲师团团长刘群峰组织,在腾龙大酒店会议室举行启动仪式。首先观看了上一年第一阶段的考察回顾片,随即毕节市人大常委会副主任杨海琰致欢迎辞,中国先秦史学会常务副会长、秘书长宫长为宣读李学勤先生发来的书面讲话,贵州省人大原副主任、省文史馆馆长顾久发表贵州与南方丝绸之路学术演讲;考察团团长之一蓝勇教授安排第二阶段行程。会后分别在七星关、大方、黔西、织金踏勘、座谈、走访。

中国社科院原党组成员、秘书长晋保平(左)与中国先秦史学会常务副会长、秘书长宫长为参与第二阶段考察,图为二位学者在贵州大方县奢香纪念馆前探讨"龙场九驿"等相关史实
赵中琼 摄

考察首日,是察看古七星关和古层台卫地势。七星关古道位于七星关区杨龙湾镇七星关村,跨七星桥与赫章县平山乡的江南村相接。古道是川滇黔结合部重要孔道,但蛇盘虬缠,行走艰难,沿山有571级石级残存。陪同考察的毕节地方研究者聂绍基不慎摔跤,八十高龄老人这一惊险"动作",让考察团全体惊出一身冷汗。

考察大方、黔西两县时,最遗憾的是没有对九龙山和渭河进行探访。只踏勘了甘塘、中建、谷里等处古道,当然也参观了奢香博物馆。在后来的若干年,才从诸多七零八落的材料汇总分析出,九龙山竟是西汉有名的不狼山(犍山),渭河也是古鳖县因之而立的大名鼎鼎的鳖水(详见第六章第二节)。再则,受当今地势影响,主观判定织金县地域在通道中的作用巨大,没有直接到安顺,也没有安排对贵阳清镇市考察。为弥补遗憾,2018年至2022年笔者单独4次前往安顺地域,对于宁谷遗址、关岭古道、威清卫遗址、鸭池河沿岸做了补充考察。特别是在安顺市公安局相关负责人的协助下,厘清了清镇—平坝古径行进路线和民族生存现状。

| 第二章 南方丝绸之路东线研究缘起及现实意义 |

位于贵州毕节市七星关区杨龙湾镇的七星关古道，宽1—2米，尚存约2千米。图为第二阶段考察团一行在古道上合影前情景　　赵中琼　摄

"古代西南出海丝绸之路"考察团在贵州大方县甘棠古道考察时，对节孝牌坊、打虎记功碑等文物作了详细观摩和分析　　笔者　摄

　　进入安顺，在贵州省文联副主席、安顺市文联主席姚晓英和安顺市委宣传部文艺科科长徐娟、市文体广局文物科科长吴忠兴的带领下，重点考察了宁谷汉城，登山踏勘。进入黔南州后，副州长杨从明根据各县（市）要求，建议考察团分为两个小队，全方位考察该州各县古道情况。笔者与彭邦本教授商量后，决定一个小队由夏保国教授带队，分别考察长顺、福泉、瓮安；另一个小队由黔南州文体广局副局长葛明义带队，考察惠水、独山、三都，并沿都柳江考察黔东南州的榕江、从江，在黔桂交界处深入广西柳州的三江，再返回与另一队汇合考察都匀。

西南古代出海丝绸之路考察团部分成员2016年6月在贵州安顺市西秀区考察时的合影。前排中黑衣女士为中共安顺市委宣传部文艺科科长徐娟,是她的一再要求下,考察团才选择了安顺境内的考察 康立沙 摄

第二阶段考察团共经历有十多个县(市、区)、四十多处点位,行程约5000多千米。虽然行程紧凑,白天看点,晚上赶路,车上小憩,但欢乐却伴随着每一名队员,其中的花絮之一,就是彭邦本教授的两位博士研究生,一是蒙文通的重孙、蒙默之孙蒙家原,二是邹家兴,两位小伙子每晚住同一间房,再苦再累也要在考察群内吟出几首自创的古体诗,成全团每晚心仪的亮点。当得知考察结束的小结会上将发布"宣言",二人还主动领受了初稿的起草任务。考察小结会上,听闻考察团每天有诗赋流传,刚从北京赶来的人民出版社原副社长、编审陈有和也雅兴大发,赋了《贺西南丝绸之路考察完成》一首古体诗,其中"唐蒙越下辛蒟酱,番禺泊有蜀地舟",让人过目难忘。

"古代西南出海丝绸之路"考察中,年轻学者特别活跃。图为四川大学博士生邹家兴(右二)、蒙家原(右一)在贵州独山县田野调查"南通桥"时,不断咨询、认真记录的情景 魏敏 摄

第二阶段考察团在黔南州文体广局的具体承办下,28日下午召开考察小结会。受州主要领导委托,副州长杨从明表达了敬意和感谢,恳请学者继续关注和研究黔南州地域文化和古道历史,使州委、州政府打造新时期出黔大通道有更科学翔实的历史依据。主持会议的贵州省文史馆党组书记王德玉认为,此次省外学者的考察活动,掀动了贵州南方丝绸之路学术研究新篇章,首次响亮提出了贵州也有"丝路"的学术命题。黔东南州、黔南州各县(市)代表,在会上也纷纷表述了自己对所在境内古道的看法。陈有和还带着蔡美彪先生对考察团的问候和蔡老为考察团挥毫的团旗字迹原件,郑重交付酒城新报社常务副总编辑夏艳。为了永记此次南方丝绸之路黔境破冰考察之行,王德玉代表活动主办单位,隆重将考察队员携带了十天形影不离的团旗,由每名队员签名后赠交葛明义转黔南州博物馆永久收藏。

第二阶段考察团所携带的团旗,系由中国通史学者、中国元史学会原会长蔡美彪先生题写。年届90高龄的蔡老,对研究工作倾情关心,应主办单位请求,考察团出发前夕,委托人民出版社原副社长陈有和编审(右)传来所书题字。小结会上,陈有和又专程从北京带来手迹,在现场郑重转交酒城新报社常务副总编辑夏艳

康立沙 摄

关于此次小结会,还需特别提一下会前一天从成都长途乘车而来的谭继和、祁和晖夫妇,他俩与四川省社科院研究员平文艺一道,不顾乘车一整天的疲累,当晚参加彭邦本教授主持的《都匀宣言》定稿会,会完已是凌晨。第二天中午,众人吃饭时,谭教授又抓紧时间修订刚刚重新整理后交来的文稿。一头花白之发,埋首稿笺情景,让笔者至今难忘。会上,他作了南方丝绸之路与贵州历史文化多元"水库"关系演讲,深刻阐明贵州探索古代道路交通与现代社会经济建设的重大意义,赢得60多名与会者的热烈掌声。

四川省历史学会会长谭继和研究员悉心指导研究工作。为了赶在第二阶段小结会会前完稿《中国南方丝绸之路·都匀宣言》，中午顾不上吃饭也在审改文本

笔者 摄

经过考察团第一、第二阶段的实地踏勘，沿途市、区、县当地专家的研究及史料记载，考察团认为西南出海丝绸之路具有较高的学术价值和较大历史作用，自古存在从赤水河通往贵州并且再南延岭南的商路。它是南方丝绸之路网格状布局当中，最具国内通江达海特质的一条。

2016年6月28日下午，考察团第二阶段考察小结会在贵州黔南州首府都匀市召开。会上发布了《中国南方丝绸之路·都匀宣言》

康立沙 摄

设计两次考察路线中，因无具体文献支撑，也无学者实际考察，使先导组的前期踩点一片茫然，特别是古夜郎国的定位问题，更难上加难。好在有"夜郎者，临牂牁江。江广百余步，足以行船"[①]和唐蒙"巴符关以入"的记载，启程顺利。进入贵州习水

---

① [西汉]司马迁：《史记》卷一百一十六《西南夷列传五十六》，北京：中华书局，1959年9月第1版，1982年11月第2版，1982年11月北京第8次印刷，第2994页。

县土城镇后,问题就出来了。时值土城镇黄金湾遗址正在发掘出土文物,贵州省考古研究所现场工作队队长张改课,向考察团专门作了出土文物分析,证明此地商贸较为发达,汉民族聚落痕迹明显,秦汉时期农耕、渔猎发达,为这条商道提供了重要的物质后勤保证。唐蒙前进至此考察团全体皆认可,接下来他的路线是继续上溯赤水河,还是改走陆路进入鳖(今遵义)呢?考察团内部出现分歧。因为第一阶段和第二阶段的考察过程中,我们的认识还停留在鳖邑就在遵义或遵义附近、或遵义以西的层面上,土城时队员中出现前往遵义考察的声音实属正常。经过先导组的解释,还是按既定路线溯水前往古蔺、仁怀。

2016年6月29日,古代西南出海丝绸之路考察团在贵州都匀召开小结会后,部分考察团成员、专程赶来参会的学者,与黔南州、黔东南州党政领导、地方研究者合影　　　　　　　　　康立沙 摄

"土城争论"后,考察团先导组在大量相互矛盾的文献材料中理出头绪,毅然决定一改前人的研究思路,先抛开夜郎,直接定位牂牁江。结合当前的地理、水文、交通最新研究成果,果断在南盘江、北盘江、红水河、都柳江等疑似古牂牁江的河流中,锁定了都柳江作为主考察对象,并运用古代交通学原理对贵州山形地貌分析,主观划定了第二阶段的路线图。

后来,通过考察团和考察团前期先导组的努力,证明这个判断是正确的,但并不科学和严谨。

不科学、不严谨在于,受唐蒙一意孤行通向夜郎的路线所左右,也受夜郎中心区域在贵州境内的学术观点影响,更受鳖邑在遵义附近的牵绊,在陆路通向牂牁江的路径上,有所偏颇。直到考察中途,才临时作了分为两个小组共同考证,其中一个小组得出了结论:不管都柳江是不是古代的牂牁江,从鳖经过瓮安、福泉(古且兰)至独山、三都、榕江、从江,清代时期应该有商道可以通广州,从三都开始,就全部是可通航的都柳江-柳江-黔江-浔江-西江-珠江水路。这个结论,打破了陆路只有从黔西-织金-安顺-惠水-独山-南丹由北向南一路陆行的孤径。

在第二阶段考察中,队员朦胧认识到,除经过都柳江出黔外,通过右江-郁江(疑似牂牁江)南向广州或古交趾(越南),也是重要的商道。但因注意力集中在都柳江上,只决定第三阶段考察时,在桂境观察其干流和桂滇边观察其上游支流,故而没有用心此线。特别对都柳江沿线一重要发现高度重视,就是因自独山县基长镇秀峰村占人口百分之九十的艾氏家族的迁徙史实。该家族系泸州人后裔,自述其先祖就是顺川南赤水河和黔中腹地而来的。他们家族墓地碑文也明确记载,清顺治时期由泸州避难此地。考察团在艾氏墓地看到一块刻有"泸州"字样的墓碑,还刻有"原籍四川省隶泸州天水郡人"字样,显示时间为"乾隆五年仲春月"。艾氏先祖在此子孙繁衍将近4000人,达16代之多,遍及附近6个村庄。考察团调查,几乎家家户户都保留有400年前的家谱,承继祖业,以雕刻手艺为生者不在少数。

考察团拍摄的清代从四川泸州移居黔南三都县都柳江流域的艾姓墓碑

魏敏 摄

需要更加严谨考证的是,牂牁江究竟在哪里?从当时的分析来看,从贵州独山到广西南丹、天峨,再西向右江,然后直通广州的水路(即郁江-西江-珠江),是唐蒙期望认定的牂牁江的可能性最大,这也与夜郎临牂牁江的"临"意义吻合。考察团先导组前期在毕节座谈时,地方研究者聂绍基就提出,"临"并没包揽和拥有之意。笔者据此更加关注夜郎周边之江,其中地处广西的右江跳跃而出。总之,需尽力寻觅先秦汉晋时期以江河为主要通道的出海之路。第二阶段考察之所以增加了"出海"这一关键主题词,就是先导组前期在毕节调研时,毕节市委宣传部常务副部长唐光星所作的建议。可惜的是,仅仅一年后他就因癌症英年早逝,没能看到他期盼的研究成果问世。

第三节　　小型考察重点回顾

这个结论,笔者接下来多次黔桂边、滇桂边和滇黔边考察时,具有突破性进展,颠覆传统意义上"牂牁江是贵州境内的江"的认知,基本上可以确认南越人所谓"道西北牂牁。牂牁江广数里,出番禺城下"这句史料的内涵,开始由东向西转移注意力,比较深入地研究右江及其上游支流疑似牂牁江的众多可能。

2016年11月14日—17日,笔者前往贵州独山,广西南丹、河池一带,对贵州与广西之间的古道和打狗河-金城江水道进行考察,返程后查阅相关文献后得出结论,该古陆道在唐代侯弘仁开道以前,没有通行的文字证明。同样,金城江通柳江的水道虽然航运条件尚可,但也没有史料证明明清以前被频繁利用。此次考察,笔者对天峨一带红水河也进行了观察,田野访问中被明确告知,龙滩水电站大坝建起来之前,河谷深切,江水咆哮,险滩丛生,只有个别地方可以横渡,上、下游航行无法做到。后在南宁访问地方学者时,大明山国家级自然保护区管理局的张思宁也提示了一个线索,广西境内红水河沿岸城镇布点并不密集,连大化县城也是1988年因修建大化电站而从邻县析出的新县。后来他也将此材料运用到黄宁和他主编的研究成果中公开出版①。

2019年11月10日至19日,笔者一行四人在南宁、贵港、玉林、合浦、北海考察后,折回南宁西向百色,经过隆安、平果、田东、田阳和百色城区,顺乐里河谷至田林,在田林旧州渡过南盘江抵贵州册享直至望谟南、北盘江交汇处双江口的蔗香镇,然后观察贞丰县白层渡口后返回四川。

---

① 黄宁、张思宁主编:《回首白云低——读懂大明山 读懂广西历史》,南宁:广西美术出版社,2021年,第59页。

这一考察过程中，笔者从地理态势上分析出两个可能，一是百色至南宁、桂平的右江-郁江自古至今，完全符合通航条件，浔江转溯北流江，在桂门关（鬼门关）处绕行陆道五六千米可顺南流江而到合浦出海。合浦上千座汉墓墓地让我们叹为观止，如果汉代没有大量汉人在此生息、劳作、商贸，不可能在当时尚为偏僻的岭南之地聚集如此人气。所以得出结论，南、北流江是古代中原和西南腹地通向大海的主要通道。第二，从浔江-郁江-右江来看，逆江而上和顺水而下，以北流江与浔江交汇处的藤县下游开始，沿河整整齐齐密布着

2016年11月14日，笔者考察贵州独山至广西南丹古道遗存
肖利华 摄

众多市、县级城市，城市与城市之间水道还串联有更为众多的场镇，这些都以码头的形式矗立江边。勾画出来，可以在地图上形成一条清晰的水运交通路线图。单是县城以上，从下游到上游就有梧州、藤县、平南、桂平、贵港、横县、南宁、隆安、平果、田东、田阳、百色等处。但是，我们考察的右江上游其中的这一条支流乐里河，与南盘江近在咫尺（直线距离仅二三十千米），除下游即将汇入右江一段，有年岁较大的老人证实能通航外，以上河段皆河谷狭窄、水量微小，目测不可能通航。之前我们在地图上反复测算，认为渡南盘江而来可陆行转乐里河顺航的分析应该不正确。倒是这一分析，在后来考察西林县老县城定安时得知，有驮马从南盘江渡口来此卸下物资，汇入驮娘江一航而下。

考察右江上游驮娘江文化遗存与能否通航问题上，西林县文化局原局长、志办原主任王合兵极其热心。2020年8月初，当田林县志办主任黄晋强告知我欲去西林的意

图后,他就不断电话和微信联系,让在陌生环境开展工作的笔者倍感温馨。通过他介绍,我结识了时年82岁的韦定仍和瑶族学者邓正甜,两位不管在铜鼓解读、句町史观、土黄民情还是桂西、黔南、滇东一带历史、地理所了解的知识和所悟心得,都毫无保留地让笔者周知和进一步理解。其后,远隔千里,王、邓等对笔者微信、短信发出的疑问,都有问有答,甚至夜深凌晨。

2019年11月18日,笔者在贵州望谟县南、北盘江交汇处两江口了解通航情况。右一为望谟县文体广局局长黄福祥　　　　　　　　　　李光华　摄

2020年8月15日,西林县县志办原主任、县文化局原局长王合兵陪同笔者考察驮娘江上游土黄坝子

右江上游另一支流西洋江,也极具通航价值,只是外界并不知晓。笔者在考察驮娘江过程中,多次从资料和人们的交流中得知后,两次前往该江上游西洋街和中游板蚌考察,所见与文献资料完全可以吻合。由此可知,右江及其上游主要支流驮娘江和西洋江都是古代水路的重要路段。

笔者在云南广南县西洋街考察时,当地村民蒋开祥带路寻觅隐藏在丛棘中的古道,分手时,坚持爬上自家树上去摘木瓜送客。他说:"你们四川难得吃到新鲜木瓜,一定要带回去,让家里人也尝尝!"

对云南境内南盘江的考察,从2016年8月至后来数年,笔者分别进行了5次。首先对曲靖-陆良坝子一段河流流向、流量进行观察,又多次与李保伦、梁晓强等学者座谈,又与范利军、王启国、张江涛等实地察看过南盘江-红水河全程的田野调查者作了访谈。随后在陆良、石林、罗平、泸西、弥勒等地,向地方文化研究者杨俊、王洪斌、何进、虎志光、邹凯荣等进行详细了解,实地察看南盘江滇桂接壤处八大河一带水势。2022年8月,笔者利用假期又察看了陆良、宜良境内南盘江走势,与宜良县文管所王利寨详细考证了狗街附近通航情况。

对贵州境内南、北盘江的考察,早在第二阶段考察团组建之前,笔者就带领先导组一行4人即先期探路,随后的数年间,又多次往返或专程前去。先后在黔西南州州委宣传部副部长杨建萍和广西隆林各族自治县文广旅局副局长黄佩传的安排下,与兴义、兴仁、安龙、隆林等地方研究者进行座谈,实地到革步、巴结、管肖、板坝、八达等处江段两岸进行察看,访问了原武警水电一总队警官王家伦、黎飞虎,了解天生桥水电站

一、二期修建后对江面的影响。此后,为了解巴结曾出土过汉代青铜器一事,在黔南州文物局崔利军的引领下,再次到巴结江边,找到村民对方方面面情况作了了解。

在对北盘江考察时,贞丰县文广局唐仲嵘局长详细介绍了从两盘交汇处的蔗香上溯,有三个重要津渡,由下至上分别是羊里(今属罗甸县红水河镇羊里村)、落凡(今属贞丰县沙坪镇落凡村)、白层,白层以上即不能通航。

2020年8月10日,笔者考察北盘江,在贵州贞丰县白层新渡看到渔船云集

距白层渡口上游北盘江水道不能通航,但有陆道转到关岭布依族苗族自治县。该县北部分别为镇宁和六枝,西南方隔北盘江与晴隆、兴仁、贞丰相邻,其境内距县城北面两三千米往北到镇宁、安顺的陆道,需翻越关索岭。在县文管所赵梅所长的导引下,笔者从县城方向步行上山,对岭上尚存古道作了详细观察。该道传说是诸葛亮南征时所派大将关索开凿,传关索乃关羽之子。但笔者观察古道路面所铺石板不可能已历近两千年岁月,其磨灭程度判断只有三四百年光阴。当然,也有可能在汉晋古道基础上新铺上去的。不过,查阅关岭明清所属永宁州地方志,在舆地部分有《关索岭考》一文,明确查无关索此人,古道为关索所修、关索系关羽之子都系传说和附会。

针对上文所述,大型考察时没能关注夜郎、鳖、且兰等方国国邑定位问题,笔者为此在滇黔两省又作过多次考察。

这些考察地域,包括遵义、安顺、赫章、威宁、大方、金沙、黔西、六盘水、清镇、黄平、福泉、富源、沾益等地。初步判断了以上方国的大致地理位置,其中在曲靖沾益区黑桥考察时,南盘江上游的安静与下游的宏阔,鲜明立判,令人生出感慨:"君住长江头,妾住长江尾"句中,何以"日日思君不见君",原来上游的"君"到下游时,完全像换了马甲,从温良恭俭让到粗野狂暴,嘴脸大变。

2020年8月11日,笔者考察贵州安顺市关索岭古道。关岭县文物部门正在恢复修缮岭上古关　　　　　　　　　　　　　　　关岭县文管所　赵梅　摄

笔者前往云南曲靖市沾益区西平镇黑桥社区考察

曲靖市广播电视台　陈继华　摄

针对学界一再关注的赫章可乐和六枝、郎岱疑似夜郎国邑问题,笔者2016年8月上旬又到威宁、赫章进行考察。赫章县文物局局长李木奎详细介绍了可乐遗址发掘情况,判定遗址及附近辅处是汉置汉阳县。可乐是南夷道的重要节点,也是西南丝绸之路上的重镇。笔者观察到,可乐附近残存古道岩崖上,有古彝文石刻,县文物局库房里还留存有部分水晶、玛瑙、蜻蜓眼等文物。李局长认为,彝文系汉时所刻。他进一步阐述夜郎与彝族先民关系密切,系古彝人中的"具有能工巧匠的部族们构成的夜郎国",在彝族中称"zhang kou"国,即勾葛民族,并占夜郎民族较大比例。此次考察与学术界普遍认为属氐羌系民族的彝族先民迁入时间不符,笔者判断即使可乐、辅处等遗址中有古彝先民元素出土,也当属后夜郎时期,故而没有再对其作过深研究。同样,威宁中水及六枝、郎岱一带,因地形破碎,不适合大方国活动,也放弃了继续考察。但与六枝、郎岱距离并不太远的普安铜鼓山冶炼遗址,笔者考察后,却百思不解,也理解学界存在夜郎国邑在此附近的看法。此外,中水与昭通近在咫尺,沿山而下即为昭鲁盆地,现代政区虽然分隔两省两市,远古实为同一文化、同一族群共栖,正在进行的朱提故城考古发掘完成后,相信会有更有力的文物佐证呈现。

针对学界认为且兰国邑在黄平、福泉一带,和鳖国国邑在遵义附近一说,笔者也两次到福泉、三次到遵义、一次到黄平做过考察。鳖邑在遵义的判断,遵义市地方研究者深信不疑,并不断解读相应文献和现代地理予以印证。而且兰国邑在黄平、福泉一说,两地的文博工作者几乎一致回答,没有出土文物的支撑,应该不在他们这一带。

岷江道、中水道、五尺道、合浦道及㳛江、盘龙江、元江(红河)、乌江(鸭池河)等古道考察,在后文相关专题中有所涉及,在此不再赘言。不过还是要提一句,在这些地域的考察中,四川、贵州、云南文物部门和广西区志办,以对历史高度负责任的态度,为笔者田野调查提供便利,指定专人负责联系、接洽,使笔者异地开展工作得以顺利进行。

第四节　考察中的思考

1.地方干部学养深厚

笔者考察时观察各地,见闻一批有学养,有情怀的党政官员,发乎内心尊重和支持学术研究工作。他们的重视、支持、参与,在当地产生良好反响,更加增强地方文史研究工作者满怀激情投身研究的积极性,也有更多成果反馈和服务现实的社会经济发展。

"下轿问志"有古风 地处沱江中游的资阳,2014年11月27日迎来了新的市委书记周喜安。他召开的第一次会议,就是在办公室约请市志办主任李卫东等3人,介绍该市的历史文化概况①。昆明市晋宁区区委书记陈汉,2021年6月21日到任第一个工作日的上午9:00,即一人悄然到博物馆观摩厚重的古滇文化。当天时值周一博物馆闭馆,不得不临时请馆长来开门,整整在馆内作了半天观摩和学习②。玉溪市委书记王力充分认识到学术研究的基础成果必将反作用于现实生产力,到任后即调研江川李家山博物馆,指示要在李家山考古发掘50年之际的2022年8月,约请全国学者前来研讨,构建学术基础研究团体,借智借力,共振全市文旅发展③。

构建体系堪大观 四川省人大常委会副主任、达州市委书记包惠为深入进行巴文化的研究与弘扬,协调省、市编办,2019年1月,创设达州市巴文化研究院,争取到了17个干部编制,作为正县级国有事业机构开展长期工作④。泸州市委书记蒋辅义系高校历史系教授转任地方工作的干部,早在阆中担任市委书记时,即指示有关部门协助地方文史研究者成立阆中市名城文化研究会;主政泸州又指示成立泸州市文化研究中心,一如阆中,拨给专门经费开展工作。泸州市委常委、宣传部长鞠丽具体谋划泸州市文化研究中心成立事宜,召集组织部、宣传部、编办、人社局、文广局、民政局、文联、社科联、酒城新报社等部门多次讨论后开会授牌。

参与学术亲身行 广西区政府原副主席张声震2015年去世之前30年的离休生活,都是以学者面目继续工作和生活,奖掖后学,著作等身,主编的《壮族史》⑤成为民族学学术范本,为壮学等领域研究起到"带头羊"作用。笔者考察广西各地,每每听到对他的缅怀和追思。蒋辅义书记主政泸州期间,推动召开若干次国际性和全国性学术研讨会,与会演讲,纵论学术,莅会学者亲切称他为"蒋教授"。鞠丽也身体力行策划"首届长江文化带高峰论坛""首届杨慎学术研讨会"等学术活动,从宣传管理者好学成为深厚学养的组织者。黔南州副州长杨从明率领州里7名干部和地方文史研究者,

---

① 2017年4月15日,笔者在资阳考察时,资阳市志办主任李卫东讲述。
② 2021年12月5日,笔者在昆明考察时,晋宁区石寨山博物馆馆长太晓旭讲述。
③ 2021年12月4日,笔者在玉溪考察时,玉溪市文管所所长李洪海、江川区文管所所长张庭隆讲述。又据各级媒体报道,2022年8月13日"纪念云南李家山古墓群考研发现50周年学术研讨会"在玉溪召开,王巍、张凌、杨德聪等学者、文博管理者莅会致辞。
④ 2022年7月5日笔者在达州考察时,达州市巴文化研究院原院长王诤、院长蒲茵讲述。
⑤ 张声震:《壮族史》,广州:广东人民出版社,2002年。

驱车远赴泸州参加"长江文化带学术高峰论坛"等学术活动,还与州、县(市)研究者讨论学术、思考选题,推动该州学术研究蓬勃开展。自贡市人大副主任陈星生,不管在职和退休,都以学者情怀,致力文化传承和文脉保护,立德立言,演讲宣扬,著文普及,自媒体所开专栏"星哥走江湖"大受粉丝热捧。

广西区政府原副主席张声震(左)带头开展学术研究,成果颇受学界注目。同时,着重对年轻学者进行引导和培养,他关心的广西田阳区地方学者黄明标(右),已成长为广西壮族历史文化研究专家

百色市田阳区布洛陀文化研究会 黄明标 供图

支持研究意高远 2016年7月22日,因川渝移民文化学术研讨会在重庆市荣昌区召开,内江市委指示隆昌县委、县政府邀请与会的全体100多位学者,利用会议间隙到仅1小时车程的内江隆昌县,参观牌坊群,其间县领导与学者座谈,请求学者为该县打造牌坊文化献智出力[①]。百色市委常委、副市长黄彩毕对学术研究极为重视,听闻外地学者前来考察、调研,都悉心作出安排,以便学者有思而来,有获而去。遵义市两届政协主席陈凌华、徐光华争取财政支持4000多万元,由副主席谭剑锋具体主持,抽调人员组成专班,2015年和2017年先后启动编撰《遵义丛书》和《遵义丛书续编》,截至2021年年底,影印出版290册。习水县政协领导班子全体学文史、倡文化,还人人学习拓片技艺,四处寻访古碑古字临拓,汇集出版《习水碑刻拓本》[②]一书,为研究习水县地

---

① 2016年7月笔者参加荣昌"川渝移民文化学术研讨会"时,从会议策划者、四川省社科院移民与客家文化研究中心主任陈世松教授处得知。
② 中国人民政治协商会议习水县委员会:《习水碑刻拓本》,内部资料,2021年。诚谢遵义市政协文史委原主任谢爱临赠书。

域文化和赤水河历史文化夯定基础。泸州市政协副主席兼财政局长刘杰,大力支持市内开展各类学术活动,铿锵表示:凡是为地方文化研究做实在工作的单位和个人,泸州财政绝不会亏待。宜良县委书记应亥宗得知城西北1千米许的青龙山出现盗掘先秦西汉墓葬时,痛心疾首,批示公安、文博部门立即保护,并约请昆明市博物馆科学发掘,为宜良的西南夷研究进展铺就了全新开端[①]。

在普通干部中,出于对家乡的热爱,对地方文化有强烈爱好和兴趣的人士也大有所在。曲靖市财政局干部梁晓强、长宁县县委办公室副主任袁露、昭通市纪委干部刘绍清、西林县司法局副局长邓正甜、资阳日报社编委唐俊高、大方县瓢井镇镇长陈开亮、黔西市委宣传部常务副部长兼融媒体中心主任黄启贵、宣威市委办公室主任王所邦、广西大明山国家级自然保护区管理局干部黄宁和张思宁、扶绥县扶贫办副主任何春阳、珙县沐滩镇原人大主席团主席田江文、泸西县文联主席杨俊、宜宾县人大教科文卫工科主任郑启友等人,他们或以独到见解刊发论文,或以网络为载体宣扬古史,或以厚重专著阐发学术,或申领国家社科基金,或积极组织协调,为地方文史研究工作做出较大贡献。

云南昭通市纪委干部刘绍清(右)业余时间潜心研究文学理论和地方文史,撰多部理论著作刊行,在国内产生一定影响。图为他正在为笔者介绍昭通民俗人文情况

---

① 2022年8月笔者在宜良考察时,文管所干部王利骞讲述。

2. 研究机构大兴科研

笔者考察中与各市、县地方研究机构中的不同单位打过交道。按现行体制,在各市、县地方历史文化研究领域,有诸多机构固定长期运作,有专门的经费下拨,有专门的人员配备,大致有宣传部、政研室、党校、文联、社科联、方志办(分别与党史办、档案局合署或分署)、档案局(馆)、文化广电旅游局、民政局地名办、民宗局民研所、文保中心、博物馆、图书馆、文化馆、教育局教科所,以及交通、国土、住建、水务等相应科室,他们要么按"三定方案"系专门、专职研究机构,要么有长期或短期从事研究工作的职责。在与上述不同机构的负责人或工作人员交流过程中,笔者感受到他们大部分有强烈的文化自信情怀,有浓厚的热爱乡邦心理,有勇争一流的进取精神,办事干练和踏实。

文博界领域,贵州一南一北"双花并莲"。黔北赤水市博物馆馆长韦玮,外表美丽,工作好强,带领全馆职工在全省各项业务中赶、学、比、拼,被誉为赤水市女强人。听闻王子今教授在毗邻地域参加学术会,立即驱车讨教,收获满筐。黔西南兴义市文管所所长周仕敏从事文博工作20年,撰写大量学术论文刊发,研究视野拓展周边,与毗邻陆良、罗平和省内其他县市搭构研究联盟,被誉为贵州文博界常青树。在研究南方丝绸之路及地方文史领域,刘弘、唐长寿、李保伦被称为"三条汉子"。他们从1980年代涉足文博工作,至今矢志不渝,退而不休,在学术界颇享盛望。李保伦还与小他20岁的梁晓强,共同撑起云南地方文史研究的标志性旗帜,视野拓宽省内及周边地域,梁晓强承接并完成国家社科课题"南诏史研究"和"清代云南铜政研究",所著《南诏史》①成为治西南唐代史研究者案头必备。陆良文管所所长王洪斌,深研滇东碑帖,解读深究,所撰《陆良历代石刻注解与研究》②和《解读爨龙颜碑》③两本专著,为学者深入研究提供了鲜活的第一手素材。红河州博物馆研究馆员李朝春积30年功底,撰就《从高原走向大海的红河国际通道》④《祖先踪影——三星堆与哈尼梯田文化》⑤《云南石屏乌铜走银》⑥等专著,为滇南地域历史文化研究引领一方风景。2020年他反复追踪,

---

① 梁晓强:《南诏史》,北京:中国社会科学出版社,2013年10月第1版,2014年12月第二次印刷。诚谢作者赠书。
② 王洪斌:《陆良历代石刻注解与研究》,昆明:云南人民出版社,2016年。诚谢作者赠书。
③ 王洪斌:《解读爨龙颜碑》,昆明:云南人民出版社,2016年。诚谢作者赠书。
④ 李朝春:《从高原走向大海的红河国际通道》,昆明:云南民族出版社,2011年。诚谢作者赠书。
⑤ 李朝春:《祖先踪影——三星堆与哈尼梯田文化》,昆明:云南美术出版社,2010年。诚谢作者赠书。
⑥ 李朝春:《云南石屏乌铜走银》,昆明:云南人民出版社,2019年。诚谢作者赠书。

排除疑问与不解,为馆里征集到一方尊贵文物"贲古铅锭",雄辩证明西汉古县与矿冶关联,为红河州厚重历史添加了一笔关键的实物证明。广西田阳黄明标1988年受区政府副主席张声震点将,担任县博物馆馆长,以"兴趣是最好的老师"名言,下深水钻研业务,迅速成为行业标兵,年近八旬尚精神抖擞,牵头成立田阳布洛陀文化研究会,恢复壮族布洛陀祭祀,主编多辑布洛陀研究论文集。重庆綦江文旅委副主任、博物馆馆长周铃,牵头成立中国僚学研究中心,让研究僚人的学者终于有"家"的温暖。百色市右江区文管所所长黄鑫,在考古工作中狠下深水,成为广西区经常抽调的专家赴全区各地开展工作。凉山州彝族奴隶制博物馆馆长邓海春,除了继续从事该州牵头的南方丝绸之路西线研究工作,主编有《南方丝绸之路上的民族与文化》①一书外,还在彝语支民族历史文化研究上卓有成效。内江市图书馆前后两任馆长朱明泉、巫军,主持编撰"大千文化丛书",出版两辑共8册,学术气味芬芳扑鼻,文史厚重肃然起敬。重庆自然博物馆张颖,在探勘古道途中不断"咔嚓"亮点,美图翩跹各大学术著作,被重庆学界誉为"历史还原人"。

2021年7月26日,曲靖市文管所退休寓居于昆明,被誉为"老革命"的李保伦先生,为笔者指点本书初稿中云南曲靖段古道疑问

---

① 邓海春主编:《南方丝绸之路上的民族与文化》,成都:四川民族出版社,2016年。

政协文史委系统可谓群星灿烂,因1980年代恢复亲历、亲见、亲闻"三亲"为标志的各地政协文史资料编辑出版工作,即积累了厚重研究传统,选人用人以学术功底为标准,为这一系统诞生深厚学养干部奠定了基础。遵义市政协文史委第一任主任谢爱临是仡佬族女干部,主编《仡佬族百年实录》①上下册140万字;在《遵义丛书》和《遵义丛书续编》中,协助主编谭剑锋做大量资料收集工作。笔者在播州区考察时,亲见她以柔弱娇躯,爬坡上坎,不输壮男。每见一疑似文物,必反复叮嘱建档保护。在她的带领下,下属县区政协文史系统干部自觉增强学术意识氛围浓烈,分管文史委工作的习水县政协副主席冯世祥牵头出版了习水县历史文献丛书《鳛国·习姓·鳛部·习水》②;仁怀县政协文史委主任龙先绪寻觅故纸,成果颇丰,所著《赤水河通航考述》③乃研究赤水河历史地理经典;收集作曲家罗念一父亲罗健生散佚文稿,整理出版《蝶梦庵诗文集》④,为川黔边留下珍贵地方文史素材。云南地方文史委系统中,富宁县政协文史委主任黎盛根系集组织能力和研究能力于一身的双料人才,所主持出版的《剥隘——沉入江中的千年古镇》⑤一书,慧眼识珠,为学界研究这一交通节点小镇保存了鲜活素材;他还发现和推动"坡芽歌书"爱情密码解读、研究与宣传。建水县文史委副主任汪致敏围绕全国第三大文庙"建水文庙"大做文章,撰写大量庙内建筑、碑帖研究论文,发掘地方善本,影印出版方国瑜也感叹未见尊容只能收目的《公车图》⑥一书。在四川,蓬溪县政协文史委主任胡传淮,以深厚学养,组织召开学术会议,撰写《张问陶年谱》⑦。新都区政协副主席倪宗新撰写《杨升庵年谱》⑧,二人为两位四川明、清才子继续深入研究夯下基础。叙永县政协原秘书长万中华,创办"永宁文史馆",集研究、创作、文博、书览为一体,既收藏书又出新作,第一批"永宁全书"书系《不忘来时路》5册,2023年将浓墨重彩出版。

---

① 谢爱临主编:《仡佬族百年实录》上、下册,北京:中国文史出版社,2008年。诚谢谢爱临主任赠书。
② 《习水县历史文化丛书》编纂委员会编,冯世祥主编:《鳛国·习姓·鳛部·习水》,北京:中华书局,2015年。诚谢冯世祥副主席赠书。
③ 龙启全编:《走进赤水河》,成都:西南交通大学出版社,2018年,第177-193页。
④ 罗健生撰著、龙先绪整理:《蝶梦庵诗文集》(上下),贵阳:贵州人民出版社,2021年。诚谢作者惠赠。
⑤ 张俊:《剥隘——沉入江中的千年古镇》,昆明:云南出版社,2019年。诚谢黎盛根主任赠书。
⑥ 云南省博物馆、建水县文化和旅游局、建水古城旅游投资有限公司、建水学政考棚景区管理有限公司影印:《公车图》,昆明:云南民族出版社,2020年。
⑦ 胡传淮:《张问陶年谱》,成都:巴蜀书社,2000年。诚谢作者赠书。
⑧ 倪宗新:《杨升庵年谱》,北京:中央文献出版社,2018年。

云南富宁县文史委主任黎盛根（右二）和县文广局副局长农恩护（右一），在新剥隘复制的码头石阶上，向笔者介绍原古镇的交通节点功用

　　地方志系统中人才辈出的原因，是因为1980年代初全国大倡"盛世修志"，各地为恢复地方志办公室机构，破格、破规引进人才，在第一轮县志、市志修编过程中，你追我拼，学术竞争气氛浓烈，老带新、新续老，催生大量人才脱颖而出。内江市前后两任志办主任余崇威、申福建深挖地方历史资源，出版上十辑"资政育人"丛书，春风化雨，深受干部好评，更受学界瞩目。自贡市方志办编审科科长刘刚，致力于地情资料挖掘编研，发表作品数十万字，《地方志服务"一带一路"建设的路径与方法》[①]一文，获全省方志系统优秀成果论文一等奖。资阳市雁江区志办王洪林，22岁即从事地方文史研究，30余年撰就、编成50余册地方文献，可谓川中奇葩。与刘、王同处沱江一线的金堂孙成君、简阳徐正唯、内江甘光地，沿赤水河一线合江县喻享仁、赤水市苏林富、习水县袁永贵、金沙县温贤民在地方历史文化研究中享有口碑。黔西南州志办宣教科科长杨南明在安龙工作期间，组织承办了南明历史和张之洞生平研讨会，吸引全国学界

[①] 该文于2016年9月在第六届中国地方志学术年会暨"一带一路"与地方志创新学术研讨会上公开交流，其中"借'一带一路'修'地方志丝绸之路'"的主张作为创新性观点在总结会上被提及。2017年5月入选《第六届中国地方志学术年会论文集》公开出版；2018年7月20日入选《史笔耕耘 志者情怀——纪念改革开放40周年四川省方志论文选编（1978—2018）》（全省100篇）并于2018年12月公开出版；2018年12月，获四川省第十八次地方志优秀成果奖论文一等奖。

目光,出版了《安龙出了个文襄公——纪念张之洞诞辰180周年学术研讨会论文集》①《南明史学术研讨会论文集》②等论文集。安龙志办唐保华深挖地方史料,出版《贵州西南明清史料辑录》③《龙城雅韵——张之洞与父兄族戚在安龙诗文选注》④专著,为地方党委、政府决策城市形象宣传和城市定位打造提供学术支撑。红色文化研究中,叙永县刘竞涛、七星关区周遵鹏下深水挖掘红军四渡赤水史实。民族文化研究中,兴文陈介刚30多年如一日,在僰人研究中自成一体,被誉为诚实耕耘的地方学者,赴云南泸西、丘北、罗平等地调查僰人遗裔所撰论文⑤,成为云南僰人历史、民族、语言研究者必阅之作;与人合著的《叙南都掌文献汇注》⑥堪为明代川滇黔边民族研究工具书。在广西,广西区志办副主任唐中克情怀满满,他和地情信息部部长韦韩韫为赴该区考察、研究的学者极力提供工作方便,深望全国有更多学者注目八桂大地。该志办还自选课题,组织各领域学者研究合浦是海上丝绸之路首发港,分10卷公开出版《灵渠-合浦海上丝绸之路溯源史料选编》,每卷字数80~100万字,2021年和2022年分别在广西师范大学出版社各出版3卷,为学界深入研究提供了浩大基础工程。西林县志办主任王合兵,更是发挥研究之才和策划之智,大挖句町历史和文化,2007年成功举办声势浩大的句町历史文化研讨会,全国学界众星云集被戏称为广西"省尾"的小小的、偏偏的西林,公开出版的学术会会议论文集《句町国与西林特色文化》⑦,观点新颖、史料丰富、论点各据,至今无人能越。

宣传部、社科联、文联等系统,以组织工作为主,其中也不乏优秀的研究者产生。资中县作协主席顾建德所办《盘石》杂志,专门开辟文史专栏,每期推出地方研究专文,大受学者青睐,所撰《资中籍现当代二十位文艺名家研究》⑧厚重深刻。曲靖市委宣传部副部长、社科联主席范利君,牵头出版曲靖地方文史丛书,与此类似,保山也出版一套,两套在西南市州中,出版时间较早,系统内影响较大。长宁县委宣传部副部长邹永前,对地方文史热心热爱,梳理宋代长宁盐井史料,以此为创作题材,撰就《消

---

① 何晓明主编、唐保华执行主编:《安龙出了个文襄公——纪念张之洞诞辰180周年学术研讨会论文集》,武汉:武汉大学出版社,2018年。诚谢该书执行主编唐保华赠书。
② 中国明史学会、贵州省文史研究馆、安龙县历史文化研究会编:《南明史学术研讨会论文集》,昆明:云南人民出版社,2017年。
③ 唐保华:《贵州西南明清史料辑录》,贵阳:贵州人民出版社,2018年。诚谢作者赠书。
④ 唐保华:《龙城雅韵——张之洞与父兄族戚在安龙诗文选注》,贵阳:贵州人民出版社,2017年。诚谢作者赠书。
⑤ 陈介刚:《云南省丘北、泸西、罗平三县僰人遗裔考察报告》,《宜宾学院学报》2008年第10期。
⑥ 陈介刚、陈伟平、温涛编著,成都:巴蜀书社,2022年。
⑦ 中共西林县委、县人民政府,广西文物考古研究所,广西历史学会编:《句町国与西林特色文化》,南宁:广西人民出版社,2009年。诚谢西林县王合兵先生赠书。
⑧ 顾建德:《资中籍现当代二十位文艺名家研究》,北京:中国民族文化出版社,2022年。诚谢作者赠书。

井》①著作,集趣味性和学术性为一体。乐山市社科联主席魏奕雄毕业于北大历史系,致力档案史料研究、辑存整理,出版辛亥革命、抗战乐山、解放乐山等档案汇编②。威信县文联主席周元珠,集民族研究和红色文化研究为一身,所撰此方面论文,在学界影响较大。其中关于红军长征"鸡鸣三省会议"地址问题研究,和刘竞涛、周遵鹏分别有自身独到见解。泸西县文联原主席杨俊,曾任县文化馆馆长,20年时间长期致力当地历史文化和民族民间文化搜集、整理、挖掘和研究,大量研读涉及该县的古今材料,求诸田野反复映证,县内文物了然于胸,朋友圈推广普及;挖掘明末清初泸西民间诗人陈菊谭100首咏菊花诗稿,注释出版《菊谱新诗》③;编辑出版《阿庐文化》系列丛书共4辑20余册,是普及、宣传泸西文化的大众读物。其所出多本专著中,《泸西阿庐文化调查》④一书收录全县汉、彝、回、苗、壮、傣等6个世居民族的文化资源调查成果,学术价值受到学界认可,被誉为泸西文化"活字典"。

广西区地方志工作办公室唐中克副主任(中)、地情信息部韦韩韫部长(左),2019年11月10日与笔者交流广西区情及他们对灵渠-合浦海上丝绸之路研究情况

李光华 摄

---

① 邹永前:《渭井》,北京:九州出版社,2020年。诚谢作者赠书。
② 诚谢犍为县文史研究学者罗家祥惠告。
③ [清]陈菊谭遗著、杨俊注释:《菊谱新诗》,北京:中国文化出版社,2008年。
④ 杨俊:《泸西阿庐文化调查》,红新出〔2006〕准印字第247号。

云南泸西县文联原主席杨俊深耕该县文史研究领域,故纸堆里不觉倦,田野求证觅真知,深受文化、文博部门倚重,每有学者造访,必约请他出面交流。图为杨俊(左)与县文管所办公室工作员连云(右),向笔者介绍泸西城周边地形地势及沿革

3. 非研究机构人员已成生力军

笔者考察中,接触更多一个层面,是非研究机构工作的地方研究者。当然,能与他们有缘晤面,大都是研究机构的组织搭桥。这部分研究者包括两个层面,一是在研究机构退休的老同志,仍笔耕不辍,终生学习;二是纯粹在其他机构工作、甚至体制外工作的人士卓有成效。

先介绍体制外工作的研究者。织金县体制外工作的刘玉明,是极有恒心和韧劲的地方文史研究者,当他埋头签名赠《织金老城纪事》[①]一书给考察团每一名学者时,我才注意到他。回房间一翻阅,一种厚重历史气息扑面而来,深为这座小县城诞生了一位与外界对话的学者感到庆幸。后来的考察中我还专门绕道到织金与他晤面,讨教各方面学术问题。资中铁波乐(何永忠)自称"爱资人",踏遍全县山水,细究该县历史,怀着热爱家乡的朴素情愫,撰就大量历史文化研究论文,结集15本专著出版,还向

---

① 刘玉明:《织金老城纪事》,贵阳:贵州人民出版社,2016年。

县委、县政府建议资中孔庙的修复和保护，建议孔子塑像为站立式并得到全国孔庙学会颁行新建孔庙的标准塑像。宜宾翠屏区个体书店老板罗平，熟悉城区每一条街道，深谙该区每一栋古建筑，撰就《宜宾市翠屏区街道史话》①《宜宾市翠屏区古建筑史话》②著作，并自办公众号"叙府往昔"逐篇推广，爱乡之情溢透纸背。同样是民营企业主身份的叙永县涂电林，身处偏僻的摩尼小镇，也办"摩尼风采"微信让地方文史插翅飞出乌蒙大山山外；还间周义务组织村童学书法、习古文，办起镇文史馆展示民族地区乡风民情；更苦心钻研学术，所撰《且兰考校注》③为川滇黔结合部彝区民族历史提供了新的研究素材。南宁市江南区江西镇同江村委会下属自然村宋村村民宋多河，30多年来植根左右江交汇处的三江口合江半岛，挖掘这方神奇土地上厚重的文化底蕴，举债开办宋村民俗馆，撰写上百篇学术文章刊发报刊和网络平台，学术专著《南宁三江口的烙印》④即将问世，可谓同江村（宋村）底蕴厚重的民间村志。

贵州长顺县有一群老年文物保护志愿者群体，他们醉心地方文史研究和考证，用实际行动呼吁和保护文物。图为2016年6月，笔者随第二阶段"古代西南出海丝绸之路考察团"考察该县广顺镇时，与部分老年志愿者合影。左二为陈继斌、左三为兰瑶、左四为陈全发、右三为县政协学习文教卫体原主任寇金富、右二为王朝东、右一为黄绍书　　赵中琼　摄

---

① 罗平：《宜宾市翠屏区街道史话》，内部资料，2016年，内部图书准印号：宜翠文广内资〔2016〕075号。该书2018年12月又经四川民族出版社公开出版。诚谢作者赠书。
② 罗平：《宜宾市翠屏区古建筑史话》，成都：四川民族出版社，2019年。
③ 余若瑛著、涂电林校注：《且兰考校注》，成都：西南交通大学出版社，2021年。
④ 宋多河：《南宁三江口的烙印》，桂林：漓江出版社，待出版。诚谢作者惠赐书稿。

第二章 南方丝绸之路东线研究缘起及现实意义

笔者考察南宁市左右江交汇处合江半岛宋村时,与地方文史研究者、该村村民宋多河(驾车者)交流。宋多河呕心沥血所撰《关于三江口有关历史文化资源问题的调查研究报告》,深受南宁市人大代表、政协委员重视和采用,被列入南宁市十五届人大第四次会议第1号议案,合江半岛的历史文化资源保护、开发和利用即将迎来勃勃新机

在研究机构退而不休的研究者前文已述较多,此处补充介绍曾在威信县党史办工作的雷吉常老人。2022年已届85岁,没再从事研究实践,但思考未断。他遗憾没有精力整理200多本密密麻麻的笔记,全部是当年访谈见过长征中红军官兵当事人的记录,殊为珍贵。

另外,毕节聂绍基是我考察过程中拜见最多的一位地方学者,从2016年4月首次在毕节市委宣传部组织的与考察团先导组座谈会上认识,到撰写本书过程的2021年6月,先后专程和顺道拜见他5次,每次都有不同收获。聂老60岁从一中学校长岗位退休后,这位有汉、木佬混血血统的地方研究者,就20多年如一日,一人不间断地背上挎包跑遍贵州及周边毗邻区域山山水水,醉心痴迷探索秦汉古道。心中有丘壑,研究有发明,他绘就西汉犍为郡、牂牁郡郡治及所辖县治治所分布地图,正常比例打印后长4米、宽3米,实乃用腿丈量出来的深厚学识反映。

2016年6月,毕节市79岁的文史研究者聂绍基(中)随第二阶段"古代西南出海丝绸之路考察团"考察夜郎地域情况,不慎在七星关古道上摔跤,但仍精神抖擞,继续为考察团介绍情况

魏敏 摄

　　其他非专业研究机构工作而痴迷学术研究者更大有人在。犍为县中医院医生罗家祥,推动县历史文化研究会成立,主编学术刊物《金犍为》,深入研究西汉犍为郡并用8年时间撰写110万字《犍为郡记》①,还撰就80万字《二十五史乐山史料集》待出版。与聂绍基同为学校校长退休的广西西林县韦定仍,系民族历史文化专家,对古代铜鼓研究见解深透。广东吴川市振文中心小学(原教办)专干郭安胤,参与岭南师范学院吴川文化研究所筹建,参与成立茂名市俚人文化研究会、广州湾与吴川文化研究会,2018年开始编辑《俚人文化》微信公众号及《俚人文化》杂志;踏勘岭南和西南山水,细究古代俚僚名人与地名,所著《地名方言习俗看飞山——飞山族群探源》《古越文化与粤琼地名演变关系例考——兼论海南临高和广东吴川的关系》《试论冼夫人文化与俚人文化的关系》《试论清代忠心爱国爱民的典范骆秉章》等论文影响较为广泛,成为广东省地方研究者中一颗闪耀之星。毕业于华东师大历史系的陈伟平,虽然旅居广东,但仍心系巴蜀,十余年来,奔走于乡场之间,调查乡村聚落历史,收集和整理了大量的民间文书,为推动清代四川移民史和社会史研究默默贡献学术力量。重庆气象局段理背上挎包,以川渝为中心,北至陕甘,南到滇云,东到湘鄂,探究古代交通,深寻政区演变,集合同好七八,在文史研究领域立志高远、气魄宏大。他谦逊地告诉笔者,趁现在

---

① 罗家祥:《犍为郡记》,成都:天地出版社,2015年。

| 第三章　南方丝绸之路东线研究缘起及现实意义 |

30来岁有体力和精力,多跑多积累,为以后科研夯实基础。与段理相反,西南医科大学年已八旬的退休副教授、泸州市政协文史研究员董代富,每得文史线索都不放弃,常自费乘客车到乡区,背着包带着相机、笔记本电脑,寻觅古迹与山水,晚上整理心得资料,为学者研究提供鲜活材料。自身也笔耕不辍,先后出版《老窖营沟轶事》[①]《营沟头补遗记》[②]《忠山文化》[③]《枇杷沟》[④]《古渡罗汉场》[⑤]《古渡罗汉场·续》[⑥]《古蔺二郎滩风土记》[⑦]等地名为主的历史文化访谈书籍,又出版有《蒋兆和记》[⑧]等人物传记,所建文史微信群秉承挖掘史料、探讨疑问、互补缺失的理念,让入群的160多位地方文史爱好者受益多多。

2022年4月,董代富(右三)和笔者等人考察濑溪河古码头遗存。该河纵贯渝西川南,是沱江最大支流,从入沱江河口的四川泸州市龙马潭区胡市镇,上溯至重庆荣昌区清江镇,皆可通航,1990年代还通行机动客货船。图为清江镇与泸县方洞乡毗邻处的天竺寺古码头旧址,过去人来货往,如今船走河留,不复当年繁荣

李光华　摄

---

① 《老窖营沟轶事》,内部资料,泸新出内〔2008〕153号。
② 《营沟头补遗记》,内部资料,泸江新出内〔2018〕023号。
③ 《忠山文化》,成都:四川科技出版社,2011年。与尹杰霖等合著。
④ 《枇杷沟》,内部资料,泸江新出内〔2014〕12号。
⑤ 《古渡罗汉场》,内部资料,泸龙新出内〔2014〕17号。
⑥ 《古渡罗汉场·续》,内部资料,泸龙新出内〔2017〕13号。
⑦ 《古蔺二郎滩风土记》,内部资料,泸江新出内〔2019〕001号。
⑧ 《蒋兆和记》,内部资料,泸龙行审新出内〔2019〕11号。

行文此处略微宕开，笔者还想用一小段文字表述一位已过世的大姐康立沙，为考察工作留下不少宝贵的影视资料。她既非研究机构工作，又非研究者，但对文化研究工作钦佩和喜爱的心情，让我们终身难忘，想起她，我一边手写，一边酸着鼻子。康立沙从泸州市财政局局长岗位退休后，喜欢上了摄影，过去只拍摄风光、人物，无意间得知我们组织考察团进行学术考察，便强烈请求随队摄影，她对我说："摄影之外，我更想多向教授们学习学习。"第一阶段考察，她跑前跑后，相机手机轮换咔嚓，相片视频轮流入镜，给全体队员留下难忘印象，一身汗水，一脸微笑，根本看不出曾担任过局长的影子。第二次考察组团时，我们就主动约请她继续随行摄影。她和丈夫申虹云立即答应，从外地赶回，到织金与队员们汇合。夫妇俩一下车，熟悉的队员们立即欢呼一片。2019年2月16日因病去世，她所在单位同事也一片唏嘘。

康立沙（前坐者）参与西南丝绸之路考察时的留影　　　　　　　　　　魏敏 摄

在其他非研究机构中，笔者不揣冒昧，就自身2020年前所领导的单位泸州酒城新报社出版有限公司也提上一笔。该公司因文化体制改革，2012年成立国有独资公司并创刊出版每周一期的酒城新报，在媒体融合大潮中，独树一帜实施新闻+文化办刊策略，在素有文化情怀的常务副总编辑夏艳，副总编辑李光华，采编部主任金燕、副主编魏敏，重报组组长刘泰承，综合部主任李林雪等人的具体实施下，于21世纪10年代，聘请泸州籍或深入研究泸州历史文化的学者周正举、陈世松、杨正康、何开四、傅天琳、赵永康、蓝勇、郭平、李明政、达夫（夏洪）、何永康、李元胜、聂作平、满哥、杨宗鸿、陈仕彬等担任文化顾问，轰轰烈烈开展系列学术文化活动，获得较大的社会价值和经济价值，为媒体转型探索了另一条成功之径。其中2014年4月以全国元史学会年会为依托,开展"宋元四川战争中的神臂城高峰学术交流会议";2016年5月召开"首届长江文化带发展论坛",响亮提出长江以文化为抓手进行大保护;2017年6月以宋史学会会长会议为依托,召开"泸州宋城文化研究开题会";2018年4月召开"首届四川历史名人(杨慎)高峰论坛",发布倡议创立"升庵学"研究[①];2019年7月召开"首届川南历史文化研讨会"。其间还进行过两次南方出海丝绸之路大型考察,公开出版"泸州全书"书系16册[②],声势浩大,研究有力,为学界注目[③]。

2016年4月,泸州市文化研究中心承办的首届长江文化带发展论坛,在泸州巨洋大饭店隆重召开。葛剑雄、王国平、李后强等学者作了主旨演讲。全国沿长江的11省(市)社科院和京沪高校学者参会。闭幕式上,西南医科大学党委书记廖斌教授代表全体与会学者,宣读了《长江文化带·泸州共识》。图为葛剑雄发表主旨演讲场景

魏敏 摄

4.深挖沿线历史文化的现实意义

中国西南陆海走廊是从古至今西南、岭南各族人民战天斗地的结晶,她是中国特殊的自然与人文现象,更是世界级的奇葩,对其探索和研究最终应转化为现实的社会

---

① 全文见第三章附文4。
② 16册"泸州全书"分别是:2016年12月出版的《泸州地方文献目录提要三十种》《川江地理略》《穿越三千年的文化印记——泸州街道地名史话》《梦里几回老泸州》《泸州方言趣谈》《杨升庵与泸州》,2018年12月出版的《天下文宗杨升庵》《罗健生教育文存》《少岷拾存稿校注》《四川泸州方言研究》《泸州氏族家牒规训(第一辑)》《走进赤水河》,2021年10月出版的《泸州民俗风情录》《川南历史文化(第一辑)》《且兰考校注》,2022年6月出版的《泸州宋城文化保护利用研究》。
③ 《长江文化带·泸州共识》全文见附文2。

经济成果,方具国际话语权,为改革开放和中华文化走出国门再增一抹灿烂霞光。笔者在研究中每每感到瑰丽无边又其路漫漫,为此撷取些许心得共享。

第一,作用于国际形象。面对当前复杂的国际形势和不同的地缘政治意识,捍卫主权是国家民族上下的共识。中国西南陆海走廊的内涵实质是磅礴大陆与蔚蓝海洋的相拥相吻,是古代中华民族拥抱南中国海的学术证明。有了走廊通道,更加证明沿岸城市有底气和力量蓄积内陆物流、人流、文化流、信息流有效利用南海、开发南海是历史真实,无可辩驳地增加了南海相关海域早在秦汉即为中国神圣不可侵犯的领海的证据。围绕这一学术课题所罗列的论据,在国际话语体系重视具体事例的大环境下,有助于我国对外交往中增添主动权、话语权。

环南中国海区域的协同发展是推进"21世纪海上丝绸之路"建设、构建"海洋命运共同体"的关键所在[1],珠江三角洲和钦州湾海港群是我国对外经济的重要阵地之一,是联结太平洋、印度洋的海陆枢纽,是苍茫南海自古不息的灯塔,不同历史时期都发挥过重大作用。有效利用历史资源,打造窗口形象,更能深化国际影响,更能塑立中华民族国际形象,深化改革,科学建设,朝世界一流港口迈进,既是铸造中华民族伟大复兴的样板所需,也是昭示中华现代文明旗帜的必由。

改革开放对外边贸除了港口外,与中南半岛国家一衣带水的地缘优势也为广西、云南徒增活力,以中越边贸三大口岸河口、平孟、凭祥来看,都处于中国西南陆海走廊上,彰显人文厚重有利于物流汇聚,有利于睦邻友好;厘清族群记忆,有利于边民交往,有利于中华文化走出国门,对其深度挖掘可以以点带面塑造我国国际形象。

第二,作用于人文价值。中国西南陆海走廊历史厚重,文脉贲张,名人众多,系统研究和梳理出具有世界意义和全国意义的典型例证,作用于城市宣传和夯就文化自信作用巨大。先秦汉晋时期的大禹、李冰、赵佗、司马相如、马援、诸葛亮等耳熟能详的名人自不待言,知名度不高却实实在在有影响之人更需关注和弘扬,如蜀王子泮是中越两国历史时期无法割舍的纽带,司马错是催化巴蜀更趋文明的符号,庄蹻、唐蒙是中华文明散播云贵高原的肇始人,布洛陀是现代壮、布依等民族血液深处的訇响,士燮是维系岭南、交趾深刻华夏化的政治、文化代表,尹珍、尹贡、傅宝是南域少数民族地区接受并传播汉文化典型,孟尝是清廉"循吏"的佼佼者,成语"合浦还珠"的发明人,类似这些人物,目前虽在学术层面有深刻认知,社会层面却知之不多、知之不详、知之不实,系统梳理空间较大。

---

[1] 麻国庆:《海洋资源共享与人文价值——海域研究的人类反思》,《文史哲》2022年第3期(总第390期)。

前文所述,地名是历史文化活化石,是梦境中不得不唠叨的乡愁。中国西南陆海走廊星罗棋布一大批古老的地名,他们穿越2000年时光还熠熠生辉,对它们的研究、保护、弘扬任重道远。消失的城邑地名如巴符关、雍鸡关、进桑关等关口,如南广、平夷、汉阳、且兰、增食、临尘、滇池、进桑等邑聚,不应只停留在自发研究和探讨的地方爱好者层面,应由各地党政牵头,组织力量,科学严谨地作为文化工程予以实施和完成。同样,大倡"河长制"的今天,江河、山峰地名系统研究后,传播弘扬,标明古称,有助众人添生爱护之情,催化环保自觉,让学界耳熟能详的巴符水、鳖水、文象水、白鹿山、汾关山、鳖灵峡等,尽量在野外让人一瞥即知,一瞥留心,一瞥生情。

川滇黔就打造申遗丝绸之路南亚廊道达成共识,图为笔者2021年6月10日在毕节召开的三省座谈会上介绍考察情况。前排左一为云南省文旅厅副厅长、文物局局长杨德聪,左二为贵州省文旅厅副厅长袁伟,左三为四川省文旅厅副厅长、文物局局长王毅,右一为主持会议的贵州省文物局局长张勇

人文培育是基于历史真实的现实认知,早在2005年贵州学者熊宗仁就怀着对夜郎研究真爱的朴素情怀,认为夜郎文化的源远流长及其深蕴厚藏,应在泛珠三角区域探索建立夜郎文化旅游圈甚至于夜郎经济文化圈[①]。笔者据此思考,地处长江、黄河、珠江中国前三大河流的西南、岭南地域,在历史人文的探究中,确应以国际视野、全国高度来重新审视其人文价值与现实利用,策划宏大而切实的构想,供党委政府有效实

---

① 熊宗仁:《关于建立泛珠三角夜郎文化旅游圈的构想》,贵州大学西南少数民族语言文化研究所编、熊宗仁主编:《夜郎研究选粹——学人见证》,贵阳:贵州人民出版社,2010年,第328页。原载《贵州社会科学》2005年11月第6期(总第198期)。

施。如川黔滇边地域,因"红军四渡"名显中外,因长江浩荡令人心旷神怡,在全国布局建设多座"国家公园"之际自有一席之地,但谁率先提出建立长征国家公园和长江国家公园的融汇区,必有比较优势,跳起摸高,犹受瞩目。

第三,作用于文化创意。在网络全球化时代,文化创意之花不因地域陋塞而可艳冶扑鼻,贵阳实施的大数据产业实乃上佳创意构想,远超北京、上海等一线城市构思。同样,中国西南陆海走廊奇山异川的自然优势和古代各方竞驰的人文特殊,更为文化创意领域造就有天然土壤,重视教育百年大计,把定先行先试的勇决气魄,延揽人才,宽松环境,相信诸如嘎纳之类文化创意名镇有朝之日自会喷薄而出,文创产品也在更聚民族本真的基础上,蹁跹世界经济舞台。笔者特别钟情于西南、岭南古方国、部落,期望有朝一日所衍生的文化创意产品大发其光,诸如雏王雏侯雏将,诸如滇池城邦方国,诸如古蜀五系,诸如禀君大战盐水女神,让人浮想联篇,怦然心动。相信极具神秘猜想的远古社会,确有取之不竭的创意素材,在基于学术研究的深厚提示下,生动形象还原彼时生活于斯的众多族众及其战天斗地走向进步的故事,让人随意构想,信手涂抹。诚然,自会有高素质受众拥趸,自会走出国门尤其在中南半岛国家间赢得广泛市场。

第四,作用于交通建设。早在20世纪第一十年代,孙中山就提出以铁路为载体,矿藏为媒介,打造西南通海运输网。他认为,广州欲开发为世界大港,全赖此铁路系统,"如使缺此横联属西南广袤之一部之铁路网,则广州亦不能有如吾人所预期之发达矣"。他具体设想有如下7条:

①广州重庆线(经由湖南);②广州重庆线(经由湖南、贵州);③广州成都线(经由桂林、泸州);④广州成都线(经由梧州、叙府);⑤广州云南大理腾越线,至缅甸边界为止;⑥广州思茅线;⑦广州钦州线,至安南界东兴为止①。

孙中山的构想与当前国家西部陆海新通道高质量建设正相契合,也与自古以来的南方丝绸之路东线(中国西南陆海走廊)大体吻合,特别是其中2、3、4条线路构想,基本上是西南陆海走廊古已有之的现实翻版;而当前国家层面大力实施的西部陆海新通道,就是在"孙中山1.0版"基础上的"2.0升级版",这也与南亚(东南亚)学术廊道研究和申遗有惊人相似。其实,从历史的、地理的、经济的、民族的、文化的诸多因素分析,从祖国西南腹地奔涌蔚蓝大海,或者两广沿海口岸纵深西南空间,这样的线路选择自古就是明智的和科学的,是无数祖辈实际经验的睿智总结。

---

① 孙中山:《建国方略》,武汉出版社,2011年,第185页。

在西部陆海新通道国家战略中,西南、岭南诸省也在积极行动。其中四川明确提出南向拓展和南翼跨越,贵州、广西联合打造桂黔新通道,改造红水河水道,云南也积极争取右江通航改造;在中国与东盟2002年即开始建立交通部长会议机制①背景下,数省又与中南半岛及东盟共建经济文化交流合作平台,每年进行中国东盟贸易活动。毗邻市州也相互依托,各方面加强合作,走出政区封闭空间已成为西部、南部省份上下一致的共识。

云南罗平县九龙大瀑布群,因发源于九龙河而得名,河水从白腊山背后的群山中奔涌而来,哺育着流域内各族儿女,被当地布依族名为"大叠水"。作为自然界孕育的鬼斧神工,虽有"南国一绝"之实,却藏在深闺,尚不为众知
罗平县文管所所长 何磊 供图 贠文胜 摄

第五,作用于旅游发展。中国西南陆海走廊沿线,既充满古风古意,更具自然优美,知名者如云南普者黑炫幻迷人,广西巴马长寿享誉世界,贵州黄果树瀑布飞溅眼球,四川蜀南竹海婆娑有姿。这些已成为世人知晓的旅游胜地外,藏于深闺有待人识者还数不胜数,这也是挖掘沿线资源必须重点关注的地方。笔者考察南宁市宋村后,认为连同平凤和大滩三个自然村天然形成的合江半岛极具文旅开发价值。该半岛是左江、右江和邕江流域文明的标志性文化地标之一,发现有规模较大的新石器至汉代

---

① 古小松主编,赵明龙、刘建文副主编:《中国与东盟交通合作战略构想——打造广西海陆空交通枢纽研究》,北京:社会科学文献出版社,2010年,第9页。

的聚落遗址,出土、出水有石器、铜器、古印、古匾等各类文物,深挖这一区域的历史文化资源,有可能改写南宁的城建历史;恢复镇岗楼等系列历史陈迹,可与毗邻地域配套形成网红打卡地,以文促旅,可塑中国南方向越南等国发散典型古代文化的样板旅游区。学术是基础,文化是张力,旅游是载体,切忌人为制造伪文化、假历史吸睛一时,颓废一世的胡乱操作,把真正美轮美奂的天生丽质与顶礼膜拜的厚重底蕴加以科学结合,方会行之以远,吸引各类群体的游客来来去去,乐此不疲。

  在文旅融合大潮中,也应打破行政区域自我隔绝的藩篱,做到"我美你用"的豁达和务实,避免自成体系,千县一面,东施强扮。如黔北赤水市因红军"四渡赤水"名显国内外,知名度、美誉度节节攀高,每年各类长假游人如织,域内有限景点人满难容。周邻县份应放下身段,凿壁借光,让自己的美景美色巧用其知名度载体,包装与其地域毗邻的美景古镇之类旅游资源借船出海,分流其游客蜂拥之"患"。同样,神秘的句町古方国品牌越来越具知名度,学界研究成果越来越清晰、厚实,地处"广西省尾"的西林与地处"云南极东"的广南、富宁等县毗邻一水,历史时期是句町方国中心不同阶段的活动邑聚,由于省、市(州)隶属关系不同,信息隔膜,各话各说,至今品牌含金量不高,条件反射式的确指对应关系不强,难以形成经济效益。建议以楼兰古国成功打造为样板,摒弃地域界限,诸力并举,共同开发和包装,使这一中华民族形成过程中魅力四射的特殊品牌,具有影响越南、老挝等中南半岛国家在内的国际美誉度和穿透力。

广西西林县文旅局重视学术基础研究反哺旅游文化,趁笔者在该县考察期间,局长陆靖(左三)和副局长李春谕(左一)专门约请地方文化研究者座谈,就西林在南方丝绸之路的地位和作用进行深入剖析

第六，作用于民族团结。中国西南陆海走廊有别于其他区域的特殊地方，在于民族分布众多，历史时期开始的多民族融汇形成宝贵的文化水库①，多姿多彩，魅力四射。古代先民创造的巴蜀文化、夜郎文化、古滇文化、瓯骆文化互为涌动，各系民族融合滋长，发展至现代民族支系繁茂，特色纷呈。如何研究和利用，既是沿线党政部门和学界取之不竭的资源，又是芜杂难解的特殊课题。如果只有地方文史爱好者自发层面和省级民族科研机构蜻蜓点水予以关注，无规划、无体系、无活动、无保障、无转化，终难出创新成果，更无法真正转化为现实生产力。笔者认为，古代民族衍生至现代民族，非受今日政区的地域束缚，其流动性与复杂性也非今日一县一市即能概览，应打破行政区划限制，数县联合或数市合作，方不一叶障目。联合中应打破条块分割，既有外来学者"第三只眼睛"观察，也要有熟悉民风民情的本地研究者合作攻关，把人为互不统属的系统和单位加以整合，凝力聚心，资源共享，信息共用，打破成果只追求"评奖"的荣誉观念，脚踏实地开展有利于解决问题、有利于转化成果的务实工作。板凳一坐十年冷，长期持之以恒才可能水滴石穿，涌现硕果，更添各民族团结进步的凝聚力和向心力。

越是民族的，越是世界的。其中，走廊沿线小语种人群的族属缘起、迁徙背景、历史作用尤具研究价值，其特有语言是人类宝库，认知与保护意义重大。以笔者调查的俫人语、布央语为例，目前生存空间狭小，生存环境窘迫，亟需制定保护和利用的国家规划，作用于国际形象、民族范例与现实转化，让这朵奇葩继续巧笑嫣然。再如滇黔桂结合部的高山汉群体，既是历史时期特殊的汉民族苦难历程的现实活教材，又是中华民族顽强不息、砥砺前行的活化石，值得从基层开始加以重视和深思，由下而上，从学理"象牙塔"到实操层面联合相关省份共同利用，转换升华。

笔者对中国西南陆海走廊研究历时7年，以上感悟尚挂一漏万，相信其他学者和文创工作者所站层面和角度不同，会有更多创意火花闪现，在此不再赘言，只就研究的组织工作再作一点简单补充：

从2015年7月泸州市文化研究中心约请京川渝黔桂学者进行大面积、大规模考察开始，到2017年9月立项"南方丝绸之路及其出海通道研究"，到2020年11月完成课题，到2021年2月评审结项，众多高校和科研机构历史学、考古学、民族学、语言学、人类学、民俗学等方面学者参与，或田野调查，或伏案求索，或倾情指点，或提供资料，共同为笔者的研究工作殚精竭虑。期间，中共四川省委宣传部、四川省社科联、四川

---

① 四川省历史学会会长谭继和研究员在贵州都匀举行的"古代西南出海丝绸之路考察"第二阶段小结会上的主旨演讲。

省社科院,云贵川三省文物局,广西区志办相关负责人,以及沿线和关联区域地方党委政府及涉文职能部门、地方文博工作者和文史研究者,为搜寻和论证中国西南陆海走廊历史走向和文化现象,倾力支持,共同为走廊深入研究出智出力,共促课题顺利提交。课题评审通过后笔者又利用一年多的业余时间,反复思考,多方求索,做了全方面增删和改写,在新的文献研读和田野调查基础上,不断深化认识,形成今日书稿,以期在南方丝绸之路和南亚(东南亚)廊道研究中,起一隙之烛照可矣。相信对于南方丝绸之路出海通道进行深入研究,把从川西缘起的沱江道,到川黔间的赤水河鳛部道,到贵州腹地的牂牁道再到滇黔桂结合部句町故地,顺广西右江-郁江-浔江通道,汇总分析,蜀蒟酱到达番禺的蒟酱道必将显露出来。

附2：

长江文化带·泸州共识[①]

我们，来自北京及长江流域各省市的100多位学者，于2016年4月27至29日聚集在醉美的中国历史文化名城泸州，出席"首届长江文化带发展论坛"。与会专家认真学习习近平总书记在推动长江经济带发展座谈会上的重要讲话精神，围绕国家"长江经济带"发展战略与"长江文化体系建设"展开了热烈而富有建设性的研讨，达成如下共识。

一、振兴长江文明，构建长江文化体系

长江是中华民族的母亲河之一，是中华民族发展的重要支撑。从巴山蜀水到江南水乡，长江流域涌现无数风流人物，陶冶历代思想精英。这片土地诞生的楚骚、汉赋、唐诗、宋词、戏曲、书画、石刻、建筑、织绣、瓷器、漆器、制茶、酿酒、船运、水利等成就辉煌、光耀史册。"日出江花红胜火，春来江水绿如蓝。"站在新的历史起点，振兴长江文明，搭建长江文化研究平台、资源转化平台、品牌推广平台，建设上中下游整合共创的"长江文化体系"，形成长江特有的思想文化、哲学价值、历史传承、遗产保护、认知识别、文创开发、艺术生产体系等，以全面协调推动文化与经济相融、文化与生态辉映、文化与交通勾连、文化与城市共生、文化与旅游融合、文化与民生互利，为实现中华民族伟大复兴做出长江文明新的贡献。

二、推进双带互动，活跃全球内河经济

文化是长江之魂。长江经济带与长江文化带二者互为依存、相互促进，没有长江文化建设的支撑，长江经济难以启航远行；没有长江经济带的崛起，长江文化也难以再现中华文明荣光。长江流域文化形态多样、内涵丰富，古典与时尚交织、科技与人文并重、名城与乡村辉映，成为中华大地上历史文化资源富集地、民族文化价值创生

[①] 载《酒城新报》2016年5月6日，第2-3版。

地,其文化内驱力、空间包容度、商贸物流量、生态多样化,足以成为长江经济带"龙头"劲舞、"雄腰"气壮、"美尾"争妍的文化基底和精神品格。欲形成具有全球影响力的内河经济带,必有独具魅力的内河文化充盈其间;欲形成具有东中西互动合作的协调发展带,必有互联互通的文化共同体滋养其间;欲建成我国生态文明先行示范带,必有生态哲学生态美学蕴含其间;欲建设快速大能力"集疏运系统",必有多元文化交流沟通活跃其间。没有文化作为灵魂的经济,必将是缺乏人文关怀和核心竞争力的枯燥经济和枯竭经济。只有当长江经济与长江文化"双带共舞""双轮驱动""双向同构",才能使长江这条亘古不变的河流发生惊天动地的历史性巨变,为世界内河经济发展提供别样的范本。

三、挖掘创新资源,实现产业转型升级

长江文化底蕴深厚,东方哲学价值突出,沿江科技实力雄厚,为长江经济发展制度创新、科技创新、自主创新奠定了坚实的文化思想和人才基础。互联网、物联网、大数据、云计算、人工智能等新一代信息技术是改造提升传统产业、培育新兴产业的关键,迫切需要深邃的思想认知能力、超常的文化想象空间、准确的审美把握尺度和精细的人文情怀关照。创新驱动如果排拒哲学思想、理论武装和心理结构的融入与贯穿,产业转型升级是难以奏效的。唯有天问求索、大江东去、日日俱新的长江文化能开阔思维视野,开放腾飞疆域,开拓崛起新路,提升创新品质,增强产业效能,为长江经济巨轮开辟一条破浪前行、卓荦磅礴的光明征途。

四、集束文化主题,彰显新型江城特色

世界城市发展走势在于突出城市文化主题,以文化精神为城市灵魂,以特色文化为城市符号,以人性空间为城市形态。坚持生态优先、绿色发展的战略定位,按照沿江聚集、组团发展、互动协作、因地制宜的思路,以长江三角洲、长江中游和成渝三大跨区域城市群为主体,以黔中和滇中两大区域性城市群为补充,依托长江流域绿水青山资源,挖掘历史文化内涵,提炼个性鲜明的城市文化主题,延续历史文脉,守护城市遗产,彰显生活方式,注重生态环境营造,构筑诗意栖居空间,提升人的审美价值,以切实推进创新城市、绿色城市、智慧城市、人文城市建设,把长江流域建设成为最具生态智慧、最宜人居生活、最有地方特色、最富美学意味的城镇集群。

五、发挥流域优势,推动文旅深度融合

充分发挥长江沿线各地独具特色的历史文化、自然山水和民俗风情等优势,加快

发展旅游休闲、康体益寿、家庭服务、文化教育等生活性服务业。推动"互联网+""文化+"与"旅游+"深度融合平台建设,以历史提升旅游品质,以文化充实旅游景区,以审美增强旅游价值,以生态创生旅游效益,完善满足国内外游客视觉、听觉、味觉、触觉、知觉等多样化个性化需求的文旅产品和服务体系。以振兴文化旅游产业为抓手推动城乡基础设施改造升级,以文化惠民、文化利民、文化强民为动力,切实解决山区精准扶贫问题。大力发展带状旅游、全域旅游、联动旅游,把长江沿线培育成国际黄金旅游带和世界旅游目的地。

六、突出文化力量,舞动"一带一路"发展

长江流域以水为纽带,连接上下游、左右岸、干支流,形成经济社会大系统。谋划中国经济新棋局,推动沿海沿江沿边全面开放,构建横贯东西、辐射西北、通江达海、经济高效、生态良好的长江经济带,需要长江文化发挥人心相通、情感沟通、审美融通的文化功能,以长江情、长江韵、长江风,讲述长江故事,倾听长江放歌,回望长江画卷,体验长江气质,在更广阔的世界江河文明对话中彰显长江文化的感召力、吸纳力和影响力。长江文化独具神韵和气场,其文化姿态、文化形态、文化业态所经"一带一路"之处必将展现"神女应无恙,当惊世界殊"的风雅颂和精气神,主动参与世界文化发展大格局,形成世界生态文明建设和文化经济发展的黄金廊道。

为此,与会专家建议在四川泸州市成立"长江文化带发展研究中心",协调整个长江流域文化建设研究;将"长江文化带发展论坛"总部基地永久落户泸州,以推动"长江文化带"不同地域文化与产业融合发展,为"长江经济带"可持续发展、为中国经济转型创新作出独特贡献。

"两岸猿声啼不住,轻舟已过万重山。"长江文化以她博大、坚韧、包容、灵动、通畅的禀赋和气度融入"长江经济带"建设,必将在中华民族伟大复兴的征途中乘风破浪、高歌猛进,书写长江文明再度辉煌的新史诗。

发布人:廖斌(西南医科大学党委书记、教授)
执笔人:李明泉(四川省社科院副院长、研究员)
发布:2016年4月29日 四川泸州市
审阅人:
四川省历史学会会长、研究员 谭继和
厦门大学教授、博导 李国正

附3：

中国·泸州：赤水河共识[①]

西南中国，乌蒙深处，一条隐藏的古蜀文化之脉，一条近似绝版的原生态和原形态的河流蜿蜒而出，奔腾至合江城下汇入长江——这就是近当代因红军四渡而名满天下的赤水河，更是远古华夏以唐蒙等为代表的中原文化浸润金黔大地的水上主通道。在2015年7月20日至7月29日的10天里，由四川泸州·酒城新报组织的"古代西南丝绸之路专家考察活动"的第一阶段（川黔边段）中，以蓝勇、彭邦本先生为代表的考察团，还证明这条河是古时川黔间政治、军事、经济、文化交流的通道，是民族融汇与人口迁徙的通道，证明她是通往夜郎的重要道路，也是南方丝绸之路网格状布局中的主要干线之一，长期发挥着多功能、多层面、多角度的重要历史作用。

一、保护赤水河不仅是保护长江支流的原生态，更是保护中国河流的原形态

发源于云南省镇雄县，流经昭通、毕节、遵义、泸州四个地级城市的赤水河所在流域，位于我国地势第二阶梯的边缘，狭谷陡岸，流急滩险，拥有秀丽的自然风光及较为完整的生态环境。

古代西南丝绸之路考察专家们认为，赤水河是长江一条仍在自然流淌的一级支流，拥有原生态和原形态，是长江50%以上鱼类品种的自然栖息地。赤水河干流及主要支流，必须持续健康状态，才能支持流域内社会、经济发展和人类福利；固守长江流域的唯一生态河流的底线，才能为中国河流立下原形态的标杆。专家们呼吁：川滇黔三省应从赤水河流域整体可持续发展的高度来研究对应举措。

二、寻迹赤水河，不仅是寻迹西南历史遗存，更是寻迹中华民族和谐共生格局形成和巩固的过程

新旧石器时代开始，再从司马错取黔中伐楚到夜郎道的形成，赤水河承载着云贵

[①] 赵晓东、张铭：《中国·泸州：赤水河共识》，《走进赤水河》，西南交通大学出版社，2018年，第174页。

高原犬牙错落的文化与南移的巴蜀文化互融互通的大任,多民族在流域内创造了灿烂丰富的历史,赤水河沿河众多墓葬铭刻、摩崖造像、民居牌坊、雕刻绘画,或以中原文化,或以部族方圆,或以消失民族等形态,标识出流域内的厚重文明。

溯河进入乌蒙深处,顺河汇入巴蜀腹地,赤水河成为民族迁徙与人口流动的脉管。在这条通道上,经年累月以官道、兵道、商道的不同符号,不同时期呈现不同角色。在物流、人流和信息流通道的基本属性前提下,赤水河把自然景观、风土人情、贩夫走卒、族群互动、文明消长等等集于一身,构成一种原始神秘、兼容海纳、喷薄催新的遗存特质,为流域内文明的助推和民族的融汇,日夜流淌,奔流不息。

三、赤水河,不仅是承续山川自然的载体,更是多元一体的中国文化的本真表现

万千年穿梭于群山大岭的赤水河,吸天地灵气,集涓流于一身,围绕水系展开的故事和演绎的文化,已成为经典甚或范本,在流域内外生生不息。从茅台到郎酒到习酒,酒的精灵蹁跹婀娜,美酒河起伏着中国白酒金三角核心腹地不息的胎动。从河舟文化衍生的船帮纤夫,从民族文化传说的祖承与血脉,从墓碑坊棺具象的石刻文化,从中原到西南的各族人民,共同托起了水乳交融的文化群雕。八十年前红军四渡赤水的浓墨重彩,尤其为中国军事文化添上了点睛之笔与经典记忆。

赤水河文化,本质就是中华民族繁衍生息的文化;赤水河文化,本质就是中华民族拓土生存的文化;赤水河文化,本质就是中华民族融合共生的文化。

四、研究赤水河流域多样态文化,在"一带一路"倡议的国家发展利益格局中彰显独特价值与魅力

加快赤水河流域文化研究有必要立说立行,参加古代西南丝绸之路考察的专家们一致倡议,建立赤水河流域文化研究平台,让众多流域内外专家学者投身其中是当务之急。

赤水河流域文化的研究中,历史、考古、文学、艺术、人类学、民族学、民俗学等等,都应概括其中,形成争鸣与交响的立体声势并争取卓越成果。在对鳛部、平夷的研究中,可以逐步理清方族部落的由来与迁动;在对酒体的研究中,可以逐步理清美酒的原本与特征;在对原生态、原形态的保护中,研究人类宜居宜游的心灵载体,对打造环赤水河旅游线作理论支持;在对黄金湾汉人中心聚落的深度发掘整理中,研究中华民族的聚合张力……为中华民族强盛之路作远古到未来的探究和统筹。

世界正在发生复杂而深刻的变化,顺应世界多极化、经济全球化、文化多样化、社会信息化的潮流,秉持开明开放的区域合作精神,同时立足于本土文化的挖掘和传

承,致力于维护本土文化的差异性和民族性,建设具有地方特色的经济文化,是一项巨大的系统工程。当代"一带一路"倡议,方兴未艾,西南丝绸之路必将融入中华民族和平崛起的国家利益,再现辉煌;赤水河流域必将顺势弘发,光耀古今!

《中国·泸州:赤水河共识》发布人:蔡美彪、胡昭曦、陈世松、陈有和、蓝勇、彭邦本、王兴骥、赵永康、彭华、伍松乔、李殿元、夏洪、庹政、李元胜、何小红、刘丽、李军、禹明先、龙启权、申虹云、张铭、龙周富、涂电林等学者和考察团全体成员。

        执笔:赵晓东、张铭
        审定:胡昭曦
        发布:2015年7月31日,中国·泸州

附4：

中国南方丝绸之路·都匀宣言[①]

2016年6月19日至28日，由中国先秦史学会、贵州省文史研究馆、南方丝绸之路研究中心（筹）、四川泸州酒城新报共同主办的"中国古代西南出海丝绸之路"考察活动第二阶段（贵州段）在贵州省完成。由多学科专家组成的考察团从毕节市七星关区出发，经大方、黔西、织金等县至安顺市西秀区，然后分组，考察了黔南州的独山、三都、长顺、惠水、福泉、瓮安，和黔东南州的榕江、从江等县（市），并在都匀市召开学术总结会议。

考察团通过对整条线路以及沿途各种古代遗存遗址的多学科综合考察和探讨，形成了如下几点共识，并吁请国内学术界和相应机构予以重视、研究和发展利用：

第一、古代由四川经过贵州通往两广的出海交通线路是真实存在的，至少在秦汉时期即已形成。此交通线呈现出网络状的形态特征，其中，泸州经赤水河到黔南州都柳江是重要的通道，并经历了不同历史时段的发展变化，大量历史遗迹表明其是重要的古代道路遗产。此次考察进一步加深了学界对这条西南出海丝绸之路的性质、特点及发展轨迹的理解和认识。

第二、这条道路的沿线地区是古代多元多彩文化交汇的文化水库，如夜郎文化、牂牁文化、丝路文化、多民族和谐共生文化等，带有极强的地域文化特质和民族多元文化色彩。它既是促进中华民族多元一体格局形成的鲜明纽带，也是多元多彩民族文化交流与族群融合的大走廊。

第三、这条道路作为古代西南地区的交通大动脉，是西南地区商贸往来的纽带，由古至今都对西南地区的社会经济发展起到了重要的作用。"一带一路"倡议方兴未艾，对西南出海丝绸之路的重视正是符合时代的主题。

第四、鉴于西南出海之路考查、探索、保护和发展的重要性，为此我们提出以下建议：

[①] 载《酒城新报》2016年7月8日，第2版。

（1）古代西南出海丝绸之路的研究是一个重大课题，具有独特的意义。学界目前的研究状况，尤其是南方丝绸之路贵州境内段的整体研究较为薄弱，建议进一步加强考察、研究和宣传工作；建议有关政府部门加强对西南出海丝路研究力量的组织、协调和整合工作，使研究队伍逐步壮大起来。

（2）此次考查中发现大量极具价值的古道、古驿站、古码头、古碑、古营盘、古城等遗迹、遗存和遗产，是历史文化的宝贵资源，亟需加强保护、研究与开发，建议各地政府高度重视历史遗产的保护和历史文化资源的挖掘、利用和开发工作。

（3）道路沿线的古镇名村很多，是几千年西南出海线路遗产的宝贵结晶，建议高度重视并加强古城古镇名村的保护，重视古镇名村的文化内涵和个性特色的挖掘与研究，更好地为当地旅游产业和文化创意产业服务。

（4）文化是中华民族的立身之本。西南出海之路是巴蜀文化、黔文化、滇文化、桂文化多种地方文化和多彩的民族文化的大融汇的宝库，是有助于当地社会经济发展的宝贵资源。建议各地政府以文化为魂，以文化为强省之本，引领社会发展，抓好文化软实力的发展工作，推动巴蜀文化，尤其是以泸州为重心的川南巴文化；以黔文化，尤其是其以毕节至黔南州为重要一极的黔文化，以及桂文化、粤文化的交流互鉴与互学，讲好中国地方文化与民族文化故事，建设多彩西南民族地方文化旅游带，借重古代西南出海的历史经验，走向海内外，融入"一带一路"国家倡议。

《中国南方丝绸之路·都匀宣言》发布人：蔡美彪、李学勤、宋镇豪、胡昭曦、陈世松、陈有和、谭继和、晋保平、宫长为、彭邦本、蓝勇、赵永康、祁和晖、平文艺、李军、李勇等学者和考察团成员。

执笔：邹家兴、蒙家原
审定：谭继和
发布：2016年6月28日，中国·都匀

第三章 走廊是华夏文化缘巴蜀南延的载体

中国西南陆海走廊线路的所经地域,地形复杂,族群众多,行政隔离,风俗迥异,狭隘视野和狭窄思维无法看作整体,但是提高站位和放宽思维,则发现哪怕遥距万千,沿线内在联系的必然因素比比皆是,在考古工作中出现的概率能予以充分证明。在巴蜀区域内,作为中水道的沱江,是催生这种联系的重要纽带之一,巴蜀文化荷载着更加进步的华夏文明,通过沱江、赤水河水道,一路浩荡向南。

第一节　　巴蜀的"市"是西南经济文化高地

三星堆、十二桥、金沙等遗址无疑是先秦蜀中文化高地代表,学界论述众多,几已定论,不再赘言。只对三星堆古城的定位上,从考古学者的眼光中就可以看出不同一般:这座城的北部连同北墙,已被近现代的鸭子河冲毁;东墙残长1100米;南墙断续残存800米;西墙为马牧河古河道侵蚀,仍可见高出地面数米的城墙转角的残段,东西墙间距约2200米,据此推算城内面积至少在4平方千米。1997年在城内北部中轴线上的月亮湾(即20世纪30年代最早发现玉石器坑的附近)发掘出一段近南北走向、端直的、筑法相同的城墙。据碳测年代分析,三星堆古城的始建与废弃年代在距今4070~2875年之间。由此可知,这是一座相当于夏商时期具有内外城的宏伟城池[①]。

西蜀文化很早就与中原文化有了接触,这是郭沫若早在1934年就做出的判断。100年来包括三星堆等在内的考古材料更进一步佐证了他的预见[②]。同时,更多考古资料佐证,长江上游也是我国一个文明起源的中心[③]。不管巴蜀地区是文明独立发展

---

① 林向:《巴蜀考古论集》,成都:四川人民出版社,2004年,第113页。
② 黄淳厚编:《郭沫若书信集》,北京:中国社会科学出版社,1992年,第398页。
③ 严文明:《长江文明的曙光》(增订本),北京:文物出版社,2020年,第7-8页。

的单元,还是其他外来文明的催生,它与中原华夏和长江中下游文化的交流碰撞,都使得经济文化迅速突兀而起。

1986年,四川广汉三星堆进行考古发掘时,四川省博物馆在空军某部配合下,进行直升机航拍。图为拍摄完成后全体组员合影留念

郭可夫 供图

秦对巴蜀的政策之一就是移民,过去所论较多,兹不列举。中国社科院古代史研究所学者庄小霞从张家山汉简和岳麓秦简均见"巴县盐"记载,分析出秦大量将已定罪的刑徒和六国贵族送到设置在巴郡产盐县的盐官工场里罚作劳役[1],也算是中原文化向巴蜀地区转进的一项最新实例。

迅速华夏化,更是催生巴蜀成为经济文明高地的重要原因。《华阳国志·蜀志》记载的一句民谣:"思都邮,斩令头。"[2]生动地反映出"成都市"的繁华和热闹,声名让处于蜀地和西南夷边缘的僰道令死不足惜,只"恨不见"。

---

[1] 庄小霞:《秦汉简牍所见"巴县盐"新解及相关问题考述》,《四川文物》2019年第6期。
[2] [晋]常璩著、任乃强校注:《华阳国志校补图注》,上海:上海古籍出版社,1987年7月第1版,2011年7月第5次印刷,第172页。

今日国际大都市成都（摄于2021年）　　四川法制报社 曹晋敏 摄

秦国时就开始营造"成都市"，有专门的市场进行贸易交换，其繁盛之状《华阳国志·蜀志》描绘为："（城）周回十二里，高七丈……造作下仓，上皆有屋，而置观楼射兰……营广府舍，置盐铁市官并长、丞。修整里阓，市张列肆，与咸阳同制。"①

关于巴蜀的"市"的设立，巴国的"龟亭市"更早于秦国的"成都市"，《华阳国志》记载："巴子时虽都江州，或治垫江，或治平都。后治阆中。其先王陵墓多在枳。其牲畜在沮，今东突峡下畜沮是也。又立市于龟亭北岸，今新市里是也。"②

矗立长江靠左岸河中的"龟亭山"至今尚存，位于重庆市大渡口区跳蹬镇沙沱村。巴国所立龟亭市位于该镇长江北岸，"市"因此山得名

何川文 摄

---

① [晋]常璩著、任乃强校注：《华阳国志校补图注》，上海：上海古籍出版社，1987年7月第1版，2011年7月第5次印刷，第128页。
② 《华阳国志校补图注》，第27页。

巴国的"龟亭市"在东晋常璩著书时被称为"今"新市里。它具体在哪里呢？重庆学者董其祥认为在今江津㵲溪口顺江场对面偏西的小南海①。任乃强考证更认为："'龟亭'，今巴县铜罐驿、猫儿峡下之'小南海'是也。为逼近大江北岸之一离堆石阜。冬季出水十余丈，夏亦不能全没。上有寺，往时朝拜者众。舟人呼为'居亭子'。舟人讳龟音，呼乌龟为'乌居'也。宋王象之《舆地纪胜》谓之'龟亭山'。清王士禛《蜀道驿程记》曰'龟亭子'。其地距冬笋坝十余千米。正对㵲溪（綦江河）河口之顺江场（江口）。㵲、獠、夷、苗赴巴市者必出于此。晋世名'新市里'，则秦汉时尚有城邑，只为巴王族墓群所在。有盐市与㵲獠交易也。"②

2022年1月1日笔者站在江津区珞璜镇位置，远观位于大渡口跳磴镇蜂窝村的长江猫儿峡　　　　　　　　　　　　　　　　　余冲明 摄

重庆冬笋坝因数次发掘到巴人船棺葬而闻名学界，现位于重庆市九龙坡区长江左岸（北岸）的铜罐驿镇，小南海即在该镇下游的大渡口区跳磴镇，有1950年代所建川黔铁路穿过，当时专门设有一个"小南海站"。小南海站是成渝铁路和川黔铁路的交汇处，过去有长江上所建第一座铁路桥连接江南的江津区珞璜镇，桥也称为"小南海大桥"。该桥1959年到2019年一直在使用，现被下游100米处一座能时速达200千米的双层新铁路大桥替代。

---

① 董其祥：《巴史新考续编》，重庆：重庆出版社，1993年，第120页。
② 《华阳国志校补图注》，第29页。

连接重庆大渡口区跳磴镇白沙沱社区与江津区珞璜镇的小南海铁路桥（老桥），与下游100米处新桥并列长江两岸　　张萍平 摄

该桥上游2千米长江中耸峙有一小岛，岛上有一寺庙，当地人至今呼为龟亭山和龟亭寺。就在今重庆大渡口区跳磴镇沙沱村的长江北岸，一条也名跳磴的小河从北而来，在岛西侧汇入长江。正在地里劳作的沙沱村6社刘传金告知，龟亭寺前几年热闹，观音会时上岛朝拜的人有上千，疫情后就少了。跳磴河从跳蹬场流来，有小木船可载货上下。至于这座小岛为何有"龟亭"一名，这位近70岁的农村汉子哈哈笑起来，说确实不知原委。

从綦江河口方向远望顺江场（烟囱处），该场北周时为江阳（今江津）县治所在，现居民已整体搬迁到珞璜镇，并命名新址为顺江社区　　段理 摄

令人称奇的是,龟亭这座小小的江心岛,竟使1861年首次对长江上游考察的欧洲人印象深刻,队员既有文字描述,又有素描写生存世,翻阅时亲近亲切。只是由于中英语言差异,被译为"金亭子",推测应为"居"被英国探险者托马斯·布莱基斯顿误听为"金"了:

> 抵达此关隘(引者注:即猫儿峡)之前,还途经一个叫作"金亭子"(Kin-tin-tsze)的江心岛。它更靠近左岸,看起来怪石嶙峋,似乎是因江流长年累月地冲击才与江岸分离而形成的。如今,它孤立于江中,岛上林木茂密,建有一座寺庙和一座小塔。我们通过此地时,正值清晨,纤夫们沿着一大片柏树林下遍布岩石的岸边而行,巴顿医生就此画了一幅素描。当时,还有一艘大型四川帆船正顺江而下,两三只黑冠红爪的漂亮燕鸥贴着水面掠过,一派扬子江上游的典型景色①。

1861年5月5日,英国探险家、博物学家托马斯·布莱基斯顿组建的"扬子江重庆上游考察队"逆江经过龟亭山小岛时,队员中的巴顿医生所绘该岛素描图②

从笔者考察来看,任老点位分析大致无误,只是重庆区划调整后,九龙坡区、大渡口区、江津区相应属地有变,"正对僰溪口"应为斜对上游綦江(僰溪口)。在綦江注入长江处有伸入江心的一长溜石梁,直绕至下游近1千米处的顺江场,从码头航运分析,只有顺江场才适合泊船。但笔者进场所看,已是废墟一片,该场因污染原因,居民已整体搬迁至下游2千米的珞璜镇,并建立了新的顺江社区。这座北周时期所设江阳

---

① [英]托马斯·布莱基斯顿,马剑、孙琳译《西人中华西南行纪·江行五月》,北京:中国地图出版社,2013年,第202页。诚谢犍为县历史文化研究会副会长罗家祥赠书。
② 图采自托马斯·布莱基斯顿著,马剑、孙琳译《西人中华西南行纪·江行五月》,第202页。

（今江津）县治之地，从江面到镇上有七八十度的垂直陡坡，江中上下货物，难度较大。陪同笔者考察的重庆文史研究者段理分析，"龟亭市"设在再下游的白沙沱的可能性更大，这里上距黔北大娄山一路北来的綦江也仅三、四千米，溯长江而达巴符关（今合江县城）航运便捷。从巴东逆长江而来的盐、滇黔顺长江而来的矿产资源等物品自然在这里交流互市，能总控川渝滇黔的物资集散，是一处理想的商贸之地。

重庆九龙坡区铜罐驿镇的冬笋坝，因出土巴人船棺葬而闻名。位于跳磴镇猫儿峡上游，斜对岸上游为綦江与长江交汇处，汇口下游即为顺江场　　　　　　　　中国社科报西南记者站站长　曾江　供图

江津白沙通过长江与上游地域文化趋同，新出土的地下文物可以不断佐证，文物考古部门在白沙镇红花店子村一组小地名烟墩岗处发掘出一具渝西长江沿岸迄今唯一的汉代画像石棺，所镌图案明显更多地收到泸州、合江等地的影响①，川南渝西彼时文化趋同是不争的事实。通过赤水河转南，渝西文化又与黔地关联。2020年9月—2021年2月，重庆市文化遗产研究院重启冬笋坝遗址考古工作，再次集中发现了船棺墓及大量巴文化板楯蛮为主的族群文化随葬品，墓葬时代涵盖了战国晚期到西汉末年②，其土坑墓形制与贵州清镇平坝有许多类似的地方，墓砖的结构与广东等西南陆

---

① 重庆市文物考古研究院、重庆文化遗产保护中心编著：《渝西长江流域考古报告集》，北京：科学出版社，2022年，第267、284页。
② 廖苏予、曾江、徐进：《重庆市文化遗产研究院代玉彪：切实做好再现巴文化融入汉文化历史景观的冬笋坝发掘工作》，中国社会科学网，2021年3月8日，网址：http://kaogu.cssn.cn/zwb/kgyd/kgsb/202103/t20210309_5316846.shtml。

海走廊沿线同时期墓葬也有很多相同①。说明巴人文化南流是明确的,其向南传播的主通道,因綦江上游通航的陆道尚未开通,南行不便,故应是上溯长江不远后,转入就近的赤水河通道。

巴国龟亭市位置示意图

确实,巴蜀地区接受以秦为代表、楚次之的文化浸染,蜕变升华为华夏文化,时间早在战国秦并巴蜀即全面开始,到汉武帝开发西南夷之时业已完成,"西汉早期以后,蜀文化基本绝迹了"②。扬雄《蜀王本纪》中所述的蜀"椎髻左衽"等"边夷族群"的标识③,在强大的文明涤荡下自然消亡,地方文化纵向发展竖轴被更进步的华夏文明拦腰切断,从此开始成为连绵不绝的华夏文化重要推动力量。

从先秦大禹、鳖灵、李冰乃至西汉文翁的水利整修和利用,再加上先天的自然地理和气候条件优势,以及秦汉中原移民而来的华夏文化强力助推,经秦灭巴蜀后的治理与汉兴六七十年的宽松政策,"蜀地沃野千里,土壤膏腴。果实所生,无谷而饱;女

---

① 贵州博物馆:《贵州清镇平坝汉墓发掘报告》,贵州省博物馆考古研究所编,熊水富、宋先世主编:《贵州省田野考古四十年》(1953-1993),贵阳:贵州民族出版社,1993年,第207页。
② 陈德安:《古蜀文明与周边各文明的关系》,凉山州博物馆等编,《三星堆研究(第二辑):三星堆与南方丝绸之路青铜文化研讨会论文集》,北京:文物出版社,2007年,第79页。
③ 夏保国、王兴成:《汉"椎髻"考》,《北方文物》2020年第2期。

工之业,覆衣天下;名材竹干,器械之饶,不可胜用。又有鱼盐铜银之利,浮水转槽之便"①,条件比京城所在的三辅还好,农业发展不下于泾渭流域②。至"汉代时,成都就成为国际性的五均城市"③,跃升全国第二人口大城,与长安人口比较,就可看出这座城市的经济发达程度已是首屈一指之列。达到"水旱从人,不知饥馑,时无荒年"的境界,"天下谓之天府也"④。蒙文通总结,中国两个统一的大帝国形成,都有赖于巴蜀所作的贡献:

> 自秦惠王灭巴蜀,昭王时范睢、张若、李冰相继经营,把巴蜀地区发展为可能比六国更进步的地区,所以秦益富饶。范睢把秦孝公、商鞅的新法,推行到新开拓的巴蜀广大地区,本是意中之事。这是四川的繁荣……对秦成帝业,巴蜀是起了一定的作用。陈胜、吴广起义,直到汉的统一,看不见蜀有什么扰动,很可能社会长期是安宁的,没有遭到战争的破坏……富饶的巴蜀,未受到战争的破坏,社会繁荣,依然如故,所以说"高祖因之成帝业",这是蜀对汉的统一又起了很大的作用。西汉的大都市是长安,它是京师,是八万户,其次就是成都,是七万六千户。其余新兴都市如南阳有名的宛,仅四万七千余户,是远不能相比的。京兆十一县,十九万五千七百户,六十八万二千四百口,每十户三十五口。蜀郡计十五县,二十六万八千二百户,百二十四万五千九百口,每十户四十八口,从人口看,就比京兆多一倍,从平均人口看,蜀郡也显得殷实。若并广汉、犍为、蜀郡这三蜀计算,共二百三十九万七千余口,比之三辅仅少三万余口,可说大致相当⑤。

持久的社会稳定,"市"的繁庶,必然催生富商阶层的诞生,包括官商性质的邓通:

> 邓通,蜀郡南安人也……上使善相者相通,曰"当贫饿死"。文帝曰:"能富通者在我也。何谓贫乎?"于是赐邓通蜀严道铜山,得自铸钱,"邓氏钱"布

---

① [南朝宋]范晔:《后汉书》卷十三《隗嚣公孙述列传第三》,北京:中华书局,1965年第1版,1973年上海第2次印刷,第535页。
② 史念海:《秦汉时代的农业地区》,史念海:《河山集》,北京:生活·读书·新知三联书店,1963年9月第1版,1978年5月北京第2次印刷,第166页。
③ 李后强:《四川"灾变论"》,李后强:《蜀地散聊——关于30个理论与实践问题的探讨》,成都:四川人民出版社,2019年,第162页。诚谢作者赠书。
④ [三国]谯周:《蜀记》,转引自《华阳国志校补图注》第136页。
⑤ 蒙文通:《巴蜀古史论述》,成都:四川人民出版社,2019年,第91-93页。

天下。其富如此①。

还有中原移民卓王孙和程、郑之人：

> 蜀卓氏之先，赵人也，用铁冶富。秦破赵，迁卓氏。卓氏见虏略，独夫妻推辇，行诣迁处。诸迁虏少有余财，争与吏，求近处，处葭萌。唯卓氏曰："此地狭薄。吾闻汶山之下，沃野，下有蹲鸱，至死不饥。民工于市，易贾。"乃求远迁。致之临邛，大喜，即铁山鼓铸，运筹策，倾滇蜀之民，富至僮千人。田池射猎之乐，拟于人君。
>
> 程郑，山东迁虏也，亦冶铸，贾椎髻之民，富埒卓氏，俱居临邛②。

"拟于人君"的富豪对蜀地与周边经济和贸易的拉动，作用明显。汉王朝在巴蜀以及西南夷地区先后兴建了一系列的大型工程，除成都外，四川盆地迅速诞生一批大大小小的城市，逐渐形成了梓潼、雒县、成都三大政治、经济中心③。这些城市一般处于交通节点，对通道的进一步运用和延伸，又形成促进。

迁蜀的工商业者既然提高了巴蜀的经济，迁蜀的知识分子，自然也会提高巴蜀的文化④，《汉书》高度评价：蜀地学者比齐、鲁焉。

巴蜀地区的广汉郡虽然是汉初才设立的，但很是繁荣，古谣称："大旱不旱，蜀有广汉。"⑤其下"绵与雒，各出稻稼，亩收三十斛，有至五十斛"⑥。处于沱江上游支流湔江的广汉郡郡治雒邑（今广汉市金轮镇，也曾经迁徙到德阳市旌阳区孝泉镇⑦），是蜀中仅次于成都的大城，早在秦代即置为县。关于是否为秦所置之县，2002年6月3日，湖南龙山县一古城里耶的一号井内，令人惊讶地发现大批"有文字的简"⑧最为权威。这批简牍现被学界统称为"里耶秦简"，引用、研究如炽。雒邑是秦建古县，从里耶秦简出土的9-1801编号33简即是明证⑨，汉代已建成蜀中政治与经济（工商业）重心⑩，"以

---

① [西汉]司马迁：《史记》卷一百二十五《佞幸列传第六十五》，北京：中华书局，1959年9月第1版，1982年11月第2版，1982年11月北京第8次印刷，第3192页。
② 《史记》卷一百二十九《货殖列传第六十九》，第3277-3278页。又《华阳国志校补图注》第148页：若卓王孙家僮千数，程、郑各八百人。
③ 李映福、杨盛、马春燕、余建：《四川广汉石亭江汉代铁桥墩相关问题研究》，《考古》2015年第9期。
④ 蒙文通：《巴蜀古史论述》，成都：四川人民出版社，1981年，第96页。
⑤ 王有鹏：《四川汉代陶俑刍论》，《四川文物》1987年第3期。
⑥ 《华阳国志校补图注》，第166页。
⑦ 《华阳国志校补图注》，第167页。
⑧ 李学勤：《初读里耶秦简》，《文物》2003年第1期。
⑨ 晏昌贵：《里耶秦简所见郡县订补》，《历史地理研究》2019年第1期，第57页。
⑩ 蒙文通：《巴蜀古史论述》，第91页。

处州中,益州恒治此郡"①。汉制,县令(长)俸禄主要以五百石到千石为主②,成都和雒县是巴蜀之地仅有为千石级的县令③。官员俸禄高低可以看出城市的等级与地位,从《张家山汉简·二年律令·秩律》可知,西汉初年全国六百石及其以下官员担任县令(长)者之城有196座,八百石者54座,一千石者才区区15座④。由此可知,成都和雒县是当时全国响当当的大城市行列。

今日广汉城市鸟瞰图　　　　　　　　　　　　　　　　　三星堆博物馆 供图　余嘉 摄

汉武帝设益州刺史部统领今西南地区后,州刺史驻节地"或治成都,时复治雒",雒县的政治地位也可见一斑,《华阳国志》评价"为蜀渊府"。刘备的军师庞统,就是在进攻此城时中流矢而死,刘备也是在围城一年后才攻克之⑤。

蜀地漆器手工业也是国际水平,朝鲜出土的众多广汉工官制造的带铭文耳杯、耳盘⑥即是明证。秦统治巴蜀时期,秦政府就开始在蜀郡设置大型工室"东工""西工"⑦,生产军队必备的兵器等产品,雒邑也设有类似机构,两个郡皆生产漆器、蜀锦,以及冶铜炼铁和制造兵器等。重要的是质高量大,"蜀、广汉主金银器,岁各用五百万,三工官官费五千万"⑧,一岁费五百万钱,相信人力的配合运用也相当多⑨,单是蜀郡工官的

---

① 《华阳国志校补图注》,第163页。
② 王子今、马振智:《张家山汉简〈二年律令·秩律〉所见巴蜀县道设置》,王子今:《秦汉交通考古》,北京:中国社会科学出版社,2015年第1版,2019年第2次印刷,第234页。原载《四川文物》2003年第2期。
③ 张家山汉墓竹简整理小组:《张家山汉墓竹简(二四七号墓)》(释文修订本),北京:文物出版社,2006年,第70页。
④ 《张家山汉墓竹简(二四七号墓)》(释文修订本),第70-79页。
⑤ 《华阳国志校补图注》,第163页。
⑥ 洪石:《战国秦汉时期漆器的生产与管理》,《考古学报》2005年第4期。
⑦ 岳依彤:《成都字库街遗址出土秦简牍或可揭秘秦代蜀郡西工位置》,中国新闻网2022年12月14日。
⑧ [东汉]班固:《汉书》卷七十二《王贡两龚鲍传第四》,北京:中华书局,1962年6月第1版,1975年4月第3次印刷,第3070页。
⑨ 桑秀云:《蜀布邛杖传至大夏路径的蠡测》,段渝主编:《南方丝绸之路研究论集》,成都:巴蜀书社,2008年,第121页。

用工,估计总人数当在5000以上①。早在1942年,顾颉刚即感叹:四川的手工业精致漂亮,现在如此,古代也是如此。广汉的工官主要的工作是制造金银器,我们现在从四川的出土的汉代古物里还可以看到嵌金丝和银丝的各种制作巧妙的器物。20世纪初,日本人在朝鲜乐浪郡原址发掘汉墓,获得漆器多件,鉴定是成都和广汉两处工官的出品。它输销的遥远,真是可惊了②。

东汉时期的汉安古县、今日内江鸟瞰(摄于2021年)　　　　　内江市文旅局　供图　何长海　摄

广汉工官所在雒县,我们从文献和考古材料中至今未见"市"的记载出现,但广汉地域什邡是古老产漆基地③,致其工官漆器水平全国盛名,手工业制品琳琅优质,用于交换的条件充足,可以推测,雒县或其附近也有"市"的设立,才使其产品满世界翩飞。

又如同处中水道沱江边的汉安(今内江市)"土地虽迫",但是"山水特美好。宜蚕桑,有盐井。鱼池以百数,家家有焉。一郡丰沃"④。汉安县始建于东汉,但具体何年尚待考证,从出土的《汉安长陈君德政碑》所附《汉安修栈道记》时间分析,至迟在汉顺帝永建五年(130)前即已建置。有学者从《元和郡县志》卷三一引资州内江县下"本汉

---

① 罗开玉:《从出土文物看秦汉三国时期蜀郡工官、工室》,《长江文明》2010年第3期。
② 顾颉刚:《论巴蜀与中原的关系》,成都:四川人民出版社,2019年,第113-114页
③ 详见本章第二节《巴蜀向流南布文化的考古学证据》。
④ 《华阳国志校补图注》,第180页。

资中县地,后汉分置汉安县"这则材料,认为汉安是析资中县所置①,笔者认为应是析资中、江阳二县之地而来。其所产井盐乃"江阳之盐"②的组成部分,南下销往缺盐的云贵地区,才支撑全郡丰沃的局面,并产生豪富阶层。

这些大姓豪富掌握经济实力后,有如英国的羊毛资本家,渴求政治话语权利的欲望高度膨胀,形成"杰立"之势,"郡常秉议论选之"③,也就是能与州郡官吏周旋,言行经常影响地方政务④。建安八年⑤(203),大姓"程征、石谦白州牧刘璋求立郡",刘璋竟"听之",把"本犍为枝江都尉"升格为辖有汉安、符等在内的江阳郡⑥。任乃强结合江阳(包括汉安)晋代有"王孙程郑"大姓,分析应该是西汉时期临邛的卓王孙和程、郑后裔迁徙而来:

> 程、郑旧皆临邛巨富,晋世不见于他县,乃独于此同著,疑自汉行"均输法"后,官笼天下盐铁工巧之事,临邛大姓骤败,徙就此区贾南夷,复以工商业为豪富大姓。其卓王孙子孙,更以自众盛故,为王孙氏,用羌氏俗以父母氏为姓也耶?此地无故传光武有子于此之说盖即缘有姓王孙者而造耶?⑦

东汉末年,巴蜀一带求立郡、争郡名之事,尚不止此孤例。同在刘璋时代,他多次应从地方主政官员和大姓豪强之求,改"永宁为巴郡,以固陵为巴东,徙义为巴西太守。是为三巴"⑧,有效地满足了上述地区豪强渴求自立心理,也将古"巴"这一美名,分散嵌入三地,进一步平息各郡"争巴名"情绪。但是,又有豪强跳将出来,"涪陵谢本白璋,求分置丹兴、洪发二县,以涪陵为郡。璋初以为巴东属国。后遂为涪陵郡"⑨。争郡名的谢本也如程征、石谦,应为当地豪民大姓。他们凭借强大的经济势力干预、

---

① 周振鹤、李晓杰、张莉:《中国行政区划通史》[秦汉卷(上)],上海:复旦大学出版社,2017年第二版,第931页
② 详见第十一章第三节《江阳之盐的重要性与日俱增》。
③ 《华阳国志校补图注》,第180页。
④ 《华阳国志校补图注》,第183页。
⑤ 《华阳国志校补图注》,第180页、第181-182页。
⑥ 《华阳国志校补图注》,第180页、第181页:枝江都尉,两《汉书》不见。盖亦如涪陵都尉,为刘二牧时,因犍为郡境辽阔而形势分散,分设都尉以治盗贼,划有属县,遂因程石大姓之请,升为郡也。枝江者,沱江之别称。沱江自都江堰分水,称为内江。至郫纳湔水,至新都大渡,纳绵、雒水,穿金堂峡,经牛鞞、资中、汉安至江阳(皆用汉县名)复入江水(古人称岷江及今宜宾市以下的长江为"江水",盖误以岷江上游为长江上游也),故《禹贡》称之为沱(后世因他处多有江、沱分合,不专称此水为沱江者约二千年)。《汉志》称之为湔。《水经》称之为雒。《郦注》引用他书,时复称为绵水。《常志》则于牛鞞称新都江,于资中称"牛鞞江",于此称为枝江(《水经注》朱、赵本作岐江)。其后又有资江(汉安人语《一统志》用)、支江(《寰宇记》)、中水(《水经注》)等别称。至明清复称沱江。枝、歧、支、资古同音义,汉安人呼资江,江阳人呼枝江也。
⑦ 《华阳国志校补图注》,第182-183页。
⑧ 《华阳国志校补图注》,第26页。
⑨ 《华阳国志校补图注》,第26页。

扰乱甚至控制乡里的政治权力①。常璩将三人都列名纪之,意在弘扬其为该地立郡的"郡父"之功,好让郡名承续后世不忘。同时,更进一步证明,经过两汉300年在巴蜀的统治,除成都平原腹地社会经济文化进一步发展外,地处盆地南缘的江阳、涪陵(今彭水②)等地也发达昌盛起来,有实力作为郡一级政权驻节,有文化需要郡一级政权褒扬,有资源需要郡一级政权调配。这些都是在通道畅通的前提下才有可能实施,江阳郡交汇长、沱及赤水河不论,涪陵正是丹涪水(今郁江)与延水(今乌江)交汇处,也是水陆通道要津,谢本"白"益州刺史刘璋理由充足。

秦汉古江阳、今日泸州城。中为自蓝田流至城区的长江,在管驿嘴处揽入沱江(右)后,蜿蜒继续东流至高坝(左上)。自古扼控西南,屏障川渝,被宋徽宗钦定"西南要会"并御书奖掖

泸州市江阳区摄影家协会 白云诃 摄于2019年

求立郡乃地方大姓豪强自治意识苏醒的第一步,第二步是要为郡求得美誉度。汉安程、郑二人有资格和能力说服刘璋建立郡一级政权,似也应有资格和能力请求其所建郡按自身意愿命名。何以他俩不定郡名为汉安,反而定为江阳呢? 笔者分析,除了因江阳城所在交通有更大优势外,应在其名更具华夏标配,比从安服蛮夷而设的"汉安"有更正统的中原文化地名内含,也比汉安建置时间更为久远。

江阳是先秦古县,里耶秦简有关于"江阳简"的记录:"☐☐士五(伍)江阳闲阳痤。☐到,亟更上☐Ⅱ(9—628)。"③该简不仅记录了江阳名,还记有一里名"闲阳"(閒陽),更出现了历史上有第一个名字的江阳人"痤"。当然,这位痤并不雅,似为脸上长疮(青春痘)而被戏取之名。

---

① 卜宪群:《秦汉乡里社会演变与国家治理的历史考察》,《中国社会科学》2022年第3期。
② 《华阳国志校补图注》,第43页:涪陵,秦旧县也……后汉复徙治丹培水会,今彭水县是也。
③ 陈伟主编:《里耶秦简牍校释》第二卷,武汉:武汉大学出版社,2018年,第166页。其"校释"为:"江阳,县名。"

汉代泸州生齿日繁，众多画像石墓和崖墓的发现即是证明。濑溪河支流马溪河上游泸县毗卢镇沙子坪村二社一小地名洞子山处，汉代崖墓层层密布，地下洞洞相连，据称至少有360多穴。图为笔者与泸县文博工作者徐朝纲（左二）、毗卢镇文化干事李贞荣（左三）等人在洞内察看。该洞是笔者所见较大的汉代崖墓，径深约5米、宽约3米、高2米，洞口约5米见方

李林雪 摄

　　至于简化字为"闲阳"的这个江阳县下的里名，笔者以"山之南、水之北为阳"作据，既然"江阳"据有了长江之北，"闲阳"就不会再以长江为坐标寻觅，应以其支流或高山为参照。结合今日泸州周邻山势水情分析，江阳城附近大山之著名者乃为方山，排除长江后的大水为其一级支流沱江、永宁河，但它们入江处皆南北流向，不大可能以江北相称。唯有流向沱江的二级支流濑溪河是东西流向，有江北之岸；与濑溪河大体平行的东西向山脉有龙贯山，从渝西永川、荣昌交界处绵亘至泸县海潮沱江边。若水以濑溪河为坐标，山以方山为坐标，闲阳或可在与今地名对应的是龙马潭区胡市镇或江阳区石棚镇、江北镇一带；若山以龙贯山参照，地处沱江边的海潮及附近潮河、瓦子等集镇，正好位于其南，这里山连水势，地势平坦，浅丘连绵，适合人类居住，闲阳里设置于此可能性较大①。能锁定这个里所在位置，对泸州文化提升、文明彰显作用较大，尤其对泸县建置史的溯源有不可估量的意义。即使暂时无考古文物等支撑其所在，依照其名，也可充分证明江阳初建，从县到里，都得名于正宗华夏，非学界普遍认

---

① 诚谢原泸州市规划建设局副局长、同济大学测绘专业学士毕业的王志刚先生分析惠告。

为系蛮夷之邦。

常璩笔下对江阳郡、县描述为：

> （江阳郡）属县四。户五千。去洛四千八十里。东接巴郡，南接牂牁，西接犍为，北接广汉。有荔支、巴菽、桃枝、蒟、给橙。俗好文刻，少儒学，多朴野，盖天性也。

> 江阳县 郡治。治江、洛会。有方山兰祠。江中有大阙、小阙。季春，黄龙堆没，阙即平。昔云，世祖微时，过江阳，有一子。望气者曰："江阳有贵儿气。"王莽求之，县人杀之。后世祖为子立祠，谪江阳民不使冠带者数世。有富世盐井。又郡下一百二十里者，曰伯涂鱼梁，云伯氏女为涂氏妇，造此梁。四姓，王、孙、程、郑。八族，又有魏、赵、先、周也。①

其中八族之一的先氏，乃古巴人后裔②，朐䏰（云阳）大姓即有该姓③，属于小姓氏人众，至今尚有1.8万多人生活在泸县、合江县、江阳区等地，发音有一声(xiān)，也有四声(xiàn)两类，"改姓不改字，始祖皆同"④。说明泸州地带在"湖广填四川"之后，仍有土著居住。

秦置的江阳县"隶属巴郡"⑤，早在新石器时期即有人类活动痕迹。原华西大学博物馆馆长郑德坤，1946年出版的《四川古代文化史》一书中，就记载泸州（城区）和纳溪地域分别发现过石器遗迹⑥。笔者与退休的泸州市文博工作者集体座谈时，他们均称，1970年代在城区忠山某山洞也出土过新石器时代的石锛、石斧；战国后期文物，也有三足形陶杯、陶罐在山洞附近发现。当时没有成立文管所、博物馆，这些文物都由泸州市图书馆时任主持工作的副馆长吴孟辉经手运回馆里收藏。由于客观历史原因，没有人对之进行研究和信息发布，时间漫灭竟无人知道出土地点，致使泸州中心城区地域新石器至秦时期的文明反映呈现空白。

---

① 《华阳国志校补图注》，第180页。
② 邓少琴：《巴蜀史迹探索》，成都：四川人民出版社，2019年，第48-49页。又《华阳国志校补图注》，第39页："先氏是中原旧姓。春秋时晋有先轸。汉时，江阳有孝女先络。疑是中原有先氏营盐业来朐䏰落户。商营所至，有居江阳者也。"又据笔者调查，泸州先氏家藏清代族谱，也称其为春秋时晋人避难入蜀而至。笔者综判应系古代少数民族慕义华夏所改，一如播州杨保。
③ 《华阳国志校补图注》，第36页。又郦道元著、陈桥驿校证：《水经注校证》，北京：中华书局，2013年1月北京第1版，2020年11月，第51页：朐忍又作朐䏰。
④ 先开金：《泸州民俗风情录》，成都：四川人民出版社，2021年，第122页。
⑤ 毛曦：《先秦巴蜀城市史研究》，北京：人民出版社，2008年，第253页。
⑥ 郑德坤著、周蜀蓉整理：《四川古代文化史》，成都：巴蜀书社，2004年，第3-4页。

2021年11月13日下午,笔者与泸州市部分历史文化研究者座谈,回忆泸州忠山发现新石器时期地下文物经过。笔者左一为郭可夫、左二为谢荔,右一为徐朝纲、右二为邹锡汇、右三为谢佳永、右四为秦厚生

李光华 摄

笔者综合座谈所获,分析新石器人类所栖忠山洞穴,今情观察应是百子图云谷洞、南城淘米洞等处。前者滨沱江,后者顺金线吊葫芦可下长江,古人类背山可猎、缘水可渔,自是理想的栖息场所。只是1970年代两处洞穴无建造记录,无法确指文物就缘于此。

此外,1970年代中期,修建穿越忠山的地下防空洞时,曾有大规模动土之事。该处忠山之麓也有洞穴,即忠山东南今泸州烈士陵园与过去灯光球场之间,是一面山崖,崖间有天然崖洞,城里小孩子于其间捉迷藏者不少。年过七旬的秦厚生就是其中之一,亲见山崖间洞水飞溅,有如孙悟空的水帘洞般优美,只是泸州市体委1970年代中后期在这里修建小口径枪射击训练场而掘没。泸州新石器文物也许就是此时此洞发现也有可能,惜笔者遍访当事人,有心关注此等之事者皆驾鹤西游。

忠山洞穴较大者还有今忠山公园进大门右侧不到5米处,即紧靠烈士陵园一侧,并排凿有汉代洞穴墓4座,泸州有市民回忆,1941年9月9日日本飞机轰炸时,他在大人的牵拽下,就在其中一个洞内躲藏过。

尾洞处继续前行十数米,即有一天然崖洞,口小内阔,冬阴夏凉。笔者幼时放学回石厂塆家途中,正好途经,曾数次入洞嬉戏,并听得邻居中一名叫蓝素华(约1910年

第三章 走廊是华夏文化缘巴蜀南延的载体

忠山淘米洞洞口尚存，位于今泸州市江阳区连江路侧老年门球场背后
泸州市江阳区民间文艺家协会 陈泽治 摄

前出生）的老妇人，1950年代初期未搬到石厂塆居住时，一家三口即栖于洞中。记得她聊天称所居时怡然自得，看来该洞也宜人居。1978年左右，该洞因忠山公园打造之需，新建有建筑物"红房子"而遮蔽了洞口。泸州新石器文物也有于此发现的可能。2022年春，笔者进入今属泸州市园林绿化服务中心办公场所的"红房子"，从后门穿出即见该洞残存。可能因当时建造之需，天然崖洞大部被毁，只剩洞底一小部，在此办公的后勤科颜震科长惊奇地说，没你们当事人指证，我们还不知道过去是一个洞穴。

江阳从县到郡嬗变升华，使其在今川南地域一枝独大，独领风骚。政治地位上升，也会影响经济走向。其中盐业发展可谓浓墨重彩。从江阳郡下的江阳县、汉安县、新乐县"有盐井"[1]记载看，汉晋时这一代盐业生产有较大发展，有了"江阳之盐"的美誉，势必催生盐业销售的发展，食盐交易活动频繁，盐市"江阳市"形成势在必然。而沉重的食盐外销，人背马驮船运，又使通道有进一步延展和改善。

---

[1]《华阳国志校补图注》，第180-181页。

　　1935年出生的泸州日报社退休职工曹本玉向笔者介绍,1941年农历七月十八(公历9月9日)日本飞机轰炸泸州城时,6岁的他曾随父母跑到忠山东汉崖墓洞内躲避。已有强烈记忆的他,亲见低空盘旋的日机先扔炸弹、后扔铁片、再扔鹅卵石,非采访到亲历者,令笔者也不敢相信日机这种轰炸方式是历史真实

董代富　摄

　　进泸州忠山公园大门50米左右的这幢建筑(左),系1978年新修,是为当年如炽的游客提供餐饮服务的场所,因当时外墙涂抹为一片红,市民俗称"红房子"之名沿用至今。它建在忠山一天然崖洞前面,综合各方面判断,泸州新石器文物似出土于此

| 第三章 走廊是华夏文化缘巴蜀南延的载体 |

泸州忠山百子图云谷洞今已撤毁，位于图中忠山隧道（左侧）引桥下，紧邻沱江（从上往下流）
泸州市摄影家协会 王伟 摄

统观上古巴蜀地区的"市"，既有可觅于古书的"成都市""龟亭市""朐䏰市"[1]"平都市"[2]等处，也有史乘缺载的"临邛市""雒市""江阳市"等。只是广汉、江阳这些"市"，有如交通上的"间道"，不被官方承认，任由地下经济驱使潜滋暗长，但绝非不繁华和不该不重视。上文已述，名声响亮的卓、郑之裔在江阳、汉安地区贾南夷，无市也会造市。又有"世祖微时，过江阳"的凿凿信史，长期被治巴蜀史者视而不见，也不被地方治史者深入研究，是一种不正常、不负责任的学术态度。笔者分析刘秀来江阳的目的之一，因此地地接牂牁郡与益州郡，又逢王莽不得民心长期用兵攻打句町，兵连战急，矛盾剧烈，作为反莽前期联络和筹备，他有前来寻势相助心理。虽然无文献依据和考古支撑，但刘秀之来是不能被推翻的事实。江阳因之有贵儿气也变相证明他生子于兹，停留时间非匆匆而过，而是蓄势于此，对长期抗争预留有充足的时间，甚至拟作抗争基地的可能。又从"王莽求之，县人杀之"来看，刘秀的反抗企图应该不慎泄密，针对王莽之"求"文献，可理解为其乃借所掌国家机器优势大张旗鼓把刘秀的"星星之火"扑灭于江阳理解。又从其子被光武立祠纪念来看，应是他一生中的重大事件

---

[1] [北魏]郦道元著、陈桥驿校证：《水经注校证》卷三十三，北京：中华书局，2013年1月北京第1版，2020年11月北京第4次印刷，第743页。又邓少琴：《巴史新探》，邓少琴：《巴蜀史迹探索》，成都：四川人民出版社，2019年，第37页；《水经注》谓朐䏰"治下有市，十日一会"。

[2] 《水经注校证》卷三十三，第741页；（平都）县有市肆，四日一会。

或深刻回忆,此"子"有喻指其所联络的地方豪强、部族武装之类,非仅作一般儿子看待,故县里附和王莽的官僚势力花了大力气才将其扑灭。又据《水经注》此句述为"王莽求之而獠杀之"①对照分析,世祖的江阳之子又似为其所联络不遂的蛮僚势力所害。也从另一侧面说明,刘秀反抗王莽前,与江阳附近僚僰之民发生过关联。

泸州能自然而然催生地下之"市"的证明,在1970年代末有两个比较明显的例证。一个"市"是"太和帮"所造珠宝玉器地下交换市场,一个"市"是若干个体业主营造的"化纤市场"。前"市"所营之物,皆汉、宋两代地下青铜、珠宝重见天日,快速流通在以泸州为中心的港澳广深市场。笔者采访其中一黎姓资深从业者,他称,他和杨某某、胡某某等4人,1981年在大营路茶馆自定其名曰"太和帮",并约法三章,相互通气,共贸共赢。一时间,泸州成为全国古玩宝物交换中心,求购者用麻布口袋装钱不远万千里而来,纷纷蚁聚下水井沟一带茶馆讨价议价。全城从业人员辉煌时曾达千人之多。后因无政府引导,又无法出头见光,在管理部门的整治下烟灭灰撒②。化纤市场也是如此,只是从业人员有合法的个体营业执照,他们自发而聚,熙攘沱江左岸小市一整条街,全国化纤、棉布及所需原材料,悉数首先汇聚于此,再中转批发,也成为1980年代全国最大的批发市场。惜种种原因,业主东零西散,远走成都荷花池、浙江柯桥而使本城之"市"灯吹火熄。

第二节　巴蜀向南流布文化的考古学证据

巴蜀与中原的联系,不是李白"尔来四万八千岁,不与秦塞通人烟"的文学渲染,而是至迟从商代开始,自关中地区翻越秦岭到达蜀地这条线路便是一条便捷的通道,大约在战国时已经大力开通,已成为一条交通大道了③。因而,古代文献中所反映出的中国古代文明的相当部分应来源于古蜀文明④,李学勤甚至认为,自新石器时代晚

---

① [北魏]郦道元著、陈桥驿校证:《水经注校证》,第739页:昔世祖微时,过江阳县,有一子,望气者言,江阳有贵儿象,王莽求之而獠杀之。后世祖怨,为子立祠于县,谪其民,罚布数世。
② 诚谢泸州市文物收藏爱好者涂代详协助采访。
③ 宋治民:《试论周秦汉时期中国西南交通》,四川大学历史系编:《中国西南的古代交通与文化》,成都:四川大学出版社,1994年,第17页。
④ 李诚:《古蜀神话传说与中华文明建构》,《中国俗文化研究》2003年第1期。

期（至少晚期之末）起，四川与中原间的交流就存在，有时还明显是畅通的①。其走向从现陕西汉中出发，南至四川广元，在此可分为两路：一路沿嘉陵江向西南，在昭化脱离嘉陵江河谷进入剑门关，经剑阁、梓潼、绵阳、德阳、广汉、新都诸县市，最后进入成都。另一路出广元东南，在阆中转盐亭、三台、中江、金堂、新都，然后抵达成都②。再从成都平原向南，更有便捷的水陆之道齐头并进而去。

巴蜀文化向南对云贵的影响，从古到今都特别明显和直接，由于地缘的接近性，作为以"南中为园苑"③"雄张獠、僰"④的历代蜀王，有意和无意之间，都向其发散出先进于夜郎、滇等地域的文化覆盖。有学者较肯定地认为，在战国和两汉时期，巴蜀文化都是整个中国西南地区最为先进和最具影响力的文化，云南和贵州地区的文化即主要受巴蜀文化的影响而不是相反⑤。笔者认为，云贵受巴蜀文化强烈"熏陶"后，又以跳板方式，影响两广地区和越南、老挝、柬埔寨、缅甸、泰国等中南半岛地域。

一、巴蜀青铜文化对云贵及以南的影响

云贵高原目前发现最为精美的青铜器乃是晋宁石寨山⑥和江川李家山⑦的滇文化墓葬，两处滇文化的重要遗存，都包含着古蜀早期青铜文化的某些因素⑧。滇文化墓葬划分为四期，李学勤认为：第一期如果确实是战国早中期的产品，其技术水平较之中原和长江流域并不逊色⑨，而滇文化青铜器大量模仿蜀式兵器，显然是长期积习所致⑩。晋宁石寨山出土的青铜器上，铸有若干人物和动物的立雕像，这种风格完全不同于华北诸夏文化和长江中下游楚文化，都与三星堆青铜文化有着相似之处，造型艺

---

① 李学勤：《走出疑古时代》（修订本），沈阳：辽宁大学出版社，1997年12月第2版，1997年12月第1次印刷，第212页。
② 霍巍：《考古视野下的四川汉代移民研究——以新都东汉崖墓出土"石门关"题刻为视角》，《中华文化论坛》2019年第3期。
③ [晋]常璩著、任乃强校注：《华阳国志校补图注》，上海：上海古籍出版社，1987年7月第1版，2011年7月第5次印刷，第118页。
④ 《华阳国志校补图注》，第122页。
⑤ 邱登成：《西南地区汉代摇钱树研究》，成都：巴蜀书社，2011年，第80页。
⑥ 云南省博物馆编：《云南晋宁石寨山古墓群发掘报告》，北京：文物出版社，1959年。
⑦ 云南省博物馆：《云南江川李家山古墓群发掘报告》，《考古学报》1975年第2期。又江川县文化局、玉溪市文物管理所、云南省文物考古研究所编：《江川李家山——第二次发掘报告》，北京：文物出版社，2007年。
⑧ 段渝：《跨生态的文化和政治扩张：古蜀与南中诸文化的关系》，《云南民族大学学报》2005年第4期。
⑨ 李学勤：《东周与秦代文明》，上海：上海人民出版社，2016年11月第1版，2019年1月第3次印刷，第160页。
⑩ 段渝：《政治结构与文化模式——巴蜀古代文明研究》，上海：学林出版社，1999年，第457页。

术也较接近,仅有体量大小的不同①。同样的出土物,在距晋宁西南50千米的江川李家山墓地也较普遍。再者,古滇特有的精湛青铜贮贝器,有可能是三星堆用尊、罍、彝等容器贮贝的发展②。

贵州地区商周秦汉时期遗址和墓葬中的遗存与中原文化相似者,也大多数系从巴蜀之地输入③,青铜器中2/3以上的器物与中原汉墓所出器物无殊④。其他如陶器等随葬品,也明显受中原和巴蜀文化影响,1994年4月,仁怀市东门河西岸云仙洞岩壁上的溶洞内发现的商周遗址⑤中,所出的陶大口缸、圆底壶、绳纹杯及饰附加堆纹的陶器,与中原地区商周时期文化的同类器物类同,其中陶器盖与三星堆商代遗址中同类器(G2③:4)相似⑥;距之不远的毕节市七星关区青场瓦窑遗址中,也出现较浓厚的早期蜀文化因素⑦。云贵高原、越北、岭南与巴蜀相同或相似的青铜文化兹例如下:

青铜戈

巴蜀向南发散影响,首先以青铜兵器为例。蜀地战国早、中期大量流行的"无胡蜀式青铜戈",在成都平原、岷江流域、沱江流域都有发现,更南的滇文化出现的青铜戈中也是同样情况。滇文化青铜戈最大的特点,是以无胡戈为主(占总数的四分之三以上),这一点与蜀文化很相似⑧。更为奇特的是,位于沱江边的简阳糖厂出土一件战国中晚期无胡蜀式青铜戈⑨,与滇文化无胡戈之纹饰特点完全一致,也是援上有圆孔状太阳纹,援近内处及内末有人形纹⑩。此外,巴蜀文化中独特的锯齿形戈在石林县文管所采集品中有发现⑪。江川李家山Ⅰ型三式戈与贵州的A、C、E型戈相似,具有巴蜀式直援无胡特点,贵州的B型戈在造型和纹饰方面与彭县竹瓦街式基本相似,贵州

---

① 段渝:《政治结构与文化模式——巴蜀古代文明研究》,第456-457页。
② 张善熙:《试谈广汉三星堆出土的贝币》,四川省钱币学会、云南省钱币研究会编:《南方丝绸之路货币研究》,成都:四川人民出版社,1994年,第275页。
③ 宋世坤:《试论夜郎与汉文化的关系》,贵州大学西南少数民族语言文化研究所编、熊宗仁主编:《夜郎研究选粹——学人见证》,贵阳:贵州人民出版社,2010年,第249页。原载《中国考古学会第七次年会论文集》(1989),北京:文物出版社,1992年。
④ 宋世坤:《试论夜郎与汉文化的关系》,贵州大学西南少数民族语言文化研究所编、熊宗仁主编:《夜郎研究选粹——学人见证》,贵阳:贵州人民出版社,第251页。
⑤ 贵州省文物考古研究所、仁怀县文物管理所:《贵州仁怀商周遗址的清理》,贵州省文物考古研究所编著:《贵州田野考古报告集》(1993-2013),北京:科学出版社,2014年,第97页。
⑥ 贵州省文物考古研究所编:《贵州田野考古报告集》(1993-2013),第100页。
⑦ 张合荣:《毕节青场瓦窑商周遗址发掘主要收获》,《贵州文史丛刊》2010年第1期。
⑧ 霍巍、黄伟:《试论无胡蜀式戈的几个问题》,《考古》1989年第3期。
⑨ 四川省博物馆、简阳县文化馆:《四川简阳出土的战国青铜器》,《文物资料丛刊》1980年第3辑。
⑩ 霍巍:《西南考古与中华文明》,成都:巴蜀书社,2011年,第70-71页。
⑪ 彭长林:《云南高原的青铜时代》,南宁:广西科学技术出版社,2008年,第313页。

F型戈与石寨山Ⅱ式戈接近①。此外,呈贡龙街石碑村、晋宁石寨山古墓群中,都出土大量蜀式无胡青铜戈②。日本学者松井千鹤子曾做过比较研究,认为通过铜戈,就可探索四川、云南及与越南相连的中国西南边缘文化的系统问题③。

青铜剑

贵州所有型式的剑,除F型剑具有典型的中原文化特征外,其余五型剑,我们可以或多或少从滇文化和巴蜀文化的同类器物中找到其影子④。从地缘关系来看,即使是F型剑,也应该是通过巴蜀传入贵州。云南曲靖八塔台墓地出土一批铜钺,数量有28件之多,通体柳叶形,锋部中间起脊;茎部扁而短小,上有一圆穿,素面。此类铜钺与巴蜀式剑极为相似,应该是受巴蜀文化影响的产物⑤,因为巴蜀战国船棺墓随葬物中,流行这种扁茎无格柳叶剑;这种剑在会泽娜姑小菁、威宁中水独立树M1:1中亦有出土⑥。滇池区域的无格式剑,与巴蜀盛行的一种扁茎无格柳叶形剑乍视之虽不相同,但其主要区别在于一扁茎一圆茎,只要我们把巴蜀型的扁茎安上木柄与之比较,即可看出二者显然属于同一风格⑦。云贵的剑型,也一路流传向南,陆良县马街薛官堡出土的曲刃一字格短剑⑧,不仅贵州普安铜鼓山有发现⑨,广西田东县锅盖岭⑩,越南河内、太原也有出土⑪。巴蜀式剑南传的重要通道中就有赤水河鳛部道,位于赤水河口的合江县城,2006年6月出土过一批包括柳叶剑在内的战国青铜器即为明证。

---

① 李飞:《贵州夜郎时期的青铜兵器综述》,1999夜郎学术研讨会论文编辑委员会编:《夜郎研究》,贵阳:贵州民族出版社,2000年,第81页。
② 贾大泉、陈世松主编,段渝:《四川通史》卷一《先秦》,成都:四川人民出版社,2018年12月第2版,第190页。
③ [日]松井千鹤子著,唐虹、孙晓明译:《越南北部出土的青铜戈》,《东南亚》1987年第1期。
④ 李飞:《贵州夜郎时期的青铜兵器综述》,《夜郎研究》,第80页。
⑤ 李保伦:《对滇文化八塔台类型相关问题的探讨》,政协云南省曲靖市委员会文史资料委员会、云南省曲靖市文化体育局编:《曲靖考古文集》(下册),昆明:云南民族出版社,2017年,第483页。
⑥ 李保伦:《云南曲靖青铜时代的考古发现与研究》,李保伦:《南丝路曲靖考古与研究》,成都:四川师范大学电子出版社有限公司,2017年,第190页。
⑦ 童恩正:《我国西南地区青铜剑的研究》,《考古学报》1977年第2期。
⑧ 李保伦:《云南曲靖青铜时代的考古发现与研究》,《曲靖考古文集》(下册),第384页。
⑨ 刘恩元、熊水富:《普安铜鼓山遗址发掘报告》,贵州省博物馆考古研究所编,熊水富、宋先世主编:《贵州田野考古四十年(1953-1993)》,贵阳:贵州民族出版社,1993年,第78-79页。
⑩ 广西壮族自治区文物工作队:《广西田东发现战国墓》,《考古》1979年第6期。
⑪ [越]黎文兰、范文耿、阮灵编著,梁志明译:《越南青铜时代的第一批遗迹》,越南河内:河内科学出版社,1963年,第105页。

2006年6月,四川合江县城区枣林桥建筑工地,出土一批被鉴定为战国时期的青铜器,有柳叶剑、钺、戈、刀等,现藏于合江县博物馆库房内　　　　　　合江县博物馆馆长　王小波　供图

刀、矛、钺

蜀式环首刀在云贵高原遍地都有出土,地处沱江上游的广汉郡的工官,所制蜀刀最著名,炼钢技术居于全国首位,铁器大量运销西南少数民族地区[①]。在越南北部清化省的东山遗址以及广平省的一些汉墓中,也发现刀、剑、锸、斧等铁器制品,证明它们是中国内地输入的[②]。发现于贵州西北端的A型钺,应该是四川盆地流入贵州的中原式产品[③]。不过,贵州有"风字形钺"之称的C型钺,却有一定的地域特征,铜鼓山遗址中出土有铸造该型钺的石范,所制产品出土在黔滇桂结合部的黔西南和师宗、富宁、金平、田东、田林,甚至直到越南北部一带[④]。矛在贵州出土较少,与巴蜀地区每墓必出和滇池地区已发现上千件的情形形成反差[⑤],不过与滇文化较为接近者也有。

---

① 王立显主编:《四川公路交通史》(上册),成都:四川人民出版社,1989年,第17页。
② 周永卫:《两汉交趾与益州对外关系研究——以若干物质文化交流为主》,汕头:汕头大学出版社,2009年,第111—112页。
③ 张合荣:《夜郎青铜文明探微——贵州战国秦汉时期青铜器研究》,上海:上海古籍出版社,2018年,第133页。
④ 张合荣:《夜郎青铜文明探微——贵州战国秦汉时期青铜器研究》,第133页。
⑤ 李健民:《云南青铜矛》,《考古学报》1995年第2期。

第三章 走廊是华夏文化缘巴蜀南延的载体

2020年8月，笔者在贵州普安县铜鼓山考察。从村民处了解到，铜鼓山博物馆已停工一两年，停工处建筑背后即铜鼓山　　　　　　　　　　何川文　摄

青铜釜、鍪

广州及邻近地区发现数量众多的西汉前期墓中，有来自巴蜀和西南夷等地的部分产品，最能代表巴蜀风格的首推广州M1175墓中出土的铜釜，该釜造型呈侈口束颈圆鼓腹圆底，肩部对称辫索纹环耳，这种釜在岭南出土极少，但它是四川盆地战国秦汉时期最常见炊器。还有如南越王墓出土属于巴蜀文化器物[①]的铜鍪16件，其中西耳室4件，东侧室1件，后藏室11件[②]，不仅数量多，而且与铁三脚架配套使用，这种组合的用法是典型的巴蜀风格[③]。

1987年出土于泸州城区下水井沟的"泸州11号石棺"[④]，棺身右侧刻有一幅生动的画像，由三组不同主题的图案共连而成。成都文物考古研究院有关人士认为中间一组为"二人升鼎图"。他们描述为：图中间为一椭圆形鼎，上有圆形钮，盖上有波浪纹，圆底，马蹄形足，两立耳。鼎上有三个圆形物，似有光芒。有一绳子从系耳中穿过，并通过两半圆形穿，两边各一人椎髻，裸上身，穿裤，分别用力下拉穿鼎绳索[⑤]。

[①] 西汉南越王博物馆编，张荣芳、周永卫、吴凌云著：《西汉南越王墓多元文化研究》，广州：中山大学出版社，2015年，第83页。
[②] 广州市文物管理委员会编：《西汉南越王墓》（上），北京：文物出版社，1991年，第78页、第223页、第280页。
[③] 张合荣：《牂牁江水道——秦汉时期夜郎与南越的商贸通道》，《贵州文化遗产》2020年第2期。
[④] 出土见证人谢荔、徐利红对笔者的讲述。
[⑤] 成都文物考古研究院、泸州市博物馆编：《四川泸州汉代画像石棺研究》，北京：文物出版社，2019年，第43页。

泸州11号汉代画像石棺棺身右侧中部拓图①

笔者对照汉棺实物仔细分析,认为有两点需进一步把握和修正。一者,"鼎"应该是釜,二者,"马蹄形足"应该是三足架。日本学者佐佐木正治研究古代蜀民的汉化过程时,发现三足架是古代羌族文化影响下在四川首先产生的,"其简易性使羌族人可以随处烹调,随遇而安"②。三足架早在汉武帝统一南越前即远传广州,说明蒟酱等蜀产品在其地流布,并不是文献记载的想当然。

摇钱树

从巴蜀南传的实物当以摇钱树为典型。摇钱树是古代四川,包括云南、汉中、贵州等地东汉至三国时期墓葬较为多见的一种出土器物③,反映了当时人们"祈福求财"的心理④。世界上不同的民族都有着自己的神树及其崇拜形式,树崇拜是人类早期共有的一种文化现象。三星堆遗址出土蔚为壮观的神树群,即为上古时期中国神话传说中的神树提供了最为形象的实物写照,表明古代蜀国存在着浓厚的崇拜神树的文化精神。从目前所知的考古材料来看,中国的神树最早产于古代成都平原,而时隔千年之后的汉代摇钱树也流行在以成都平原为中心的西南地区,它们之间不仅在形制上有相似之处,在构型因素上也有一定的传承关系,摇钱树是由三星堆神树演变而来,在墓葬中承担死者灵魂进入天国仙界的天梯和桥梁,二者胎息于共同的文化母体并蒂而出的文化之花⑤。

---

① 图采自晏满玲:《泸州地区崖墓刍议》,泸州市博物馆编:《泸州文博论坛精粹》,成都:巴蜀书社,2022年,第96页。原载《四川文物》2009年第4期。诚谢泸州市博物馆研究馆员晏满玲赠书。
② [日]佐佐木正治:《三足架与拨镰——四川早期铁器的特殊性和古蜀民的汉化过程》,《四川文物》2003年第6期。
③ 霍巍:《四川汉代神话图像中的象征意义》,霍巍:《西南考古与中华文明》,成都:巴蜀书社,2011年,第203页。原载《华夏考古》2005年第2期。
④ 孙机:《汉代物质文化资料图说》,北京:文物出版社,1991年,第406页。
⑤ 丘登成:《西南地区汉代摇钱树研究》,成都:巴蜀书社,2011年,第58-73页。

作为东汉至魏晋时期西南地区常见的随葬明器，摇钱树以四川为中心，在汉晋的西南陆海走廊交通线上南北分布，甚至北到陕西、青海、甘肃。向南，发散到贵州西南和云南东南，包括成都、绵竹、广汉、新都、金堂、简阳、内江的中水道沿线，也包括泸州、合江、习水土城、金沙、黔西、清镇、兴仁、兴义的赤水河沿线和牂牁道沿线，充分说明是由蜀商携带销售而去。随着信奉的深入，在云贵地区传来了巴蜀的铸造工艺，并在当地大量仿制生产。在仿制生产过程中，又融合了当地文化和从越南、两广北传而来包括海外文化因素，并将这类海外文化因素如早期佛像等，反向传入巴蜀地区（详见第四章第二节《胡人：舣舟北望的一路佛缘》具体阐述）。

摇钱树崇拜的习俗直至清代尚有，只是不再埋入地下作明器，而是融入现实生活之中，地域亦从云贵高原南下右江上游流域。道光《广南府志稿》就记录了一则新任知县到任后禁民"恶俗"之事，此等风俗乃摇钱树祭拜，即嘉庆年间云南广南府"旧俗献岁前伐松二株，径四、五寸，长丈余，连枝叶栽插门首，无论官廨、耆老、土民之家皆然，云摇钱树"①。

看来从巴蜀开始向南发散而来的道路是通畅的，才有大量巴蜀式器物能沿此线路"重见天日"。这种关联一直南延至两广及以南，从出土文物分析，应该是通过赤水河川黔滇结合部后，主要以今贵州西部和云南东部为跳板，再从黔西南和滇东南结合部而去的。

二、从漆器看巴蜀对云贵及以南的影响

蜀郡、广汉郡的漆器传播到西南夷地，最为典型的是贵州清镇、平坝1950年代出土的漆盘和漆耳杯，其中有4件带铭文。形制大小与花纹均与蜀地出土物相同，铭文体例也一致，仅工匠名称互异和一些文字的保存完残不同②。广汉郡制造的有两件，"清墓"15出土1件，铭文为：

> 元始三年，广汉郡工官造乘舆髹丹画木黄耳杯。容一升十六籥。素工昌、髹工立、上工阶、铜耳黄涂工常、画工方、丹工平、清工匡、造工忠造。护工卒史恽、守长音、丞冯、掾林、守令史谭主。

这件耳杯出土于清镇15号墓坑中部，其中仅"护"字有裂纹，余皆完整。广汉郡制

---

① 道光《广南府志稿》卷上《风俗》。
② 贵州省博物馆：《贵州清镇平坝汉墓发掘报告》，贵州省博物馆考古研究所编，熊水富、宋先世主编：《贵州田野考古四十年（1953-1993）》，第205页。

造的另一件有铭文耳杯,出土"清墓"17内,铭文为:

> 元始三年,广汉郡工官造乘舆髹丹画木黄耳杯。容一升十六龠。素工昌、髹工隆、上工孙、铜耳黄涂工惠、画工□、丹工平、清工匡、造工忠造。护工卒史恽、守长音、丞冯、掾林、守令史谭主。

同一批墓中,蜀郡制造的一件耳杯,大小、花纹均与广汉郡的上述两件相同,但朱绘颜色更鲜一些,出"清墓"13内,杯上残存铭文为:

> 元始三年,蜀郡西工造乘舆髹丹画木黄耳榙……工丰、髹工建、上工常、铜耳黄涂工武、画工典、丹工万、清工政、造工"造。护工卒章、长良、丞凤、掾隆、令史谭主。

同样的漆耳杯在1966年平坝天龙镇出土汉墓中也发现2件,其中一件形制和花纹同清镇之前出土的广汉郡和蜀郡制造的漆耳杯完全相同,只是缺少铭文①。

"清墓"13和"清墓"15还各出土1件漆盘,其中较完整的"清墓"15这一件上,发现有残存的铭文:"……工卒史巡长称守丞衡掾隆守令史成主。"从这件漆盘的绘制技术、色调、图案风格等观察,与广汉郡同墓出土的耳杯大体相同,贵州省博物馆在《贵州清镇平坝汉墓发掘报告》②中推测,此漆盘也是广汉郡制造的。在"清墓"56中,则出土了一件铭文器物完整的饭盘:

> 元始四年,广汉郡工官造乘舆髹丹画纻黄扣饭盘,容一升,髹工则、上工良、铜扣黄涂工伟、画工谊、丹工平、清工即造。护工卒史恽、长亲、丞冯、掾忠、守令史万主③。

《盐铁论》载:"富者银口黄耳,金罍玉钟。中者野王纻器,金错蜀杯。"④"黄扣饭盘""黄耳杯"⑤这类器物,只有相当身份地位之人才配享用。又从"乘舆"⑥二字来看,更非一般,是皇家御用⑦。它们出土在西南偏僻之地清镇、平坝,只能证明两点,第一,清镇

---

① 贵州省博物馆考古组:《贵州平坝天龙汉墓》,《文物资料丛刊》1983年第4期。
② 贵州省博物馆:《贵州清镇平坝汉墓发掘报告》,《考古学报》1959年第1期。
③ 贵州省博物馆:《贵州清镇平坝汉至宋墓发掘简报》,《考古》1961年第4期。
④ [汉]桓宽:《盐铁论》卷第六《散不足第二十九》,上海:上海人民出版社,1974年6月第1版,1974年9月第2次印刷,第67页。
⑤ 洪石:《战国秦汉时期漆器的生产与管理》,《考古学报》2005年第4期:出土较多蜀郡和广汉郡工官漆器即有自名为"黄扣饭盘"及"黄耳杯"者,出土实物就是在口部镶嵌鎏金铜扣的漆盘和在耳部镶嵌有鎏金铜耳的漆杯。
⑥ [东汉]蔡邕:《独断》:汉代天子的"车马衣服器百物曰乘舆"。
⑦ 洪石:《战国秦汉时期漆器的生产与管理》,《考古学报》2005年第4期。

附近当时并不偏僻,是城邑与交通的节点,更进一步为牂柯郡郡治故且兰在安顺、平坝、清镇一带增加了有力的证据(详见第六章第二节《古县考证:平夷、鳖、故且兰》);第二,墓主身份甚为尊荣,所陪葬的杯、盘应该是朝廷赏赐而来。结合制造时间元始三年(3)、元始四年(4)分析,墓主至早去世不会超过此年,一般情况下,所葬器物为身前享用物品,墓主应是杯、盘制造年份之后去世。墓主生前拥有这些器物之时,正值王莽擅权,"恩泽之政无所不施"①,大批量的"黄扣饭盘""黄耳杯"等各类物品,正是这样赏赐运到边远之地,作为笼络夷汉权贵人心的手段之一。王莽发兵攻打句町也值此后不久,大量巴、蜀、广汉、犍为军民、吏卒被征调到滇黔桂一带参战,作为交通枢纽的故且兰各级官佐,自然需打起十二分精神为前线服务。其中,劳苦功高者也有得到赏赐的可能,死后家人陪葬这些器物,也表明墓主系生前为王莽政权服务尽心尽责的炫耀。

这几件作于汉平帝元始三、四年间的器物,下至素工、髹工等工匠,上达守\长、丞、掾、守令史等相关官员,"物勒工名"(包括"官"名),责任完整,管理严格。广汉郡制造的两件耳杯,按出土铭文提示,"主事"的监制官员"恽""冯""林""谭"都是同一批人,工匠中,能完整看到的字迹来判断,至少工序中的素工、丹工、清工、造工是同一个人,说明这类器物不是少数偶然零星流散而来,而是同一批次产品大规模生产后,长途运输而至,才会在清镇地域内不同地点、不同时间的墓穴中分散出现。结合考古发现的蜀郡和广汉郡工官制作的漆器,从西汉昭帝始元二年(前85)到东汉和帝永元十四年(102)长达187年时间都在不间断制作②,更加说明巴蜀通过包括漆器等产品向云贵发散出强烈文化影响,影响的通道就是赤水河。笔者考察中了解到,习水县土城黄金湾出土有漆皮,与随同出土的其他文物都受巴蜀文化影响的情况分析,附有漆皮的器物,也应该来自巴蜀,是成都平原与清镇之间的中转地带。正好位于黄金湾与成都平原之间的泸州,本世纪城郊长江边洞宾亭处,一座汉代崖墓内发现少量漆片③,充分证明蜀郡、广汉郡工官的漆器产品沿着沱江—长江—赤水河南入滇黔的路迹。

蜀郡、广汉郡工官能制造皇家尊享的优质漆器,源自成都平原出产优质之漆,从"什邡"地名所得可知端倪。什邡系先秦置县,在《史记》的《留侯世家》作"什方",同书《高祖功臣侯者年表》作"汁方",《后汉书》始为今名,说明它是蜀地民族古语的音译之

---

① [东汉]班固:《汉书》卷九十九上《王莽传》北京:中华书局,1962年6月第1版,1975年4月第3次印刷,第六十九上:立诸侯王后及高祖以来功臣子孙,大者封侯,或赐爵关内侯食邑,然后及诸在位,各有序焉。上尊宗庙,增加礼乐;下惠士民鳏寡,恩泽之政无所不施。
② 洪石:《战国秦汉时期漆器的生产与管理》,《考古学报》2005年第4期。
③ 晏满玲:《洞宾亭崖墓小记》,泸州史市博物馆编:《西南要会》(第一辑),成都:巴蜀书社,2021年,第114页。

称①。此地因有刘邦鼎定天下大封功臣一插曲而声名远播：

> 上已封大功臣二十余人，其余日夜争功不决，未得行封。上在雒阳南宫，从复道望见诸将往往相与坐沙中语，上曰："此何语？"留侯曰："陛下不知乎？此谋反耳。"上曰："天下属安定，何故反乎？"留侯曰："陛下起布衣，以此属取天下，今陛下为天子，而所封皆萧、曹故人所亲爱，而所诛者皆生平所仇怨。今军吏计功，以天下不足遍封，此属畏陛下不能尽封，恐又见疑平生过失及诛，故即相聚谋反耳。"上乃忧曰："为之奈何？"留侯曰："上平生所憎，群臣所共知，谁最甚者？"上曰："雍齿与我敌，数尝窘辱我。我欲杀之，为其功多，故不忍。"留侯曰："今急先封雍齿以示群臣，群臣见雍齿封，则人人自坚矣。"于是上乃置酒，封雍齿为什方侯，而急趣丞相、御史定功行封。群臣罢酒，皆喜曰："雍齿尚为侯，我属无患矣。"②

此"今急"事件中反复出现的雍齿其人，为什邡地名响亮中华无意间拨云见日。任乃强评点，本来，汉高祖因自己是从巴、蜀、汉中三郡的封国兴起的，所以不以关中和巴蜀郡县封建诸侯。把雍齿封在"汁方"（什邡）是个特例，其目的是使功臣们知道是封的好地方。并且是将原不打算封诸侯之地用来封诸侯，权宜之法稳定其心。这一"维稳"所封的上佳之地，除有一个美好的古国名称外，更重要的是此地能出产优质之漆③，而两汉人对漆器的重视，比铜器要高出好几倍，器具之可以漆制的，无不做成漆器④。雍齿所封，得愿其心。任乃强进一步考证：

> 此区山地多漆树，其人盖即割漆之发明者与推广髹漆之法者，故被称为汁方。汁字本义为液体，应也是取漆之意。原读如漆，后转为叶，汉魏人乃再转为什伍的十音。司马贞说"汁又如字"者，即谓时人虽已皆读汁方为什方，仍有人读如汁液之汁音（如字）。汁液之汁，正可说明是保存取漆之原义⑤。

巴蜀发达的漆器工艺，还有可能影响了广西。贵县一、二号汉墓中出土的漆器虽然也很残破，但数量之多，形制之精，却是少见的⑥。其漆器制品虽然有本地生产的可

---

① 任乃强：《四川上古史新探》，成都：四川人民出版社，2019年，第192-193页。
② 《史记》卷五十五《留侯世家第二十五》，第2042-2043页。
③ 任乃强：《四川上古史新探》，第193-194页。
④ 陈直：《关于两汉的手工业》，陈直：《两汉经济史料论丛》，西安：陕西人民出版社，1958年。转引至李学勤：《东周与秦代文明》，上海：上海人民出版社，2016年11月第1版，2019年1月第3次印刷，第267页。
⑤ 任乃强：《四川上古史新探》，第194页。
⑥ 广西壮族自治区博物馆编：《广西贵县罗泊湾汉墓》，北京：文物出版社，1988年，第90页。

能,但是无论是文献资料,还是实物资料,都尚未发现广西古代有生产生漆的证据。这样,汉初广西漆器制造手工业所需的生漆当来自内地。南越国由当时的夜郎国作中转站,与巴蜀地区发生了贸易往来,广西漆器业所需漆料,极有可能随着贸易发达从巴蜀贩入广西①。同样,2021年11月,中国社科院考古所西南工作队在杨勇的带领下,对云南罗平县城西北侧罗雄街道圭山村汉代漏卧故城墓群(约40~50万平方米)发掘中,出土了黑漆古铜镜,2022年1月出土了漆耳杯,加上此前江川李家山、晋宁石寨山等地也出土过黑漆古铜镜分析,其漆器工艺也当传自成都平原古蜀之地。

左为2021年11月罗平县圭山村墓葬群出土的黑漆古铜镜②(笔者 摄);中为李家山出土的黑漆古铜镜③,现藏于李家山青铜博物馆;右为晋宁石寨山出土的黑漆古铜镜,现藏于昆明市晋宁区郑和纪念馆④

三、墓葬俑类物品及葬俗的关联影响

巴蜀墓中的各类随葬俑,包括人物俑、动物俑对云贵及其以南地域都有巨大影响,川南地区发现的汉墓葬具,向西南辐射至云南盐津、大关、彝良、昭通等地,向东南影响贵州习水、金沙、毕节等地⑤,还继续深入到黔西-清镇-平坝-安顺-兴义-西林一线。有学者专门对贵州汉墓出土俑进行过分析,认为所出的各类俑造型一致性很高,与同时期四川地区的同类器物很相似。如黔西市M30、M33各出陶镇墓俑1件,呈人形站立,头顶三个三角,口吐长舌垂至腰间,右手执斧放于胸前,左手执蛇头于口。这样的造型,同时期的川渝地区正好流行⑥。

从巴蜀至云贵乃至更南,出土众多乐人俑,或抚琴、或吹箫、或起舞、或听乐、或搞

---

① 蓝日勇、杨小菁:《广西贵县罗泊湾一号汉墓漆器铭文探析》,《江汉考古》1993年第3期。
② 诚谢中国社科院考古研究所杨勇研究员同意拍摄。
③ 诚谢云南江川李家山文管所张庭隆供图。
④ 诚谢昆明市晋宁区郑和纪念馆馆长太晓旭供图。
⑤ 索德浩:《四川汉墓分区研究》,《考古学报》2022年第2期。
⑥ 杨筑:《贵州汉墓出土俑类分析》,《文物鉴定与欣赏》2020年第6期。

笑不一而足，尽现愉悦与滑稽之态，这类俑类图案都以汉元素方式发散，即使是少数民族形象，也透视着汉式表演方式。①

贵州兴义交乐汉墓出土的抚琴俑，从脸上神情观察，他完全陶醉在自我所奏的天籁之音里，忘情地为他人作表演
简家奎 摄

巴蜀对其南部区域的影响，还在其他种类繁多的文物上有明显表现。"贵阳南面的平坝县……县东10千米……在金银乡的蒲山村与老岛村②之间发现有许多不很明显的'土堆'。当取土填方时，顺土堆下挖至1.9米左右的黄土层中，发现了两坑古文物……出土文物有陶器、铜器、铁器、金属器及漆片等……从陶罐、陶壶等物的花纹和器形来看，与广州西汉木椁墓中的同类器物很相近（原作者注：见《文物参考资料》1955年第8期）……从铜洗来看，又与云南昭通东汉墓内的铜洗相近，这些器物一般地说都与四川汉墓出土物相似"。③

走廊沿线巴蜀文化对滇东的影响也如黔西。曲靖青铜时代的墓葬，有珠街八塔台、横大路、潇湘平坡、三宝五联、茨营畚山、越州黄泥堡等，均为相同文化类型墓葬④。

---

① 贵州省博物馆考古研究所编，熊水富、宋先世主编：《贵州田野考古四十年》，贵阳：贵州民族出版社，1993年，扉页图版。
② 金银乡今已并入夏云镇，改名金银村；蒲山村今名卜山村，系夏云镇下一自然村。诚谢安顺市平坝区齐伯镇中心校教师吴晓惠告。
③ 熊水富：《羊昌河灌溉工程中发现了一批古文物》，《贵州田野考古四十年（1953-1993）》，第187-188页。
④ 李保伦：《云南曲靖青铜时代的考古发现与研究》，《曲靖考古文集》（下册），第373页。

不但与滇文化有联系,而且与相邻的黔西、滇南、巴蜀和更远的广西甚至越南都有某些联系①。

四、巴蜀文化对越南的影响

中国和越南学者都从考古材料上证实,巴蜀文化早在先秦开始即传播到越南北部一带。作为越南东山文化中最重要的遗址,古螺城的龟形建造风格,有学者认为即为秦灭蜀后成都的筑城风格。

针对"目前在越南北部、北中部6个省市已经发现42个船棺葬墓地"的考古实际,越南考古研究院裴文廉在《越南东山文化船棺葬及其与中国南方地区的关系》一文中认为,这个特点与四川地区冬笋坝和宝轮院的船棺相近②,应是四川通过云贵高原和岭南间接而来③。

笔者在广西那坡县感驮岩新石器人类穴居处考察。此洞出土包括牙璋在内各类文物,有学者认为,它是句町国早期的中心区域之一

牙璋的传播,也是巴蜀而云贵而两广、越南。1997年,在右江与左江交汇处流域的"那坡县感驮岩遗址,新石器时代晚期文化层中发现过牙璋。牙璋是夏商时代的一

---

① 李保伦:《云南曲靖青铜时代的考古发现与研究》,《曲靖考古文集》(下册),第385页。
② "跨越边界:华南与越南的考古文化接触与交流"学术研讨会会议手册,第23页。
③ 彭长林:《越南早期考古学文化研究》,南宁:广西科学技术出版社,2018年,第392页。

种礼器,主要见于中原内地。在与那坡邻近的越南北方的冯原文化中也有牙璋发现,说明早在商代左右江地区已与中原内地沟通,并由此而进入越南北部"①。更有学者认为,二里头文化牙璋经由成都平原地区传播到北部湾地区,包括珠江三角洲与越南北部,可能与三星堆文化对岭南地区产生文化影响有一定关系②。笔者在百色城区、平果市等地,与文物收藏界人士作过两次座谈,他们均告知在右江河中打捞出水玉牙璋不下12枚。平果市骆越文化展示馆馆长陈绪松称,这些牙璋已被北京、湖南、贵州相关爱好者从民间购走收藏。

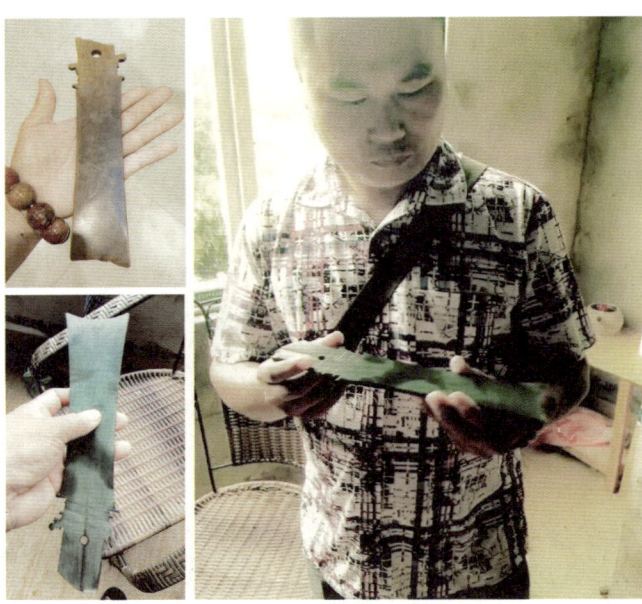

右江出水的两枚牙璋。左下(即右图所示)那枚系2015年7月出水于广西田东县林逢镇右江河段;左上那枚2015年9月出水于隆安县大龙潭右江河段。右为收藏者、平果市骆越文化展示馆馆长陈绪松　　　　　平果市骆越文化展示馆　陈绪松　供图

针对四川广汉的商代牙璋和越南北部的同时期牙璋十分相似③的考古学证据,再结合香港南丫岛大湾遗址出土玉器牙璋的事实,再加上感驮岩出土牙璋一事,李学勤指出:"不难看出商代从中原到西南,并延伸到越南北部,有着文化传统交往的通道。"④这与越南发现牙璋的该国学者的看法一致,即中国早在商代,即有文化的影响

---

① 蒋廷瑜:《"百越古道"中的铜鼓路》,广西壮族自治区博物馆编:《广西博物馆文集》第十二辑,南宁:广西人民出版社,2015年,第108-117页。
② 朱乃诚:《从牙璋看夏文化向南方地区的扩散》,《江汉考古》2021年第6期。
③ 李学勤:《商代通向东南亚的道路》,王元化主编:《学术集林》卷一,上海:上海远东出版社,1994年,第199页。
④ 李学勤:《商代通向东南亚的道路》,王元化主编:《学术集林》卷一,第199页。

自四川传入越南[1]。

从古至今,越南红河平原聚集有大量人口,其"最早的农业居民出现于冯原文化",该文化受四川盆地的影响除上述船棺葬、牙璋以外,还表现在璧、"T"形环、外缘有凸棱的管状环、管、珠等玉石器和高柄豆等陶器[2]。此外,与三星堆出土文物有极为相似的越南义立遗址,是冯原文化的代表性遗址之一,也出现众多巴蜀文化因素。其发掘工作正是由深谙巴蜀研究的四川省考古研究院时任院长高大伦,联合陕西考古研究院院长焦南峰共同促成的。2006年秋,他们两院"自立项目、自筹经费、各出两人组成赴越南考古队"[3],是中国考古机构第一次在国外独立开展的田野考古工作,或者至少说是我国内陆省级考古研究机构在国外的第一次[4]。正是这"第一次"的艰苦工作,从更多实物判断出越南北部受古代四川的影响深刻。

四川、陕西考古研究机构赴越南考古队在义立遗址考古现场与越南学者合影。右二为发掘领队之一、四川省文物考古研究院雷雨,右一为同院的陈卫东;左二为发掘工作另一领队、陕西省考古研究院岳连建,左一为其同院的孙伟刚

四川省文物考古研究院 供图

川陕两个考古单位赴越南考古队在该国永福省义立遗址的工作大有成效,特别探明了越南冯原文化受三星堆文化深刻影响的考古实据。冯原文化中出土的玉戈、玉璋、T字形玉环、石璧形器以及方形灰坑等,体现出与三星堆文化的某些相似性和一

---

[1] 李学勤:《越南北部出土牙璋》,《文物天地》1994年第3期。
[2] 彭长林:《越南早期考古学文化研究》,南宁:广西科学技术出版社,2018年,第220页。
[3] 四川省文物考古研究院、陕西省考古研究院、越南国家历史博物馆:《越南义立-冯原文化遗存发掘报告》,北京:文物出版社,2016年,序言第ii页。
[4] 《越南义立-冯原文化遗存发掘报告》,序言第i页。

致性。考古队因此结论,从长江上游至东南亚地区通道早在商周时期就已经形成①。

遥距万里的两地有相似甚至相同文化现象,中间地带是必有遗存线索。从巴蜀到越南的阔大区域中间,同时期又有哪些遗址遗存与这个地区相似和接近呢?赴越南考古工作队敏锐地与广西感驮岩遗址之前的考古成果联系起来。广西南部左右江区域与越南红河流域人类,在无国界时代交往十分便利。感驮岩遗址经1997—1998年发掘,出土的石器和陶器与此次义立遗址所出文物较为接近。考古队经仔细比对,结论为广西感驮岩遗址和冯原文化并驾齐驱,相互影响,并不断地对周边区域特别是珠江流域产生重大影响②。

通往越南通农县的广西那坡县平孟镇念井村古道,自古是中越陆上交通孔道
西林县司法局 邓正甜 摄

冯原文化与中国南方的关联除四川、广西因素外,与珠三角地区和云南的联系也较密切。扁薄环形玦、偏心式玦、有阑锄、有肩有段石器、树皮布石拍、石戈等玉石器及方格纹陶器、陶支脚等,是珠江下游文物对冯原文化的影响;云南新石器时代晚期常见的衬花陶技术也在冯原文化中有少量发现③。冯原文化在越北和中国南方地区并无相似遗存,它的出现较为突然,从中国南方文化在其起源中占有较大比例分析,

---

① 《越南义立-冯原文化遗存发掘报告》,第155页。
② 《越南义立-冯原文化遗存发掘报告》,北京:文物出版社,2016年,第152-153页。
③ 彭长林:《越南早期考古学文化研究》,第220页。

可能与人群迁徙有关①。由此可推,早在蜀王子南迁之前,越南红河平原一带就有一支先进文化从包括云贵川在内的某一地域迁入。他们的迁徙之路,也为中国西南陆海走廊形成奠定了相应基础。

第三节　沱江是蜀中南向的重要经济文化通道

《华阳国志》记载古蜀的疆域为"以褒斜为前门,熊耳、灵关为后户,玉垒、峨眉为城郭,江、潜、绵、洛为池泽;以汶山为畜牧,南中为园苑"②。结合成书更早的《尚书·禹贡·梁州》中有"岷嶓既艺,沱潜既道"③,皆有"潜水"一名。但潜水是当今哪一条河流,从古至今争论较多。

1985年9月15日,广汉市古雒城西门外西康路环保局修建工地上,出土一件青铜尊的底部带有铭文"羪"字,广汉三星堆博物馆敖天照反复考证,百思不解。后经过李学勤1990年10月22日现场辨认,终于找到答案,"羪"字即今"潜"字④。

李学勤进一步认为,该青铜尊系商代中期器物,系古蜀地以水为名的部族首领所拥有的青铜酒器。"潜水"即"湔水",非其后《汉书·地理志》认为的嘉陵江支流渠江两源之一的巴河。"潜水"应是距蜀都三星堆古城较近的沱江一大支流⑤。通过此件刻有铭文的青铜尊,无可辩驳地说明了古蜀时期,沱江及其上游支流乃"潜""绵""洛",它们在蜀国的农业生产、交通运输乃至心理意识上的重大作用,为我们破解"江潜绵洛"四水提供了又一思路。

沱江发源于海拔4969米的九顶山南麓绵竹市断岩头大黑湾,上游情况比较复杂,分别有绵远河、石亭江、湔江等三源汇入。东源为绵远河,长180千米;中源为石亭江,

---

① 彭长林:《越南早期考古学文化研究》,第218-219页。
② [晋]常璩著、任乃强校注:《华阳国志校补图注》,上海:上海古籍出版社,1987年7月第1版,2011年7月第5次印刷,第118页。
③ 《尚书·禹贡》,《十三经注疏·尚书正义》,北京:北京大学出版社,1999年,第163页。
④ 李学勤:《谈长江流域的商代青铜文化》,李学勤:《比较考古学随笔》,桂林:广西师范大学出版社,1997年,第182页。又敖天照:《从青铜尊铭文探索蜀都古城对外的水上通道》,肖先进主编:《三星堆研究(第二辑)——三星堆与南方丝绸之路青铜文化研讨会论文集》,北京:文物出版社,2007年,第158页。
⑤ 敖天照:《从青铜尊铭文探索蜀都古城对外的水上通道》,《三星堆研究(第二辑)——三星堆与南方丝绸之路青铜文化研讨会论文集》,第161页。

长 141 千米;西源为湔江,长 139 千米①。《汉书·地理志》中记载了沱江源头河流情况:当时湔江称为湔水,出自绵虒县玉垒山;石亭江称为雒水,出自雒县章山;绵远河称为绵水,出自绵竹县紫岩山。以上三河在今金堂赵镇附近相汇称北河,后又与岷江水系的青白江、毗河汇合成沱江主干流,始称沱江。沱江里流淌着岷江的水(其中岷江补给约占 33.4%②),是一条混合的江。按照"河源唯远"的原则,以绵远河为沱江正源③。

沱江上游各河交汇金堂示意图

沱江清代始有此名④,不过古称较多,且不同支流和江段称呼各异,有湔水、洛(雒)水、绵水、牛鞞水、枝(资)江、珠江等称呼⑤。《水经注》:"绵水至江阳县方山下入江,谓之绵水口,亦曰中水。"⑥隋文帝即位后,为避其父杨忠讳,把中水改为内江,连带把中江县也改名为内江县⑦。

中国西南陆海走廊在蜀地的走向,主要依托中水道沱江从成都平原南下转入长

---

① 张宏主编:《四川地理》,北京:北京师范大学出版社,2016年第1版,2017年11月第2次印刷,第76页。
② 张宏主编:《四川地理》,第76页。
③ 李后强、姚乐野主编:《四川江河纪》,成都:四川民族出版社,2020年,第150页。诚谢李后强教授赠书。
④ 蒙文通:《巴蜀史的问题》,蒙文通:《巴蜀古史论述》,成都:四川人民出版社,1981年,第89页。又蒙文通:《对〈辞海〉(试行本)历史地理水道部分所提意见》,蒙文通著、蒙默编:《蒙文通全集》(四),成都:巴蜀书社,2015年,第505-506页。又[晋]常璩著、任乃强校注:《华阳国志校补图注》,第179页:清代始用《禹贡》文曰沱江也。
⑤ 《华阳国志校补图注》,第181页。
⑥ [北魏]郦道元原著,陈桥驿、叶光庭、叶扬译注:《水经注全译》卷三十三,贵阳:贵州人民出版社,1996年,第1151页。
⑦ 郭声波:《四川历史地理与宋代蜀人地图研究》,西安:西安地图出版社,2014年,第8页。

江,当然,也有过去大量研究过的从岷江转入的结论。巴蜀先民利用、改造沱江水道的记录很早就开始了,经过大禹"东别为沱"到鳖灵、李冰、文翁的整理,沱江从上游川西平原腹地到长江口的泸州一直都能通航,是一条纵贯川渝腹心地带的交通主脉之一,被誉为"资水通巫峡"。更有诗赞曰:"五月江流万贾传,迅如飞电擎群山。荆云峡雨须臾过,白帝江陵朝暮间。"①

有学者研究,作为长江上游最早成功的水运商人是巴人,他们靠沿江销盐才成功地控制四川盆地内不产盐的其他族群的活动区域,并因而强大起来②。距今3200年前的三星堆蜀人,也是靠今渝东贩回巫䖃之盐才得以生存和发展:

四川金堂县位于成都平原东部边缘,是中国水形地势最为复杂的区域之一。自西而来的青白江在流入金堂清江镇后改称中江(中河),继续东南流至县城(赵镇,曾称赵家渡)内揽入毗河,再南流1千米左右在城边汇入北河(石亭江与绵远河交汇后的称呼),形成地理学意义上的沱江。该汇口北侧北河上游约10千米,又有一两河交汇之口,即绵远河(古绵水)与石亭江(古雒水)交汇;再上游西北侧2千米处,又系石亭江与湔江交汇。4个汇口所拥之水,皆需通过县城下游5千米处的鳖灵峡(金堂峡)排泄,往往水泄难平。每遇夏季水涨,海拔低处的县城浊浪横陈,回旋难泄,2018年、2020年最高水位皆高出笔者身高(183厘米),使县城顿成泽国

他们大致是从鸭子河(古湔水)入石亭江(亦称雒水或洛水),再至金堂会沱江,于泸州会长江,沿江东下至三峡川东地带,购回巫䖃国的泉盐。反之,巫䖃国和帮助巫䖃国贩运泉盐的巴族盐商、船工也正是沿此路线上溯进入雒水流域行盐的③。

---

① [宋]范祖禹:《太史范文公集》卷一《资中八首》之四,清抄本《宋集珍本丛刊》,第24册,北京:线装书局,2004年。
② 任乃强:《四川上古史新探》,成都:四川人民出版社,2019年,第267、273页。
③ 屈小强、任丽洁:《巫䖃文化带的形成及其历史地位》,《三峡学刊》1994年第4期。

沱江在资中县城静静穿过　　　　　　　　　　　　内江市文旅局　供图　张勇　摄

沱江通航能上溯到三星堆和三星堆以远,三星堆古城位于沱江上源支流湔江水系最北边的鸭子河南,它在古代河床较深,通航条件良好;笔者2017年第一次在三星堆博物馆考察时,即得知直到1950年代成渝铁路建成以前仍在通航;1960年成书的《西南地区经济地理》(四川·贵州·云南)也称,此时夏季尚能通行10吨左右的木船①。广汉三星堆博物馆敖天照撰文叙说,1996年7月三星堆古城北的鸭子河中,民工挖沙石时挖出4件大山石料,最大一件重达1.3吨,充分说明该河上有船舶运输的痕迹,石料来源为上游玉垒山、龙门山一带②,三星堆以上河段通航此乃明证。2021年有学者在《三星堆出土大玉料溯源研究》一文中介绍,他们采用溯源示踪调查等现代科学方式,证明三星堆大石料产自湔江上游彭州蛇纹石矿区,再次证明石料自河流运至,可以认为湔江当时具备采用竹筏或木船对成吨重玉料运输的条件和能力③。彭州年过七旬的地方文化研究者邓启君也告知笔者,湔江上游的彭州境内通船的情形,他幼时亲见,记忆深刻。

---

① 孙敬之主编:《西南地区经济地理》(四川·贵州·云南),北京:科学出版社,1960年,第65页。
② 敖天照:《从青铜尊铭文探索蜀都古城对外的水上通道》,《三星堆研究(第二辑)——三星堆与南方丝绸之路青铜文化研讨会论文集》,第161页。
③ 刘建成、明伟庭、王运生、王奖臻、余健:《三星堆遗址出土大玉料溯源研究》,《四川文物》2021年第6期。

| 第三章　走廊是华夏文化缘巴蜀南延的载体 |

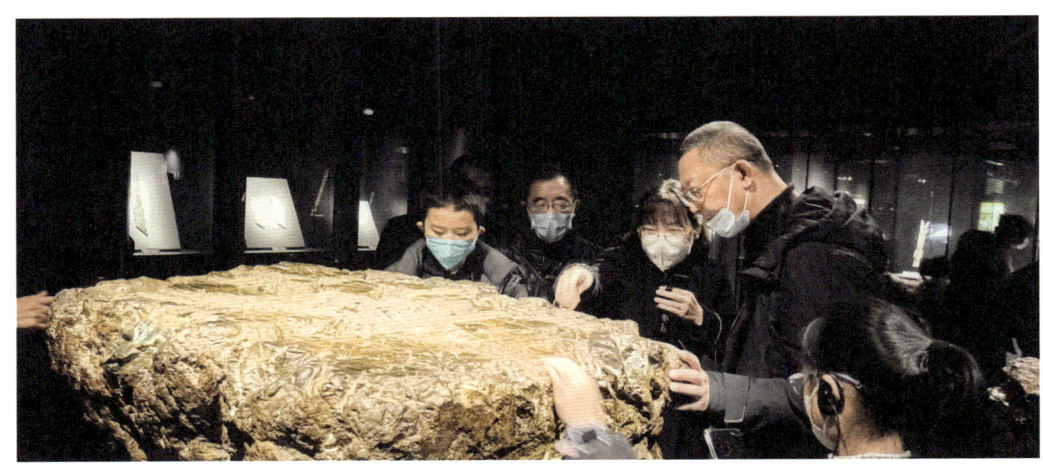

湔江边出土的4件大玉料现展陈在三星堆博物馆，2022年12月，笔者专程前往观摩后认为，玉料启运至目的地后系已经过切割，原始玉料远不止1.3吨重量。充分证明鸭子河（湔江）上游通航载运能力不小

何川文 摄

中水道依托长江水运交通的便利条件，成为沟通成都平原和川南丘陵、川东盐场的生命大动脉：东头在巫溪，西头在雒水，中间就是靠长江和沱江串联[1]。从这个结论来看，中国西南陆海走廊的"中水道"，最早应是巴、蜀两族共同开拓的结果。

前文已述，成都平原这个沱江与岷江混流的流域，三星堆、十二桥、金沙等文化都处于此。因其高于其他族群的青铜文明，自会形成文化、经济中心和物资集散之域，四外延展形成通道势在必然。民国学人曾评价：沱江流经各县，为川中最富饶之区，金（堂）、什（方）之烟，资（中）、内（江）之糖，富（顺）、荣（县）之盐，莫不由此外运。[2]

笔者在四川富顺考察釜溪河与沱江交汇处。左为沱江，右为釜溪河，背为两河交汇后继续往泸州方向南流的河道

刘承燕 摄

---

[1] 屈小强：《三星堆文明时期的食盐贸易》，《盐业史研究》1994年第1期。
[2] 胡焕庸：《四川地理》，重庆：正中书局，民国27年（1938），第112页。

沱江形成通道，更因为都江堰工程的整治而愈发明显。都江堰工程不是位于宝瓶口处一项孤零在成都平原的水利工程，而是从沱江中下游开始逐步"逐堤防波，节节上溯，直到宝瓶口"①的一项伟大工程。徐中舒敏锐地分析出，就成都平原的河道系统及地势情况来看，治水必须从下游开始，上溯岷山之下的古导江之地②。工程从下游到宝瓶口后，再设法排出内江之水，按一定比例泄入外江，这是两千多年来一直沿用的方法，也是名闻遐迩的都江堰截流技术，都江堰也因此原名楗尾堰③。徐老又基于唐蒙通夜郎时南下道路为沱江的判断，认为随后设立的西汉犍为郡本名"楗尾郡"：

> 犍为本名应为楗尾，尾与微通，皆在古脂部，为字在古音歌部，歌支相通，支脂已通用，乃汉人通用的韵类，故楗尾即犍为。唐蒙率领蜀、广汉士卒，由沱江南下，沿途所见，无非竹笼垒石的堤坝，故以"楗尾"为郡名。④

关于犍为郡的"犍"应为楗字，考古文献依据也不少，今泸州市博物馆复制一方成都猛追湾地域出土的汉阙，正反两面均有字，正面为："永元九年七月乙丑楗为江阳长王君平君字伯鱼"20个字，雄辩地表明曾担任过县长的墓主王平生前，系"楗"为郡下属的江阳县长，江阳所在郡当时被称作"楗为郡"而非"犍为郡"。

中水沱江正因为较早被整治利用为水利及航运之需，金堂赵镇（赵家渡）以下终年通船⑤，枯水行载重5吨木船，洪水期行20吨木船，内江至泸州船只载重可达50~70吨，富顺泸州间并可通轮⑥。金堂五凤溪一字排开四个渡口，都是沱江上下游物资中转的重要津渡，歌谣"五凤溪一张帆，要装成都半城盐；五凤溪一摇桨，要装成都半城糖"⑦，既是沱江通成都证明，又系"商业繁盛，人烟稠密"的蜀中"富邑"的写照⑧。19世纪末，英国女旅行家伊莎贝拉·伯德在四川旅行时，就有这样的调查："沱江流经的区域相当大，通过它和它的联接，大约15吨的货船可以从灌县（引者注，今都江堰市）到

---

① 徐中舒：《古代都江堰情况探原》，《四川文物》1984年第1期。
② 徐中舒：《古代都江堰情况探原》，《四川文物》1984年第1期。
③ [唐]李吉甫：《元和郡县志》卷31《彭州·导江县》：都江堰原名楗尾堰，在县西南二十五里，李冰作之以防江决。破竹为笼，圆径三尺。
④ 徐中舒：《古代都江堰情况探原》，《四川文物》1984年第1期。
⑤ 蓝勇：《古代交通生态研究与实地考察》，成都：四川人民出版社，第381页：沱江 历史上又叫资水，曾可从成都直航到泸州……在清代仍可从今金堂县赵家渡起航至泸州，约508千米。又[民国]施复亮主编、王成敬著：四川经济研究专刊第二号《成渝路区之经济地理与经济建设》，重庆：四川省银行经济研究所，民国三十四年，第77页。诚谢泸州老窖企业文化中心、西华师大硕士景俊鑫惠传该书电子版。
⑥ 孙敬之主编：《西南地区经济地理》（四川·贵州·云南），第65页。
⑦ 李后强、姚乐野主编：《四川江河纪》，第182页。
⑧ [日]山川早水著，李密、李春德译，蓝勇审定：《巴蜀旧影——百年前一个日本人的巴蜀行纪》（原书名《巴蜀》），成都：四川人民出版社，2019年，第59页。

达大河(引者注,即位于泸州的沱江口)。"①

笔者考察四川简阳市石桥镇沱江时,采访曾驾驶机动船上溯成都城区运货的村民(右)
资阳日报社 唐俊高 摄

秦汉把成都平原打造成"天府之国"后,使得更加优秀的华夏汉文化元素在沱江流域遍地分布、华夏之物令人目不暇接。具体到今天的每个区县都有实证:广汉市周村和五里巷出土有"桑园"和"东市"汉画像砖,新繁(今属新都)出土有"二十四字砖"(亦称"富贵砖")②。民国《新繁县志》详细介绍其上铭文:"富贵昌,宜公堂;意气扬,宜弟兄。长相思,毋相忘;爵禄尊,寿万年。"共24字,甚为珍贵。新都还有石门关崖墓题刻"因处广汉,造墓定基。魂零不宁,于斯革之"③,彭州有农耕、出行、放牧、狩猎、纺织、采集、舂米等内容丰富的画像砖,青白江城厢镇东门发现汉代古窑,金堂最新发掘的汉晋时期大型崖墓,所在区域"是毗河、中河与沱江的交汇之处"④。

沱江作为文化通道南传滇黔的考古学典型材料之一,有成都与新都之间的天回山巫家坡崖墓出土的"金错刀",该刀铭文隶书24字:"光和七年广汉工官□□□服者尊长保子孙宜侯王□宜□。"图案可辨的中间,有一只展翅高飞的凤,后面(其右)有一

---

① [英]伊莎贝拉·伯德著,卓廉士、黄刚译:《1898:一个英国女人眼中的中国》,武汉:湖北人民出版社,2007年,第335页。
② 冯汉骥:《四川的画像砖墓及画像砖》,《文物》1961年第11期。
③ 霍巍:《考古视野下的四川汉代移民研究——以新都东汉崖墓出土"石门关"题刻为视角》,《中华文化论坛》,2019年第3期。
④ 李雪艳:《金堂县崖墓群考古发掘出土219座墓葬》,《成都日报》2020年4月28日。

只正在飞翔的小凤,前面(其左)飞翔着两只凤,与中间一凤面面相对①。笔者根据图像观察,认为是"书刀"。这种刀乃工具刀,专门用来剖竹简、木简之类造纸术发明前的"书"的,是汉代书吏必备的文具之一,也是读书人应有的工具。

　　无独有偶,出土于黔西南州交乐墓群被定为"铜刀"的一件汉代青铜小刀,通长16厘米、通宽0.45厘米、厚0.21厘米,重19克②。笔者在该州博物馆仔细观察原件,认为应该也是"书刀"。这种书房专用刀具在偏僻之地出现,一可证明该地受汉文化影响深刻,二就有可能是蜀地而来的消费品。对此判断,该州文博学者崔利军也表示赞同。笔者在滇东黔西地域考察中,多处见到汉代"书刀"文物,如昭通市昭阳区桂家院子东汉砖室墓中也出土过一把锈断的铁削③。此外文房四宝的"砚"也在西昌、毕节、昭通、曲靖等地约50座墓葬中有出土,与砚同出大都伴有环首铁削(书刀)④。江川古滇墓中,竟有54件书刀出土⑤。

资阳市雁江区资溪街道兰家坡,因铜马车出土,被命名为"铜车马大道"　　周锋　摄

　　沱江中下游地区汉代的华夏文化元素也为数不少,与交通关联的资阳铜马车的出土意义重大。2005年12月21日,资阳市雁江区资溪村11组,小地名为"兰家坡"的

---

① 刘志远:《成都天回山崖墓清理记》,《考古学报》1958年第1期。
② 《黔西南藏品志》编撰委员会编:《黔西南藏品志》,昆明:云南科技出版社,2019年,第145页。诚谢黔西南州文物局崔利军先生赠书。
③ 葛秀芳:《东汉墓发掘云南昭通桂家院子》,《考古》1960年第5期。
④ 傅奠基、唐靖:《昭通简史》,北京:中华书局,2021年,第91页。
⑤ 江川县文化局、玉溪市文物管理所、云南省文物考古研究所编:《江川李家山——第二次发掘报告》,北京:文物出版社,2007年,第162页。

汉代墓葬内,出土一辆长约184厘米的青铜马车,造型生动,扬蹄欲奔,姿态如生,被誉为"中国汉代第一车"[1],与黔西南州兴仁交乐汉墓的铜马车可互相媲美。从随葬的费昂斯狮子饰件与西域、南海等域外文明有一定关系[2]来看,证明沱江南来北往的通道作用明显。

沱江流域除干流水道上下畅通、支流水道回环往复外,陆道也开辟较早,内江的"汉安长陈君德政碑"是典型的开凿与维护陆路通道的证据。原碑位于内江龙门镇附近,碑文内容为讴颂东汉汉安县长"陈君"修路的事迹。本来陈的"德政"早已磨灭在岁月风尘中,幸有宋代学者洪适在《隶续·石经议礼残碑》中做了记录[3]。为此,内江学者甘光地以《惠民汉安长陈君》为题,在《内江日报》(见图)[4]对内容进行全面点校、解读。既有时代特征,又有地方实际,还有考辩分析,笔者敬录全文于此,不再另解:

> 史载,汉顺帝刘保永建五年(130),时任汉安长的青衣陈君(失其名)做了一件利民之事,在汉安的僚井坝(据邹作圣先生考据,为今市中区龙门镇一带,曾为古僚人居处)修建一座惠民栈道。
>
> 此事在南宋著名地理总志《舆地纪胜》、明代《蜀碑补记》(李调元撰)《全蜀艺文志》(杨慎撰)中均有记载。《舆地纪胜·碑记》中说:"汉永建五年汉安修栈道记,在内江县界摩崖,字今已磨灭。"又记:"陈君德政碑。陈君,失其名。汉永建五年,为汉安长。有碑在僚井坝层崖之腹。字虽磨灭,然尚可考。"
>
> 据载,陈君乃是汉安建置后首任汉安长。长,即是县官,按照汉制,辖有一万户的县称令;不足万户者称长。汉安当时仅五千户,故称汉安长。汉安本是丰沃之地,陈君到任后年年丰收,盗贼平息,百姓安居乐业。陈君了解到僚井坝临江有一条栈道,其根部是木制构造(当时称根阁),年久失修,经雨水潦激,穿陷坏绝,车马难行,百姓叫苦不迭。而且年年要征发百姓修治,每年花费不少。陈君考察后,制定改造方案,将木制根阁改为土筑,雷厉风行,不久大功告成,百姓行人无不欢呼雀跃,

---

[1] 胡昌钰、黄家祥、任江:《四川资阳市雁江区兰家坡汉墓发掘简报》,《四川文物》2019年1期。
[2] 任江:《四川资阳市雁江区兰家坡汉墓的初步研究》,《四川文物》2019年第1期。以上二文诚谢四川省考古研究院副院长周科华惠告。
[3] [宋]洪适:《隶续·石经议礼残碑》,北京:中华书局,1985,第421-422页。
[4] 甘光地:《惠民汉安长陈君》,《内江日报》2018年11月3日第3版。甘光地先生委托资中县作家协会主席顾建德传来电子文稿,内江日报社廖红寄来纸质报纸,一并致谢。

并有歌咏为之赞颂。当时,有邮亭掾(县下属官员)尹厚撰写了一篇《汉安长陈君德政碑》,并勒石立碑。

立于僚井坝崖腹的碑记,到宋代已经磨灭难辨,时有学者洪适考查搜集,终于得到此碑记文案,并收入其所撰之《隶续》一书,这份内江最早的有关汉安历史人文的文字记载,得以流传至今。

念此动人的事迹,笔者将此碑记抄录于下,并略加注释转译,感念陈君之贤德。

永建五年孟春下旬,汉安长蜀郡青衣陈君到官,□□□□□约,垂意惠民,施无为之政,行不言之教。德化流行,盗贼□少,五谷丰茂,百姓晏然,各得其所。君思所以利民,大小悉备。此道本有根阁二百余丈。□□□穿陷坏绝,车马僵顿。常以农时发民□治,岁岁造更,直卅余万。君躬自案行,以眇思省去根阁,令就土著,长无劳费,为万世基。百姓行人,欢悦歌咏,邮亭掾尹厚□□臣有述群之义,故勒此石,以示后贤,其辞曰:

惟此故道,险阻危难。根阁厄□,临江缘山。秋雨水潦。□□陷穿。车马僵顿,隮坠陨颠。行旅创苦,发赋加民。乃至于今,遭我陈君。舍道施德,蹈义履仁。洽合中和,化行若神。清过夷齐,行同参骞,以身率下,非礼不言。思惟俭约,所以利民。返哺□饭,露宿草丛。百姓安乐,不劳不烦。又省此阁,就乎平便。民无经赋,行人离患。时丞冯卿,廉约勤勤,好施乐善,钦承奉宣。掾吏遵宪,各建忠□。咸□百福,子子孙孙。

时道桥掾董君昌龄,顺帝永建五年建。

全文400余字,分序言、辞赋和下款三部分。

文章一开始叙述陈君到官的时间为永建五年(130)的孟春下旬,陈君系蜀郡(今成都)青衣江人氏(一说青衣是对当时县官的代称,因其官服为青色),可惜没有记载他的名讳,按照世俗,对尊者一般是不可直呼其名的,当时,提到汉安长陈君,是无人不晓的。下面阙失五字,但紧接的文字可以了解到陈君到官后的一系列作为:他为官之宗旨是惠民,施行无为之政和不言之教,即奉行道家的无为而治和儒家的不言之教。汉安县德化流行,盗贼稀少,民风整肃,五谷丰登,老百姓安居乐业,各得其所,有河清海晏的幸福感。而陈君并不以此为满足,还要更多地利民惠民,老百姓的大小之事都考虑得十分周到。他了解到汉安县西南有一条栈道,下部是木制根阁,约二百丈(汉代一尺相当于今天21.35~23.75厘米，栈道应有700米左右）长，阁道的木板木柱已经穿孔陷落，道坏路绝，车马常常陷于路上，交通堵塞，百姓叫苦不迭。而且，按照惯例，要征发民夫进行整治，年年都要翻修造次，花费不少银两。陈君进行调查，制定改革方案，他发现问题的症结是木制结构，经雨水侵蚀，容易腐朽，于是省去木制根阁，改为土筑，从此不再需要年年劳民伤财，建成牢固的基业。当地百姓过往行人，无不欢欣鼓舞，赞颂不绝。时任邮亭掾的尹厚为了表述百姓们的心意，撰写碑记，镌刻为石碑，以启示后来人。

其辞曰：兹有古之栈道，已成险阻危难，木制根阁有厄，临江傍水依山。秋雨春水漫侵，道路陷落孔穿。车马堵塞难行，行人拥挤坠颠。行旅连声叫苦，盗贼趁机发难。年久失修于今，陈君来主汉安。舍道施行德政，履行正义仁贤。其思恰合中和，其行开化若神。清廉赛过叔夷伯齐①，德行同于曾参子骞②。率下以身作则，品高非礼不言。工程厉俭行约，唯思以此利民。待士一饭吐哺③，勤政露宿草丛。（大功告成）百姓安居乐业，不再劳烦苦役。省去木制根阁，土筑安全便利，百姓再无税赋，行人脱离忧患。同僚县丞冯卿，清廉节俭勤勉，平素好善乐施，遵奉钦旨皇宣。县掾官吏遵宪，各自建立忠勋。众人共享百福，恩泽子子孙孙。

碑赋作者是道桥掾董昌龄，时在汉顺帝（永建）五年建造。

汉安栈道工程的建设，时间、地点、人物、起因、过程和结果，交代清楚明白，其间有记叙，有描写，有事实，有议论，令人信服，令人感动。

碑赋赞美陈君，使用了古代圣贤曾参、闵子骞、周公等的典故逸事。陈君的确是一位贤德的汉安长。他施政，以民为本，一切言行都以百姓得到最大的实惠和利益为准则；他办事，亲历现场，集思广益，不因循守旧，敢于创新破难。他"抓石有痕"，雷厉风行，在两千年前就能完成这样一项切实惠民的大工程。他在任上，抓生产，五谷丰茂；抓治安，盗贼敛形；抓交通，百姓安乐；抓民生，百姓晏然。真是为官一方，造福一

---

① 引者注，此为甘光地先生原注：夷齐：即伯齐、叔夷。殷商时期名士，周武王灭商姓周后，曾派人邀请他们为官，二人不食周朝俸禄粟，采薇南山，后饿死。古代称赞他们是最有骨气的人。
② 引者注，此为甘光地先生原注：参骞：即曾参与闵子骞。曾子，名参，字子舆，春秋末年人。中国著名的思想家，孔子的晚期弟子之一，后世尊奉为"宗圣"。闵子骞，名损，字子骞，春秋时期鲁国人，孔子高徒，以孝为本，在孔门中以德行与颜回并称，为七十二贤人之一。
③ 引者注，此为甘光地先生原注：典出成语周公吐哺，周公礼贤下士，求才心切，进食时多次吐出食物停下来不吃，急于迎客。后人以周公吐哺，指在位者礼贤下士。

方,抓在点子上。真是流芳千古,造福子孙。

汉安长陈君修建栈道的史事,早在宋代的史志中便有所记载,清代有一位学者曾庆昌,曾在他主编《内江县志》中提出汉安栈道不在内江。他的理由是永建五年绵水(亦即沱江古称)无汉安,他考证蜀有三个汉安,都不在现之内江。这段公案,后代史学界也有争议,我市历史学者邹作圣先生曾经专门撰写文章,做了详细的剖析。最后认为,曾庆昌所指的三处汉安,一是在今江安地,一在江阳地,一在今南充地,自然不是今内江地,但是这几处称汉安的,都是在东汉顺帝之后。而沱水滨的汉安,本东汉之汉安,后周废为中江戍,隋代升为内江县,属资州,因袭承传至今。汉安长陈君修建栈道的事迹,就发生在1800年前的内江,是有根有据的史事。

这篇碑赋使用了当时最盛行的汉赋体裁,四言流畅,铿锵有韵,也为内江悠久精美的辞赋文学奠定了基础,是后代可以引以为豪的范本。赞曰:蜀郡青衣署汉安,惠民德政首心间。改修栈道民心悦,美赞千年赋一篇。

内江地方文史研究者甘光地,2018年11月3日在《内江日报》第3版上的《惠民汉安长陈君》一文,详细解读了汉安长陈君重修阁道事迹

内江日报社 廖红 供图

内江地区的汉代文化遗存不止以上孤例。1982年7月,在城区东兴街红缨村发现了东汉两座崖墓,其中2号墓系崖墓和砖石墓"合二为一"的特殊形制。两墓均出土有击鼓俑、抚琴俑、摇钱树座等陶器以及环首铁削、五铢钱等①。充分证明此时的内江人生活优裕,幸福满满,以实物形式回应了文献记载的准确性:山水特美好,一郡封沃,豪富众多②。

沱江因能在江阳汇入长江,大江大河更加放大其通道作用。《华阳国志》记录江阳境内长江江段有一种奇特的"阙":"江中有大阙、小阙。季春,黄龙堆没,阙即平……又郡下百二十里者,曰伯涂鱼梁,云,伯氏女为涂氏妇,造此梁"③。

王子今认为,所谓"大阙、小阙",暗示有航标的性质;"梁"的存在,也可能与水文标记有关④。说明沱江转入长江后,航道更加发达,可以推想,沱江与长江之间"航运应是比较方便的通道"⑤。就在这段通往符县的长江航道上,蜀汉刘禅建兴九年(231)十月,竟然发生过"江阳至江州,有鸟从江南飞渡江北,不能达,堕水死者以千数"⑥的奇事。侧面说明江宽水阔,航行便捷。

沱江的通道作用,表现在军事上更加重要。由于它斜穿巴蜀,沟通四川盆地东南、西北,成为蜀中"历史上重要的进军路线"⑦。若追究起这条重要道路的起源,其中重要的一方面就是军事需要,先秦时代巴、蜀累世争斗,他们的交战不少应该会通过此路才能得以进行。东汉时在沱江下游重镇江阳,特别设置军事目的明显的军民政权机构"枝江都尉",顾名思义,即有对沱江水道进行弹压之责。沱江中游资中也系巴蜀两国常年争夺的要津,交通和军事地位突出,两汉之交、三国之际都被用作军事之需,公孙述曾"屯资中以备江阳"⑧,阻止来自沱江下游的汉军进攻;汉献帝建安十九年(214),诸葛亮率领荆州大军逆流入蜀,与先期到达的刘备一起包围成都,迫降益州牧刘璋。其间诸葛亮、张飞和赵云在攻取巴郡江州之后分手,关于其进军路线,后来法正写信劝降刘璋时说:"今张益德数万之众,已定巴东,入犍为界,分平资中、德阳,三道并侵"⑨。想来入蜀的诸葛亮、张飞、赵云部队中,应有一支偏军溯沱江过资中而达

---

① 雷建金、曾健:《内江市中区红缨东汉崖墓》,《四川文物》1989年第4期。
② 《华阳国志校补图注》,第180页。
③ 《华阳国志校补图注》,第180页。
④ 王子今:《秦汉交通史新识》,北京:中国社会科学出版社,2015年,第194页。
⑤ 王子今:《秦汉交通史新识》,第194页。
⑥ [唐]房玄龄等:《晋书》卷二十八《五行志》中,第862页。
⑦ 四川省哲学社会科学研究所省志组《四川历代政区图志》编辑小组编、成都军区江河兵要地志办公室翻印:《四川省主要河流释名及其沿革——兼述河流与历史上战争的关系》,内部资料,1977年11月,第14页。
⑧ [宋]郭允蹈撰、赵炳清校注:《蜀鉴》,北京:国家图书馆出版社,2010年,第31页。
⑨ [晋]陈寿撰、[宋]裴松之注:《三国志》卷三十七《蜀书七》《庞统法正传》,北京:中华书局,2006年,第571页。

成都平原。此后,该道还多次燃起滚滚狼烟,成汉追击西晋四川势力、东晋灭谯蜀等经典战例,都分别利用过沱江水道或由南向北、或自北向南进行。

西晋益州刺史罗尚,受氐人李雄攻击,太安二年(303)闰十二月匆忙撤离成都,即是从沱江道顺流逃逸而去的。"(罗)尚粮运不继,而被(李雄)攻急,夜退,由牛鞞水东下……仓卒失节钺。"①罗尚乘夜逃遁之狼狈,《华阳国志》以"仓卒尽失节钺"六字就做出了刻画。

广义牛鞞水即是沱江,狭义牛鞞水是指今简阳(时称牛鞞)一带的沱江江段。从《水经注》称"罗尚乘牛鞞水东征(避)李雄"②,和《蜀鉴》称罗尚后"施置关戍","成汉安,所以防中水"③的记载来看,此牛鞞水应指整条沱江。看得出来,罗尚退出成都,顺沱江上游支流转入沱江下游,而成汉氐人部队仍然顺江紧追,罗尚不得不在汉安进行阻截,以保证他控制江阳、巴郡等地的安全④。

罗尚从沱江败退,西晋在成都平原的势力被成汉氐人彻底荡尽,从此西晋"鱼烂疽溃,瓦解土崩"之势日显,第二年即全国统治出现崩溃状态,"所谓'五胡十六国',肇于此矣"⑤。在蜀中,只得靠僰道、江阳、江州、枳等几座沿长江城市扼制氐人南下。

接下来,罗尚若能依托江阳部署军事防务,西晋完全可以借长江下游来自荆楚的各方力量支援,复振在川形势。以后来罗尚从巴郡郡治"遣军掠蜀中"⑥,还俘获了当时只有五岁、后来作了成汉政权第三任皇帝的李寿⑦来看,有充足后勤保障的晋军势力并非弱势⑧。可是昏聩的西晋皇室,却无缘无故命令罗尚放弃江阳退守江州,"诏书权统巴东、巴郡、涪陵三郡"⑨,"永兴元年(304),春正月,(罗)尚至江阳……冬,尚移屯巴郡"⑩,仅在江阳驻守不到一年,白白葬送了西有僰道、东有江州,江阳居中作重点,可守可攻的大好战机。永嘉四年(310)随着罗尚的去世,再无能人苦撑川局,西晋沿长江势力便被扫荡一空,只好退入南中地区以图"规复"。

到东晋末年,牵涉沱江发生了一场影响全蜀的战事。

---

① 《华阳国志校补图注》,第456页。
② [北魏]郦道元著、陈桥驿校证:《水经注校证》卷三十三《江水》,第739页。
③ [宋]郭允蹈撰、赵炳清校注:《蜀鉴》,北京:国家图书馆出版社,2010年,第95页。
④ 《华阳国志校补图注》,第470页。
⑤ 《华阳国志校补图注》,第472页。
⑥ 《华阳国志校补图注》,第472页。
⑦ 《华阳国志校补图注》,第470页。
⑧ 《华阳国志校补图注》,第470页。
⑨ 《华阳国志校补图注》,第470页。
⑩ 《华阳国志校补图注》,第470页。

东晋王朝实际控制人刘裕(即后来的南朝宋高祖)讨平蜀中的谯纵政权,就是刘裕和领兵大将朱龄石围绕内水(涪江)、外水(岷江)、中水(沱江)而与谯氏斗智斗力的结果。《宋书》卷四八《朱龄石传》记载攻蜀前二人的密谋:

> 初,高祖(刘裕)与(朱)龄石密谋进取,曰:"刘敬宣往年出黄虎(今绵竹),无功而退。贼谓我今应从外水往,而料我当出其不意,犹从内水来也。如此,必以重兵守涪城(今绵阳),以备内道。若向黄虎,正堕其计。今以大众自外水取成都,疑兵出内水,此制敌之奇也①。

为了不泄密,刘裕还故意"别有函书","署函边曰:'至白帝乃开。'"东晋大军至白帝城,才知他所写书函的具体命令:"众军悉从外水取成都,臧熹、朱林于中水取广汉,使羸弱乘高舰十余,由内水向黄虎。"②

沱江边的古牛鞞(简阳)城今貌(摄于2021年) 　　中共简阳市委宣传部 供图③

不出刘裕所料,谯纵果然把防备重点放在内水,"使其大将谯道福以重兵戍涪城"。当然他也没放过对外水的防御,"遣其前将军秦州刺史侯辉、尚书仆射蜀郡太守谯诜等率众万余屯彭模"(今彭山)。但是,令谯纵做梦也没想到的是,虽然东晋主力从外水来攻,奇兵却在中水。正是中水之战,底定平蜀奇功:"龙骧将军臧熹至广汉,病卒。朱林至广汉,复破谯道福,别军乘船陷牛鞞城,斩其大将谯抚。"④

可见,古代四川战争中,倚沱江的军事构想,是谓"奇兵",它在蜀中的作用可起到极其关键之功。明末张献忠二次入蜀,从川东沿江而上攻占泸州后,就是溯沱江而上,才出军迅速,天降大兵于成都平原,而建成大西政权。

---

① [南朝梁]沈约:《宋书》卷四八《朱龄石传》。
② 《宋书》卷四八《朱龄石传》。
③ 诚谢资阳日报社编委、资阳市作家协会主席唐俊高转传。
④ 《宋书》卷四八《朱龄石传》。

第四节　再说沱江："忠孝文化带"亘古"流淌"

沱江是一条流淌着大孝大爱之江，二十四孝之一的姜诗（字士游），就是生于斯、长于斯、仕于斯的杰出代表。《华阳国志》最早记录其事迹，评价他"感物寤灵"①：

> 姜诗，字士游，雒人也。事母至孝。母欲江水及鲤鱼脍。又不能独食，须邻母共之。诗常供备。子汲江，溺死，秘言遣学，不使母知。于是有涌泉出于舍侧，有江水之香，朝朝出鲤鱼二头，供二母之膳。其泉灌田六倾，施及比邻。公孙述平后，东精为贼掠害，不敢入诗里。时大荒饥，精致米肉与诗，诗埋之。永平三年察孝廉。明帝诏曰："大孝入朝，孝廉一切皆平之。"除江阳符长。所居乡皆为之立祠②。

此处记录有一定的神话色彩，但父子"至孝"的情景跃然纸上。其妻姜庞氏也是大孝之媳，《后汉书·列女·姜诗妻传》也做了彰显：

> 广汉姜诗妻者，同郡庞盛之女也。诗事母至孝，妻奉顺尤笃。母好饮江水，水去舍六七里，妻常溯流而汲。后值风，不时得还，母渴，诗责而遣之。妻乃寄止邻舍，昼夜纺绩，市珍羞，使邻母以意自遗其姑。如是者久之，姑怪问邻母，邻母具对。姑感惭呼还，恩养愈谨。其子后因远汲溺死，妻恐姑哀伤，不敢言，而托以行学不在。姑嗜鱼鲙，又不能独食，夫妇常力作供鲙，呼邻母共之。舍侧忽有涌泉，味如江水，每旦辄出双鲤鱼，常以供二母之膳。赤眉散贼经诗里，弛兵而过，曰："惊大孝必触鬼神。"时岁荒，贼乃遗诗米肉，受而埋之，比落蒙其安全③。

《华阳国志》又记载，汉广汉郡雒县"有孝子姜诗田宅，姓族"④，知其故里在雒县。

---

① [晋]常璩著、任乃强校注：《华阳国志校补图注》，上海：上海古籍出版社，1987年7月第1版，2011年7月第5次印刷，第146页。
② 《华阳国志校补图注》，第565页。
③ [南朝宋]范晔：《后汉书》卷八十四《列女传第七十四·姜诗妻传》，北京：中华书局，1965年5月第1版，1973年8月上海第2次印刷，第2783页。
④ 《华阳国志校补图注》，第166页。

该县郡治在乘乡,即沈乡,《水经注》又云:"(雒)县有沈乡,去江七里,姜士游之所居。"乘、沈二字,音同而字异,实一地也①。任乃强分析该地:

> 本是雒县旧治,故姜诗孝行易于上闻。县徙至雒水南后,仍称故邑为"沈乡"。地处平原中,更南北朝之乱,县城屡徙,县境屡更,今乃成为德阳、绵竹界上之一镇(西北距绵竹三十里,东北距德阳四十里,西南距汉州(今广汉)六十里,距金轮场三十里)。隋唐世属德阳县,宋《元丰九域志》属绵竹县,六朝以前属雒县,皆有文籍可据②。

他还考证,姜诗故里宋代被改为"孝泉镇",还有姜诗故宅及祠庙。"历代崇祀,报赛不绝"。甚至有人撰《三孝记》传奇,搬演姜诗夫妇及其子安安孝行故事为"一门三孝",每年都必接迎名剧团来,闹闹热热演出一通,"为一方盛会"③。

姜诗以布衣大孝见称于世,以察孝廉至京,"大孝入朝",受到东汉明帝赞赏,永平三年(60),为郎中,担任江阳县令④,也担任过符县县长。他去世后,这些地方"皆为之立祀",毗邻合江的重庆江津区塘河镇,当地居民信誓旦旦称,场背后一坟乃安安之墓。可见不仅大孝在家,还仁爱在民。

姜诗生活在沱江上游的广汉,致仕在沱江下游的江阳和转入长江后的符县,而这些地域,包括川江重庆以上沿江地区,秦汉的各类"孝行"之事,也发生不少。《华阳国志》记载:

> 永建元年(126)十二月,(符县)县长赵祉遣吏先尼和拜檄巴郡守,过成湍滩,死。子贤求丧,不得。女络年二十五,有二子并数岁。乃分金珠,作二锦囊系儿头下。至二年二月十五日,女络乃乘小船,至父没所,哀哭自沉。见梦告贤曰:"至二十一日与父尸俱出。"至日,父子浮出。县言郡,太守萧登高之,上尚书,遣户曹掾为之立碑。人为语曰:"符有先络。僰道张帛,求其夫,天下无有其偶者矣。"⑤

任乃强赞叹为"符有先络求其父,僰道张帛求其夫,天下无偶"。大抵沿江男女皆习水能泅泳,封建官吏重孝义,而治丧贵得尸,故先络与张帛没水求之,力竭以死。家

---

① 《华阳国志校补图注》,第167页。
② 《华阳国志校补图注》,第167页。
③ 《华阳国志校补图注》,第167页。
④ 《华阳国志校补图注》,第167页。
⑤ 《华阳国志校补图注》,第180-181页。

人复得尸,夸言神奇,官吏从而炫之方志,然亦可见此地区于时封建文化虽尚未深入,孝道则已随官吏之提倡深入人心矣①。

合江先氏后裔诗书传家,唐宋时期称望乡里。四川大学教授粟品孝考证,先氏家族在唐朝涌现的名人先汪,系唐德宗时期的神童科出身,具有孝行,曾回乡做过"符阳县尹"(相当于后来的合江县令);北宋早期有先罕、先诏父子登科,衣锦还乡,声名鹊起,以至所在的乡名也被改成了衣锦乡;先氏子弟先坤朋在抗元斗争中声名卓著,录入《宋史·张珏传》。家族文化也发展达到高潮,涌现出先甲龙、先南巽、先拱望、先登云四名进士,其中先坤朋的父亲先甲龙在家族中声望很高,塑造了先坤朋"素有豪气"的忠义品格,为光复神臂城不畏生死②。

在沱江中上游,还有郫县出生的"二姚"、广汉的"殷氏两女"、牛鞞的程玦③等人,其中,"二姚"故事感天动地,两姐妹名姚妣、姚饶,"九种夷"反叛时,杀害其父姚超,还欲役使姊妹俩为其放羊,二女皆不受辱,发誓不为仇人做事,"乃以衣连腰,自沈水中死"④。既奉行孝道,又气节凛然。《水经注》记载其父名姚精,姚氏二女死后事迹尚有追述:

南宋绍兴年间泸南沿边安抚使冯楫在泸州建造的这座"报恩塔",泸州人俗称白塔。所建原因,四川大学教授胡昭曦考证,非冯楫为"报母恩"而建。　　　　　　　　泸州市摄影家协会　王伟　摄

---

① 《华阳国志校补图注》,第184页。
② 粟品孝:《宋末抗元义士先坤朋考略》,《地方文化研究辑刊》2018年第1期。
③ 《华阳国志校补图注》,第148页。
④ 《华阳国志校补图注》,第551页。

第三章 走廊是华夏文化缘巴蜀南延的载体

江水又东北迳郫县下,县民有姚精者,为叛夷所杀,掠其二女。二女见梦其兄,当以明日自沈江中,丧后日当至,可伺候之。果如所梦,得二女之尸于水,郡县表异之①。

"郡县表异之",更让这些沱江儿女都被史家不绝于书,留下千古美名。

沱江从远古流来,到南宋绍兴年间,泸南沿边安抚使知泸州冯楫(1143–1152在任)建报恩塔②,把沱江的孝道文化和佛教文化更为有机结合,推向高潮。该塔又名白塔,相传冯楫为报母恩捐资建造,历经近900年风雨矗立市区,成为当今泸州的重要地理坐标。

泸州城中街道充满"忠孝仁义之名",分别有孝义路、仁和路、孝顺路、孝顺街、忠山路等街道名称,图为仁和路2022年春街景一角　　李光华 摄

胡昭曦考证,冯楫是宋代官员中一位著名的虔诚佛教居士③,但没有信史确切记载其"报母恩修此塔",泸州地方志"只是录载了一个传说"④。但至迟自清康熙末年以来近三百年中,该塔就以"报恩"之名流传于世,以致今日文物部门也沿用此名。传说不等于历史,为何修建"报恩塔"动因已不可考。"虽然如此,冯楫其人、泸州此塔的确存在是事实,而且这个传说的内容还是美好的、有意义的"⑤。因此可以说,冯楫报母恩建塔的传说,既是当时社会思潮和传统道德的反映,也符合佛教居士冯楫的思想实

---

① [北魏]郦道元著、陈桥驿校证:《水经注校证》卷三十三,北京:中华书局,2013年1月北京第1版,2020年11月北京第4次印刷,第734页。又第746页:原校正者注:"姚精"为"姚超"之误。
② 胡昭曦:《巴蜀历史考察研究》,成都:巴蜀书社,2007年,第303页。
③ 胡昭曦:《大足石刻研究》,《中华文化论坛》2004年第1期。
④ 胡昭曦:《巴蜀历史考察研究》,第308页。
⑤ 胡昭曦:《巴蜀历史考察研究》,第310页。

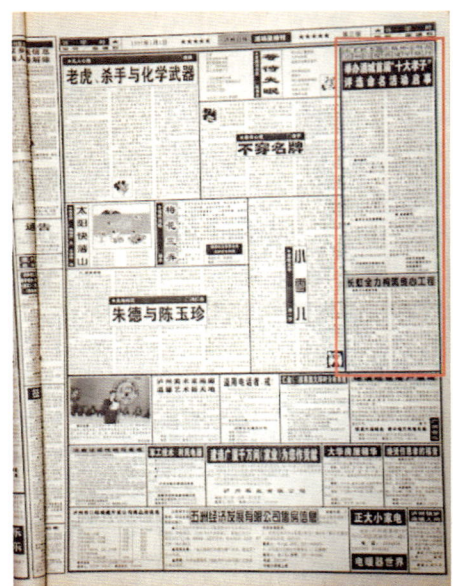

左图为1997年1月4日,《泸州日报·酒城星期刊》刊登开展"十大孝子"评选的启事,右为2012年12月7日,泸州《酒城新报》开展"百大孝子"评选的报道

曹卫兵 摄

际①,更是自古以来沿长沱两江孝道文化的自然"流淌"。2017年,泸州两位热心的市民邹锡汇、萧燕,历经三个寒暑,六易其稿,将这个古老的孝文化故事打造成了川剧《报恩塔》剧本②,并自费印刷,刊出赠人,渴求有识之士投资上演。

迨至20世纪90年代中期,泸州又在全国率先开展评选"孝子"活动,从1996年12月首届"十大孝子"评选③逐步升格为2012年12月"百大孝子"评选④,规模宏大,影响深远。这座先秦置县的古城,街道地名"忠""孝""仁""义"之名比比皆是,保留到现在还有忠山、忠孝路、孝义路、仁和路、孝顺街等。抗战时期,黄炎培在泸州对忠孝之事大为讴歌,作《建泸处长歌》:

建泸处,在何许?

占得南垣尺土,眼看大江东去。

背着忠山,教为官者忠于民,忠则勿奸;教为民者忠于国,忠则勿说;是

---

① 胡昭曦:《巴蜀历史考察研究》,第314页。
② 邹锡汇执笔、萧燕编剧:《报恩塔》(新编大型历史川剧),内部资料,准印证号:泸江新出内〔2017〕第022号。诚谢作者赠书。
③ 1997年1月4日《泸州日报·酒城星期刊》第3版报道。
④ 2012年12月7日《酒城新报》第4版报道。

何等训词深厚,在烟云缭绕中间。

  试上江楼,东望三千里外,无数健儿白骨,高堆着,黄鹤楼头。
  更东望五千里外,是一剪吴淞血浪,知为谁流?
  念吾乡多少弟兄姊妹,在贼中陷着,求生不得,觅死无由。
  是谁家国土?是谁家乡土?是公仇?是私仇?不去收复誓不休。
  建泸处,少年三五,有几个中年为伍,分担着后方的任务。
  这样朝朝望着,这样宵宵梦着,在壁间写着。
  吾与汝,牢记取,千万同胞男女,给暴敌铁蹄压住[①]。

表达了面对敌寇忠民忠国、不甘气馁的决绝精神,为泸州人民"不去收复誓不休"作了感天动地的铺陈渲染。

滔滔江水向南流,地下出土的文字实物不断出现,反复证明沱江的通道作用明显。元明以前,沱江中上游不断有移民沿此通道移居泸州,忠孝气节,然诺丈夫,堪称楷模。泸县出土的宋代墓志铭中,有从资中顺沱江迁来定居的文字,出土在泸县牛滩镇玉峰村的张氏家墓,就以石刻族谱的形式进行了记录[②]:

  (张氏)自资徙泸,今五世矣……时秦遇圣宋十四年甲子,皇帝嘉熙临御之三稘,坤维奕岁多事,劫火斓然,鞯马纵横,金戈骚动,物价翔踊,钱重褚轻,

---

[①] 黄炎培:《黄炎培诗集》,北京:中国文史出版社,1987年,第258-259页。作者诗末自注:建泸处为"川康建设期成会泸县办事处"之简称,在南城垣一号。
[②] 笔者对泸县宋代宋刻博物馆展陈的《张氏族谱》铭文释读(郭可夫协助)如下:曾祖八□□□,讳忠政,字直远。自资徙泸之始,祖娶杨氏,六子归于井(碑有残缺)
小大郎、二郎、三郎、小五郎:于三子此于□渊之玉穴。小六郎(碑有残缺)
元一郎:讳希古、字信臣(碑有残缺)
元三郎:讳希韩、字齐愈、娶罗氏□□四子是于乐峰补助居、傍允之穴。
元五郎:讳希君、字商卿。
意大郎:讳福字寿。先行。
意二郎:讳详字瑞。先行。
意三郎:讳裕字余。先行。
意四郎:讳悦字吉。先行。
(碑有残缺)资中□系□□清河
  灵应帝君之后,自资徙泸,今五世矣。□娶刘氏鹿丘之士族同立户,粗有成,工诗书,世业仅得不坠,卜于宝屏乙山之原,营砌寿堂,山名见宝,□曰连珠,坤水朝入,砀伏□壬。取大易天地定位之义也。时秦遇圣宋十四年甲子,皇帝嘉熙临御之三稘,坤维奕岁多事,劫火斓然,鞯马纵横,金戈骚动,物价翔踊,钱重褚轻,赤金两可直壹百余缗、白金二拾缗有奇。蜀道生灵,翘首太平,望甚切矣。是役也,兴己亥之中秋,毕良月之朔旦。悦四子:辅之、酉孙、江孙、灿孙,四女长适化元王定孙、次义泉吴泰之、次鲁溪李廷桂,季尚幼。酉孙以乙未岁忝传。
  监军赵公收溃卒有勋。后五年,复蒙四川制帅彭公委籴军饷,旨请于朝,特补将仕郎。行将被恩(宠)以荣及祖宗焉,庆吉之日姑(碑左有残缺)之□沼。

赤金两可直壹百余缗、白金两拾缗有奇。蜀道生灵,翘首太平,望甚切矣。是役也,兴工己亥之中秋,毕事良月之朔旦……监军赵公收溃卒有勋。后五年,复蒙四川制帅彭公委籴军饷,旨请于朝,特补将仕郎。

张酉孙在端平二年,帮助监军(四川制置使)赵彦安顿残兵败将有功劳。五年后的嘉熙四年(1240),接受四川安抚副使彭大雅的命令,买进军粮,为战争屯集粮食。所以彭为他请功于朝,朝廷封他为将仕郎,正九品。由于受到皇上的恩宠,所以"荣及我族祖宗也"。也如泸州神臂城抗元义士先坤鹏,默默为抗击蒙古作了百姓力所能及的后勤支援工作。

2002年9月在泸县牛滩镇玉峰村施大坡二号墓中出土的《张氏族谱》铭文,现陈于泸县宋代石刻博物馆内

泸县宋代石刻博物馆 供图 李绪成 李升 摄

陈世松研究移民文化和宋元史数十年,所见石刻族谱为数不多,除听说中江县有明代族谱刻在山崖上外,他告诉笔者:"目前我所知,标有'族谱'的石刻碑文,以宋代泸州《张氏族谱》为罕见。"

四川省社科院杰出研究员陈世松先生(左二),对笔者研究工作倾情指点,详细讲解泸州在巴蜀文化中的地位及在蒙宋战争中的作用。图为笔者陪同他考察泸州市江阳区黄舣镇永兴村。左一为四川省社科院移民与客家文化研究中心常务副主任刘安儒,左三为泸州市政协文史研究员曾志明

泸州市移民文化研究会 邓丽 摄

泸县另外出土一方墓志碑文,题为《古德俊墓志铭》,主人公"家怀安(今金堂淮口镇)八世"后,也自沱江上游的金堂县迁徙到泸①。也是响当当一男儿:"事母孝,与人忠,赒邻里之急,贷族党之乏,尚气节,重然诺",颇有君子之风。

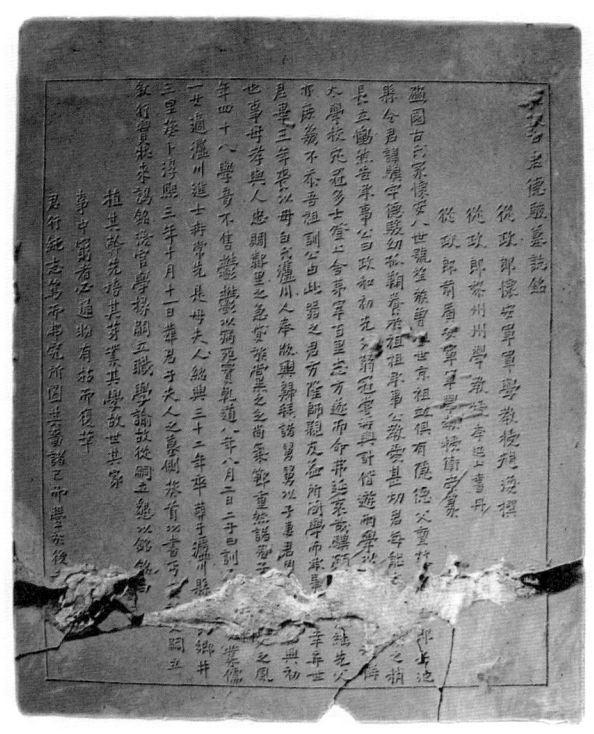

2002年在四川泸县喻寺镇一号宋墓出土的《古德俊墓志铭》,现陈于泸县宋代石刻博物馆内

泸县宋代石刻博物馆 供图 李绪成 李升 摄

---

① 笔者对泸县宋代宋刻博物馆展陈的《□□古君德俊墓志铭》释读(郭可夫协助)全文如下:
从政郎怀安军军学教授赵涣撰 从政郎黎州州学教授李延上书丹 从政郎前广安军军学教授卫崇篆
幽国古氏,家怀安八世,号望族。曾□世京,祖竑俱有隐德。父亶,故□□郎,岳池县令。君讳彦,字德俊。幼孤。鞠养于祖。祖承事公教爱甚切。君每能□□□之。稍长立,恸然告承事公,曰:"政和初,先父弱冠,尝再与计偕游两学,以□□□太学校定冠多士,登上舍第。宰百里志方遂,而命弗延,哀哉!骥愿□□□继先父,亦庶几不忝吾祖训"。公由此器之。君庠隆师亲友,益所问学,而承事□幸弃世,君毕三年,丧以母白氏泸川人,奉版舆归。拜诸舅,舅以子妻君,□□□。绍兴初也,事母孝,与人忠,赒邻里之急,贷族党之乏,尚气节,重然诺,君子□□□□之风。年四十八,学音不售,郁郁以病死,实乾道八年八月二日。二子曰训□□□□业儒,一女适泸州进士冉常。先是母夫人绍兴三十二年卒,葬于泸川县□□乡井三里。癸卜淳熙三年十月十一日,葬君于夫人之墓侧,癸首以书。丐□□□嗣立,叙行实状来谒铭。涣官学掾,嗣立职学谕,故从嗣立恳以铭。
铭曰:
植其干,先培其芽;业其学,故世其家。
事中穷者必通,物有枯而复华。
君行纯志笃,而弗究所图,其啬诸已,而丰于后者(也)。

合江县榕右乡永安村龙子山宋墓群出土1134年《宋故侯居士墓志铭》,也能证明沱江中上游迁入者的忠厚、忠诚,同时更是沱江流域与赤水河流域连为整体的实物证据[①]:

"居士讳鸣,字信臣,姓侯氏。其先资中人,曾祖光,祖继迁,父贯,皆晦德不仕。继迁因游泸州,过安乐山,爱之,遂徙居为合江人。"靖康初,捐资助国,其子"以忠义得官","储书满屋室,辟黉宇招名士教导,由门馆登第者三数人",侯居士祖先从资中迁往泸州合江当在宋神宗后期或哲宗前期。

---

① 四川大学文学与新闻学院王陌潇博士、富顺县职业技术学校教师张萃平整理,载"泸州市文化研究中心"公众号,https://mp.weixin.qq.com/s/zxmInTet7ZGA3Y-ooBurpQ(诚谢四川师范大学副校长王川教授荐稿):
朝奉郎、前知雅州、庐山县主管劝农公事、兼兵马都监黄皋撰。
近世葬者必乞铭,□□其墓,从古制也。而议者乃谓:"官无显业,士乏著行,不如其已。"嘻嘻,此言过矣。夫欲为是铭,盖将传斯名于不朽,其行□虽未能传远,亦或行一乡与一时,彼得以观其铭,则已心知善为可为,而恶为可避。故欲矜慎自勉,以冀身后之名者有矣。后之人又能揄扬夸大,以为显亲之孝,则皆为善之人耳。人乐为善义,当共成齐名,以助风教,岂宜抗责备之论以扼之哉?承节郎侯时英泣谓皋:"兄弟不夭,遽失所怙念,终无以为罔极之报,独惟吾先人平生行事犹大,大惧其泯漫不传。"丐予铭之,庶少赎时英兄弟不孝之罪。皋既过前言之不忽,重以时英兄弟恳切,而所录行状有足嘉者,铭将何辞?
居士讳鸣,字信臣,姓侯氏。其先资中人,曾祖光,祖继迁,父贯,皆晦德不仕。继迁因游泸州,过安乐山,爱之,遂徙居为合江人。居士为儿时,常聚沙土,以像佛塔为戏。其父遣从学,乃密取佛书读之,若有得者,徐谓人曰:"世为五斗粟折腰,孰若了一性,悟自己,本来进取,非吾计也。"事父母毕丧,以孝闻。季父母无子,事之愈于所生,奉其丧礼弥谨。善经画生事,区处家人如官府,凡利之人各有所专。故居士不劳,常操赢余以足用度。靖康初,//朝廷下劝诱助国之诏,居士曰:"方时艰虞,智者献谋,勇者竭力,富者出财,其为忠义一也。私藏无益,孰若推之少资国计邪?赏则吾不觊也。"未几,命下,补其子时英右职。曰:"汝以忠义得官,当思其名以□□□□。"识者重其言。乐于教子,储书满屋室,辟广宇,招名士教导。由门馆登第者三数人,诱训诸子不严而服其教。□□□□饮尽欢,往往达旦,一日无客则不乐。喜酒健啖,至老不衰。能赒人之急,贫者随宜给济,病者奉药粥,死者具□□□□葬,有求墓田者不取一钱与之。以故,亲旧、伎术、士人,愿舍于其侧者十七八。持释老戒甚严,每斋醮必精洁,寅奉云车风马,间有异应,见者服其至诚;市牒以度僧道,至名山胜刹,则舍财设供,皆本于好施然也。僧道得度,有诣谢者□□"释迦老子正宗具在,如水现月,如云出山,随取随得,李道及佛当精进以求,其心为明了人。吾虽不出家,未尝一日不□□□,好尚信向此。"
绍兴元年夏,忽婴疾。诸子求医,不许。乃曰:"脩短,死生有命,就医求活,诚非达者。吾死汝等记□□□□□□□。"诸子□□召医,从之。对医者语如平时,但不进药耳。一日,或命长孙定国侍纸笔,亲书二偈[13]:"□□□□□□,□□□□烦恼。今朝撒手归家,流水落花依旧。又曰:"一生兀兀岂曾闲,今日辞乡别世缘。泥牛绳断牧童去,伏□□□□□□"。□□,七月二十五日卒。
呜呼,居士孝佛出于天性,童耄一如,终悟禅识。二偈虽不事辞律,而照了如此,所得□□□□□□有六。生五子:长曰甸,早卒;次曰时英,承节郎;次曰时升、时敏、时用,皆业儒,有进望;一女适进士李兢厚,分予□□□□□七人。诸孤卜以绍兴四年二月十七日奉其丧,葬于合江县龙子山震岗之下。铭曰:形不离俗,而有佛心。俗未断缘,所作爱钦。照了知归,龙山之阴。一世去来,自无古今。
绍兴四年岁次甲寅二月,□□□开封进士孙宗孟篆额,泸州进士先自治书丹。

2013年4月出土于合江县榕佑乡永安村14社宋代石墓的《宋故侯居士墓志铭》　　郭可夫 摄

以孝治家日积月累结果,就会"家和万事兴",就会有文化的蓬勃兴盛。沱江水在成都平原循环流动,从汉晋开始就孕育出了文化世家,"汉征八士,蜀出其四","汉具四义,蜀选其二"[1],在全国占了半壁江山,文翁兴学对四川地区教育发展促进巨大。以成都为中心的什邡、资中、新都、绵竹、雒县兴起了私人授徒讲学和游学的风气[2],蜀地学于京师者比于齐鲁[3]。唐代可考的68名四川进士中,成都平原占有21人,占比31%[4],宋代四川儒学和书院可考之所,沿沱江流域都有分布[5],明代沱江在四川1440名进士中占比较大,内江、自贡、泸州和成都、重庆一样,成为四川进士分布的"高能核

---

[1] 《华阳国志校补图注》,第618页。
[2] 蓝勇:《西南历史文化地理》,重庆:西南师范大学出版社,1997年,第79页。
[3] 《汉书》卷八十九《循吏传第五十九·文翁》,第3626页。
[4] 蓝勇:《西南历史文化地理》,第85页。
[5] 蓝勇:《西南历史文化地理》,第89-91页。

区"①,其中成都地区和沱江下游为主的川南地区是明代四川进士地理分布集中的两大中心②。

沱江流域文化勃兴,从所占四川(含重庆)状元的比例更一目了然。蔡东洲、李勇先考证自开科举以来,巴蜀志书所载有23位状元中,既是巴蜀人又是状元者凡14人,即唐德宗贞元七年(791)尹枢、五代后唐明宗天成元年(926)王归朴、宋太宗太平兴国五年(980)苏易简、宋太宗端拱二年(989)陈尧叟及其弟陈尧咨[宋真宗咸平三年(1000)]、宋仁宗庆历二年(1042)杨寘、宋哲宗元祐六年(1091)马涓、宋徽宗政和五年(1115)何栗、南宋高宗绍兴二十一年(1151)赵逵、南宋宁宗庆元五年(1199)许奕、元顺帝至正十一年(1351)文允中、明武宗正德六年(1511)杨慎、清光绪二十一年(1895)骆成骧等13人,其中存疑一人,即尹枢之弟尹极③。笔者按蔡、李所推溯这些巴蜀状元籍贯,发现在沱江流域就有6名之多,占比高达42.8%以上。他们是王归朴、苏易简、许奕、赵逵、杨慎、骆成骧。其中有的状元如杨慎,被誉为"天下文宗",在学界影响巨大。

沱江流域状元分布表④

姓 名	中状元时间	籍 贯	备 注
王归朴	后唐明宗天成元年(926)	简 阳	只知道他是这代状元,至于是后唐还是前蜀或后蜀状元,尚无法确定。暂以徐松《登科记考》为据确其为天成元年状元
苏易简⑤	北宋太平兴国五年(980)	中 江	梓州铜山人,即今中江县广福镇⑥。
赵 逵	南宋高宗二十一年(1151)	资中磐石	殿试对策,"论君臣父子之情甚切,拔第一"
许 奕	南宋庆元五年(1199)	简 阳	中状元之前曾出仕,中状元者按旧制署为第二名,升第二名为第一名
杨 慎	明正德六年(1511)	新 都	有明一代第一才子
骆成骧	清光绪廿一年(1895)	资 中	科举制度的最后一位四川状元

---

① 陈国生:《明代四川进士的地域分布及其规律》,《西南师范大学学报》1996年第3期。
② 蓝勇:《西南历史文化地理》,第106-109页。
③ 蔡东洲、李勇先:《巴蜀状元考》,《社会科学研究》1994年第4期。
④ 表据蔡东洲、李勇先《巴蜀状元考》及《宋史·苏易简传》、《大清一统志》卷三百八十等史料所制。
⑤ [元]脱脱、阿鲁图编:《宋史》卷二百六十六列传第二十五《苏易简传》。
⑥ [清]穆彰阿、潘锡恩等纂修:《大清一统志》卷三百八十,文渊阁四库全书本。

| 第三章　走廊是华夏文化缘巴蜀南延的载体 |

从表中可以看出,从沱江上游、中游都分布有状元。下游的泸州虽然没有邑人金榜夺魁,但是许奕①担任过泸州知州,对当时泸州社会经济文化事业有所推动。《宋史》卷449《许彪孙传》称,蒙宋争夺四川之时许奕有一子许彪孙(许彪祖),"为四川制置司参谋官。景定二年(1261)刘整叛,召彪孙草降文,以潼川一道为献。彪孙辞使者曰:'此腕可断,此笔不可书也。'即闭门与家人俱仰药死。"宋末元初无名氏所撰《昭忠录》里也做过如下记录:

> 许彪孙,简州人,状元(许)奕子也。罢郡奉祠禄,寓居泸城,人称许观使。刘整使修降表,诱之降。彪孙朝服以拜天地祖先,率一家由少而长自绞死。赠中奉大夫、直秘阁,除致仕恩泽外,再与一子恩泽,谥介节,立庙②。

有如许状元后裔一家的浩然正气,抗击蒙古侵城的资州知州陈寅,与之激战逾月,最后英勇殉国③。猎猎忠义,从沱江上游至下游,涤荡起一朵朵彪炳汗青的五彩浪花。

深受学界敬仰的明代第一才子、四川新都籍状元杨慎2017年被推选为"四川省首届十大历史名人"之一,为弘扬其学术成就,纪念其寓居泸州经历,中共泸州市委宣传部、泸州市文化研究中心2018年4月召开"天下文宗 共论慎典:首届四川历史名人(杨慎)高峰论坛",与会学者满怀激情,发布《"升庵学"泸州倡议书》,倡议全国学界掀起杨慎研究热潮,为中华传统优秀文化注热加薪　　夏艳 摄

---

① [南宋]魏了翁:《重校鹤山先生大全文集》卷六九《许公奕神道碑》,北京:国家图书馆出版社,2004年,第360页。
② [南宋]佚名撰:《昭忠录》卷一,文渊阁四库全书本。诚谢河北大学宋史硕士、四川职业技术学院教师骆忠军查证。部分涉宋史及相关古诗词资料查证皆同,一并致谢。
③ 王洪林:《资阳史话》,成都:巴蜀书社,1993年,第167页。

另外,明代四川唯一一位状元杨升庵也长期居住泸州"十有余年",其思想意识、学术交友、教育教化方方面面,对泸州文明提升具有重大作用。谭继和评价:"杨升庵在泸州这个地方住了那么多年,有十余年之久。泸州确实是他的第二故乡,杨升庵爱上泸州,对这里充满了喜爱,泸州的天文、地理、人文乃至风土人情,都得到他深入的发掘。"①单是他对"江阳八景"的逐一题咏②,也是留给泸州人民的一笔宝贵文化财富。

杨慎多次到滇南临安府(今建水)游学,该地清代时期专门塑像以记　　建水县志办　陈红丽　供图

---

① 谭继和:《天下文宗·共论慎典——杨慎学术讨论会会议总结》,夏艳主编:《天下文宗杨升庵》,成都,四川大学出版社,2018年,第259页。
② 杨慎:《咏江阳八景送客还滇南》,《升庵遗集》卷十"七言律诗",明万历三十四年蜀刻本,兹录如下。《宝山春眺》:金维胜景宝峰端,万象分明对倚栏。鲁直江山写平远,丹渊晚霭画横看。西原迟日低秦树,南浦风光汎楚兰。独立苍茫吟思苦,孤城白首望长安。《龙潭时雨》:森森银烛点平塘,蟹眼鳞原接淼茫。海若望洋连贝屋,鲛人构馆近鼍梁。夭夭碕岸桃花色,采采汀洲杜若香。坐见灯台辉玉烛,行占开户送金穰。《海观秋澜末句送客》:岩峣仙观枕丹邱,汇泽秋涛似海浮。水涨金沙惊落雁,浪翻银屋浴潜虬。鱼舠晓泛枫香浦,神筏宵乘竹箭流。后夜怀君同赏处,昆池回首望牵牛。《方山霁雪》:方山九十九奇峰,罗列同云第几重?滴沥寒声鸣翠竹,曈岧朝旭影青松。琼峦暇日摸萝上,金灶多年驳藓封。乘兴不须回剡棹,篝灯秋酒尽从容。《白塔朝霞》:江城中有梵王宫,窣堵何年上碧空?铁凤影连银界外,金鸭光闪玉毫中。雯华散绮先迎日,爽籁悬铃独唤风。燕坐浮生闲半日,瞑钟还带雨余红。《东崖夜月》:月上东崖祗树林,江光晃漾翠微岑。仙宫涌出青铜镜,禅观镕成紫磨金。香梵恒依莲漏演,清吟直待筵钟沉。吹箫有客停舟望,去国怀乡万里心。《荔林书锦》:水晶丸映绛纱囊,名字曾闻十八娘。锦作林时传赋咏,绣成堆处献君王。玉壶美酒开华宴,团扇薰风坐午凉。纤手吴姬含笑掷,金盘何用荐槟榔?《余甘晚渡》:过雨人家正夕薰,江沱燕尾两支分,三回转折成巴字,万垒萦纡类縠纹。滚滚江槎分玉浪,层层云树接霞芬。子西山谷留佳句,唱作渔歌远近闻。诚谢湘潭大学博士、河南省驻马店市黄淮学院文化传媒学院历史系教师王耿查证。下涉杨慎诗文、史迹查证皆同,一并致谢。

泸州人民也是对他怀念有加,2018年4月,倡议全国发起"升庵学",对其道德文章加以研究和弘扬。兹录如下[①]:

"升庵学"泸州倡议书

当前,全国人民在以习近平新时代中国特色社会主义思想的指导下,团结一致正在为实现中华民族伟大复兴的中国梦而努力奋斗。在此时刻,来自全国高等院校、社会科学院、文史馆以及其他研究机构的教师和科研工作者,在杨慎曾经生活和治学的地方——酒城泸州,为实施四川首批历史名人文化传承创新工程,深入探讨和研究明代文化巨匠杨慎,召开了新中国成立以来规模最大,领域最广,成果最丰硕的一次杨慎学术研讨会。本次大会选用论文73篇,共50余万字。这些论文从哲学、史学、文学、经学、文化学、文艺学、民族学、艺术学、宗教学、考古学、考据学、校勘学、训诂学、教育学、心理学、博物学等各个方面,对杨慎进行了全方位的探索与研究,探讨了杨慎学术在中华民族文化史上应有的地位和历史作用,为科学建立"升庵学",做了铺路架桥的工作。

八位学者的大会演讲,论述了杨慎在多个领域的重要成果,肯定了杨慎学术对中国文化的巨大贡献、历史作用与现实意义,为当代优秀传统文化的创新性转化与创造性发展,重塑中华民族的文化自信力,提供了深厚的文化内涵与强大的文化张力。

本次大会通过两天的演讲、讨论、争鸣、交流,全体与会者达成了以下共识。

一、杨慎的学术成就是中国文化史上的一朵奇葩,他在多个领域的学术贡献是中华民族的文化瑰宝,也是全人类共司的文化财富。尽管本次大会的论文所取得的研究成果仅仅反映的是杨慎学术成就的豹之一斑,但这已经足以说明研究杨慎对中国文化和世界文明具有重要意义。

二、杨慎治学的领域涵盖十几门学科,每门学科都留下了为数不少的学术著述。这些著述500年来润渍培养了无数学人,为中华民族文化的繁荣兴旺立下赫赫功勋。在中国文学鼎盛的几个朝代出现的几位顶级文学家中,杨慎除了创作3132首诗、词、曲之外,还撰写了学术著作269种,是中国历史上罕见的学者型大文豪、名副其实的天下文宗。

前代文人学士早已认同杨升庵的文学成就,许其辞章学术为扬、马、李、杜、苏氏之列。如明代万历张士佩《升庵文集·序》说:杨慎,其论经学纠谬误,斥游谈,其文学辞章集"相如辞赋、扬雄奇博、王褒伟丽、伯玉(陈子昂)太白之诗、眉山家学之文"而总

[①] "天下文宗·首批四川历史文化名人(杨慎)高峰论坛"全体参会学者:《"升庵学"泸州倡议书》,夏艳主编:《天下文宗杨升庵》,成都,四川大学出版社,2018年,第261-264页。

其大成。明清学界文坛公认杨慎"洞观学海,擅能词场","于学无所不窥,而文则若成诵在心,借书于手,彬彬然,究天人精邃之际,镜古今得失之林"。

《明史》评价杨升庵"明世记诵之博,著述之富,推慎第一"。巴蜀自扬马以来,多擅宗匠,多产"天下文宗"。杨升庵是有明一代绝无仅有的文化伟人,是明代巴蜀润毓的天下文宗。明代思想家李贽在所著《续焚书》中称杨慎为"杨戍仙",把杨慎与李谪仙、苏坡仙并列,这样是否公允呢?我们不妨做一个客观的比较,让杨慎的学术成就来回答这个问题。

现存史料和当代学者对杨慎的学术著作的数量存在着各种不同的说法:李贽说有百余种,简绍芳则说有四百余种。王文才著《杨慎学谱》说"诗、词、曲之外,杂著共269种"。学术界公认现存杨慎诗词曲3132首,这还未包括遗漏散佚的作品。

王世贞《国朝名臣遗墨跋》称杨慎"以博学名世,书亦自负吴兴(赵孟頫)堂庑"。朱昌颐《跋杨升庵诗扇》也说:"书法尤超迈绝伦,至今滇南尚多留刻。"杨慎不仅创作了大量书法作品,而且有专门研究书法艺术的学术著作《墨池琐录》《升庵书品》《法帖神品目》等传世。杨慎擅长画兰,王文治《杨升庵画兰长卷跋》称:"杨升庵画兰卷子(长至四丈),疏密反侧,朝烟晚露,皆能毕肖其形。"专门研究绘画艺术的论著则有《升庵画品》《名画神品目》等。由此可见,杨慎不仅是书法家和画家,更是一位对书法和绘画有相当研究深度的学者。换句话说,杨慎对中国艺术的贡献,不止于创作有形的书法与绘画作品,更是给我们留下了他对艺术的理论思维成果,创造了无形的艺术精神财富。

杨慎不仅在诗词曲赋、书法、绘画方面不让李杜苏辛,而且在更多的领域取得了令人钦羡的成果。

在文学理论领域,著有《升庵诗话》《词品》《艺林伐山》《五言律祖》等理论著作。

在经学研究方面,著有《升庵经说》《易解》《檀弓丛训》等。

文字学著作有《金石古文》《六书索引》《六书博征》。

音韵学著作有《奇字韵》《古音骈字》《古音丛目》《古音略例》《古音余录》《古音附录》《古音拾遗》《古音猎要》《转注古音略》《石鼓文音释》。

训诂学著作有《经子难字》《绝句衍义》《庄子阙误》。

考据学著作有《丹铅总录》《丹铅续录》《丹铅余录》《丹铅摘录》《谭苑醍醐》《异鱼图赞》。

地方史志学著作有《南诏野史》《蜀志补遗》《蜀志补罅》。研究地方史志的专著更为宏富:《滇中记》《滇程记》《滇载记》《滇候记》《游点苍山记》。

研究民间语言文学的专著有《古今风谣》《古今谚》《俗言》《风雅逸篇》《古文韵语》。

医学专著有《男女脉位图说》《素问纠略》《何首乌传》。

此外,地理学专著有《云南山川志》,天象学专著有《天文》,等等,不胜枚举。杨慎在文学艺术上的创作实践和对各门学科的潜心研究,涉及领域之广,思想内涵之深,对丰富发展中国文化的贡献之大,皆堪与前贤比肩。从文学、经学、小学、史学、医学、地理学,到诗、词、曲、书法、绘画,乃至于民间语言、民族与风俗的研究,都体现了杨慎极高的治学水平,旷达的思想境界和文、史、经、哲、艺术融会贯通的深厚造诣。在唐宋元明的几位顶级文学大师中,杨慎是集文学家、艺术家和学者于一身的旷世奇才,是当之无愧的天下文宗。

杨慎谪戍云南,颠沛流离,备尝甘苦,是他人生际遇的不幸,但正因为如此,他在寓居江阳古城时,在城西蕊珠楼里与江阳结下十多年的不解之缘,此为泸州人民的大幸。他所留下的歌咏江阳山川人物、名胜特产、社会风貌、民情风俗的二百余首诗,特别是他创作的《临江仙·滚滚长江东逝水》为这座古城留下了珍贵的历史遗产,增添了弥足珍贵的文化底蕴。来自全国各地的学者荟萃泸州,在本次学术研讨会上,揭开了全方位研究杨慎的序幕,这是中国学术活动中的一个特殊亮点。泸州也因此成为首先发起全方位研究杨慎,倡导"升庵学"的第一座城市。

三、杨慎作为中华民族历史上的文化伟人,他的著作是中华民族文化宝库里的璀璨明珠,也是全人类的共同精神财富。这样杰出的文坛翘楚、天下文宗,必将作为中国文化的代表之一,屹立于世界文化伟人之林。这次论坛是研究和建立"升庵学"的重要平台和重要阵地,学术界的正能量正在集聚提升,传统精英文化通过学术活动迸发出来的精神力量,正在激励和支持学者们科学地、公正地重新审视历史,评价人物。

这种精神力量对拓展思想境界,健全人格修养,加强文化教育,推动经济建设,必将长期潜移默化地产生作用,推动泸州的国民经济建设、人民的整体素质和文化底蕴如日之升。泸州作为全国文明城市,不仅经济增速走在全川前列,文化传承与复兴也定能再上一个新的台阶,为本市的物质文明和精神文明建设做出贡献。

杨慎不只是四川的历史名人,而且是中国历史上千年难遇的学者型文学艺术大家。

我们将突破地缘研究的藩篱,推动在更大范围、更深层次对杨慎学术的研究。

本次大会在来自北京、天津、湖南、河南、山西、四川、云南、重庆、贵州、福建、广东等省(市)的专家学者积极参与及共同努力下,取得了全方位多学科的研究成果,获得了圆满成功,为"升庵学"研究的广泛化和深入化开了一个头。显然,这仅仅是"升庵学"研究的起点,许多工作还有待深入,许多问题还需要切磋,为此,我们共同倡议将杨慎学术定名为"升庵学",作为开展研究杨慎学术的旗号。

（一）建议以"临江仙"为"升庵学"的文化符号，创立主题文化公园；并尽快重建南宋时与岳阳楼、黄鹤楼齐名的南定楼，复兴历史文化地标，保存历史文化记忆；设立升庵学术论坛，拓展"升庵学"文化产业，以增强泸州的文化魅力和"升庵学"的凝聚力。

（二）建议在学术探讨的基础上，组织力量撰写杨慎题材的原创系列作品，拍摄杨慎题材的影视系列产品，推动"升庵学"走出国门，走向世界。

（三）天体物理学中，奇点是一个体积无限小、密度无限大、引力无限大、时空曲率无限高、热量无限高的"点"，是宇宙大爆炸的起点。"升庵学"是升庵名人文化工程创新性转化和发展的"奇点"，我们愿以四川省社会科学重点研究基地·杨慎研究中心泸州分部和泸州市杨慎研究会为切磋交流的平台，和国内外的专家学者一起，团结一致，努力奋斗，相信具有强大生命力的"升庵学"终将成为世界瞩目的显学。

执笔：李国正
审核：谭继和、雷磊
2018年4月24日

清道光二十八年（1838），杨升庵裔孙杨正和改建"杨氏宗祠"，现其后人又进行修缮，作为研究杨慎道德文章的开放场所，参观者众。该宗祠位于成都市新都区马家镇，距当年杨家所居桂湖6千米

杨慎14代孙 杨德力 供图

杨慎谪戍云南永昌（今保山），经常往返滇黔川，仅经过泸州地域，一生中就有15次①，乌撒入蜀道成为其经常往返之路②，可谓"南方丝绸之路第一行者"。正如《"升庵学"泸州倡议书》所罗列，其著之《滇程记》《滇载记》等，实乃云贵地域难得的历史地理学结晶。

杨慎往返川滇，多次经过云南宣威可渡关，题写的"山高水长，水流云在"八个大字，至今尚在距北盘江沿岸古道垂直高达400余米（海拔1500米）的翠屏岩上

宣威市杨柳镇文化站　赵春　供图

　　沱江流域历史上在科技方面也出过人才，西汉成帝时期，资中人王延世"著勋河平"③，就是其中佼佼者。《华阳国志》记叙其事迹为"王延河平，纂禹之功"：

> 　　王延世，字长叔，资中人也。建始五年，河决东郡，泛滥兖豫四郡三十二县，没官民屋舍四万所。御史大夫尹忠，以不忧职致河决，自杀。汉史案《图纬》，当有能循禹之功者，在犍、柯之间求之，正得延世。征拜河堤谒者，治河。以竹落长四丈，大九围，夹船，载小石沈之。三十六日，堤防成。帝嘉之，改年曰河平，封延世关内侯，拜光禄大夫。仍赠黄金百斤。④

　　王延世有效治理了"四郡三十二县"的黄河水患，应该是用李冰笼石叠堤法完成

---

① 赵永康：《杨升庵与泸州》，成都：四川大学出版社，2017年，第12页：我们了解到，杨升庵在他35年的放逐生涯中，"往复滇云十四回"（原作者注：《升庵合集卷62〈三题板桥馆壁〉》），路过泸州十五次。
② 杨丽华：《从杨慎往返川滇行程看明中期的南方丝绸之路》，《中华文化论坛》2017年第11期。
③ 《华阳国志校补图注》，第146页。
④ 《华阳国志校补图注》，第582页。

的①。说明蜀地因为都江堰工程岁岁维护,该工程又下延沱江②,故打小生活在沱江边的王延世自然再熟悉不过,能立此奇功,首推沱江科技文化的滋润,更是沱江儿女忠国怜民的典型实例。

　　中国西南陆海走廊沿线文物关联,早在史前石器时代就已经发生。进入金属器时代,这种关联因阶级不断分化,酋邦制方国开始出现,掠夺与压迫成为常态,故更为紧密。包括巴蜀与滇黔的相互关联,包括云贵与岭南的相互关联,包括巴蜀与两广的相互关联,包括滇文化、夜郎文化和瓯骆文化中的相互关联,包括越南中北部地域直至巴蜀的相互关联。这些关联都证明,早在秦汉乃至先秦,巴蜀文化和物资是通过沱江等河流的重要通道作用产生并传播开来的。

---

① 《华阳国志校补图注》,第135页:(李冰)其固堤之法,只用蜀地盛产之竹篾,编为长笼,用岷江逐年搬运的石砾盛于其中,叠累为堤。集微小之重量,为硕大不可移动之重量,激水湍急不能动之。工甚简易捷速,固于金铸石凳,此其创制之妙也。后汉时,黄河堤决成灾,积年莫能治,蜀人王延世特此法塞之,三十六日而定。
② 徐中舒:《古代都江堰情况探原》,《成都文物》1984年第1期。

第四章 南路文化北上证明陆海互通

中国西南陆海走廊南接大海,从南来的甚至是大洋深处来的文化,自然会在走廊沿线有所表现。在巴蜀文化通过此走廊在向南发散影响的同时,来自云贵、岭南和中南半岛也有文化北上,也在走廊沿线或多或少产生影响,而有的影响达到比较深刻地步。以云南为例,"西汉以前,东南沿海文化就是滇文化中的重要类型"[①],反之滇文化对川滇黔桂越(南)各结合部这一走廊关键部位,以铜鼓为载体产生过决定性影响。海外登陆南方中国的文化及载体,包括佛教和其依托的胡人,也自南而北一浪一浪涤荡走廊沿线。而古代族群中的僚人入蜀,更是对四川产生决定性的影响。通过对这些影响的分析,进一步表明包括左右江、赤水河在内的通道,从先秦开始即是古人沿走廊有资利用交通的关键和枢纽所在。

第一节　从南而来与沿海北进的舶来品

夏末商初,中原"正南",有"瓯邓、桂国、损子、产里、百濮、九菌"等部落族群,"以珠玑、玳瑁、象齿、文犀、翠羽、菌鹤、短狗为献"[②]。说明岭南包括越南北部一带,这些氏族组织或许有力量翻山越岭远达各地从事一定的交流活动。从6000年前位于左右江-邕江流域的顶狮山文化在原地的突然消失和在他地的重新出现,也可以看作这些部落与他们有一定的存续关系的线索。

夏商南方诸部落侵染的海洋文化与其后的百越也可能有持续关系,越人素以擅长水上航行闻名,"越人操舟"向海,已是学界统一的认识。

巴蜀在文献和出土文物中,都有受到包括瓯骆文化、滇文化、夜郎文化在内的南

---

① 刘小兵:《滇文化史》,昆明:云南人民出版社,1991年,第121页。
② 《逸周书》卷七《王会解》,影印文渊阁四库全书本,上海:上海古籍出版社,1987年。

方文化和海外文化影响的证明。在成都市区金沙巷出土了具有明显粤文化的鼎①;川南叙永县早年在县城定水中学出土一汉代弦纹四足青铜鼎②。另外,什邡市城关战国墓出土的"B型铜钺带有滇文化韵味"③,被定为"滇式三角连纹铜钺"④。起源于岭南的双耳锅,"盘口浅、腹深"的特点,从合浦文昌塔、海南临高一路北传到兴义、兴仁、黔西、泸州的过程中,特征变为了深盘口,腹略鼓的器型⑤。更为奇特的是,什邡城关出土的一件竹节纹铜矛,矛骹的下部饰有一只曲身的伏虎,四爪伸张,口吐岐舌,舌端延长成竹节型,向上挺拔,直抵矛锋⑥。这使人不得不联想,夜郎人尚竹的文化,早在战国即被成都平原的族群有所接受。到了东汉,当时的朱提、堂狼洗就是比较著名的一类,曾远销到巴、蜀和全国其他地域⑦。

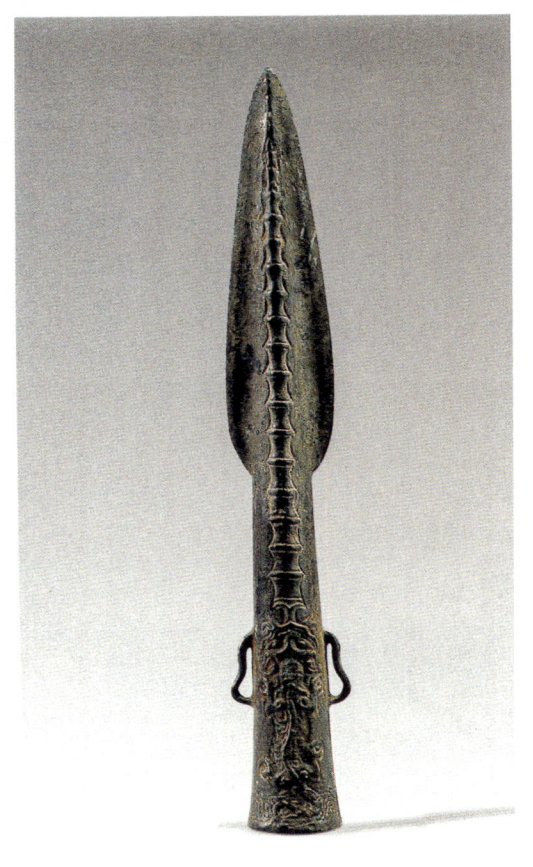

1989年四川什邡城关粮食转运站出土的战国"竹节纹铜矛",直抵矛锋的竹节,应是受夜郎尚竹崇拜的文化影响⑧

---

① 赵殿增、李明斌:《长江上游的巴蜀文化》,武汉:湖北教育出版社,2004年,第386页。原作者转引自成都市考古文物工作队:《成都市金沙巷战国墓清理简报》,《文物》1997年第3期;广东省文物考古研究所、广宁县博物馆:《广东广宁县龙嘴岗战国墓》,《考古》1998年第7期。
② 叙永县文保中心主任黄英提供。该鼎在叙永藏品总登记号00075,标明为"汉四足双耳铜鼎",长18厘米、宽14厘米、高21厘米。
③ 四川省文物考古研究院、德阳市文物考古研究所、什邡市博物馆编者:《什邡城关战国秦汉墓地》,北京:文物出版社,2006年,第273页。
④ 四川省什邡市文物管理所编:《什邡馆藏文物集粹》,成都:四川美术出版社,1997年,第31页。
⑤ 吴小平、魏染:《朱提堂狼器考》,《考古学报》2021年第3期。
⑥ 李学勤:《〈什邡馆藏文物集粹〉序》,四川什邡市文物管理所编:《什邡馆藏文物集粹》,第8页。
⑦ 李保伦:《五尺道曲靖段初考》,《曲靖考古文集》(下册),第555页。
⑧ 图采自《什邡馆藏文物集粹》,第20页。

滇文化传播巴蜀的典型器物为滇式尖叶锄,成都西郊青羊小区战国木板墓中①就发现过一件②。这种"锄"是典型的滇文化产品,石寨山12号和20号墓中出土的青铜器图像中,都有肩扛此类工具的生产者。云南考古学者张增祺认为,铜锄有别于中原只用于挖土的铜锸,它是挖土和除草通用的工具③。正因为为滇独创,故向南北都在传布。地处西南陆海走廊沿线的云南罗平县所出的两种不同形制的铜锄,虽与越南山西所出的一件铜犁形制更为接近④,但都是滇式铜锄的演变;笔者在文山州博物馆观察到的尖叶型铜锄,也系典型的滇文化风格。

云南文山州博物馆展陈的滇式尖叶型铜锄　　　　　　　　　　　　　　笔者 摄

　　从南向北移动的文化和造成的影响,在巴蜀和云贵沿西南陆海走廊一线不同区域都有表现。其中海外舶来品及其制作方式,从沿海传播到了西南内地,当属典型。

---

① 罗二虎:《四川崖墓的初步研究》,《考古学报》1988年第2期。
② 段渝:《政治结构与文化模式——巴蜀古代文明研究》,上海:学林出版社,1999年,第458页。
③ 张增祺:《滇国与滇文化》,昆明:云南美术出版社,1997年,第56页。
④ 李保伦:《云南曲靖青铜时代的考古发现与研究》,高兴文主编:《曲靖考古文集》(下册),昆明:云南民族出版社,2017年,第384-385页。

| 第四章　南路文化北上证明陆海互通 |

四川什邡城关出土的8座以船棺墓为主的巴蜀文化墓葬中，赫然有"滇文化韵味"①的"滇式三角连纹铜钺"，长11厘米，刃宽7.8厘米，銎宽3.2厘米，钺身两面饰凸弦纹两周，一面在凸纹下饰三角纹。此文物出土蜀地中心区域，证明沱江上游流域与古滇之间早在先秦即有文化通道关联②

海贝

三星堆和滇池地区，以及贵州威宁中水③、黔西野坝和罗布垮④等地出土大量海贝，都是海洋文化北传证据。三星堆海贝出土年代确定为公元前11—前10世纪，是目前发现的西南地区出土年代最早的⑤；其中包括紫贝被发掘出来，除了之前研究南方丝绸之路西线和中线的部分学者认为来自印度洋以外，也有学者认为，还有来自太平洋南海的可能性⑥。汉武帝在海南岛置有珠崖、儋耳二郡，珠崖郡下辖县就有治今文昌的"紫贝"一县⑦，该县与珠崖郡郡名及所领包括"玳瑁"在内的其他4个县的县名，显然

---

① 四川省文物考古研究院、德阳市文物考古研究所、什邡市博物馆编著：《什邡城关战国秦汉墓地》，第273页。
② 图采自《什邡馆藏文物集粹》，第31页。
③ 贵州省博物馆考古组、威宁县文化局：《威宁中水汉墓》，《考古学报》1981年第2期。
④ 贵州省博物馆：《贵州黔西县汉墓发掘简报》，《文物》1972年第11期。
⑤ 肖明华：《南方丝绸之路地区考古出土的外来之物》，邓海春主编：《南方丝绸之路上的民族与文化》，成都：四川民族出版社，2016年，第286页。
⑥ 蒋廷瑜：《高山之国句町》，《三月三》1984年第4期。又《贵州通史》编委会：《贵州通史》第1卷《远古至元代的贵州》，北京：当代中国出版社，2003年，第99页。诚谢郭声波先生赠书。
⑦ 徐俊鸣：《广东全省行政区划历史沿革概要》，中山大学学报编辑部编辑出版、徐俊鸣：《岭南历史地理论集》，广东省非营利性出版物准印证90粤准字第217号，1990年11月，第262页。

167

与当地著名的海产有关①,是以特产名县的典型例证。晋人刘欣期《交州记》中记载:"大贝,出日南,如酒杯;小贝,贝齿也,善治毒。俱有紫色。"隋唐时期的《广州志》亦云:"贝凡有八,紫贝最其美者,出交州。"可见紫贝是南海的产物。段渝2017年1月20日在泸州成立"南方丝绸之路研究中心"仪式上,也发表演讲,明确认为三星堆的紫贝来自南海,证明越南到成都平原商周之际就有道路相通。南越王赵佗曾向汉文帝进献"紫贝五百"②,说明其珍贵;云南学者李家瑞1950年代调查,当时有人还把它当作稀罕之物,和几粒米包藏在一处,祈望它"生出"小贝③。

总之,三星堆大量海贝、象牙、金器、玉器的发现,证明广大西南地区甚至南方沿海,都在三星堆古国的交往范围之内④。通过这种交往,巴蜀受到南方文化甚至海外文化的侵染完全在情理之中。

龟甲

殷墟龟甲中,有来自中南半岛或印度尼西亚的成分,"有少量巨大龟甲自东南亚传流至殷商首都,并非不可思议的事"⑤。而近海的越南,完全有可能借助"牙璋之路",深入西南腹地巴蜀,或者翻越秦岭,或者顺长江而去中原。

列瓣式银盒

"列瓣式银盒"是海外舶来品的典型器物。在云南晋宁石寨山第11号和第12号墓中,各出土一件镀锡铜盒,与广州南越王墓的银盒器型十分肖似,连尺寸也相互接近⑥。

广东学者周永卫认为,"(广州)出土的列瓣式银盒,一般认为与波斯文化有关,属于来自西亚的'舶来品'"⑦。四川学者霍巍进一步分析:"(广州)出土的银盒有可能是通过海路传入中国的,而云南滇王国墓葬中出现的这几件铜盒则有可能是根据海外这些舶来品仿制而成的。"⑧。

---

① 刘耀荃:《海南岛古代历史的若干问题》,《中南民族学院学报》(社会科学版)1986年增刊《百越源流研究》,第111页。
② [东汉]班固:《汉书》卷九十五《西南夷两粤朝鲜传第六十五》,北京:中华书局,1962年6月第1版,1975年4月第3次印刷,第3852页。
③ 李家瑞:《古代云南用贝币的大概情形》,云南省文物考古研究所编:《石寨山文化考古研究论文集》(上册),北京:科学出版社,2018年,第5页。原载《历史研究》1956年第9期。
④ 赵殿增、李明斌:《长江上游的巴蜀文化》,第228页。
⑤ 李学勤:《商代通向东南亚的道路》,王元化主编:《学术集林》卷一,上海:上海远东出版社,1994年,第200页。
⑥ 孙机:《中国圣火——中国古文物与东西文化交流中的若干问题》,沈阳:辽宁教育出版社,1996年,第143页。
⑦ 周永卫:《两汉交阯与益州对外关系研究——以若干物质文化交流为主》,汕头:汕头大学出版社,2009年,第131页。
⑧ 霍巍:《西南考古与中华文明》,成都:巴蜀书社,2011年,第296页。

海外各类珠饰

舶来品的典型器物还有肉红石髓珠等珠饰品。1975在合浦堂排发掘了4座西汉晚期土椁墓中出土玻璃珠1656颗、玛瑙珠13颗、肉红石髓珠99颗、琥珀6颗、水晶19颗和数量众多的绿松石等①,其中蕞尔小物肉红石髓珠就有少量出土在云南晋宁石寨山②、江川李家山③等地。蚀花肉红石髓珠起源于公元前三千千的印度河文明,该类饰物的来源和传播途径过去也被认为是陆上通过印度、巴基斯坦而来;我国最早研究肉红石髓的夏鼐甚至认为石寨山出土的这些石珠,系云南保山市玛瑙山一带所产,其原料实在不必取材于海外④。今天我们仔细分析,不得不承认从南方海路而来的可能性偏大⑤。同样,曲靖八塔台、四川宝兴陇东东汉墓出土的印度–太平洋珠等,多与合浦汉墓所见相同⑥。

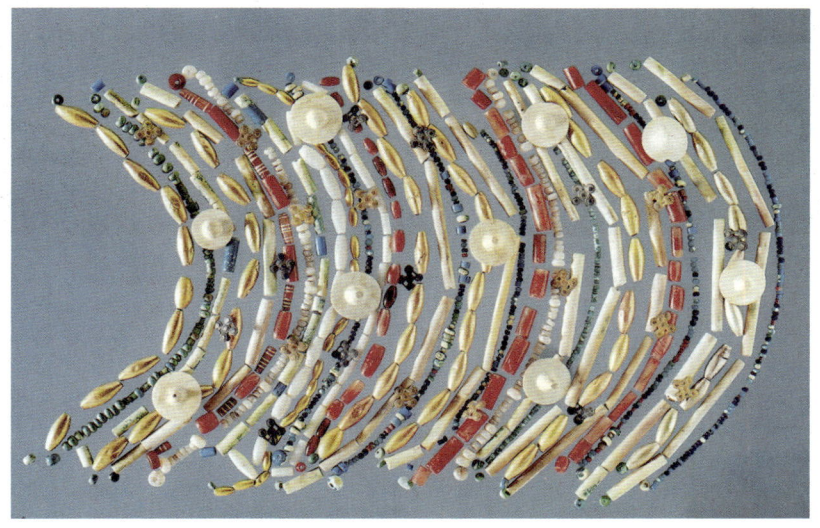

云南江川李家山47号墓出土的一件"珠被"中,装饰和点缀有蚀花石髓珠、琉璃等海外舶来品。⑦

---

① 广西壮族自治区文物工作队:《广西合浦县堂排汉墓发掘简报》,文物编辑委员会编:《文物资料丛刊》第4期,北京:文物出版社,1981年,第46页。
② 蒋志龙、樊海涛:《古滇文化史》桂林:广西师范大学出版社,2019年,第231页。
③ 张增祺、王大道:《云南江川李家山古墓群发掘报告》,《考古学报》1975年第2期。
④ 夏鼐:《我国出土的蚀花的肉红石髓珠》,夏鼐:《考古学论文集》(外一种)下,石家庄:河北教育出版社,2000年12月第1版,2001年5月第2次印刷,第577页。原载《考古》1974年第6期。
⑤ 赵德云:《珠饰反映的两汉时期两广沿海和西南地区的交通》,香港城市大学中国文化中心编:《九州学林》(2011·春季),上海:上海人民出版社,2012年。
⑥ 熊绍明:《汉代合浦港的考古学研究》,北京:文物出版社,2018年,第138页。
⑦ 图采自云南李家山青铜博物馆编:《滇国铜魂:云南李家山古滇文物集萃》,云南人民出版集团云南人民出版社,2015年,第151页。

合浦出土的玻璃杯及玻璃、肉红石髓、玛瑙、蚀刻石髓珠、琥珀、白水晶、绿柱石、绿松石、十二面金珠、戒指等珠饰,在贵港马鞍岭、梁君垌、深钉岭等地点都有发现①,在与贵港相邻的下游浔江边的梧州,也发现了与之相关的海上丝绸之路各类文物。如梧州市鹤头山发现200多颗绿色玻璃珠,市郊发现从数颗到669颗的各类石榴子石、紫水晶、玛瑙、彩色玻璃珠和各类串饰②。

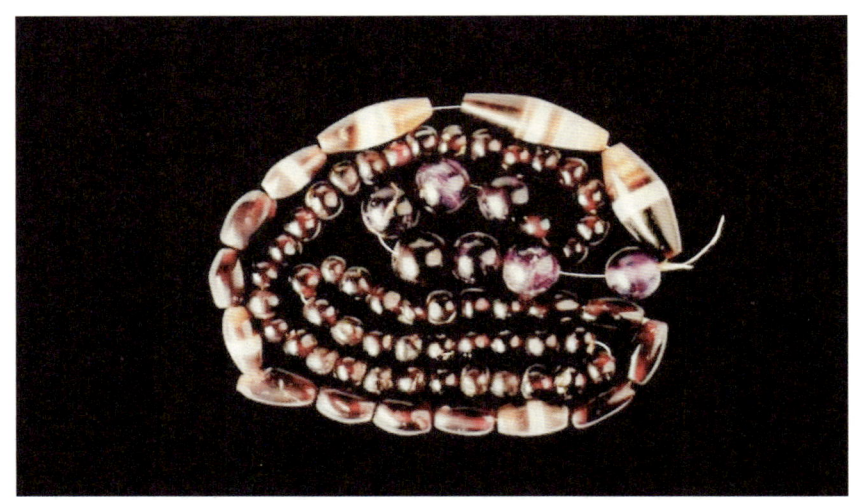

合浦出土的汉代石榴子石、紫水晶、玛瑙混合串饰③

因此,有学者认为,这类珠饰"分布的区域主要集中于云南东部、贵州西部及四川南部这一相邻近的区域",证明这些珠饰系由两广沿海地区输入以后再沿西南地区传播的历史信息④。笔者在泸西县博物馆就见到展陈的大量玛瑙扣、玛瑙珠、骨管、绿松石珠、琉璃料珠等饰品,白、绿、蓝、红各色,光耀灼眼,皆系2007年距县城西南约1千米的石洞村西汉中晚期墓内所出。

块炼冶炼铁技术

来自海外的影响,仔细分析各类考古材料应还有不少,比如块炼冶炼铁技术在广西的传播。1987年,就在位于西南陆海走廊浔江支流白沙江旁的平南县六陈镇和桂平市罗秀镇一带,一面积约100平方千米的"碗状"炼铁炉块炼遗址被发现,数十个山头上都分布有炼铁炉、风管、铁渣和木炭,经鉴定为西汉时期。该遗址"可能更多受南

---

① 熊昭明:《汉代合浦港的考古学研究》,第132页。
② 熊昭明:《汉代合浦港的考古学研究》,第134-135页。
③ 图采自熊昭明:《汉代合浦港考古与海上丝绸之路》,北京:文物出版社,2015年,第180页。
④ 赵德云:《珠饰反映的两汉时期两广沿海和西南地区的交通》,香港城市大学中国文化中心编:《九州学林》(2011·春季),第46-47页。

亚、东南亚地区'碗状'块炼铁冶铁的影响而出现的"①。因此,南亚、东南亚地区与广西地区古代冶金技术存在交流②。

笔者在泸西博物馆参观馆藏珠饰

越南泰国北传器物

从南到北传播的文化,还包括越南、泰国对川滇黔渝桂粤的影响。在葬俗理念、物产品、饰品,以及石器、陶器乃至青铜制品等各有出土文物可资佐证。

广西、广东两汉时期在广州南越王墓、贵县罗泊湾汉墓及邕江等地共发现10多件具有越南东山文化特色的铜提筒,从形制到纹饰都与东山文化一致,应该是从东山文化传入,因为岭南并无使用铜提筒的传统,但传入的铜提筒显然受到岭南居民的普遍喜爱③。笔者在云南石寨山、李家山博物馆观察到的铜提筒,也系典型的越南东山文化类型在滇池区域的传播。

同样来源于东山文化的兵器制品,在滇池等地区也有发现,如战国至西汉初,晋宁石寨山和江川李家山墓地均分别发现一种"三穿直内曲援戈",它与巴蜀从北向南

---

① 李映福:《广西平南"碗式"炼炉与我国"碗式"炼炉的起源》,《考古》2014年第6期
② 黄全胜、李延祥:《广西平南六陈坡嘴冶炼技术研究》,《有色金属》2011年2月第63卷第1期。
③ 彭长林:《越南早期考古学文化研究》,南宁:广西科学技术出版社,2018年,第394页。

传来的"无胡蜀式青铜戈"有极大差别。此戈在我国其他地区极少发现,唯见于东山文化遗物,器形、纹饰和大小与滇国墓地出土的完全相同①。

越南青铜时代诞生的冯原文化显得比较突然,也可能是外来居民的迁入形成的②,一经形成即强势输出。广西左江那坡县感驮岩第一期的"S"形勾连纹和邕江武鸣岜旺、农山岩洞葬在绳纹上装饰刻画多线"S"形五线谱纹也应是受冯原文化影响出现的③;另外,南海海边的香港涌浪,也发现与冯原文化类似的刻画纹样④。

同处中南半岛的泰国,也有文化北上影响我国西南地区。其东北部尤其是班诺洼所在的呵叻高原一带,公元前10世纪至公元前8世纪的墓葬中,被葬者手臂上盛行佩戴一种较为流行的人体装饰:成串贝壳或青铜器制作的"串式镯"。后来的"西南夷"的墓葬中,亦常有类似的串式镯发现,形态和佩戴方式与班诺洼等遗址所出极为相似。除晋宁石寨山和江川李家山外,陆良、泸西、师宗等地都有较多发现。从年代看,班诺洼的贝壳串式镯出现较早。此类装饰习俗的传播,很可能与不同族群的直接接触有关,或者这些族群之间本来就有某种较为亲近的关系⑤。

顺郁江-西江这条水陆通道,两广内部地域也有相互影响的文物发现,如处于该地域中部的梧州,在长洲区长洲镇牛睡山古墓葬发现陪葬的壶、长颈壶,东与西江下游珠江的广州、西与西江上游支流郁江的贵港"同类器造型及纹饰均相似"⑥。

从南向北所传,还包括平常生活的各类果蔬、花卉等。它们自南而来后,伴巴蜀百姓2000年以上,对族众心理嬗变、社会民俗及至生活习俗产生重大影响。兹略列于下。

南来典型花卉茉莉

植物花卉中,如今中国人比较喜爱的一种花叫茉莉花,其扑鼻之香蕴含有清幽,散布着高直;置身香阵,满脑如喜鹊之声所绕,神喜魂销。宋代有学者对茉莉花推崇备至地称:"他年我若修花史,列作人间第一香。"⑦今人也用民歌方式,大力咏唱"好一朵茉莉花,好一朵茉莉花,满园花开香也香不过它",无限喜爱之情溢于旋律。

---

① 张增祺:《滇国与滇文化》,昆明:云南美术出版社,1997年,第300页。
② 彭长林:《越南早期考古学文化研究》,第218-219页。
③ 彭长林:《越南早期考古学文化研究》,第220页。
④ 香港古物古迹办事处:《香港涌浪新石器时代遗址发掘简报》,《考古》1997年第6期。
⑤ 白云翔、杨勇:《班诺洼与考山考——泰国两处史前遗址的考察及相关问题讨论》,《中国国家博物馆馆刊》2020年第4期。
⑥ 梧州市博物馆、蒙山县文物管理所:《广西梧州近年发现的三座古墓葬》,广西文物保护与考古研究所编:《广西考古文集》第五辑,北京:科学出版社,2013年,第281页。
⑦ [南宋]江奎:《茉莉花》,载《全宋诗》第65册,北京:北京大学出版社,1998年,第40851页。

据植物学者研究,茉莉花并非原产中国,而且"茉莉"一词,也是外来语的译音①。其原产地有众多说法,东南亚是其中之一。泰国人至今普遍喜爱茉莉花,他们对远道而来的异国旅游者所做的第一件事,就是把芬芳的茉莉花缀编成花环,给客人围在脖子上,犹如在藏区主人给你献上热情的哈达一样。如果客人表达出喜爱的神情,他们就会不由自主地露出幸福和满足。中国古人对此情景也有记载,如元人周达观《真腊风土记》中对真腊国王就有这样的描述:"头戴金冠子,如金刚头上所戴者;或有时不戴冠,但以线穿香花,如茉莉之类,周匝于髻间。"②

真腊即今日柬埔寨,茉莉至今尚是该国国花。李时珍认为,茉莉原出波斯,移植于中国南海,随后入滇,"今滇、广人栽莳之"③。由此可见,茉莉的香花之路,也是由南而北的,移植的时间至晚当在汉初④。现今广西横州市享有"世界茉莉花都"之称,宣传称全球10朵茉莉花,6朵来自该地,产业链形成花、茶、酒、宴直至衍生各类消费用品。

南来典型果树荔枝

"荔枝"一词系岭南古代民族音译,早在《山海经·南山经》中即出现,被汉字记音为"丽麂",并有西流注于海的"丽麂水"⑤。众所周知,一如扬雄所谓荔枝即"离支",三五几日后,色香味大变。荔枝原产岭南一带,其栽种和培植技术传巴蜀之前,蜀商对此"水果之王"垂涎之余,几欲大做鲜果买卖而不成的情况下,遂引发移种热潮或有可能。

荔枝进入巴蜀后从上到下皆视为珍品,催生瑰丽的"荔枝文化"。巴郡江州县(重庆)有荔枝园,"至熟,二千石常设厨膳,命士大夫共会树下食之"⑥。官佐同享,绿荫红果,其乐融融,俨然一副最为古老的"荔枝节"记载。到唐代,杜甫也在宜宾受邀到东楼饮酒剥荔,诗兴大发⑦,似乎也是江州"荔枝节"的延续。今宜宾大倡历史文化,8000

---

① 汤洪:《古代巴蜀与南亚的文化互动和融合》,北京:中华书局,2020年,第84页:直至李时珍之前,此花之名尚未定型为"茉莉"。《本草纲目》引录茉莉,列举诸多同音异形之别名,李时珍从外来音译词语的记写随意规律中敏锐觉察茉莉是外来胡语。
② [元]周达观著、夏鼐校注:《真腊风土记校注》,北京:中华书局,1981年,第76页。
③ [明]李时珍《本草纲目》,《文渊阁四库全书》第773册,上海古籍出版社。
④ 靳士英主编:《南方草木状释析》,北京:学苑出版社,2017年,第22页。
⑤ 袁珂译注:《山海经全译》卷一《南山经》,北京:北京联合出版公司,2016年10月第1版,2017年3月第4次印刷,第1页。荔枝一词与丽麂一词的承续关系,系广西文保研设中心黎之津先生长期研究的心得,笔者赞同并引用,诚谢黎先生惠告。
⑥ [晋]常璩著、任乃强校注:《华阳国志校补图注》,上海:上海古籍出版社,1987年7月第1版,2011年7月第5次印刷,第30页。
⑦ 罗应涛编著:《诗游僰国》,成都:四川大学出版社,2006年,第3页:东楼:唐建,在叙州府治东北,即今东楼街。杜甫此诗题为《宴戎州杨使君东楼》,内容为:胜绝惊身老,情忘发兴奇。座从歌妓密,乐任主人为。重碧拈春酒,轻红擘荔枝。楼高欲愁思,横笛未休吹。

万元重建东楼,并于2020年春响亮落成之时,大征文史爱好者品诗作赋[①],2022年1月颁奖,一等奖6名,每名皆有高达5万元巨奖,实具文旅融合深刻内涵的大手笔把握。

四川宜宾市花8000万元重建历史文化名城地标之一唐代东楼（杨使楼）在2020年落成,位于叙州区南岸街道大溪口处

黄求平　摄

---

① 江安文史研究者胡文仲先生应征所撰《东楼赋》堪称佳作,笔者在江安考察时,爱不释手,兹录于此:
　　　　　宜宾东楼赋(平水韵)
　　不知酒醉,不觉卧游。但见金江岷水两争流,撕空裂岸势难收。山川拦不住,云烟阻不休。朝也流,暮也流,流到戎州古渡头。二水碰头呈史镜;一弯新月挂东楼。
　　东楼倩影跐音阶,横笛焦桐衬玉腮。三弋五卵;九簋八碟。绝盛空前;群娇侍侧。"轻红擘荔枝";半裸呈香色。使君顺口衔;老杜违心接。
　　重碧拈春漾微澜,使君陈词亦坦然:区区小酌休介怀,耿耿余情遇圣才。欲沾风雅雅庸侯,期将八斗墨,并驾长江万古流。
　　老杜轻太息,温柔似难敌。急呡近唇之酒;忙挥醒脑之笔。写下东楼一首诗;惊寒北斗九州痴。
　　嗟、嗟又如何? 追魂逐魄,刀耕处,太多奇杰,重重影:石门燃火,铁衣喷血。诸葛巨砚;庭坚狂帖。哀白塔;吟红叶。梦已飞,还是一弯新月。东楼千载惜余灰;老杜五言叹末劫。
　　幸、幸何如之! 天地开万;江山巨变。漫野新城;三阶雅苑。国家强盛,公帑殷而文事兴;银汉腾飞,主官谋以使楼建。始于双千庚子之元;成于次岁花朝之际。
　　斯楼者,材集新科之异能;工涵巨匠之神话。形同虎坐,溶古意而高;象比龙升,移原基乃大。肌凝玉石以为芳;骨聚金刚而作架。承常变以匡时;秉权经而应卦。傲世孤标,飞翘角以勾云;凌风八极,偕翠屏而展画。
　　斯楼也,胸罗典籍,盈楚馆之声;身幻霓裳,虚吴娃之色。迎曙雀而红;拒冰蟾以白。率三文于往来;撑六幕之重叠。
　　登斯楼也,千虹夺目;万厦归心。鸣凤起伏;应龙纵横。井井环环,十千芳阵;盘盘囷囷,无数林荫。三江酿熟人生味;六岸香浮世纪春。大业同兴而气正;百花齐放以天清。历历沉浮物色;匆匆冷暖光阴。皆缘分而分者,诗也宜宾,酒也宜宾,梦也宜宾! 日印东楼怀古今。
　　双千辛丑荷月中浣 胡文仲作于江安

笔者对荔枝怀着一种特殊情感,可借当今时髦之语"乡愁"来阐释。本人出生和生活在泸州城区忠山之麓小地名叫石厂塆的地方,该地在1950年代泸州专区的规划中拟被打造为城市公园,1960年代中期笔者尚未出生之时也确有打造动作,在满是当年杨森植种的巨大香樟林中,造起园池,培修道路,其中就在有30来户居民点旁,建起了一座荔枝园,园中有二三十颗荔枝树,间插七八株桂圆树。树种不知是他处移植还是幼苗自然成长的,笔者三四岁有记忆开始即见绿荫摇金,高大虬盘,爬树的本事,即在这些树上锤炼而得。每到果熟,趁看护人不注意的满天星斗之夜,塆里一干"小贼",从四五岁到十来岁,即群拥而摘,当然尚留更大量的红果招摇其上,直至看到被看护者连框带箩尽数摘完。而我们眼巴巴守到他们收工凯旋,每每恩赐数枝或数颗飞地过来,一群小猴轰一声跌撞而抢,看到猴们连滚带爬把曳落极远的单颗也抢将在手,恩赐者大笑不止。我们毫不在意,就在他们的笑声中连皮带果虎唻开来。

荔枝不仅因果味甘美、不易保存等特点受人珍视,更因杜牧"一骑红尘妃子笑,无人知是荔枝来"一诗扬名立万,享受尊宠,在今粤桂琼闽及西南地区广有栽植,连不大知名的乐山,也在李白"夜发清溪向三峡"处的清溪驿(今板桥铺)附近荔枝湾,尚存两株四百余年的"官荔枝"树,仍能开花结果。另有荔枝树470余株,1966年曾丰收达一万四千多斤[①]。六月流火,红果压枝,摘之唻之,不亦乐乎。

荔枝究其起源,植物学者分析源自菲律宾和我国岭南一带,今海南岛、两广还发现有野生荔枝岭,更是发源在其地的生动证明[②]。广西博白县和浦北县交界的六万大山,就发现有成片的野生荔枝林[③]。苏东坡"日啖荔枝三百颗,不辞长做岭南人",也形象地证明岭南荔枝在宋代乃至此前一直延续,皆质优量大,是深受消费者喜爱的名品佳果。随气候变化,世界优质荔枝"实为亚热带南缘回归线附近典型水果",目前除川南外,主要分布于北回归线附近。就广西而论就集中在北纬22-24°的范围内,特别集中于浔江和郁江两岸,密排连片,品质最佳。24°以北或22°以南,分布零散,质量亦差,故可形象地称之为"回归水果"[④]。

荔枝成熟,作为商品北传巴蜀的文献不可考,但经过牂牁、巴蜀地域进贡长安,则有明确记载:

---

① 唐长寿:《南方丝绸之路乐山行图记》,成都:四川文艺出版社,2021年,第15-21页。
② 吴仁山:《广西荔枝起源及其传播途径》,《农业考古》1983年第1期。又蓝勇:《四川荔枝种植分布的历史考证》,《西南师范大学学报》(自然科学版),1985年第4期。又蓝勇:《对〈宜宾地区茶叶生产历史初探〉和〈四川荔枝栽培史略谈〉二文的几点商榷》,《农业考古》1986年第1期。又蓝勇:《历史时期西南地区荔枝种植分布研究》,《中国农史》1988年第3期。
③ 广西农业科学院、广西农业学校编:《广西荔枝志》,广州:广东科技出版社,1986年,第3页。
④ 广西中小学教材编写组编:《广西地理知识》,内部资料,第86页。

旧南海献龙眼、荔支,十里一置,五里一候,奔腾险阻,死者继路。时临武长汝南唐羌,县接南海,乃上书陈状。帝下诏曰:"远国珍羞,本以荐奉宗庙。苟有伤害,岂爱民之本。其敕太官勿复受献。"由是遂省焉①。

和帝吃到的鲜荔枝,是五里一邮亭、十里一驿站传送来的②。这条荔枝道是从广东-广西-贵州-川南而来,还是如文中所述从临武(今湖南省郴州市临武县)而来,似乎有不同的认识。如唐羌确系临武长并上书陈状来看,这条线路应从广东-湖南-洛阳而去,不大可能绕道西南。但唐羌所任官职历来皆有争议,有人认为他非"临武长",而是交趾郡守,"伏见交趾七郡,献生荔枝龙眼等"而"上书谏曰"③。如果后者属实,荔枝经南中、巴蜀入贡则有一定的地理依据可支撑。

不管如何,这则材料表明,荔枝"初出岭南,后入蜀中"④。直至东汉和帝时的公元一、二世纪之交,尚属珍稀之物,北方人尤其珍贵,故而皇家祭祀时也要用作祭品。其实,贡献荔枝到汉朝皇宫,西汉刘歆的《西京杂记》记载,早在汉高祖刘邦时期即已施行,进贡者为南越割据称帝的赵佗。汉武帝破南越后,竟异想天开建"扶荔宫",事载东汉末年佚名所作《三辅黄图》⑤:

扶荔宫,在上林苑中。汉武帝元鼎六年(前111),破南越,起扶荔宫(宫以荔枝得名)。以植所得奇草异木:"菖蒲百本,山姜十本,甘蔗十二本,留求子十本,桂百本,密香、指甲花百本,龙眼、荔枝、槟榔、橄榄、千岁子、柑橘皆百余本。上木,南北异宜,岁时多枯瘁。"荔枝自交趾移植百株于庭,无一生者,连年犹移植不息。后数岁,偶一株稍茂,终无华实,帝亦珍惜之。一旦萎死,守吏坐诛者数十人,遂不复莳矣。其实则岁贡焉。邮传者疲毙于道,极为生民之患。至后汉安帝时,交趾郡守唐羌极陈其弊,遂罢其贡"⑥。

蓝勇分析,这批送到长安的南越荔枝树,应是经南夷道而去的:"元鼎六年,汉武

---

① [南朝宋]范晔:《后汉书》卷四《孝和孝殇帝纪第四》,北京:中华书局,1965年5月第1版,1973年8月上海第2次印刷,第194页。
② 蓝勇:《南方丝绸之路》,重庆:重庆大学出版社,1992年,第25页。
③ [越南]黎崱著、武尚清点校:《安南志略》,北京:中华书局,2000年,第116页。
④ [清]吴应逵:《岭南荔支谱》,[清]梁廷楠、[汉]杨孚等著,杨伟群校点:《南越五主传及其它七种》,广州:广东人民出版社,1982年,第74页。
⑤ 何清谷:《〈三辅黄图〉的成书及其版本》,《文博》1990年第2期。
⑥ [东汉]佚名著、何清谷校注:《三辅黄图校注》,西安:三秦出版社,2006年1月第2版,2006年1月第1次印刷,第247页。

帝'南夷道'转道送荔枝树到长安建'扶荔宫'。"①笔者分析经今黔中腹地,转赤水河入长江溯沱江而去的路径,似乎不可排斥。

巴蜀之地在汉代已有荔枝大量种植。《扶南记》记载:"荔枝始传于汉代,初惟出岭南,后出蜀中。"蓝勇考证其实秦代即有种植②。常璩著《华阳国志》时,蜀地荔枝更遍地开花,如僰道"有荔枝、姜、蒟"③,江阳"有荔枝、巴菽、桃枝、蒟、给橙"④,荔枝这类热带植物应是通过云贵高原传递而来,西汉时已在四川盆地南部引种成功⑤,使得僰人族众植有"荔枝园","多以荔枝为业,园植万株,树收一百五十斛"⑥。可见从岭南来的树种,不仅在蜀南生根,还长势茂盛,收成喜人,成为人们的主要收入来源之一。蜀地众多的荔枝生产基地中,"叙、泸之品为上,涪州次之,合州又次之"⑦,故杜甫吟有在泸戎摘荔枝之诗,一生中回忆满满。其所摘荔枝,在泸州城南大江对岸的蓝田坝或有可能,这里曾经茂密地栽种成片荔枝林,《古今图书集成》因而收录有这样一个判断:

> 荔枝,在治南蓝田坝,久伐无遗。杜工部诗"忆过泸戎摘荔枝,青枫隐映石逶迤。京中旧见君颜色,红颗酸甜只自知",即咏此也⑧。

这个判断有不全面之处,可能因作者不是本地人,未亲临考察,武断认为泸州蓝田坝的荔枝"久伐无遗"。其实迟至1990年代,在今泸州长江大桥南岸桥侧的蓝田重湾附近尚有数百株优质荔枝树连片挂果,更有成片的桂圆林在蓝田三坝之一的下坝洗脚溪两旁以"荔枝奴"之姿,伫江迎风。1995年夏季,笔者即在此摘过鲜美的荔枝,颗颗圆润饱满,轻咬果皮,油白的荔肉粉嘟嘟地膨胀而出,进口化渣,甜润香口,其核则小小巧巧,略呈弯钩状。至今回味,实乃有生最佳品尝。

2022年3月,在泸州地方文史研究者周东书的引领下,笔者前后分三次考察蓝田牛市坎背后的花果山(过去称为烟敦山)和长江边的下坝,看到花果山上尚有350多棵荔枝树随着春阳绿荫摇金,村民告知还年年挂果。不过,由于分配给农户,无统一管理,挂果数量已逐年下降。它们是1950年代统一栽种的500多棵中保留下来的,最多一年曾一棵树结果六七百斤。

---

① 蓝勇:《南方丝绸之路》,第24页。
② 蓝勇:《四川荔枝种植分布的历史考证》,《西南师范大学学报》(自然科学版),1985年第4期。
③ 《华阳国志校补图注》,第175页。
④ 《华阳国志校补图注》,第180页。
⑤ 郭声波:《四川历史农业地理》,成都:四川人民出版社,1993年,第285页。
⑥ [北宋]乐史:《太平寰宇记》卷79。
⑦ [南宋]王象之撰:《舆地纪胜》卷174《夔州路·涪州》。
⑧ [清]陈梦雷编:《古今图书集成》卷六百三十六《泸州物产考》,文渊阁四库全书本。

在下坝，村民向乾芳告知笔者，这里的荔枝树曾密密麻麻长满花果山流下来的清清洗脚溪两旁，只是近半个世纪环境变化，残存的十数株荔枝树虽年年挂果，却呈酸涩之味，"不过，那种酸也不是无法吃下去的酸，倒还酸得别有一种滋味！"

泸州江阳区蓝田坝牛市坎后面的花果山（烟墩山），现存1950年代陆续嫁接栽种的350棵左右荔枝树。蓝田街道前进社区8组村民韩俊江（右四）告诉笔者，这些荔枝树系嫁接合江和蓝田下坝洗脚溪两地树种所栽。果肉比合江荔枝更厚更白更甜，汁水更多。1980年代初她就卖十四五元一斤，最高一年卖到了二十二元一斤①

李林雪 摄

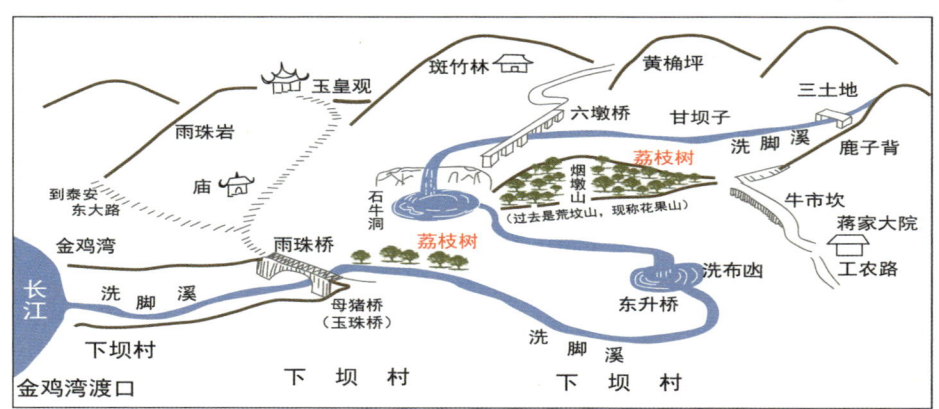

泸州蓝田洗脚溪荔枝分布示意图。泸州江阳区蓝田街道办事处前进社区的洗脚溪，所流经的花果山（烟墩山）尚有350棵荔枝树，下游处（蓝田下坝）右岸尚有十数珠百年老荔枝树

董代富 绘

距城不远的江阳区通滩镇荔树更多，该区设有一名"江阳区园艺场"的事业单位负责管理。场长杨小福告诉笔者，全场有近300棵荔枝树，其中百年老树有200棵以上，皆年年开花结果。

---

① 诚谢泸州市江阳区蓝田街道前进社区书记漆红恩（图中右二）组织考察访谈。

通过考察,笔者因此认为泸州土壤、空气、湿度等条件数十年前具备荔枝树成长空间,也深刻理解杨慎在泸州咏出"试将海内芳蕤数,敢并江阳荔子夸"的诗句所指荔枝质优品佳的可信度,同时他坚持在江阳八景中保留"荔林书锦"一色,并吟有一首同名律诗留存今世①。可惜如今没人能释得这位状元青山绿水的情采飞扬,把另一个人造景点替代了这一"看得见青山,留得住乡愁"的上佳之景,致令满城民众昏昏然彻底忘怀。

四川泸州江阳区蓝田下坝洗脚溪右岸,尚存上百年荔枝古树(笔者背后),零星分布十余株。只是所挂之果酸味十足,无人管理,无人采摘

董代富 摄

泸州蓝田坝的荔枝林,宋代时曾沿江上延到今邻玉、纳溪及时为泸州所辖之江安,范成大浮舟而下,曾作诗《江安道中》称:

> 秧绿连村荔子丹,瘴云将雨暗前湾。
> 张旗且喜三滩驶,叱驭曾惊九折艰。
> 泸水舟闲②迷古渡,马湖障缺伴荒山。
> 威名功业吾何有,无事飘飘犯白蛮③。

行舟顺江飞驶,两岸相对而出的不是一跃而过的青山,而是一丛丛、一列列浓绿

---

① 杨慎:《咏江阳八景送客还滇南》,《升庵遗集》卷十"七言律诗",明万历三十四年蜀刻本。详见第三章第四节《再说沱江:"忠孝文化带"亘古"流淌"》。
② 江安县地方文史研究者胡文仲先生惠告:闲:原作"间"。古作"閒"。《礼记·乐记》:"一动一静者,天地之閒也。"此处应作"閒"(闲)。若作"间",则与"缺"失对出律。间通閒(闲)。
③ [南宋]范成大:《吴船录》卷下,文渊阁四库全书本。

丛中掩映的庄园田舍,而绿树稍上,绿荫浓处,皆是星星点点的红红荔枝,优美的泸南景色中衬托的是优质的"果中之王"的绰约风姿。为此,蓝勇认为:

> 宋代泸州荔枝种植在唐代基础上有了很大发展。据《太平寰宇记》载泸戎荔枝都是贡品。宋《江阳谱》载宋泸州有㓐西园,园中东川道院有荔枝"为郡治绝品"。《舆地纪胜》载"自州城北沿江而下七八里有杜园,荔枝品格与他园争胜,又有母氏园,距州城上流三十里,荔枝连亘,品格最多"。这里的母氏园,即荔枝繁殖的母本园,言其"荔枝连亘",看来其规模是很大的①。

㓐西园、母氏园、杜园今址已无,确址无考。但泸城人民因对荔枝的喜爱,泸县等乡镇尚有荔树摇曳,特别是长江下游的合江地域,乡乡镇镇荔果飘红,被誉为蜀中荔乡。只是这些品种移植栽培时间不长,系清代方从岭南、福建引种②,经1970年代后期果技工作者大力培育才优品有誉。

2015年7月"古代西南出海丝绸之路"(川黔边段)考察团考察四川合江县,部分学者在赤水河边密溪优质荔枝林处品荔存照　　魏敏 摄

南来典型蔬菜茄子

茄子引种中国,当在西汉以前,但因长期受嵇含影响,认为是"直到晋朝及以后,

---

① 蓝勇:《历史时期西南地区荔枝种植分布研究》,蓝勇:《古代交通、生态研究与实地考察》,成都:四川人民出版社,1999年,第404页。原载《中国农史》1988年第3期。
② 蓝勇:《四川荔枝种植分布的历史考证》,《西南师范大学学报》(自然科学版),1985年第4期。

才有茄子由越南和泰国传来"①。不过,嵇含《南方草木状》倒为我们提供了"茄子树"生长于岭南、越南一带的地理信息:

> 茄树,交广草木,经冬不衰,故蔬圃之中种茄,宿根有三五年者。渐长,枝干乃成大树。每夏秋盛熟,则梯树采之。五年后树老子稀,即伐去之,别栽嫩者②。

此说明茄子当时为高大茄树,生长期长达5年之久。茄子在国内种植,贾思勰时代(北魏)应已普遍,他称该类蔬菜种植之法一为二月种苗,一为十月种子③。郭声波研究王褒《僮约》,发现即有记载"别茄"的农活。王褒所记当在西汉宣帝时④,把过去流行说法,往前推了300年。

2017年6月14日,泸州市政协文化文史和学习委主办,四川省社科院移民与客家文化研究中心、泸州市文化研究中心承办的"泸州宋城文化研究开题会"在泸州巨洋饭店举行。应邀到会的暨南大学历史地理所教授、泸州籍学者郭声波(左),向家乡图书馆赠送所撰部分专著(11本)　　　　李光华 摄

其他汉代从东南亚一带传入我国的蔬菜,也有部分是经岭南、云贵北传四川而遍及全国。这些蔬菜包括泰国-马来西亚-爪哇中心起源的冬瓜、苦瓜、魔芋等;另外,南方型的黄瓜也系直接由东南亚传入⑤。

---

① 李家文:《中国蔬菜作物的来历和变异》,《中国农业科学》1981年第1期。
② 靳士英主编:《南方草木状释析》,北京:学苑出版社,2017年,第123页。
③ [北魏]贾思勰著、缪启愉、缪桂龙译注:《齐民要术译注》,上海古籍出版社,2009年,第138页。
④ 郭声波:《四川历史农业地理》,成都:四川人民出版社,1993年,第198页。
⑤ 李家文:《中国蔬菜作物的来历和变异》,《中国农业科学》1981年第1期。

远古到汉晋,"行走"在中国西南陆海走廊通道间的物品自然是琳琅满目,虽然随着时间推移和时代变迁,品种有增有减,但循此路的流通功能始终存在,在高速路和高铁日新月异之际,从川渝越云贵达南海、达中南半岛的走向亘古未变,尤其是心理距离始终如一,只是交通载体变化而已。

第二节　　胡人:舣舟北望的一路佛缘

四川早期佛像是海外文化从南而来传播的典型,具体来说,就是传至岭南和交趾,这是中国西南陆海走廊南北通达的实物证据之一。梁启超曾提出:"佛教之来,非由陆路而由海。"① 胡适甚至提出,佛教由交广海路传入中国较从西域陆路传入中国的时间更早,也许是在牟子《理惑论》(东汉末)之前四五百年②。任乃强在南充天宫山发见汉宾王墓,其石壁浮雕,有印度式灵塔③,又见这里的西汉崖墓造像,有檀城与飞天夜叉④,就明确提出:"婆罗门教与原始的佛教,远在周代,已经流行于西域与中南半岛……在秦汉时并已由民间浸渐传入于我大西南地区"⑤,"知佛法尚未入中华时,早期之印度密法已从南中传入川北之賨民住区。"⑥ 考古资料也表明,佛教伴生物如熏炉、串珠等,广州西汉中期以后的墓里,较普遍都有出土⑦。

综合以上简单归纳,佛教在中国的传播流行并不是自北而南,却是先南后北⑧;佛教传播时间,即使保守点估计,可以将三国两晋时期岭南才有佛教流传这一传统看法,提前至东汉末年⑨。为此,笔者就佛教重要伴生物莲花、狮子,早期佛教传播载体胡人俑像等方面,在中国西南陆海走廊的考古发现,分析佛教自南而北传至巴蜀的可能性。

---

① 梁启超:《佛教之初输入》,梁启超:《佛学研究十八篇》,上海:上海古籍出版社,2001年,第32页。
② 胡适:《从牟子〈理惑论〉推论佛教最初传入中国的史迹》,《胡适手稿》八集,台北胡适纪念馆印行。
③ [晋]常璩著、任乃强校注:《华阳国志校补图注》,上海:上海古籍出版社,1987年7月第1版,2011年7月第5次印刷,第124页。
④ 《华阳国志校补图注》,第325页。
⑤ 《华阳国志校补图注》,第124页。
⑥ 《华阳国志校补图注》,第325页。
⑦ 麦英豪:《广州地区秦、汉考古的发现与收获》,中国秦汉史研究会编:《秦汉史论丛》第七辑,北京:中国社会科学出版社,1998年,第19页。
⑧ 李刚:《汉晋胡俑发微》,《东南文化》1991年第1期。
⑨ 程存洁:《东汉末年岭南佛教史迹小考》,《广东社会科学》1998年第2期。

佛法中与佛像共生，一般有莲花。莲花是佛教诞生的象征，不少与佛相关的物件，均与莲花密不可分，如佛称为"莲纪"，佛座称为"莲座"或"莲台"，佛龛称为"莲龛"，僧人住的禅房则称为"莲房"，僧人穿的袈裟又称为"莲衣"，莲花几乎就是佛教的标志[1]，承载着佛教教义精神的寄托[2]。笔者参观泸县宋代石刻博物馆，刻有莲花的图案比比皆是，蔚为大观，充分展现了宋人升入西天极乐的"美好愿望"。沱江上游什邡1986年在皂角乡白果村马堆子[3]采集到一枚佛塔画像砖，系泥质灰陶条形砖，厚7.5厘米，残长21厘米，残宽15厘米。画像中间有一佛塔，两边为菩提树，再往两边又各有一佛塔，佛塔与菩提树相间而刻[4]。1990年代初，乐山学者唐长寿对照所发表照片和拓片后，认为佛塔是当时所知我国最早的佛塔样式。但指出，三塔之间的"菩提树"应为莲花，塔与莲花不成比例，只是一种象征性的图案[5]。

笔者在泸县宋代石刻博物馆察看南宋石刻莲花图案。　　　聂永健　摄

佛教与莲花的关联，岭南也有发现，而且早于蜀中。1972年，广西合浦风门岭M1东汉砖室墓内，出土一件当时被称作"陶灯模型"的器物，分座、把、盘和火焰四部分。火焰部分，略似莲花蕾，上部尖，中间大。类似的器物，其他墓中还有12件出土，但均

---

[1] 邱登成：《西南地区汉代摇钱树研究》，成都：巴蜀书社，2011年，第162页。
[2] 周仁琴、廖国一：《海上丝绸之路与佛教文化的传入——合浦汉墓出土文物佛教文化因素探析》，《北部湾大学学报》2020年1月第1期。
[3] 笔者调查，什邡市皂角乡现为皂角镇，白果村建置已无，地名尚在，改为社区。诚谢什邡市四川宏达公司罗兵协助考证。
[4] 谢志成：《四川汉代画像砖上的佛塔图像》，《四川文物》1987年第4期。
[5] 唐长寿：《四川早期佛教遗物辨识》，《东南文化》1991年第5期。

属三国时期,在此后的晋墓和南朝墓就消失无踪。受佛教"钵生莲花"故事和"钵生莲花镜"①的启发,学者熊昭明认为它是一种佛教供奉神器"钵生莲花器"②。

不过,早期佛教与本土荷花的首次结合,则在泸州发现。从全国各地发现的早期佛像横向比较,泸州佛像台座莲花是中国本土莲花造型首次与佛像的结合④。

据曾经参与过此次发掘工作的泸州文博工作者邹锡汇⑤介绍,泸州发现的这尊带莲花的早期佛像,是1987年泸州城区修建江阳中路干道时,在梓潼路与童家路转弯处所挖一座东汉古墓中发现的,墓中有一尊陶佛像灯台,灯台正中赫然刻有这一朵盛开的莲花。

钵生莲花器:合浦风门岭M1出土(左),合浦公务员小区8A号墓出土(右)③

泸州城区梓潼路与童家路转弯处东汉古墓中出土的"江阳莲花"(红圈处),现展陈于泸州市博物馆　徐利红 摄

---

① 何志国:《钵生莲花镜考》,《民族艺术》2011年第2期。
② 熊昭明:《汉代合浦港的考古学研究》,北京:文物出版社,2018年,第124-125页。
③ 本图采自熊昭明:《汉代合浦港考古与海上丝绸之路》,北京:文物出版社,2015年,第143页。
④ 何志国:《西南丝绸之路早期佛像研究》,上海:华东师范大学出版社,2020年,第167页。
⑤ 邹锡汇系1980年代初组建泸州市文管所工作人员之一,长期从事泸州地方历史文化、文博工作。

这朵莲花很有特点,笔者观察,莲茎细长,莲瓣五枚,中间一枚较大,其余四瓣分刻两侧,一看就是中国本土的莲花。简括、对称和随意,都表现出是在自然环境下生长而出。这一意象充分表明,中国本土莲花由本土自然功能,开始转向宗教功能[1]。佛像与中国本土莲花结合的现象,为外来佛教在中国发展提供了一种新的组合方式[2]。长期研究佛像的学者何志国高度评价:"这是一个重要而新奇的现象,值得重视。"

东汉时泸州尚无今名,时属犍为郡江阳县,笔者认为,这朵莲花应定名为"江阳莲花"。不管"江阳莲花"还是"泸州莲花",泸州作为目前最早发现这种现象的城市,在思考佛教文化、旅游文化上可以有所作为,策划一定的载体,作用于经济和社会事业发展自有相当潜力。

随后出土的东汉中晚期画像石中,泸州也分别发现有佛教莲花题材的文物出土。

时代约在东汉中期偏晚(约120-150)的"泸州14号汉棺"[3]前档,分别雕刻有双阙,阙下高台基座,阙顶各立一只鸟,作展翅和收翅样。"两阙之间阙楼位置刻一朵花,花心圆形,外着六瓣花瓣,似莲花"[4]。虽然笔者在整口汉棺上都没有看到佛像,但仔细分析,发现该棺佛缘极其深厚。

2003年出土于泸州市龙马潭区安宁镇良丰村的一口汉棺(编号为泸州12号棺)棺盖上,赫然呈现有一朵莲花。笔者在泸州市博物馆存放该棺的洞宾亭崖墓内就近观察,但见莲花端庄简洁,用阴刻线刻画有花瓣和花心,佛缘意象毕现

郭可夫 拓片

---

[1] 何志国:《西南丝绸之路早期佛像研究》,第167页。
[2] 何志国:《西南丝绸之路早期佛像研究》,第170页。
[3] 成都文物考古研究院、泸州市博物馆编:《四川泸州汉代画像石棺研究》,北京:文物出版社,2019年,第198-199页。
[4] 《四川泸州汉代画像石棺研究》,第67页。

泸州考古工作者谢荔①介绍,"泸州14号汉棺"出土在龙马潭区大驿坝木崖公园旁边的天立·春天花园小区建筑工地上,从随葬品分析应是东汉晚期墓葬。笔者对照汉棺实物,确信两阙之间醒目刻铭的这朵花是六瓣莲花。双阙之间本为仙道思潮中通往"天门"的道路,出现突兀其间的与佛教关联的莲花,意味着墓主是仙道与佛教综合信仰之人,他意欲在莲花所代表的佛的指引下,顺畅升天进入极乐世界。

谢荔还介绍,刻有东汉铭文"蜀□延熹八年闰月五日兹是仪寿百年"的"泸州13号棺",出土于龙马潭区石洞镇,由他和文管所其他同志一同收集回来。笔者观察,上面也有莲花座图案。该图案各自刻在后档双阙的庑殿顶屋顶上,两座上面均有动物,均为长尖喙鸟头,左衔一只动物的中间背部,右叼一条蛇身中部。笔者再仔细观察,那只动物应该是狮子之类。

泸州13号汉棺后档拓片显示,双阙上面分别有莲座,左阙莲座上有狮形动物　　　郭可夫 拓片

无独有偶,合江赤水河边也发现有与佛教相关的类似莲花图案。合江县文物局张采秀向笔者介绍,2017年4月,合江县的赤水河边,发现一东汉墓画像石棺棺盖,左右两侧分别镌有3枝莲花,各2支莲蕾、莲蓬。笔者分析,这14支赤水河地域出土的莲蓬、莲蕾、莲花,体现了蕾花蓬整个生长过程,被墓主精美镌刻,深刻表明他受佛教教义影响。

---

① 谢荔系泸州市博物馆退休干部、副研究馆员,1980年代初参与筹建泸州市文管所,参加工作即从事文博研究直至退休,曾实际主编《泸州文物》学术季刊(内部资料)。

出土于四川合江县先市镇赤水河边的汉棺棺盖。上镌14支莲花、花蕾、莲蓬。2022年3月正被搬运到合江县汉代画像石博物馆收藏　　合江县博物馆馆长　王小波　摄

泸州有幸佛缘,出土的从汉到蜀晋的文物中,佛教元素不只两三例。泸州博物馆收藏的"泸州1号汉棺"前档图中右侧一人,雕刻的人物就赫然"似为佛像","头有背光"[1]。笔者观察,只见他"打坐"在画面中,只显出半身,穿开襟上装,双手合于胸前,手掌被长袖笼罩;鼻长嘴阔,眉浓眼合,似作念经状。泸州文博工作者郭可夫[2]介绍,该石棺1940年代发现于今龙马潭区长江岸边的洞宾亭崖墓中,1985年收集至馆内,墓葬情况不明。有关人士分析,断代应在东汉晚期,大约160-220之间[3]。

泸州1号汉代画像石棺前档拓片右上角为正在打坐的佛像　　郭可夫　拓片

---

[1]《四川泸州汉代画像石棺研究》,第23页。
[2] 郭可夫系泸州市图书馆退休干部、副研究馆员,1980年代曾在泸州市博物馆工作,长期从事泸州地方历史文化、文博研究工作。
[3]《四川泸州汉代画像石棺研究》,第188-199页。

泸州南向贵州的赤水河地域,也有与佛教相关的文物出土。有报道称习水县土城天堂口东汉岩洞墓中,出土了三间陶屋模型,其中一间为一斗三升的庑殿顶房屋模型①。笔者对照所发表的图片观察,这间房屋前面是一个大陶仓,陶仓模型塑造得很大,似乎比陶屋还要大。但是这间陶屋恰恰不是庑殿顶,而是攒尖顶单檐式建筑。据习水县历史文化研究会执行会长兼秘书长陈应祥介绍,随葬出土有陶罐等物品。

汉晋墓中有不少"堆塑罐"出现,并在罐的上部出现亭台楼阁等群体建筑,中央建筑往往为庑殿顶或四角攒尖顶。过去,这类出土的"堆塑罐",多被误认为是储藏粮食的谷仓。根据李刚分析:"如果将这类器物放到中西文化交流的历史大背景下进行研究,便会豁然开朗地看到这类器物上布满了浓重的佛教文化色彩。"②可惜笔者没有见到土城这一陶屋模型的具体物品,无法进一步做出分析它是否"堆塑罐"类型。

笔者考察得知,土城黄金湾正好也出土了胡人俑,伴着攒尖顶房屋模型和"陶仓",我们有理由相信,土城的这批出土物,也具有佛教内含蕴于其中,是依托胡人而传播的。

胡人是佛教传播中国的重要载体,西南、岭南汉晋出现胡人俑自身形象和附载在摇钱树等载体上的文物证明,从南海到巴蜀,可以清晰地勾画出一条佛教传播的线性路线。

我们以赤水河流域为原点,对东南西北两汉时期考古发现的佛教元素做一下梳理:赤水河以北,沿泸州-沱江抵达成都平原,分别有资阳③、金堂④和前文所述什邡,北延梓潼、绵阳⑤,直到陕西宝鸡城固⑥、勉县⑦,有分布;赤水河以东,沿合江-丰都⑧-开

---

① 禹明先:《土城天堂口出土汉代文物的历史意义和考古学价值》,《贵州文化遗产》2019年第3期。
② 李刚:《汉晋胡俑发微》,《东南文化》1991年第1期。
③ 四川省文物考古研究院、资阳市雁江区文物管理所:《资阳市雁江区狮子山崖墓M2清理简报》,《四川文物》2011年第4期。
④ 索德浩、刘宇茂:《汉代胡人形象面具考——从成都金堂李家梁子M23出土一件胡人形象面具谈起》,《考古与文物》2011年第5期。
⑤ 何志国:《西南丝绸之路早期佛像研究》,第22页、26页、27-28页。
⑥ 王寿芝:《城固出土的汉代陶都》,《文博》1987年第6期;又王寿芝:《桃都·天鸡·摇钱树》,《中国文物报》1990年9月13日第4版。又何志国:《西南丝绸之路早期佛像研究》,第20页。
⑦ 何志国:《汉魏摇钱树初步研究》,北京:科学出版社,2007年,第63页。又贵州省博物馆:《贵州清镇平坝汉墓发掘报告》,《考古学报》1959年第1期。
⑧ 刘牟社、辛怡华:《丰都槽房沟发掘报告》,重庆文物局、重庆市移民局编:《重庆库区考古报告集2001卷(下)》甲种第九号,北京:科学出版社,2007年。转引自何志国:《西南丝绸之路早期佛像研究》第30页。

县①-忠县②的长江一线,有分布;赤水河以西,沿泸州-南溪③-水富④的长江-金沙江一线,有分布;赤水河以南,沿黔西、清镇、平坝、安顺、黔西南、滇南,有分布,并直连广西、广东和越南。佛教元素以南北向的赤水河、沱江(岷江)为经,以东西向的金沙江-长江为纬,在川渝滇黔形成十字构架,其十字交叉点就在泸州。

云南水富县楼坝崖墓出土的陶胡俑⑤(左)和笔者在四川宜宾博物馆拍摄的出土于南溪县的胡人俑(右)

笔者在沿长江(金沙江)的万州、涪陵、江津、宜宾、昭通5个博物馆分别进行观察,发现展陈汉晋胡人陶俑现象比较普遍:万州、涪陵皆有头戴三角形帽的胡人吹箫俑,大眼眶、高鼻梁,神态、大小、质地几乎相同;江津有也有别于上者的三角帽胡人俑;昭通博物馆收藏的出土于水富县金沙江边的胡人俑⑥,与宜宾博物馆所展陈出土于南溪

---

① 罗二虎:《论中国西南地区早期佛像》,《考古》2005年第6期。
② 赵殿增、袁曙光:《四川忠县三国铜佛像及研究》,《东南文化》1991年第5期。
③ 四川省文物考古研究院:《天府丽宝图·四川省考古研究院60年出土文物选粹》,北京:文物出版社,2013年,第107页。
④ 丁长芬:《昭通出土的早期佛像及其他》,凉山州博物馆等编,肖先进主编:《三星堆研究(第二辑):三星堆与南方丝绸之路青铜文化研讨会论文集》,北京:文物出版社,2007年,第274页;2000年9月,云南省考古研究所与昭通市文物管理所联合对水富县楼坝镇乌龟石湾东汉崖墓进行抢救性发掘,共发掘东汉岩墓14座,其中M2随葬有一件陶人像,这是近年来昭通市内发现的一件与早期佛像造像十分相似的陶人像,将其与其他地区的出土的相关资料对比,我们认为这件陶人像应属佛像。
⑤ 图采自昭通市文物管理所编:《昭通文物藏品图录》,昆明:云南人民出版社,2014年,第38页。
⑥ 丁长芬:《昭通出土的早期佛像及其他》,凉山州博物馆等编,肖先进主编:《三星堆研究(第二辑)》,《三星堆与南方丝绸之路青铜文化研讨会论文集》,北京:文物出版社,2007年,第274页。

的胡人俑相似,从螺发到衣领、U型衣纹如出一辙,与泸州带莲花的那尊也造型相似,可看出右手都在施无畏印状;更奇特的是涪陵博物馆展陈的一件摇钱树,上部赫然一人物形象,笔者与该馆馆长黄海讨论,疑似为佛像造型。

贵州兴义万屯东汉墓群中,M7号墓出土的狮形物饰件。该器在考古报告中未被列入

黔西南州文物局 崔利军 供图

在此,我们重点探讨赤水河以南的汉代佛教元素文物情况。

在黔西汉墓群中没有发现出土胡人像记录,但在甘棠M18墓内,与佛教因素紧密关联的"琥珀狮坠"却发现一件,同墓还出土14粒料珠①;无独有偶,安顺宁谷的东汉墓中,也出土2件琥珀饰物,"器似爬行之狮"②;考古报告中,兴义万屯M4、M5也分别出土有琥珀制作的狮子形象饰件③,未进入报告的还有M7也出土有1件④。狮子的非偶然出现,自然是与佛教元素紧密关联才能解释。通过对狮子所附载体"琥珀"来源探究,更有一条清晰的沿海而来的道路蕴含其中。在此作了发明工作的当推四川大学考古学教授赵德云。他依据从欧洲早至一万五千年前就开始的琥珀利用,我国汉晋之时尚未大规模开采、利用的史实,推断西汉后期到东汉大量出土在滇东黔西的琥珀类制品,应来源于两广沿海地区⑤。

我国本土并不产狮子,狮子在中国甫一出现即成为佛的代言人,与佛教关系匪浅⑥,佛教把自己的某些教义附着在狮子身上,使中国人对狮子的认识,源于佛教潜移

---

① 唐文元:《黔西甘棠汉墓群》,《贵州文物》1982年第1期。
② 李衍垣:《贵州安顺宁谷发现东汉墓》,《考古》1972年第2期。
③ 贵州省博物馆考古组:《贵州兴义、兴仁汉墓》,《文物》1979年第5期。
④ 笔者在黔西南州考察时,州文物局崔利军先生告知。
⑤ 赵德云:《珠饰反映的两汉时期两广沿海和西南地区的交通》,香港城市大学中国文化中心编:《九州学林》(2011·春季),上海:上海人民出版社,2012年,第38-39页、第46-47页。
⑥ 周仁琴、廖国一:《海上丝绸之路与佛教文化的传入》,《北部湾大学学报》2020年1月第35卷第1期。

默化的诱导①。岭南沿海是狮子饰品传播到中国较早的区域,合浦风门岭 M27 就有早在西汉中期玛瑙狮子出土②,西汉晚期该地有更多的玛瑙狮子、肉红石髓雕形饰物、琥珀圆雕狮子出现,直至东汉早期、晚期的狮子饰物均有发现。其造型简单小巧、多呈伏地状③,与黔西、兴义有较大相似。

广西合浦出土众多狮形饰物,材质既有海外来的石榴子,也有琥珀等。左图为 1992 年凸鬼岭汽齿厂 6 号墓出土的石榴子材质④,右图为 2004 年风门岭 27 号墓出土的琥珀材质⑤

在贵州清镇,1957 年出土摇钱树佛像,报告称为"铜人像"⑥。直到 1994 年,四川大学罗二虎教授到贵州省博物馆考察,才辨识出该墓出土的铜人像就是摇钱树佛像。佛像铸在钱树的树干上,出土时树干已残断为数截,在其中两截树干上共发现两尊佛像,佛像头部有高肉髻,"双手置于身体前面并且似乎都是握住衣角。双手之间的衣服下摆呈'U'字形。由于面部锈蚀严重,是否有髭须已不清"⑦。但是,后另有学者何志国仔细研究后认为,"双手均握衣角下摆"描述有误,"佛像实际是右手施无畏印,左手拳握衣角"⑧。佛像形制与绵阳何家山、忠县涂井出土的钱树佛像形制十分相似⑨,更加证明它是巴蜀早期佛像所具有的重要特征,极有可能是黔地影响的巴蜀。

---

① 白化文:《狮子与狮子吼——纪念佛教传入中国两千年》,《文史知识》1998 年第 12 期。
② 广西壮族自治区文物工作队、合浦县博物馆:《合浦风门岭汉墓 2003-2005 年发掘报告》,北京:科学出版社,2006 年,第 143 页。
③ 周仁琴、廖国一:《海上丝绸之路与佛教文化的传入》,《北部湾大学学报》2020 年 1 月第 35 卷第 1 期。
④ 图采自熊昭明:《汉代合浦港考古与海上丝绸之路》,第 68 页。
⑤ 图采自熊昭明:《汉代合浦港考古与海上丝绸之路》,第 103 页。
⑥ 贵州省博物馆:《贵州清镇平坝汉墓发掘报告》,《考古学报》1959 年第 1 期。
⑦ 罗二虎:《略论贵州清镇汉墓出土的早期佛像》,《四川文物》2001 年第 2 期。
⑧ 何志国:《西南丝绸之路早期佛像研究》,第 20 页。
⑨ 霍巍、赵殿增:《战国秦汉时期中国西南的对外文化交流》,成都:巴蜀书社,2007 年,第 236 页。

| 中国西南陆海走廊 |

在清镇的"清墓15"中,还出土一只头伸在外的龟1件。龟作爬行状,背上盘坐一高鼻深目的人像,弯着细长的腰,双手撑于膝盖上。人头有一帽,帽顶连接一根上细下粗的圆形铜柱,柱尖端有一飞鸟饰物已脱落。发掘报告称,这一器作何用,龟背上这些摆布何意,尚不明确①。笔者结合附近"清墓11"出土摇钱树佛像情况,认为该龟系海龟,载信佛的胡人远涉重洋而来。

左图为晋宁石寨山第12号墓出土"诅盟铜贮贝器"上戴三角形小尖帽的人物②;右图为笔者在黔西南州博物馆观察到的兴仁交乐M19号汉墓中出土的胡人俑,着圆锥形(三角形)尖顶高冠,双手执箫吹唱表演,神情愉悦。　　　　　　　笔者 摄

贵州兴义东汉中期M2出土高鼻大眼、螺旋状卷发的胡人形象跪人灯③,与广州等地汉墓出土的同类形象相近,可能属于欧罗巴人种印度地中海类型,反映了南中国通过海路与域外的交往④。兴仁交乐东汉晚期19号墓出土吹箫俑,着圆锥形尖顶高冠,也系胡人,与重庆丰都出土的蜀汉末晋初时代M2形象相同⑤,后者或有从南北进的可能。而更早时代的晋宁石寨山第12号墓出土的"诅盟铜贮贝器"上,也发现有头戴尖

---

① 贵州省博物馆:《贵州清镇平坝汉墓发掘报告》,《考古学报》1959年第1期。
② 左图采自蒋志龙、樊海涛:《古滇文化史》,第329页。
③ 贵州省博物馆考古组:《贵州兴义、兴仁汉墓》,《文物》1979年第5期。
④ 霍巍、赵殿增:《战国秦汉时期中国西南的对外文化交流》,成都:巴蜀书社,2007年,第273页。
⑤ 贵州省文物考古研究所:《贵州兴仁交乐十九号汉墓》,《考古》2004年第3期。

顶小帽的演奏乐师①,说明胡人进入西南时间既久远,线路又连绵不绝。这种戴尖顶帽的胡人与佛教有关,其与佛教的结合最早出现在印度桑奇(sān chí)大塔(前二世纪至一世纪)上面的佛教参拜者形象②。

合浦堂排1号墓出土的胡人俑③

广东地区汉墓出土的具有异域人种特征的人俑更多,时间也较早。西汉前期的广州第二代南越王墓出土铜人俑器座④,铜俑作衔蛇操蛇之像,其形象不似中土之人。广州大元岗出土西汉后期陶灯俑,其人赤裸,作单腿屈膝蹲坐,左手托举灯盘,右手支于腿上仰首注视,张口吐舌,遍体刻画毛发,造型极为生动有力,是不可多见的汉代雕塑工艺品杰作。广州东山三育路东汉墓出土的陶人俑,也是深目高鼻胡人,口微张,上下划须,身体肥硕,裸体,遍身划毛,头上缠巾托灯,双足作箕踞蹲坐状,双臂置于膝上⑤。凡此种种,不一而足。

---

① 蒋志龙、樊海涛:《古滇文化史》,桂林:广西师范大学出版社,2019年,第329页
② 何志国:《初论中国南方早期佛教遗像的性质》,四川省考古研究所编:《四川考古研究论文集》,《四川文物》1996年(增刊)第37-38页。
③ 本图采自熊昭明:《汉代合浦港考古与海上丝绸之路》,第139页。
④ 麦英豪、王文建:《岭南之光——南越王墓考古大发现》,杭州:浙江文艺出版社,2002年,第72页、第78页。
⑤ 谢崇安:《岭南汉墓所见之胡人艺术形象及相关问题》,《民族艺术》2009年第2期。

岭南除广州以外，其他地方胡人俑出土也不少。合浦西汉中期到东汉后期汉墓出现的俑座灯，其胡人形象与广州汉墓出土相类①，有可能是来自西亚或非洲东岸②。

广西梧州1977年出土在旺步化工厂的胡人灯座俑，高30厘米，神色安静自然③

合浦堂排1号墓出土的胡人陶俑为浅黄色软陶，头戴圆形小帽，身着对襟小领长袍，竖眉小眼，高鼻深目，脸部较圆，络腮胡④。从外貌来看，壮似舞俑，而怀中所抱，可能为印度弓形竖琴⑤。该墓共存有宣帝五铢钱、琥珀印章等，可断为西汉晚期⑥。

合浦寮尾13B号墓出土的俑座灯⑦灰色硬陶，通高20厘米。俑座为胡人形象，缠头绾结，深目鼻高，尖下巴，络腮胡。胡人曲膝而坐，左腿横曲，右腿竖曲，右手撑地，左手举托灯盘，头仰视。此俑的面相明显是胡人，但缠头绾结类似汉式的幞头⑧。

---

① 熊昭明：《汉代合浦港考古与海上丝绸之路》，北京：文物出版社，2015年，第137页。
② 中国社会科学院考古研究所、广州市文物管理委员会、广州市博物馆：《广州汉墓》，北京：文物出版社，1981年，第478页。
③ 图采自熊昭明：《汉代合浦港考古与海上丝绸之路》，第182页。
④ 广西壮族自治区文物工作队：《广西合浦县堂排汉墓发掘简报》，《文物资料丛刊》四，北京：文物出版社，1981年。
⑤ 熊昭明：《汉代合浦港考古与海上丝绸之路》，第137页。
⑥ 谢崇安：《岭南汉墓所见之胡人艺术形象及相关问题》，《民族艺术》2009年第2期。
⑦ 广西文物考古研究所等：《广西合浦寮尾东汉三国墓发掘报告》，《考古学报》2012年第4期。
⑧ 《汉代合浦港考古与海上丝绸之路》，第137页。

| 第四章 南路文化北上证明陆海互通 |

　　1999年合浦县凸鬼岭汉墓出土胡人俑像陶灯座,托灯俑作成蹲坐的人身马头形象,它出自两广地区东汉墓习见的券顶砖室墓,共存遗物有鸟兽纹规矩镜、钱币"大泉五十"等,当为东汉早期遗物①。四川三台新德乡东汉崖墓中也发现相似的兽面人身灯俑,墓中的两件陶灯灯座均为赤身裸体的兽头人身样②。这些兽面人身是人化装成动物在表演,塑造的是胡人幻乐乐伎,演员在《汉书·礼乐志》中被称为"象人"③。《后汉书·南蛮西南夷列传》载:永宁元年(120),掸国来"献乐及幻人",幻人"能变化吐火,自支解,易牛马头"④。合浦凸鬼岭汉墓人身马头托灯俑的原型可能是当时表演"易牛马头"的幻人。⑤

左图为广西贵县高中14号汉墓1955年出土的胡人俑,高30厘米;右图为贵县铁路新村3号汉墓1982年出土的胡人俑,高26.7厘米⑤。二俑都系实用灯座

---

① 广西壮族自治区文物工作队、合浦县博物馆:《合浦县凸鬼岭汉墓发掘简报》,广西壮族自治区博物馆编:《广西考古文集》,北京:文物出版社,2004年,第278页。
② 景竹友:《三台新德乡东汉崖墓清理简报》,《四川文物》1993年第5期。
③ 谢崇安:《岭南汉墓所见之胡人艺术形象及相关问题》,《民族艺术》2009年第2期。
④ [南朝宋]范晔:《后汉书》卷八十六《南蛮西南夷列传第七十六》,北京:中华书局,1965年5月第1版,1973年8月上海第2次印刷,第2851页。
⑤ 二图采自熊昭明:《汉代合浦港考古与海上丝绸之路》,第156-157页。

从广州西向、合浦北向,梧州、贵港也出土有汉代胡人俑,它们再西上北进,可与黔西南的胡人俑连成一线。

梧州市鹤头山2号汉墓、大圹4号汉墓羽人灯座①中的羽人形象,皆是深目高鼻状,其头顶的灯杆比例极长,实际上就是杂技顶杆艺人的写照②;旺步化工厂1977年出土的一胡人灯座俑,神情安静,呈似在汉区生活极其适应之态。

贵县(今贵港)风流岭31号汉墓胡人铜俑,穿戴冠珠长袍,深目高鼻,刻画络腮胡须,作跽坐持物状③,身份似为内侍④。贵县高中14号汉墓胡人陶俑灯座,其人裸身蹲坐,深目高鼻,阴线刻画络腮胡须,身体阴线刻毛。报告者将其时代均定为东汉时期⑤。

图为展陈于云南红河州博物馆的个旧黑玛井胡人灯座俑　　笔者 摄

越南北方清化省的东汉墓中,也出土不少非汉人形象的铜人侍俑,其凸目裸身及衣饰,与东南亚的佛教造像人物形式也较接近。这与《后汉书》所云:"凡交趾所统,虽置郡县,而言语各异,重译乃通"⑥的记载也是相吻合。疑似交趾郡郡治的越南陇溪遗

---

① 梧州市博物馆:《广西梧州市近年出土的一批汉代文物》,《文物》1977年第2期。
② 谢崇安:《岭南汉墓所见之胡人艺术形象及相关问题》,《民族艺术》2009年第2期:根据其共存遗物有四乳四虺纹镜、五铢钱、陶仓、灶、井组合,陶屋模型为东汉早期出现的曲尺形房屋,屋后有猪圈,不见家畜、家禽陶塑,墓形制为长方土坑墓的特点,认为该墓时代可断为东汉前期。
③ 广西文物工作队:《广西贵县风流岭31号西汉墓清理简报》,《考古》1984年第1期。
④ 谢崇安:《岭南汉墓所见之胡人艺术形象及相关问题》,《民族艺术》2009年第2期。
⑤ 广西文物管理委员会:《广西贵县汉墓的清理》,《考古学报》1957年第1期。又中国国家博物馆、广西博物馆编:《瓯骆遗粹》,北京:中国社会科学出版社,2006年,178—181页。
⑥ 《后汉书》卷八十六《南蛮西南夷列传第七十六》,第2836页。

址也出土有"白毫相"人面纹瓦当,表明东汉末至三国初交趾郡已经受到佛教影响[1]。从交趾上溯红河(元江)到云南也发现不少胡人俑,从古滇时期直到汉晋,其中个旧黑玛井所出铜人灯座俑,即典型胡人。

迄今为止的出土文物表明,岭南地区两汉墓出土的胡人俑,其时代基本上都处于西汉中后期至东汉时期,这些现象与《汉书·地理志》记载当时南海丝绸之路东西方经贸频繁交往的历史背景是相呼应的。当时的中西方商船出入南海路,不仅是"市明珠、璧流离、奇石异物"等佛教七宝[2],应当还包括贩运海外奴隶和随路而来的各色人等。这些人也必然携来一定的西方文化,其中也应当包括佛教信仰。

佛教大规模由西域传入我国北方最早要到五胡十六国时期,在南方,佛教由交广海路传入则时间更早、影响更大[3]。其中传入广西的时间最晚不迟于东汉末年,最早当在西汉晚期[4]。因此,广西学者谢崇安用相当自信的语气,撰文表达:

> 如果上述例子仍不足证的话,在广西出土的东汉青铜器中,已明确显现了佛教文化因素。例如,出自广西贵县深钉岭东汉1号墓的铜镜背面纹饰上,就有佛教的"卍"字纹装饰主题;广西梧州市郊扶典出土的东汉禽兽纹铜镜上,有"王兮三羊卿重见佛□"铭文[5];广西北流荔枝场果树园铜鼓上铸有六蛙雕饰,其鼓面主晕中心也有一"卍"字的图案组成的纹带[6]。在中国汉代文物中见有"卍"字纹的装饰物,较早的例子如有新疆沙雅出土的蚀花肉红石髓珠,夏作铭先生认为它来自于古印度的呾叉始罗,是受犍陀罗佛教艺术因素影响的装饰品,此类工艺品流行的时代大约是在公元前3世纪至公元2世纪之间。[7]

---

[1] 邓鸿山:《越南汉唐时期陇溪城址考古发掘与研究》,中山大学社会学与人类学学院主办:"跨越边界:华南与越南的考古学文化接触与交流"学术研讨会会议手册,广州,内部资料,2018年,第19页。
[2] 佛教七宝有多种说法,笔者取石小梅、何小荣:《玄奘法师佛教"七宝"译法浅析》,《法音》2020年第3期所说:佛教经典中常常提到七宝,而佛教七宝实际分为两大类:一类是七种王宝,一类是七种珍宝。七种王宝指转轮圣王拥有的七宝,通常是指轮宝、象宝、马宝、珠宝、玉女宝、主藏宝、典兵宝。七种珍宝指供养用的七宝,通常是指金、银、琥珀、珊瑚、砗磲、琉璃、玛瑙。佛家弟子常说的七宝是指供养用的七宝。七宝象征高尚、纯洁、坚毅、安详、富足、康健和圆满,又代表觉悟和智慧。
[3] 曹旅宁:《佛教与岭南》,《学术研究》1990年第5期。
[4] 陈波江:《佛教传入广西时间考》,《学术论坛》1995年第5期。
[5] 原作者注:黄启善主编:《广西铜镜》,北京:文物出版社,2004年,第122页、第141页。
[6] 原作者注:广西文物工作队:《广西近年来发现的四件铜鼓》,《考古》1980年第四期,381页;广西博物馆编:《广西铜鼓图录》,北京:文物出版社,1991年,169页,序号361,原编号315。
[7] 谢崇安:《岭南汉墓所见之胡人艺术形象及相关问题》,《艺术考古》2009年第2期。原作者注:作铭:《我国出土的蚀花肉红石髓珠》,《考古》1974年第6期,382页。

四川早期佛像都以东汉后期为主，可以判定从岭南依序而来有充足的时间，佛教甫在巴蜀登陆，迅速与本土风俗水乳交融。不少学者分析，四川地区之所以宗教氛围炽热，皆因以张修、张鲁为代表的"五斗米道"教派在此深耕多年，拥有"政教合一"的严密组织形式相关，因此外来的佛教作为早期道教的一个分支，在此蓬勃发展也就不足为奇了①。

佛教深入中国的早期，确实是依托道教发展的，《牟子》称释教曰"佛道"。《四十二章》自称佛教为释道，为道法。而学佛则曰为道、行道、学道。盖汉代佛教道家本可相通，而时人则亦往往并为一谈也②。道教的一支兴起于汉中、巴蜀地区，所设"二十四治"大都建于岷江、沱江、涪江中上游河流沿岸③，利于顺流向南传播。学界几乎都认为，云贵、岭南地区和越南、老挝、柬埔寨等中南半岛国家笃信道教之风系由北向南流布而去。

但是，有学者如任乃强极其敏锐地发现，巴蜀道教雏形缘起在僚人之中，然后逐步扩散至汉族民众并渐成火热之势④，而僚人群体，就是从牂牁等南部地区北迁而来。蒙文通也认为，《隋书》所记"男女皆随丧至水次，尽哀而止。归则不哭，每七日然香散花复哭，尽七七而罢。至百日、三年亦如之"风俗，中原汉人和印度佛教中都没有发现此俗，系道教兴起后才有，至"元魏、北齐之世，君臣已习行之"⑤。因此判定"七七"之礼是越南中南部林邑一带的风俗，随着北上的僚人传入巴蜀⑥，然后再传入中原，"其本为南土之宗教，亦随民族之北徙而入中土耶。"⑦

"七七"之礼，今只保留有"头七"之称和礼仪，随后的42天中的六个"七"和"百日"之时的祭日，已经没人再重视。"头七"是民众丧事办理中最为看重的程序之一，即把逝者下葬第七天时，还要到墓前再次哀悼，寄托无限的追思。"三年"之礼，在川南一带也有保留，逝者去世后的上坟时间，必须是第一年在正月初一，第二年在正月初二，第三年在正月初三，每年约定俗成以此依次祭奠，不得打乱；三年之后，至于是正月的那一天上坟，就可以随意确定，这恐怕是对古林邑风俗的一种变通和简化。但是，笔者在泸州市龙马潭区石洞镇一杨姓"阴阳"（即风水先生）处了解到，今人为图简洁，早已摒弃所有的"七"，而是"随丧发纸"，采取"一票清"方式办丧。即从死亡到火化（当然

---

① 朱浒：《东汉佛教入华的图像学研究》，北京：科学出版社，2000年，第18页。
② 汤用彤：《汉魏两晋南北朝佛教史》，北京：北京大学出版社，1997年，第61页。
③ 李正晓：《中国内地汉晋时期佛教图像考析》，《考古学报》2005年第4期。
④ 《华阳国志校补图注》，第124页。
⑤ 蒙文通遗：《越史丛考》，北京：人民出版社，1983年，第56页。
⑥ 《越史丛考》，第57页。
⑦ 《越史丛考》，第57页。

也有不火化的)到下葬,一气呵成,多则三五天、少则一两天就清清爽爽诸事办就,被当地人俗称"一票清"。

民国时期郁江-浔江流域不少地方,还保持有比较浓郁的"七七"葬俗,形式颇为隆重,所涉亲友甚众。郁江边的贵县(今贵港)"虞祭有七:始曰'头七',富者烹羊、包羔;贫者亦备荤蔬菜;五服内各服所服与祭,亲属咸集焉"①;浔江流域的梧州、岑溪、北流丧俗,"俱重七祭"②,四十九日中的每一个"七"也如期致奠③。岑溪县乡民,在亲人去世的第七天上,"必加厚设馔奉祭,谓人死七日,魂气一还,此日必加倍奉事,或至七'七'而止,或十'七'而止"④。

而且佛教的发展并不是人们想象的那样,一开始就有佛像的供养,即偶像的崇拜⑤。佛教在中国的传播早期,是没有佛像、寺庙、佛经的⑥,胡人迁入中国时口头语言就是载体,他们本人就是媒介⑦,吴交趾太守士燮"出入鸣钟磬,备具威仪,笳箫鼓吹,车骑满道,胡人夹毂焚烧香者常有数十"⑧,与合浦汉墓胡人陶俑、铜俑,贵港、梧州胡人俑,滇文化胡人舞青铜器,贵州黔西南州、安顺的说唱胡人俑结合来看,再加上沿途出土的众多香炉、熏炉,海外胡人一路北来迹象清晰,其中都或许有接受过佛教侵染的海外民族,他们对佛教可能一路口口相传。这种宗教文化登陆泸州,终于产生与本土莲花紧密结合的全新形象,使四川早期佛像在佛教史上独树一帜。

东汉末期或者西晋时期,有二十多名中国("支那")僧人曾经去到过印度,记录者为"五百余年"后的唐代和尚义净。他在《大唐西域求法高僧传》的《新罗慧轮法师》条下,记录了当地一座中国化的寺庙"支那寺":

> 那烂陀寺东四十驿许,寻殑伽河而下,至蜜栗伽悉他钵娜寺(唐云鹿园寺也)。去此寺不远,有一故寺,但有砖基,厥号支那寺。古老相传云是昔室利笈多大王为支那国僧所造(支那即广州也,莫诃支那即京师也。亦云提婆佛呾罗,唐云天子也)。于时有唐僧二十许人,从蜀川牂牁道而出(蜀川去此寺有五百余驿),向莫诃菩提礼拜。王见敬重,遂施此地,以充停息,给大村封二

---

① 田曙岚:《邕乡处处:广西旅行记》,沈阳:辽宁教育出版社,2013年,第187页。
② 田曙岚:《邕乡处处:广西旅行记》,第237页。
③ 田曙岚:《邕乡处处:广西旅行记》,第213页。
④ 田曙岚:《邕乡处处:广西旅行记》,第228页。
⑤ 李正晓:《中国内地汉晋时期佛教图像考析》,《考古学报》2005年第4期。
⑥ 李刚:《从汉晋胡俑看东南地区胡人、佛教之早期史》,《东南文化》1989年第2期。
⑦ 李刚:《佛教海路传入中国论》,《东南文化》1992年第5期。
⑧ [晋]陈寿撰、[宋]裴松之注:《三国志》卷四十九《吴书》《士燮传》,北京:中华书局,2006年,第708页。

十四所。于后唐僧亡没,村乃割属余人。现有三村入属鹿园寺矣。准量支那寺,至今可五百余年矣。现今地属东印度王,其王名提婆跋摩,每言曰:"若有大唐天子处数僧来者,我为重兴此寺,还其村封,令不绝也。"诚可叹曰:虽有鹊巢之易,而乐福者难逢。必若心存济益,奏请弘此,诚非小事也。①

分析此则记录,有义净当前所见"蜜栗伽悉他体娜寺(鹿园寺)";也有听闻"古老相传"并"至今可五百余年"的支那寺。两寺相距不远,虚实参半。但是既然支那寺"砖基"确确实实是义净目睹存在,当地传闻则有相应根据。只是那批"唐僧二十许人"所去的时间,究竟是不是"五百余年"前的问题。如果是,按照500年前和义净武后垂拱元年(685)离开那烂寺东归②推算,当至少在公元165年以前,此时属于东汉晚期,这批"唐僧"应该是"汉僧"。如果按照《大唐西域求法高僧传》校注者王邦维的观点,五百年太久,似乎还没有往印度本土求法的中国僧人出现③,意为应该确定在两晋之间为宜。即如是,也证明至少在晋代"牂牁道"(即本书观点赤水河与南盘江之间的道路)上就有僧众("晋僧")云集,也有为其提供斋宿的信众与设施。学者吴焯断言其是"由牂牁道自四川走贵州"④,浮江至岭南,反向出海。在这里,笔者认为还是应尊重义净亲见材料的记闻,这"二十许人"僧人应是"汉僧",他们应是中国最早奔赴"西天"取经的佛教徒。

随后到唐代,有义净和尚等唐僧三十余人赴印求法的路线⑤,也从早期佛像传播之路的海路而去的。义净记录的5名今成都籍法师明远、义朗、智崇、义玄、会宁⑥,就从四川"振锡南游"⑦到达南海,然后或从交趾⑧、或从乌雷(今钦州)⑨等沿南海港口扬帆到印度。

明远等五人分三批远赴,有两批(明远、会宁)去的时间是唐高宗麟德年间(664—

---

① [唐]义净著、王邦维校注:《大唐西域求法高僧传校注》,北京:中华书局,1988年第1版,2004年北京第三次印刷,第103页。
② 《大唐西域求法高僧传校注》:第1页。
③ 《大唐西域求法高僧传校注》:第110-111页:可五百余年矣义净赴印在七世纪后期,以此逆推,五百余年前应是公元二世纪后期,即东汉末年。当时中国似乎还没有往印度本土求法的僧人。义净所言,仅是估计,其实不大可能有五百余年。引者认为,结合东汉中后期巴蜀早期佛像元素大量出土的考古学证据,再揆度义净此句前所言"准量"一词,其非"估计",确有精准考证。故王说不从。
④ 吴焯:《佛教蜀身毒道传播说质疑》,《东南文化》1992年第5期。
⑤ 《大唐西域求法高僧传校注》:第7-8页。
⑥ 《大唐西域求法高僧传校注》:第67-76页。
⑦ 《大唐西域求法高僧传校注》:第68页。
⑧ 《大唐西域求法高僧传校注》:第68页。
⑨ 《大唐西域求法高僧传校注》:第72页。

665),义朗等三人这一批,时间不详①。既然义净与其在印度晤面,三人西游不会晚于义净垂拱元年(685)东归时间前。

僧人云游,投宿庙宇,切磋佛学自当萦怀。三批蜀僧出行路线,笔者认为应循沿途有寺有庙有僧之迹而行。沱江流域较早就产生有浓厚的礼佛活动,安岳县城附近白云山净慧岩佛教摩崖造像中,就有15龛考证为初、盛唐时期作品②;出生于唐高祖武德元年(618)的资阳僧人智诜,曾居资州北山,建有德纯寺③。

四川安岳县岳阳镇望城村二组的白云山上,现存佛教摩崖造像22龛。作为各段崖壁主体的第2、5、7-16、18、21、22,共15龛均为初、盛唐时期的作品。图为21、22两龛造像④

---

① 《大唐西域求法高僧传校注》:第249页。
② 四川大学考古文博学院、成都文物考古研究院、安岳县文物保护中心:《四川安岳净慧岩摩崖造像调查简报》,《文物》2022年第2期。
③ 贾大泉、陈世松主编,李敬洵:《四川通史》卷三《两晋南北朝隋唐》,成都:四川人民出版社,2018年第2版,第530页。
④ 图采自四川大学考古文博学院、成都文物考古研究院、安岳县文物保护中心:《四川安岳净慧岩摩崖造像调查简报》,《文物》2022年第2期。

沱江下游泸州的寺庙也有较早建造的记载,特别是合江北寨山寺,据地方志记载早在东汉末年即建[1],位于长江左岸的今日合江县白沙镇场口的北寨山上[2];东晋隆安三年(397),泸县建有毗卢寺;唐玄宗天宝元年(742)建有方山云峰寺,"泸刹之大,以此为最"[3]。宋代,继建新云峰寺。寺为蜀中二十四大丛林之一,占地1万多平方米,建筑面积3800多平方,盛时僧众有180多人[4]。再加上方山早在汉代即有兰祠[5]建筑,可以推想明远等人途经川南黔北地域,距云峰寺起建虽早,但兰祠可否已有佛迹吸引信徒?这5名法师或有其中一二萌生访问意向,特意循路而来,登山览胜?即使僧众行色匆匆,没作访问停留,川黔间顺沱江转赤水河也是首选,拜访资阳智诜、参禅合江北寨山寺似有可能。由此可谓,蜀僧西游取经之路,资阳、泸州就是其中一个盘桓节点。

泸州方山入山大门,大门后即为云峰寺。该寺建于唐天宝元年(742),清康熙中,僧圣可重修。楼阁峥嵘,膜拜者众。　　　　　　　　　　　　泸州市江阳区摄影家协会　王承伟　摄

---

[1] 嘉庆《泸州志》。
[2] 民国十四年《合江县志》卷一《舆地》:北寨山寺,在东三区,距城三十里,创自汉末。
[3] 民国《泸县志》卷一《舆地》。
[4] 泸州市地方志编撰委员会编撰:《泸州市志》,北京:方志出版社,1998年,第1262页。
[5] 《华阳国志校补图注》:第180页。

沿海而来的胡风胡俗对岭南直至四川后世的影响也极其深厚,胡人在此间经商或传播佛教,社会地位普遍较高①,但是他们也带来了动荡和奢靡。如起源于波斯的马球传入成都后就建起了马球场,王建前蜀时,"改球场门为神武门,球场厅为神武殿"②。后蜀后主孟昶"好打球走马"③,亲自教授宫娥,还让花蕊夫人吟出艳词"自教宫娥学打球,玉鞍初跨柳腰柔"④,奢淫至极,终使国亡身陷。他的柳腰第一"柔"花蕊,如流沙河所称:"笑锦城春暖,哭汴京秋寒。"⑤不得不哀婉泪吟"君在城头树降旗,妾在深宫哪得知"⑥而被掳身死。

胡人聚集广州,出现过杀死一方大员的恶性治安案件,震惊一时。唐中宗嗣圣元年(684),广州都督路元睿为胡人中的昆仑人所杀。起因很简单,路元睿上任后一直"阘懦",也就是软弱,无能约束手下僚属四处横行霸道。有外国商船远道而来停靠到岸,这些蛮横的僚属肆意勒索,胡商迫不得已上告都督。不料路元睿反而把他们捆绑上枷,惹得外商群起而怒。其中有一昆仑胡人衣袖藏剑,直登都督办公处,一阵砍杀,路元睿及左右十余僚属先后毙命。随后扬长而去,"登舟入海,追之不及"⑦。

第三节　　铜鼓:南北互动的典型器物

中国西南陆海走廊上,不仅有单向南传或者单向北传的文化,还有南北互动的文化夹插其间,南北相互影响的载体之一有铜鼓。从西南直到越南、老挝等地,铜鼓的分布和流向,比较符合南北相传的规律,学界过去注意南传而去的情况比较多,现不断有证据表明,从南向北传布也是其中一个重要途径。

---

① 李飞:《昆仑奴:播州土官眼中的世界》,《当代贵州》2017年第19期。
② [宋]张唐英:《蜀梼杌》卷上,《五代史书汇编》第十册,第6073页。
③ [宋]张唐英:《蜀梼杌》卷上,《五代史书汇编》第十册,第6073页。
④ [后蜀]花蕊夫人著、徐式文笺注:《花蕊宫词笺注》,成都:巴蜀书社,1992年,第61页。
⑤ 流沙河:《〈花蕊宫词笺注〉序》,《花蕊宫词笺注》,序第7页。
⑥ 《花蕊宫词笺注》,第176-177页。
⑦ [北宋]司马光编:《资治通鉴》卷二〇三,北京:中华书局,1956年,第14册,第6420页。

| 中国西南陆海走廊 |

笔者在南宁与中国古代铜鼓研究会原理事长、广西区博物馆原馆长蒋廷瑜教授就古代铜鼓相关问题交流。蒋教授关于古代铜鼓与古代交通、古代族群迁徙见解，令笔者深受启发

李光华 摄

广西考古学者蒋廷瑜通过对各型铜鼓在滇黔桂的出土情况分析，认为铜鼓分为三个阶段在这一带接合部相互传播[1]。笔者综合蒋廷瑜所举例证和其他研究成果，对"三个阶段"做进一步整理：

第一阶段，有万家坝型铜鼓在广西右江流域及其毗邻地区发现，并东至广东徐闻皆有。1993年3月田东县祥周乡联福村南哈坡战国墓中出土2件[2]，1994年6月田东林逢大岭坡又出土1件[3]，与邻近的云南文山开化鼓[4]、文山平坝鼓[5]、丘北草皮村鼓[6]、广南者偏鼓[7]、广南沙果村Ⅰ号鼓和Ⅱ号鼓[8]相同。2003年，田东县平马镇右江河段打捞出水一面铜鼓，鼓面完整，面径43.5厘米，鼓身已残，腰足高21.2厘米，胸部饰有羽

---

[1] 蒋廷瑜：《"百越古道"中的铜鼓路》，广西壮族自治区博物馆编：《广西博物馆文集》第十二辑，广西人民出版社，2015年，第108-117页。
[2] 陈其复、黄振良：《田东县出土两面万家坝型铜鼓》，《中国古代铜鼓研究通讯》1993年第9期。
[3] 陈其复、黄振良：《广西田东县再次出土万家坝型铜鼓》，《中国古代铜鼓研究通讯》1994年第10期。
[4] 文山壮族苗族自治州文化局编著：《文山铜鼓》，昆明：云南人民出版社，2004年，《文山铜鼓》，第7页：开化鼓，它原出贵州北部，后归开化府（今文山州）一苗族首领所有，随后流散到越南，如今保存在奥地利。发现时间不明，不过根据F·黑格尔1902年出版的《东南亚古代金属鼓》一书刊登过开化鼓，那么发现时间当在这之前。诚谢文山州博物馆副馆长农春妮、工作员张朝菊赠书。
[5] 曾跃明：《文山县发现早期铜鼓》，《中国古代铜鼓研究通讯》1987年第5期。
[6] 李加能、柏天明：《丘北县草皮村出土石寨山型早期铜鼓》，《中国古代铜鼓研究通讯》1986年第4期。
[7] 《文山铜鼓》，第7页：2001年7月广南者兔乡者偏村一农民在安得克山八角地中挖地时，于距地表1米左右处挖到1面万家坝型铜鼓，这是最新发现的铜鼓。
[8] 张国云：《广南沙果村Ⅰ、Ⅱ号早期铜鼓初探》，《中国古代铜鼓研究通讯》1987年第5期。

人划船纹,年代初步推断为战国时期。以出土地为名,被称为平马鼓①。广东徐闻县博物馆收藏有一面出土于该县南山镇迈熟村的万家坝型铜鼓,与楚雄万家坝M1:12号铜鼓极相似,是万家坝型铜鼓较晚的类型②。

田东县博物馆馆藏的万家坝型铜鼓:大岭坡铜鼓、南哈坡铜鼓(A面)、南哈坡铜鼓(B面)。

田东县博物馆 李金燕 供图

第二阶段,云南石寨山型铜鼓东传直至广州和海南岛。云南文山地区出土的广南鼓、牡宜鼓、古木鼓、孟梅鼓,广西百色地区出土的普驮鼓、龙川鼓、扁牙鼓,都属于石寨山型铜鼓③,同类的铜鼓在南盘江和右江干流处又有出土,如1977年6月田东县祥周乡甘莲村锅盖岭战国墓出土1件④;隆林各族自治县文管所原所长王文魁告知笔者,1985年在距南盘江管肖渡口直线仅三四千米处,也出土一面,现作1号鼓藏于隆林各族自治县博物馆。

1956年,云南晋宁石寨山滇王墓出土铜鼓现场　　　　蒋廷瑜 供图

---

① 广西壮族自治区文化厅、广西壮族自治区文物局编:《左江右江流域考古》,南宁:广西科学技术出版社,2015年,第194页。
② 蒋廷瑜:《广西铜鼓文献汇编及铜鼓闻见记》,桂林:广西师范大学出版社,2014年,第264页。
③ 蒋廷瑜:《"百越古道"中的铜鼓路》,《广西博物馆文集》第十二辑,第112页。
④ 广西壮族自治区文物工作队:《广西田东发现战国墓葬》,《考古》1979年第6期。

以上出土石寨山型铜鼓串联成线,可以说明文山、广南与广西西林、隆林、百色、田东互有文化流动;石寨山型铜鼓经右江还东传到贵港直至广州,贵港罗泊湾出土小铜鼓,而广州市博物馆收藏的一面广东唯一的石寨山型铜鼓,与之极其相似[1];该馆还收藏有出土于广州市农林下路西汉前期墓中的陶鼓四面,也属石寨山型[2]。石寨山型铜鼓还飘过琼州海峡,海南岛儋州市光村镇泊潮村发现两面铜鼓,其中一面也是石寨山型[3]。

第三阶段出现反向文化交流,桂系铜鼓西向和北向传播到云贵川。东汉以后的冷水冲型铜鼓(藤县濛江镇横村冷水冲出土者为代表),以广西郁江-浔江流域为分布中心,溯江而上,经右江到云南东部,绵延黔川。在广西的田东、田阳,贵州的贞丰和云南的广南、富宁、西畴以至于陆良、威信,四川古蔺、兴文都发现同类型或灵山型铜鼓。

图a为隆林各族自治县博物馆馆藏石寨山型铜鼓
图b为田东县博物馆馆藏石寨山铜鼓
图c、d文山州博物馆馆藏冷水冲型、灵山型铜鼓

隆林各族自治县文旅局 刘衡 供图
田东县博物馆 李金燕 供图
文山州博物馆 农春妮 供图

---

[1] 蒋廷瑜:《广西铜鼓文献汇编及铜鼓闻见记》,第261-262页。
[2] 蒋廷瑜:《广西铜鼓文献汇编及铜鼓闻见记》,第262页。
[3] 蒋廷瑜:《广西铜鼓文献汇编及铜鼓闻见记》,第280页。

根据南宋周去非《岭南代答》中《通道外夷》记叙，上述铜鼓互传之路，正是南宋时期广南西路邕州（今南宁）横山寨（今田东境内）为起点的路径。"中国通道南蛮，必由邕州横山寨"是宋代评价，也可从古老的万家坝型及桂系铜鼓证明，早于宋代以前，此结论就是准确的。横山寨通过右江上溯通往滇黔的路径和行程大致如下：

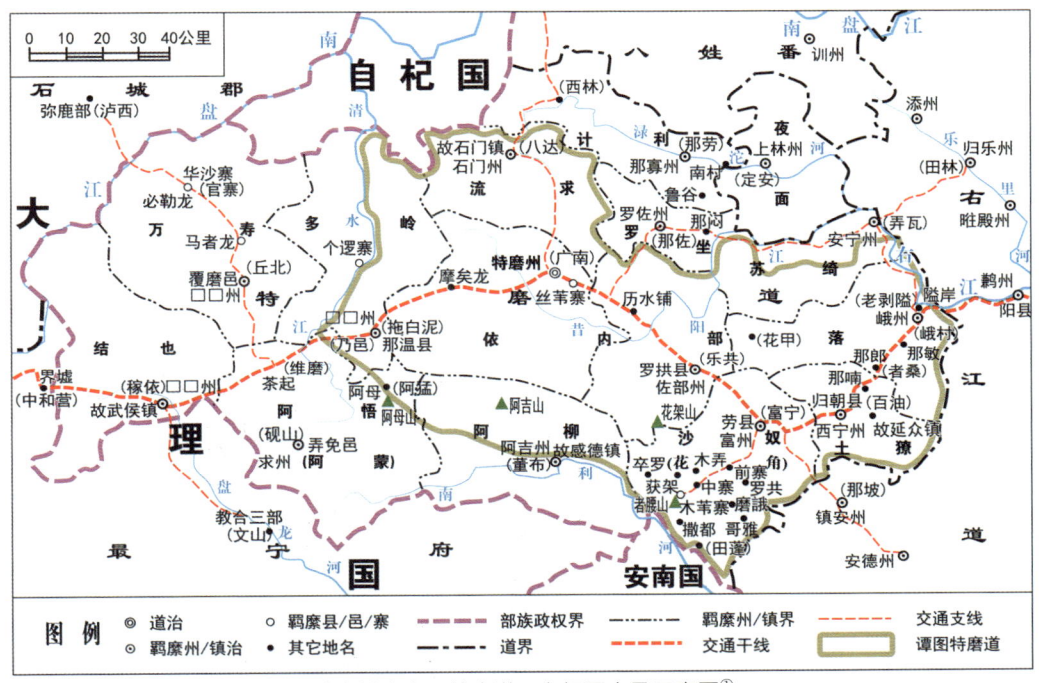

南宋横山寨至特磨道、自杞国市马示意图①

中国通道南蛮，必由邕州横山寨。自横山一程至古天县，一程至归乐州，一程至唐兴州，一程至睢殿州，一程至七源州，一程至泗城州，一程至古那洞，一程至龙安州，一程至凤村山僚渡江，一程至上展，一程至博文岭，一程至罗扶，一程至自杞之境名曰磨巨，又三程至自杞国。自杞四程至古城郡，三程至大理国之境名曰善阐府，六程至大理国矣。自大理国五程至蒲甘国，去西天竺不远，限以淤泥河不通，亦或可通，但绝险耳。凡三十二程。若欲至罗殿国，亦自横山寨如初行程，至七源州而分道。一程至马乐县，一程至恩化县，一程至罗夺州，一程至围慕州，一程至阿姝蛮，一程至硃砂蛮，一程至顺唐府，二程至

---

① 图采自郭声波：《圈层结构视阈下的中国古代羁縻政区与部族》，北京：中国社会科学出版社，2018年，第148页。原图名为"南宋特磨道境域、交通及州县镇寨、部落分布图"，笔者引用时做了色彩等调整。

罗殿国矣,凡十九程。若欲至特磨道,亦自横山,一程至上安县,一程至安德州,一程至罗博州,一程至阳县,一程至脑岸,一程至那郎,一程至西宁州,一程至富州,一程至罗拱县,一程至历水铺,一程至特磨道矣。自特磨一程至结也蛮,一程至大理界虚,一程至最宁府,六程而至大理国矣。凡二十程。所以谓大理欲以马至中国,而北阻自杞,南阻特磨者,其道里固相若也。闻自杞、特磨之间,有新路直指横山,不涉二国。今马既岁至,亦不必由他道也。①

由于先秦汉晋无文献材料支撑,南宋这条记载广西西部西通滇黔的交通路线就弥足珍贵,仁者见仁、智者见智有诸多解读,大致认为,一是从田东县横山寨向西南方向出发,经德保县、靖西县的安德乡(安德州②),过云南富宁县的剥隘镇、富宁老县城(归朝,即土富州),西去广南的八宝镇③再西至结也蛮(砚山县稼依镇④),进入大理国界。二是从横山寨向西北方向出发,经田阳、百色右江区、凌云往南盘江渡江达贵州册亨,西向安龙、兴义,一达罗平、师宗⑤;二达安顺以南(罗甸国⑥)。

广西田东县横山寨残存寨墙,笔者顺手一抠,发现不少瓦砾尚嵌其中

李光华 摄

---

① [南宋]周去非著、杨武泉校注:《岭外代答校注》,北京:中华书局,1999年9月第1版,2012年12月北京第3次印刷,第122-123页。
② 白耀天:《宋代在今广西西部设置羁縻州、县、洞考》,《广西民族研究》1998年第2期。
③ 陈一榕:《百越古道的历史文化考察》,《广西民族研究》2012年第1期。
④ 郭声波:《圈层结构视阈下的中国古代羁縻政区与部族》,第147页。
⑤ 陈一榕:《百越古道的历史文化考察》,《广西民族研究》2012年第1期。
⑥ 刘复生:《西南古代民族关系史稿》,上海:上海古籍出版社,2020年,第219页:罗甸国地处今贵州南部偏西,其南边有自杞国,西南有特磨道等。其北为牂牁蛮、乌蛮诸部的杂居之地,其西就是大理国,其东有五姓蕃、黔州所领羁縻州、广西路宜州和邕州所领羁縻州。

从这个结论来看,横山寨西至特磨道(广南、富宁一带)线路均不以右江、驮娘江水道为主。笔者分析,论者或可基于如下考虑:一是马匹自身具有极强的行路能力,驮载货物也方便,马、货可同时从云南大理到达横山寨,御马商人无负累之虞;二是转水道又需增加与沿岸族群交涉,无端有被"敲诈"之苦,故而直行陆道。他们设想的这条畅通的陆路,皆围绕右江及其上游支流左、右两岸绕行,无视和否定了右江自身通航作用,无视自古以来顺逆右江及其上游支流是桂滇、桂黔主通道的实际。特别忽视剥隘码头是道路的重要中转,无法解释剥隘物资集散现象:大量的大理马聚集于剥隘码头,从这里乘船沿右江而下直达横山寨;同时大理国的货物通过马帮也汇聚于此,来自宋境的海盐和布匹等物资也经此道进入云南①。

产生这样的认识,是出于对"州"的不同理解,尤其是"安德州"与"罗博州"。郭声波敏锐地洞察到这个误会,阐明"这条线路上的安德和罗博,其实不是州名,而是右江边因江中沙洲为名的小地名"②,"州""洲"相通,周去非将"洲"写成了"州",给后代研究者开了一个大玩笑。郭声波实地考察后认为,安德州在田阳县那坡镇那音村,附近今犹有沙洲岸、江心洲等地名;罗博州在安德州上游百色市右江区龙景街道(原那毕乡),"那毕"疑即"罗博"音讹,附近今犹有竹洲、沙洲、东洲等地名③。

厘清了两个关键地名,右江能上下通达的面目就凸显出来,《岭外代答》这则史料,极其珍贵地为我们还原了右江至迟在宋代即具的交通功用。又据东鳞西爪材料,甚至可推溯唐代即有通行的依据,如唐乾符五年(878)邕州节度使辛谠遣使"凡水陆四十七程"远赴南诏④,其水程应取了郁江-右江一路;上一节所述,成都籍法师明远等人穿过云贵,到南海沿岸登舟西行取经,也应有桂滇黔边道路供其通行。

先秦到汉晋滇桂之地铜鼓互传之路,应即上述分析的右江道,也反衬该道开通的时间远不止唐宋,唐宋及以后对右江道的利用,只是古老通道的再现而已。

桂系冷水冲型、灵山型、北流型铜鼓北徙滇黔,有诸多出土实物可资佐证,在中国西南陆海走廊沿线分布密集。贵州北盘江流域的贞丰县龙场镇对门山村,一余姓布依族人家,至今尚使用有一对祖传的灵山型铜鼓⑤,是贵州少数民族中唯一一面属两

---

① 陆保红收集整理:《茶马古道——横山寨的市马路》,《田东文史》(第六辑),北京:中国文史出版社,2009年,第72-73页。
② 郭声波:《圈层结构视阈下的中国古代羁縻政区与部族》,第151页。
③ 郭声波:《圈层结构视阈下的中国古代羁縻政区与部族》,第152页。
④ [宋]王博:《唐会要》卷九十九《南诏蛮》,上海古籍出版社,1991年点校本。
⑤ 贵州贞丰县文管所所长田洋宇惠告。

广类型的灵山型铜鼓①。正好证明从百色地域越过南盘江、红水河北上,直沿北盘江的水陆通道存在。灵山型铜鼓也有从广西通过右江及其上游支流到达富宁后转入云南西畴的线路,西畴县文管所1987年就在董马乡征集到一面②。

重庆博物馆(三峡博物馆)库藏一面疑似越南芒鼓的铜器,该馆研究馆员杜芝明告知系1950年代初修筑成渝铁路时出土于内江地域。器物高12.6厘米,铣17.8厘米

重庆博物馆 杜芝明 供图

再说四川铜鼓。按广东学者罗香林判断,川滇黔交界处之僰国旧地,铜鼓制作与盛行"最先殆始或导源"于此似有可能③。川南地区的铜鼓,据不完全统计,发现有以下一些:宜宾市区藏有2面,宜宾县(现叙州区)藏有2面,珙县藏有6面④,兴文县藏有10面⑤,泸州市区藏有5面⑥,古蔺县藏有1面⑦,叙永县藏有一面⑧,江津区藏有2面⑨,再加上四川省博物馆、四川大学历史博物馆、重庆市博物馆(三峡博物馆)收藏的铜鼓中,有出土于川南地域的,总数将不下30面。其中至少有二面是冷水冲型、一面疑似是灵

---

① 吴晓秋、唐文元:《贵州贞丰发现一面粤式铜鼓》,《中国古代铜鼓研究通讯》1997年12月第13期,第9页:该鼓通高35.5厘米、面径55厘米、足径57厘米,是粤式铜鼓中最小的。又龙青松:《盘江"风雅颂"——布依族非物质文化遗产研究》,云南科技出版社,2017年,第41页。
② 夏云辉:《试论文山董马铜鼓的几个特点》,文山壮族苗族自治州文化局编者:《声震神州——文山铜鼓暨民族历史文化国际学术研讨会论文集》,昆明:云南人民出版社,2005年,第268页。
③ 罗香林:《古代越族文化考》第四节,国立中山大学文学院《百越源流与文化》,1940年。
④ 珙县文广旅局副局长范玉洪惠告。
⑤ 兴文县博物馆陈介刚先生惠告。
⑥ 董其祥:《巴史新考续编》,重庆:重庆出版社,1993年,第171页。
⑦ 胡世勋:《古蔺县出土一面铜鼓》,《四川文物》1987年第1期。古蔺县文管中心主任邱光前证实现仍藏于库房。
⑧ 叙永县文保中心主任黄英惠告。
⑨ 江津区博物馆馆长王世俭惠告。

山型。三峡博物馆所藏一面1950年代出土于内江的小铜鼓(馆藏编号为15308)不知类型,笔者在馆内见到时,疑似应为越南东山文化类型,传图请蒋廷瑜教授辨识,他也说"这种铜鼓以前没见过,纹饰似像越南芒鼓"。经广西民族大学万辅彬转传中国古代铜鼓研究会会长农学坚辨认,他回话也是没见过,认为不是一般意义上的铜鼓,比如没有晕圈,没有鼓耳,似乎也没有太阳纹,鼓面与一般铜鼓不同。当然,此类似铜鼓的器物如确为越南芒鼓,那川南至越南的文化交流通道的史实会更加清晰明了。

中国铜鼓研究学者蒋廷瑜在重庆历史博物馆观察到的出土于四川古蔺的冷水冲型铜鼓　　　　　　　　　　　　　　　　　　　蒋廷瑜　供图

重庆博物馆收藏的一面古蔺出土的铜鼓,据考证就是冷水冲型。蒋廷瑜对发现藏于重庆的这面铜鼓做过亲身观察:

> (重庆)馆藏一面古蔺铜鼓是冷水冲型,面径52.6厘米、身高33.7厘米,足径58.7厘米。有辫纹带孔扁耳两对,面沿有四蛙,逆时针环列,一弦或二弦分晕,中心太阳纹十二芒,芒间填复线角形纹,第2晕是同心圆纹,第3-5晕、8-11晕都是栉纹夹席纹,第6晕是主晕,饰演多游游旗纹,第7晕也是主晕,是变形翔鹭纹和定胜纹。胸部、腰部、足部都有栉纹夹席纹纹带,足下部饰倒置复线角形纹[①]。

董其祥在其专著《巴史新考续编》中,也介绍了一面藏于重庆博物馆的古蔺铜鼓:

---

① 蒋廷瑜:《广西铜鼓文献汇编及铜鼓闻见记》,第302页

古蔺铜鼓(重博编号41517),1954年古蔺城关出土。出土详细情况不明,鼓面径52.6、胆径55.2、腰径46.8、足径58.7、通高33.7厘米。鼓面四蛙按逆时针方向环列,当心光体十二芒,面分十一晕,主晕纹为羽人变形的斿旗纹,另外一晕为翔鹭夹定胜图案。鼓身分三段,分别饰有双行(或单行)栉纹、勾连同心圆纹。胆腰之间有四耳,两两成对,宽扁如带,上饰羽状编织纹。从鼓的型式和文饰观察,应属冷水冲型晚期,绝对年代相当于南朝至隋唐时期。①

三峡博物馆岳精柱告知,该馆有鼓11面,古蔺出土的这一面编号为41567,详细情况为:

41567号鼓,古蔺县出土。面径52.6、身高33.7、胸径55.2、腰径46.8、足径58.7。面有四蛙,逆时针环列。一或二弦分晕,十一晕：1.太阳纹,十二芒,芒间复线角形纹;2.同心圆纹;3-5.栉纹夹席纹形成纹带;6.多斿斿旗纹(主纹);7.变形翔鹭纹和定胜纹(主纹);8-11.栉纹夹双行勾连圆圈纹纹带。胸、腰部、足中部皆饰纹带(同鼓面8-11纹带,但腰部纹带为单行勾连同心圆纹),足下部倒置复线角形纹一周。扁耳两对,饰辫纹图案。每耳上中下各有一长方孔。身有两道合范线。

从上述三段描述的文字和数据来看,所谓"古蔺铜鼓"应该是同一面。蒋廷瑜告知,参观此面铜鼓已过去30多年,记不清当时馆内介绍发掘于古蔺什么地方,只传给笔者一幅他当年所拍照片;董其祥书中注明出土"古蔺城关",年代为"1954年",不知何据;岳精柱的介绍,也只知道是古蔺。为此笔者在古蔺田野调查作了留意,从马蹄中学胡在勋处得知,这面铜鼓是1950年代在该县马蹄镇范围内的马蹄河(赤水河支流)岸边发现的,出土地点与赤水河直线距离不超过1千米。村民发现后由当时的白沙区(现古蔺县双沙镇)供销社马蹄分销店废旧物资门市工作人员何能模收购,恰遇重庆有学者考察,遂被征集到重庆市博物馆。

笔者到重庆博物馆了解,赫然见此面鼓系着红绸展陈于大厅,该馆研究馆员杜芝明介绍,馆藏编号是41567,即1950年代从古蔺地域征集而来。而编号41517的藏品不是铜鼓,馆内冷水冲型也只有这一面。

---

① 董其祥:《巴史新考续编》,第172页。

| 第四章 南路文化北上证明陆海互通 |

笔者到重庆市博物馆探访该馆收藏的"古蔺铜鼓"（系红绸）。右四为重庆博物馆陈列部研究馆员彭学斌、右三为重庆博物馆研究部研究馆员杜芝明、右二为重庆博物馆藏品部副研究馆员王博、右一为重庆博物馆办公室工作人员姚娅

周锋 摄

兴文县所藏的兴2号"曹营鼓"也被1994年版《兴文县志》称曾被鉴定为冷水冲型，1951年出土于该县曹营乡（今珙县曹营镇）。鼓高34厘米，鼓面直径52厘米，足径54厘米，重17.1千克。鼓面有四只顺向分布上下左右的铜蛙，形态逼真，铸工精致。鼓面单弦十一晕，胴部双弦十晕，腰部单弦八晕，足部单双弦七晕①。笔者将这面铜鼓照片传蒋廷瑜审看，他认为类型特点不明显，从造型看应是灵山型，但纹饰和青蛙塑像不典型。"但可肯定不是冷水冲型。"②不过，如果此面铜鼓是灵山型，更能证明从广西浔江流域的族群，或者受浔江流域文化影响的族群，辗转北徙川南的事实，川南珙县、兴文一带，也是目前发现桂系灵山型铜鼓最北的传播点。不过，曹营也确实出土过一面冷水冲型铜鼓。据《曹营镇志》记载，有一面冷水冲型铜鼓出土在该镇鹿鸣村二组小地名摄箕田处，系村民陈安吉屋侧发现。鼓面也有4蛙纵向分布③。惜笔者未见照片和实物，如记载属实，曹营则系冷水冲型铜鼓北传最远处。

---

① 兴文县志编纂委员会编：《兴文县志》，成都：四川辞书出版社，1994年，第588页
② 2021年5月8日，蒋廷瑜先生与笔者的微信对话。
③ 珙县曹营镇人民政府：《曹营镇志》，宜珙文教内〔2017〕040号，内部资料，2017年，第227页。诚谢《曹营镇志》参与编撰者李国燕赠书。

四川兴文县博物馆所藏兴2号"曹营鼓",《兴文县志》记载为冷水冲型铜鼓。笔者传图请中国古代铜鼓研究会原理事长、广西区博物馆原馆长蒋廷瑜教授分析,疑似为灵山型铜鼓。

兴文县博物馆 陈介刚 供图

与曹营相距不远的南面云南威信旧城,还分别发现过冷水冲型和灵山型铜鼓各一面。威信县文管所原所长林庆明告知笔者,1980年县文物工作人员在旧城供销社征集到一面灵山型铜鼓,另有一面冷水冲型铜鼓发现后收藏到昭通博物馆[①]。《曹营镇志》编撰者之一的李国燕告知笔者,曹营与旧城间的南广河及支流玉贵河(旧城河)一直能通航,上世纪90年代他本人曾乘坐过载重1吨多的货船,从旧城返曹营。他还亲见1960年代尚有七八十只木船蚁聚曹营镇边的南广河上,在镇志撰稿时也考得曹营一名,因漕运发达而名,但"曹将军参与平僰而得名曹营"的传说影响甚大,镇志中只好保留。笔者分析,两地分别出现岭南铜鼓,自然是此水道便捷所致。

1980年云南威信县旧城公社(今旧城镇)文兴大队(今文兴村)村民马文超,在小地名叫大茶树的田土里犁地,犁出一面铜鼓。卖给旧城供销社后被县文物工作人员李世贵征集,经专家鉴定为灵山型铜鼓,现藏于威信县文管所库房内。

威信县文旅局 李勤 供图

---

① 威信县文管所原所长林庆明,昭通市文旅局党组成员、博物馆馆长余腾胜分别惠告。林还告知,听说1950年代初也出土过一面类似冷水冲型或灵山型铜鼓,但流失在外,未曾见到。

研究过僰人的学者刘复生,就明确认为包括兴文、珙县、威信在内川滇边一带泸夷中的都掌蛮,不是秦汉时期的古僰人族属,是僚人入蜀时期的"产物",都掌称谓本义虽难以稽考,但系壮侗语民族的语译则是可以肯定的①。他们反抗明王朝镇压失败后,就被收缴了大量铜鼓,"上者每一面值牛千头或八百头,次亦不下五百头"②,被俘的都掌首领阿大见铜鼓而泣曰:"得鼓二三,便可僭号称王。鼓山巅,群蛮毕集。今已矣。"③

笔者分析,从郁江-浔江流域发轫的冷水冲型和灵山型铜鼓,应该是循着左右江通道西转北进,通过云贵进入川南,这正好与该类型铜鼓缘起时间和僚人入川时间吻合;自南而来的族群直至明代还有记录,川南的"白罗罗"即是典型,《明史》明确:"白罗罗者,相传为广西府(泸西、弥勒)流蛮,有众数千,无统属。景泰中,纠戎、珙苗,攻破长宁九县,今又侵扰都掌。其所居,崖险菁深……地近芒部"④。结合川南出现过壮族、布依族先民"仲家子"的文献记载,说明是岭南北进民族的一支,有力证明了西南陆海走廊远古时的通达。

刘复生在研究"泸夷"⑤族属时还有趣地统计到,从壮侗语地区普遍使用的地名,在泸宜地区也频繁出现,他细数了《新唐书》卷四三下《地理志七下》"泸州都督府"下的羁縻县地名,十四个羁縻州五十六个羁縻县中,有或接近"思""都""罗""洛""落"字之音的占有约三分之一⑥,而这些字音就是两广、越南壮侗语遍布各地的地名音译。他们入川时,既带来了铜鼓等物质,也带来了地名等非物质,共同构成后世巴蜀文化鲜明的地域特质。

以上材料可以看出,至迟从公元前3世纪战国时期起,从云南到广西的铜鼓之路就已开通,到公元前2世纪的汉代,除从云南文山广南顺驮娘江、西洋江下剥隘河进入右江一路以外,经南盘江过隆林、田林进百色右江区、田东的水道也应打通。东汉以后,以冷水冲型铜鼓为代表的铜鼓文化则从广西往云南流动⑦,也往贵州流动,直到川南赤水河、南广河流域一带。这是南路文化向北传播的典型例证。

---

① 刘复生:《西南史地与民族——以宋代为重心的考察》,成都:巴蜀书社,2011年,第282页。
② [明]曾省吾:《西蜀平蛮全录》卷一一《寄内阁张老先生书六》。又《明史》卷二一二《刘显传》。
③ [明]曾省吾:《西蜀平蛮全录》卷一一《寄内阁张老先生书六》。又《明史》卷二一二《刘显传》。
④ 《明史》卷三百一十二《列传》第二百《四川土司》二:《永宁宣抚司》。
⑤ 刘复生:《西南史地与民族—以宋代为重心的考察》,第282-283页:宋代习惯把泸州与叙州(戎州)之间的非汉民族群总称为"泸夷",即"泸州夷人"之省,或称之为"泸南夷人",它不是单一的民族称谓,而是当地"僰夷葛僚"和"乌蛮"的合称。也就是说,宋代的"泸夷"是对具有多种成分族群的合称。
⑥ 刘复生:《西南史地与民族——以宋代为重心的考察》,第281页。
⑦ 蒋廷瑜:《"百越古道"中的铜鼓路》,《广西博物馆文集》第十二辑,第117页。

| 中国西南陆海走廊 |

四川大学历史文化学院教授刘复生,与笔者交流川滇黔桂地域民族历史、生存与演进。刘教授对川滇黔边和滇黔桂边族群移动研究心得,让笔者收益颇多

夏艳 摄

  石寨山型的广南铜鼓和西林铜鼓都有一个共同点,鼓上有船纹。所铸船的图像看来可用于近海沿岸航行。伴船而行的则有大海龟、大鲨鱼、大海鸟,显示它们已驶入海洋,可能是靠近海岸航行之船。说明铸造铜鼓或使用铜鼓的人曾与海洋接触,见过这种海生动物[1]。这为生活在黔滇桂结合部三角形区域人群与沿海人群,出现过充分接触和交流,提供了实物证据。

  更为奇特的是,老挝"乌汶鼓"[2]与右江流域的西林普驮280号鼓[3]也极为相似,两地相距如此遥远,说明当时已有密切往来。蒋廷瑜仔细对照二鼓,一一比较分析:

    乌汶鼓与普驮280号鼓十分相似,鼓面都有带回旋的S形螺纹、锯齿纹。普驮280号鼓有20只翔鹭,乌汶鼓有30只翔鹭,是翔鹭数最多的铜鼓。鼓胸部船纹,普驮280号鼓有6只船,每船9—11人,乌汶鼓也有6只船,每船也

---

[1] 蒋廷瑜、彭书琳:《试论句町铜鼓》,《声震神州——文山铜鼓暨民族历史文化国际学术研讨会论文集》,昆明:云南人民出版社,2005年,第28-29页。原作者引自龙村倪:《从铜鼓船纹看越人航海》,《铜鼓和青铜文化研究》,贵阳:贵州人民出版社,2001年。

[2] 蒋廷瑜:《西林普驮铜鼓再研究》,中共西林县委、县人民政府,广西文物考古研究所,广西历史学会编:《句町国与西林特色文化》,南宁:广西人民出版社,2009年,第88页:乌汶鼓是老挝1924年修筑巴色至乌汶的公路,于乌汶当得的一块稻田里发现的,故有称当得鼓。最初为巴色的纳尔逊所有,因而又称纳尔逊鼓,当时编号为老挝I号鼓……戈鹭波在《东京和安南北部青铜时代》一文中做过介绍……把它的年代定在公元1世纪。

[3] 蒋廷瑜:《西林普驮铜鼓再研究》,《句町国与西林特色文化》,第87页:1972年在广西西林县八达公社普合大队普驮粮站发现铜鼓墓。用4面大小不同的铜鼓互相套叠成棺,内置人骨一具……4面铜鼓分别编号为280、281、282、283号鼓……280号鼓是普驮四面铜鼓中最大的一面。

是11—12人。船形也基本一致,头尾上翘,装饰鸟羽;普驮280号鼓船外一端是大鱼,一端是站立的2只长喙鸟,乌泹鼓船外两端各有一条大鱼,船间有冲天而飞的鹭鸟。船上的人装饰和动作也相同。普驮280号鼓腰的上半部有鹿纹12组,其中9组2鹿,3组3鹿;乌泹鼓腰的上半部也有鹿纹12组,每组鹿有2只。普驮280号鼓、乌泹鼓鼓腰下半部皆饰舞蹈羽人12组,每组皆2人。两鼓如此相似,在同类铜鼓中找不出第二例①。

从铜鼓的传播路线看,中国南方一带的个别葬俗理念还受到中南半岛特别是越南一定影响。广西西林铜鼓墓用铜鼓来作葬具的做法在中国为孤例,东山文化则在陶盛、广胜、峨山等地发现以铜鼓为葬具的现象。二者在丧葬理念上有共通之处,而且西林铜鼓的280号铜鼓与越南玉缕、黄下、沱江、古螺、庙门、坡龙等地发现的鼓形制、纹饰相似,应属东山式铜鼓②。由此可见,越南的东山文化在此型铜鼓的流传方面,是由南向北作了文化影响。

广西西林县博物馆展陈的普驮280号石寨山型铜鼓复原品。
西林县博物馆 黄季 供图

越南铜鼓对中国的影响,发现两件尤为奇特的考古事例,也证明从南向北有一条铜鼓传播路线。贵县(今贵港)高中汉墓的一面石寨山型铜鼓,其铅同位素数据在越南东山铜鼓铅同位素分场Ⅰ中,实验证明这面铜鼓是在东山文化区域做好后,通过某种途径交流而来的③。江川李家山出土的"三骑士铜鼓"更为喜剧,鼓是越南东

---

① 蒋廷瑜:《西林普驮铜鼓再研究》,《句町国与西林特色文化》,第88—89页。
② 彭长林:《越南早期考古学文化研究》,南宁:广西科学技术出版社,2018年,第393页。
③ 万辅彬、房德惠、韦东萍:《越南东山铜鼓再认识与铜鼓分类新说》,《广西民族学院学报》(哲学社会科学版)2003年第6期。

山地区所铸,传入滇人手中后,为了宣示拥有权,他们又铸三个威武的骑士像雄赳赳地立在上面①。

云南江川李家山出土的三骑士铜鼓　　玉溪市江川区文管所 张庭隆 供图

不过,中国学者始终认为,越南万家坝型和石寨山型铜鼓是从中国传播而去的为主。万家坝型通过滇、桂边区传播到越南的典型铜鼓有老街鼓、松林Ⅰ号鼓、茂东鼓。另外,越南北部的铜鼓造型和纹饰,明显有来自云南石寨山型铜鼓的影响,其兴安省洞舍鼓虽被越南学者划为典型的东山型铜鼓,却最近似云南晋宁石寨山 M10:3 铜鼓,鼓身上还镌刻有滇人形象的纹饰②。

郁江-浔江河道与南北流江河道之间,通过"五铢钱"铜鼓线索,可证有文化通道联系,由此可知南北流江是连接内陆腹地与南海道的交通枢纽。中国历史博物馆藏有一面岑溪五铢钱铜鼓③,堪称稀世珍宝。鼓面直径90厘米,鼓身高53厘米,铜鼓上的花纹都是捺按板印花,水波纹以四个曲折为一个单元,一个挨一个地捺印在鼓范上。五铢钱的外廓直径2.5厘米,孔径1厘米,"五铢"二字是工整的隶书,显然是用流通中的五铢钱在鼓范上按捺的。钱纹有正有斜、有顺有倒,钱与钱之间的距离有疏有密,甚至有的边框相互叠压。这些现象应是在制鼓范时用单个铜钱随手按捺的结

---

① 蒋志龙、樊海涛:《古滇文化史》,桂林:广西师范大学出版社,2019年,第161页:李晓岑在检测了江川李家山出土的三骑士铜鼓后,认为该铜鼓可能是从越南传来的,因为该鼓直腹、含铅较高,这在滇青铜器中较为罕见,多见于(越南)东山青铜器;鼓面上的三骑士则含锡高而含铅低,所以他结合鼓面的破坏性插孔推测这件铜鼓是越南传来的,滇人在上面铸造了三骑士以示权威。
② 谢崇安:《云南石寨山文化与越南东山文化的比较研究》,考古杂志社编辑、朱岩石主编:《考古学集刊》第21集,北京:社会科学文献出版社,2018年,第152-153页。
③ 蒋廷瑜:《广西铜鼓文献汇编及铜鼓闻见记》,第206页。

果①。此外,有报告称1954年征集于岑溪县一面径90厘米、高53厘米的五铢钱纹铜鼓被收藏在广西博物馆内,报告者确定为汉代所铸②。是否乃后藏于中国历史博物馆这一面,尚不明确。

无独有偶,类似岑溪这样五铢钱铜鼓实物,在相应地方志文献记载至少还有两例。一例是乾隆五十七年(1792)《郁林州志》卷二十艺文志载:

> 文昌阁铜鼓一,高一尺五寸,面径二尺六寸,底径如之。边出广一寸,腰束减二寸。自边至中央,凡十九晕。晕间或为雷文,或为螺文,或为五铢钱文,或为筱文(席纹)。中央隆起,内廊有横划十字文;沿边近里四分强,有六蟾蜍,相去一尺三分。蟾蜍前高一寸,足间一寸二分;后高八分,足间亦八分。鼓身凡三重带,二十七晕,晕间文与面同。两旁近上有耳,前后对出;近下亦有耳,左右对出。文如贯索形模,中度镂刻精工,色如绿沉,土花斑驳。盖西汉时物也。

另一例是民国二十四年(1935)《北流县志》卷三金石志记载:

> 石一里河村泗州庵铜鼓。嘉庆二年六月,石一里庞陂上里许溪边水潦冲激,见铜鼓一,乡人移入泗洲庵,以为更鼓。絜之,面径二尺四寸八分,高一尺四寸六分。圆好无缺,镂刻精工。周身有钱纹四百零三文,内篆五铢二字。鼓面蟾蜍六,古色斑驳。

由以上文献我们知道,玉林文昌阁铜鼓是以五铢钱纹为主要装饰的铜鼓,北流泗州庵铜鼓也是一面以五铢钱纹为主要装饰的铜鼓。修志者很细心,将泗洲庵铜鼓身上按捺五铢钱纹多少个都数了出来③。

从历史角度分析,岑溪、玉林、北流这三面铜鼓,无论从形态、大小、纹饰及其组合都相近④,属粤系铜鼓中的北流型⑤。而五铢钱是中国历史上流通时间很长的一种金属货币,始于汉武帝元狩五年(前118),一直到隋朝(公元6世纪)。蒋廷瑜分析,中国历史博物馆这面岑溪铜鼓上的五铢钱纹,应当是汉宣帝至汉元帝时期(前73—前33)的五

---

① 蒋廷瑜:《广西铜鼓文献汇编及铜鼓闻见记》,第207页。
② 洪声:《广西古代铜鼓研究》,《考古学报》1974年第1期。
③ 蒋廷瑜:《广西铜鼓文献汇编及铜鼓闻见记》,第208页。
④ 蒋廷瑜:《广西铜鼓文献汇编及铜鼓闻见记》,第208-209页。
⑤ 蒋廷瑜:《广西铜鼓文献汇编及铜鼓闻见记》,第207页。

铢钱捺印上去的①。

从地理角度分析,岑溪、玉林、北流同处广西东南部地区,现分属梧州市(岑溪)和玉林市,但通过北流江及支流黄华江、义昌江等与浔江相通。五铢钱铜鼓在这一区域分散发现,证明浔江通过藤县的北流江,有文化通道和航运通道相连,并翻过桂门关(鬼门关)顺南流江到达南海岸边的合浦。

越南学者考察五铢钱铜鼓　　　　　　　　　　　　　　蒋廷瑜　供图

国外学界对铜鼓也有A、B、C、D、E、F几种类型划分之说。A、B型都是先秦即开始使用的类型,B型是A型的发展,但B型在西汉时A型已经绝迹的情况下,也大量流行。从B型开始,铜鼓的使用才比较广泛。而恰恰就是这类铜鼓在西南陆海走廊的探讨中引人注意,它的分布范围就在走廊沿线地域内,即四川南部、广西西部和贵州西部这片地域,目前发现的B型铜鼓迄今已有五六十具②。

古代西南民族对铜鼓的膜拜可比神灵,至今在使用和传播过铜鼓的区域还津津乐道。2021年8月,广西隆林各族自治县文管所原所长、85岁的王文魁(彝族)为笔者讲述发现隆林1号铜鼓(也系石寨山型)的故事。发现之前,铜鼓所在地点的村民就一直盛传,久远之时,他们村寨(管肖乡共和村)有一面铜鼓与水怪打架时,不敌而躲藏在距地面有两米左右的水井壁间。结果1985年他代表县博物馆去发掘,确实就在这个村的一口枯井发现这只铜鼓,发现时也确实紧贴井壁。

---

① 蒋廷瑜:《广西铜鼓文献汇编及铜鼓闻见记》,第209页。
② 汪宁生:《试论中国古代铜鼓》,云南文物考古研究所编:《石寨山文化考古研究论文集》上册,北京:科学出版社,2018年,第175页、192页。

| 第四章 南路文化北上证明陆海互通 |

图为广西西林县普驮乡普驮村一角。红圈处的西林—定安公路上,为普陀铜鼓墓、铜棺葬出土地点,西林县正在其傍筹建博物馆

喜爱铜鼓的民族,一般铸有大小相同的一对同时使用,称为"公鼓"和"母鼓",不同敲击,产生不同音调。即使对二者的同一部位敲击,产生的音调效果也不相同。云南民族研究者白兴发曾调查"俫人"(后详)对公母铜鼓的认定,即为铜鼓民族的典型共识:

> 铜鼓有公母之分,公的代表太阳,鼓面的"日芒图案"表示一年的十二个月;母的代表月亮。敲铜鼓节奏时,公的悬离地面,母的横卧于地与公鼓鼓面相对,演奏者右手持藤锤,左敲右击两个鼓面,左手拿一小棍击公鼓腰部,能演奏出十二种不同节奏的音响组合。①

铜鼓在壮族地区,被称为"拈"(音),与之对立要互相打架、打仗的水怪为"额俄"(音)。他们的争斗一般发生在夜晚,铜鼓自动飞出去找"额俄"打,第二天只要见到其身上沾了水草(壮族称之为"莫"),就知道它又一夜辛苦。为了防止铜鼓晚上偷跑出去寻找水怪,人们就把它用铁链锁住,还用山羊角绑在铜鼓耳上,寓意为山羊不能也不敢下水、下海,自然就与奋不顾身奔水而去的铜鼓形成反力。这些防范措施完成后,大家还不放心,还要把它藏起来设法不让它飞。传说铜鼓一般打不赢水怪,不是

---

① 白兴发:《广南县俫人情况调查》,《民族调查研究》1989年第1、2期合刊,第146页。

被打得伤痕累累,就是被水怪所捉。西林县研究铜鼓民俗的韦定仍告诉笔者,据称该县那劳镇那劳村就有一只铜鼓被水鬼所制困于潭中。他还叙述自己曾笃信传说的趣事,1980年代初,听说田林县平塘乡龙潭村有口水塘里,一面铜鼓被水怪用树根缠住,只有每天下午隐约可见,自己竟在那里连续蹲看了三个下午。

1936年出生的广南县杨柳井乡西洋街村宋荣芳及其女婿蒋开祥也告诉笔者,西洋街也有铜鼓与山羊的传说,二者和平相处,共同对付穷凶恶极的"额俄"。幼时家居西洋街的西林县文联主席岑斌则说,当地认为"西洋"一词,是"四个铜鼓"之意。他认为,壮语中"拈"的意思,不是泛指一般的铜鼓,而是其中精美、厚重的极品铜鼓才能配称,西洋街村的四只铜鼓,就是铜鼓中的"重器"。

云南麻栗坡县新寨村民至今尚在各种节庆、仪式中,同时置放公、母二只铜鼓进行敲奏。鼓手坐在两鼓一侧,右手执木槌,左手握竹条,右手鼓槌交替打击"母""公"鼓面光体。"母"鼓为主音,"公"鼓为配音,竹条敲击"母"鼓腰部配以节拍[①]

---

① 图采自文山壮族苗族自治州文化局编著:《文山铜鼓》,昆明:云南人民出版社,2004年,第222页。

| 第四章 南路文化北上证明陆海互通 |

广西西林县教师进修学校退休校长、1939年出生的韦定仍（中），对地方文化研究情有独钟，本人虽是壮族，但对瑶、苗等民族语言和汉语南方方言皆能懂能说，尤其对铜鼓研究见解深透。图为他在西林县原文化局局长王合兵（左）家里，绘声绘色地向笔者介绍铜鼓的相关情况

笔者在云南广南县杨柳井乡西洋街村访问85岁的宋荣芳（左二），她曾在杨柳井乡航管站工作40年，对西洋街得名与铜鼓有关联一事侃侃而谈。右一为广南县文管所原所长陈应文，左一为广南县博物馆副馆长黄文卫

铜鼓在壮乡的上述流行传说，折射出的史实应该是：民族迁徙与争斗，在迁与斗过程中的融合。笔者认为，这种情况也反过来有通道侧影暗含其间。譬如山羊，在西南夷青铜器中有较多反映，有的就伴铜鼓出土，西林铜鼓墓乃典型。它出有5件铜山羊纹饰牌，每件压印出浮雕式的山羊一只，脚踏祥云，昂首回望，其角长而弯曲，鄂下

有长须;还出土有铜心形牌饰一组6件,每件都有一只绵羊作纽饰,羊头短粗,角短而卷①。用羊所作装饰,不可能与中原华夏族只取吉祥之意,与2000多年后尚在盛行的羊阻止铜鼓入水打仗的传说息息相关。同时,羊的矫健和逐草而徙的特点,也是西南民族即使有耕田、有邑聚之时,族群仍有迁徙无常的心理准备有关。

出土于广西北流市石科镇(原石窝乡)的"土101号鼓",系迄今为止出土的全世界最大的铜鼓,面径165厘米,残高63.5厘米(鼓足几乎全部残缺),残重300多千克。1998年6月,广西民族大学万辅彬教授牵头,以1:1复制于该校校园内,为民族大学学生增加对古代铜鼓直观认识默默起到教案作用,现成为学校的"网红打卡地"之一　　　　　　　广西民族大学 吴兆明 摄

根据以上仅仅是铜鼓的流传路径,我们可以看出,左右江上下游一带,西通滇、北通黔、东达右江下游直至南海,南达左江上游直至越南、老挝,都存在一条先秦开始古人足资利用的天然水陆通道。

---

① 蒋廷瑜、彭书琳:《试论句町铜鼓》,文山壮族苗族自治州文化局编:《声震神州——文山铜鼓暨民族历史文化国际学术研讨会论文集》,昆明:云南人民出版社,2005年,第29页。

第四节　僚人北迁：铺天盖地的通道利用

西南民族迁徙大多是从北往南，僚人入蜀是反流，这也是文化从南北进的重要证明。落后的僚人初来时汉强僚弱，只能在穷乡僻壤之中选择一些无主的深山老林，作为暂时栖身之所①，"巴西、渠川、广汉、阳安、资中、犍为、梓潼，布在山谷"②。但随着时间推移与汉人及汉人官吏的压迫，他们奋起反抗，"吞没州郡"，连江阳郡也被迫侨治犍为郡武阳县地③去了。蒙文通感叹："僚之初来，蜀之荒废几三百年；及僚汉蔽合，而蜀之兴盛亦三百年。"④

僚人的"僚"字，专指南方少数民族时，过去皆作"獠"。正确发音应该念作lǎo⑤。不过，东汉许慎《说文解字》中有"獠"字，注音曰："獠，猎也，从犬寮声。"⑥只有一个"田猎"的义项和liao字的发音。但是梁满仓通过对《玉篇》"獠"字的切音分析认为，到了南朝，人们就把特指少数民族的"獠"字读作lǎo了：

> 《太平御览》记载"蜀人张育、杨光等起兵二万以应巴獠"，特在"獠"字后面注音说"音老"。同书又引《广志》："獠在牂牁、兴古、郁林、交趾、苍梧，皆以朱漆皮为兜鍪。"在"獠"字后面又注音"音老"。《广韵》对"獠"作为南方少数民族称谓的注音有二：一个为张绞切，另一个为卢晧切。卢晧切的下字"晧"读音为"好"，切音结果即为lǎo。我们知道，北宋初编成的韵书《广韵》，是《切韵》的增广本。《切韵》是隋代陆法言所作的韵书。由此可见，从南朝以后，专指少数民族的"獠"字便定音为lǎo。因此，僚人读为獠（lǎo）人是有音韵学根据的。⑦

---

① 田曙岚：《"僚"的研究与我国西南民族若干历史问题（初稿）》，贵州省民族研究所编：《贵州民族研究参考资料》第八集，内部资料，1981年9月，第11页。
② 李膺：《益州记》，[宋]郭允蹈撰、赵炳清校注：《蜀鉴》，北京：国家图书馆出版社，2010年，第199页。
③ 郭声波：《从华夷边镇到四道枢纽：浅谈泸州政区演变与地区角色的转型》，成都市地方志编纂委员会办公室编、高志刚主编、李勇先等副主编：《志苑集林》第一辑，成都：四川人民出版社，2019年，第2页。诚谢李勇先教授赠书。
④ 蒙文通：《汉、唐间蜀境之民族迁徙与户口升降》，《南方民族考古》1991年第3期。
⑤ [晋]常璩著、任乃强校注：《华阳国志校补图注》，上海：上海古籍出版社，1987年7月第1版，2011年7月第5次印刷，第512页。
⑥ [东汉]许慎：《说文解字》，北京：九州出版社，2001年，第570页。
⑦ 梁满仓：《僚人三考》，周铃、王国祥主编：《僚学研究》第二辑，北京：中国广播影视出版社，2017年，第1-2页。

僚人大规模入蜀,乃成汉政权李氏所引,他们自南越、牂牁、老挝等地而来,并与蜀地土著僚人合流,是西晋末年产生影响西南的民族迁徙与融合现象的大事件,尤其对四川影响深远。《晋书·李势载记》惊奇这一突然产生的民族流布情况:"初,蜀土无僚,至此始从山出,北至犍为、梓潼,布在山谷,十余万落,不可禁制,大为百姓之患。(李)势既骄吝……不恤国事,夷獠叛乱,军守离缺,境宇日促。"《太平御览》卷一六八于巴州下引《四夷县道记》记载:"李特孙寿时(338—343),有群僚十余万从南越入蜀汉间,散居山谷,因斯流布。"缪钺认为:"僚族从南越入蜀是要经过牂牁的,所以可以说是从牂牁入蜀。"①蒙文通也认为:入蜀之僚来自南越,非止牂牁也。当是南越入牂牁,再至牂牁入蜀汉②。他进一步分析,僚人入蜀乃是越南南方国家势力林邑、扶南的崛起而导致的:

> 然交趾俚、僚之迁徙北方,殆又以林邑、扶南崛起于汉晋之世所致。《水经·温水注》言:"古战湾,吴赤乌十一年(248),魏正始九年,交州与林邑于湾大战,初失区粟也。"又言:晋康帝建元二年(344),林邑王范文"攻日南、九德、九真,百姓奔迸,千里无烟。"当正以林邑北侵交州,于是交州之俚、僚乃相继北上,而槃瓠、廪君、賨人遂亦北迁。③

北上的俚、僚对原有夜郎部落联盟中的句町与漏卧等国所居之民自然形成冲击,《华阳国志》明载其系濮人所建之国,但其民族成份来说,应该有壮傣语民族的先民,而且所占比例还比较大。考订其位于今日滇黔桂结合部,现今这里几乎都是壮族和布依族聚居,有学者明确认为句町等国是壮族先民所立。随僚入蜀中,就有壮族、布依族先民,并且直至明代还有迹可循。《明实录》记载川南一带"作乱"的民族"各种夷"中,包括有壮族、布依族别称的"仲家子",百越后裔北上到了川南不容置疑。再联系北盘江流域从下游直到安顺,至今仍然聚居着布依族的实际情况来看,北上川南的百越族系,应该是从滇黔桂结合部沿此通道来的。其远,则包括浔江流域一带的古族群④。

今两广和越南北部,先秦时期的居民主要有苍梧、路人、瓯越、瓯、邓、桂国、产里、损子、句町、交趾等许多古国的居民或部落群体⑤,学界普遍认为是百越中的西瓯、骆

---

① 缪钺:《读史存稿》,北京:生活·读书·新知三联书店出版,1963年,第109页。
② 蒙文通遗:《越史丛考》,北京:人民出版社,1983年,第55页。
③ 蒙文通遗:《越史丛考》,第56—57页。
④ 详见本章第三节《苴侯蜑侯:巴蜀地域星星点灯的先秦方国》。
⑤ 邓敏杰、邓韬:《广西政区集成》,南宁:广西人民出版社,2014年,第2页。

越散居之地。

"自交趾至会稽七八千里,百越杂处,各有种姓"①。表明百越内部并非纯种,而是族系众多。自然,处于岭南的西瓯、骆越、南越族系,也非一统,其内部也有不同支系,且为数不少。故没像云贵高原那样,君长以什数中,脱颖而出产生夜郎和滇这样"最大"的部落联盟长。

不过,岭南民族在遇到强敌进攻时,也能在有一定组织能力的君长如译吁宋之类统领下,进行强烈对抗。只是这个强敌太强,导致自身失败后再无力一统民众形成大规模和大面积的反抗:"秦皇……乃使尉屠睢发卒五十万,为五军,一军塞镡城之岭,一军守九疑之塞,一军处番禺之都,一军守南野之界,一军结余干之水。三年不解甲驰弩。使临禄无以转饷,又以卒凿渠而通粮道。以与越人战,杀西呕君译吁宋。而越人皆入丛薄中,与禽兽处,莫肯为秦虏。相置桀骏以为将,而夜攻秦人,大破之。杀尉屠睢,伏尸流血数十万,乃发适戍以备之。"②

这条史料记载的"译吁宋"和各"桀骏"之将,显示西瓯的各部落君长,能斩杀秦军主将并使之"伏尸流血数十万",显示勇猛顽强之势。只是百越民族在正常社会发展进程中,突遇能横扫六国也不在话下的对手,发展进程不得不被"腰斩"最终导致失败,就连西瓯族名"从历史文献上看,真像是'昙花一现',前无踪后无影"③了。四散的族众,即有转化为僚称者,转化为僚的其中一部分即有北进巴蜀的分子。

在巴蜀地区本也有僚人分布,徐中舒认为古代巴族即有僚称。他分析《博物志》《魏书·僚传》《旧唐书》《宋史·蛮夷传》《华阳国志·李特雄期寿势志》《四夷县道记》《晋书·李寿载记》诸书中有关僚的描述,总结出"僚为巴族的坚强证据",结论为:唐宋时南越有僚族,本来是事实,而蜀土原来就有僚族,即未开化的巴族,也不容否认④。

任乃强认为,僚为南方民族,族源出于老挝一带,秦汉时向南中地区扩散,曾经深入巴蜀,在南中人口数量仅次于濮⑤:

(僚人)盖与今老挝民族同源,近世贵州境内有所谓仡佬族,即其遗存也。此民族杂居于大西南区各民族间,与汉政权发生关系者甚早。所云"獠僰""夷獠"并指四川红盆地西南徼外之民族。此言"始从山出"者,"獠"本以牂柯

---

① [宋]王应麟撰:《通鉴地理通释》卷五,文渊阁四库全书本。
② 陈广忠译注:《淮南子译注》卷十八《人间训》,长春:吉林文史出版社,1990年,第885—886页。
③ 蒙默:《南方古族论稿》,北京:商务印书馆,2015年,第481页。
④ 徐中舒:《巴蜀文化初论》,《四川大学学报》1959年第2期。
⑤ 《华阳国志校补图注》:第276页、第312页。

为中心居住区。由李雄时,蜀中民徙地空,招徕客民垦实,"獠民"始大量移入红盆地内丘陵地区。初与汉族相安。至李势时政治衰乱,汉"獠"冲突渐起。聚居河谷或平地之汉民,生齿日繁,兼并日亟,失业贫农不胜地主压迫,力不能抗,自必投入山林,结导"獠人","獠人"亦因市易之间备受富势者欺侮,一面发展山区农业;一面对压迫者进行斗争。冲突结果,地主势力必渐退缩,"獠左"势力逐渐发展入于河谷地区。常璩等官吏阶层与地主阶层,始感"獠人"压迫,谓其"始从山出……大为民患"也。大抵直至宋代,"獠乱"始渐衰息。元代乃不更有。"獠乱"之始,则李势时也。①

贵州民族研究者田曙岚认为,僚是濮的直系后裔,也是现代民族仡佬族的先民,不同历史时期称呼不同而已②。今云贵、岭南汉晋之时居住着种类繁多的百濮族系和百越族系,他们以夜郎、滇、句町、漏卧、进桑等方国部落形态生存繁衍,甚或"异源同流",形成僚人体系,分别融入今日汉族或其他现代少数民族特别是仡佬族③之中。在西迁的苗族和东迁的彝族先民两面夹击下,从牂牁分头北进"剑南"和南走"岭南"④。

蒙默也认为早在李寿入蜀之前几十年以至几百年,蜀中即有僚人居住生息,僚人就是濮人。特别是其撰就的《僰为僚说》⑤《"蜀本无僚"辨》⑥《略说仡佬族自称的演变——〈僰为僚说〉补议》⑦三文影响较大。但就僚人北迁的原因,他分析是:

> 我们确信,昆明(彝)的向东发展是僚人北迁的真正原因,而僚人的大量北迁又反证了昆明在这时期有着突出的重大的发展。昆明的统治上层取代濮人统治上层对云贵民族地区(包括越巂)的基层实际统治地位当也正是在

---

① 《华阳国志校补图注》:第512页。
② 田曙岚:《试论濮、僚与仡佬的起源及其相互间的关系》,贵州省民族研究所编:《民族研究参考资料》第一辑,内部资料,1980年4月,第12页。又田曙岚:《"僚"的研究与我国西南民族若干历史问题(初稿)》,《民族研究参考资料》第八集,内部资料,1981年9月,第11页。
③ 熊宗仁:《避免误区减分歧 创新思路增共识——关于夜郎及其文化研究和开发利用的审视》,多彩贵州文化旅游研究院主编:《传统与当代——首届夜郎文化高峰论坛文集》。北京:九州出版社,2018年,第22页。
④ 田曙岚:《骆、里、哀牢都不可能是僚族的先民或同族》。此文为田曙岚先生遗稿,油印,未公开出版,笔者购得保存。
⑤ 蒙默:《僰为僚说》,《南方古族论稿》,北京:商务印书馆,2015年,第14-53页。原载《凉山彝族奴隶制研究》1977年第1期、1978年第1期。
⑥ 蒙默:《"蜀本无僚"辨》,《西南民族学院学报》1983年第3期。
⑦ 蒙默:《略说仡佬族自称的演变——〈僰为僚说〉补议》,《南方古族论稿》,北京:商务印书馆,2015年,第77-96页。原载云南民族大学编:《民族学报》第十辑,云南民族出版社,2013年。

这时期所确定①。

戴裔煊认为僚即骆之异译,僚本出于骆或雒,亦即lao之对音②。基本认同其观点的学者有闻宥、徐中舒、缪钺、尤中等人③。

刘复生综合了以上观点,认为"引僚入蜀"和"始从山出"两种书写不可偏废。无论是"纵"还是"引",或者其他原因,僚人的迁徙行动并无统一指挥,是分散的长时段的行为,影响及至隋唐时期④。入蜀僚人来源不是一个特定的地方,长久留存的固有习俗也表明其来源多元,分散而来的不同族群习俗和信仰并不完全相同⑤。

根据以上论断,笔者分析,其一岭南和越南北部的骆越、俚人等诸多民族,在受林邑、扶南压迫情况下,通过蜀交趾道北移云贵南中地区是有可能的;而此前西汉消灭夜郎,夜郎主体民族濮人南逃九真等地,待到骆越北进时,已有一部分融入了濮系基因,这一种新的混血民族再回南中,与濮混居时更易再次混血融合,谈藁县内有"濮僚"居住⑥,就是已经混居较久,形成的一种"混血、混俗之新种"⑦。这种新种,随着濮称在历史上的消失,"僚"名愈显,便以僚人之名立世,其北进四川的支系,更就没有人再称濮了。

其二,居住在牂柯的濮,形成了"夜郎最大"的方国部落联盟的统治民族和主体民族。随着西汉政权的强势扩张,有一部分逃亡或迁徙到了越南北部,绕过句町控制范围,又转进今广西南部和广东东部一带,与骆越混居形成濮的本质未变的新族群,遂以僚称、俚称自立。加上句町统治民族虽系濮人,但主体民族为骆越,在长期的统治中一部分骆越融入濮,随着王莽的连年用兵,南逃东迁也进入越北和两广,形成僚俚之人。被统治民族中未被融合的部分反而不一定迁移。

其三,寯、昆明从西向东,从北向南迁徙中也挟带有濮与骆越,在元江(红河)流域后汉时演变为乌浒,继转北进入云南高原东部⑧。其间,大部分乌浒转化为乌蛮,一部分乌浒也转化为僚人。

---

① 蒙默:《略说仡佬族自称的演变——〈僰为僚说〉补议》,《南方古族论稿》,第53页。
② 戴裔煊:《僚族研究》,《民族学研究集刊》1948年第6期。
③ 田曙岚:《骆、僚研究》,《中南民族学院学报》1986年增刊。
④ 刘复生:《西南古代民族关系史稿》,上海:上海古籍出版社,2020年,119页。
⑤ 刘复生:《西南古代民族关系史稿》,第120页。
⑥ 《华阳国志校补图注》,第273页。
⑦ 《华阳国志校补图注》,第276页。
⑧ 《华阳国志校补图注》,第233页。

魏晋以来,濮越逐渐有融合趋势,中原史家也难辨彼此。三国以前文献中有濮无僚,魏晋南北朝时濮、僚并用,在这以后濮称逐渐为僚称所取代①,于是"僚"便成为史家送给濮、越民族的通称②。以上几类僚人中的一部分,北进四川,形成了僚居川蜀的主体。但四川此前的本土百濮,如川南僰人等尚存,从巴为主的民族中遗留的后裔如夷人、獽人、蜑人等也还有相当势力,北进僚人与土著非华夏族群声息相通,同枝相怜,共同应对汉人政权,遂形成了"荆州极西南"皆僚的特殊民族生存现象。实际上,被汉人统称为"僚"的这一芜杂的族群内部,支系林立,种属各异,演进至近代,遂有多种现代民族出现。

"从牂牁引僚入蜀境,自象山以北尽为僚居"③,僚人与汉人冲突在所难免。前述江阳郡被迫西迁,而嘉陵江支流巴河(今渠江)秦置宕渠县、蜀汉置宕渠郡④,南朝宋、齐之世也被迫四处飘零,或东或西或南或北置为侨郡⑤。其中,于泸州就置有南宕渠郡。笔者一直在研究泸州怎么加上这个"泸"字的,从南宕渠郡的迁置及蒙文通分析,终于可窥一二:

> 僚人入蜀,予当地土著居民以巨大冲击,于宕渠賨人见之最明。宕渠本賨人聚居之地,《华阳国志》谓"故賨国,有賨城"。然自"李寿乱后,为诸獠所侵,郡县悉皆荒废"(《寰宇记》《舆地纪胜》渠州)。于是宕渠之賨人流移四方,而宕渠郡县遂于宋、齐之世屡侨置于异乡:刘宋于盐亭、涌泉置西宕渠郡(《寰宇记》),于安汉(治今南充县境)置宕渠郡(《纪胜》引《元和志》称南宕渠),又于今合川县置东宕渠郡《元和志》,而于泸州置南宕渠郡(《舆地纪胜》),梁又于流江置北宕渠郡,此皆随宕渠居民流移所之而置,而宕渠居民固当以賨人为主也。⑥

南朝刘宋侨置的南宕渠郡,当在江阳,而非泸州,泸州在其后半个多世纪南朝梁武帝大同年间(535—546)才得名。此名突兀而来,非华夏之名明显,故迨至明代,杨慎

---

① 蒙默:《"蜀本无僚"辨》,《西南民族学院学报》1983年第3期。
② 翟国强:《先秦西南民族史论》,哈尔滨:黑龙江教育出版社,2012年,第185页。
③ 李膺:《益州记》,[宋]郭允蹈撰、赵炳清校注:《蜀鉴》,北京:国家图书馆出版社,2010年,第199页。
④ 《华阳国志校补图注》,第49页:宕渠郡,蜀先主置。以广汉王士为太守。郡建九年省。延熙中复置。寻又省。永兴元年,李雄复置。
⑤ 刘复生:《西南古代民族关系史稿》,第128页。
⑥ 蒙文通:《汉唐间蜀境民族之移徙与户口升降》,蒙文通著、蒙默编:《蒙文通全集》(四),成都:巴蜀书社,2015年,第315页。

和泸州地方士子曾屿等人曾联名建议,恢复江阳,弃用有"蛮夷"辱称的"泸州"名①。

《华阳国志》称"宕渠盖为故賨国。今有賨城、卢城"②。南宕渠郡侨置江阳,拥入大批賨人的同时,也流入一批卢人,梁武帝建置泸州,或莫辨逐渐汉化的賨与卢的区别,乃以卢人所居,"取泸水为名"③,遂诞生泸州之称。

宕渠何义?卢城在哪?任乃强作过一定考证:

> 宕渠,汉旧县。宕,《说文》"洞屋"。渠,羌氏语称水与江河之意。盖巴氏谓山崖为dang,汉人造宕字以适之,故"宕渠",系用土人语为县名,亦如苏示、

---

① 冯其明:《家住川南锦水东——略谈〈少岷拾存稿校注〉中的泸州情缘(代序)》,[明]曾屿著、曾广溯校注:《少岷拾存稿校注》,成都:西南交通大学出版社,2018年,序言III-IV页。又169-172页:《江阳完城记》:江源为汶水,东为锦水,又东驰千里雒水、资水入焉。两汉地志曰:江阳云,江阳之水,泓淳澄淑,厥味井寒,万室并受其福。山从青神发,至是界于两川,山川相缪。若或经营,汉人城之,匪直据胜,抑亦相厥水泉,宜民人尔。历世虽多,其迹可知。
乃嘉靖十有六载,提兵薛公住节于斯,以身为政,以政为教,人心坚凝,所在成城,然惕若之念未尝息也。暇日进父老曰:"尔土罢施,孰先且重?"
曰:"民多质,狱讼不足讯也;士多良,习性不足移也;贾多信,市廛不足箴也;工多拙,术艺不足戒也。所先且重者三焉:事若迂而不协于情者一,愿去谬以即故;务若难而不便于众者一,愿去蠹以即实;具若未而不悉于守者一,愿去倾以即壮。"
公曰:"何谓去谬以即故?"曰:"两川西来,州处水阳,故曰江阳。汉晋无改焉,讹为泸,自梁始。泸在蜀边越巂,有泸山、泸水,驿传有泸川、泸沽,今尚相沿。《国志》既存,往《牒》犹悉。与我江阳地势旷隔,中经五六郡邑,又非隐伏。彼梁,盗窃之国,无谓而挈瘴乡之故横加于内地,没此邦之实,眩谬不伦,淆乱地纪,是谓不协于情,故愿去谬以即故。
田赋之弊,未有甚于吾土者。屯亩弊矣,民亩滋弊。闻右隐实亩以寡赋,良弱承多赋而虚亩,又征收失道,利归群猾,使一郡蒙不美之名,是谓不便于众,故愿去蠹以即实。重门击柝,圣帝之制也。设险守国,王公所同。
旧城日就圮溯,豫坎之道,何可忘之?是谓不悉于守,故愿去倾以即壮。"公曰:"嘻,尔土举三重焉,其大治矣乎。我筹之矣。去谬以即故者,正名也,匪有劳费。今天子明圣尚古,苟以是请,必无所抑。去蠹以即实者,清赋也。吾已核册,端绪乃出。去倾以即壮者,完城也。适逢乐岁,父老安之,吾何敢慢焉?"乃布令完城。
州长余君珂、指挥章勋、州贰黄士僎、胡举,实敦厥事;官僚诸役,实共效能。食,民食也,力,民力也,趋赴恐后,给费于官者无几。三越冬,功乃成。周遭九里而余,为丈千二百有奇,盖仍者半,新者半,易危增高,固圮坚溯,雉堞整整,楼橹翼然,与两川郁灵沣胜,雄伟倍。
他日父老咸曰,是可久之业也。三重克举,其肇于此乎?树石于亭,以纪载属予。予以为,天下务劳且费者,举之为难;劳而不费,费而不劳者次之。正名,无费无劳也;清赋,劳而不费也。完城之役,恒费且劳,今乃费而不巨,劳而不怨,裕如也。
矧于所谓劳而不费与无费无劳者,其举之也何有?
因并载之而系以辞曰:
大川源源,及兹为渊。内川溶溶,及兹为同。金镶育神,西山如云。及兹为域,鹤峙鸾停。汉城业业,肇基维烈。在山东南,在水西北,厥城维方,厥卜维良,曷以名之?曰惟江阳。梁隋窃据,乃失其故。相此湫泉,可知其误。历年滋久,古城何有。学士土城,宋孙羲叟。国朝聿兴,石城始营。指挥是役,曰皇甫霖。其后再作,楼橹宏拓。及兹渐敝,孰谓孰度。侃侃宪臣,人和物宁。三岁三熟,完我坚城。父老献言,三重维先。式克举之,垂千万年。
② 《华阳国志校补图注》:第49页。
③ 李吉甫撰、贺次君点校:《元和郡县图志》卷34《剑南道下·泸州》,北京:中华书局,1983年,第864页。

存鄢之类也。其县旧境包括今巴河(《汉志》潜水)、渠河(《汉志》涂曹水)流域全部。其故治为今渠县之三汇，即巴、渠二水合流处。①

对于卢人，众所周知"牧誓八国"中即有其人，实乃巴蜀一带最为古老的族群之一，又称为"奴"，《华阳国志》将之与濮、賨、苴、共、獽、夷、蜑并列为巴国之蛮②。卢城应即故卢国邑，惜其地不可考，但在宕渠境内当确③。蒙文通、蒙默父子引《括地志》言"房州竹山县及金州古卢国"认为，巴地之"奴"即从汉时中卢县(今襄樊市西南、南漳县东)的春秋卢戎之国迁入④。1980年代中期，孙华根据陈士林《彝楚历史关系述略》一文启示，撰文认为卢族或许即以河南洛水的支流卢水得名，他们至迟在春秋前期已移居江汉之域的鄢水一带，都城为今襄阳中卢镇，被庸、楚二国所灭后，西徙向巴臣服，秦汉之际与当地的賨族融合为賨人七姓之一，并存于宕渠⑤。看来卢(泸)实有其人也实有其族、其水，泸州"取泸水为名"，并非南朝梁武帝随意臆造。

位于巴河、州河交汇而成渠江处的四川渠县三汇镇，古代即为水路枢纽，至今保留不少极具特色的地域文化。与该县文广旅局机关党委书记雷虹(右一)、博物馆林邱(历史硕士，左一)探讨后，笔者认为此处或为古卢城所在的可能性较大，与地处下游的该县土溪镇已发掘的城坝遗址明确为賨城比邻

周锋 摄

---

① 《华阳国志校补图注》：第50页。
② 《华阳国志校补图注》：第5页。
③ 《华阳国志校补图注》：第10页。
④ 蒙文通：《周秦少数民族研究》，蒙文通著、蒙默编：《蒙文通全集》(四)，成都：巴蜀书社，2015年，第41页。又蒙默：《试论古代巴、蜀民族及其与西南民族的关系》，蒙默：《南方古族论稿》，第65页。原载《贵州民族研究》1983年第4期。
⑤ 孙华：《卢族西迁与彝族关系考》，《贵州民族研究》1987年第1期。

笔者对"泸州"得名分析，尚显浅陋，但古人所取地名，当有依有据，突然把自秦开始的江阳舍去另取新名，确应因形势变化、族群移转而新定，则合乎其制。此探索思路，也算给泸州治地方史留一思考吧。同时，也还顾颉刚早就评论过的尹吉甫、尹伯奇"或生于蜀、或游于蜀、或葬于蜀"①所论之非，给在当地沸沸扬扬争论不休一明确研究方向，以免造成贻笑大方之举。

僚人习俗又如何呢？研究者已铿锵其论，遑遑巨言，笔者不再累赘，只插一言：凿齿之俗同于百濮，详见下文《拓路先锋：西进南转的百濮群体》。

僚人北上入川的主要通道是川南泸叙地区②，最先从江阳郡界进入四川盆地③，正是通过唐蒙出夜郎的赤水河等川南孔道慢慢向遭受战乱的巴蜀腹地推进④。他们一些支系在横江、赤水河、南广河、永宁河、淯江、綦江一线停留，与当地土著濮人、僰人再融合、深化，唐宋时与氐羌系的乌蛮部落一同被称为"泸夷"。泸夷一支后来占据遵义地域崛起成杨保人⑤，土酋杨氏本即僚人⑥。

僚人在入川过程中，既有对旧有通道的利用，水银泻地般蜂拥而来，也有在荆棘丛林里踩踏循进，为后世或多或少的利用铺垫价值。但是，也因为聚族自重、占山称雄、画地为牢，使某些本是通途的交通陷于淤塞，阻滞了社会进步。北周统治巴蜀时期，在一次平息蛮僚反叛事件中，沱江流域发生有一则因通道问题成也萧何、败也萧何的典型案例：

> （北周）保定二年（562），资州盘石人反，杀郡守，据险自守，州军不能制。（陆）腾率军讨击，尽破斩之。而蛮子反，所在蜂起，山路险阻，难得掩袭。（陆腾）遂量山川形势，随便开道。蛮僚畏威，承风请服。所开之路，多得古铭，并是诸葛亮、桓温旧道。是年，铁山僚抄断内江路，使驿不通。（陆）腾乃进军讨之，一日下其三城，招纳降附者三万户。⑦

---

① 顾颉刚：《古代巴蜀与中原的关系说及其批判》，顾颉刚：《论巴蜀与中原的关系》，成都：四川人民出版社，2019年，第93页。
② 刘复生：《僰国与泸夷——民族迁徙、冲突与融合》，成都：巴蜀书社，2000年，第47页、75页。
③ 任乃强、任新建：《四川州县建置沿革图说》，成都：巴蜀书社、成都地图出版社，2002年，第210页。
④ 张铭、李娟娟：《赤水河在"南方丝绸之路"中的支柱意义研究》，《贵州文史丛刊》2017年第1期。
⑤ 谭其骧：《〈播州杨保考〉后记》，谭其骧《长水集》（上），北京：人民出版社，2009年9月第1版，第310页：我在这篇文章（引者注：指《播州杨保考》）写成后若干年，曾一度产生过杨保可能是古代僰人后裔的一支的想法，并且还找到了几条有利于证明这种想法的资料。又刘复生：《西南古代民族关系史稿》，第159-163页。
⑥ 蒙默：《略说仡佬族自称的演变——〈僰为僚说〉补议》，蒙默：《南方古族论稿》，第91页。原载云南民族大学编《民族学报》第十辑，云南民族出版社2013年版。
⑦ 《北史》卷二八《陆腾传》，北京：中华书局，第1013页。

以上都是沱江流域的治僚军事,从中折射出交通问题的重要性。一是三国诸葛亮时代和东晋初年,统治蜀地的中央政权就注重该流域的交通,辟有陆路以延展中水道的主道功用,使之形成路网。二是占据这些地域的僚人惧怕交通通达,一俟道路开通,其画地为牢、占山称王格局刹那间被打破,只得"承风请服",深知积极融入华夏主流才是其不二选择。至于铁山僚,是沱岷流域间偌大一僚人群体,入川后从江阳郡循着山林地区向北进展,约在南朝萧齐初年才到铁山地区①。盘踞在今井研、仁寿、犍为、荣县、威远、资中为中心的沱、岷二江之间的"荣威穹隆",俗称铁山的山地,嘉庆《四川通志》有简略记录:"铁山在县北,与威远县接界(《元和志》在旭川县北四十里)。府志:山从仁寿来,横亘井、犍、荣、威间数百里,产铁,诸葛武侯取铸兵器。晋后,僚人据之,谓之铁山僚。周陆胜平焉,世颂其德。"②

僚人对巴蜀的影响,蒙文通分析最为精辟:

> 獠人在蜀分布之广,甚可骇异;这时蜀境长江南北两岸都是獠人,嘉陵江以东整个巴山山脉直到汉水中游也是獠人,岷江东西两岸直到今之崇庆县、沱江两岸直到今之简阳县、涪江两岸直到之今三台县,也显然有獠人居住,由井研到资中一带,也是獠人居住……史言桓温入蜀,岁岁伐獠,但他的大军万人就在泸州"为獠所没",故《南齐书》比蜀于蛮陬,唐时中国强盛而蜀独衰,正是因为獠人为祸,以至对付南诏、吐蕃侵扰都须调东兵入援,因蜀无力抵抗。也就因为援军来蜀,而唐从此遂衰。即唐末,獠族和汉族逐渐融合,一直到宋,蜀地生产发达,经济文化不断提高,宋为中国最弱之时而蜀独盛。金、元相继南下,如入无人之境,百年之间始终不能入蜀;蒙古入蜀后,连战四十余年不能得逞,一地所系于全国乃如此也。

獠人入蜀的影响 宋人说,有蜀则有宋,无蜀则无宋。这是蜀对宋抵抗蒙古延长了四五十年,一个地方所系于全国的盛衰如此之巨;宋人只见蜀在南宋关系的重大,就说东晋不知用蜀,而不知獠人入蜀以后四川已就荒残,故《南齐书》比蜀于蛮陬,蜀早已不足用了。秦汉得蜀,靠蜀完成了中国的统一,这是蜀的盛时;晋唐的时代蜀衰,无助于全国。唐时它反拖累了全国。宋时蜀盛,它独立支撑了中国一段时间。蒙古三次西征,每次

---

① 任乃强、任新建:《四川州县建置沿革图说》,成都:巴蜀书社、成都地图出版社,2002年,第210页。
② [清]常明修、杨芳灿纂:(嘉庆)《四川通志》卷十七,清嘉庆二十一年木刻本。

用兵不过七八年,蒙古在蜀不得逞才入云南、入安南,仍不能解决蜀的抵抗,直到两浙闽广的抵抗都已失败,大陆全部陷落,四川势成孤岛,最后才为蒙古所征服。獠人入蜀的始终研究明白,四川一地在两千多余年的历史上对全中国所发生的好作用和坏作用也就明白了。①

此段论述,除了时空上强调獠人对蜀地而言的作用与反作用外,也看得出蒙文通对獠人血性偾张所致争强斗勇之风的隐喻,正因为獠、汉在宋时基本融合,四川汉人血脉中大量匄响着獠人基因,才能对抗金、元侵入。獠人甚勇猛、剽悍,故其族性顽强。清光绪所修《镇雄州志》专有一文《夷人异迹附》,较生动地作了证明:

> 黑娘,土獠也。居(镇雄州)黑墩天堂坝,膂力绝人,常负米一石二斗至府,往回五百余里未暮。能飞石至数里。宅旁有溪,深莫测,为黑娘捕鱼之所,今人无敢下者。安静廖司官与黑娘倩工栽插,黑娘命一女一媳往,自辰至午后已插毕籽种三石秧。廖宅有沟,将为桥,得巨石,长可二丈五尺,宽五尺,厚三寸余,众不能举。姑嫂扛其石以成桥,遂坐桥上各织绵带一副始归。黑娘所居对河有石,大如厩,上通二窍,吹之声闻五六十里,谓为海螺石,即黑娘吹以集众者。阿九,黑娘弟兄辈,魁梧并多力,能拔生牛角。尝乘马扳路旁乔柯,两股夹马,虚悬踰时,马不能下。土官忌之,命堪舆掘断所居地脉,阴遣刺客杀二人,灭其族。闻掘地脉时有二白鱼飞入河中,今名白鱼塘,塘畔岩上书大"唐"字,因知为唐人云。②

此记载剔除夸张成份,应为獠人风俗。故以此推之,这支"黑娘"土獠,系在獠人入蜀大潮中停留于斯的其中一支。

学界共识,獠人流徙至今,其中有部分演变成了现代民族仡佬族,贵州历史和民族研究者翁家烈勾勒其发展过程为:西南地区獠人中的大部分于唐代形成单一的民族"葛獠",宋代文献始记写为"仡佬"。宋元明清历代汉文献中仡獠、佶獠、土獠、秃喇、老佬、革獠、阁老等都是仡佬族的同称异写③。他们进入巴蜀以后,长期受到大汉族主义的歧视和盘剥,统治者甚至每年都要对其出兵进行大规模镇压与掠夺,《周书》卷四九《獠传》即有:"每岁命随进州镇出兵讨之,获其生口,以充贱隶",美其名曰"压

---

① 蒙文通:《獠人入蜀研究提纲》,蒙文通著、蒙默编:《蒙文通全集》(四),成都:巴蜀书社,2015年,第336-337页。编者下注:手稿,略写于20世纪50年代前半期。
② 光绪《镇雄州志》卷五土司条。诚谢陈介刚先生惠赐此资料并句读校正。
③ 翁家烈:《仡佬族》,北京:民族出版社,1992年,第2页。

僚"①。据此则北周俘掠僚口充当奴隶是奉命镇压,根本没有当之为人类,视同猎物,"乃公开的暴行"②。还有甚者,"尝取僚口以为阉人",满足其奢侈之欲③。即便和平时期进行正常互市贸易,也逞强买强卖、以次充好之实,唐代川南一带就因此激发过一次较大的僚人叛乱事件:

> 戎、泸间有葛僚,居依山谷林菁,逾数百里。俗喜叛,州县抚视不至,必合党数千人,持排而战。奉酋帅为王,号曰"婆能",出入前后植旗。大中(847—859)末,昌、泸二州刺史贪婪,以弱缯及羊强僚市,米麦一斛,得直不及半。群僚诉曰:"当为贼取死耳!"刺史召二小吏,榜之曰:"皆尔属为之,非吾过。"僚相视大笑,遂叛。立酋长始艾为王,逾梓、潼,所过焚剽。刺史刘成师诱降其党,斩首领七十余人。余众遁至东川,节度使柳仲郢谕降之。始艾稽首请罪,仲郢贳遣之。④

对僚人的征服和蚕食,彝族先民乌蛮也不遗余力,今贵州西部、云南东部彝族居住地区,在汉晋以前都是僚人及其先民濮人所居,正因为氐羌系强大后东进,才从僚人手中夺取。《西南彝志》记载有"濮裔以万计,久为彝所平"之类降服其人的史实。

乌蛮末流即今彝族,学界已无异议;乌蛮的源起,研究者认为乃《史记》所称昆明人,似已定论。唯任乃强见解殊异,认为是司马迁所称的"巂"⑤。并认为巂这个字,按颜师古《汉书注》"音先蕊反"、张守节《史记正义》"音髓",皆当读suí音,与后汉时"乌浒蛮"之"浒"(xǔ)、现在彝民自称"洛苏"(luǒ-sù)之"苏"音近,而不是读作今音xī⑥。他认为,巂是从喜马拉雅山区之南转徙来的:

> "巂",是几十万年前居住青藏高原羌塘地区,向南转进的一支民族。他从冈底斯草原进入藏南的洛塘;再逾喜马拉雅山脊而南入珞瑜、"珞巴"(老卡子);再循喜马拉雅南坡森林,狩猎东进,转入滇西的巂唐高原,发展为"倮苏"。它经营牧业,与自北来的昆明牧人共处,但并未融合。故只好向东南进入元江(红河)流域,发展为"乌浒";继转北进入滇东,发展为"东爨";再北进

---

① 《周书》卷四九《僚传》
② 唐长孺著,朱雷、唐刚卯选编:《唐长孺文存》,上海:上海古籍出版社,2006年,第519页。
③ 《隋书》卷六二《元岩传》:蜀王(杨)秀性好奢侈,尝欲取僚口以为阉人……(元)岩皆不奉教……岩卒之后,蜀王竟行其志,渐至非法……多捕山僚,以充宫者。
④ 《新唐书》卷二百二十二下,列传第一百四十七下。
⑤ 任乃强:《羌族源流探索》,重庆:重庆出版社,1984年,第134页:巂就是今世散居川、滇、黔三省的彝族。
⑥ 任乃强:《羌族源流探索》,第134页。

入乌蒙山区,发展为"水西",最后渡金沙江进入凉山。这一种族,历史上唐人称为"乌蛮",元人称为"罗罗",明清人称为"倮猡",今人称为彝族。①

笔者在研究中发现,任乃强1980年代发布的这一观点,30多年来治西南民族的学者没有人赞同,也鲜有人引用;更奇特的是,更没有人反驳。结合任老20世纪30、40年代长期的西康藏彝地区工作、生活、考察、研究经历,笔者更相信他切身深入民族地区感受和体验所作出结论的合理性。憾于自身学浅,不能进一步深入剖析再掘论据予以补充,留待自然科学进一步发展后,集人类学、民族学、历史地理学诸学科之力,共同为这一结论孰确孰谬再下断章。

从上述结论来说,彝族先民髳、乌浒、乌蛮,是中国西南民族中最早探索南方丝绸之路的践行者,他们探索了滇西之路,探索了交趾之路,也探索了秦时的五尺道之路,更探索了明代乌撒入蜀之路。当然这一路蹒跚艰险的行程,既伴有春阳,也伴有暴虐,沿线各族群皆在其强悍与勇猛中纷纷降顺,僚人就是其中典型,其融入彝人的比例非一二可论,近世凉山彝族中占人口50%的"白彝"便应当是被融合了的古代濮人后裔②。有木佬族血统的毕节地方研究者聂绍基,在与笔者讨论时,就言之凿凿,现贵州各地有彝族居住的城市街头,即使同是彝族民族身份,但血统的差异使他一辨即知:哪些融有他族成分、哪些是纯粹的彝人血统。彝族文化研究学者王继超更告知,彝族有"六祖"和"非六祖"两大系统。前者是直承彝族先民血统,后者融合有其他民族血统,甚或就是其他民族。

笔者考察中还发现,古代各民族对僚人的欺凌和压榨,至今保留的西南官话中还有残存,如"米格"一词。溯词来源,应为"灭仡"的音转。后因当代苏联战机"米格"系列对中国出口和投用,该词竟得以全国通用。只是西南官话中有"死了""完蛋了"等幸灾乐祸的含义,是纯正的汉语方言词,与国内其他地区用作俄语音译的汉字借写完全不同。原黔西县民宗局局长杨银象告诉笔者,今渭河(乌江上游支流)中有一段被称灭仡河,后民间即讹为"米格河",当地较大岁数者皆知。笔者分析,应是古代乌蛮与仡佬先民激战胜利后的语言留存。蒙默就录有一民间传说,当年乌蛮王沿鸭池河东向发展时,大肆屠杀仡佬族先民,因而"灭仡"一词竟成为死亡的代名词③。残存者受到"十彝

---

① 任乃强:《羌族源流探索》,第154-155页。
② 蒙默:《略说仡佬族自称的演变——〈僰为僚说〉补议》,《南方古族论稿》,第92-93页。
③ 蒙默:《略说仡佬族自称的演变——〈僰为僚说〉补议》,《南方古族论稿》,第93页。

挟一仡"的手段被强制服劳役、当奴隶,甚至弯腰伏地当作土司上下马的马墩①。

如前文所述,僚人北迁通道中,赤水河作为牂牁等西南夷腹地向巴蜀移民的民族走廊②,自是重中之重,必对进出巴蜀地域交通通道格局和族群文化心理等方面产生重大影响。汉政权强势,入蜀僚人龟缩山林各安本分,甚或受征助军供粮筑道;汉政权衰微,他们或纠合而叛,或持排而战,或僭号称王,通道被阻或当路勒索自是常事。当然,善于处理民族关系的地方军政官员,也会融合协调,有如红军过彝区时刘伯承与小叶丹歃酒盟誓,通道自能灿烂而开。西晋江阳太守侯馥,就成功在"㳽源"处理过与蛮僚的关系,使赤水河成为晋军攻向蜀地的咽喉通道③。隋资州刺史卫玄只身说服沱江流域大牢镇气势汹汹的僚人围攻一事,也尽展汉人官员个人魅力④。唐大中九年(855)十一月,大名鼎鼎的李商隐也因泸州刺史冼宗礼熟知夷僚之情,亲自动笔恳请朝廷"特许量留(冼)宗礼更一二年"⑤。延长任期的目的,就是让其娴熟处理民族事务的技能得以在泸南夷区进一步发挥。

从南而来的走廊通道,地下出土文物证明以外,民族迁徙、战争因素等诸多方面,也有从南到北的现象发生。东晋广州刺史邓岳伐蜀,"规取宁州,攻破夜郎"⑥之战,就如中国人民解放军在陈赓将军率领下的进军路线一样,是典型的从岭南横扫而来云贵高原;马援准备逆红河、出麓泠-进桑道进入益州参与平叛的上书,也是表明做好了从交趾北上的心理准备。方国瑜因此认为:"可知云南与交趾间通行大道,开辟已早。南诏时亦为要道,故多见于记载。"⑦

---

① 贵州省民委、贵州省民族研究所编:《贵州六山六水民族调查资料选编》,贵阳:贵州民族出版社,2008年,第70页。转引自蒙默:《南方古族论稿》,第93页。
② 张铭、李娟娟:《赤水河在"南方丝绸之路"中的支柱意义研究》,《贵州文史丛刊》2017年第1期。
③ 详见第八章第一节《鳛部道战争是中原文化深入南夷的重要载体》。
④ [唐]魏征:《隋书》卷六三《卫玄传》。
⑤ [唐]李商隐原著,刘学锴、余恕诚:《李商隐文编年校注》,北京:中华书局,2002年,第2229页。
⑥ 《华阳国志校补图注》,第272页。
⑦ 方国瑜:《中国西南历史地理考释》,北京:中华书局,1987年10月1版,2012年10月北京第3次印刷,第521页。

第五章 沿线族群互动证明走廊被频繁利用

从古猿到猿人到类人到古代人类,中国西南陆海走廊沿线地域都是适宜人类繁衍生长的乐土。川渝滇黔桂和越南、缅甸等地,过去和现在都是猿类演化发展的重要区域。迄今为止,西南、岭南和越南都发现有众多新旧石器人类遗址就是很好的证明,这个证明,也证明有天然通道贯穿其间,才能让古人类悠闲地"原生态"自然流动。

从夏商开始,百濮族系、百越族系、氐羌族系及其变化的巴蜀、瓯骆、僰僚、壮侗都相继活跃于斯。随着秦国的强势崛起和继承秦衣钵的汉武帝大力拓边,华夏族群大规模进入。到汉晋时期,少数民族接受汉文化俨然成为这一区域的主流。整个西南和岭南乃至越南北部,大体是这几个族系的若干族群,在此繁衍、生息、征伐和流动。他们生存和发展中的历程,自会产生出依赖或者变换通道的意识和行为。

第一节　沿线古人类活动活跃证明走廊天然存在

1.沿沱江-赤水河至黔西、黔西南,古人类活动带状分布

中国西南陆海走廊沿线,从川西平原到沱江流域、赤水河流域,从黔西观音洞到黔西南兴义猫猫洞,从左右江流域及其下游邕江、郁江、浔江乃至入海,乃至越南,都发现大面积的新、旧石器人类遗址。旧石器时代的资阳人、桐梓人、兴义人是古人类在考古学上的亮点,而其中的黔西市观音洞旧石器时代古人类早期遗址则更加璀璨夺目,在贵州只发现此唯一一处早期遗址。

观音洞遗址中发现的核状刮削器,其加工特点与从云南元谋人遗址发现的几件小型刮削器极为相似,只是元谋人的时代较早,石器较为粗糙而已,说明二者存在一定的继承关系。甚至从云南的丽江、路南(今石林),广西百色,四川汉源,重庆铜梁等地发现的石制品,都可以从观音洞文化中找到渊源或继承关系,这一区域的文化代表

了当时西南地区的主体文化①。

2016年6月,黔西县文化遗产保护局局长程文蓉向包括笔者在内的"西南古代出海丝绸之路考察团"(第二阶段)成员介绍,观音洞遗址为海拔1450米处山间石灰岩洞,主洞长90米,还有南北两个支洞。1965年至1974年间多次考察发掘,延续时代从距今20万年至18万年前,共出土石制品四千多件。贵州考古学家史继忠认为,鉴于石制品种类繁多,加工方法多样,文化风貌独特,故命名为观音洞文化;考古学界在谈到中国旧石器时代早期文化遗址时,常说"北有周口店,南有观音洞"②。

位于贵州黔西市的观音洞外貌　　　　　　黔西市文物保护中心　袁媛　摄

四川的旧石器时代古人类代表当属沱江中游的"资阳人"。资阳人头盖骨是西南铁路工程总局资阳工段于1951年3月17日至21日,在资阳县城东门外挖掘黄鳝溪大桥(铁路里程K148+395)至地面下8米时掘出。此项骨类已变成土黄色,但尚未形成化石③。对于资阳人的发现,翦伯赞认为:"不仅对中国旧石器时代人类分布提出了新问题,对旧石器时代人类体质的研究也提出了新问题。"④总之,意义重大。为此,这一

---

① 翟国强:《先秦西南民族史论》,哈尔滨:黑龙江教育出版社,2012年,第72页。
② 史继忠:《举世闻名的黔西观音洞》,《当代贵州》2013年第16期。
③ 西南文教部文物调查征集工作小组:《成渝铁路筑路当中出土文物调查报告》,《文物参考资料》第2卷第11期。
④ 翦伯赞:《考古发现与历史研究》,《文物参考资料》1954年第9期。

带被命名为"鲤鱼桥文化"①。

贵州旧石器时代的代表还有"兴义人"。黔西南州文物局崔利军告诉笔者,1974年冬,贵州省博物馆考古工作者在兴义市发现了猫猫洞,次年10月,省博物馆进行试掘。"该洞属于旧石器时代晚期末洞穴遗址"②,出土了7件珍贵的人类化石,属于新人阶段的兴义人③。

贵州贵安新区发现大量古人类遗迹、遗物等丰富的历史文化遗产,是目前贵州唯一建立起完整考古学序列、唯一以考古学完整书写贵州通史的地区,先后两次荣获"全国十大考古新发现"
贵州省文物考古研究所 供图 应腾 摄

猫猫洞遗址出土有四千多件石制品和骨、角器,以及数量众多的哺乳动物化石。文化面貌在国内是罕见的,"在一个遗址内出土人类化石之多,石器材料之丰富,骨器数量之大,制作之精致,在华南旧石器时代晚期是首屈一指的,在全国也十分突出。"④

赤水河流域的新旧石器遗存,当推贵州桐梓人化石,1972年发现在九坝镇白盐井村,填补了古人类发展进化中的20万年这个关键环节⑤,发现地点距离习水县地域仅仅10千米左右,都同在赤水河流域。赤水河沿岸的新石器遗存除了有赤水市板桥遗

---

① 吕遵谔、黄蕴平、范桂杰、胡昌钰:《四川资阳鲤鱼桥旧石器地点发掘报告》,《考古学报》1983年第3期。
② 曹泽田:《猫猫洞旧石器之研究》,《古脊椎动物与古人类》第20卷(1982)。
③ 何凤桐:《贵州境盘江流域的古文化遗存》,《贵阳师院学报》1983年第3期。
④ 中国科学院古脊椎动物与古人类研究所《中国古人类画集》编制组:《中国古人类画集》,北京:科学出版社,1980年,第156页。
⑤ 中国科学院古脊椎动物与古人类研究所:《贵州桐梓新发现的人类化石》,《人类学学报》1984年第3期。

址外,更当首推位于习水县土城镇的黄金湾①。自20世纪40年代起,土城地域就陆续发现有磨制石器,至80年代已确认磨制石器出土点十余处,出土石器近20件。

"2009年发现的黄金湾遗址,跨越了新石器时代、商、周、汉、魏晋、南北朝等不同的时期。"2015年7月,时任贵州省文物考古研究所研究二室副主任、黄金湾考古队队长张改课对包括笔者在内的考察南方丝绸之路东线(第一阶段)的学者们介绍。黄金湾新石器时代遗迹主要有房址、陶窑、灰坑等遗迹10余处,其中陶窑是贵州省境内已发现时代最早、结构最完整的陶窑之一。出土陶器典型器物有花边口沿罐、菱格纹平底器、杯、敛口小平底钵等,整体上与峡江地区和川南地区的新石器时代晚期遗存具有较多的共性,是该类遗存在黔北地区首次明确的集中发现,年代距今约5000年前后。

位于中国西南陆海走廊中部的安顺市平坝区,发现飞虎山遗址。它是在贵州新石器时代遗址中,目前已知年代最早的遗址②,有新旧石器文化互相交替的迹象③。同处黔中腹地与平坝相邻的贵安新区高峰镇岩孔村招果洞、马场镇牛坡洞,也发现有大量古人类活动遗址,招果洞3万年前可能是一个他们的中心营地④。

西南范围古人类应该有充分交流,如最早发现于水城硝灰洞旧石器时代遗址的"锐棱砸击技术"⑤,在兴义猫猫洞遗址⑥、普定穿洞遗址⑦等旧石器中晚期遗址中非常流行,并延续到新石器时代的平坝飞虎山⑧,以及紧靠黔西南的驮娘江新石器时代古人类。他们能对此技术广泛使用,延续时间漫长,不得不联系有一定的通道在桂黔滇相连的情形来审视。

盘县大洞旧石器遗址燧石为主要原料加工的各类石器工具,技术与类型上近于黔西北的观音洞文化⑨;飞虎山与观音洞、穿洞文化也有一定联系和继承关系⑩,其细石器与广东西樵山细石器有某些联系⑪。

---

① 禹明先:《土城发现新石器线索》贵州省博物馆考古研究所编,熊水富、宋先世主编:《贵州田野考古四十年》(1953-1993),贵阳:贵州民族出版社,1993年,第37页。
② 席克定:《贵州民族考古论丛》,贵阳:贵州民族出版社,2009年,第12页。
③ 李衍垣、万光云:《飞虎山洞穴遗址的试掘与初步研究》,《贵州田野考古四十年》(1953-1993),第13页。
④ 《贵阳日报》2016年7月27日。
⑤ 曹泽田:《贵州水城硝灰洞旧石器文化遗址》,《古脊椎动物与古人类》1978年第1期。
⑥ 曹泽田:《猫猫洞旧石器之研究》,《古脊椎动物与古人类》1982年第2期。
⑦ 毛永琴、曹泽田:《贵州普定穿洞史前遗址试掘中的石制品》,《贵州科学》2009年第4期。
⑧ 李衍垣、万光云:《飞虎山洞穴遗址的试掘与初步研究》,《史前研究》1984年第3期。
⑨ 六盘水市文物管理委员会、中国科学院古脊椎动物与古人类研究所、贵州师范大学地理系、盘县特区文化局:《盘县大洞发掘简报》,贵州省文物考古研究所编:《贵州田野考古报告集》(1993-2013),北京:科学出版社,2014年,第7页。
⑩ 李衍垣、万光云:《飞虎山洞穴遗址的试掘与初步研究》,《贵州田野考古四十年》(1953-1993),第13页、14页。
⑪ 曾骐:《西樵山东麓的细石器》,《考古与文物》1984年第3期。

四川的"资阳人"鲤鱼桥遗址和铜梁人遗址①，位于"中水道"上或附近。筠连县拱猪洞旧石器时代人类牙齿化石②，位于南夷道上；贵州的梓桐县九坝镇"梓桐人"化石、赤水市复兴新石器、土城黄金湾遗存等，位于川黔边赤水河流域。黔西观音洞、平坝飞虎山、普定穿洞、兴义猫猫洞、安龙观音洞和云南富源大河等，位于牂牁道和庄蹻故道上。这些古人类遗存也如后来的金属文化、汉文化一样，成线型分布，而且惊人重叠。即使距离遥远，相互关系也较密切。如铜梁旧石器占首位的刮削工具，与黔西观音洞有类似之处，尤以端刃砍砸器共为中国旧石器晚期最突出的标志③。

2. 左右江及上下游新旧石器工业发达，相连成片

　　右江上游主支流是驮娘江，2008年—2010年，共发现58处史前文化遗址或地点，其中旧石器遗址或地点34处，新时期遗址或地点24处，在新石器遗址或地点中，驮娘江、乐里河流域的田林县有10处、西林县有14处分布④。对于小小的县级行政区域来说，可谓空前密集。重要的是驮娘江流域的新石器明显具有云贵高原的一些文化因素⑤，证明早在史前时期，驮娘江不仅是人类迁徙的通道，更是文化传播的走廊⑥。

　　百色盆地的旧石器时代也具有典型意义。广西早期旧石器主要是以百色旧石器为代表，沿右江河谷西起百色市右江区，东至田东县思林镇，在长约90千米，最宽处15千米的盆地内均有分布"⑦。此外，在百色盆地西北侧的永乐盆地及田林县、平果市也有一些分布。目前已发现的旧石器地点有130多处⑧，距今约80万年⑨。这个富含制造手斧的石器"工业"地域，就像中科院古脊椎动物与古人类研究所黄慰文研究员所说："80.3万年前，百色当时可以说是一个相当发达的地方，人很多，植物很多。"⑩

---

① 重庆市博物馆：《铜梁旧石器的发现及其重要意义》，《重庆师范大学学报》（哲学社会科学版）1980年第1期。
② 游天星：《四川筠连人类牙齿化石的发现》，《成都地质学院学报》1983年第3期。
③ 邓少琴：《蜀故新诠》，邓少琴：《巴蜀史迹探索》，成都：四川人民出版社，2019年，第129页。
④ 胡章华、谢光茂、王亦然、蒙凡、陆海峰：《广西驮娘江流域新石器时代遗址考古调查报告》，广西文物保护与考古研究所编：《广西考古文集》（第五辑），北京：科学出版社，2013年，第101页。
⑤ 胡章华、谢光茂、王亦然、蒙凡、陆海峰：《广西驮娘江流域新石器时代遗址考古调查报告》，《广西考古文集》第五辑，第134页。
⑥ 胡章华、谢光茂、王亦然、蒙凡、陆海峰：《广西驮娘江流域新石器时代遗址考古调查报告》，《广西考古文集》（第五辑），第135页。
⑦ 林强：《广西史前生态环境》，广西壮族自治区博物馆编：《广西考古文集》，北京：文物出版社，2004年，第357页。
⑧ 右江民族博物馆编：《亚洲人类智慧之光——百色旧石器考古探秘之旅》，桂林：广西师范大学出版社，2012年，第23页。诚谢百色市右江民族博物馆馆长麻晓荣赠书。
⑨ 郭士伦、郝秀红等：《用裂变径迹法测定广西百色旧石器遗址的年代》，《人类学报》1996年第4期。
⑩ 右江民族博物馆编：《亚洲人类智慧之光——百色旧石器考古探秘之旅》，第83页。

| 第五章　沿线族群互动证明走廊被频繁利用 |

今日百色城区　　　　　　　　　　　　　　　　　　　　　　　　　　　段理 摄

沿右江而下，顺江分布有隆安大龙潭、邕宁顶狮山、横县江口和西津、桂平大塘城和庙前冲，以及粤桂边的梧州、封开一带，发现众多新、旧石器时代遗址。同时，钦州那丽、那坡感驮岩都与越南和右江流域有相同元素的石器发现，都连线分布在这条中国西南陆海走廊线上。以上说明越南中部和北部地区通过左右江天然通道进行过密切交流。为此，有学者认为，岭南与越北之间有陆海两条路线进行密切关联，一直延续到后世①。

2002年中科院古脊椎动物与古人类研究所黄慰文（前排右三）、侯亚梅（前排左一）等学者，在百色盆地杨屋遗址发掘现场合影　　　　　　　百色市右江博物馆　麻晓荣　供图

---

① 彭长林：《越南早期考古学文化研究》，南宁：广西科学技术出版社，2018年，第156页。

245

越南中北部和滇桂南部新旧石器连片分布。目前的考古工作中,云南南部、广西西部和南部、古代交趾地区旧石器和新石器文化发现越来越多,从各类石器文化来看,文化关系相当密切。

在云南,西南陆海走廊相关的有富源大河旧石器遗址,它是我国目前唯一发现较为完整的旧石器时代晚期遗址[1]。在滇南的河口县桥头孤山洞、马关九龙口仙人洞、罗平羊洞、丘北黑箐龙洞、蒙自人和西畴人遗址等,它们与越南石器文化连成整体。其中,位于右江上游流域的广南、富宁,有余家岩、铜木犁、龙根洞、革把村、西松小学等密集分布的新石器遗址。

包括越南北部发现的30多个洞穴遗迹,被命名为北山文化,属于新石器时代典型的阿舍利文化。越南北部还有度山文化,属于旧石器早期,推测可能在距今40万–30万年间;另外,谷安遗址位于越南北部北太省ThanSa河谷北坡的积姆阴岩,距今有2.3万年左右[2]。这些石器时代文化与滇桂粤联系密切,如有相似的屈肢葬和蹲踞葬等葬俗,有桂南典型的有肩大石铲,有两广地区大量分布的有段石锛和有肩有段石铲,有大量与珠三角地区、云贵高原相似的陶器等。另外,越南山围文化与两广地区旧石器时代晚期遗址中的砾石石器特征有可比之处[3],左江岸边的崇左矮洞的带柄短身端刃砍砸器与山围文化钮砾相似[4],刃角接近90度的"黄岩洞式石器"(位于广东西江岸边)在越南山围文化中有较多发现[5]。

越南和平文化范围还涉及到老挝、泰国一部分甚至马来西亚,由于广西白莲洞、广东封开等也有发现,有人认为它是从中国传播而去的[6]。文山州麻栗坡发现一件复合型石拍与越南冯原文化相似,红河州发现3件棍棒型石拍,证明东南亚其他地区文化,有通过红河水道渗透而来的痕迹[7]。

目前发现的考古材料来看,中国西南陆海走廊沿线地域古人类活动和遗存,各部位之间有联系和关联,可以看出它们的文化共性。这些共性的存在,必有天然通道作

---

[1] 政协云南省曲靖市委员会文史资料委员会、云南省曲靖市文化体育局编:《曲靖考古文集》(下册),昆明:云南民族出版社,2017年,第12页。
[2] 李大伟:《越南旧石器考古概况》,《大众考古》2018年第3期。
[3] 彭长林:《越南早期考古学文化研究》,南宁:广西科学技术出版社,2018年,第56页。
[4] 贾兰坡、邱中郎:《广西洞穴打击石器的时代》,《古脊椎动物与古人类》1960年第1期。
[5] 邓聪:《华南土著文化圈之考古学举要》,香港中文大学中国考古艺术研究中心、厦门大学历史系考古教研室编,邓聪、吴春明主编:《东南考古研究》第二辑,厦门:厦门大学出版社,1999年。
[6] 南省文物考古研究所、文山州文物管理所、红河州文物考古管理所编:《云南边境地区(文山州和红河州)考古调查报告》,昆明:公司云南科技出版社,2008年,第104页。
[7] 《云南边境地区(文山州和红河州)考古调查报告》,第103、105页。

桥梁。其中,赤水河沿线,黔西-兴义沿线,驮娘江、西洋江-右江沿线,在目前已发现的遗址或地点中,呈带状分布的特点特别明显。

第二节　西南拓路先锋:西进南转的百濮群体

从远古开始直到20世纪上半叶,西南夷地的族群长期处于动态中消融成长,你中有我,我中有你,族称繁杂难辨。或同源异流,或异源同流;或同源异名,或同源多名;或源浅流深,或源远流尽。现云贵大面积聚居或大分散小聚居的民族生存状态,在全国独特,识别民族族数首屈一指,未识别民族广泛存在。未经识别的少数民族人口,在1980年贵州省即达数十万之多①。其中古代濮人的生息繁衍、融合、消长是比较独特的现象,他们的迁来移去,对西南通道的开辟和利用,产生极其重要的作用。

濮最早的名称为"卜","卜"作"濮"为同音异写的字②。他们此前居于江汉之间,主动加入从西方杀向东方的阵营,牧野之战一举破灭殷商,成就周天子帝业,血统传承,终于使为周王养马的秦嬴一匡天下,雄踞太平洋东岸。

濮支系繁多,故有百濮之称。其中一支濮回到西南夷地,是被逼所致。反而在这里与原本就有的百濮另一土著支系融合,更如鱼得水。先秦至西汉,他们建成强大的夜郎国,还有安顺的且兰国(详见第六章第二节《古县考证:平夷、鳖、故且兰》)、凉山的邛都国③、滇池的滇国、川滇交界会理县处的"濮国"④、滇桂交界处句町国,侯王、君长方国部落数不胜数。

在巴蜀之地,重庆合川钓鱼山双墓乃"巴王、濮王会盟于此,酒酣击剑相杀,并墓而葬"⑤,这也曾经有一个板楯蛮组成的濮人的方国,当年巴人势力发展到渠江入口

---

① 李绍明:《民族学》,成都:四川人民出版社,1986年,第110页。
② 田曙岚:《试论濮、僚与仡佬族的起源及其相互间的关系(未定稿)》,贵州省民族研究所编:《民族研究参考资料》第一集,内部资料,1980年4月,第14-15页。
③ [晋]常璩著、任乃强校注:《华阳国志校补图注》,上海:上海古籍出版社,1987年7月第1版,2011年7月第5次印刷,第204页:元鼎六年,汉兵诛邛君,以为越嶲郡。又《史记》卷一百一十六《西南夷列传第五十六》,第2991页:自滇以北君长以什数,邛都最大。
④ 《华阳国志校补图注》第210页、213页。
⑤ 《舆地纪胜》卷一百五十九引李文昌《图经》。

时,曾遭到板楯蛮殊死抵抗①。巴的统治者虽然是华夏人体系②,但生活在境内的民族众多,包括板楯在内的百濮当是其主要民族;同处四川盆地的蜀也是如此,其前期统治者蚕丛是氐羌之属③,其后的杜宇④、开明⑤,则为百濮。蒙默认为,巴蜀之地,与濮称呼有异的僰、賨、夷人(羿子)、苴、僚、蜓、滇等,都是百濮的支系(或异称)⑥。

濮人被称为百濮,就是她所处地域辽阔,远不止江汉一带。《山海经·海外南经》记载"羿与凿齿战于寿华之野,羿射杀之,在昆仑墟东。羿持弓矢,凿齿持盾,一曰(持)戈"⑦来看,"凿齿"的百濮势力远达河南、山东,后羿族众强烈扩张之时,就在"寿华之野"(鲁豫交界处⑧)和"昆仑墟"(山东省内⑨)与凿齿的他们进行过一场异常惨烈的战争⑩,致使濮人历代口口相传。位于此范围的大汶口相关的考古学证据⑪也显示,他们在公元前3800年至前3300年左右活跃于斯,延续约1500年的时间,出土材料清晰显示,均极为统一地拔除两颗上颌侧门牙⑫。

濮人源于上古什么民族呢?归根结底还是羌种。只是羌人中较早离开青藏高原的一支⑬。

青藏高原是地球上不断往高里"生长"的神秘地域。七十万年前当它平均海拔只有两三千米时⑭,从亚洲南部和东南部的腊玛古猿求食而来⑮,他们在横断山脉茂密的

---

① 郭声波:《四川历史农业地理》,成都:四川人民出版社,1993年,第12页。
② 任乃强:《四川上古史新探》,成都:四川人民出版社,2019年,第264-265页:"巴人"这个民族部落,应该是华族的一支。它与华族是从桂林地区进入长江流域来的。初期主要以渔业为主要生业,其后华族由神农氏创始经营农业,并向中原推进,形成伟大的民族,成为东亚文化最先进的民族了。遗留在云梦盆地,从事渔业的部分,便是巴族……今天的两湖盆地(云梦盆地)内,还找得到许多巴族遗存的地名来,可以说明巴族住居在这一地区历史的悠久。
③ 刘复生:《西南古代民族关系史稿》,上海:上海古籍出版社,2020年,第14-17页。
④ 刘复生:《西南古代民族关系史稿》,第20页。
⑤ 详见第八章第一节《鳛部道战争是中原文化深入南夷的重要载体》。
⑥ 蒙默:《南方古族论稿》,北京:商务印书馆,2015年,第63-69页。
⑦ 袁珂:《山海经全译》,《山海经》卷六《海外南经》,北京:北京联合出版公司,2016年10月第1版,2017年3月第4次印刷,第160页。
⑧ 田曙岚:《试论濮、僚与仡佬族的起源及其相互间的关系》(未定稿),贵州省民族研究所编:《民族研究参考资料》第一集,第18-19页。
⑨ 田曙岚:《试论濮、僚与仡佬族的起源及其相互间的关系》(未定稿),贵州省民族研究所编:《民族研究参考资料》第一集,第19页。
⑩ 田曙岚:《试论濮、僚与仡佬族的起源及其相互间的关系》(未定稿),贵州省民族研究所编:《民族研究参考资料》第一集,内部资料,第18-19页。
⑪ 颜訚:《大汶口新石器时代人骨的研究报告》,《考古学报》1972年第1期。
⑫ 张溯、王绚:《论大汶口文化的拔牙和崇獐习俗》,《东南文化》2018年第1期。
⑬ 任乃强:《羌族源流探索》,重庆:重庆出版社,1983年,第45页;又见《华阳国志校补图注》,第276页。
⑭ 《羌族源流探索》,第13页。
⑮ 《羌族源流探索》,第3-5页。

森林猎食前进,最后落脚在藏北那片丰美、安详的草原,不再担心猛兽突袭,不再担心衣食无着。一个缓缓的懒腰,就让他们围绕在众多盐池、盐泉和盐湖周遭,渡过了数十万年的光阴,直到从猿人进化到智人,并深深烙上这个特有的地理称谓羌塘①标签,自称羌人。殷商甲骨文的"羌"字,即缘其自呼之音而造出的会意字②。

羌塘的风,静静地吹;羌塘的草,一季季地长;羌塘的盐,白花花地亮;羌塘的羌人,驯兽成羊成牛成獒③,种草种"来"种"牟"④,随着白云悠悠,顶着蓝天逍遥。

创造了人类驯兽奇迹的古羌人,理想虽有方向,幻想却没骨感,自由流动,是他们原始的本性。于是青藏高原西、北、东三方都冒出哼着今人听不懂的牧曲,一浪浪下到海拔较低的地方。如果惬意,他们就定居;如果烦恼,他们就想都不想开始说走就走的旅行。

定居下来,会发展成为新的文化区;新的文化区形成一支又一支羌人支系,融合、衍进,他们除南方被古老的印度文明阻隔外,沿高原三个方向一浪一浪形成不同羌支,如潮般一浪一浪向前涌动。

其中的羌支,就有蚕丛之蜀、有百濮、有昆明、有嶲、有冉駹、有白马等数不胜数的族系⑤。他们回旋往复,有的继续保留羌俗,有的与他族混杂后衍化为百濮,鱼凫族众自川黔边北徙成都平原就是其中一个典型。

古蜀五代蜀王的第四代杜宇和第五代开明,是从成都平原以南迁徙而来,谭继和认为,流传杜宇从天降到朱提(今云南昭通),娶从江源(今崇州市)井中出来的女子梁利为妻的神话故事,可看出夜郎人与古蜀人有很深的渊源⑥,杜宇的族属就是僰人⑦。

---

① 《羌族源流探索》,第16页:羌塘地区有百多个湖泊和近百个涸湖盆地,地面铺的全是盐块。故古代猿人乐于向它靠近,"羌塘"因以得名,羌民族和古羌族文化,就是在此诞生的。
② 任乃强:《四川上古史新探》,成都:四川人民出版社,2019年,第5页。
③ 《四川上古史新探》,第11-14页。
④ 《四川上古史新探》,第16页:来与牟,是羌族先祖培育成功的两种农作物的本称。来,就是青稞。牟,可能就是圆根萝卜,今天藏民叫做"油玛",古代的羌民可能就叫它"牟"。第17页:麦字从来,显然是指的大小二麦而不是指的青稞。按文字发展的规律来说,"麦"字从"来",便当是因"来"字演化为新种后所造的名称字。即是说来(青稞)为引种时原种,麦为中原栽培青稞后育成的新种。新种更能适应中原的风土和人的口味,一般人便不乐于再种青稞而只种大小麦,于是"麦"字通行,"来"字只用为外来之义了。又严文明:《长江文明的曙光》(增订版),北京:文物出版社,2020年,第39页:很多学者主张小麦是外来的,汉字的写法也反映出这一点。今天的麦字是"麥"字的简写,但更早的麦字不是这样,而是写作"來"。意思是外来的。
⑤ 《华阳国志校补图注》,第250-252页
⑥ 曾江等:《谁的夜郎》,《中国社会科学报》2011年4月19日。
⑦ 蒙默:《试论古代巴、蜀民族及其与西南民族的关系》,蒙默:《南方古族论稿》,北京:商务印书馆,第61页。原载《贵州民族研究》1983年第4期。又段渝:《政治结构与文化模式—巴蜀古代文明研究》,上海:学林出版社,1999年,第442页:僰人入居川南的年代,可追溯到殷商以前,殷末杜宇就是来自朱提(今云南昭通)的僰人。

其后的开明鳖灵也是从鳖邑一带来到蜀地,从鳖邑渡赤水河以至江北而达蜀境①,即沿赤水河转入长江上溯至成都平原而替代杜宇王蜀的。杜宇和开明的迁徙,众多学者较肯定地认为系云贵高原南来,此处不再展开,以下就鱼凫北上一说略做分析。

古蜀五代蜀王的第三代鱼凫,应该也是成都平原以南的百濮族群与岷山下来的蚕丛、柏灌族群融合而形成的新的蜀人族群,张勋燎②、段渝③、刘复生④就认为鱼凫族有可能是从荆湖之地西迁至成都平原及其西北山区定居下来的。但是,也有证据表明,鱼凫自川黔交界的赤水河流域北上也有可能。

笔者又观察到,有学者在论证位于乌蒙山北麓的古蔺野猫洞新石器遗址时,指出了一个现象,即该遗址出土的三块陶片。他们分析,陶片出土数量虽然不多,却有非常重要的研究价值。因为从陶质、陶色、纹饰、陶峨口部造型来看,同类的陶片在茂县营盘山遗址、沙乌都遗存、江油市大水洞遗址、绵阳市边堆山遗址、新津县宝墩遗址均有大量发现,它们应该属于同一新石器时代文化。考虑到这支文化由北而南的传播路线,古蔺县野猫洞遗址的重要性在于,其所处的地理位置对于研究古羌人南下及古蜀文明的南传有着不可替代的作用⑤。笔者认为,反之,此线路传播的文化可以由北向南,也可以如杜宇所迁,由乌蒙山北移而去。

杨慎所书"鱼凫关"三字,实物已被压于叙蔺公路路面下,字迹幸存叙永旧志中

---

① 徐中舒:《论巴蜀文化》,成都:四川人民出版社,2019年,第253页。
② 张勋燎:《古代巴人的起源及其与蜀人、僚人的关系》,四川大学博物馆、中国古代铜鼓研究会编:《南方民族考古》(第一辑),成都:四川大学出版社,1987年,第49-58页。
③ 段渝:《酋邦与国家起源:长江流域文明起源比较研究》,北京:中华书局,2007年,第259页。
④ 刘复生:《西南古代民族关系史稿》,上海:上海古籍出版社,2020年,第19页。
⑤ 胡昌钰、任江:《四川古蔺县石屏野猫洞新石器时代遗存的年代商榷》,《四川文物》2007年第2期。

鱼凫一名,沿长江一线遗存较多,其中泸州地域就有所指。杨慎所见《蜀本纪》有载:"鱼凫氏治江阳,即(事)[是]永宁渔凫关也。"①该关在今叙永县城城东5千米川黔古驿道上,始建于明洪武五年(1372),今已拆毁。关额"凫关捧日",两旁镌刻楹联:"华夷统镇连千里,黔蜀分疆第一关",并是升庵所书②。他曾经有一首《鱼凫关》诗,对此也可以作为一定的旁证:"鱼凫今日是阳关,九度长征九度还。何补干城与心腹,枉教霜雪老容颜。"③他在《永宁杂言五首》其一中又写道:"界首飞泉瀑练悬,红岩迥与绛霄连。关名仿佛鱼凫国,桥记分明傅颍川。"④两首诗诗句中都初步探讨有鱼凫族人与叙永鱼凫关得名的关系。

　　后建都今温江的鱼凫王率领的是一个以捕鱼为生的水上"游牧民族",是否曾经统领其臣民,经赤水河或永宁河入长江,一路上溯来到成都平原,尚需进一步求证。但"鱼凫关"得名或有所依,才会人走名留。根据相关人士回忆,1950年代初修建叙永至古蔺公路时,杨慎所题写的珍贵墨宝,被碾压埋入路基⑤,或许其尚孤苦地等待族人"归来"。

　　三星堆出土有数十件之多鱼鹰鸟形青铜器⑥,和后来四川出土大量战国至西汉初巴蜀铜兵器上的一种鸟纹图像颇为相似,显然有着一脉相承的渊源关系。它应该就是古代巴人用作捕鱼的鱼鹰形象,也就是汉人叫的"鱼凫"、巴人的"巴凫(涪、复)"⑦。充分证明该族长期居于水边,崇尚渔猎文化。地域相连的合江、叙永分别出现"巴符关"与"鱼凫关",两地又同属巴地,以有崇尚鱼鹰的族众生活或先后停留,才能解释古老的地名得以存续的现象。

　　从羌塘另出的其中一支羌,游动到大巴山时,遭遇先进部落融合,形成国家雏形,如彭、庸、巫、倏、鱼、申、息等⑧。在上古世,他们有共同的语言⑨。再东进,与先住在云梦大泽的渔业民族发生剧烈斗争的缘故⑩,便在江汉之间停顿下来。待到荆、巴强大

---

① 《升庵文集》卷三十五"七言绝句",明万历三十四年刻本,出自《永宁杂言五首》诗中升庵自注。
② 赵永康:《杨升庵与泸州》,成都:四川大学出版社,2017年,第74页。
③ 《升庵文集》卷三十五"七言绝句"《鱼凫关》,明万历三十四年刻本。
④ 《升庵文集》卷三十五"七言绝句"《永宁杂言五首》,明万历三十四年刻本。
⑤ 《杨升庵与泸州》,第126页。
⑥ 湖北省宜昌地区博物馆、四川大学历史系:《宜昌中堡岛新石器时代遗址》,《考古学报》1987年第1期。
⑦ 张勋燎:《古代巴人的起源及其与蜀人、僚人的关系》,四川大学博物馆、中国古代铜鼓研究学会编:《南方民族考古》第一辑,成都:四川大学出版社,1987年,第51页。
⑧ 《四川上古史新探》,第222页。
⑨ 《四川上古史新探》,第268页。
⑩ 《羌族源流探索》,第85页

凌压①，就被迫越过长江，向南转入云贵高原的西南夷地②。

楚的前身荆，从王族到庶民其实就是羌支之一③，后来发展成为汉族族源之一④。同属羌支的百濮本较楚人多势强，但是楚历代统治者顽强地开疆拓土，慢慢融合其众。《左传》《国语》《史记》等分别载有"楚子为舟师以伐濮"⑤"叔熊逃难于濮而蛮"⑥"楚蚡冒于是乎始启濮"⑦"于是始开濮地而有之"⑧等事件，都是楚人蚕食濮人所为。其中，"春秋五霸"之一的楚庄王就是靠濮人一飞冲天："（前611），楚大饥，戎伐其西南，至于阜山，师于大林。又伐其东南，至于阳丘，以侵訾枝。庸人帅群蛮以叛楚，麇人帅百濮聚于选，将伐楚。于是申、息之门不启。"⑨

楚庄王的惊人之飞，竟鸣叫在包括百濮在内的入侵者头上，定力深厚，斩伐果敢，"乃出师，旬有五日，百濮乃罢"⑩。百濮如今泯灭无闻，被"一鸣惊人"遮掩了光芒。

不过，另一个了不起的人物使百濮能长虹贯日，赢得上下五千年的佩服有如滔滔江水，掌声连绵不绝。那就是伏羲。

"宗周钟"铭的发现，濮人及其首领的信史于无声处有重大响动：

> 南国反孳，敢臽处我土，王敦伐其至，戕伐厥都。反孳乃遣间来逆邵（昭）王，南夷、东夷具见廿又六邦。⑪

这个铭文是历史上被差评的周厉王铸上去的，大意为：他老人家在位时，南方的濮国竟然敢大胆犯边。（我）厉王神奇如开国之祖文王、武王，亲身南征，挥军掩杀，直追打到濮人都城。濮的君长叫"反孳"（音 ji zi），在（我）军面前（颤抖不已），被迫派出使者来迎王师。同时，与其反叛的东方和南方的26个邦国代表也来了，纷纷（跪地）

---

① 黄尚明：《从考古学看濮人的迁徙》，《华中师范大学学报》（人文社科版）2008年第1期。
② 《羌族源流探索》，第45页。
③ 《羌族源流探索》，第85-86页。
④ 邓少琴：《试谈古代滇与夜郎的族属问题》，贵州省社会科学院历史研究所：《夜郎考》（讨论文集之三），贵阳：贵州人民出版社，1983年，第81页。
⑤ [春秋]左丘明撰、杨伯峻编著：《春秋左传注》（修订本）昭公十九年，北京：中华书局，1981年3月第1版，1990年5月第2版，1995年10月北京第5次印刷，第1402页。诚谢四川理县图书馆骆忠军先生惠赐电子版。
⑥ [三国]韦昭注，[清]徐元诰集解，王树民、沈长云点校：《国语集解》之《郑语第十六》，北京：中华书局，2002年，第464页。
⑦ [清]徐元诰 集解、王树民、沈长云 点校：《国语集解》之《郑语第十六》，北京：中华书局2002年，第477页。
⑧ [西汉]司马迁：《史记》卷四十《楚世家第十》，北京：中华书局，1959年9月第1版，1982年11月第2版，1982年11月北京第8次印刷，第1695页。
⑨ [春秋]左丘明撰、杨伯峻校注：《春秋左传注》文公十六年，北京：中华书局，1990年，第617页。
⑩ [春秋]左丘明撰、杨伯峻校注：《春秋左传注》文公十六年，第618页。
⑪ 方继成：《关于宗周钟》，《人文杂志》1957年第2期。

臣服①。

虽然濮的都城无考，但"戾孳"却被学者考证系"伏羲"的对音②，戾即濮的对音，孳即子之古文③。若干考古证据和文献，都证明濮人敬拜伏羲。"宗周钟"铭显示，伏羲就是濮人当时的首领戾孳，是南夷东夷26个部落联盟的酋长，他统率联军对周作战，深入周境，是百濮历史上最光辉的一页④。

伏羲、女娲本被誉为华夏民族人文始祖，仅以泸州为例，笔者调查，收藏在市、县两级文博单位的东汉画像石棺共有55具，绘有"伏羲女娲"交尾之图者不胜枚举。从画像石棺的人物衣着来看，墓主应该全部是汉族。可见最迟至东汉，伏羲女娲就完全成了汉族人从官方到民间不同阶层，共同的崇拜和灵魂寄托对象。

戾孳（伏羲）这位实实在在的濮人首领战败后，那些支系芜杂的江汉之濮，又在楚持续数百年的"启""开""伐"中，被赶尽"融"绝，以至于战国以后，楚境濮人活动见不到典籍记载。到了西汉，一名叫桓谭的学者，竟惊奇地记录："荆州有鼻饮之蛮。"⑤说明楚地的濮人余脉已经弱到不禁风，记录者完全不知晓濮人是此地原住民，故而沈括感叹："《楚辞·招魂》句尾皆曰'些'（苏个反）。今夔、峡、湖、湘及南北江僚人，凡禁咒语皆曰'些'，此乃楚人旧俗。"⑥由此可以大胆勾勒这样一个轨迹：众多融入华夏族群的濮人，自然带有对伏羲的崇敬，扩张华夏文化而使戾子以伏羲之名幻变为华夏人的圣灵。

僚人自东晋后直承濮人，故僚人留至宋代的"些"（也写作"兮"）旧俗，自是濮人所有。因为楚蛇吞象，把百濮以武力扼服，自身落后的文化及风俗却"投降"于更文明的濮，才产生的"些""兮"现象，是濮文化在楚文化中的反映⑦，濮文化通过楚文化扩散到汉文化，数百年后让汉人烙上崇拜伏羲的强烈精神印记。

湖北学者黄尚明认为，濮人在先秦时期曾有两次大规模的迁徙，从江汉之地迁

---

① 徐中舒：《禹鼎的年代及其相关问题》，《考古学报》1959年第3期。
② 徐中舒：《巴蜀文化续论》，徐中舒：《论巴蜀文化》，成都：四川人民出版社，2019年，第112页。原载《四川大学学报》1960年第1期。
③ 徐中舒：《巴蜀文化续论》。徐中舒：《论巴蜀文化》，第102页。
④ 徐中舒：《巴蜀文化续论》，徐中舒：《论巴蜀文化》，第147页。
⑤ 《太平御览》卷七三七引《新论》。
⑥ 沈括《梦溪笔谈》卷三。
⑦ 蒙默：《南方古族论稿》，第103页。

出-迁进-再迁出①。先从江汉之地迁出的濮人,与巴蜀境内"星星点灯"般的部落方国交错融合②。待一部分重迁回江汉之地后,又受其后愈发强大之楚、巴挤压、凌迫、融合,被迫最终彻底离开这方乐土。这些没有被楚融合的百濮,春秋以后从长江中游一带逆长江而上,一浪浪迁徙到云贵之地③,与原有的土著越人④血脉认同,并与青藏高原迁来的氐羌和沿海内迁的百越及老挝等地来的僚人混居,"混居既久,亦不免形成混血、混俗之新种"⑤,有一部分濮人演变为僚人,僚人的其中一部分即为现代仡佬⑥、木佬⑦等族。从语言留存到地名变化,对西南夷地的濮人族群及其后裔生活特点,可以寻出根脉。

对濮人最简单的识别,就是观察其生前是否凿齿椎髻,死后是否冢不闭户。凿齿即打牙,无论男女,长到一定岁数,就要拔掉两颗上齿"以为华饰"。同时代的中原人,都是"束发"⑧,更不会有打牙的习俗。"冢不闭户"是一种特殊葬法,即土葬以后,不封坟。《华阳国志》就称:"会无县,路通宁州。渡泸得住狼县,故濮人邑也。今有濮人冢,

---

① 黄尚明:《从考古学看濮人的迁徙》,《华中师范大学学报》(人文社科版)2008年第1期:濮人在先秦时期发生过两次大规模的迁徙,第一次发生在商代二里岗时期,濮人向南方的湖南和西部的重庆、四川等地迁徙。向西迁徙的一支对蜀文化及西南其他地区影响很大。商代晚期和西周时期,商人退出江汉地区,濮人与周人结盟,于是濮人又迁回到江汉平原南部地区。第二次大迁徙发生在春秋战国时期,在楚人、巴人的逼迫下,除一部分融入楚人、巴人外,濮人被迫向西或向南迁徙。
② 详见本章下一节《苴侯蔡侯:巴蜀地域星星点灯的先秦方国》。
③ 彭长林:《云贵高原的青铜时代》,南宁:广西科学技术出版社,2008年,第213页。
④ 史继忠、翁家烈:《试论夜郎的族属关系》,贵州省哲学社会科学研究所编:《夜郎考》(讨论文集之一),贵阳:贵州人民出版社,1979年,第226页。
⑤ [晋]常璩著、任乃强校注:《华阳国志校补图注》,上海:上海古籍出版社,1987年7月第1版,2011年7月第5次印刷,第276页。
⑥ 田曙岚:《试论濮、僚与仡佬族的起源及其相互间的关系》(未定稿),贵州省民族研究所编:《民族研究参考资料》第一集,1980年4月,第12页。
⑦ 蒲文泽:《木佬语研究》,北京:民族出版社,2003年,第8页:今天的木佬人全部分布在贵州黔东南、黔南两个自治州的北部县市,这一带地区没有仡佬族分布,而历史上,有关仡佬人分布的记载从贵州一直延伸到湖南西部。黔东南、黔南地区也记载有仡佬人分布。从我们掌握的材料来看,苗族对仡佬和木佬及分布在毕节地区的"羿人"称呼基本一致,所以,看来木佬与仡佬在历史上也是有密切关系的。又第140页:木佬语与仡佬语接近的程度高于其他仡央语言。
⑧ 冯汉骥:《云南晋宁石寨山出土文物的族属问题试探》,《考古》1961年第9期:"汉族在古代亦系束发,也是汉族在古代所以自别于其他的'编发'和'椎髻'的民族的(原作者注:按汉族古代的'束发',颇多异称,如髻、鬟、括、髻……《说文》:'髻,絜发也。'段注:'絜发,指束发也……《内则》丧服之"总",《深衣》之"束发",《士丧礼》之"髻",同为一事。'按其他如'紒''总''鬟''髻'等,均系指束发而言。《说文》:'鬟,总发也。'又说:'髻,总发也'《释名》首饰第十五:'总,束发也。总而束之也。')但古代汉族的发如何束法,今虽不能知其详,但我们若看湖南长沙陈家大山战国墓出土的帛画上女子的发髻,其样式与滇族的女子的头髻是有些相似的,均系以条组束发,仅比之稍上而滇族者更下垂而已(原作者注:郑振铎:《伟大的艺术传统图录》第一辑,图版十二。又郭沫若:《关于晚周帛画的考察》一文中有较清晰的摹本,《人民文学》1953年11期)。关于滇族男子一般的发式,在中原出土的一些人物图像上也有类似的情况。如河南辉县赵固镇战国墓出土的宴乐射猎纹铜鉴上所刻的人物,有的发束于顶使两端翘起,脑后拖一'三角形'组带,样式甚为奇特。"

冢不闭户。其穴多有碧珠,人不可取,取之不祥。"①

会无是西汉古县,治所在今会理,辖会理、会东、宁南等地②。所居汉晋民族葬俗来看,有如明代田汝成说的仡佬:"殓死有棺而不葬,置之崖穴间。高者绝地千尺,或临大河,不施蔽盖。"③

雁过留声,一往情深。濮人的印痕把云贵川桂盖了章一样,永不褪色。民族语言研究学者李锦芳告诉笔者,从川南开始,川-黔-滇-桂-越南(老挝)南北纵向地带,仡佬人、布央人、羿人等濮人后裔,迁徙中留有一条"仡央语言走廊"④。地名和民俗连线,即是走廊通道,是濮人留在西南地域筚路蓝缕的最后印证。贵州民族学者田曙岚就记录过一则有关濮人地名的故事:

> 1963年,贵州省民族研究所有一个彝族干部反映:"我们彝族称仡佬为'濮'。有些汉人译成'普'是错误的。例如现在大方县的'普底',原为彝语'濮底'……所谓濮底,就是'仡佬坝'的意思。"此外,他还说,"彝语地名有所谓濮吐知窝依者,大概指的就是盘江。"⑤

彝族称北盘江中上游为"濮吐仲益",意为濮人凿开的江河⑥。至于被称为濮吐米⑦的南盘江和被称为濮水的红河(元江)这一带的土司,明代改汉姓之风蜂起,都改姓普,普即濮也。笔者从建水县志办陈红丽处了解到,建水系元明之际滇南彝族普姓的发祥地,建水周围的通海、华宁、峨山、新平、元江、江城、开远、弥勒、蒙自、丘北、砚山等地的普姓,实乃明清之际从建水所迁出⑧;泸州"州南二十里有僰道寨"⑨,泸南宋、明代蛮人首领中也有名"卜漏"⑩"普法恶"⑪等。安顺市元、明之时,设立过普定路、普定

---

① 《华阳国志校补图注》,第210页。
② 《华阳国志校补图注》,第212页。
③ [明]田汝成:《炎徼纪闻》卷四,上海:商务印书馆,1936年,第56页。
④ 详见本书第一章,第4页注6。
⑤ 田曙岚:《试论濮、僚与仡佬族的起源及其相互间的关系》(未定稿),贵州省民族研究所编:《民族研究参考资料》第一集,1980年4月,第23页。
⑥ 蒙默:《南方古族论稿》,北京:商务印书馆,2015年,第93页。
⑦ 侯绍庄:《关于仡佬族的族属源流问题》,贵州省文史研究馆主办:《贵州文史丛刊》1988年第1期(总第28期),第3页。
⑧ 建水县彝学研究会编:《建水彝族志》,昆明:云南人民出版社,2019年,第34页。诚谢建水县志办陈红丽女士赠书。
⑨ 《读史方舆纪要》卷七十二"泸州龙透关"。
⑩ 卜漏之名首见于《宋史·徽宗三》,次见《宋史·赵遹传》和《宋史·蛮夷四》。
⑪ 普法恶之名首见于《明史·马昊传》,次见《明史·刘显传》,三见《明史·盛应期传》。

府、普定卫;唐宋时彝族先民在黔西等地建立了罗施鬼国(明代的水西土司),彝语称水西为"濮米",意为濮人居住的地方①。同样,黔北、桂西、川南、滇东若干小地名如今也带普字或其变音的字,如赤水市的蒲村坝、大方的普六,织金的少普,黔西的素朴,平坝的补陇、补花,西林的普驮、普合,叙永的普市、落卜,丘北的普者黑等。而"蒲草田"小地名,在宜宾、泸州、重庆境内各县区,竟有近十处之多。

濮、普、僰、蒲、卜、不等字作地名、人名时,在西南一带,都是古代濮人的音译留存。其中,较为著名的有西汉"不狼山"。关于此山地望,争论较大,清代莫与俦与其子莫友芝、学生郑珍坚持认定在今遵义附近,并因鳖水源自此山而确定鳖邑在遵义,言之凿凿,似为定论,当代学人也大多沿用。不过,笔者在大方、金沙、黔西一带考察,认为三县交界处今日所称之九龙山方是古代不狼山(详见第六章第二节),应系濮人的音译。

濮人后裔僚人,僚人即僰人,在学界有相当共识。其中叙南都掌蛮的族属虽有不同争议,但系濮僚类民族却无异议。明万历元年(1573)都掌最后的根据地今四川兴文九狮城镇的九狮山,被明军攻灭后改置建武守御千户所并驻安边同知,列碑以记,至今尚存大石碑5面。图为笔者观摩其中曾省吾所撰《西蜀平蛮碑》

泸州老窖企业文化中心 景俊鑫 摄

---

① 候绍庄:《关于仡佬族的族属源流问题》,贵州文史研究馆主办:《贵州文史丛刊》1988年第1期(总第28期),第3页。又蒙默:《略说仡佬族自称的演变——〈僰为僚说〉补议》,蒙默:《南方古族论稿》,第93页。

西南部分"濮""卜""普""僰""不""蒲"字地名表①

省份	县区名		乡镇	村(社区)及以下地名	山、河、湖名
	古名	现名			
四川	普州 (安岳) 僰道寨 (泸州南二十里) 蒲村 (江堰市蒲阳镇)	蒲江	普安乡 (简阳市) 普润镇 (隆昌市) 落卜镇 (叙永县)	蒲阳村(彭州市丽寿镇) 蒲砚村(蒲江县鹤山镇) 普安社区(简阳市禾丰镇) 普家湾村(乐至县盛池镇) 卜家湾(威远县东联镇) 普安村(富顺县赵化镇) 普照村(泸县立石镇) 普潮村(泸州市江阳区况场镇) 普照村(泸州市纳溪区打古镇) 普脚庵(泸州市纳溪区打古镇) 蒲家沟(合江县九支镇内原车辋镇境) 普市社区(叙永县震东乡) 蒲家坻(叙永县向林乡) 普乐村(古蔺县石宝镇) 普高村(筠连县筠连镇) 普新村(珙县底洞镇) 僰王庙(宜宾县翠屏区) 普照村(江安县四面山镇) 萝卜田(江安县大井镇) 卜公坝(长宁县梅自乡) 卜昏乡(兴文县石海镇顺河村)③ 普照村(兴文县古宋镇) 僰子田(珙县傅家坝)④ 卜刀田(高县文江镇) 萝卜田(高县月江镇)	蒲江河 (蒲江县) 蒲阳河 普海坳 (叙永县) 蒲家沟 (叙永县) 普照山 (泸州市纳溪区) 僰溪② (宜宾市南溪区)

---

① 本表以笔者田野调查、文献查阅和网络资料为主所制。文献为历史文献和当代论述,皆注明出处;同一县(市、区)有多处同类村以下小地名者,姑举一例。
② 范仲成:《从珙县出土秦汉文物看"南夷道"及南夷道上的"南广"位置》,四川省钱币学会、云南省钱币研究会编:《南方丝绸之路货币研究》,成都:四川人民出版社,1994年,第118页。
③ 刘大如:《僰国遗韵》,成都:四川民族出版社,2022年,第7页。
④ 《读史方舆纪要》卷七十"南溪九盘黤":又县西六十里有僰溪,相传武侯南征,僰夷于此归服,一名服溪,又名福溪。

续表

省份	县区名		乡镇	村(社区)及以下地名	山、河、湖名
	古名	现名			
重庆	棘州① (江津)			濮湖村②(合川区合阳城街道) 普场村(合川区龙凤镇) 普门村(铜梁区安溪镇) 普安村(大足区智凤镇) 普陀村(荣昌区安富街道) 普莲场(永川区金龙镇) 普安村(永川区临江镇) 普陀村(南川区) 普安村(江津区珞璜镇)	棘溪③ (江津区) 普子坳 (黔江区) 蒲江 (万盛区) 濮江④ (合川区) 濮岩 (合川区)⑤
贵州	濮米 (水西) 普定路 普定府 普定卫 (安顺)	普定县 普安县 新蒲新区(遵义市)	普宜(泥)镇 (毕节市七星关区) 普底乡 (大方县) 普底乡 (黔西市) 少普镇 (织金县) 补郎乡 (普定县) 普坪镇 (安龙县) 普古乡 (盘州市) 普田乡 (盘州市)	蒲村坝(赤水市文华街道) 卜龙台(习水县官店镇) 普惠社区(金沙县源村镇) 普木落村(毕节市七星关区田坝乡) 蒲家寨村(毕节市七星关区阿市乡) 普六(陆)村(大方县双山镇) 以普寨(大方县理化乡) 卜家箐(大方县黄泥塘镇) 卜家寨村(黔西市重新镇) 不六(大方县鼎新乡) 蒲草麻窝村(大方县星宿乡) 普盖村(黔西市中建乡) 普关寨(清镇市红枫湖镇) 卜(蒲)山村(安顺市平坝区夏云镇) 补陇、补花(安顺市平坝区乐平镇) 萝卜园村(安顺市平坝区夏云镇) 普贡村(安顺市平坝区马场镇) 羊卜村(安顺市西秀区龙宫镇) 普洛瓦(安顺市西秀区) 卜罗科(水城县陡箐乡) 普德归站⑥(威宁县么站镇) 普社村(普定县补郎乡)	濮吐仲益 (北盘江中上游) 濮吐米 (兴义一带南盘江) 普沙河⑦ (嵩明县) 不津江⑧ 濮竹溪、卜口溪、卜家山、卜生台⑪、社卜弯 (册亨) 不狼山⑨ (大方、金沙、黔西交界处的九龙山)⑩

① 《新唐书·地理志》:南州南川郡……武德二年(619)开南蛮置,三年更名棘州。
② 重庆市博物馆、合川县文化馆田野考古工作小组:《合川东汉画象石墓》,《文物》1977年第2期。
③ 《太平寰宇记》卷一百三十六:江津县,本汉江州县,属巴郡。齐永明五年(487),江州县自郡城移理棘溪口,即今理也。
④ 《舆地纪胜》卷一百五十九引《益部耆旧传》:昔楚襄王灭巴子,封废子于濮江之南,号铜梁侯。又王炎、王文才:《蜀志类纂校释》,北京:中华书局,2021年,第149页:濮江即渠水。
⑤ 王炎、王文才:《蜀志类纂校释》,北京:中华书局,2021年,第149页。
⑥ 民国《威宁县志》。
⑦ 云南省文物考古研究所编:《石寨山文化考古发掘报告集》(上册),北京:科学出版社,2016年,第323页。
⑧ 《华阳国志校补图注》,第261页。
⑨ 《汉书》卷二十八《地理志》。
⑩ 郭声波:《中国行政区划通史》[唐代卷(下)],上海:上海复旦大学出版社,2012年,第1231页。
⑪ 翁家烈:《仡佬族》,第4页。

续表

省份	县区名		乡镇	村(社区)及以下地名	山、河、湖名
	古 名	现 名			
贵州				濮老场① 普彝村(盘州市乐民镇) 普克村(盘州市普田乡) 普茶村(兴仁市波阳镇) 卜家井(兴仁市城北街道) 普田(兴仁市巴铃镇) 蒲草地(兴仁市下山镇) 普梯村(兴义市乌沙镇) 萝卜桥(安龙县普坪镇) 卜家水井(安龙县笃山镇) 罗卜松洞村(册亨县丫他镇) 蒲家寨(思南县许家坝镇)	
广西		普合乡(西林县) 逐卜乡(龙州县)		卜糯(隆林各族自治县德峨镇) 普驮村(西林县普合乡) 普牙屯(田林县那比乡) 卜屯(田林县八桂乡) 巴卜(田东县祥周镇) 卜坤上(德保县隆桑镇) 卜坡(靖西市地州镇) 普马(靖西市王庄乡) 卜柳(扶绥县东门镇) 卜留屯(龙州县水口镇)	
云南	普雄②(不详)		普立乡	普泽村(泸西县午街铺镇) 普者黑村(丘北县双龙营镇) 上普格(丘北县双龙营镇) 普南村(广南县坝美镇) 普阳村(富宁县木央镇) 普家寨(西畴县兴街镇) 普弄村(麻栗坡县董干镇) 普绍村(麻栗坡县铁厂乡) 普亮田(马关县八寨镇) 普鲁吉堡③(沾益区松林社区) 普妥村(罗平县罗雄镇) 普豆村(石林县鹿阜街道) 普车河(东川市汤丹镇) 普芝噜村(鲁甸县文屏镇)④	濮(仆)水 (元江) 普渡河⑤ (东川市) 普者黑湖 (丘北县) 普干哈山 (丘北县) 南利河 (普梅河) (文山州)

---

① 翁家烈:《仡佬族》,第4页。
② 文渊阁《四库全书·世宗宪皇帝上谕内阁·卷五十四·雍正五年三月》影印本:向来普雄、乌蒙狆苗等凶悍性成。
③ [明]刘文征撰、古永继校点:《滇志》,昆明:云南教育出版社,1991年,第165页。
④ 傅奠基、唐靖:《昭通简史》,北京:中华书局,2021年,第21-22页。
　傅奠基、唐靖:《昭通简史》,第21-22页。
⑤ 云南省文物考古研究所编:《石寨山文化考古发掘报告集》(上册),北京:科学出版社,2016年,第314页。

续表

省份	县区名		乡镇	村(社区)及以下地名	山、河、湖名
	古 名	现 名			
云南				蒲草坝(威信县麟凤镇) 普司大地(镇雄县母享镇)① 蒲草凼(镇雄县盐源镇) 普家境村(建水县盘江乡) 普石屯②(永善县溪洛渡镇)	蒲沙河 (嵩明县)③ 普家山 (马关县) 普子龙山 (石林县) 普鲁海子 (罗平县) 普厅河 (富宁县)

濮人的气息,特别于贵州更加明显。过去,贵州有一个除过年以外的重要节日"摘新节(吃新节)",考其源流,就是对仡佬族先民濮人的怀念和崇敬。田曙岚说:"'夷蛮仡佬,开荒辟草。'这几乎是贵州人民家喻户晓的事实。因此在仡佬人民去'摘新'的时候,一般是不会去干涉他们的。"他1960年代撰文回忆:

> 到了"吃新"那一天,仡佬族人民便要分头去"摘新"。在"摘新"的时候,凡属附近出产的新农作物,不管是自己的或别人的,是本民族的或别民族的,都可以随便摘一点。据说,所有云、贵的土地,都是他们祖先开辟出来的,因此可以随便摘。④

对于"摘新"及其变化的节日和习俗,西南各地大同小异,而且各兄弟民族或多或少都有接受。贵州道真县民宗局原副局长冉文玉告知,这一习俗因身份、地域不同而过法有别。黔西市文化遗产保护局局长陈文蓉也介绍,该市铁石乡铁盔山一带的"素苗"支系,每年农历七月十六、十七、十八,有过"米花节"的习俗,米花节也就是吃新节,他们那里很是隆重。米花节期间所跳的"米花叙情舞"享誉黔西北,已列入市级非物质文化遗产名录;黔西民间有"七月半"用新收割的大豆磨豆腐、新米做饭供奉祖先的习俗,有"八月十五偷老瓜"习俗,也叫"偷青",都与吃新节有关。云南大理的文史

---

① 傅奠基、唐靖:《昭通简史》,第21-22页。
② 傅奠基、唐靖:《昭通简史》,第21-22页。
③ 嵩明县兰茂纪念馆:《嵩明凤凰山古墓群调查报告》,云南省文物考古研究所编:《石寨山文化考古发掘报告集》,北京:科学出版社,2016年,第323页。
④ 田曙岚:《试论濮、僚与仡佬族的起源及其相互间的关系》(未定稿),贵州省民族研究所编:《民族研究参考资料》第一集,1980年4月,第24页。

研究者胡云龙说,他们那里叫"吃青"或者"吃新",已经是一个习惯,但不是什么特别的节日。昭通学院的唐靖教授告诉笔者,昭通地区"吃新""摘新""偷青"汉族地区民间尚存,只是作为一个节日来庆祝倒少了。不过,这个传统节日在南平僚曾经的生活中心地重庆綦江复活,2016年10月15日开始,中国僚学研究中心和綦江博物馆在郭扶镇大僚坝连续四年成功举办"中华僚人吃新文化节"。首届从迎宾礼到铜鼓古筝、僚人服饰表演,再到重头戏祭祀礼,完全按照僚人当年的礼仪和习俗进行。

这份鲜活的民俗,我们是不是似曾相识?现今川黔滇渝汉族地区都有类似"偷青"活动。泸州市江阳区民间文艺家协会会长陈泽志就回忆,众人乐意每年大年十五当晚或之前一两天,夜幕之下,三五相邀,去近郊农家菜地"偷"菜,然后互炫所获;当下还就菜煮面,你一筷我一箸,喜笑颜开,其乐融融。

偷青是西南大部分地区津津乐道的民俗活动。图为四川泸州江阳区民间文艺家协会组织的一次正月十五晚活动情景
泸州市江阳区民间艺术家协会许世和、熊联芳 摄①

上古百濮今已消失,留下的猜想总是挥之不去,其实"百濮者,犹乎百粤也。言其多,非一迹之可循、一隅之足指趾,故谓之百。今百粤既合浙、闽、两广而并称之,则濮亦合楚、蜀、黔、滇而以百名,想复同之耳"②。江汉、巴蜀皆有多种民族,百濮显然不是单一民族的称谓,更被作为西南民族总的称谓③。笔者认为,凡有共同形态特征如凿齿之类的民族,都是百濮总称或其混杂他族后的总称。其民族基因衍进而今,除多数学者认可由仡佬族有直承外,西南地区的汉族更氤氲着浓浓的濮僚系血脉,"就是因为长期与汉族杂居,大部分都变成汉族了"④。从体质人类学观察,星星点点散布云贵

---

① 诚谢泸州市江阳区民间文艺家协会主席陈泽治,副主席何秀英、李良群、熊联芳等组织。
② [清]倪蜕著,李埏校点:《滇云历年传》卷一,昆明:云南大学出版社,1992年,第7页。
③ 刘复生:《西南古代民族关系史稿》,第45页。
④ 田曙岚:《"僚"的研究与我国西南民族若干历史问题》(初稿),贵州省民族研究所编:《民族研究参考资料》第八集,内部资料,1981年,第76页。

地区自认、自称的土著汉人个体,从其不同于中原汉人的肤色、脸型、眼、鼻、唇、齿乃至身高判断,他们或有濮系基因融入,让人浮想猜测。20世纪初,日本学者鸟居龙藏就注意到:"他们男女身材都比较矮,额较圆,皮肤黄褐色",从而认为"土著的蛮族在古代就已汉化了","对于他们形成的条件,很有研究的必要"。①正是这些濮系因子在西南漫天飞舞,才引领和控制统一的中央力量未进入前的交通格局,才在没有路的地方,由百濮之族一步步踩踏而生,从双脚的行走,到交通工具使用,濮人是西南交通最早的先锋行者。从其直承的现代民族仡佬族来看,与中国西南陆海走廊息息相关,民族语言研究者就指出该族群与地域的特殊关系,称其呈方言岛形式,分布在从黔北、黔中、黔西、黔西南到黔境以南达广西、云南直至越南北部的长长的一条语言走廊上②。这条语言走廊反证濮人及其后裔交通开拓的轨迹和着力点,是循古人类依山川自然流徙的后天依存。

第三节　　苴侯僰侯:巴蜀地域星星点灯的先秦方国

秦汉以前,西南地区分布着大大小小的国家、酋邦及部落③,其时的巴、蜀不过是"戎狄之长",各自被数十个方国拥戴着成为联盟主而已④,蜀就是统领成都平原上数十百个部落"戎伯"的总头领⑤。这些众多部落方国,有不同的族群,"蜀在川西,巴在川东,经济文化,各有不同,并非一族,极为明晰"⑥。巴蜀除了主体的蜀人、巴人外,还有濮、賨、苴、共、奴、獽、夷、蜒、滇、僚、僰等十一个族称⑦。蜀国境内与蜀族结盟的民族抑或被统治的民族,既有属于氐羌系的民族,也有属于现今壮侗语族的先民濮越系的

---

① [日]鸟居龙藏著、国立编译馆译、黄才贵校补:《苗族调查报告》,贵州人民出版社,2019年,第474页。
② 占升平:《仡佬语方言比较研究》,北京:民族出版社,2012年,第3页。
③ 邹一清:《先秦巴蜀与南丝路研究述略》,凉山州博物馆等编:《三星堆研究(第二辑)三星堆与南方丝绸之路青铜文化研讨会论文集》,北京:文物出版社,2007年,第120页。
④ 蒙文通:《巴蜀古史论述》,成都:四川人民出版社,2019年,第33页:巴、蜀发展到强大的时候,也不过是两个联盟的盟主。
⑤ 陈世松:《酒与四川民生》,四川省民俗学会、剑南春集团公司编:《四川酒文化与社会经济研究》,成都:四川大学出版社,2000年,第195页。
⑥ 缪钺:《〈巴蜀文化初论〉商榷》,《四川大学学报》(哲学社会科学版)1959年第4期。
⑦ 蒙默:《试论古代巴蜀民族及其与西南民族的关系》,蒙默:《南方古族论稿》,北京:商务印书馆,2015年,第63-64页。

民族①,他们除共人可能是越人,奴人可能是戎人外,其余九族都是僚人的支系(或异称),或者说是百濮的支系(或异称),因此可以统称为百濮或群僚②。《尚书》《左传》《山海经》《史记》等,更东鳞西爪地记录了上百个方国。这些数量众多的部落方国,就是不同族别或同一族别的不同支系建立的。

巴蜀之地方国林立,连小小的成都平原,迄今发现的就有繁、十方等方国即是明证。李学勤考证藏于首都博物馆的西周周穆王时代青铜器班簋铭文中的"秉繁蜀巢"一句时,认为"繁国"地望,可由汉代的繁县推断,即在今天彭县(引者注,即彭州市)西北,原新繁县北20千米,同时也充分证明该地域文明程度较高,早在先秦即已建县③。

同样,什邡1992年在城西丝绸厂家属楼出土一枚"十方□王"青铜印玺,考证系战国时代④。更为奇特的是,就在什邡城关战国墓葬区域内,既有典型的巴蜀式船棺葬人群,也有长方形土坑葬人群,虽从随葬品分析同属巴蜀文化的接受者,但明显系不同族属⑤。族别不同,即有可能拥趸者各异,说明貌似强大的蜀王,近在咫尺的地域,也不能一言九鼎,一家独大。

可以想象,现今川渝及周边的各个地区,生活和劳作着的不同族群,以部落或部落联盟的形式向国家雏形过渡(蜀更进步,它已经超过了部落组织而进入国家形式了⑥)。蜀王和巴王两个霸君⑦,只是他们重大行为上的共主,只在遇有大事、急事、难事,才被统一调度和整合,而平时则各自为主,偏安一方。只是,由于相互交往密切,四川地区先秦开始,即已形成了一个较大的巴蜀文化圈⑧。

这种松散型的联盟关系,巴国和蜀国在春秋、战国之时才不可能像其他国家一样,有底气和力量逐鹿中原。否则,拥地辽阔和族人众多的两王,早已北出褒斜或东下夔门,与中原大国一争雌雄了。

---

① 李绍明:《巴蜀民族史论集》,成都:四川人民出版社,2004年,第56页。
② 蒙默:《试论古代巴蜀民族及其与西南民族的关系》,《南方古族论稿》,第69页。
③ 李学勤:《论繁蜀巢与西周早期的南方经营》,凉山州博物馆编,肖先进主编:《三星堆研究(第二辑):三星堆与南方丝绸之路青铜文化研讨会论文集》,北京:文物出版社,2007年,第1-2页。
④ 李学勤:《〈什邡馆藏文物集粹〉序》,四川什邡市文物管理所编《什邡馆藏文物集粹》,成都:四川美术出版社,1997年,第9页:(什邡)丝绸厂方玺上的符号,应系表示玺的归属或性质的。这些符号很像中原文字,上面一个似横置的"十",后面一个似"["(《说文》云读若方),左面一个似"王"。下面的一个,或许和玺面的斜角云纹一样,只是花纹。这样,就可读作"十方(什邡)王"。不过,王形符号在巴蜀文字甲中常见,这种推测尚待证实。
⑤ 四川省文物考古研究院、德阳市文物考古研究所、什邡市博物馆编著:《什邡城关战国秦汉墓地》,北京:文物出版社,2006年,第272页。
⑥ 徐中舒:《巴蜀文化初论》,徐中舒:《论巴蜀文化》,成都:四川人民出版社,2019年,第14页。原载《四川大学学报》1959年第2期。
⑦ 蒙文通:《巴蜀古史论述》,第33页:古时的巴蜀,应该只是一种联盟,巴蜀不过是两个霸君,是这些诸侯中的雄长。
⑧ 刘复生:《西南古代民族关系史稿》,上海:上海古籍出版社,2020年,第45页。

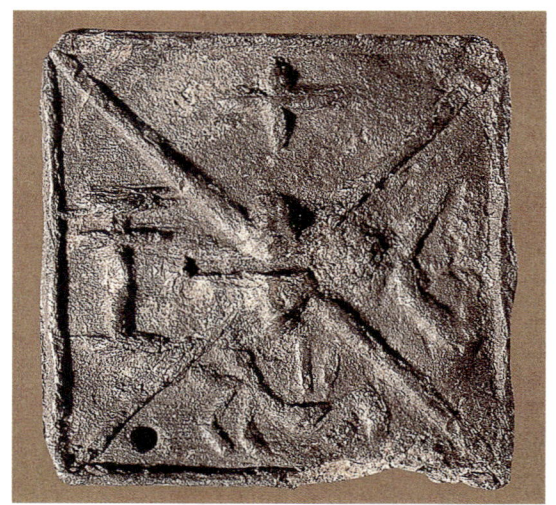

1992年，四川什邡城西丝绸厂家属楼出土的战国时期青铜印章，边长3.6厘米、高0.5厘米，顺读为"十方□王"①

那么巴蜀境内，有据可考、有史可稽的方国究竟还有哪些呢？我们可从岷江、沱江、嘉陵江、长江周边略做寻觅。

先从简单的沱江说起。上游成都平原域内前文已述，中游地区目前史料只发现有一个"资国"②，下游（泸州、自贡）一带尚没有明确发现。这个资国范围包括今天的金堂、龙泉驿、资阳、资中等地域，故先秦置县"资中"，县治就在现在的资阳市雁江区③。

岷江上游地区和流域西部，也是方国众多，汉武帝时期，依其族群分别置了若干郡县，从越嶲、沈黎、汶山、武都的邑君来看，就有百数十个部落。岷江中下游，较著名的有居于青衣江河谷的青衣羌（青羌）所建的若干方国④，青衣江也因青衣羌住区为名⑤。

青衣诸国早在开明保子帝时即降服于蜀。正因为蜀攻下了青衣，才使得僰及以南、以西的方国感到害怕⑥，蜀王趁势封自己的宗亲为侯，建立了僰侯国⑦。

---

① 图采自四川省什邡市文物保护管理所编：《什邡馆藏文物集粹》，第13页。
② [南朝梁]顾野王：《玉篇》：资，故国，黄帝后。《陈留风俗传》：资姓，黄帝之后，食采益州资中，因此为氏。
③ 陈伟主编：《里耶秦简牍校释》（第二卷），武汉：武汉大学出版社，2018年，第230页。
④ 任乃强：《羌族源流探索》，重庆：重庆出版社，1984年，第103-104页。
⑤ 《四川上古史新探》，第185页。
⑥ [晋]常璩著、任乃强校注：《华阳国志校补图注》，上海：上海古籍出版社，1987年7月第1版，2011年7月第5次印刷，第122页。
⑦ 任乃强：《四川上古史新探》，成都：四川人民出版社，2019年，第314-315页。

| 第五章　沿线族群互动证明走廊被频繁利用 |

昔日武阳，今日江口。摄于2022年4月的四川彭山县江口镇及明末张献忠沉银遗址

彭山县委宣传部 供图 翁光建 摄①

丹犁是青羌所建最东的一个方国，在青衣江下游和岷江西岸，即今洪雅、丹棱、峨眉、夹江、乐山、青神等县，是臣属于蜀的半独立国②，也是蜀王的强烈支持者，它的抵抗使秦国再次集合大军才将其歼灭③。蜀王在川北战败后之所以向其南的武阳（彭山）逃跑，就是想依托岷江流域的丹犁、青衣、僰等方国继续抵抗。可是没有张仪、司马错的马快，终被虎狼之秦一斫而亡④。

嘉陵江流域主要是巴国所统率的方国。支流涪江中上游则为蜀国势力，有位于广元昭化的葭萌，蜀王封其弟执掌，号为苴侯⑤（苴，音bāo或者bā⑥）。正因为这位苴侯

---

① 诚谢眉山市广播电视台王军、眉山日报社周华联系图片。
② 《羌族源流探索》，第104页。
③ 《华阳国志校补图注》，第130页：蜀侯勾结丹梨，抚用其人，借以制张若，图据蜀土。相壮与张若谋杀蜀侯，仍以其国还秦。秦亦仍以相壮监三郡，或即封蜀侯。壮得自擅，亦似钟会，思乘丧据蜀。所恃为丹梨之众。又可能联结䣰王、僰侯、賨酋与义渠诸国以叛秦。其势颇炽，故秦再以甘茂、张仪、司马错大举伐蜀，诸陈壮。丹梨与䣰王之灭，似在此时。
④ 《华阳国志校补图注》，第126页：周慎王五年秋，秦大夫张仪、司马错、都尉墨等从石牛道伐蜀。蜀王自于葭萌拒之，败绩。王遯走至武阳，为秦军所害。其傅相及太子退至逢乡，死于白鹿山。开明氏遂亡。凡王蜀十二世。
⑤ 《华阳国志校补图注》，第126页：蜀王别封弟葭萌于汉中，号苴侯。命其邑曰葭萌焉。苴侯与巴王为好。巴与蜀仇，故蜀王怒，伐苴。苴侯奔巴，巴为求救于秦……冬十月，蜀平。司马错等因取苴与巴焉。
⑥ 《华阳国志校补图注》，第126-127页：苴字，有多种音，分入鱼、语、虞、麻、马韵。一般读同疽，音jū。《史记·集解》引徐广说："谯周曰：'益州天苴，读为苞黎之苞。音与巴相近。'以为今之巴郡。"《索隐》亦云："苴音巴。"又贾大泉、陈世松主编，段渝：《四川通史》卷1《先秦》，成都：四川人民出版社，2018年12月第2版，第430页：苴不仅读为包、苞，且意义也与巴相同。

265

的"蝴蝶效应",才导致巴、蜀及其掌控的众多方国覆亡。原来,蜀、巴两国因"地缘政治"关系本就互不服气,不时上升为战争行为,偏偏这位蜀封的苴侯却向巴王示好,作为宗主国的蜀岂能无视?蜀王惩戒苴侯的行动,却导致其彻底反水投向巴王。巴向秦求救时没想到秦的狼子野心,顺手牵羊,小小的阆中之巴随之灰飞烟灭,翻版了又一幕虢国和虞国唇亡齿寒的悲剧。

毗邻西汉水(嘉陵江)支流涪江的四川广元昭化古城,先秦即建葭萌城,系蜀王之弟执掌的苴侯国国邑　　　　　　　　　　　　　　　　　　广元市昭化区委宣传部　供图　李建生　摄①

涪江往下,依次有梓潼国②、郪国③、铜梁侯国④等。今天的重庆铜梁区虽与铜梁侯国同名,却不在同一个方位。铜梁侯之名出现在《益部耆旧传》内一句话:"昔楚襄王灭巴子,封废子于濮江之南,号铜梁侯。"王文才、王炎父子考巴之废子,引《元和郡县志》所言合州(合川)州治石境县下所记"铜梁山在县南九里,巴子城在县南五里",认为此乃巴废子城,铜梁侯即因山名。并认为濮江即渠江,乃濮人所居,在合州北十余里,有濮岩(北岩)及濮王墓。同时,他们认为灭巴子非楚襄王,而是秦灭巴前即被楚威王所灭⑤。

至于郪国,乃因郪人渊聚而立国。《寰宇记》说梓州郪县南有郪王城,在今天的三

---

① 诚谢广元晚报社原副总编辑庞翠英转。
② 任乃强:《四川上古史新探》,成都:四川人民出版社,2019年,第206-209页。
③ 《华阳国志校补图注》,第169页。
④ 《舆地纪胜》卷159页《益州耆旧传》:昔楚襄王灭巴子,封废子于濮江之南,号铜梁侯。
⑤ 王炎、王文才:《蜀志类纂考释》,北京:中华书局,2021年,第149-150页。

台县①。它位于巴、蜀两国缓冲地带,从而得交好于蜀与巴,兼取其文化物资,以发展地方经济,成为四川盆地内紫土丘陵区生产发达最早之一部落。故秦灭巴蜀后,并灭之为县,称郪县②。三台县宋代时名气很大,曾与成都共治四川,所设潼川府驻有相当于省级政权的路,直管到宜宾、泸州以南的黔北、滇东北地区③。

四川江油市雁门坝（摄于2020年11月）　　　　　　　　　　绵阳晚报社　余凡　供图　胥江　摄

梓潼国地面很宽,约有今天梓潼县的十倍,大概东抵嘉陵江,西抵成都平原,包括有今梓潼、剑阁、青川三县和江油、绵阳、盐亭、广元的大部,族大人众,族性顽强。梓潼二字是译民族本语的音,并无汉文取意,王莽改曰子同,并非他也提倡简化字,只是"译无定字",表明西汉末年,该国民族尚存,并未完全融合于汉人群体④。这个故国的首邑,也不是今天的梓潼县治,而是在今江油市东部的马角坝或雁门坝附近⑤。

嘉陵江主流和上游支流还有位于汉中的褒国⑥、宝鸡的弜鱼国⑦、旺苍县的平州国⑧、南充的有果氏国⑨、南部县的南充国;其另一支流巴河(今渠江)还有賨国⑩、卢(奴)

---

① 《巴蜀古史论述》,第31页。
② 《华阳国志校补图注》,第169页。
③ 详见《再说川盐:巴蜀华夏化滇黔的长期载体》。
④ 《四川上古史新探》,第207页。
⑤ 《四川上古史新探》,第208页。
⑥ 《四川上古史新探》,第233页。
⑦ 唐金裕等:《陕西古城固县出土殷商铜器整理简报》,《考古》1980第3期。
⑧ 《四川上古史新探》,第231页:平州地名今犹存,在今旺苍县的东河沿岸。东河,从大巴山流出至阆中入嘉陵江,可以行船。晋代曾置县,应是古国旧邑。
⑨ 《巴蜀古史论述》,第31页。又任乃强:《四川上古史新探》,第231页:南充市西山,古名果山,相传为有果氏之国。隋唐以来为果州,即因故国为名。
⑩ 《华阳国志校补图注》,第49页:宕渠盖为故賨国。

国①、通国②。此外记有邑君名姓的也多达三四十个,如杜濩、袁约、朴胡③等等,杂错其间,共尊巴王为霸主。

渠江流域有一濮王之国也较有名。郭声波对《舆地纪胜》卷159记合州钓鱼山"双墓"所述材料"巴王、濮王会盟于此,酒甜击剑相杀,并墓而葬"分析时,认为濮王乃板楯蛮族众,与巴人势力殊死抗拒,因之保留了最后一块净土④。

嘉陵江主流还有一个名气较大的彭国,参加牧誓八国助周灭殷之战,但因被比之名气更大的巴国遮掩,其地望竟然湮灭无闻。任乃强考证,就位于姬巴都城阆中:

> 《汉书·地理志》巴郡阆中县,有"彭道将池在南。彭道鱼池在西南"两句,一般未加注意。我考二池遗迹(今缘江水深浊湮灭),皆在县城附近。同名"彭道",是何取意,殊值研究。秦汉地名称道者,皆是夷落所在,新开道路,设尉官守卫处……疑此原是彭夷故地,秦据汉中时开,故曰彭道。嗣复为巴据得,并徙都之。秦灭巴后,改名"巴道"(《常志》云"仪贪巴道之富"),汉乃改名阆中。彭道旧名,赖此二池保存,池废名灭,后世乃不知也。自此地,"浮于潜,逾于沔,入于渭",便是周邑……实为周秦间与褎(苴)齐名的大国。对周市易已久,故亦出兵助周。其地富乐,故巴王徙都之。⑤

任乃强进一步认为,阆中之南蓬安县,宋为蓬州;其东南仪陇县有大蓬山,又东南营山县有蓬城山。蓬、彭一音之转,可能皆是古彭国地⑥。

---

① 《巴蜀古史论述》,第10页;《史记·周本纪》正义引《括地志》说:"房陵,即今房州房陵县,古楚汉中郡地,是巴蜀之境。"可见金州、房州都是古时卢国的地方,后来为巴国的领土,再后来为楚所有,终为秦所吞并。又蒙默:《试论古代巴、蜀民族及其与西南民族的关系》,蒙默:《南方古族论稿》,第65页:此卢国处于宕渠、中庐之间,当为卢人迁徙所经。是巴地之"奴"即中庐之"卢戎"。详见第四章第四节《僚人北迁:铺天盖地的通道利用》。
② 《姓纂》:通氏,巴大夫,食采通川,因氏焉。
③ 《巴蜀古史论述》,第31页。
④ 郭声波:《四川历史农业地理》,成都:四川人民出版社,1993年,第12页。
⑤ 《四川上古史新探》,第219-220页。
⑥ 《四川上古史新探》,第220页注1。

顺川江除前面介绍的僰侯国外，依次往下游方向还有涂山国[①]、扬侯国[②]、枳国[③]、蔓子国[④]、鱼国[⑤]、巫载国[⑥]、夔子国[⑦]等。巫载位于今重庆巫溪、巫山等县地域，早于巴国建国有上千年之久[⑧]。巴国从江汉流域迁徙入川后，也曾作过它的附庸，专事为其销盐之业[⑨]。

蔓子国国君也有故事，最著名的莫过于"欺骗"楚王割地求兵救巴一事。最后他以项上人头，既兑现了巴人耿直重信、忠诚尚勇秉性，又保全了巴国领土，还赢得楚王敬重，最后更能彪炳千秋[⑩]，成为千古忠烈的典型人物[⑪]。蔓子国所在，据重庆市文史书画研究会副会长、诗词研究院院长陈仁德考证为今日忠县一带，中华人民共和国成立以前，每逢巴蔓子忌日的农历三月四日，全城都要举行大型庙会"三月会"，热闹爆棚，为全国所无[⑫]。

---

① 《巴蜀古史论述》，第35-36页：《尚书·皋陶谟》说禹"娶于涂山"，常志："今江州涂山是也。"这也是一个古国。杜预也说："巴国有涂山，禹娶于涂是矣。"(《读史方舆纪要》卷69引)。《水经·江水注》说：巴郡江州，"江之北岸有涂山，南有夏禹庙、涂君祠，庙铭存焉。常璩、庾仲雍并言禹娶于此。余察群书咸言禹娶在寿春当涂，不于此也"。这是前人争论很大的问题，但他们提出的证据都不够早，都是些六朝的材料。《吕氏春秋·音初篇》："涂山氏之女，乃令其妾待禹于涂山之阳，女乃作歌；……实始作南音，周公及召公取风焉，以为《周南》《召南》。"在《诗》三百篇里，《周南》有汝、汉，《召南》有江、沱，必须要在江、沱、汝、汉这个区域找涂山是一定不够的。但是在这一二南区域找涂山，就只有巴县的涂山了。禹兴于西羌，娶于涂山(巴县)，是很近理的。在二南区域以外、距西羌很远的地方找涂山，又根据是汉晋以下的材料，说服力就不强了。

② [东汉]班固：《汉书》卷八十七上《扬雄传传第五十七上》，北京：中华书局，1962年6月第1版，1975年4月第3次印刷，第3513页：周衰，而扬氏或称侯，号曰扬侯……扬侯逃于楚巫山，因家焉。楚汉之兴也，扬氏溯江上，处巴、江州……汉元鼎间，避仇复溯江上，处岷山之阳曰郫。

③ 《巴蜀古史论述》，第30页：枳是后一个巴子。也是《通典》说的唐"黔中郡(治今彭水)，通谓之五溪，秦属黔中郡"。也许是《逸周书·王会》所说的枳巳(巴)。

④ 《华阳国志校补图注》，第11页：周之季世，巴国有乱，将军蔓子请师于楚，许以三城。楚王救巴。又蒙文通：《巴蜀古史论述》，成都：四川人民出版社，2019年，第31页：蔓子是部落诸侯，所以称子。

⑤ 《逸周书·王会》：其西鱼腹鼓钟钟牛。孔注：鱼复，南蛮国地，贡鼓及钟而似牛形者，美远致也。又[北魏]郦道元著、陈桥驿校证：《水经注校证》，第744页：江水又东经鱼复县故城南，故鱼国也。春秋左传文公十六年，庸与群蛮叛，楚庄王伐之，七遇皆北，惟裨、儵、鱼人逐之是也。又《华阳国志校补图注》，第37页。

⑥ 袁珂译注：《山海经全译》卷六《海外南经》，北京：北京联合出版公司，2016年10月第1版，2017年3月第4次印刷，第160页。又任乃强：《四川上古史新探》，第260页：巫载国邑(今巫山县)。

⑦ [北魏]郦道元著、陈桥驿校证：《水经注校证》，北京：中华书局，2013年1月北京第1版，2020年11月北京第4次印刷，第757页：(江水)又东过秭归县之南。县，故归乡。《地理志》曰：归子国也……宋忠曰：归即夔乡矣。古楚之嫡嗣有熊挚者，以废疾不立，而居于夔，为楚附庸，后王命为夔子。春秋僖公二十六年，楚以其不祀，灭之者也。又蒙文通：《巴蜀史的问题》，蒙文通：《巴蜀古史论述》，第32页。

⑧ 《四川上古史新探》，第249页。

⑨ 《四川上古史新探》，第267-268页。

⑩ 《华阳国志校补图注》，第11页。

⑪ 邓少琴：《巴史新探》，邓少琴：《巴蜀史迹探索》，成都：四川人民出版社，2019年，第51页。

⑫ 陈仁德：《忠州人文杂记》，重庆：西南大学出版社，2023年(待出版)，第125页。诚谢作者惠传书稿。

大禹生于西羌,娶妻涂山。《华阳国志》载江州涂山,有禹王祠及涂后祠①。蒙文通认为该国在巴县(重庆)域内,与扬侯国毗邻。后来诞生了伟大学者扬雄的这个扬侯国,有如现代吉卜赛人,从晋到楚而渝东而至江州②,长期漂泊,扬雄出生时,该族群已主要生活在成都平原了。

长江以南靠近巴蜀的乌江、赤水河地段有龚国、鳎国、鳖国。凡此种种,都在巴蜀大地演绎了一场场令人尚不十分明了的大剧,好比朦胧之诗,细品其味,神秘中有可爱,可爱下又有未能穷源的不甘。巴蜀两个霸君,也从没糅合在一起,他们也有明确的界线。按蒙文通考证,大体是沿涪江-沱江-湆江分界,以西为蜀,以东为巴③。

巴蜀分界石:位于重庆市合川、潼南交界处的龙多山④

这些部落虽然枝枝蔓蔓,但其生活的地域大体可考。如通国在达州,故尚有别名通川流传至今;枳国在涪陵,它是巴王宗族的另一分支;鳎国地望在以古蔺为中心的赤水河中游一带,《习仲勋传》依此溯源习姓由来;龚国在乌江下游今龚滩古镇一带⑤;蒙默1980年初考察时还"得闻有龚姓蛮王的传说"⑥。

---

① 《华阳国志校补图注》,第30页。
② 蒙文通:《巴蜀史的问题》,蒙文通:《巴蜀古史论述》,第31页。
③ 蒙文通:《巴蜀史的问题》,蒙文通:《巴蜀古史论述》,第24-29页。
④ 图采自蓝勇主编:《长江三峡历史地图集》,北京:星球地图出版社,2015年,第48页。
⑤ 邓少琴:《巴史新探》,邓少琴:《巴蜀史迹探索》,成都:四川人民出版社,2019年,第23页。又任乃强《华阳国志校补图注》,第9页:"共",应即龚之省写。龚为板楯七姓之一,盖亦百濮支别,为接受封建文化较早之氏族……盖所居地在方山区嘉陵江南段。又蒙默:《试论古代巴、蜀民族及其与西南民族关系》,蒙默:《南方古族论稿》,北京:商务印书馆,2015年,第65页。原载《贵州民族研究》1983年第4期。
⑥ 蒙默:《试释〈太平寰宇记〉所载"控临番十五种落"》,蒙默:《南方古族论稿》,第525页。原载《贵州民族研究》2014年第11期。

| 第五章　沿线族群互动证明走廊被频繁利用 |

从上可发现，四川（含重庆）东南西北都考证了史前古部落留居，独有江阳（泸州）主城附近没有只言片语的研究成果，难怪《华阳国志》作者细述了各个州郡历史与风情，恰恰对"江阳郡"只能略述于他郡。

地处长、沱两江交汇的江阳之地，难道就没有古代族群繁衍生息？笔者试就以上方国中与泸州有地缘接近者做一点思考和分析。

之前已论述过"江阳"一得其名即为华夏，它周边的方国西有僰，北有资，南有鳖、鳛，东有涂山、扬侯。这些方国或多或少与江阳地域有沟通和联系，如鳖灵迁蜀就经过此地。此外，涂山国或与泸州有交融，并或有姻亲关系。《华阳国志》记录伯涂妇在江阳下游120里处，修建了长江一处大型水利工程"鱼梁"①，该妇女则可能就是涂山国人嫁入泸州伯姓人家的。

云南威信县曾经生息过僰人，他们所葬悬棺，挂满图中山峰顶部石崖处，1970年代"全民皆兵"时代，训练的民兵一再以之为靶练习射击，纷纷击落坠地，仅存数具。昭通市文博工作者定名为"瓦石悬棺"，经科学测定，所葬人体至少生活在初唐时期

何川文　摄

再说僰侯国。郭声波2017年6月在泸州宋城文化研究开题会演讲中认为，古江阳地域生活的族群是僰人，与宜宾的西僰相比而言，为东僰②。那么僰侯辖控的区域相当宽广，横跨川滇黔结合部，有今四川宜宾大部，泸州西部、南部，云南昭通和贵州

---

① 《华阳国志校补图注》，第180页。
② 郭声波：《从华夷边镇到四道枢纽：浅谈泸州政区演变与地区角色的转型》，成都市地方志编纂委员会办公室编、高志刚主编、李勇先等副主编：《志苑集林》第一辑，成都：四川人民出版社，2019年，第1页。

271

毕节部分地区。如汉武帝开南夷,置僰道、南广、存䣖、朱提、堂琅等县,实乃僰人奴隶主所建的国邑①。僰即棘②,该方国势力不弱,刘邦从秦国残余势力手中恢复巴蜀,派大将林挚攻占蜀地,应与僰人有激烈交锋方实现意图,从林挚被封为"平棘懿侯"③可知端倪。僰侯也如苴侯,是蜀王所封,两侯对巴蜀乃至云贵桂和越南、柬埔寨产生过重大影响。一引来秦军灭其宗主国,二代表宗主国以蜀王子身份,南逃交趾建国,为星星点灯似的巴蜀方国更添绚烂与传奇。

公元前316年,苴侯的"蝴蝶效应"致强大的秦王国杀入巴蜀,地处今蜀南的蜀王宗亲僰侯不得不迅疾南逃以避秦之锋芒,率残部奔入南中,转交趾重建蜀国④。他的逃亡路线,尽显了中国西南陆海走廊端倪。

僰侯国域虽然那样宽,最主要的还只在淯江盐泉,故知淯江汇口的废墟,才是古僰侯国国都⑤:

> 这个僰侯的国邑,原就在淯江与长江的汇口,距淯井不到十千米。近世都还有建筑遗迹可见。但它的辖地,则包括了今天的长宁、江安、高、珙、筠连、古宋、叙永、古蔺和贵州毕节,云南镇雄、彝良、大关等县,是当时的一个大国。当蜀王拒秦师,战败奔逃时,曾经逃向僰国,因秦军追得紧,才跑到武阳,就被秦军追杀了。但有一个蜀王子,却逃到越南去,取有其地,建国,称安阳王。这个王子是带领军士走的。他不可能是当时蜀王之子(当时蜀王的亲属全已死于秦军),只能是封为僰侯的蜀王子,才来得及逃跑,才可能率领军队逃走,才可能通过百千里的民族区到达越南,而取国称王。是故知道安阳是僰侯,或僰侯之子。因他是蜀王分封到僰的,所以叫"蜀王子"。⑥

中越相关史料都对"蜀王子将兵三万","来讨"交趾土著雒王、雒侯、雒将作了陈述,讨定后建都古螺城(封溪)⑦也作了肯定;并对蜀王子即僰侯即安阳王从"淯溪与长江的汇口"南逃越南建国作了逻辑阐述⑧;对安阳王被南越王灭国后下船径出于海作

---

① 《羌族源流探索》,第110页。
② 徐中舒:《古代楚蜀关系》,徐中舒:《川大史学·徐中舒卷》,成都:四川大学出版社,2006年,第536页。
③ 《汉书》卷十六《高惠高后文功臣表》。
④ 《四川上古史新探》,第115页。
⑤ 《四川上古史新探》,第316页。
⑥ 《四川上古史新探》,第315页。
⑦ 段渝:《玉垒浮云变古今——古代的蜀国》,成都:四川人民出版社,2001年,第208页。
⑧ 任乃强:《四川上古史新探》,第315页。

了详细叙述①。即对从建国到国灭的安阳王朝有相同的完整交代。蒙文通还还原了历史本原,指出"开明"即"安阳"的音转,是"一辞之同音异写","交趾之安阳王即蜀开明氏后裔之南迁者也"②。

棘侯南逃,求得的是迅疾,从淯江口乘船顺江东下自然优选于向南翻山越岭。从100多年后唐蒙通夜郎及汉军八校尉平南夷③来看,南中的形势上推到棘侯南逃阶段假如变化不大——事实上也是,"在南诏兴起于中唐以前,西南各部族间的形势并没有发生根本变化"④。那他的南迁路线大抵是东下巴符关,折溯赤水河,重走蜀王开明氏之肇始者鳖灵从贵州迁蜀建国的老路。越南史学家陶维英也认为,蜀王子他们从四川迁移交趾经过了贵州、云南⑤。

三星堆祭祀坑出土的数十尊西南夷青铜人头像,已表明南中是蜀的附庸⑥,棘侯的族众直奔而去理所当然。他们溯至赤水河通航迄点平夷部落(今叙永县赤水镇,后详)上岸陆行,进入早已臣服于蜀的且兰、夜郎等园苑之国⑦,也算初步躲开了一颗灾星。这时的秦军路况既不熟悉,敌情又一片茫然,不会也不敢衔枚疾追;而南中诸仆从方国,数百十年慑于蜀王声威,对棘侯打

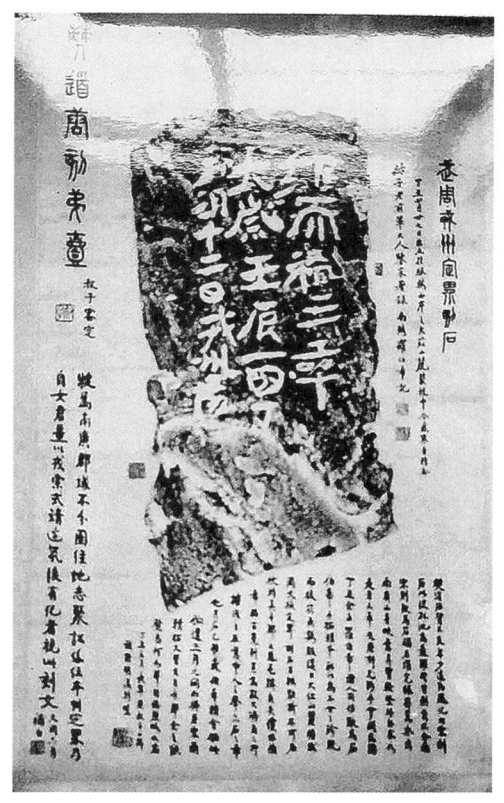

四川江安县长江与淯江交汇处,按任乃强的研究,是棘侯国邑所在。该棘侯以蜀王子身份,率众南迁交趾。民国长宁县文化名人梁叔子保存有一"武周戎州定界刻石"拓片,自题为"棘道唐刻第一",殊为珍贵　　　　郭可夫 供图

---

① 徐中舒:《〈交州外域记〉蜀王子安阳王史迹笺证》,徐中舒著,清华大学国学研究院、李懿编:《徐中舒文存》,南京:江苏人民出版社,2016年,第346页。
② 蒙文通遗:《越史丛考》,北京:人民出版社,1983年,第66页。
③ 《史记》卷一百一十六《西南夷列传》,第2996页:会越已破,汉八校尉不下,即引兵还,行诛头兰。头兰,常隔滇道者也。已平头兰,遂平南夷为牂柯郡。
④ 徐中舒、唐嘉宏:《夜郎史迹初探》,《贵州社会科学》1980年第1期。
⑤ [越南]陶维英著,钟明岩译、越胜校:《越南历代疆域》,根据越南河内科学出版社1964年译出,内部发行,北京:商务印书馆,1973年,第28—32页:蜀国国王的后裔曾逐渐从四川迁移到贵州、云南,最后进入我国北部边境地区。转引自李艳峰、赵永忠、杨举伟:《骆越源流史》,昆明:云南大学出版社,2020年,第51页。
⑥ 段渝:《略论古蜀与商文明的关系》,《史学月刊》2008年第5期。
⑦ 《华阳国志校补图注》,第118页。

着的蜀王子旗号,也不敢有反抗和阻挡①,反而协助他在句町(滇黔桂交界处)作较长时间生养休息后,突然在越南北部"从天而降":"蜀王子将兵三万,来讨雒王、雒侯,服诸雒将,蜀王子因称为安阳王。其时据蜀王开明之亡已达一百三十余年。安阳王称蜀王子,只能说明他是蜀王后世子孙。"②蒙文通对蜀王子南迁人口与古代交趾的骆越人口进行过分析:

> 《交州外域记》言:"蜀王子三万来讨雒王。"《南越志》亦谓"蜀王之子将兵三万讨雄(当为"雒"之讹)王"。是蜀兵三万之数当为可据。蜀王开明子孙之南迁,实为一民族迁徙;此一迁徙流离之集团中胜兵者三万人,推其不胜兵者当亦不下三万,则南迁之蜀人略为六万。苟蜀泮初入骆越时之人口果为十五万,则骆民之数当略为九万,是蜀人骆人之比为二比三。则南迁之蜀人于后世越南民族之形成关系至为重大,越旧史尊蜀泮为蜀朝,固其宜也。其在民间,蜀泮也长期享有崇高威望;以一蜀之迁民之首领,而能获后世人民之尊崇爱戴,当非偶然。蜀泮之德惠固有足怀者,而后世越人本多蜀人之裔亦不无干系也。③

安阳王南迁时所将3万兵力,应是他的完整之师,是完师南迁,而非溃败之师④,实力较为强大。他逃至位于左右江流域的句町国能够做较长时间的停留,要么用武力胁迫,要么是当地主人乐意。句町位于滇黔桂交界处,今广西西林发现的铜棺葬和铜鼓墓,就被认为是句町王一级或上层贵族的墓葬。广西、云南学界一般认为句町是壮族(布依族)的先民,但是,任乃强等学者,都按照《华阳国志》的记录,坚信其为濮人,他甚至说:

> 句町,颜师古音劬[qú]挺。句町在汉为大国。其王毋波助汉击南中叛夷,受封爵,见《汉书·西南夷传》。成帝时,王禹与夜郎王兴,漏卧侯俞更相攻击。盖皆僰族,习近汉民,故同有汉字名。常氏于此称为"濮王"。盖以别于瓯越。窃疑秦灭蜀时,蜀王子安阳王之能自僰道南入交阯建国,此等僰族部

---

① 《四川上古史新探》,第116页:(蜀)王子与所率军队能假借蜀王威信,作循行姿态,所至取得供应,如行庭内,秦军无法深追。蜀王子也不敢夺所至之国,每畏秦使追踪,亦畏诸部知其亡国而掩袭之,故直行而南。
② 徐中舒:《〈交州外域记〉蜀王子安阳王史迹笺证》,《徐中舒文存》,第341、345页。
③ 蒙文通遗:《越史丛考》,第76-77页。
④ 段渝:《政治结构与文化模式——巴蜀古代文明研究》,上海:学林出版社,1999年,第459页。

落实具高度之辅助作用,只史文无可据耳!①

不过,顾颉刚认同这一感叹,他在《史记杂识初编》中考证:"凡晋代所称之濮,实即战国与汉代所称之'僰'"。四川僰人研究学者陈介刚在滇云一带调查,尚有约3至4万僰人后裔分布于文山州丘北、广南、麻栗坡,红河州泸西、弥勒,曲靖市罗平、师宗等县,自称白彝或者戈仆,其中丘北县纯僰人居住的自然村达26个②。以上地域正是滇黔桂结合部的三角形地带内,笔者考察时,当地对句町一词发音皆作gou ding(勾丁),只是在通海参观句町王庙时,才从当地人口音中听到"曲挺"的音。郭声波认为,中古开始颜师古之音就已转换为"勾丁"之音,二者可并行而读。但通海还遗上古发音,要么证明通海之民方言音更为古老,要么推论任乃强训诂更为充分。

笔者在云南通海县参观句町王庙。通海民间对"句町"一词的发音为"曲挺",近似上古"劬挺"一音

蒙文通又据越南民间传说"古代中国左江地区有一国名南疆"事,也举证南迁蜀人与左右江之间关系:

> 越南民间传说,古代中国左江地区有一国名南疆,统辖九部,据有今广西南部及越北高平之地,王名蜀制,子名蜀泮。蜀泮少年嗣位,九部各主不服,

---

① 《华阳国志校补图注》,第307页。
② 陈介刚:《云南省丘北、泸西、罗平三县僰人遗裔考察报告》,《宜宾学院学报》2008年第10期。

兴兵围京师,意欲分国,蜀泮以智谋胜九主,得固其位。后甫征文朗,文郎降服,遂称安阳王。①

他认为,安阳王是传说中的蜀王子"蜀泮","而于甫入交趾即东走(越南)高平并入左江流域居焉",于征服文郎后始居于交趾之封溪②(今越南永福省安明东③)。当然,也有中外学者认为安阳王建都于古螺城,它是安阳王时期的政治、经济中心,是当时文化交流会集地区④:

> 古螺城旧址在今(越南)东英县(河内东北郊区)。安阳王时期古螺城由外城、中城、内城三部分组成。外城平面为五边形,周长约8.00千米;中城周长约6.50千米;内城平面为长方形,周长1.65千米。外、中、内城的南面各开一正门。根据《安南志略》《越绝书》和《大越史记全书》《余地志》等等记载,古螺城创建于公元前257年,前255年落成。⑤

古螺城近似龟形,与相传张若请蜀土著巫师用龟壳舞弄着顺墙址跳舞一周,才筑成的成都城⑥或有某种关联。安阳王时期军事实力极强,古螺城发现了10000件左右的铜镞⑦,还发现一座制造铜镞的窑炉⑧,表明安阳王有蜀国制造的"侧竹弓"与"白竹弩"之类神弩⑨的传说不是空穴来风。

从天而降的这位蜀王子"泮",通过句町到越南方便的左江水道,前往交趾征服诸土著,重建蜀国时,其相从而来的蜀族人民,善于治水,作堤防潮以捍雒田,并开垦泽国卑湿之地,故雒将、雒民亦乐归之,遂成大国,传数世⑩。

---

① 蒙文通遗:《越史丛考》,第71-72页。
② 蒙文通遗:《越史丛考》,第71-72页。
③ 周振鹤、李晓杰、张莉:《中国行政区划通史》[秦汉卷(上)],上海:复旦大学出版社,2017年9月第二版,第1020页。
④ [越南]赖文钊:《古螺城的东山文化青铜器》,文山壮族苗族自治州文化局编著:《声震神州——文山铜鼓暨民族历史文化国际学术研讨会论文集》,昆明:云南人民出版社,2005年,第307页。
⑤ [越南]赖文钊:《古螺城的东山文化青铜器》,《声震神州——文山铜鼓暨民族历史文化国际学术研讨会论文集》,第305页。
⑥ 贾大泉、陈世松主编,罗开玉:《四川通史》卷2《秦汉三国》,成都:四川人民出版社,2018年12月第2版,2018年12月第1次印刷,第15页。
⑦ [越南]赖文钊:《古螺城的东山文化青铜器》,《声震神州——文山铜鼓暨民族历史文化国际学术研讨会论文集》,第307页。
⑧ 彭长林:《越南早期考古学文化研究》,南宁:广西科学技术出版社,2018年,第342页。
⑨ 任乃强:《四川上古史新探》,第117页。
⑩ 任乃强:《四川上古史新探》,第116页。

第五章 沿线族群互动证明走廊被频繁利用

蜀迫苴、苴奔巴、巴求秦、秦灭蜀巴苴,一连串事件导致亚洲大陆从腹地深处直至中南半岛纵贯南北产生方国迭变,导致一泻千里的民族移动,有如后世匈奴、突厥被迫西走,一浪浪打破了所经之地的民族体系。蜀侯所率部众,除了主体蜀人、蜀人外,应有蜀国这个联盟长战争动员令中其他方国部落未被秦军所歼之众,也就是说,包含有上述相应方国的族人,他们在南迁途中和左右江流域停留期间,得以整合成一众,盔甲鲜明直趋交趾。但赵佗"乘其业废弩敝而发军攻之,遂取其国"①,迫使蜀人族众弃瓯雒王城入海企图休息后整治弓矢,再图反攻。其休止处,似在九真郡外的真腊地界(今越南岘港以南)②,至三国孙权遣将夺取时称扶南国,即后来高棉人根植至今的分布地域(柬埔寨和澜沧江三角洲)③。任乃强从高棉人体型肤色与蜀人有类似特征的现象,进一步佐证蜀人南迁至此:

> 各书记扶南土俗,皆谓其旧时土著"人皆丑黑,拳发,裸身,跣行"(《晋书》)。是原属棕黑人种。而今之高棉人,则体型肤色并与汉族相似。窃疑其最初进入之黄种人是汉藏语支之蜀人,而非越语支之民族。高棉人的族源,是否由安阳王之族与扶南土著通婚所繁衍,值得研究。④

因为安阳王兵败赵佗而"下船,径出于海"时,必然还有几千几万军士与族人相随,那时雒越以南沿海民族都无强大组织,安阳王挟其武力所至皆可生活,皆可重建国家⑤。若此,蜀人南迁的终点至少在越南南部及柬埔寨一带。

古蜀五代蜀王故事在巴蜀大地广为传播,其中杜宇北迁有可作为南方丝绸之路起始年代参考坐标⑥的话,鱼凫、鳖灵北迁也可作为南方丝绸之路被人为利用的实例;而蜀王子南逃中南半岛,则可明确其首次大规模拓展了巴蜀内陆腹地直趋南中国海的交通,是中国陆上丝绸之路与海上丝绸之路缀联探索的第一人,是今天我们研究中国西南陆海走廊南北通达的重要事例。

---

① 任乃强:《四川上古史新探》,第118页。
② 任乃强:《四川上古史新探》,第127页。
③ 任乃强:《四川上古史新探》,第125页。
④ 任乃强:《四川上古史新探》,第128页。
⑤ 任乃强:《四川上古史新探》,第127页。
⑥ 李诚、张以品:《古蜀文化与三星堆"神鸟扶桑"新证——兼评〈古代巴蜀与南亚的文化互动和融合〉》,《四川师范大学学报》(社会科学版)2022年第3期。

| 中国西南陆海走廊 |

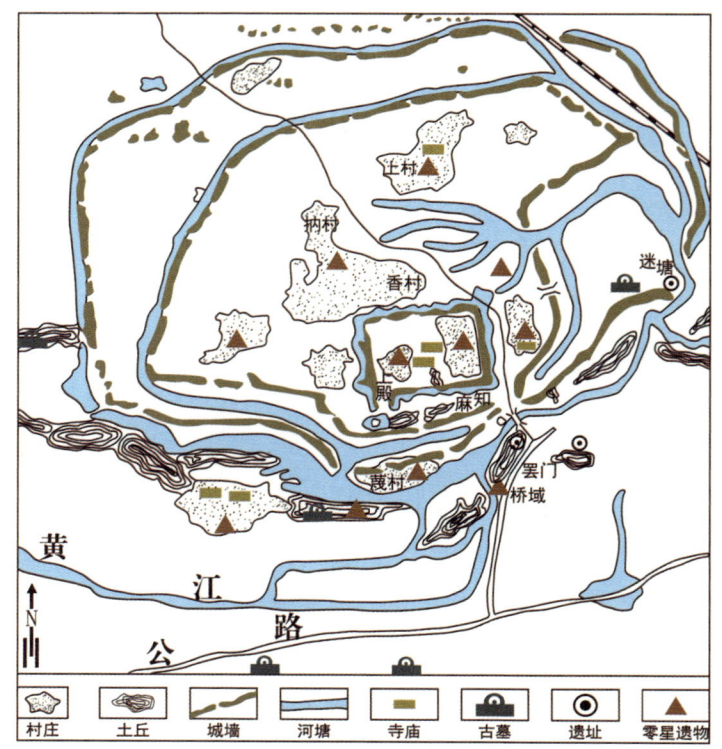

越南古螺城布局示意图。图中可以看出其平面近似龟形,为三城三河相套的结构,城内战船可以通过黄江上溯红河或下达求江,攻、守、退均处优势[①]

第四节　　沿线小语种族群与走廊通道

中国西南陆海走廊中部,即从川南到越南北部,古族系遗存当代的活化石,就是跳蛙式分布的若干小语种族群。他们虽民族识别为汉、彝、壮、仡佬、木佬等,但追溯前世,无不折射其先祖活跃的身影。这些身影的背后,反映出通达交通为其流动所提供出的便利条件。

川滇黔羿人后裔考察

巴、蜀灭国后,其境内诸多民族,也有向南迁徙到湘黔滇地区的。笔者在田野调查中,惊喜地发现了曾生活在巴地涪陵(彭水)和蜀地简州(简阳)一带的"夷人"后裔,

---

[①] 图及图说采自彭长林:《越南早期考古学文化研究》,南宁:广西科学技术出版社,2018年,第341-342页。笔者改绘为彩图。

就在今赤水河沿岸"残存"。现在被民族识别为汉族或者彝族,而他们自称或"易人"或"壹人"或"卧",更多为"羿人"。有学者考证,其称谓从古到今、从自称到他称有猕子、异子、瓦忍、阿乞、仪夷、卧、蚁子、夷子、羿铺、撒铺、白彝诸多①。

夷子、蚁子、羿子等称谓虽有不同,但实乃音译之异②。羿人活动轨迹从唐到清记载不断。回溯典籍,唐代之前,隐隐约约也有一条线贯穿其间。

《华阳国志·巴志》记载巴国所统治的民族"其属有濮、賨、苴、共、奴、獽、夷、蜑之蛮"③。其中的獽、夷分布较广,从今鄂西、湘西、黔东以至巴蜀的"四郡"都有,留居涪陵与巴地者,被专称为夷④。夷人两汉之时应扩散到赤水河一带,郭声波考证羿子系赤水河流域古老的土著之一,至少晋世甚或东汉就生活于此⑤。古叙彝族先民扯勒部首领德赫辉从云南北进川南途中,曾与当地的"羿子"等土著作战并降服他们⑥。此事当在三国两晋之时,则说明羿人在这个地域的居住历史至少不晚于此时代。

羿人其中一种自称为"卧",与《宋史》记载斧望个恕及其子乞弟在柏雅妥洪(今古蔺)发生过战争的"瓦忍"发音相近,二者称谓就是指羿人⑦。进入唐世,夷子地望相连,散布更宽,被集中置为晖、犍、羲等羁縻州,治地分别为在今织金县城关镇木夏村、黔西市城关镇、大方县凤山乡⑧。他们相连成片,声息相通,势力颇大,其管辖和影响的地域应该越过赤水河延伸到川南;或者恰恰相反,夷子是从川南赤水河流域逐步向南扩充势力,顺赤水镇—七星关大方—黔西汉代道路干线直达织金、六枝一带。其习俗从零星记载上可觅一二:

> 简州风俗,有僚人,言语与夏人不同。嫁娶但鼓笛而已。遭丧乃立竿悬布置其门庭,殡于别所,至其体骸燥,以木函置于山穴中。李膺《益州记》云:"此四郡僚也。"又有夷人与僚人一同,又有獠人,与僚、夷一同,但名字有异而已。⑨

---

① 郭声波:《圈层结构视阈下的中国古代羁縻政区与部族》,北京:中国社会科学出版社,2018年,第273-274页。
② 刘复生:《僰国与泸夷》,成都:巴蜀书社,2000年,第195页。
③ [晋]常璩著、任乃强校注:《华阳国志校补图注》,上海:上海古籍出版社,1987年7月第1版,2011年7月第5次印刷,第5页。
④ 《华阳国志校补图注》,第10页。
⑤ 郭声波:《圈层结构视阈下的中国古代羁縻政区与部族》,北京:中国社会科学出版社,2018年,第273页。
⑥ 贵州省文史研究馆点校:《贵州通志·土司·土民志》,贵阳:贵州人民出版社,2008年,第137页:扯勒讹为凯里,又讹为且兰,分自君亨。二十余传而至德赫,有子二:曰隆、曰辉。德赫爱辉,卒,传位于辉。辉让于隆而去之,部人义辉,从者九千人,乃东渡白水,击都掌、羿子、土僚而降之……羿子在赤水(引者注:今叙永县赤水镇)、古蔺。
⑦ 郭声波:《圈层结构视阈下的中国古代羁縻政区与部族》,第274页。
⑧ 郭声波:《中国行政区划通史》[唐代卷(下)],上海:上海复旦大学出版社,2012年,第1230-1231页。
⑨ 《太平寰宇记》卷七六。

李膺随桓温伐蜀而留宦蜀中甚久,所撰《益州记》今佚①,想必所记为其亲见亲闻。他所谓夷人、獽人、僚人似为一体,笔者分析其时因僚人汹涌入蜀,名声较大,李膺等外人识别不清,凡非华夏习俗,所记大体归类其属;这3种人应非纯粹的僚人群体,至少不是从老挝、兴古一带入蜀的僚人。不过夷人与獽人和僚人混居混血,说明夷人有可能已演变成了僚人的一个支系。

羿人保持有自己的语言,100年前还在不少族人中通用,他们称为"香谈"。叙永县民宗办干部侯开珍2007年底在赤水镇访问羿人时,唯一一个会讲"香谈"的人于9年前去世,从此羿人语言失传②。幸好1982年毕节地区和县民委的陈顺才、马登书,在毕节县(今七星关区)与古蔺县赤水镇(时未划入叙永县)一河之隔的普宜区小河公社双河大队进行过羿人语调查③,对当时年近90岁的羿人何子秀讲述的羿人语言录了音,抢救了几百个珍贵的基本词和一些简单的句子④。仡佬语研究学者张济民通过录音分析比对,发现羿人语与仡佬语的关系相当亲近,包括一些较特殊的同源词,甚至仡佬语内部不一致的方言或土语,羿人语却与之相同或相近⑤。再根据他从语言研究上认定的"历史上的濮人和僚人在不同的历史阶段曾是仡佬族的先民"⑥观点,结论为:

> 根据这些特有的语言现象,加上羿人居住的地缘环境,我们自然会联想到四川南部(现在的宜宾地区和泸州地区)珙县、筠连、古蔺、叙永等县,曾是仡佬族先民——僚人分布的主要地区之一。那么,今日的羿人,如果设想他们曾是古僚人的一个支系,也不是没有道理的。根据这些条件,我们把羿人语与仡佬语同划一个语支是比较妥当的⑦。

川南叙永、古蔺,黔北七星关、大方、仁怀等地,确有自称为羿人后裔者零星分布。笔者调查发现,这一带尚遗有不少羿人寨、关、村、塘、口等小地名,如仁怀后山、金沙清池、七星关普宜等处有羿子关,大方瓢井、古蔺马蹄、叙永震东也有类似之名。令人欣慰的是,还在古叙赤水河边一带找到了几户羿人后裔。

---

① 《华阳国志校补图注》,第10页。
② 侯开珍:《叙永县"羿人"调查报告》,泸州市民族宗教事务局编:《泸州少数民族志》,民族杂志社(内部资料),2008年,第608页。感谢泸州市民宗局副局长杨玉峰赠书。
③ 张济民:《仡佬语研究》,贵阳:贵州民族出版社,1993年,第537页。
④ 《仡佬语研究》,第419-420页。
⑤ 《仡佬语研究》,第428-429页。
⑥ 《仡佬语研究》,第1页。
⑦ 《仡佬语研究》,第429页。

| 第五章　沿线族群互动证明走廊被频繁利用 |

2020年5月，笔者在四川古蔺马蹄镇原纳盘小乡强院村1组采访85岁的羿人李福林（中坐者）[①]　涂电林 摄

　　2020年五·一假期，笔者在古蔺马蹄镇强院村一组，见到85岁的李福林老人。他曾在川西甘孜一带当过兵，参加过平暴战斗，见过一定的世面。如今身份虽被识别为汉族，但他反复对笔者解释，自家祖上一直认为是"羿人"血统，与赤水河上游叙永和对岸贵州境内的羿人，都是血亲或姻亲。他本人还于1983年9月8日被邀请到毕节地区，参加过贵州省民委组织的"羿人民族识别座谈会"，并拿出珍藏的会议照片让笔者翻拍。

　　李福林的老伴罗光荣大他十多岁，1986年就去世了。二人生了两个儿子，最小的儿子李子文49岁，系该组组长，在纳盘中学上过初中。李子文告诉笔者，小学时的老师蔡仕平说，你们是"壹人"，你们村姓马、李、秀、王的都是。目前他们组和五组杨姓、陈姓都自称为羿人后裔，人数约有200人（包括出嫁在外的30多人）。

　　第二天，笔者在纳盘赤水河上游十余千米处的叙永赤水镇中沙大文村八社，见到另一户被识别为彝族的羿人马贞祥。时年88岁的老人明确告知，由于"彝""羿"音近，身份证登记时又无"羿族"，所以被登记成了"彝族"。"但我们赤水河两岸的羿人，没有一家与彝族有亲戚关系。"他说，倒是两岸羿人之间，或多或少沾亲带故。他家世代是赤水河横跨川黔两岸名叫"小河"这一渡口的船工，对岸即为七星关区普宜镇小河场

[①] 诚谢古蔺县委常委、宣传部长李凌，县民宗局局长项元亮组织座谈。

（原小河乡），子侄们上学，都坐他的船每天横渡过河；附近四川村民赶场也去对岸，河两岸的交流亲近度大于各自省内。谈到他们的母语"香谈"，他骄傲地说还会用汉语唱羿人小曲，至于羿人语言，只依稀记得祖父母一代在说，依稀记得他们年轻时在山上割草、放牛，还能用民族语言对歌。但到他自己这一代，却一点也不会了。

左图为笔者在古蔺马蹄镇原纳盘小乡强院村1组拍摄的85岁羿人李福林。右图为李福林（后排右一）1983年9月8日在毕节参加贵州省民委组织的羿人座谈会时，与其他羿人合影。前右杨振中、前左秀光荣，皆为毕节县（今七星关区）普宜农民；后中陈寿昌，毕节县清水铺教师，后左为陈寿昌之弟陈寿才，时任毕节县深基派出所长

何川文 摄

笔者与李、马二人及其子、媳的交谈中，除反复问及羿语情况外，更多地在引导他们回想祖上有关迁徙的家族记忆。两户羿人均称，模模糊糊记得有传说先祖系从"河的下面往上走"或"河的上面往下走"而来，至于此"河"是不是就是他们生活的赤水河，却不得而知。根据巴蜀的夷人、獽人最后活动记录在沱江上游今简阳一带的史实来看，这批羿人的先祖，从沱江转溯赤水河符合"河的上面往下走"和"河的下面往上走"；又汉晋涪陵郡有较多夷人分析，滨乌江的涪陵夷人也有可能溯乌江而上，沿河、沿谷深入贵州后，西转川黔边，也是"河的下面往上走"方向；再巴东也有夷人分析，逆长江转赤水河，也系河下面的方向。如此推论，反而证明巴蜀"四郡"皆有的夷人（羿人），最终归宿之地在赤水河流域的可能性较大。

| 第五章　沿线族群互动证明走廊被频繁利用 |

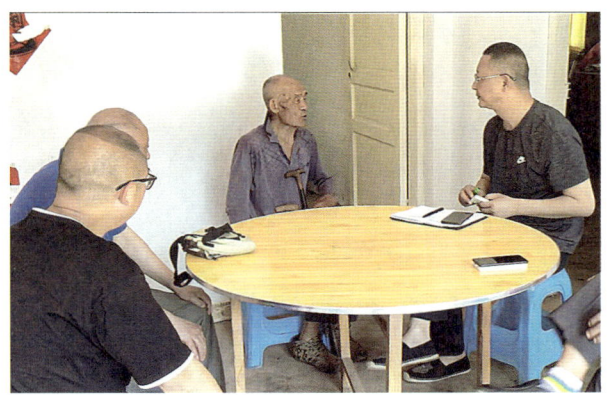

2020年5月，笔者在四川叙永县赤水镇中沙大文村八社
小河口处，访谈被民族识别为彝族的88岁羿人马贞祥（右三）

何川文 摄

有学者认为汉平夷县就因弈人而置，"'羿'是平夷之'夷'的较晚译写"，平夷的"遗裔后译为'羿'"①。他们和其他民族一道，为鳛部道保持通畅作了一定贡献。可以说，至今血脉尚存的羿人的先民"平夷人"，在汉武时期，作为夜郎傍小邑，积极拥护唐蒙通夜郎策略，为西南纳入中华文明起到桥梁作用。西晋江阳太守侯馥，到赤水河"沘源"一带"抚恤蛮僚"②，准备联合进攻被成汉政权占据的江阳时，受"抚恤"欲联合的蛮僚，应包括夷人（羿人）在内。

笔者在四川叙永县赤水镇中沙大文村八社小河口采访
88岁的羿人马贞祥（左）及其儿媳。小桌上系羿人敬奉的
神祉，他们全家每天必拜

涂电林 摄

---

① 朱俊明：《夜郎史稿》，贵阳：贵州人民出版社，1990年，第92页
② [晋]常璩著、任乃强校注：《华阳国志校补图注》，上海：上海古籍出版社，1987年7月第1版，2011年7月第5次印刷，第663页。

到明代时候，他们势力开始更加强大，明代建立的赤水卫（今叙永赤水镇）周边，"环境皆宜"，其中就有羿人①。曾经聚众"叛乱"，从明代贵州布政司左参议王重光，奉命在古叙伐皇木平叛的记载，可见一斑。《直隶叙永厅志·王重光传》记有："永宁宣抚司所部有羿蛮焉，凡四十八寨，其地曰落洪（今古蔺），通四川九丝（今兴文、珙县一带），时蚕食贵州之永宁若赤水诸卫。景泰、天顺、弘治迄嘉靖初，大兴讨之，甫定。"②说明中央帝国对羿人进行过长期残酷镇压。

《王重光传》里有诸多叙述，如"木产诸苗，而以羿蛮故"，皇木都生长在羿人聚居的赤水河上中游。当时正值他们在落洪（古蔺县城一带）反叛，由首领杜皮纠集三万多人大肆烧杀抢掠，"担石之储无赦遗者，周道千里鞠为茂草焉"。把川南黔北赤水河两岸闹得鸡犬不宁，造成千里无粮、千里无人局面。伐木工人何以能正常入住完成皇木的采集任务？只有先平叛后伐木。这是一场以少胜多的完胜战役，整个战事就一个晚上，比历朝历代在泸南用兵都简单神奇，费省效宏：

（王重光）曰："不入虎穴，安得虎子?！为师期一宿至落洪，不如约者有常刑。"昏，乃戒令秣马食士。将吏以公素不惯兵革，叩马固留。公斩牲以誓："唯余马首是瞻。却，有如此牲！"

位于四川、云南、贵州交界的赤水河"鸡鸣三省"地域，叙永县赤水镇位于下游十千米处，即西汉平夷县、明代赤水卫驻地。
　　　　　　　　　　　　　郭可夫 摄

好斩钉截铁。同时，他又命令另外三支部队分别提前埋伏：指挥使邱东阳以兵三百人守水落古隘路，指挥桑珪以兵三百人守得要关，指挥使李荨以兵五百人入石圆坪。

---

① 清弘治《贵州图经新志》卷一一。
② 嘉庆《直隶叙永厅志》卷四十三《艺文》。四川省地方志编撰委员会辑：《叙永旧志辑存》，北京：国家图书馆出版社，2015年，第238页。诚谢叙永县志办刘竞涛先生赠书。

王重光本人率领主力"腹兵环甲缚马舌",收裹兵器,卷束盔甲,衔枚夜行,神不知鬼不觉直插羿人巢窟落红时,他们还"寂无知者",呼呼大睡:

> 公乃周麾而呼,鸣锣鼓、丁宁、镎于,士喧哗距踊,屋瓦皆震,声动天地。灌脂束苇爇之,烛耀薰灼。蛮皆愕,猝起不意,尽失其度。窜东西,则邱东阳等扼吭犄角,一二溃围者,立磔之。蛮乃大哭,声亦动天地。酋长肉袒,伏斧质,诣吏请死。①

略加翻译就是:王重光指挥部队从水落(今古蔺永乐)、得要关(今古蔺德耀)、石圆坪(今古蔺石屏)三个方向②,悄悄包围占据落红的叛军后,自己率军夜行直捣虎穴。接近敌营时,王重光突然高声呐喊,士兵立即奋勇争先,一边使劲敲响锣鼓、丁宁、镎于,一边把淋过油的火把呼啦啦奋力甩到羿人的茅草屋顶。刹即间,羿寨被照耀如同白昼,腾空而起的火浪

位于贵州习水县同民镇兴隆村芭蕉塘的"皇木"石刻。遒劲大字刻于一斜石上,系明万历年间,朝廷在川黔赤水河流域一带采伐皇木的实物明证。石刻顶部"皇木"二字分别高0.65米、宽0.63米;下部右起直书"万历十三年四月二十一日过此铭石以记之";正中直镌"华阳县"3字,每字0.6米见方;左侧尾款为"委官闽人吴文澜书"
笔者 摄

灼伤无数熟睡中的羿兵。他们在震天动地的的喊杀声、鼓乐声中惊慌失措,东逃西躲。即使有少数逃窜,也被守候在外的三路官军斩杀。走投无路之下,只得齐扑扑跪地投降。此战精彩在于,一战就降服了大面积的叛乱行为,"是役也,无亡失遗镞之费",令京城里来督采皇木的宦官大开眼界,竟然连续几天手舞之足蹈之,夸赞不已,

---

① 《叙永旧志辑存》,第238-239页。
② 以上地名系叙永地方文史研究者涂电林考证,特此致谢。

回味不已[①]。

　　以上"落红"地名,今考证即古蔺县城及周边。贵州彝族历史文化研究者王继超告知笔者,系彝语"高大的山岳"之意,与彝语"柏雅妥红"指称古蔺不同,后者翻译为"柏氏之松山"。他研究中发现,早在彝族先民扯勒奢氏进入古叙一带之前,就有一支更为古老的"柏氏"在此居住和开拓,他认为此柏氏也系彝族先民。不过据笔者分析,如果彝语地名分析出来的这支柏氏倘若存在,结合附近赤水镇系"平夷"来看,他们应为羿人,"落"字齐头地名,也是与羿人息息相关的僚人用语。这支羿人或后被彝族先民乌蛮征服,整体转入非"六祖系"的彝族,对彝区内部情况不太了解的外人也就称其为彝人、白彝了,但仍保留自身血脉、语言、习俗至清代乃至民国。

今日古蔺县城。《王重光传》称为"落红",彝语名"柏雅妥洪"。明代时周围48寨都系羿人居住

古蔺县委宣传部　康宁　摄

　　新编《古蔺县志》指称羿人就是"白彝",也有一段专门的记载:

　　　　羿人　史书统称"蛮夷"。地方志乘以羿民"冠服尚白,冬夏皆戴白毡笠"称"白彝",聚族而居,分布于赤水河上游及古蔺河两岸。《明成化实录》:羿子者,永宁宣抚司所辖……古蔺南境有羿子关(即今土地关)。明景泰、天顺、弘治、嘉靖四代迭遭官兵讨伐。嘉靖、万历年间,古蔺、摩尼等地羿民多次反对

---

① 《叙永旧志辑存》,第239页。

明朝官员入境采办皇木,屡遭袭击。部落势力衰落,人口锐减。明以后,羿民多操汉语,其衣着饮食亦渐汉化。解放后,古蔺河上游的彰德、德耀、龙美等乡,多处发掘夷子坟、蛮子洞。今赤水河北岸古蔺纳盘乡境内,有200多羿人后裔,自称"壹"族。[①]

由此看来,在彝族聚居区,确有一支外人认为是彝族,彝族认为是外族的族群"白彝"存在。王继超就认为,彝族中出自不同支系、找不出妥当称谓者,都称为"百彝"或"白彝"。赤水河一带白彝自身并不认同彝族习俗、文化,历代以羿人自称至今。

从赤水河右岸(贵州岸)眺望叙永县赤水镇。四川学者任乃强[①]、贵州学者朱俊明[②]认为此乃西汉所置平夷古县所在
叙永县摄影家协会 魏庭华 摄

白彝族众大量存在,笔者在云南文山、红河、曲靖各县和广西靖西、那坡考察时,也遇到这类现象,而且有"大白彝"与"小白彝"之分。富宁县政协文史委主任黎盛根告诉笔者,他们那一带把"白彝"划为彝族,但这支彝族又与大多数彝族要过火把节不同,而是过自己的节日"跳宫节",时间一般在农历四月初七、初八、初九三天举行,并且保留有自己特定的语言。与富宁毗邻的广南一支被民族识别为彝族的族群,也隆

[①] 古蔺县志编撰委员会:《古蔺县志》,成都:四川科学技术出版社,1993年,第114-115页。诚谢古蔺县政协文史委罗树先生赠书。
[②] 任乃强:《华阳国志校补图注》,第266页。
[③] 朱俊明:《夜郎史稿》,贵阳:贵州人民出版社,1990年,第92页。

重举行"打宫节",只是时间为农历二月第一个属牛日开始,直到属蛇日才散,杀牛敲牛于"宫坛"(即老人亭)祭祀①。

这一支被识别为彝族的族群,主要居住在云南富宁与广西那坡交界处的板仑和木央两个乡。所谓跳宫节或打宫节,是其特有语言"孔够"的音译,"孔够"意为"欢乐祈祷"②,皆因祭祀一丛救命"金竹"而举行,充满了古夜郎人对竹子崇拜那种特殊的心情。

富宁县木英、木思、太平,广南县木媄,麻栗坡县新寨、城寨的白彝族群,每年农历四月的第一个属龙之日,也要举行隆重的节日,节日名为"荞菜节",也是祭祀祖先、娱神娱人的重大活动,目的是感恩曾在灾荒之年拯救过族人的"一堆荞籽"。故在活动中高潮就是喊"荞魂"回家,请荞神与祖先一同共享节日的快乐③。

广西那坡县白彝村民每年农历四月初八开始隆重举行3天的"跳宫节"。其中重要仪式就是围绕坪坝中央的一丛金竹一圈圈地跳铜鼓舞、葫芦笙舞,全寨参与,气氛热烈　　　　蒋廷瑜 供图

河口县文管所所长白磊也告知笔者,该县莲花滩乡(新街)干龙井、中岭岗,桥头乡下湾子、竹林寨等处,约有四千多人群被称为大白彝。虽然他们被民族识别为彝

---

① 白兴发:《广南县俍人情况调查》,云南省民族研究所编:《民族调查研究》(内刊)1989年第1、2期合刊,第137页、143页。
② 文山壮族苗族自治州文化局编著:《文山铜鼓》,昆明:云南人民出版社,2004年,第208页。
③ 《文山铜鼓》,第211-212页。

第五章 沿线族群互动证明走廊被频繁利用

云南麻栗坡县城寨乡白彝族群每年举行荞菜节时,必不可少的一个环节就是祭拜荞神。众妇女采摘一些灌木树叶拟代荞叶,装满背篓,运至活动的场坝中央,等候全寨人祭拜①

族,但彝族盛行的火把节是最近十多年因旅游需要,才开始流行起来的;他们自身独有的语言,也与彝族其他支系不相通。

笔者在云南弥勒市弥阳镇夸西村与85岁的白彝村民海文彩(女)交流② 李光华 摄

---

① 图采自《文山铜鼓》,第216页。
② 诚谢弥勒市文管所所长宋正才、夸西村村委会副书记李永平等组织座谈。

此外，曲靖、昆明地区的泸西、弥勒、罗平、石林和红河(元江)沿线的屏边、建水等县，笔者也接触到不少白彝，他们自称"戈仆"①"锅泼"②，1999年出版的《邱北县志》还认为，白彝也自称"僰人"③。1950年9月23日—28日召开的丘北县各族各界人民代表大会第一次会议中，选出的代表就有"僰族"1人④，后归系为彝族⑤。白彝妇女头戴麻布制的套头，用大小不同的彩色珠子整齐排列和配一些银器或骨质饰物，形似鸡冠⑥，两颊系海贝串成的腮兜⑦。当地的彝族称之为"古僰"或"葛莱"，壮族呼之为"布莱俄马"，"莱"为族称，"俄马"是海贝(白彝称为"晒巴")，意即戴海贝的"莱"人⑧。每年正月初二或正月十五，都有拜山、拜树、祭牛等隆重的节庆活动。他们的婚俗比汉族更显热闹和开放，其中"闹姑爷"场面最令人捧腹。泸西县类似那坡、麻栗坡围绕金竹、灌木跳舞的气氛和形式也较热烈，但所围之物为玉米、南瓜扎堆的圆锥形，最下层为蓝色的南瓜，中间层为黄黄的包谷，顶覆一丛红红的辣椒，他们称为"大圆舞"。从玉米、辣椒传入我国时间并不长分析，泸西白彝族众的大圆舞似更新潮，历史没有其他地方悠久。

云南泸西县白彝婚礼喜庆欢闹。新郎一般被女方亲属以"闹姑爷"形式捉弄不堪之时，众人方觉达到人生高潮　　泸西县文联　杨俊　供图　康关福　摄

---

① 罗平县地方志编纂委员会编纂：《罗平县志》，昆明：云南人民出版社，1995年，第601页。
② 云南省邱北县地方志编纂委员会编：《邱北县志》，北京：中华书局，1999年，第118页。
③ 云南省邱北县地方志编纂委员会编：《邱北县志》，第118页。
④ 中共丘北县委党史研究室编：《中共丘北县党史资料》(第三辑)，内部资料，第97页。
⑤ 中共丘北县委党史研究室编：《中共丘北县党史资料》(第三辑)，内部资料，第39页。
⑥ 云南省邱北县地方志编纂委员会编：《邱北县志》，第20页。
⑦ 泸西县志编纂委员会编：《泸西县志》，昆明：云南人民出版社，1992年，第695页。《罗平县志》《邱北县志》《中共丘北县党史资料》(第三辑)。诚谢兴文县博物馆陈介刚先生赠书。
⑧ 翁家烈：《僰人考》，《贵州民族研究》1986年第2期。

陈介刚通过对丘北、泸西、罗平一带调查,认为所居白彝属于僰人,极可能是川南僰人的后裔①。笔者分析,散布在滇桂黔结合部的白彝族众应是古代百濮的各个支系,包括僰人与羿人等。他们被彝族先民征服后服属其人,因与彝族种属不同,故有白彝之称,此白彝与其他有彝族血统的白彝应有区别,笔者认为更应为王继超定义的"百彝"。此外,语言研究者认为,羿人语言和云南马关县金厂镇中寨及毗邻越南北部的拉基人语言比较接近,他们大概也同出一源,两国人口约有9000人②,现今民族识别为壮族。由此可知,历史上羿人部分支系在中国西南陆海走廊通道上由北往南不断有迁徙的情况。

对于羿人的族属,也有人认为是当代壮族或布依族的看法,云南学者尤中是其中代表:

云南泸西县白彝每到秋季丰收之时,置南瓜、玉米、辣椒于坝场之中,村民分数层围绕共跳大圆舞
泸西县文联 杨俊 供图 田峰 摄

---

① 陈介刚:《云南省丘北、泸西、罗平三县僰人遗裔考察报告》,《宜宾学院学报》2008年第10期。
② 梁敏:《仡央语群的族属问题》,《民族语文》1990年第6期。

"东谢蛮"之西与"夷子"的居住区相连,"夷子"显然散居在今黔西至滇东北地带。"夷子"乃"僚"族的又一名称。至明清时期的记录,便把"夷子"写作"羿子"。嘉靖《四川总志·经略》说:"叙、泸诸夷,依山险,……即僰、羿、苗、倮等种是也。""叙、泸诸夷"包括黔西至滇东北地带的各族在内。其中的"羿"即"羿子"。道光《云南通志》引《伯麟图说》说:"羿子,一名沙兔……与诸夷通婚,故又名仲家。昭通府属有之。""仲家"即"布依",在云南者归并入壮族,在贵州者则为布依族。所以,唐代的"夷子"即明清时期的"羿子",他们是近代贵州布依族先民和云南壮族先民的一部分。①

　　仲家是布依族、壮族的先民之一已无争议,但羿人就是仲家(子)一说,却有含混之处,除《云南通志》引《伯麟图说》称之为沙兔和仲家苗以外,还有就是后修的《镇雄州志》②人云亦云。其余川滇两省明清各地方志谈到"羿""羿子"乃至上推到元代"蚁子",都未将羿与沙兔和仲家划等号,反过来,倒是《明史》《明实录》谈到羿人的同时,与"仲"和"仲家子"往往相并而提,如:"乌蒙、芒部二府壤接筠连、珙县,围亘千里,山箐深阻。诸蛮僰人子、羿子、仲家子、苗子、倮㑩等杂居其中。"③又如:"天启六年十二月甲戌,贵州监军御史陆献明题黔事,事著数有未行者二……彼安酋罗鬼,实繁有徒,且蔡、仲、羿子诸苗,偏为助虐。"④

　　羿子与仲家(仲家子)不同,蒙默举光绪《毕节县志》"羿子……土人谓之濮"所载,就认为羿人与岭南俚僚后裔中的壮族、布依族被称为布衣、沙兔、沙墓者,非同一族属⑤,明确认定其"无疑是濮人的一支":这个民族,明清时代居住在川南地区及黔西北、滇东北一带,受汉文化影响颇深,当地彝族称之为"沙濮",意为"汉仡佬"⑥。

"癞子坟""蚂蚁坟"折射出的民族迁徙信息

　　笔者在川南、黔北、滇东、黔西南及滇桂交界处,不断听到有关"蚂蚁坟"和"癞子坟"的传说,从赤水河流域往南至贵州黔西、清镇、贞丰、安龙、兴义直至隆林、西林,往西罗平、泸西、弥勒回旋,北至宣威、大关、盐津、威信的云南一线,五六十岁以上者,或

---

① 尤中:《中国西南的古代民族》,昆明:云南出版社,1980年,第188—189页。
② 乾隆《镇雄州志》卷五《种人》。
③ 《明史》卷一百八十七《马昊传》。
④ 《明实录》之《天启实录》卷。
⑤ 蒙默:《僰为僚说》,蒙默:《南方古族论稿》,北京:商务印书馆,2015年,第37页。原载《凉山彝语奴隶制研究》1977年第1期、1978年第1期。
⑥ 蒙默:《试论古代巴、蜀民族及其与西南民族的关系》,蒙默:《南方古族论稿》,北京:商务印书馆,2015年,第66页。

有记忆。"蚂蚁坟"盛传是坟墓里聚满蚂蚁,啃噬尸体,令人肮脏,不欲靠近。笔者分析,羿人曾有"蚁子""蚁子蛮"称谓,其墓久无人理,被以讹传讹而来。至于"癞子坟"被传为得了"麻风病"之人所葬,或为埋有头上长满癞子者之坟,从史料记载分析,系与羿人一样操有小语种母语的"倮倮"人有关。

汉文献对倮倮的称谓往往写为"倮""徕""狭""来""赖""乃""奶""苗来"①"蒙倮"②等,民间有称"徕仡佬"③,也有讹为"赖子""奶子"④。它是怎么来的呢?笔者认为可追溯到蜀汉政权控制南中所设的大名鼎鼎之庲降都督府,它即有"庲"这个发音。《华阳国志》所载"庲降贾子"或可试作解钥:

  自僰道至朱提,有水、步道。水道有黑水及羊官水,至险难行。步道度三津,亦艰阻。故行人为语曰:"犹溪、赤水,盘蛇七曲。盘羊、乌栊,气与天通。看都濩泚,住柱呼尹。庲降贾子,左担七里。"又有牛叩头,马搏颊坂。其险如此。土地无稻田、蚕桑,多蛇、蛭、虎、狼。俗妖巫,惑禁忌,多神祠。⑤

此乃对西晋南广郡的描述。任乃强认为此地即汉南广县境,地在今宜宾南境至云南盐津、大关一带,县名为唐蒙所命名,"取向南拓展之意"⑥。从文献、文物和笔者实地调查,其郡治应在南广河右岸的珙县沐滩镇傅家坝(对岸为筠连县腾达镇)。南广县治所居原住民绝非汉民,而应是濮僰之系民族。原住民应有自身语义、语音称呼该地的"原名"。这个"原名"与文中"庲降贾子"似有关联的玄机在内。此4字相连,笔者认为应作"庲降"之地的商贾解,这些商贾正好往来于南广县西南通朱提(昭通)、东南通平夷的"庲降"之地互市贸易,辖有南广在内的庲降都督府命名或与之有关。应是濮僰系有一支人数众多"倮人",聚居于此得名。关于庲降都督府的解释,蒙文通就有别于一般学者,不同意"庲降"是"招睐"与"降服(投降)"的汉意解释,他引裴松之在《李

---

① 龚永辉:《族际识倮》,南宁:广西人民出版社,1990年,第23页。又韦绍庭:《倮人企盼四十年的梦圆了——记倮人民族成分的识别调查过程》,谢爱临主编:《仡佬族百年实录》(上册),北京:中国文史出版社,2008年,第332页:龚永辉教授10年心系倮倮人,他无数次来到徕乡,从大学学生时代开始,几乎寒暑假的时间都在倮寨度过,他走遍倮乡山山水水、村村寨寨、家家户户,曾与倮胞同喝大年三十晚的团圆酒,尝过吃新节的包谷粑,吃过祭祖节的三色糯米饭,呛过倮人的酸菜辣椒汤,也醉过倮倮人的糯米甜酒。倮倮老少都把他当做家里人,无话不说,有事必问。他那不耻下问、活泼开朗的性格,深深留在倮人的记忆中,当时倮胞曾自发为他集路费,虽然钱不多,但情意重千斤。经龚永辉教授近10年的研究写成专著《族际识倮》一书出版。
② 贵州省民委、民族研究所编:《贵州六山六水民族调查资料选编》,贵阳:贵州民族出版社,2008年,第3页。
③ 郭亮:《徕仡佬的丧葬》,《仡佬族百年实录》(下册),北京:中国文史出版社,2008年,第1010页。
④ 黄福建:《册亨倮人逃亡录》,《仡佬族百年实录》,第60页。
⑤ 《华阳国志校补图注》,第279页。
⑥ 《华阳国志校补图注》,第282页。

恢传》注中言，认为是一个古老的地名："讯之蜀人云：庲降，地名，去蜀二千余里，时未有宁州，号为南中，立此职以总摄之。"[①]首任庲降都督邓方兼朱提太守驻南昌（今彝良），筑有安远城[②]；次任为李恢，治平夷县，后移治味县（今曲靖）。追溯庲降地名，应在今川滇黔结合部筠连、珙县、兴文、威信、盐津、彝良、镇雄、古蔺、叙永、七星关、大方、金沙、仁怀一带寻找。

找到庲降都督府初治之地，其实也不一定能准确找到"庲降"的具体位置，只是按蒙老意见，如果庲降是地名，该都督府是依托人多族众的庲（僳）人所设似有一定道理。既然现今尚存僳僳之人自称，那源自远古，这支族众自会存在。

唐蒙治南夷道时所建犍为郡南广县，元光五年（前130）曾作犍为郡郡治。位于今四川珙县沐滩镇政府所在地新民村傅家坝，滨南广河右岸，左岸为筠连县腾达镇（平寨）　　珙县沐滩镇人大主席团原主席　田江文　供图

庲是民族语言的音译，用汉字注音其中就出现一个"赖"字。刘复生认为，接近"赖"音的地名，有来、牢、僚、濑、奴等，分布于今成都至重庆一线以南地区，也就是川南的乐山、自贡、宜宾、内江数地区最为集中，该音拟就的汉字所反映出的人名、地名，都系古代"葛僚"人的语言[③]。笔者考证，在川滇黔渝结合部三角形地带也较多这类地

---

① 蒙文通著、蒙默编：《蒙文通全集》（四），成都：巴蜀书社，2015年，第327页。
② 《华阳国志校补图注》，第282页。
③ 刘复生：《古代民族的记忆》，刘复生：《西南史地与民族——以宋代为重心的考察》，成都：巴蜀书社，2011年，第45页。原载《中国史研究》2000年第2期。

名,用汉意解释往往使人云里雾里,但究为何意,因为僚人语言失传,已无法破解。在永川有来苏镇,镇附近有一场名"来仪",过去是一个小乡,至今还是一个赶场的集市;富顺有落来(今怀德镇),兴文有来龙山,镇雄有赖家湾;在泸州地域有濑溪河、耒(音来)龙、来凤等河名和地名,应该就是僚人遗留的发音。龚永辉研究,今天佅佅语与仡佬语相通成份较多;张济民研究,羋人语与仡佬语的关系相当亲近①;仡佬又系僚人的后裔②,那佅佅和羋人一样源出僚人自可成立③。而僚人与濮人关系密切,僚人中混杂大量濮系基因,故可推论,羋人、佅人乃系百濮民族直承现当代的"活化石"。西汉益州郡辖有来唯县④,三国两晋时兴古郡、西平郡建有来如县⑤,唐代建有扶来县⑥、抚来县⑦、来凤⑧,它们都在川滇黔结合部至滇黔桂结合部乃至越南北部一带,正好是古代濮僚之人聚居地。

在今越南莱州,三国两晋之时居住有一支南夷部落名"扶严夷",曾被吴军厚利诱结,在渠帅洙奇的带领下,出兵万余人,合吴军十万,共伐交趾之南中大姓远征军,阻断其归路,终灭其部⑨。这支"扶严恶夷"⑩扼控红河水道,此前西汉时其地被置为来唯县,或因其人所置。可见佅人的先民,在西南及越南北部分布较广、影响较大。

---

① 张济民:《仡佬语研究》,贵阳:贵州人民出版社,1993年,第428页。
② 《仡佬语研究》,第1页。
③ 龚永辉:《族际识佅》,第257页:当代佅佅和仡佬各支系的共同先民是中古的"僚"人和上古的"濮"人。
④ 周振鹤、李晓杰、张莉:《中国行政区划通史》[秦汉卷(上)],上海:复旦大学出版社,2017年9月第二版,第464页:治所当在今越南莱州省南部。
⑤ 《华阳国志校补图注》,第303-304页。
⑥ 郭声波:《中国行政区划通史》[唐代卷(下)],上海:复旦大学出版社,2012年,第925页:扶来县(677-713)仪凤二年,开绵水县山洞夷獠置扶来县,盖取獠语音为名,治五斗坝(今兴文县仙峰乡),割隶晏州。先天二年,降为羁縻扶来县。
⑦ 郭声波:《中国行政区划通史》[唐代卷(下)],第933页:石门县(630-634)-抚来县(634-742)贞观四年,析开边县置石门县,治石门镇(今云南盐津县豆沙镇),故以为名,隶南通州。八年,隶贤州,均为州治。是年,州废,隶戎州,改为抚来县……移治抚来城(今云南大关县寿山乡岔河)。天宝元年,省入开边县。
⑧ 蒲孝荣:《四川政区沿革与治地今释》,成都:四川人民出版社,1986年,第231页。
⑨ 《华阳国志校补图注》,第310页。
⑩ 《华阳国志校补图注》,第309页。

西南部分"赖""瀬""来""倈""徕"字地名表[①]

地 名	所属州县	资料来源
赖简池、赖山、赖黎池	简州(今简阳)	《元和郡县志》31、《舆地纪胜》145
赖宾井、赖因井	陵井监(今属仁寿)	《太平寰宇记》85
赖伦井、赖郎井、僚母井、赖藕镇、赖漫镇、赖社镇、赖玉镇	井研县	《太平寰宇记》85、《元丰九域志》7
赖胡儒、赖子、赖溲诸井	始建县(今属仁寿)	《太平寰宇记》85
赖王山、赖王镇	蓬溪县、飞鸟县(今属蓬溪)	《太平寰宇记》87、《元丰九域志》7
赖婆溪、赖婆村、赖婆山、赖川镇、赖波溪	昌元县(今荣昌)	《太平寰宇记》88、《元丰九域志》7
赖镬镇	仁寿县	《元丰九域志》7
赖母镇	青神县	《元丰九域志》7
赖远镇	荣德县(今属荣县)	《元丰九域志》7
赖牟镇(来牟镇)	资官县(今属荣县)	《元丰九域志》7
赖溪、大牢溪水	应灵县(今属荣县)	《太平寰宇记》85
赖鲁镇、赖种镇	威远县	《元丰九域志》7
赖胥镇、赖磐镇	磐石县(今资中)	《元丰九域志》7
赖博镇、赖琬镇	资阳县	《元丰九域志》7
赖社镇、赖关镇	龙水县(今属资阳)	《元丰九域志》7
赖钦镇、赖姑镇	安岳县	《元丰九域志》7
来滩镇	石照县	《元丰九域志》7
赖井镇、赖易镇	富顺监(今富顺)	《元丰九域志》7
夷牢山	宜宾市叙州区	《方舆胜览》13
涞滩镇	重庆合川区	实地考察
瀬溪河	重庆、泸州	实地考察
赖村、落来、懒始望坝、始赖坝、赖显村、来令	今泸州、宜宾一带	《永乐大典》卷2217"泸州"
徕降都督府		《三国志》《华阳国志》
来唯县		《中国行政区划通史·秦汉卷》
来如县		《华阳国志》

[①] 表据刘复生:《西南史地与民族——以宋代为重心的考察》,第46页。笔者略有增加。增加部分为文献查阅和网络资料,同一县(市、区)有同类村以下小地名者,未尽列。

续表

地 名	所属州县	资料来源
扶来县	兴文县仙峰乡	《中国行政区划通史·唐代卷》
抚来县	大关县寿山乡	《中国行政区划通史·唐代卷》
来凤县	泸州、自贡	《中国行政区划通史·唐代卷》
老(僚)人山	雪山①或箭竹坪②	《宋史》卷496《蛮夷传四》
归徕州	龙场营③或古蔺县城④	《宋史》卷334《林广传》
僚母城镇	大足县	《元丰九域志》
来苏镇、来仪场	永川县、石照县(今属合川)、荣德县、仪陇县	《元丰九域志》7、8
僚井坝	内江市中区	甘光地《惠民汉安长陈君》⑤
革来村、革来河	罗平县大水井乡	实地考察
来苏渡	赤水市	苏林富提供
赶倈寨	望谟县	翁家烈《历史上仡佬族的斗争》⑥
扣来、龙来、同来	丘北县	网络资料
龙来、马来、芭来冲	西畴县	
来西、莱溪	麻栗坡县	
赖台子	陆良县	
峨赖、渭赖、那来、百来、谓来	富宁县	
来坡、坡来、那来、扣来、戈来、董来、来菊(山)、吉赖、者赖、革赖山、坡赖母山、小吉赖	广南县	
赖村、赖坡村	南宁市	
西赖、古赖、扶赖、枯赖、大赖	靖西市	实地考察
陇赖、百赖、坡赖、那赖	百色市田阳区	
赖屯、赖外、赖内	田东县	
巴赖、那赖、岜赖	平果市	
倈周、倈的	田林县	实地考察、《田西县志》

① 郭声波:《圈层结构视阈下的中国古代羁縻政区与部族》,北京:中国社会科学出版社,2018年,第84页:叙永县摩尼镇之雪山,海拔1709米,1月均温0℃以下,旧曾置关,其山横看如屏,侧看如剑,当即所谓老人山。
② 赵永康:《古蔺史》,上海:上海古籍出版社,2019年,第151页。
③ 郭声波:《圈层结构视阈下的中国古代羁縻政区与部族》,第84页:毕节市(七星关)龙场营。
④ 赵永康:《古蔺史》,第150页。
⑤ 甘光地:《惠民汉安长陈君》,《内江日报》2018年11月3日第3版。
⑥ 翁家烈:《历史上仡佬族的斗争》,《仡佬族百年实录》(上册),第249页。

续表

地 名	所属州县	资料来源
俫野坝	隆林各族自治县隆或乡	实地考察
坡来、芭来、规来、念来、更来、谷来、者赖、那赖	那坡县	网络资料
濑江	宁明县	实地考察
濑湍镇	崇左市江州区	白耀天《吴洞所在考》[①]
陇赖、岜赖、谷赖、磨来、巴来	龙州县	网络资料
如赖县	黔桂交界处	《旧唐书》
来安路	黔桂交界处	《元史》
赖油坝	贞丰县内北盘江边	席克定考察[②]
坝来	册亨	席克定考察[③]
坡赖、赖坎、者赖	册亨县	网络资料
里赖、高赖、大高赖、小高赖、茂赖、过赖、奶来、里来、冗来、交来	望谟县	
得来	安龙县	实地考察
癞子洞	遍布川渝滇黔桂各地	实地考察

俫俫自贵州迁徙桂西北的史实,也证明她是川滇黔结合部的世居民族,他们的迁徙之路,正好沿中国西南陆海走廊南行。按龚永辉的研究,俫俫可追源的居住地至少能北推到今六盘水郎岱一带[④],至迟在明末时期仍居于贵州关岭铁板桥以东以北[⑤]。更北的赤水河流域仁怀市也有关于俫人的地名存在,市区东门云仙洞过去就叫俫人洞[⑥],1950年代出生的人尚记得此名;至今尚有赖子岩村民点,这一带正好是接近牂牁都督府所治之地。贵州学者侯绍庄调查,从仁怀往兴义迁有一支仡佬族[⑦];大方县长石镇的部分仡佬族,传说他们的祖先是由四川叙永先迁到贵州毕节后,又迁到大方

---

① 白耀天:《吴洞所在考》,黄铮主编:《崇左灰姑娘文化资源及开发研究文集》,南宁:广西人民出版社,2014年,第101页。
② 席克定:《夜郎临牂牁江说质疑——对贵州南北盘江的实地考察》,《贵州文史丛刊》1990年第4期。
③ 同上。
④ 龚永辉:《族际识俫》,第15页。
⑤ 龚永辉:《族际识俫》,第196页。
⑥ 陈博深:《濮人是酿造茅台酒的先民》,《仡佬族百年实录》(上册),第183页。
⑦ 侯绍庄:《关于仡佬族的族属源流问题》,《贵州文史丛刊》1988年第1期,第4页。

的①。这些所迁族众,或许与僚僰人相关。赤水河下游支流习水河边有一渡口,亦如永川来苏之名,称"来苏渡",赤水市地方文化研究者苏林富告知,1980年代尚有9个人在此居住。至于癞(僚)子洞地名,笔者从川南到黔滇桂结合部地域一路行来,发现不少县内有这样的小地名存在。而各类"来""赖"发音的地名,在黔西南、桂西北、滇东南各县内,如天上繁星,星罗棋布,数不胜数。

笔者在贵州安龙县春潭街道（原兴隆镇）久长村新庄组考察癞子洞（笔者头部位置），洞在后面被称为大山的半山腰。村民李权（右）称,洞有七八十米深,洞内分为两层。该组现尚存有5户仡佬族村民,传说他们系从该洞所在山的背后搬迁到平坝内居住的

明代僚人已主要迁徙到贵州西南地区,安龙、兴义等处过去几乎都居住着僚人。他们人多势众,有的一个居住点就有上千户,后来,都被壮、汉、苗、彝的先民赶走了②。黔西南州民间关于僚子传说和留下僚子遗迹不少,兴义城附近有"僚子洞",望谟有"赶僚寨",洪武年间"调北征南"时遭残酷镇压。后弘治十六年(1503)彻平僚人发起的"鲁础营叛乱",动用楚、粤、滇、蜀八万兵马,广西泗城府土官岑辉、云南广南土官依泰等率兵4.5万参战得胜后,将僚人所居处男子驱逐境外,妇女配给所带兵丁,致使册亨县3万多僚人逃往西隆(今隆林、田林、西林一带)和富宁、西畴、靖西等地,现在册亨

---

① 侯绍庄:《关于仡佬族的族属源流问题》,《贵州文史丛刊》1988年第1期,第5页。
② 龚永辉:《族际识僚》,第24页。

境内冗渡镇赖子山、者冲大田坝、威旁乡的原始森林中，还存有俍人村寨残迹①。笔者考察，在广西，俍人主要分布在与黔西南州接壤的广西隆林长发、常么、蛇场，田林俍周、本仁和西林亨沙②、那牙等处③，现三县被学者称为"俍乡"④。云南广南、富宁也生活有俍人，清道光《广南府志》载："广南路有黑、白沙人，普喇、普央，黑白猓猓，鲁兀猓猓，来子、普罗九种……（来子）其地山硗获薄，男青衣不曳地，女长裙跣足，性缓力弱，喜食诸虫，不知礼教。"云南民族研究者白兴发1989年调查，广南俍人主要分布在黑支果乡的吉赖、新发寨、木底浪、木娄、木聋，八宝镇的瓦标、木良等村寨⑤。村寨有"德"（寨帅）来治理，他负责召集寨老们议事、承担领歌带舞任务，也管民事，调解纠纷，督促防火、防盗，掌管处罚。"德"由世袭和推举相结合产生，这种制度保持着原始部落的族群状态，担任"德"的人，实际上是古代部落长的化身⑥。

笔者在广西隆林各族自治县文体广局与俍人（现识别为仡佬族）访谈后留影。左一为隆林各族自治县水利局原局长韦文秀（俍人），左二为隆林各族自治县原副县长韦绍庭（俍人），右二为隆林各族自治县文体广局局长杨朝林（苗族），右一为隆林各族自治县政协文史委原主任、隆林各族自治县壮学会会长唐光华（布央人，现识别为壮族）

---

① 黄福建：《册亨俍人逃亡录》，《仡佬族百年实录》（上册），第60-61页。
② 《族际识俍》，第6页、第8页。
③ 李旭练：《俍语研究》，北京：中央民族大学出版社，1999年，第1页。
④ 《族际识俍》，第3页。
⑤ 白兴发：《广南县俍人情况调查》，云南民族研究所编：《民族调查研究》（内刊）1989年第1、2期合刊，第136页。
⑥ 白兴发：《广南县俍人情况调查》，云南民族研究所编：《民族调查研究》（内刊）1989年第1、2期合刊，第142页。

广西俫人1990年被识别为仡佬族①,云南俫人新中国成立之后被识别为彝族②。川滇黔桂一带,凡是古代俫人居住过的地方,都有"俫子坟"。对羿人、俫人所留坟墓,因时代久远,无人认祭加上族群迁徙,不明究里认为是"癞子坟""蚂蚁坟",在附会与污名化背后,仍然保留有一部分历史发音的真实。1985年,贵州道真、务川一带民族识别中,发现大量被称为"癞子坟"的岩穴墓葬,正是那些要求识别民族的祖坟,有关部门作为恢复其后裔仡佬族成分的依据之一③。1984年,贵州省博物馆与黔南州志办联合发掘过4座"俫子坟"④,笔者在威信县长安镇长安社区汾关山山系中,也观察过俫人坟。这种坟外形是椭圆形,墓室狭长成方形,内用石板铺成长方形的石棺葬⑤。现今,川滇黔一带,不明究里者也和汉墓、宋墓一样称此为"深基"或"蛮子洞"。

广西隆林各族自治县克长乡长发村打铁寨俫人每年都要举行祭祖仪式,全寨俫人悉数参加,场面浓重肃穆　　南宁市群众艺术馆　韦伟斌　供图

笔者在威信考察汾关山,到当地文史研究者指称的僰人坟处观察,确认这几座坟应为俫人坟,它们均是顺山脉而埋,棺木与山脉走向一致。访问附近村民,也称他们

---

① 韦绍庭:《俫人企盼四十年的梦圆了——记俫人民族成分的识别调查过程》,《仡佬族百年实录》(上册),第335-336页。
② 白兴发:《广南县俫人情况调查》,云南民族研究所编:《民族调查研究》(内刊)1989年第1、2期合刊,第137页。
③ 《族际识俫》,第208页。
④ 郭亮:《俫仡佬的丧葬》,《仡佬族百年实录》(下册),第1012页。
⑤ 潘文:《关于滇黔桂俫人的初步调查研究》,广西民族研究所印,内部资料,1981年10月。又郭亮:《俫仡佬的丧葬》,《仡佬族百年实录》(下册),第1012页。

怕惹上"癞子病",一般不愿靠近。虽然这些误会让人云遮雾罩,但从川南到桂北、滇东,大面积连线遍布这类民间语言与说辞,倒可折射这种坟茔众多,也折射彼时其族众生齿旺盛。翁家烈告知笔者,大量留存的这类"癞子"之墓、"蚂蚁"之坟,以羿人、僰人远徙和融合前的留存方式解释,才有合理的结论经得起考证。他曾撰写《僰人考》明确指出,被称为"莱子"的族群就是古代的僰人①。

云南威信县长安镇长安社区位于汉代南夷道节点的汾关山山系,山上尚残存有4座僰人坟,当地民众称为癞子坟
笔者 摄

滇桂黔结合部布央人考察

居住在滇桂结合部的布央人,保留的母语与仡佬、木佬、羿人等语言具有较密切的关系②。笔者在广南县的底圩乡央连村和坝美镇洛里村安舍屯分别与之进行座谈,虽然民族成份被识别为壮族,但他们自称巴哈,自我意识较强,心理不认同是壮族,在村内都使用母语。外来嫁入的媳妇不管是什么民族,不论远自何处,早则半年,多则一年,全都熟练使用布央语,并以自身是布央人为荣。

安舍(安社)位于驮娘江上游流域,现在能说布央话的只有一名叫罗保付的93岁老人。他叙说祖上搬来时,只有四五户央人,后来壮族见这里山清水秀,又陆续搬来

---

① 翁家烈:《僰人考》,《贵州民族研究》1986年第2期。
② 李锦芳:《布央语研究》,北京:中央民族大学出版社,1999年,第182页。

了十几户；由于与壮族杂居较久，年轻一代都只会说壮话了。笔者反复询问，祖上是从什么地方搬来，他只记得传说是一条叫"央河"的河流，至于是从央河顺流还是倒溯而来，则完全不知道。

央连村与安舍屯隔一座大山反背相连，就位于驮娘江上游河边，由于无公路直通，绕行而去需一个小时车程。整个村子约有600多人，80%姓农，全村夹河而居，和睦友爱。无事时，上十数的男男女女，爱下午聚在村旁桂平市白沙镇嫁来的小媳妇李献金所开的副食店门口，天南地北闲聊、打趣，吃晚饭时各自回家。笔者一行刚到村口，正见他们或坐或站，三三两两聚在那里，妇女们所穿壮装尤显夺目。笔者下车与他们交流时，他们对我们这群陌生人的贸然造访开始还有害羞之态，在活泼的李献金撮合下，很快与我们融

广南县坝美镇洛里村民委安社（安舍）小组1929年出生的布央人罗保付，民族识别为壮族，至今尚能流利地使用布央语　　西林县司法局　邓正甜　摄

为一体，三五人围着我们其中一人，回答我们各自提出的问题，还与我们合影留念。最后，较有文化的底圩中心校普龙完小退休的农仕兵（1960年出生），和未退休的该校教师农碧才（1965年出生），代表他们十数人回答问题，间或李献金及其侄媳王小庆诙谐插话。

① 来自哪里？祖上传说是贵州。

贵州哪里？不知道。

② 什么时候来？

传说是十几代以前。

③ 为什么来？

这里山好水好嘛（众笑）。

④ 怎么来的？

传说是渡河而来。什么河不知道。

⑤ 为什么能继续讲央语？

爱嘛（众笑）。

不过，他俩也介绍，自身在教书、外出等，都没暴露是布央人，只说是壮族。为什么呢？一是免得别人歧视，二是懒得向别人解释。他们全村亲密如一家，除农姓以外，还有何、岑、李、罗、黄5姓，何、岑姓户数较多，各有10户；李、罗二姓各一户，都系外地上门而来；黄姓一户则是三、四代前从广西西林文洞村搬来的。大家在村里共同维系着布央人伦理，共同使用着祖宗留传下来的母语。

⑥央人和壮族习俗有何异同？

基本上没有了。只是壮族知道我们不是纯正的壮族，我们也知道我们自身不是壮族。我们不是"少数民族"，而是"民族少数"（众笑）。

不过，他们还有一个隆重的祭祖之节，称为"甘印节"（音）。每年农历六月寅日，家家户户杀鸡宰猪，做糍粑，请客人，举行各种娱乐活动，过去此节比春节还隆重。还要从深谷里采回一种草本阔叶植物，和鱼肉一起供奉在神台前，祈求幸福，叶子挂在门口纳福驱邪[①]。"现在春节更热闹，只是不请客而已。"（王小庆补充）。

笔者在广西西林县地方文化研究者覃宏林（左12）、韦定仍（右8）陪同下，在距西林县城直线23千米左右的云南广南县底圩乡央连村，与布央人村民访谈后合影。右5为农仕兵，右7为农碧才，左10为王小庆，中抱小孩者为李献金

---

① 李锦芳：《布央语研究》，北京：中央民族大学出版社，1999年，第8页。

⑦哪些地方还有你们布央人？

安舍（众人齐声回答）。

⑧还有呢？

（七嘴八舌）西林、富宁、那坡、隆林、德保、靖西……（李献金笑嘻嘻说）我在广东打工时碰到一个广西平果的，他说也是。（农碧才迟疑着回答）听说越南也有。

笔者查阅各类文献和各地考察时留意，布央的地名痕迹在川黔滇桂留存较多，如川南叙永有长秧（观兴镇）、长央田（龙凤镇），云南澄江有秧郎，贵州安顺有老秧寨、秧井、秧冲等称谓。民族语言研究者梁敏列举了更多贵州和广西的"央"字地名，例如贵州《兴义府志》卷九记载有：央旺、央卧、央祥、央福、央岔、央胆、者央、央乐、央梅、上下央兵寨、央左、央猴、央益、央弄寨；广西《西隆州志》记载有央牙寨、央白寨、央弄寨、央索寨、防央寨、央达寨、央腊寨等等①。笔者考察得知，带"央"的地名，在黔桂滇结合部的丘北、富宁、那坡、德保、靖西、西畴、马关、麻栗坡一带都不同程度有保留，南延越南，说明布央人的先民曾在这些区域生活、流徙，其某一地的居住时间当不短暂，才使上述若干地名不少还沿用至今。

傍偎南盘江1990年代中期的广西隆林各族自治县革布乡央索村，南盘江下游天生桥电站修筑大坝后，已被淹入江底　　　　　　　　　　隆林各族自治县壮学会　唐光华　摄

---

① 梁敏：《仡央语群的系属问题》，《民族语文》1990年第6期。

李锦芳调查,贵州省内已经没有保留较完整风俗习惯或语言的布央人,上述"央×"类地名也已逐步消失,只有册亨一带还保存较多,只是旧央福、央岔、央胆、央旺等地的"央"已改作"秧"①,二十世纪末,云南广南、富宁和广西那坡三县布央人尚有2000余人②。笔者在滇桂交界地区调查时,隆林各族自治县壮学会会长唐光华认为,和其他布央人一样被民族识别为壮族或其他民族,已经不会使用母语,但内心认同布央的人众尚多,他就是其中之一。他老家居住在隆林各族自治县革布乡南盘江边的央索村,记得幼时村里的壮族邻居就说他是央人,回家问父母也得到肯定的答复,只是一家人都不会说布央话了。不过,壮族邻居每到栽种季节都让他们家先栽,因为壮族认为所有的田都是"布央田",只有他们布央人先动土,才能保证一年风调雨顺、丰收有望。

笔者在广西隆林各族自治县革步乡红岩村领好屯与坝顺屯之间考察。当地文史研究者介绍,传说有布央人曾经在山后建有连片的村寨。

梁敏从基本词汇异同的对比入手研究,认为云南麻栗坡铁厂镇及与之毗邻的越南北部钝士、普高、普腊、普棒、马弄等村寨的"普标语",和布央语同源的比例较高,结合普标人祖先是从广南的普梅大洞(普梅今称普阳,属富宁县木央镇)迁去的传

---

① 李锦芳:《布央语研究》,第3页。
② 李锦芳:《布央语研究》,第1页。

说,普标人和布央人的先民可能有过比较密切的关系和接触往来①。李锦芳通过语言分析,认为今天生活在越南北部山区如老街省和山萝省的拉哈族,就与广西央连的巴哈布央人自称的中心语素一致,由此认为拉哈人和巴哈人很有可能曾是共同迁自贵州一带的一个部落或关系密切的不同部落,后来一部分在今广南县境落居,成了今天的巴哈布央人,一部分一直南迁至越南北部山区才定居,成了今天越南的拉哈族②。

布央语族众和其他仡央语族群一样,在中国西南陆海走廊呈从北向南的线性分布,形成一条南北纵向的民族迁徙大通道,其迁徙路线至少可勾画为北至安顺,其后黔西南-广西田林、西林、隆林-云南富宁、广南,然后西畴、马关、麻栗坡、河口直至越南北部。而仡央语其他族群的迁徙流动,如羿人、俫人、仡佬族则可勾勒至少北至川南黔北,经滇东黔西地域,直至广西、越南。

云南泸西县白彝每年都要举行祭拜山神活动。从图中可知,祭拜场面庄严有序,老少咸集

泸西县文联 杨俊 供图 康关福 摄

---

① 梁敏:《仡央语群的系属问题》,《民族语文》1990年第6期。
② 李锦芳:《越南拉哈语与仡央诸语言的初步比较》,《语言研究》1999年第1期(总第36期)。

李锦芳从广西那坡布央人自称"雅郎"一音分析,与"夜郎"二字的读音从上古至中古的发展接近,仡央人的祖先可能与汉代夜郎关系密切,现代仡央人集团可能来源于以夜郎为中心的西南夷部落群①。笔者认为,仡央群体不管身处何处,都带着强烈族群记忆,除了语言保留下来以外,丧俗、祭祀似乎从古至今串联成线,特别是对山、林的崇拜,从未泯灭,远古的神山在哪已无从知晓,但村寨附近替代之山之林就成为了他们继续膜拜的对象,这支亲近自然的族众,从诞生那刻开始,就浑身上下蕴满那山那林的文化因子,成为族群符号,星星点点散布在中国西南陆海走廊沿线。

纵观先秦到南北朝,中国西南陆海走廊所处区域内生活的各类民族,不管是后来迁入的华夏族群,还是生于兹长于兹的各种土著族群,因为生存和发展之需,共同顽强地向自然和非自然环境拼搏,在拼搏中创造和繁荣了经济、文化,推动着社会文明进步,因诸多原因而成就了交通通道的保持和完好,并在过去的基础上,不断衍生和开拓新的通道,使走廊沿线的环状道路更加网络化和实用化。

---

① 李锦芳:《从语言学角度探讨仡央语族群的历史来源》,《云南民族学院学报》,2000年3月第17卷第2期。

第六章 沿线秦汉古县以基点方式支撑通道

秦汉帝国中央为了有效行使对今川渝云贵桂粤和越南中北部的管理,从秦灭巴蜀开始,直到汉武帝,都以在地方确立郡县政权机构形式,代表中央行使军事为主的管理;同时,原来的方国、部落首领继续"复长其民",行使一定的民政管理,并拥有一定的军事实力,形成郡国并治。

从出土的里耶秦简有众多行政、司法文书来看,帝国内部特别是相邻地区,郡与郡之间、郡与县之间、县与县之间有上下有效的统一调度和平行级别之间的互联互动,"往往以文书发出地为中心,分多条线路传达"[1],县丞的主要工作职责是处理文书,要求"听书从事"[2]。牵一发而动全身,集中力量办大事、特事、难事形成制度,有效加强了各地区的向心和发展。为保证地方政权联系与运转,遇警快速反应,使交通等基础建设,都出现了前所未有的新局面。

第一节　　置邑的目的之一:保障通道安全

巴蜀地区郡县的设置可推到公元前4世纪末叶,即公元前316年秦灭巴蜀之后。秦本立开明蜀王宗亲为侯,代为统领蜀地,但"戎伯尚强",蜀侯为代表的土著贵族势力不断反叛,最终设蜀郡和巴郡加强管控。

其中,在中国西南陆海走廊沿线,沿中水道而下转进长江至赤水河口,有雒、绵

---

[1] 陈伟主编,鲁家亮、何有祖、凡国栋撰:《里耶秦简牍校释》(第二卷),武汉:武汉大学出版社,2018年,前言第7页。
[2] 王焕林:《里耶秦简校诂》,北京:中国文联出版社,2007年,第16页。

竹、什邡、郫、繁、新都、成都、资中、江阳、符①等县。这些位于中水道与长江沿岸的上十个秦县，比同时期巴蜀其他道路上的建制政区都显得密集②。

它们分属于蜀郡、巴郡，西汉高祖刘邦要"广大汉业"，在二者结合部的成都平原为中心，新建了广汉郡③。"广汉"，取义原本在于推进汉文化的传播、扩张汉帝国的影响、延展汉王朝的版图、增益汉朝廷的强势④。在此基础上，汉武帝又建了犍为郡，是为"分巴割蜀，以成犍广"。这些郡和属县密布中国西南陆海走廊沿线，形成道路节点。我们先就各秦县具体情况概括如下：

雒 雒为秦县。第三章第一节已述。除里耶秦简中记载外，《二年律令》443 简里，也有"成都、□、雒"的记载⑤。

什邡⑥、**绵竹** "什邡"系古蜀之人的土语本音，汉字无定字，也可写作"十方"⑦，饶宗颐考证，甲骨文中出现的"刀("字，即为什邡之"十"字。⑧其地本蜀国之要邑，也系土著方国"十方□王"王邑，秦灭蜀先于其地置什邡县，后又分置绵竹、雒二县，系李冰治湔堋后，特在什邡地域辟出了绵洛稻田，且为成都平原内唯一产盐之县，秦时期即已凿出，历世不息⑨。

---

① 符为秦县，取任乃强、任新建说。见任乃强、任新建：《四川州县建置沿革图说》，成都：巴蜀书社、成都地图出版社，2002 年，第 3-4 页。又陈世松、贾大泉主编，罗开玉：《四川通史》卷二《秦汉三国》，成都：四川人民出版社，2018 年，第 7 页。又余楚修、管维良主编：《重庆建制沿革》，重庆出版社，1998 年，第 4 页。又蓝勇、曾小勇、杨光华、李世平编著：《巴渝历史沿革》，重庆出版社，2004 年，第 24 页。又王子今、马振智：《张家山汉简〈二年律令·秩律〉所见巴蜀县道设置》，王子今：《秦汉交通考古》，北京：中国社会科学出版社，2015 年 12 月第 1 版，2019 年 8 月第 2 次印刷，第 237—238 页。原载《四川文物》2003 年第 2 期。
② 岷江沿线有临邛、成都、广都、武阳、南安、僰道；涪江沿线有梓潼、涪县、江州；嘉陵江主流沿线有葭萌、阆中、江州；渠江沿线有宕渠、江州，均见周振鹤、李晓杰、张莉：《中国行政区划通史》[秦汉卷(上)]，上海：复旦大学出版社，2017 年 9 月第二版，第 67-68 页。
③ 《蜀中广记》卷五一《蜀郡县古今地名通释·川西道属》"汉州"条，文渊阁四库全书本：汉高帝六年置广汉郡于乘乡，一名绳乡。广，大也，言能广大汉业也。
④ 王子今：《汉代河西的蜀地织品——以广汉八稯布为标本的丝绸之路史考察》，《四川文物》2017 年第 3 期，总第 193 期。
⑤ 王子今、马振智：《张家山汉简二年律令所见巴蜀县道设置》，《四川文物》2002 年第 5 期。
⑥ 详见第三章第二节《巴蜀向南流布文化》的考古学证据》和第九章第二节《盐铁刚需促使方国大开国门》。
⑦ [晋]常璩撰、任乃强校注：《华阳国志校补图注》，上海：上海古籍出版社，1987 年 7 月第 1 版，2011 年 7 月第 5 次印刷，第 168 页。
⑧ 饶宗颐：《西南文化创世纪——殷代陇蜀部族地理与三星堆、金沙文化》，上海：上海古籍出版社，2010 年，第 109 页。
⑨ 《华阳国志校补图注》，第 168 页。

  新都　"蜀以成都、广都、新都为三都,号名城"①,什邡、新都与郫县都是李冰经营的水利地区,可能秦皆已置县②。因为他二都既已确定是秦县,不会单遗下新都来。作为蜀王旧邑,县境东抵云顶金堂峡③,即今金堂县县城(赵家渡)一带。新都系秦县,里耶秦简的9-1021简和9-1371简也有明确记录④;汉初仍为县,张家山汉简也有确证⑤。

  郫　里耶秦简8-1364中有"尉史士五(伍)郫小莫邨般,毋它坐"⑥,8-1025简也有"郫士五(伍)小莫邨"字样⑦。"郫"字在汉字中较特殊,除了用于四川郫县(今成都市郫都区)地名外,无任何字义可与它词组合单用,故判断应表述为郫县之意。《华阳国志·蜀志》记载张仪和张若筑成都城时,也附带记有他们筑郫城:"郫城周回七里,高六丈。"⑧有学者以此并《元和郡县制》卷三十一、《寰宇记》卷七十二、《读史方舆纪要》等文献皆记有"秦置郫县"分析⑨,郫县从先秦相沿至今;结合同治九年(1870)《郫县志》卷十二,判断具体城址当在今郫县北杜鹃城⑩。成都文物考古工作队2020年向新闻界披露,他们在配合成都新川创新科技园项目建设中,在该园发掘的战国晚期岩坑墓里,发现一件铜戈装柄部位刻有"郫"字,这件整个有着明显秦国特征风格的铜戈⑪,更加证明秦时期即置郫县。

  繁　繁县系古国部落,也系秦灭蜀所置县,第五章第三节已述。

  资中　资中系秦县,里耶秦简和张家山汉简皆列有其名,有时写作"粢中"⑫,有时

---

① 《华阳国志校补图注》,第166页。
② 任乃强、任新建:《四川州县建置沿革图说》,第4页。
③ 《华阳国志校补图注》,第168页。
④ 晏昌贵:《里耶秦简牍所见郡县订补》,《历史地理研究》2019年第1期,第57页。
⑤ 周振鹤、李晓洁、张莉:《中国行政区划通史》[秦汉卷(上)],第67页:新都见《秩律》简447。
⑥ 陈伟主编:《里耶秦简牍校释》(第一卷),武汉:武汉大学出版社,2012年,第316页。
⑦ 陈伟主编:《里耶秦简牍校释》(第一卷),第264页。又周振鹤、李晓洁、张莉:《中国行政区划通史》[秦汉卷(上)],第67页:郫见《里耶》简8-1025、8-1364,《秩律》简4431。
⑧ 《华阳国志校补图注》,第128页。
⑨ 曲英杰:《水经注城邑考》,北京:中国社会科学出版社,2013年,第471-472页。
⑩ 曲英杰:《水经注城邑考》,第427页:(秦汉郫县)其城址位于今郫县北约2千米郫筒镇鹃城村南靠成都至都江堰公路,东临郫县至彭州公路,北近柏条河。又473页:城址中所出器物既可判知属西汉前期,或亦不排除有属战国时期而不易区别者。
⑪ 四川日报微信公众号:2020年5月14日报道,《成都惊现6000座古墓,延续2000年!》,网址:https://mp.weixin.qq.com/s/6HZ8pz0DPFj0mn46WZo8Aw
⑫ 周振鹤、李晓洁、张莉:《中国行政区划通史》[秦汉卷(上)],第67页:《秩律》简447(原作者注3:简447朐朋与临邛间缺数字,王元钧《张家山汉墓残简缀合五例》中将此简拼合,为"郯资中阆中",是秦时当已有此三县)。又447页注1:其拼合图相当清晰,当无误。又罗家祥《川南地区秦县初探——以"里耶秦简"为中心》,黄俊鹏主编:《川南历史文化》,成都:西南交通大学出版社,2021年,第31-32页:卅二年,贰春乡守福("福",人名)当坐。士五(伍),居粢(资)中华里("华里",里名)。今为除道(简8-2014)通食(简8-2014背)。

还是写作"资中"。如9-956号简"☐☐迁陵司空守疕付资中"[1],就出现是"资中",她是依托巴蜀古方国"资国"而立[2]。只是这个秦县县治不是今资中县,而是今资阳市雁江区资阳坝,辖有沱江中游从金堂、简阳到内江的辽阔地域。至于秦为何置此地为县,乐山学者罗家祥分析,资中位于蜀郡与巴郡的交通要道[3],故设此县予以扼控。

民国十四年(1925)《资阳县志·食货志》评价:"资阳平原广野,城池环通,四山围拱,沃壤周围,是天然一小都会。其东则宝台压江,巷名十里,厥土沙腴,直达南津,桑柘之饶,蔗林之盛,为一邑冠;其西则凤台骞举,九曲迂回,沃野平铺,瞰瞩阳炫,春初一览,丛绿披芬,夏末秋成,谷山万顷;其南则天台独耸,曲溪送源;绣壤鳞塍,莫能比拟;其北则平畴如掌,护接莲台,土厚田高,纵横十里,相地者称为名胜,谓此中必大有人焉!"

今日资中县,秦汉设置时尚属古资中县。一古一今两个资中,让"各美其美"的两地文史研究者不断有理不完的口舌,代表当推秦资中县的王洪林和今资中县的铁波乐,二人曾为孔子之师苌弘究竟"出生"在哪一个资中县地域,在报纸上作过公开论战,让吃瓜群众把稀奇看了个够。平心静气而言,笔者不赞成时属蛮荒地域的四川会横空闪现文化巨匠,但他们为乡邦溢美的用心与乐此不疲的研究情怀,倒让笔者颇感兴趣。二人在论争中觅资料、找古籍、跑田野,促成了文史功底的进一步扎实,各成当地地域一流研究者,倒是可喜可贺之事。

左为资阳地方文化研究者王洪林在泸州考察抗元古城堡神臂城
右为资中县地方文化研究者铁波乐(何永忠)和他须臾不离的书房

(左)聂永健 摄
(右)何去刃 摄

---

[1] 陈伟主编,鲁家亮、何有祖、凡国栋撰:《里耶秦简牍校释》(第二卷),第230页。
[2] 详见第五章第三节《苴侯栙侯:巴蜀地域星星点灯的先秦方国》。
[3] 罗家祥、王洪林:《惊世大发现:资中县始建于秦》,《内江史志》(内刊)2015年第1期。诚谢内江市史志办主任申福建惠赠该期杂志。

彼资中非此资中，此学者即非彼学者，最终，二位学识丰富之人握手言欢，成为四川文史界一段佳话。虽然今资中秦汉古风古韵不及资阳，笔者考察过程中，铁波乐介绍张大千的三句评价，倒不曾忘记："之乎也者秀才多，花容月貌美女多，山青水秀鲶鱼多。"①今资中，满城美景美色美文美食处处流淌，不被热爱都难。

滇黔沿线 至于云贵区域，秦郡、秦县迄今尚无准确考证。但有学者认为秦置有鳖②、汉阳③等县。唐蒙通夜郎后，今川滇黔结合部为主设置了犍为郡，包括巴蜀地区的江阳、符、僰道、南广等县被划入该郡；同时在鳖地置鳖县（黔西、金沙、修文一带④）作为郡治。

汉武帝元鼎六年（前111）开始，陆续设置了牂牁郡和益州郡等。牂牁郡治故且兰（安顺一带⑤），下辖17个县；益州郡治滇池（今晋宁）⑥，下辖24个县。这些郡县都在现今云贵和与之毗邻的广西、四川部分地区。初步考证出与今地对应并在西南陆海走廊各条道路沿线的县有平夷（今叙永赤水镇）⑦、汉阳（赫章可乐）⑧、鳖、故且兰、谈指（贞丰）⑨、夜郎（下详）、朱提（昭通）⑩、存䣕（宣威）⑪、味县（曲靖）⑫、句町（下详）、漏卧（罗

---

① 铁波乐：《老生杂谭》，北京：中国文史出版社，2014年，第252页。
② 《华阳国志校补图注》，第173页：鳖为楚国旧邑，秦已置县，汉初属巴郡。
③ 朱俊明：《夜郎史稿》，贵阳：贵州人民出版社，1990年，第50-51页。
④ 详见第六章第二节《古县考证：平夷、鳖、故且兰》。
⑤ 详见第六章第二节《古县考证：平夷、鳖、故且兰》。
⑥ 方国瑜：《中国西南历史地理考释》（上），北京：中华书局，1987年10月第1版，2012年10月北京第3次印刷，第59页。
⑦ 详见第六章第二节《古县考证：平夷、鳖、故且兰》。
⑧ 张合荣：《夜郎青铜文明探微——贵州战国秦汉时期青铜器研究》，上海：上海古籍出版社，2018年，第278页。
⑨ 朱俊明：《夜郎史稿》，第112页：(谈指)为今黔西南州的贞丰县境与兴义县北境。引者注：兴义县今已改为县级兴义市，为黔西南州首府。又《中国行政区划通史》[秦汉卷(上)]，第459页：治所在今贵州贞丰县西北一带。
⑩ 《华阳国志校补图注》，第278页：朱提县，郡治。山出好银。又280页：朱提县是今昭通，其不可移易之理由，为川、滇、黔错接之乌蒙山地区，惟此有大平原，气候亢暖，物产饶多，必然成为人口密集之经济政治中心。
⑪ 中国人民政治协商会议宣威市委员会编、王所邦主编：《宣威简史》，昆明：云南人民出版社，2015年，第19页。又第29-30页：云南大学朱惠荣教授认为，据《水经注》，"存䣕"以存水而得名。王念孙《汉书杂志》订正说："存䣕，䣕本作存，此因存字而误加'阝'。"《封泥考略》有"存䣕左尉"印可以为证。从汉至南北朝，标准写法皆应为"存䣕"。
⑫ 《华阳国志校补图注》，第272、274页。

第六章　沿线秦汉古县以基点方式支撑通道

平)①、同劳(陆良)②、谈槀(石林)③、昆泽(宜良)④、漏江(泸西)⑤、镡封(丘北)⑥、榖昌(嵩明)⑦、连然(昆明安宁)⑧、建伶(晋宁昆阳镇)⑨、俞元(澄江)⑩、胜休(通海)⑪、毋棳(建水

---

① 《华阳国志校补图注》，第308页。
② 方国瑜：《中国西南历史地理考释》，北京：中华书局，1987年10月第1版，2012年10月第3次印刷，第65-66页。
③ 《华阳国志校补图注》，第276页：谈槀，汉旧县，原属牂牁郡，字从木，与从禾同音。槀本药名也……故城为今路南县(引者注：路南县现改名石林县)。
④ 《华阳国志校补图注》，第276页
⑤ 《华阳国志校补图注》，第273页：漏江县，有漏江。九十里出蠄口。又第276页：《新纂云南通志》定漏江城为今泸西县。泸西，旧名广西州，地质主为三叠纪石灰岩，故多有洞穴与伏流，与黔西水城诸县及川东酉阳、秀山诸县相似。此县最大之伏流，为城西三里之西泸江。其水导源于阿罗山洞。师宗县境诸水，大都以伏流汇于此一河，经县城西绕至县东南之乾海，潜流入城，所谓"漏江"也。本志所云蠄口，盖即此处入伏之口也。其出口，则人以为弥勒县东之蠄口。昔人于伏流突出处皆惊奇而未深究，率意推测为文，转述者更加以牵合傅会，致难统一。要其传说各有依据。常氏此以蠄口为出口，似亦有误。要其故城当在今泸西县境。
⑥ 《华阳国志校补图注》，第307页。又方国瑜：《中国西南历史地理考释》，第80-81页。
⑦ 《华阳国志校补图注》，第272页：榖昌县，汉武帝将军郭昌讨夷，平之；因名郭昌，以威夷。孝章时改为榖昌也。又第275页：今审榖昌故城应在嵩明湖迹盆地内。或是今之杨林，或即嵩明县城，距味县(曲靖)、滇池(昆明)、寻甸(劳深、麽莫)道里相当，为郭昌平益州乱道所必经，与晋建宁郡境形势亦合，与《蛮书》的榖昌村方位亦合。
⑧ 《华阳国志校补图注》，第268页：连然县，有盐泉，南中共仰之。又第271页：连然，《汉志》云："有盐官。"唐樊绰《蛮书》云："安宁城中皆石盐井，深八十尺。城外又有四井，听百姓自煎。"《新唐书·南蛮传》云："安宁城有五盐井，人得煮鬻自给。"《清一统志》云："安宁州西有大井、石井、河中井、大界井、新井俱产盐。"汉时已有盐官，则周秦时已取煎矣。疑是昆明种所开。昆明种自澜沧江入云南高原能识盐泉，知取煎之法，所居处留昆明名。《西南夷传》谓桐师至叶榆为雟与昆明，今盐源县唐曰昆明，今滇池，汉曰昆明湖。汉滇池县，元、明、清为昆明县。并缘昆明人擅煎盐之法，从而分布在盐泉附近，使地有昆明之称也。"连然"疑是夷语盐泉之义。然非昆明语，应是滇族语，或僰语。盖滇人已知此盐泉，只饮其水。昆明种至乃按比苏煮之。汉民乃及有井法。今安宁县仍为此大高原中食盐仰给之处。又方国瑜：《中国西南历史地理考释》，第61-62页。
⑨ 《华阳国志校补图注》，第271页：《前汉志》作健伶。《后汉志》作建伶。洪亮吉《东晋疆域志》云："《晋书·地理志》有伶丘，无建伶，当即是。"《新纂云南通志》遵之，并定其故城在旧昆阳县南，疑当定为今晋宁县(引者注：已改为区)即旧昆阳县治。引者注：2021年11月，笔者在晋宁区文管所获悉，在昆阳镇附近的河泊所村已出土"建伶令"封泥印章，后详。又方国瑜：《中国西南历史地理考释》，第77页。
⑩ 《华阳国志校补图注》，第277页：俞元故城，可以肯定在今澄江县，即抚仙湖北端太平原上。《班志》云："池在南，桥水所出，东至毋单入温，行千九百里"者，抚仙湖沿东、西、南岸皆山崖，惟北岸澄江平原与西南岸江川平原为大平原，东南隅有一小平原(属江川县)。江川平原为修云县，澄江平原为俞元县，于形势为合。
⑪ 《华阳国志校补图注》，第307页：胜休，两汉属益州郡。《班志》云："河水，东至毋棳入桥。莽曰胜僰。"《续志》注："《南中志》曰：'有大河，纵横百四十里，深数十丈。《地道纪》曰：'水东至毋棳入桥水。'"据此，可定故城为今通海县。"大湖"，指今之杞麓湖。桥水，即今建水河。

曲江)①、律高(蒙自鸣鹫)②、贲古(个旧倘甸)③、西随(个旧蛮耗)④、进桑(越南谷柳市)及其旁进桑关(河口)⑤和交趾郡的麓泠(越南河内市麓泠县南)⑥等县。

合浦 两广地区,秦攻取"陆梁地"后,设置了南海、桂林、象郡。汉平南越后,把原三个郡扩展为南海、苍梧、郁林、合浦、交趾、九真、日南、儋耳、珠崖等九个郡。可考证的秦汉郡郡治都位于中国西南陆海走廊沿线,如秦象郡郡治临尘位于左江岸边的崇左江川区⑦,有学者认为,这一地名早在"秦略百越"前就有了⑧;秦桂林、汉郁林郡郡治布山位于郁江岸边的贵港⑨,这里出土了成批的烙印"布山"戳记的漆器⑩,表明它作

---

① 《华阳国志校补图注》,第305-306页:"毋棳",汉属益州郡……定今建水新街(引者注:今曲江镇)为汉毋棳故治当无疑。其县境则包有今建水石屏两县地,属桥水上游,平旷无瘴,为交趾入滇商旅大道所必经,固宜早置县也。王莽改名"有棳",则棳者,商品之名也。古今无说其为何物者。疑即木棉绒,谓产于富良江与李仙江河谷之木棉也。木棉纺织成布之商品,在永昌一带称"桐华布"。此带但丝绒为商品,供匠人纺绩,则称为棳。取棳之用,从木以明其义。其物原非此县产,而关税则在于此。不以制为土贡,故曰无棳。
② 《华阳国志校补图注》,第303页:律高县,西有石空山,出锡。东南有盭町山,出锡。又306页:律高故城,今蒙自县是也。蒙自在盘南地区形势开阔,高爽腴饶,南百余里至蔓耗,东南二百余里至老街,舟楫畅通交趾。北沿盘江为陆道,通滇池与夜郎。附近诸山皆饶矿产。地理如此,自应为古时一方重镇,故知早期兴古郡治在此。引者注:笔者考察时了解到,今蒙自坝子明以前尚是高山湖泊,不可能有人类居住。蒙自市文管所所长马世武告知,倒是附近鸣鹫镇出土过万家坝型铜鼓和其他汉式器物,笔者认为律高故城在鸣鹫的可能性较大。
③ 方国瑜:《中国西南历史地理考释》,第77页:《汉志·益州郡》:"贲古,北采山出铜,西羊山出银、铅,南乌山出锡。"《续汉志·益州郡》:"贲古,采山出铜、锡。"……钱坫《新校注地理志》曰:"贲古,应为临安府近地。"所说可取,当求其地于临安南境,应在今蒙自、个旧、元阳之地……以途程言,当较适宜。且《汉志》言贲古出锡,知锡矿年代甚古。又《华阳国志补国注》,第302页:贲古县,山出银、铜、铅、锡。又305页:"贲古县"既为产锡名地,应是今个旧县地。引者注:2021年12月,笔者在红河州博物馆李朝春研究馆员处获悉,他2020年曾在建水县曲江征集到一锭錾刻有"贲古第九百号"等字的西汉铅锭,铅锭系2010年出水于元江河边挖沙工地,重130斤左右,笔者认为贲古在个旧一带的可能性较大。李朝春即认为在个旧倘甸镇,今从李说。
④ 方国瑜:《中国西南历史地理考释》,第79-80页:从汉、唐人所记之各程考之,进桑即古涌步,在今之河口地区,而西随在今之蛮耗(蔓耗)故,在西随起航,崇山接险,古涌步以下即平原也。马援所言自麓泠溯流而上至进桑关,登陆出贲古,自贲古赴交趾,则在西随顺流而下。盖西随至进桑关一段水道,流经山谷,上溯艰难,顺流稍易,可能当时航行,以此为常,即地势使然也。从马援所说水陆交通及《水经·叶榆河》流经之记载,可知今蒙自南部蛮耗及屏边、金平即西随县地。
⑤ 《华阳国志校补图注》,第306页:故"关",即之河口老街。数千年俱为郡界与国界,故设都尉治此以护卫之。引者注:笔者考察所见河口县城,正处于红河左岸与支流南溪河右岸相交的三角形"半岛"上,渡南溪河即越南老街,滇越铁路大桥横跨两岸,桥上游十数米即古老横渡码头。又从红河观察,河口县域内有较长地域隔河与越南谷柳市相望,两地边民互为亲戚者甚多,多处适宜横渡相通。河口县文管所原所长张高斌告知,谷柳系一近100千米的大坝子。他与谷柳文物工作者交流,亲见出土在谷柳坝子内有民族元素的羊角纽青铜钟和其他越式文物,也见到柳叶型铜钏、三足纹盘等滇式文物,以及铜镜、五铢钱等汉式文物。故可定进桑王国国邑及汉进桑县故治当在谷柳坝内,进桑关设于两河汇口,非陆上之关,应理解为水陆扼控之关口。
⑥ 周振鹤、李晓杰、张莉:《中国秦行政区划通史》[秦汉卷(上)],第537页。
⑦ 邓敏杰、邓韬:《广西政区集成》,第815页。
⑧ 吕子方:《读山海经杂记》,杭州:浙江人民美术出版社,2018年,第234页。又《中国行政区划通史》[秦汉卷(上)],第90页、第202页。
⑨ 广西壮族自治区博物馆编:《广西贵县罗泊湾汉墓》,北京:文物出版社,1988年,第91页。
⑩ 广西壮族自治区博物馆编:《广西贵县罗泊湾汉墓》,第90页:从贵港一号墓中出土如此众多的"布山"铭文器物来看,布山设县不自武帝时始,至少在汉文帝时已经有了。

为郡治的地位;苍梧郡郡治广信位于浔江边的梧州万秀区①,合浦郡郡治先后设置在南海海岸上的徐闻、合浦;南海郡郡治番禺位于广州,交趾郡郡治嬴陵位于南海边的今越南河内西北②,顺红河而达南海。

作为闻名于世的海上丝绸之路,合浦郡下的合浦、徐闻两县和日南郡诸障塞,被正史记载是最早开通的始发港群:

1981年6月,广州黄埔港驶来一艘"古老"的木帆船,她是历时216天、行程6000海里的阿曼"苏哈尔"号仿古帆船。她沿着古代阿拉伯人航线,重走海上丝绸之路,越马六甲海峡,驶进南中国海③

> 自日南障塞、徐闻、合浦船行可五月,有都元国;又船行可四月,有邑卢没国;又船行可二十余日,有谌离国;步行可十余日,有夫甘都卢国。自夫甘都卢国船行可二月余,有黄支国,民俗略与珠厓相类。其州广大,户口多,多异物,自武帝以来皆献见。有译长,属黄门,与应募者俱入海市明珠、璧流离、奇石异物,赍黄金杂缯而往。所至国皆禀食为耦,蛮夷贾船,转送致之。亦利交易,剽杀人。又苦逢风波溺死,不者数年来还。大珠至围二寸以下。平帝元始中,王莽辅政,欲耀威德,厚遗黄支王,令遣使献生犀牛。自黄支船行可八

---

① 邓敏杰、邓韬:《广西政区集成》,第297页。
② 《中国行政区划通史》[秦汉卷(上)],第536页。
③ 图采自《人民画报》社记者撰文并摄影:《海上丝绸之路》,《人民画报》1985年第10期,第3页。

月,到皮宗;船行可二月,到日南、象林界云。黄支之南,有已程不国,汉之译使自此还矣①。

以上"国家"大约为:都元,今与越南南部交界的柬埔寨湄公河下游的吴哥博磊;邑卢没,今泰国曼谷湾附近的班东塔碧;湛离与夫甘都卢国,今分别位于泰国春蓬府和拉廊府境内狭长地带的克拉地峡东西两侧②;黄支国,今印度东南海岸之康契普腊姆;已程不国,今斯里兰卡③,最新考古材料分析,该国当时主要港口在其西北角的曼泰一带;皮宗国,在马来西亚柔佛的哥打丁根④。

日南是汉王朝最南的一个郡,西汉武帝初置时,其辖境约今越南中部的广平省至富安河一带⑤。障塞,笔者理解为沿海、沿边险要处防御用的军事城堡。这些城堡应大多系郡县治所的依托。西汉日南郡郡治设于西卷县(越南广治市东河市),该郡从北向南辖有比景(越南广平省争江口)、朱吾(越南广平省同海市一带)、卢容(越南承天顺化省顺化市北)、象林(越南广南省维川县一带)⑥,都面向大海,中转大汉王朝和南海与外洋的人流、物流,百舟争流,繁忙之情态闭目可见。

笔者在广西合浦县参观合浦博物馆"海上丝绸之路首发港"展区。左为该县汉代文化博物馆馆长廉世明介绍古代合浦在中外交通中的地位和作用

刘中伟 摄

---

① [东汉]班固:《汉书》卷二十八下《地理志第八下》,北京:中华书局,1962年6月第1版,1975年4月第3次印刷,第1671页。
② 熊昭明:《汉代合浦港的考古学研究》,北京:文物出版社,2018年,第10-16页。
③ 陆韧:《南方陆上丝绸之路与海上丝绸之路互联互通的历史进程》,《云南大学学报》(社会科学版)2017年第2期。
④ 熊昭明:《汉代合浦港的考古学研究》,第16-19页。
⑤ 熊昭明:《汉代合浦港的考古学研究》,北京:文物出版社,2018年,第8-9页。
⑥ 周振鹤、李晓杰、张莉:《中国行政区划通史》[秦汉卷(上)],上海:复旦大学出版社有限公司,2017年,第538页。

第六章 沿线秦汉古县以基点方式支撑通道

广西合浦南流江（廉江）自北而来，在合浦城边绕城入海。　　　　　　　　　　　　　刘中伟 摄

合浦县志办主任卢繁初告诉笔者，古合浦港之所以占有陆海枢纽，是因为通过天然的陆上水路运载来大量中原和西南物资形成的。这个天然水道就是地理上奇特的南、北流江，两河平行而流，方向一北一南：北流江从今北流市发源一路向北至藤县汇入浔江，溯上游至桂平西接通郁江、右江进入云贵；顺下游至梧州、封开一可北转贺江、潇水，过灵渠入湘江进入荆楚，二可续东顺西江至广州入海；往南，则翻越短距离陆桥桂门关进入南流江。南流江从今容县发源，向南到合浦流入钦州湾。有一位广西作家对此现象做过深情描写："山染春秋色，江分南北流。大容山脉孕育了桂东南大地的两条母亲河：一条向北流去，叫北流江；一条向南流去，叫南流江。这是两条孪生的姐妹河，它们有太多相似的地方：无论是流域面积、河道长度和年径流量，都相差不太远。不同之处，只是各自遵循了大自然的旨意，分道扬镳，从不同的地方注入了南海。"[①]

[①] 潘大林：《一江绣水向北流》，《红豆》2017年第10—11期（总361、362期），第173页。

笔者在广西北流市北流江边,与玉林市申报世界文化遗产办公室负责人兼外聘文史专家组组长黄继军(中),分析南北流江走势与古代交通关系

刘中伟 摄

南、北流江两条河都能一航到海,唯一遗憾的是各自上游没有连通。天工造化,其间只有一座海拔150米的小山桂门关(鬼门关、天门关)阻隔,两河可行船的上游仅隔10千米,历史上通过这一陆桥一直相通。田曙岚1930年代来此考察时,有过详细地记录,并还看到马援南征所勒之石残碣:

> 鬼门关在(北流)城西十五里。界于郁(玉林)、北二县之间,双峰对峙,中成关门。汉伏波将军马援征交趾,经此勒石,残碣岿然尚存。昔时趋交趾,皆由此关。至南尤多瘴疠,去者罕有生还,故谚云:"鬼门关,十人去,九不还。"唐、宋诗人迁谪蛮荒,经此而死者,踵相接也。今县属人烟稠密,瘴疠早绝,明洪武间,改名桂门关;宣德中,复改为天门关,但俗仍多以鬼门关呼之。民国十年(1921),粤、桂两军鏖战于此,达两昼夜。①

2019年11月14日,笔者考察时爬上关口观察,陆桥古路道就在关口附近半山腰间通过,草丛中隐隐约约还有残余,只是"马援勒石"已不可见。遥想当年穿越该关的人流和物资,和走廊沿途其他一两千米的大山大岭相比,真乃轻而易举。正如黎之津所言,翻越两水系之间的或长或短,或平或陡的通途,完全是两水系之间必经的天然的"陆桥",功莫大焉。

---

① 田曙岚:《邕乡处处:广西旅行记》,沈阳:辽宁教育出版社,2013年,第207页。

镌刻有"鬼门关"三字的桂门关指示牌处,就是桂门关旧址　　何川文　摄

广西玉林市申报世界文化遗产办公室负责人兼外聘文史专家组组长黄继军介绍,他认真考证过关名由来,本为桂门关,"桂"音被民众讹传为"鬼";"鬼门"不吉,文人雅士又反改为"天门"。广西区志办原副主任、历史学者邓敏杰就认为该还其本来面目。笔者笔下称为桂门关,但为与关附近的村民交流融洽,口头发音仍是"鬼门关"。想来也是,《辞海》从1979年版本,直到2009年的第六版版本,不是也一再误为鬼门关吗?还一再辑录一代名相李德裕所写《贬崖州》一诗于上,诗中有"崖州在何处,生度鬼门关"[①]一句。可见民俗的影响力巨大。

笔者在广西北流市桂门关附近向村民了解关名故事　　李光华　摄

① 辞海编辑委员会编:《辞海》,上海:上海辞书出版社,1980年8月第1版,1985年2月第5次印刷,第2034页

特别值得一提,桂门关附近发现有目前广西所见最大的铜石岭冶铜遗址[①],为西汉晚期两广出现独特的粤式铜鼓提供了充足原料[②],沉重的矿产品输送,更加彰显南、北流江的交通功用。在西部陆海新通道国家战略层面下,广西有识之士也在不断呼吁,加大力度打通浔江-北流江-南流江水上通道,形成江海联运大运河。届时,加上平陆运河和湘桂运河的打通,广西定将成为水运环绕的省份,为外来企业投资铺垫优势独特的基础环境。

南流江承载中原和西南内陆腹地而来的人流、物流在合浦渊聚出海,致使当地发现的汉墓多达上万座。蒋廷瑜分析,自西汉后期起,"徙合浦"事件屡见不鲜,大部分落籍于此无法回归的高素质人群,生前带来合浦的繁庶,死后只能就地而葬所致[③]。合浦大浪古城的最新考古成果还表明,它是岭南地区已发现的最早城址,早在战国中晚期即代表着当时岭南的先进文化,并非传统认为的因汉武帝设郡而突然兴盛,而是设郡乃事态发展之必然结果。之所以成为海上丝绸之路的重镇,不是柔然现象,而是历史基础与时代机遇相结合的结果。[④]

笔者在广西合浦观摩草鞋村汉墓群,该墓群埋有上万穴汉墓,合浦县志办主任卢繁初(右一)告知,倘若全部发掘,相信对中国秦汉史研究必带来意想不到的革命

李光华 摄

---

① 广西壮族自治区文物工作队:《广西北流铜石岭汉代冶铜遗址的试掘》,《考古》1985年第5期。
② 叶成勇:《战国秦汉时期南夷社会考古学研究》,北京:文物出版社,2019年,第120页。
③ 蒋廷瑜:《略论汉"徙合浦"》,《社会科学家》1998年第1期。
④ 广西文物保护与考古研究所、北海市博物馆、合浦县申报海上丝绸之路世界文虎遗产中心编著:《合浦大浪古城:2019—2022年考古发掘报告》,北京:文物出版社,2022年,第230-231页。

第六章　沿线秦汉古县以基点方式支撑通道

合浦、番禺等几个中国古代西向印度洋等处的古老港口，分发了中外诸多的人群与物资，是中外交流最频繁的两大区域之一（另一为西域地区）。交流历史悠远不止文献所载，广州的南越王墓就有一个激动人心的大发现：出土了5支平均长度达120厘米的象牙，其形态特征与亚洲象牙区别较大，反与现代的非洲象牙较为接近①。表明西汉中期武帝统治以前，广州等岭南地区就已经与遥远的非洲大陆有间接的经济文化交往了②。

其他可考位于西南陆海走廊右江-邕江-郁江-浔江-西江秦汉第一批所置的县还有以下几个：

句町　在今云南文山州东部的广南、富宁至广西的隆林、西林、田林、凌云、百色，乃至田阳、田东一带③。南面还延至越南东山文化区域，其北部的老街省、河江省的部分地区也属于句町文化范围④（详见第八章第三节《争夺"僮盐通道"的西南夷小三国战争》）。

广郁　在今凌云一带⑤，还应该包括从凌云分治来的乐业等地⑥。它位于右江支流澄碧河源头，西北的雅长接南盘江与北盘江交汇处，正对贵州望谟县蔗香越南盘江-红水河北岸的贵州望谟、罗甸而来，即可顺澄碧河谷在百色汇入右江。乐业县志办主任黎启顺告诉笔者，过去从泗城府（即凌云县，清代置府）可以一直放竹、木筏子到百色。"因其地盘江绕其北，驮娘江包其南，澄碧、布柳两河分流其中而名"泗城⑦。贵州罗甸县文广旅局付雪告知，从罗甸边阳有古道，渡过红水河直通乐业。

汉置广郁应在今广西凌云、乐业一带的右江上游支流澄碧河源处，可考所辖范围包括有广西河池以西、百色大部及黔南罗甸等地的红水河、右江一带。在元明时期百色尚未建置以前，它是这一带的区域中心，也是民族杂居、往来频迁的地区。南朝梁以后，这片地域长期陷于僚俚少数民族地方势力控制，直至宋元都湮灭无闻，只是横山寨市马通道开通后，才被南宋范成大、周去非有零星记录，故广郁县确指，在学界颇

---

① 广州市文物管理委员会编：《西汉南越王墓》（上），北京：文物出版社，1991年，第138页、139页、466页、467页。
② 西汉南越王博物馆编，张荣芳、周永卫、吴凌云：《西汉南越王墓多元文化研究》，广州：中山大学出版社，2015年，第138页。
③ 尤中：《中国西南地区民族沿革史》（先秦至汉晋时期），北京：民族出版社，2005年，第154页。
④ 彭长林：《句町文化及其族属研究》，中共西林县委、县人民政府，广西文物考古研究所，广西历史学会编：《句町国与西林特色文化》，南宁：广西人民出版社，2009年，第41页。
⑤ 邓敏杰、邓韬：《广西政区集成》，南宁：广西人民出版社，2014年，第602页。
⑥ [民国]蒙起鹏著，广西古籍丛书编辑委员会、广西地方志编纂委员会办公室整理：《广西通志稿》（一），南宁：广西人民出版社，2017年，第114页。诚谢广西区志办地情信息部部长韦韩韫查阅惠告。又《中国行政区划通史》[秦汉卷（上）]，第460页、第536页：广郁县治所当在今广西西林、乐业县与贵州册亨县交界处一带，确址不详。
⑦ 邓敏杰、邓韬：《广西政区集成》，第602页。

有争议。再加上《汉书》《水经注》等文献所载诸水流向,至此有含混和歧义,更使其地望模糊。

从广西凌云穿城而过的右江上游支流澄碧河,自古可利用木筏放流,在今百色城区直入右江
何川文 摄

增食 广郁一带顺右江即到达汉置增食县,云南学者林超民引《元和郡县志》"邕州朗宁县,汉增食县地,南至邕州一百八十里"材料认为,邕州治所在今广西南宁西约200里处的隆安、平果诸地①。也就是说,隆安、平果沿左江一带为增食县治所,广西学界大多认同。但笔者考察后认为,应在两县右江上游百色盆地内的田东附近(详见第七章第三节)。

领方 汉领方县从右江流向来看,上接增食县,从左江流向来看,上接临尘县,域内左右江正好交汇于此,即今南宁附近②、宾阳、邕宁、南宁、武鸣、上林、迁江(今属来宾县)等地皆属之③,县治具体为宾阳县新宾镇(民国时期宾阳县治)南约10千米、宾阳县城东南约3千米的古城村。位于大明山余脉处,旁倚汇入郁江的清水江支流武岭江④,虽未直接毗临郁江江岸,但军事、交通地位突出,总控郁江流域阔大范围。

---

① 唐尚贤、林超民、尤中:《关于句町地理位置的通信》,中共西林县委、县人民政府,广西文物考古研究所,广西历史学会编:《句町国与西林特色文化》,南宁:广西人民出版社,2009年,第55页。
② 罗荣泉:《汉夜郎侯邑地理位置辩》,贵州省社会科学院历史研究所编:《夜郎考》(讨论文集之二),贵阳:贵州人民出版社,1981年,第271页。
③ 张世铨:《汉句町四题》,中共西林县委、县人民政府,广西文物考古研究所,广西历史学会编:《句町国与西林特色文化》,第49页。原载《民族研究》1983年第5期。
④ 曲英杰:《水经注城邑考》,北京:中国社会科学出版社,2013年,第558—560页。

安广 在今横县一带①,当地人始把河流名从邕江改称为郁江,横县也于2021年2月3日撤县设市,改称横州市。右岸与灵山县接壤处,系一片丹霞地貌构成的地理环境,是郁江水系支流与北部湾水系支流各自发源而出之地,山岭上有被称之为"天梯石道"的陆桥山路,历史时期两水系通过陆桥相互通航事实存在。虽无文献记录,但先秦汉晋先民有效利用这一特殊地理便利,从安广出海北部湾应有可能。现今广西正在大力开凿平陆人工运河,也是基于这类特殊地理环境所作的科学决定。广西区志办副主任唐中克告知,平陆运河已纳入《珠江流域综合规划(2012—2030年)》和《西部陆海新通道总体规划》,建成后全长约140千米,按内河Ⅰ级航道标准建设,投资总额预计达680亿元。

广西横州市、灵山县各处于邕江和钦江水系支流的水尾处,有"天梯石道"陆桥相通。历史时期石道利用频繁,直到清末尚有摩崖石刻。图为石刻文字"横州城内。林钟杰修整桥路,福有攸归。同治甲戌春重修"　　　黎之津 摄

"天梯石道"惜笔者没能实地考察,但黎之津多次考察后介绍,"天梯石道"是灵山当地人的说法,处于灵山县烟墩镇正北方向数千米处,直线距横州地域仅4千米,爬山约7千米。这段"陆桥"山路,一直到晚清还在大规模进行修缮,道旁所刻"横州城内"标识的摩崖石刻的内容即有"修整"道路的记载,表明那时还有行人、物资络绎不绝。据黎之津调查,邕钦水系相互勾连互通,不仅仅只有天梯石道一处,岭南众多不知名河流皆水沛岸阔,古代通航条件良好。笔者思考,宋代蜀商钦州博易(后详)每年固定

---

① 邓敏杰、邓韬:《广西政区集成》,第86页。

往返之路,或有取此处而行之时,因为选择这条路线,似乎更近捷。

布山 布山位于今贵港市区,秦即置县,并作为秦在南岭设置的三大郡之一的桂林郡郡治所在;汉置郁林郡后,郡治继续设治于此。罗泊湾汉墓的发现发掘,学界认定布山在贵港的认识渐趋一致。

郁江通过布山郡、县治所,流向治今桂平市的阿林县①,在此与红水河下游名称已经改为黔江的西江主流交汇,改称浔江。

广西贵港市郁江江段,船只沿江而靠,航运繁忙　　　　笔者 摄

阿林 阿林治今桂平市,但桂平官方至今仍未承认,认为只是治今桂平东南地域而已。他们一再坚持桂平乃秦汉所设的布山所在,但考古材料没贵港丰富,学界支持布山治此的看法逐步改变。笔者分析,古时郁江通航能力大于黔江,桂平虽处黔郁两江交汇口,仍被时人认为郁江为主源而上溯认可今贵港乃通航节点,故把郡治设其地。此外,非科学的因素也促其在布山之争中落处下风。因其虽以市名,但系贵港市代管的县级市而已,当今行政辖控力度促成其论争声音也渐趋微弱。不过,当地地方文史研究者抱定布山不放,仍在苦苦探索。更有学者论之凿凿,认为秦汉布山县治就在桂平市蒙圩镇新德古城村②。广西区志办原副主任邓敏杰与笔者探讨时,也言之凿凿桂平才是秦汉布山所在。

---

① 罗荣泉:《汉夜郎侯邑地理位置辩》,《夜郎考》(讨论文集之二),第271页。又《中国行政区划通史》[秦汉卷(上)],第536页。
② 李毓麟:《秦汉布山古城考》,《广西社会科学》2006年第1期。又邓敏杰:《桂林郡设置始末考辨》,《广西民族大学学报》(哲学社会科学版),2014年1月第36卷第1期。

| 第六章 沿线秦汉古县以基点方式支撑通道 |

广西桂平位于黔江（红水河下游）与郁江交汇处，笔者观察船舶往来频繁。桂平市市志办主任李小勇（左）、地方文史研究者覃晓（右）在不断探求史实中，认为秦桂林郡、汉郁林郡郡治布山即在此地

猛陵 从阿林顺浔江到达今藤县处即猛陵①，揽入从南向北流来的圭江-绣江（北流江上、下游不同称呼），进入广信县。2017年春，玉林晚报与市旅发委联手组织过一次"一路向海——探讨玉林海丝路"大型系列采访，记者在藤县北流与浔江交汇处码头看到，该县把防洪堤与绣江大道、骑楼城改造工程相结合，打造成了集防洪、商铺、道路、景观为一体的码头商业街区，形成"一列骑楼半座城"的特致景观。藤县的地理位置重要，是中国西南陆海走廊通道的重要节点城市。《永乐大典》第2343卷的《滕城记》描述："广右之地，西接八番，南连交趾，惟藤最为冲要。"解缙也曾赋诗"绣水东来合郁江，古藤城廓照南邦"②，都表达了藤县的交通与军事之重要。该县除了陆上是云贵与广州、南海的交通节点外，空中也有繁忙的航班经过。就在笔者校正书稿期间，2022年3月21日，震惊全球的空难不幸发生，一架从昆明飞广州的东方航空公司MU5735次航班，在此县上空垂直跌落，机上132人全部罹难。

广信 汉广信县地跨桂粤结合部，包括广西梧州、广东封开一带，除了是苍梧郡郡治所在地，还一度成为更高一级政权机关交州刺史部驻节地。东汉交州是从龙编县迁治而来，后迁治番禺，统辖今广西东至福建省厦门、西到云南省河口县、南至海南

---

① 罗荣泉：《汉夜郎侯邑地理位置辩》，《夜郎考》（讨论文集之二），第271页。又《中国行政区划通史》[秦汉卷（上）]，第540页。
② 国家图书馆藏：《粤西诗载》卷十五《七言律诗》，解缙：《藤县即事》，汪氏梅雪堂清康熙四十三年刻本。

省和越南岘山港、北到贵州榕山县的统一的一级政区①。该地历来扼控岭南东西道要冲,中国第一次设置总督是两广总督,即先驻节于此长达100多年,曾有名气较大的如王阳明之类的学者镇骅。浔江至广信,汇入北来的桂江,西江才正式得名,顺其而下设有治今德庆的端溪县②、治今肇庆的高要县③、治今广州的番禺县等。

1980-1990年代初的广西梧州浔江江面,可见船只往来频繁,码头泊船众多④

端溪 西汉所置端溪县在今肇庆市下属的德庆县,《方舆纪要》认为,德庆之名系因南宋高宗登基前受封于此,"以高宗潜邸也"而得名。

高要 西汉高要县即地处端溪下游的今肇庆城区,肇庆也因宋徽宗未登基之前曾受封于此而得名⑤。通过一个离奇的故事,可知汉时已是水陆交通畅便之地:"苍梧广信女子苏娥,行宿(高要)鹊巢亭,为亭长龚寿所杀,及婢致富,取财物埋置楼下。交州刺史周敞行部宿亭,觉寿奸罪,奏之,杀寿。"⑥汉代高要还是岭南地区目前仅见比同

---

① 邓敏杰、邓韬:《广西政区集成》,第297页。
② 徐俊鸣:《广东全省行政区划历史沿革概要》,中山大学学报编辑部编辑出版、徐俊鸣:《岭南历史地理论集》,广东省非营利性出版物准印证90粤准字第217号,1990年11月,第262页。
③ 罗荣泉:《汉夜郎侯邑地理位置辩》,《夜郎考》(讨论文集之二),第272页。又《中国行政区划通史》[秦汉卷(上)],第539页。
④ 图采自《广西航运史》编审委员会编:《广西航运史》,北京:人民交通出版社,1991年,图版。
⑤ 徐俊鸣:《广东各县市名称来源》,中山大学学报编辑部编辑出版、徐俊鸣:《岭南历史地理论集》,第258页。
⑥ 《太平御览》卷一九四。

番禺设有盐官之县,帝国中央之所以有此设置,看重其乃输入贵州、桂西一带海盐的重要中转之地①。可以想见,位于海边的番禺县生产的大量食盐要输入西南地域,必是通过西江水道逆流到高要,在此分发和中转。到了明代,肇庆和梧州一样,曾作过两广总督的驻节地,时间还远远长过梧州。南明小朝廷永历即在肇庆称号,停留5年时间才被清军赶跑。期间,尚顺西江派出使节赴澳门接受军援②,还通过葡澳当局远渡重洋面见罗马教皇请求帮助③,意大利传教士利玛窦甫来,即先在此建有中国境内第一座天主教堂"仙花寺"④。肇庆西江江面航运繁忙,海难时有发生,六七十岁的人至今难忘:1975年8月4日中午12:25,肇庆开往广州的红星245号与广州开往肇庆的红星240号两艘客轮,在西江容桂水道蛇头湾水面猛撞沉没,800多名旅客,罹难432人,遇难者尸体满西江漂浮。

今日肇庆市(摄于2022年)。奔腾西江自左而来穿过肇庆城区,江面开阔,江中百舸争流。左岸为主城区端州区,右岸为高要区
中共肇庆市委宣传部 供图

四会 四会地域在《山海经·海内东经》附篇⑤中曾以"须陵"为称:"郁水出象郡,而南注南海,入须陵东南。"⑥《汉书·地理志》称郁林郡广郁县:"郁水首受夜郎豚水,东

---

① 区家发:《秦汉时的香港》,中国秦汉史研究会编:《秦汉史论丛》第七辑,北京:中国社会科学出版社,1998年,第149页。又参见《肇庆市总体规划说明书1975-1985》。
② 南炳文:《南明史》,北京:故宫出版社,2012年,第377页:(南明)永历帝承王太后之意,遣使至澳门求弥撒……澳门葡萄牙总督盛鋋款待使团,并赠火枪百枝,"或云仅授士卒三百,炮三尊,盖葡人恐满人报复,不敢大量授明室"。时在1648年10月。诚谢中国人民大学教授、明史学者何孝荣荐书。
③ 南炳文:《南明史》,第378-379页:时(南明)王太后决定派人出使罗马教廷……让卜弥格(波兰人)携带书信二封,一致罗马教皇,一致耶稣会总会长……恳请教会"代求天主"保佑永历政权之"中兴太平",乃为这次遣使的重要目的……1650年11月,卜弥格自肇庆出发至澳门,1651年元旦自澳门起碇……约于1652年11月底或12月初到达意大利之威尼斯,1653年1月抵罗马……直到1655年……亚历山大七世继任教皇,才被弄清其确系奉使而来,于这年12月得到了亚历山大七世颁发的用拉丁文写成的答王太后烈纳书……卜弥格既得复书,乃自罗马赴里斯本,1656年3月30日登舟返华。及1658年行抵暹罗,得到澳门葡萄牙当局的通知,不许其进入澳门……卜弥格无奈……徘徊于交趾与广西边境,1659年8月因病而死。卜弥格去世时,永历政权已经流亡国外……其所携来复书,大概皆未达送。
④ 徐俊鸣、徐晓梅:《略论古代肇庆在岭南的地位》,《岭南文史》1983年第2期。
⑤ 周振鹤、李晓杰、张莉:《中国行政区划通史》[秦汉卷(上)],上海:复旦大学出版社,2017年9月第二版,第195页。
⑥ 袁珂译:《山海经全译》,北京:北京联合出版公司,2016年10月第1版,2017年3月第4次印刷,第225-226页。

至四会入海。"①周振鹤因此认为:"郁水入海处于《汉志》为四会,于《海内东经》附篇为须陵。须陵或汉以前之地名,其地望今已无可指实,或许与四会是名异而实同。"②广东学者徐俊鸣考证,西汉四会县之名应据《寰宇记》称:"四会东有古津水、浈江,西有建水,北有龙江,四水俱臻,因此为名。"浈江即今北江③,四会是西江与北江交汇而称珠江的地域,水路北通中原、西通云贵,东入大海,系西汉南海郡下属最西一县,帝国中央在此置县④自有扼控交通的深意。

以上可以看出,秦汉所建郡、县的治所是政治、军事、交通重镇,我们对相对典型的郡治布局进行分析梳理,发现这些郡治和重点的县邑所在点位与西南陆海走廊关系密切,几乎都在交通线上,连线共同构成保障道路交通畅通的基点,或者是天然通道情况下的自然选择的基点。

蜀郡郡治成都和广汉郡郡治雒邑,以及沿沱江而下的牛鞞、资中、汉安、江阳,都分布在沱江流域或处于沱江与岷江共流流域(成都平原)。它们中,牛鞞⑤和汉安⑥是汉代新置的县,目的是在经济发达的沱江流域,对交通中转、物流配置等方面,减少秦所置县在河道控制上的位移空白,更加起到节点作用。从成都顺岷江而下,秦设有武阳、南安和僰道三个县,汉代沿袭。而岷江和沱江之间的辽阔地域,无一地有秦、汉县的设置,可见围绕沱、岷二江水道置邑的主观意图非常明显。当然,这种建构也符合当时客观实际,因为距二江稍远的地域属山区,犹未开发⑦,也为其后铁山僚的壮大埋下了伏笔。

再从鳛部道上的古县观察,《汉书》记载的符、平夷、鳖邑都因赤水河而连成一线,直至牂牁郡中心即郡治所在故且兰,也就是今贵阳清镇和安顺平坝、西秀所在的安顺坝子一带(下详)。这一带,前文已述,发现的汉文化遗存丰富,西秀区宁谷镇集中分布有上百座汉墓,还有面积近10万平方米的汉城遗址和近万平方米的汉代窑址群,出土了数量众多的"长乐未央"瓦当、云纹当、车轮纹当和板瓦、筒瓦等建筑材料⑧;还有刻字木牍,透露出这里经历了一段不寻常的历史⑨,这些都依托这座10万平方米左右的据点城堡故且兰,向通道沿线地域不断强化武力控制的信息。

---

① 《汉书》卷二十八下《地理志第八下》,第1628页。
② 周振鹤、李晓杰、张莉:《中国行政区划通史》[秦汉卷(上)],第195页。
③ 徐俊鸣:《广东各县市名称来源》,中山大学学报编辑部编辑出版,徐俊鸣:《岭南历史地理论集》,第254页。
④ 周振鹤、李晓杰、张莉:《中国行政区划通史》[秦汉卷(上)],第197页。
⑤ 《华阳国志校补图注》,第175页:牛鞞县 受新都江,去郡三百里,元鼎二年(前115)置。
⑥ 《中国行政区划通史》[秦汉卷(上)],第931页。
⑦ 《华阳国志校补图注》,第176页。
⑧ 张合荣:《夜郎文明的考古学观察:滇东黔西先秦至两汉时期遗存研究》,北京:科学出版社,2014年,第44页。
⑨ 叶成勇:《战国秦汉时期南夷社会考古学研究》,北京:文物出版社,2019年,第182-183页。

| 第六章 沿线秦汉古县以基点方式支撑通道 |

中国西南陆海走廊过安顺坝子后,转入关岭、镇宁、贞丰、兴仁、兴义等地域,应该仍然对应有汉代即设置的古县。这一区域发现的汉文化元素也是丰富多彩。其中兴仁交乐M14出土的"巴郡守丞""公"字提梁壶、铜马车、多枝灯、摇钱树等,都是汉文化精品;贞丰者相夯土遗址、镇宁县董箐田脚遗址,都有汉式文物出现。证明这些地方是汉文化在黔地的另外一个文化中心。但是,还不能确定具体设置的是什么县。为此有学者认为是夜郎县,即夜郎国邑所在[①];也有学者认为是汉宛温县所在地,后为兴古郡郡治所在地[②]。

位于贵州贞丰县的白层古渡口,距现白层新渡口上游约5千米处

贞丰县文旅局 唐仲嵘 摄

黔西南州兴仁、兴义一带汉置何县虽有争议,但道路通达却有出土文物强烈佐证,它是彼时汉文化在贵州与赫章、威宁,黔西,安顺并驾的数个中心之一。其中,兴义万屯8号汉墓出土的青铜马车,系汉代辎车,是云贵高原精美青铜器的代表之一,主流观点认为乃当地汉族官员的夫人所乘之车。黔西南州文博工作者崔利军、周仕敏告知笔者,他们反复分析,认为是漏卧侯夫人乘坐的交通工具。

黔西南州共出土有3件铜马车,除上述辎车外,还有两件軺车,一件修复后保存在

---

① 关于夜郎国邑或中心在黔西南州特别是两盘交汇区域的论述较多,笔者仅撷较有影响的早期代表之一为例,如李衍垣:《夜郎青铜时代的文物》,贵州省社会科学院历史研究所:《夜郎考》(讨论文集之二),第4页:兴义、兴仁、安龙、盘县、普安等五县,地处南、北盘江流域,正是《史记》《汉书》中所谓"夜郎者,临牂柯江"的地点。
② 张合荣:《夜郎文明的考古学观察:滇东黔西先秦至两汉时期遗存研究》,北京:科学出版社,2014年,第304页。

贵州兴义市万屯8号墓出土的辎车,据分析有可能是某一代漏卧侯夫人所乘[①]
　　　　　　　　　　　　　　　　　　　　　　　　金德明 摄

州博物馆,与"巴郡守丞"印章共出于兴仁交乐M14内;残损那件出土于交乐M6墓,仅有车轮完整。众多实用青铜马车在这个地域出现,证明汉代陆道便利,路面宽敞,上流和主流人群出行快捷。

贵州兴仁市交乐14号汉墓出土铜马车,车型为辎车,制作精良,应配套建设有宽敞的陆道才适合其驱驰
　　　　　　　　　　　　　　　　　　　　　　　　笔者 摄

---

① 图采自贵州省博物馆考古研究所编,熊水富、宋先世主编:《贵州田野考古四十年》,贵阳:贵州民族出版社,1993年,扉页图版。

两盘交汇地域往北,主要由北盘江的水道作为交通主干线,通过对北盘江流域的贞丰县考察,对占地5万余平方米的东汉者相遗址观察来看,这里有可能是一座古县或军事据点所在。者相距县城19千米,与关岭县仅隔一条北盘江。从贞丰县文管所向笔者提供的者相古城遗址考古材料分析,遗址有军事性质的长方形城墙,长304米,宽182.5米,高2至3米不等;残垣尚存,断面夯土痕迹明显①。因此,有学者认为在贞丰地域曾有牂牁郡谈指县的设置②。者相遗址是否是该县县治所在,还不能肯定。但是,该遗址拱卫在重要水路通道北盘江边,下距白层渡口(港口)仅20千米不到,可以肯定其有保护古道的军事功用性质。笔者观察,北盘江贞丰县的白层渡口上下游处,江面开阔,适宜通航。当地人告知,直到20世纪80年代还有机动船往来;同样,在兴仁雨樟云南寨新发现了一座汉城遗址③,与者相有相同性质。北盘江和南盘江沿岸区域兴义顶效、万屯,安龙龙广,望谟水打田、浪更燃山,贞丰董箐、天生桥,镇宁田脚脚,关岭大盘江等处均分布有战国秦汉时期小聚落遗址④。这些小聚落零散分布于各自破碎的小坝子间,其文化趋同的原因之一,应是有网络状的水陆道路钩连的结果。

远眺贵州贞丰县北盘江支流落凡河旁的红岩山,该山垂直高度约300米,所画岩画从4000多年前至明代,皆有涂抹   李光华 摄

---

① 据贞丰县文管所副所长田洋宇提供的《贞丰县第三次全国文物普查不可移动文物登记表》整理,该表编号:522325-0035。
② 朱俊明:《夜郎史稿》,第112页。
③ 黔西南州文物局崔利军告知。
④ 张合荣:《夜郎文明的考古学观察:滇东黔西先秦至两汉时期遗存研究》,第28-29页。

北盘江贞丰地域有一突出之处尚需提及,那就是县境东南部有一支流落凡河,从河口可通航至上游四五千米处的沙坪镇金山村(原名石柱村),恰在此处一名红岩的阔大山壁上,绘有远古到明代不同时期的岩画,据长期进行观察的贞丰县文广旅局局长唐仲嵘分析,最久远的画作可达4000年前。红岩山山壁垂直高度达300米左右,半山处有一古老岩洞,洞口到山顶约百米,洞口距谷底落差约200米。贞丰县文物守护员张友斌引领笔者观察时介绍,红岩洞周围的大山,层层叠叠分布着数十个这样的天然洞穴,此系最大一洞。

笔者进洞察看,发现洞内放满各类石块石砾,有大有小,不似天然,应是古人类栖居此洞时人工手制石器。结合北盘江沿岸发掘出了各类新石器遗址来看,红岩岩洞和周围的洞穴里,应生活着一群群的至少是新石器时代的人类,他们在落凡河和北盘江之间,上山狩猎、下河渔猎,过着贫乏但自由的生活。岩画的人物画,有和真人等大的人物,戴着面具,穿戴华丽,笔者据此分析,红岩岩画应是红岩洞内的古人类向其他洞穴过路人群展示其存在、并优越于他洞的宣传招贴,他们之所以创作此等展示的"艺术品",还是因当时此地通道便利带来的冲动和灵感。与红岩岩画类似的走廊沿线上其他古人类画作,包括左江花山、关岭花江等,都应是古人类时期在交通要道上创作留存的。广西宁明县文管所所长朱秋平就对笔者分析,每一处岩画留存,在没有"王侯"的原始社会,或许栖居有它洞膜拜的一位"长老"式人物和他的族众,他有能聚人心、人气的特殊威望。

贵州贞丰县红岩岩画分布在从岩壁底部起到往上约30米之间,图像集中分布在岩壁底部往上约15米之间[①]。笔者在岩画前驻足停留,或远或近,反复察看

---

① 牟孝梅:《贵州贞丰红岩岩画研究》,银川:宁夏人民出版社,2016年,第30页。

中国西南陆海走廊通过黔西南后，除有西折云南罗平、师宗而南的道路外，还数路进入广西：直接在兴义巴结（今南盘江镇，对岸革步），安龙坡脚，册亨板坝（对岸管肖）、八达（对岸旧州），望谟蔗香（双江口，对岸雅长）等处渡过南盘江和红水河径南。以上道路皆分别进入云南丘北、广南、富宁和广西乐业、隆林、田林、西林等处，然后顺右江及其上游驮娘江、西洋江水道和乐里河、澄碧河谷一路而下，过前述秦汉所设的增食、布山等直到番禺，或折一路入左江至交趾，或折一路入圭江（今北流江）至合浦出海。

在黔滇桂结合部三角形地带沿南盘江渡口除上述外，从西往东，还有鲁古、圭车、高良、八大河村（对岸八大河乡）、乌冲、鲁布革、坡脚（石头寨、者干）、尾祖、红水河镇等渡口，渡过渡口后往驮娘江、西洋江方向行走，或陆路或水路，最后都进入剥隘或百色下右江。道路应呈网络状布局，经笔者反复田野调查，初步整理至少有如下10条具体走向，它们在历史时期，"东方不亮西方亮"，总有其中一条沟通着走廊的通达。

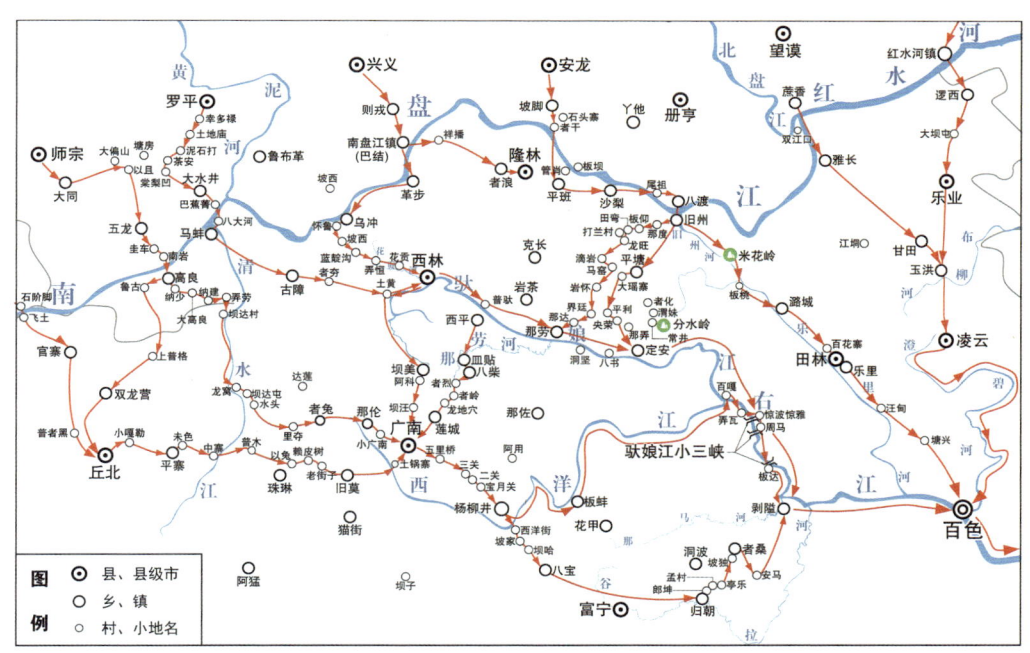

滇黔桂结合部古道示意图

第一条：师宗-以且-广南方向。在南岩（纳昂）一带渡南盘江，江北经五龙至以且，西北向接师宗，东北向接罗平；江南经高良（折往东南）、纳少、大高良、纳建、弄劳、坝达村（隶师宗）下清水江，逆江往南航至龙窝上岸，经坝达屯（隶广南）、水头、里夺、者兔、那伦、小广南进入广南坝子。

第二条:丘北-广南方向。师宗、罗平经高良后,往西南经鲁古继续南向上普格、双龙营至丘北。再经小嘎勒、平寨、末色、中寨、普木、以兔、赖皮村、老街子、旧莫、土锅寨到达广南坝子。

云南师宗县五龙乡南丹山山腰古驿道,现存约5000米,依山形呈S型走势,是广南通往滇中的要路　　师宗县文管所　金海生　供图

第三条:罗平-西林方向。在八大河村一带渡南盘江,江北经上西林、巴蕉箐、大水井、棠梨凹至罗平,江南经马蚌、古障、者夯、土黄到西林。

明万历七年(1579),运铜使袁灏奉旨开辟滇粤通衢,修运铜孔道,途经今广南县者兔乡里夺村。书、刻"高山流水"[①]
　　　　　　　　　　　　　西林县司法局　邓正甜　摄

---

① 文山壮族苗族自治州地方志编纂委员会编纂:《文山壮族苗族自治州志》(第一卷),昆明:云南人民出版社,2000年,第13页:万历七年(1579),铜运古道经广南府者兔乡里夺村,铜运使袁灏在村边高崖上石刻"高山流水"四个大字,每字高宽60厘米,现保存完好。

第四条：兴义-隆林-西林方向。在巴结渡南盘江，江北经则戎到兴义，江南经祥播、者浪到隆林；另一路为巴结处不渡南盘江，逆江水行，经革步至乌冲上岸，从怀鲁、坡西、蓝靛沟、弄恒，到达花贡，在此下水入流向今西林县城的花贡河，一航到达西林（八达）。

第五条：册亨、安龙-田林-定安方向。安龙至南盘江渡口坡脚、者干后，绕过管肖（板坝）-平班处南盘江汹涌之势，沿江岸东下至尾祖、八渡一带，渡河至旧州上岸往南陆行，经平塘、大瑶寨、平利、央荣到达驮娘江边西林老县城，也就是西林教案发生地定安。另一路到定安的陆路则先到驮娘江上游那劳，再水行到定安。另有陆行线路与上述几乎平行，即从旧州出发，经那度-板仰-田弯-龙旺-滴岩-马窑-岩怀-界廷-那达，到达那劳。

贵州安龙县栖凤街道栖凤社区下坝寨，残留有一段隆林渡南盘江至安龙城的古道，北向经贞丰、关岭达安顺，西向可接又一残存古道（绿荫古道）经兴义至云南罗平，古道下部被覆土掩盖处，尚保存有更为古老的路基，稍作清理即完整呈现

第六条：册亨-望谟-凌云方向。在南、北盘江交汇处双江口庶香渡过南盘江，经雅长、甘田、玉洪到达凌云，顺澄碧河谷至百色右江区（城区）。

笔者在贵州册亨县板坝（对岸为广西隆林各族自治县管肖渡口）考察与南盘江渡口相接的南北陆道情况

第七条：罗甸—乐业方向。在红水河镇渡过红水河，经逻西、大坝屯到达乐业后，经玉洪到达凌云合第六条线路。

第八条：定安—西林—广南方向。定安和西林以驮娘江干流和支流那劳河在西平为节点互通，然后汇西平向南转陆路到达广南，即西平—皿贴—八柴—者烈—者岭—龙地穴—莲城—广南。西林至广南尚可溯驮娘江至土黄、坝美，再从坝美上岸，经阿科、坝汪至广南。

广西隆林各族自治县龙旺自然村处于联接南盘江旧州和驮娘江定安的道路节点，尚存100米左右古道

第九条：隆林-田林-百色城区方向。从旧州往东逆注入南盘江的旧州河河谷，翻过南盘江与右江分水岭处海拔650米的米花岭，顺沟往东，经板桃、潞城、百花寨至田林城（乐里），然后顺右江支流乐里河谷经汪甸、塘兴至百色城。

第十条：广南-剥隘-百色城区方向。广南城一路东行至五里桥，至三关、二关、宝月关后，达杨柳井、西洋街，分一水路顺西洋江下板蚌至百嘎，汇入驮娘江，经弄瓦继续顺航穿过驮娘江小三峡惊抱惊娅、周马、板达，直下剥隘；陆路则从西洋街继续东行，经坡家、坝哈、八宝、归朝（原土富州治所），再东北行至郎坤、孟村、亭乐、坡独、者桑、安马而至剥隘。剥隘为滇桂边自古以来的交通重要节点，至此可顺右江一航出海①（剥隘考察详见第七章第三节）。

笔者察看广西田林县境内的右江支流乐里河上游河谷。有研究称，过去从百色沿河而上的木船可抵田林县乐里镇（今县城）②，该河上游翻山可直抵南盘江

刘中伟 摄

折回再看左江。左江古称斤南（员）水③，它是中国西南陆海走廊通交趾之路的东线。笔者从南宁三江口宋村至扶绥、崇左江川区、宁明、上金、龙州沿左江考察，自古通航证据确凿。笔者考察和结合文献分析，左江道应是中国西南陆海走廊进入交趾的东线，也是最为重要和便利的一条，与西线麓泠-进桑道和中线盘龙江道，共同构成

---

① 笔者考察，以上10条线路基本上覆盖了滇黔桂三角形地带的古代水陆路网。诚谢广西西林文史研究者邓正甜、隆林各族自治县龙旺村阮清勇（年轻时曾从事马帮运输）与笔者反复沟通确定。
② 杨业兴、黄雄鹰主编，麦庆耀、梁耀积副主编：《右江流域壮族经济史稿》，南宁：广西人民出版社，1995年，第148页。引者注，笔者实地考察，近当代乐里→百色通航可能性不大。通航与否，姑备俟后求证。
③ [北魏]郦道元著，陈桥驿校证：《水经注校证》，北京：中华书局，2013年1月北京第1版，2020年11月北京第4次印刷，第795页。又方国瑜：《中国西南历史地理考释》，第175页：《水经》卷四十曰："斤江水出交趾龙编县东北，至郁林领方县东注入郁。"按，斤江水当斤员水，源出交趾郡，即左江上源，今自越南流入广西凭祥东北，流经龙州、崇善（引者注：今崇左市江川区）、扶南（引者注：今扶绥县）等地至南宁城西二十里，与右江合流。

古代中国西南、岭南与越南互通的陆上路网,这个路网与合浦–交趾海路并行,把遥远的古交趾地域紧密相连。

从南宁方位的上空俯瞰合江半岛。半岛由宋村（前段）和平凤、大滩3个自然村组成。宋村地域行政区划属南宁市江南区同江村村委会（左），与村委会之间有机动渡船连接。秋季阵雨过后，景色尤美，但见左江水呈黄色，右江水呈绿色，黄绿共汇，形成流向南宁的邕江。半岛锁钥两江，发现有汉城遗址（濒临右江方向）

南宁市文旅局　凌红俏　摄

在左右江交汇处的南宁三江口宋村,考古工作者曾发现一座汉城遗址,地名称"那城"。主持发掘工作的原南宁市博物馆专家黎文忠告知,他们虽然至今未出发掘报告,但判定该城应建于西汉,系控制左右江通道的军事堡垒。深挖本地历史文化资源的宋村村民宋多河告诉笔者,他反复考究,认为合江半岛似有一较大古城存在过,那城只是这座古城的"城中之城",古城范围应更为广阔。

广西南宁市博物馆在左右江交汇处的宋村半岛发现一座汉城遗址,有力证明了至迟在西汉,中央帝国即以城堡方式锁控左右江通道。图为2015年宋村半岛汉城遗址开始发掘时的情景

广西甑皮岩国家考古遗址公园　黎文忠　供图

溯左江而上,即进入秦象郡郡治临尘,然后过汉置雍鸡县①,在其上游今越南境内的雍鸡关起旱进入红河三角洲平原。中国台湾学者严耕望认为,今越南河内向北到中国内地,可以"略循今桂越铁路,入雍鸡关"以达②。现在的考古材料已发现该地域有南越国时期所筑的古城遗址"庭城"③,位于龙州上金乡联江村舍巴屯的三江口,系左江上游丽江与支流明江交汇处,水路交通发达。主持庭城考古工作的广西区考古研究所研究员杨清平告知笔者,此城挟控三江,可确定其为西汉雍鸡县治所所在。

笔者在广西扶绥县左江考察,尚有千吨大船在宽阔的江面游弋、码头(对岸)停靠。右为扶绥县志办主任赵成孝向笔者介绍通航情况

丽江又称龙江,是对龙州县城至庭城间左江干流的又一称谓。左江(丽江、龙江)在龙州县城有二源来汇,一源称水口河(又称牧马河),一源称平而河(又称七溪河),皆延伸进入越南境内,后者改称奇穷河。田曙岚20世纪30年代在这里观察到,中越两地毗邻地域间水道均可通帆船:溯龙江而上,由牧马河可经下冻、水口关以至越南之牧马(即高平);由七溪河可经鸭水滩、平而关以至越南之七溪州。如夏令水涨,龙

---

① 《中国行政区划通史》[秦汉卷(上)],第460、第536页:该书作者认为雍鸡县治在广西龙州。笔者考察判断应为龙州县上金乡舍岜屯。下详。
② 严耕望:《汉晋时代滇越道》,段渝主编:《南方丝绸之路研究论集》,第99页,原刊《香港中文大学中国文化研究所学报》第八卷第1期。
③ 叶成勇:《战国秦汉时期南夷社会考古学研究》,第121页:(该书作者)2014年1月16日在广西文物保护中心与考古研究所调研时了解到,最近在左江上游的龙州县上金乡联江村舍巴屯发现了典型的南越国时期的城址——庭城遗址。

州至水口之间可通小轮船[1],新中国成立后多次河道疏浚整治,还可通航20吨级船舶[2]。这是一条通畅的国际性进出口物资水道,清宣统到抗战前,龙州县商贾拥有20余艘轮船驶于龙州至南宁、龙州至梧州、龙州至广州及香港航线[3]。

笔者在广西龙州县上金乡舍巴屯察看左江上游通航情况,笔者右为丽江(左江上游上金-龙州河段名),左为发源于十万大山汇入左江的明江,前200米左右为汉城遗址"庭城"

多次前往中越边境两侧考证的广西学者黎之津,在《镇南关设置历史研究》一文中也认为,西汉雍鸡县位置不应在平而河和水口河交汇的今龙州县城处,而应在其下游上金乡发现的这一座汉城处[4]。他进一步与笔者分析,《汉书·地理志》载"雍鸡(县)有关"的关,应在奇穷河边的今越南谅山以南30多千米处,称为"鸡陵关",越南今又称之"芝灵关"。他2004年亲往考察时,赫然发现关的遗址尚存,由此穿越几座丘陵"陆桥",往南便是一马平川进入红河水系,顺航可达西汉交趾郡郡治赢陵(越南河内市西北[5])。西汉政府设此关的目的,是因该处是左江上游地区(含上游的部分越南地区)

---

[1] 田曙岚:《邕乡处处:广西旅行记》,沈阳:辽宁教育出版社,2013年,第26-27页。
[2] 刘初:《开发西江水系航运的探讨》,何其锐主编:《两广西江流域开发研究——两广西江经济走廊联合开发建设与可持续发展战略学术讨论会论文集》,广州:广东经济出版社,1997年,第471页。
[3] 莫小莎等:《广西国际河流研究》,北京:社会科学文献出版社,2013年,第77页。
[4] 黎之津:《镇南关设置历史研究》,广西社科院主办"友谊关与大连城历史文化学术研讨会"学术论文集,2018年11月,内部资料,第16-26页。
[5] 《中国行政区划通史》[秦汉卷(上)],第536页。

唯一对接红河三角洲的平缓通道,鸡陵关需镇守的是左江上游明江、平而河、水口河河源一带的山脉河川土地,而不是扼守红河三角洲的湿地海川。这是两种不同地势与习俗的"厮守",谅山以北山地所居皆是壮族语系民族(越南称为岱族与侬族)聚居,风俗相同,语言相通。从历史上也有证明,马援的其中一路大军就是通过雍鸡关进入交趾①。直至近代,越南高平省所需食盐亦由龙州经水口河运到七溪,法国商人皆借道平而河运盐做生意,直到1912年越南谅山至高平通公路为止②。

左江汉城遗址庭城位置示意图

从雍鸡、临尘东北行至今南宁,也有陆路沿左江逶迤而去。徐松石认为,自广西邕州出交趾一道,不知辟于何时,秦定象郡时,他的兵威似曾到此。南越击安阳王,倘若不是采取由容州合浦一道渡海而去,便是经由此路。惟汉伏波将军马援讨征侧、征贰,则确由此路水陆进兵无疑。《全唐文》卢藏用景星寺碑明言邕州乃是马援古路,今郁江中流的横县,尚有一个伏波大滩③,龙州城内也有伏波庙。

---

① 黎之津先生2020年12月14日、2021年5月5日与笔者的微信交流。
② 莫小莎 等:《广西国际河流研究》,北京:社会科学文献出版社,2013年,第77页。
③ 徐松石撰,余漾冬、王旭点校:《中国边疆研究文库·初编·西南边疆·卷六·粤江流域人民史》,哈尔滨:黑龙江教育出版社,2015年,第156页。

察看广西南宁江南区同江村委会宋村（自然村）三江口。笔者所站位置为合江半岛左右江交汇处。左为右江，右为左江，背为左右江交汇后流向南宁方向的郁江（邕江）

中国西南陆海走廊进入交趾的西线，是于滇黔桂结合部西向折南而去的麓泠-进桑道，笔者在元江（红河）一线建水、屏边、河口考察后，称之为交趾道西路。即从同劳（陆良）-谈稾（石林）-滇池（晋城）-俞元（澄江、江川）-胜休（通海）-毋棳（建水）-律高（蒙自）-贲古（个旧）-西随（蛮耗）-进桑（越南谷柳）、进桑关（河口）-麓泠（越南河内市麓泠县南），然后顺红河水陆行到达交趾郡西汉郡治赢陵，和东汉郡治龙编（越南北宁省北宁市①），以及日南郡郡治西卷（越南广治省东河市②）和各障塞如朱吾③等出海。进而与汉代南方海上丝绸之路相联，扬帆通往缅印邑卢没、湛离国、夫甘卢国、黄支国④等。

在屏边县文管所，笔者见到出土于县内白河镇大新寨的青铜器石范⑤，伴出有青铜钺一件，出土地点距元江支流南溪河直线距离不到2千米。所长窦红斌告知，据说出土石范处的村民还发掘过不少青铜器，被几十件一捆一捆地运往外地。2000年左右他无意得知此信息，想方设法到村寨访问，甚至拿出看家本领一再约请村民吐露，但警惕性颇高的他们都只字不透，无奈而又经费短缺的情况下，自己带上水、干粮，一

---

① 《中国行政区划通史》[秦汉卷（上）]，第1019页。
② 《中国行政区划通史》[秦汉卷（上）]，第538页。
③ 《中国行政区划通史》[秦汉卷（上）]，第538页。
④ 蓝勇：《南方丝绸之路》，重庆：重庆大学出版社，1992年，第26页。
⑤ 见《屏边县第三次全国文物普查不可移动文物名录》，编号53252801080000067。

个人到出土点挥锄四挖,却毫无所获。这位年届60即将退休的文博工作者一边拿出出土于附近的一幅石寨山型铜鼓照片给笔者观摩,一边感叹,如有经费支持这个点位进行发掘,对中越边境地带秦汉历史探究将功莫大焉。笔者结合这些现象分析,屏边、河口域内应有一支较大的土著族群栖居,其文明程度在石寨山和东山两类文化的影响下,已有相当的进步。大新寨应是其青铜器生产工场,其中心聚落,或可在蔓耗一带后置为西随县治处,或在河口、谷柳后置为进桑关、进桑县治处。

2000年,在云南屏边县大新寨征集到青铜石范和青铜钺,实物存县文管所内。
2021年11月,县文管所即将退休的所长窦红斌向笔者介绍出土地点和征集过程

东西路之间,还有一条古道,笔者称之为交趾道中路。严耕望认为,汉时有一条交趾到云贵的道路,即"由今河内向西北略循盘龙江(清水河)而上,经(越南)宣光、河江,入云南东南隅,经文山(开化),尽盘龙江源,渡南盘江,又北经弥勒,西北至昆明"[①]。而且他反复论证,此条线路才是"麓泠-进桑道",直到唐代仍比红河水道尚显得重要[②]。

---

① 严耕望:《汉晋时代滇越道》,段渝主编:《南方丝绸之路研究论集》,第99页,原刊《香港中文大学中国文化研究所学报》第八卷第1期。
② 严耕望:《唐代交通图考》第四卷《山剑滇黔区》,台北:"中研院"历史语言研究所专刊之八十三,1986年,第1332页。诚谢郭声波教授惠赠电子版。

| 中国西南陆海走廊 |

西汉进桑关位于云南省河口县城，滨临红河（国内称元江）。左（绿色）为其支流南溪河，河对岸为越南老街省；右（黄色）为红河，对岸即越南谷柳市。谷柳处于一面积约100平方千米的平坝内，笔者考证应为西汉进桑县治所

河口县文管所所长 白磊 供图

麓泠也作麊泠，因麋水而得名。关于麋水定位问题，方国瑜与严耕望各执一词，造成"麓泠–进桑道"究竟在文山州还是在红河州的争论。他们依据的都是《汉书·地理志》所说"西随，麋水西受徼外，东至麋泠入尚龙溪，过郡二，行至一千一百六十里。"和《水经注·叶榆河》："建武十九年（43），伏波将军马援上言：从麓泠出贲古，击益州，臣所将骆越万余人，便习战斗者二千兵以上，弦毒矢利，以数发，矢注如雨，所中辄死。愚以行兵此道最便，盖承籍水利，用为神捷也。"以及同书："进桑县，牂牁之南部都尉治也。水上有关，故曰进桑关也。故马援言，从麓泠水道出进桑王国，至益州贲古县，转输通利，盖兵车资运所由矣。自西随至交趾，崇山接险，水路三千里。"①但此几条史料没有关于"麓泠–进桑道"的确切路线，加上西随、贲古、进桑等古县考证各有所述，更使人如坠云海，大生歧义。方国瑜认为，汉代"自滇池出交趾转道赴洛阳，是时通行自滇至交趾之道"，就是红河水道②。云南学者尤中认为麋水即金平县境内的藤条江，流进越南后以南那河之名汇入黑水河，再至越南永富省越池县与红河、宣光江相汇③。

---

① [北魏]郦道元著、陈桥驿校证：《水经注校证》，第821页。
② 方国瑜：《中国西南历史地理考释》（上），北京：中华书局，1987年10月第1版，2012年10月北京第3次印刷，第521页。
③ 尤中：《中国西南民族地区沿革史》，北京：民族出版社，2005年，第151-152页。

第六章 沿线秦汉古县以基点方式支撑通道

云南河口县与越南老街省隔南溪河相邻，法国1910年循麓泠–进桑道建了滇越铁路，只供米轨（笔者双手处）火车通行，今方在原轨基础上作了加宽。笔者身后即为横跨南溪河的中越铁路大桥，背后山峰即为越南老街省地

可以认为，汉时黔桂滇结合部去向越南，都史有明文，如西汉末年，益州郡郡守文齐顺应军民意愿，对割据巴蜀的公孙述"拒郡不服"[1]，派使者向光武帝表示归顺，绕道交趾所走"间道"，即是以上东、中、西其中一路。马援能信誓旦旦上书从交趾出兵益州，应已探知此道古已有之。他或许从"尔时西蜀并遣兵共讨侧等[2]"的"西蜀"友军处获悉。交趾征侧反叛称王，据点设在麓泠（治麓泠县）[3]，西蜀所出之兵，循麓泠–进桑水道直趋而来配合马援自东而来合围征侧姊妹的可能性较大。《水经注》这条不起眼的短短11个字材料，彻底为我们破解东汉初年蜀交趾道所起的关键作用。

"西蜀"所指，暨南大学博士张金莲认为主要是指今四川西部原羌人所居之地，并引《尚书地理今释》"《正义》云西蜀分为三，羌在其西，故云西蜀"判断，西蜀之兵可能就是通过云南而入交趾的[4]；贵州研究者朱俊明认为，"西蜀"即是就近位于中越边界的进桑王国，并称入据交趾的蜀王子也即进桑首领，该国至迟在秦末已发展为控制地域较广而颇具实力的方国，汉时都梦、西随都是其控制之地[5]。笔者则认为，西蜀的地

---

[1] 《华阳国志校补图注》，第237页。
[2] [北魏]郦道元著、陈桥驿校证：《水经注校证》，第822页。
[3] [北魏]郦道元著、陈桥驿校证：《水经注校证》，第822页。
[4] 张金莲：《六世纪以前的交趾与内地交通》，《学术研究》2005年第1期。
[5] 朱俊明：《夜郎史稿》，贵阳：贵州人民出版社，1990年，第104-106页。

347

理范畴应概指成都平原一带。不管如何,"西蜀"出兵交趾的史实,表明两汉之交中越边地通过元江-红河连接,有便捷的通道可供部队调动和行进,早于马援上书之前。

位于元江边的云南个旧市蛮耗(蔓耗),是中越古代水陆交通节点,为西汉所置的牂牁郡西随县治所在。顺江(左)可达西汉牂牁郡进桑县、交趾郡麓泠县,在笔者所站位置前方的码头起旱,通过个旧-蛮耗古道,可进入古滇地区的益州郡治滇池县

蜀通交趾道这条中路,也有西汉的都梦(文山市)[①]、镡封(丘北)、同并(弥勒)[②]等县设置。笔者在泸西、弥勒、文山、石林一带考察此道,汉晋遗存早已荡然无存,从明清古道遗存观察,或许尚有痕迹可寻。为叙述方便,以下以泸西为中心分四至勾勒古道走向。

---

① 《华阳国志校补图注》,第307页:前汉牂牁郡十七县,有都梦,云:"壶水,东南至麓泠入尚龙溪。过郡二,行千一百六十里。"则其县接交趾界地。所云"壶水",盖即今文山县(引者注:已改县级市)之苔江,亦曰盘龙江。所云"尚龙溪",盖即今西畴县流出之锦江。二水合流至麓泠入于富良江(红河)。"郡二",谓过牂牁与交趾郡,长千余里也。《新纂云南通志》定都梦为西畴县,盖以锦江为壶水,苔江为尚龙溪。西畴地形狭促,不如文山开阔。疑汉县实在文山。

② 张正东等:《汉代夜郎疆域初探》,贵州省哲学社会科学研究所编:《夜郎考》(讨论文集之一),贵阳:贵州人民出版社,1979年,第140页。

第六章 沿线秦汉古县以基点方式支撑通道

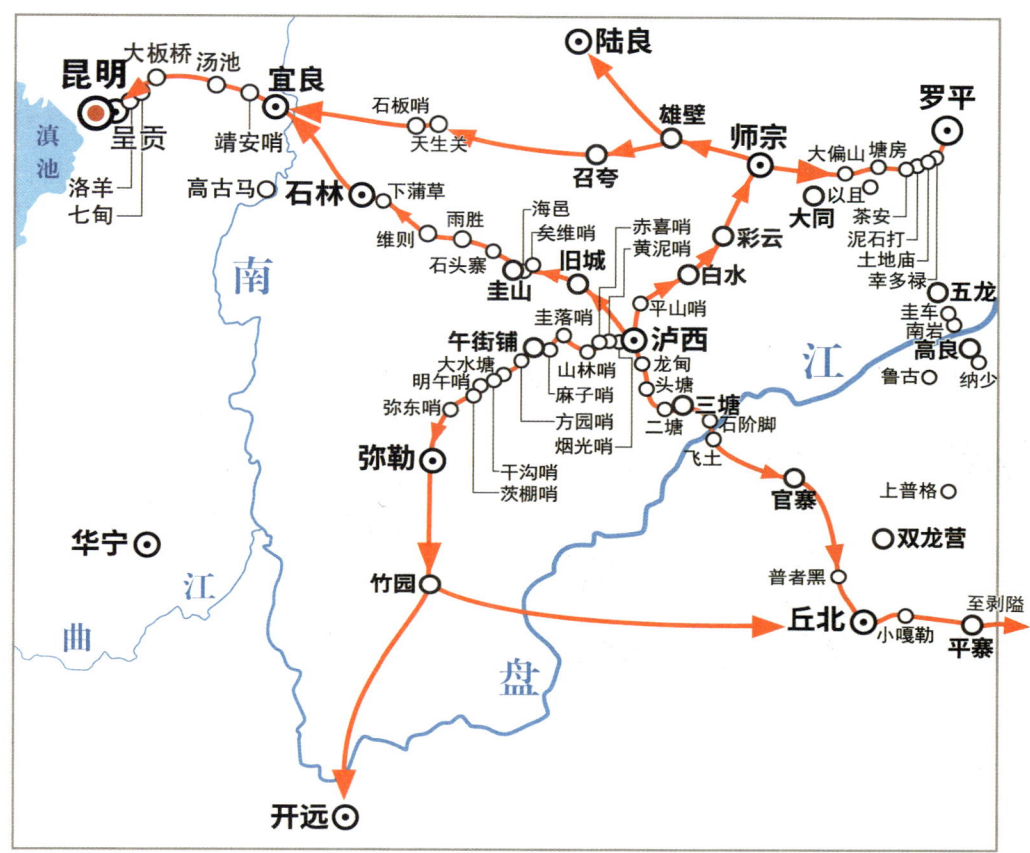

蜀交趾道中线滇境北段示意图

泸西东北通师宗、罗平，可从境内平山哨至白水，进入师宗境内彩云镇，再分路东入罗平。罗平、师宗南向道路上文已述。

泸西西北通昆明方向，则从县城-旧城至石林境内的矣维哨-海邑-圭山-石头寨-雨胜村-维则-下蒲草而至石林县城。另在石林境内天生关-石板哨处还保留有约两千米长的"邕州古道"，东接陆良而来的古道，和泸西古道交汇后，共同插入宜良小坡脚、靖安哨、可保村，经汤池驿、七星关、七孔坡、大哨、大板桥[1]，笔者观察靖安哨一带古道马蹄印迹明显，有的深达16厘米，路面石板疑似宋代所铺。然后至呈贡的七甸、洛羊，随即西至滇池下水。近代法国人所建自河口北上至昆明的滇越铁路，经过此地时也是按这样的线路行进的。

---

[1] 政协宜良县委员会编：《宜邑古珍——宜良文史资料第十五辑》，昆明：云南人民出版社，2018年，第85页。诚谢宜良县文管所王利骞同志赠书。

泸西西南向道路中,皆以弥勒竹园镇为节点,从泸西—烟光哨—黄泥哨—赤喜哨(扯旗哨)—山林哨(山怒哨)—圭落哨—麻子哨—午街铺—方园哨—大水塘—干沟哨—明午哨—茨棚哨—弥东哨经过,进入弥勒市城。继续南向转入竹园,西南经开远到蒙自,东南经丘北进入广南。前文已述,运到江苏、福建、广东、贵州等省的滇铜,其中一路要到剥隘转走右江水路,而陆路的节点,就是竹园,如发自石林的大兴厂①、蒙自的金钗厂②之铜,都是"行走"此线路。

位于云南省石林县石林街道办事处天生关村的"邕州古道"尚残存有2千米旧道,西至宜良并达昆明,南至泸西,东至罗平。2019年,石林县文管所所长虎志光(右)争取资金对古道进行了修复。笔者观察不长的古道上,地下水井尚有3口至今使用,说明行进的人流、马帮众多

云南弥勒市"竹园"是滇铜东运的重要节点,包括铜在内的滇中物资皆从此运至丘北、广南、富宁,在剥隘转右江水运出滇。图为竹园镇文化站站长王会玲(左)向笔者介绍穿镇而过的古道情况,过去人欢马嘶,热闹非常

泸西东南向直入丘北也有一路,即从头塘(烂泥箐)—湾半孔—方摆—飞土渡—丘北的官寨,穿越如今已是旅游热点的普者黑而至丘北县城。云南泸西县中枢镇龙甸村后龙甸坡,草丛深处尚存古道约400米。原可由县城南出至三塘乡烂泥箐头塘(尚存3千米),延至二塘、三塘、俱久、石阶脚,直至布德隆南盘江渡口处,断断续续残存8千米多。另可从烂泥箐分路至湾半孔、方摆,直到南盘江另一渡口飞土渡,也断断续续尚有10千米左右残存。二路皆经丘北、广南至剥隘转入右江水道。此古道线路,系笔者所见西南古道中保存最长线型的一段。

---

① [清]戴瑞徵著,梁晓强校注:《〈云南铜政〉校注》,成都:西南交通大学出版社,2017年,第76页。
② 《〈云南铜政〉校注》,第113页。

第六章 沿线秦汉古县以基点方式支撑通道

云南泸西县三塘乡石街脚古驿道，蜿蜒下山渡过南盘江至丘北县
杨俊 供图

以上陆路，在没有大江大河可供水运的情况下，是不能不选择的出行方式。这些路线2000多年虽有一定变化，途间村邑也由少到多，但依山势地理，大致方向应变化不大。

笔者在云南泸西县文管所办公室工作人员连云（女）和泸西县文联原主席杨俊（前）等人的导引下，砍开草丛，踏勘县城附近中枢镇龙甸坡上的残存古道

道路沿线，汉代都设置众多古县对交通予以保障，还有益州郡郡治（滇池）以及不断新置的晋宁郡、建宁郡、兴古郡、梁水郡、西平郡等郡治夹插其间，这些郡治所在城

351

邑，处于居中调度的节点作用更为明显。2021年11月9日，笔者在云南晋宁区上蒜镇河泊所村考古工地上，就见到刚发掘出来的一段古道基址。从宽达12米左右的路面上看，这是一条滇池区域的交通大动脉。结合附近有西汉益州郡郡治滇池和建伶等古县分析，该古道应是益州郡治通向某一节点城邑的干道。

云南偏僻的弥勒市博物馆馆藏有赵孟頫书法砖。弥勒市文管所所长宋正才（右）告诉笔者，该砖系严嵩被诛后，其家人秘密带出京城来此，原藏于棚普镇卫生院的墙夹壁内，1980年改建卫生院时才被发现

整个中国西南陆海走廊沿线，随后随着郡数、县数增加，到东汉和南北朝时候，情况又有变化，中水道增加了汉安，郁江-浔江一线增加了阴平（今贵港港北区）、怀安（今贵港市南）[①]等等。但是先汉置在交通要道上的郡县治所，在华夏文化初始进入时期，确实起到了保障通道的重要作用。可以说，这些治所大多因交通因素才确立。

此处要重点提示一下南朝宋开始即置的"西江督护"，更是明确为了保护西江及其上游右江通道而设置的一个军事弹压机构，包括南陈的开国之主陈霸先，也在担任西江督护的都督一职[②]时，屡有斩获，所积军功致其威望一路飙升到黄袍加身。

综观巴蜀、云贵、两广、越南北部，秦汉所设郡县都沿交通要道甚至就沿河道，以点成线、以点带面进行了当时条件下的合理设置和布局，这些邑治与邑治之间的行政往来、民众管理、经济发展、物资流动，都需要更畅通、高效和安全的交通加以实现，才能有效地保障政通人和及军事调配。从出土的里耶秦简来看，至迟先秦的秦王政时期，各级文书传递无论是制度还是路线，都已形成固定模式，其传递的路径和方式为：

---

① 《中国行政区划通史》[秦汉卷（上）]，第1017页。
② 《陈书》卷一《高祖上》：（陈霸先）除镇远将军、西江督护、高要太守、督七郡诸军事。

| 第六章 沿线秦汉古县以基点方式支撑通道 |

2021年10月,云南昆明市晋宁区上蒜镇河泊所村发掘到一条西汉时期道路基址(红圈处),长度不明,宽约12米左右。该道应系连接益州郡郡治滇池和建伶等县的交道干道,车走马驰,通畅便达

笔者 摄

先有郡到郡之间跨郡传递,郡再发往所属县道并由各县道下发所属乡里,层层逐级下传,以至帝国的行政末端[①]。郡县地方行政机构想必对此作出巨大努力,西南陆海走廊沿线地区交通也因此有质的提升,沿线道路的网络化、实用性得以拓展,在自然生成的通道基础上提档升级,为大西南内地物资通达合浦、徐闻、番禺、交趾、日南起到了推动作用,并使之发展成为繁华的出海大港,在历代满载华夏文明扬帆远行。

第二节　　古县考证:平夷、鳖、故且兰

中国西南陆海走廊所经过的交通线路,包括汉置平夷县、鳖县、故且兰县及夜郎国邑(夜郎县)等,学界对其地望众说纷纭。现结合文献及考古材料和田野调查,分析如下(夜郎分析详见第七章第一节)。

---

① 晏昌贵:《里耶秦简牍所见郡县订补》,《历史地理研究》,2019年,第1期。

1. 平夷和汾关山

《华阳国志》记载平夷郡与平夷县有寥寥数语:"平夷郡,晋元帝建兴元年(313)置。属县二。户千。去建康,水,一万三千里。"于县则为:"平夷县,郡治。有㵲津,安乐水。山出茶、蜜。"①平夷古县位置,应在如今的四川叙永县南部赤水河左岸的赤水镇,附近一两百千米范围的人们,习惯称之为"赤水河镇"②。

假如以赤水河中上游流域为视角中心,纬度更南的西南夷地域发现了秦汉县治汉阳(赫章可乐)③,北也有证据确凿的秦县江阳④,在江阳和汉阳之间直线距离三百千米左右的广大地域,应置有县,那就是比汉阳更靠近巴蜀地域的平夷。任乃强因此认为:

> 两汉皆有平夷县,无注记。《三国志》李恢为庲降都督"驻平夷"。《一统志》以为即云南平夷县,杨守敬《晋地理图》同,皆失考也。"安乐水",今川黔界上之赤水河,明载入《蜀志》江阳郡符县,此又言之,则其县在赤水河流域明矣。亦与鳖近,故可合为郡,若云南平夷(富源)县,则与鳖相去千余里,如何合为一郡。且李恢为庲降都督之初,云南尚为雍闿、孟获所据,李恢在南征前安得入住其间?民国《贵州通志》定平夷为毕节,部位较合。然尚不如定于毕节县(引者注:今已改为七星关区)北百余里之赤水卫。汉魏晋时,自蜀入滇凡三道:东道自江阳,经平夷、汉阳、朱提、味县至滇池。中道自僰道经南广、朱提、味县。西道自旄牛、越巂,渡泸。诸葛亮南征,大军由越巂渡泸。李恢取中路向滇池。亮还军则从汉阳、江阳,取东道。东道险要在七星关、赤水渡两处。七星关……与毕节相距九十里。其北至江阳七百里,中间岂无一县。毕节距关太近,又非肥腴耕土与工矿要邑,不合在当时为县。惟赤水河渡口最津要,亦腴沃宜农,宜为郡治。道通滇池,亦通鳖与且兰(马忠由此进军),李恢驻此,便于兼顾牂柯建宁(益州)两郡。其为汉平夷县治,可无疑矣⑤。

---

① [晋]常璩著、任乃强校注:《华阳国志校补图注》,上海:上海古籍出版社,1987年7月第1版,2011年7月第5次印刷,第261页。
② 叙永县赤水镇志编撰委员会编:《叙永县赤水镇志》,叙新出内〔2017〕第001号,内部资料,2017年,第15页;1986年12月,泸州市设立建制镇,名赤水河镇。第16页:1993年1月2日,赤水镇党委、政府新班子选举。
③ 杨勇:《战国秦汉时期云贵高原考古学文化研究》,北京:科学出版社,2011年,第348页。
④ 陈伟主编、鲁家亮、何有祖、凡国栋撰:《里耶秦简牍校释》第二卷,武汉:武汉大学出版社,2018年,第166页。
⑤ [晋]常璩著、任乃强校注:《华阳国志校补图注》,上海:上海古籍出版社,1987年7月第1版,2011年7月第5次印刷,第265-266页。

第六章 沿线秦汉古县以基点方式支撑通道

他进一步论证：

> "硃津"，旧籍无考。与安乐水联称，疑即赤水渡口，属平夷县附郭。赤水上游，惟此是要津，沙岸平阔，迄今未能建桥（引者注：1944年已建赤水河大桥，2007年建新桥时拆毁）。黔中诸水多绝峡崖岸，惟此渡开展，用船渡，故独见称也。沿岸多红土，故称赤水。赤水卫，明代有城，在雪山关下，疑即古平夷县治处①。

幼时生活在赤水河边的当代学者余宏模也分析，牂牁郡时的平夷县，应在今四川古蔺和贵州毕节一带②。

那么，平夷古县内的一些特征，现今还有没有可循之迹呢？

找平夷县必找硃津和安乐水。安乐水是赤水河已无疑。"硃津"可否为"硃家渡"？笔者在赤水镇上得知有"硃家坪"的小地名，其下即硃家渡。乾隆七年（1742）湖南平江人张志和任永宁赤水分丞，纂辑《赤水备考全志》③（后称《全志》）载有《赤水八景》诗："炉烟飘渺透天堂，姚家晚渡催人忙。箐林瓜熟君不食，中洲鲜鲤岂能尝。西湖夜月空悬影，猴窝一曲哭段肠。灵前三鼓三槌响，石舡号号送蓬荒。"④

其中"炉烟缥缈透天堂，姚（硃）家晚渡催人忙"，应该是赤水镇处连接川黔两地的赤水河渡口写照。现在观察来看，此渡口河窄水浅，完全没有诗中所述情景。不过19世纪80年代，从贵州渡河而来的英国人谢立，却记述渡河船长度约60英尺（相当于18.288米），"能装载10头驮畜及其驭者"⑤。可见渡船较为庞大，载重不轻，侧面证明渡口江阔水宽。

赤水镇内街道比较特殊，不同于一般乡镇只一条街拉通格局，它有"东西南北平"五条街名，是一座小城市规模。南北两街由青石铺就的阶梯，从河岸层层叠叠而上，

---

① 《华阳国志校补图注》，第266页。
② 余宏模：《古夜郎境内的彝族先民》，《夜郎考》（讨论文集之一），贵阳：贵州人民出版社，1979年，第194页。引者注：此文发表时，赤水镇尚属于古蔺县管辖，1983年才划归叙永县。
③ 四川省地方志编纂委员会辑：《叙永旧志辑存》，北京：国家图书馆出版社，2015年，第31页：赤水明置卫所，在清时为永宁分县，官称分丞。扼守黔蜀分疆山道，地至重也。闻乾隆初年，湖南平江人张志和者分守是邑，撰有《赤水备考全志》，志事同仁，百计求之，遏欲一观，为修新县志参考。今年五月，摩尼海丰姜学成同志忽以此书见贻。盖乾隆七年手抄本也。虽楮色黄旧，而文字无残……此分县之志，独得保存于深山僻壤之中，得与吾人见面，匪但备知一隅之建置沿革、山川形盛，亦且了解西南地区民族风尚及历史变迁情况，其为珍贵，能以价格计哉？邦人居子，如姜君者多，所望穷收细索，能以此类文献见赠者，则修志同仁将百拜以受焉。曾令绥 记 一九八四年八月二十九日于叙永县志办公室。
④ 《赤水备考全志》《赤水八景》，四川省地方志编纂委员会辑：《叙永旧志辑存》，第32页。
⑤ [英]谢立山著、韩华译：《华西三年：三入四川、贵州与云南行记》，北京：中华书局，2019年，第123-124页。

青石上散布的钉耙印,沉淀着先人肩挑背磨的艰辛。明时的赤水卫城筑的是石城,有南北东西水和小南六门。城内一如县城标配,官衙、书院、文庙、武庙、军营、市易、客栈等无一不有。

笔者五、六次到赤水镇,不同侧面进行过考察。2016年9月,在赤水镇政府院内,看到一根残存的石柱,倒卧在进门左侧地面上。石柱上刻的"帝座积表"四个大字和"特授永宁赤水县丞在任候选同知"一行小字,还历历在目,充分证明分县存在过的史实。同时,还堆放有一块二龙戏珠的石刻,龙首表情丰富,龙体栩栩如生。对照《全志》的《赤水二里总图》分析,政府大院应是旧时关帝庙遗址。

四川叙永县赤水镇鸟瞰（摄于2021年）。赤水河由右至左绕镇而过,日夜奔流。笔者考察,飞架赤水河大桥左岸下游五六百米处,应为《华阳国志》所载之"硗津"渡口　　叙永县摄影家协会　魏庭华　摄

2017年4月,在家住赤水镇东门街的热心居民谢世桥指引下,笔者在该镇东南西北四面,发现尚有明代赤水卫城门的点滴遗痕,虽然如北门被深埋在穿镇而过的原川

云东路下面,但东门遗存尚有斑迹。《全志》记载,城门是明末奢崇明叛乱时所破坏,只存此东、北二门洞。

赤水卫以今赤水镇场镇为中心,所辖地域较宽阔,跨境川黔。《全志》记载,赤水卫辖有内四所与外四所,内四所为:前所(毕节七星关区天生桥、清水铺、高山堡),右所(叙永县摩尼镇安旗屯、观兴乡阿烈堡、石厢子乡水潦堡及毕节七星关区镇江寺)、后所(叙永县赤水镇海螺村、古蔺县马蹄镇),中所(叙永县赤水镇、古蔺县马蹄镇纳盘村);外四所为:摩尼、白撒(古蔺县双沙镇)、白岩(毕节七星关区白岩脚村)、层台(毕节七星关区层台镇)。

2022年8月川渝等地酷热大旱,赤水河水位下降,四川叙永县海风私立中学教师张先伦发现该县赤水镇露出了深淹水中的古码头遗存。笔者现场观察,遗面尚有500平方米左右,位于日常水面下约1米处　　吴仕红 摄

出得东门,是从镇北背面今名东门箐处流下来的一条小溪,溪水虽涸,溪岸冲渍犹存,渍迹直入赤水河大桥下游200米左右,赤水镇地方文化研究者张先伦考证,此为小溪改道而致,未改道的小溪入河口应在更下游两三百米处,笔者推测似应为桃津遗存。天不负人,2022年8月,川渝出现严重旱情,赤水河水位下降,确在距场镇下游约500米、距天鼓岩约800米处,发现了古码头遗存,位于筲箕滩与西勇滩(音)之间的沙落湾下,残存面积约有500平方米。笔者观察,码头的挡水石整整齐齐平行河面,高出已枯水面约5厘米,石厚约50厘米,人工凿痕明显,古迹苍然。分析何以没入河中致镇上八九十岁老人也无缘得见的原因,应是下游西勇滩系次生石滩,天鼓岩猿(猴)窝段山体危石滚落,淤河使沙落湾堰塞,抬升筲箕滩下的河面后,码头被迫"沉"入河水

之中。此处码头虽不能肯定为汉晋僰津所在,但至少更加明确天鼓岩河段自古适宜航运,也更能为张广泗疏浚赤水河道时从天鼓岩开始①找出了实物证据。

2020年5月,笔者又前往赤水镇东门外观察,跨过干涸小溪,被今人呼作东坡坟山之地,在平行赤水河的一、二级台地背后,是一匹小山,小山上平行赤水河岸,垒有数道石坎。笔者观察,垒石不少是斑驳的城墙条石,根据其风化程度,至少在五六百年。

正在半山和台地田土里劳作的几位农民,都住赤水镇街村二组,有叶仕强、吴员明、叶仕勇等人,他们分别告诉笔者,山坡土壁和山下田土里,翻耕农作物不时挖出瓦砾。叶仕强还带着我们,在土壁中用手指翻弄出不少嵌进土里的碎瓦块。

笔者在四川叙永县赤水镇考察时,该镇街村二组村民叶仕强(右一)引领到东坡坟山上踏勘,在土垒中随手可扒出古时残瓦断砖　　　　　　　　　　涂电林　摄

根据分析,这片后来被称为坟山的荒坡荒地,应该是明代建卫时兵营驻所。现在新建成的赤水中心小学,正好位于半山坡上仅有的两三亩宽阔的平地上,这块平地应是当时卫所官兵操演场所。

---

① 四十七:《开赤水河道说》,[光绪]《续修叙永永宁厅县合志》卷四十六《艺文志》五。

根据古平夷县附近有汾关山记载,笔者2017年—2021年,在叙永、威信、镇雄、珙县、兴文等地分别多次调查,已确定汾关山的具体位置,位于威信、珙县、兴文、叙永四县的川滇交界处,现仍名汾关山。

记载平夷和汾关山的史料分别有数条,其中一是"汾关山,符黑水所出,北至僰道入江。又有大涉水,北至符入江;过郡三,行八百四十里"①;二是"南秦县,自僰道、南广,有八亭,道通平夷"②。

南秦县故城或即在威信县城附近③;符黑水即南广河,在今宜宾长江下游两千米处入江;大涉水即今赤水河上源扎西河,汾关山当是二河分水岭。"汉世南广至平夷八百余里,仅置八亭,平均每亭相距百里也。汾关山,应是其一亭。顾名思义,应是秦汉间蜀南徼上之一关,取分水之义,故曰汾关。亦为邮传旅宿之所,曰汾关亭,后发展为县治,曰南昌县,取蜀南之义。晋世改南秦县,取秦时已为南徼之义"④。

四川叙永县分水镇(摄于2021年)。该镇位于叙永与云南威信交界的汾关山山系中,境内有该山系最高峰罗汉林(海拔1902米),夏季凉爽宜人　　叙永县分水镇政府　曾华　供图

---

① [东汉]班固:《汉书》卷二十八上《地理志第八上》,北京:中华书局,1962年6月第1版,1975年4月第3次印刷,第1599页。
② 《华阳国志校补图注》,第278页。
③ 《华阳国志校补图注》,第281页。
④ 《华阳国志校补图注》,第281-282页。

从地方史地资料和遗存分析。《威信文史资料辑》第十九辑载:"(汾关山)在今茨竹坝、令子反,至杨龙湾这一山脉梁子。"①嘉庆《直隶叙永厅志》分水岭条也记有:"按今汾关山,半为滇之镇雄②地,半为川之永宁③地。"④汾关山呈东西走向,长约30千米,宽约10千米,杨龙湾梁子的罗汉林高约1902米,为这一山脉的最高峰。

笔者实地考察中,得知威信境内年岁较大者尚称此山为汾关山,叙永与威信接壤乡镇称分水镇,两地老百姓都称"分水岭";最高峰在川称罗汉林,在滇称杨龙湾。从今分水镇到赤水镇,循着老路步行,一天即到。分水镇村民王国成告诉笔者,两镇间有条"大路"(即古道)大部压在老公路下面。过去,来来往往的行人和马帮都很多。

笔者考察四川珙县傅家坝后山燕子岩汉代墓葬出土点。墓内出土有汉砖汉瓦及各类青铜器和铸器石范等。

经笔者反复咨询、实地踏勘和地图比对,从宜宾下游南广河口上溯南广河至西汉南广县治(今珙县傅家坝)再溯河达罗渡(罗星渡),皆可上下通航。前文已述,且可以从威信旧城通航珙县曹营,曹营至罗渡水量更大,通航吨位大增。南广县治位置学界争论较大,笔者据傅家坝众多汉代文物的出土,以及该地所处的交通位置,认为其系南广县治一说理由似更为充足(详见第十一章第五节)。

---

① 威信县政协文史办公室编:《威信文史资料辑》第十九辑,1995年12月出版,(昭刊)字第039号图书准印证,内部资料,第124页。
② 镇雄、威信分治后其他地今属威信。
③ 永宁,即今古蔺、叙永与贵州省县级仁怀市诸地。
④ 嘉庆《直隶叙永厅志》卷六《山川志》,四川省地方志编纂委员会辑:《叙永旧志辑存》,第92页。

在罗渡起旱,沿山路陆行至赤水镇,大致路线如下:

第一,罗星渡至旧城。溯南广河支流洛亥河至泰河村七星桥、板栗梗至洛亥镇,然后离开河岸沿山谷东行至观斗乡,再进入威信县的郭家坟村,经新田乡沙坝村—龙马村旧洞—干滩子村(碗厂),即进入旧城(又叫"转"官司,后讹为长官司)地界。1980年,旧城附近马鞍村汉墓,出土有汉代铜洗及五铢钱等汉式文物,分别发现过灵山型和冷水冲型铜鼓各一面,结合任乃强分析东汉末年所置南秦县位于威信附近,旧城应为南秦县治所在。它除西通南广,经北也可从今兴文大坝通往长江江安原僰侯驻节中心,应为古今一大通衢。

第二,旧城直南翻过汾关山系至威信县城。先至罗布镇,通过簸火村及羊梯岩(簸火村下的小地名)处翻山,从小坝村的花家坝—半林村—凉风坳(属小坝村)—小坝(村)进入扎西(威信城)坝子。

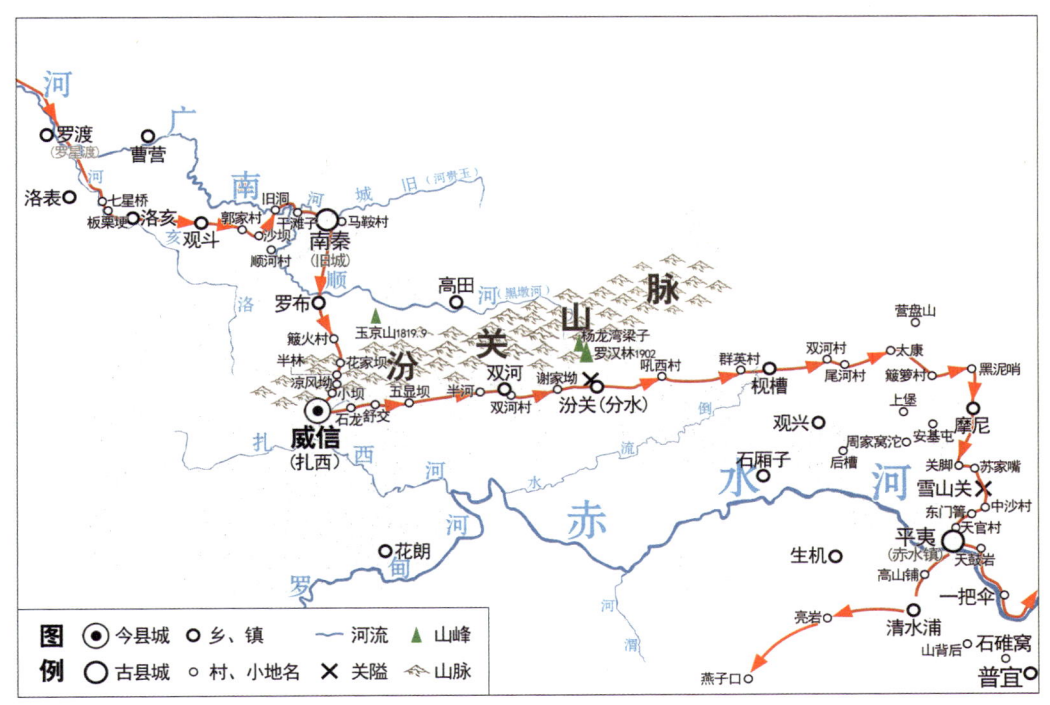

西汉汾关山古道示意图

第三,出威信县城后转正东方向至叙永县分水镇。经石龙村—舒交村—五显坝村—半河村—双河(双河乡下面的双河村)—谢家坳(分水镇龙洞村下的小地名),即至分水镇(即汉时汾关亭)。

第四,分水镇继续东行,再转南至古平夷县赤水镇,经吼西村—群英村—枧槽苗

361

族乡—双河村—尾河村—太康—簸箩村—黑泥哨而至摩尼镇,再从关脚—苏家嘴翻过雪山关,下至中沙村,经东门箐-天官村至赤水镇。

蓝勇认为,南夷道从南秦县可分为东西两路,东路从南秦县东南到平夷后,通过故且兰可达番禺[①]。实地考察汾关山地望,可得出赤水镇是汉平夷县的证据,所分东线之路,即如上所述路线。

赤水镇一带地处川滇黔交界,历史上先后隶属贵州与四川两省,划属四川省后又先后隶属永宁分治的古蔺、叙永,不断变化的行政隶属关系,让人产生究竟是贵州毕节还是四川古蔺或叙永的混淆不清之感。因而错把平夷标定在毕节北,最后干脆就认定在毕节。类似错误,汾关山也是如此,皆因政区变化产生的误会。赤水镇附近至今尚存古平夷人遗裔"羿人",人数不在少数;古平夷的大姓"傅",在古叙两地的民众中也较多,清末维护康藏地区民族稳定的傅华封就是其中之一[②]。目前赤水河右岸贵州境考古工作取得进展,相信随着左岸四川境的推进,可能会像其下游河右岸的土城黄金湾一样,证明它是秦汉邑聚的支撑越来越多,证明它是平夷古县的证据会越来越充分。

云南威信县党史办原主任雷吉常(左二)、县文管所原所长林庆明(右二)向笔者介绍汾关山位置及旧城出土汉代文物情况

赤水作为背靠"滇池月小、黔岭云低"这座雪山关的小镇,前邻被冠以"英雄河""美酒河""美景河"的赤水河,抗战时期抢修的川滇缅公路(川云东路)穿镇而过,带来半个多世纪的繁华与喧嚣。而明清的滇铜黔铅京运和川盐入黔,更是人马鼎沸,声动

---

① 蓝勇:《南方丝绸之路》,重庆:重庆大学出版社,1992年,第24页。
② 笔者调查古蔺、叙永傅姓,族谱记载又称系湖广填四川之时才迁入。

西南。其热闹直至1990年代大(方)纳(溪)公路通车改道才渐渐淡去。

搞清楚平夷等秦汉设县的具体位置,对研究秦代中国疆域意义重大,也能进一步科学解析汉代拓展西南边疆的若干疑问。当然,对泸州的古代史研究,更有划时代意义。假如能确定该县就设置于赤水镇,泸州从北到南就都有汉县甚至秦县,不仅说明泸州文明开化底蕴丰厚,更能在现实的社会经济领域中取得更加主动的各种作为。

四川叙永县摩尼镇观音堂处尚残存古道1千米左右,逶迤绕行而上雪山关。从雪山南坡下山即是赤水镇,该镇也在接官厅处残存古道约700米。图为摩尼镇国史馆馆长涂电林(右)、泸州市文史研究者谢佳永与笔者一同察看古道　　何川文 摄

平夷也是东晋设置平夷郡时的郡治所在,管辖的县虽然只有平夷和鳖区区二地,但是幅员辽阔,交通优势突出。两个县相当于今天泸州市的古蔺、叙永,毕节市的七星关、金沙、大方、黔西、织金,遵义市的红花岗、汇川、播州、习水、仁怀等地。这方地域正处在巴蜀与牂牁夜郎结穴处,纵向是川渝南拓云贵和中南半岛及两广的交通东线和中线交汇处,横向有赤水河、乌江通道从西到东洞穿,犹如张之洞过雪山关时赋出"书生佩长剑,匹马入关来"①的一身豪气,红军四渡、援华抗日、蔡锷讨袁、石达开转战、吴三桂叛清、傅友德西征、泸南边面战争、彝族先民北迁,乃至庄蹻王滇、僚人入蜀,西南历史大事件无一不借道此地,并与平夷郡发生意想不到的关联。

---

① 《赤水镇志》委员会编:《叙永县赤水镇志》,内部资料,叙新出内〔2017〕第001号,第8页。笔者查《张之洞诗文集》《张之洞年谱长编》等,未见此诗,是否为其所作,因《叙永县赤水镇志》撰稿人赵春隆先生已然长逝,无缘问询,暂疑。

2. 鳖邑

鳖,本亦南夷国邑。为楚国商於之地。置吏,是为"鳖令"。战国初以罪逃入蜀的鳖令①,是楚所置吏,非鳖邑本族人。汉以鳖为犍为郡治时,鳖君当仍在,似因从且兰叛,其国乃灭②。鳖邑所在,应当为黔西市之谷里镇一带,考古材料的支撑已经比较充分。不过,因为对"鳖"的地理方位"在今遵义或者遵义附近"的结论太深入和顽固,特别是号称"西南巨儒"的郑珍、莫友芝言之凿凿,谁都不敢也不愿意冒着风险勇于改正。

先秦至汉代与鳖邑、鳖县有关的记载主要为:《汉书·地理志》"犍为郡治,汉阳都尉治山闟谷,汉水所出。东至鳖入延""不狼山,鳖水所出,东入沅(延)";《水经注》"鳖县,故犍为郡治也。县有鳖水,出鳖邑不狼山,东入温(延)水合""延江水出犍为南广县,东至牂牁鳖县,又东屈北流";《山海经》"濛水出汉阳西"。确定鳖邑地望,既要结合以上文献所记山形水势分析,又要结合最新考古成果佐证,方能求得定位的真正科学。

笔者在黔西市谷里镇考察县城至谷里的古道　　　　　何川文 摄

---

① 任乃强:《华阳国志校补图注》:第121—122页。
② 任乃强:《四川上古史新探》,成都:四川人民出版社,2019年,第331页。

中华人民共和国成立后,贵州省卓有成效的考古工作,证明鳖邑的中心区域应该在毕节黔西县(已撤县改市)甘棠或者甘棠附近谷里。鳖县就应考虑在今黔西一带,已经成为考古学界的定论,贵州省博物馆早在1982年就结论为:鳖邑就应是以今黔西为中心,包括金沙南部、大方东部、息烽西部和清镇、织金北部的地域。从考古资料来看,黔西甘棠应是一中心地,所以鳖县的中心很可能就在甘棠附近①。

已于2021年5月10日改为县级市的贵州省黔西市市区,恍若大城气势

黔西市委宣传部 黄启贵 供图 燕江涛 摄

1972年3月,贵州考古工作者在黔西县林泉区(现为黔西市林泉镇)野坝和罗布垮等地清理了汉墓7座;1973年10月,在黔西县甘棠清理汉墓10座;2004年5—6月,在黔西县的甘棠和城关镇等地发掘汉墓10座②。为此,贵州学者张合荣进一步分析:谭其骧《中国历史地图集》及贵州部分史学者将其位置定在今遵义市,但在遵义市及周边地区,至今没有发现汉代遗存,没有考古学上证据。而位于遵义西南侧的黔西市却是贵州汉代遗存集中分布区之一,目前在黔西市的甘棠、城关、绿化、林泉等乡镇均发现有大量的汉墓分布,因而将鳖县核心区定在今黔西市,统治范围包括乌江以北的大方、黔西、金沙、遵义一带似更合理③。

---

① 贵州省博物馆:《贵州黔西县汉墓发掘简报》,《贵州田野考古报告集》(1953-1993),北京:科学出版社,2014年,第235页。
② 张合荣:《夜郎青铜文明探微——贵州战国秦汉时期青铜器研究》,上海:上海古籍出版社,2018年,第9页。
③ 张合荣:《夜郎文明的考古学观察:滇东黔西先秦至两汉时期遗存研究》,北京:科学出版社,2014年,第288页。

鳖邑位于黔西市的观点,方国瑜也认为:"《说文·邑部》:鳖,牂牁县。从邑,敝声,盖译音,称地名作鳖也。"①他进一步分析:"按:汉志载:延江水流经鳖县,则其在今乌江沿岸,当可确定。而乌江源流二千三百余里,县境所在,当以支流交汇为断。汉、晋时期记录,流入延江之水有三,汉水即今三岔河,鳖水今渭河,温水即今顾楼河。此三水并在黔西县境流入乌江,则古鳖县应在今大方县及黔西县,其在乌江以南之纳雍、织金,可能属鳖县,惟其东境,鳖水于其县之东入延,则不能包有遵义之地。据记录反复考校,释鳖县在遵义府,实不可解。"②

平夷至鳖邑古道示意图

---

① 方国瑜:《汉牂牁郡地理考释》《夜郎考》(讨论文集之三),第55页。
② 方国瑜:《中国西南历史地理考释》(上),北京:中华书局,1987年10月第1版,2012年10月北京第3次印刷,第114-115页。

贵州学者贺国鉴分析:"我认为鳖县应在今黔西、金沙、息烽三县之间。首先要找由西向东的鳖水,应以今黔西、金沙境内的洱海河为汉代的鳖水。洱海河有段时间称为渭河,今洱海河边,尚有个生产队叫渭河大队。洱海河发源于今大方、黔西两县,由西向东,到今黔西县协和公社地区注入乌江,这里正是乌江'东屈北流'的一段。说鳖水'东至鳖邑入延江水',那末洱海河东入乌江之处,当是鳖县所在之地。洱海河源出九龙山,海拔二千零八十二公尺,为这个地区最高点,以九龙山为鳖水所出的不狼山,似乎比较切近。"①

不狼山秦汉时也被称为犍山,郭声波认为系夷语地名音译②,即今贵州大方县东北的九龙山③,正是毕节市重点打造的"百里杜鹃"景区中心,夏季凉爽舒适,川南宜泸两地前来购房避暑者如潮。郭声波进一步考证中指出,唐龙朔三年(公元663),招慰夷子(比楼)部落置羁縻犍州(今贵州黔西市城关镇),就因犍山之名而置该县④。贵州考古研究者唐正元分析更加详尽切实:

> 延江,即今鸭池河和乌江一水两段的合称,多无异议。那么,出于"汉阳西"的濛水和"犍为郡治汉阳都尉治山阇谷"的汉水应为哪条河流呢?汉阳在今赫章一带,既有文献记载又有考古资料印证,而出自赫章一带的河流只有今之六冲河和三岔河,源于赫章西的六冲河,源于赫章南的三岔河,故二水应为古之濛水和汉水,亦即乌江上游二源,并汇于今黔西县境,而且都是东入乌江,后"东屈北流"。据此,鳖县就应考虑今黔西一带。鳖水出鳖邑,又东入延江,那么就只有在濛汉二水相汇的附近来找。查六冲河与三岔河合流的上下游百里近程,只有下游有两条支流,流入乌江,一是黔西境内的耳海河,一是金沙境内的偏岩河,而偏岩河入江的乌江段,却是自西向东流向,唯有耳海河注入乌江的一段是"东屈北流",而且两支源头,一支源于黔西西部与大方、金沙交界的大方境内九龙山;另一支源于黔西南部的沙窝区与雨朵区,所以耳海河就应是古之鳖水。以濛汉二水与鳖水入江的地理位置、流向和鳖水的源头判断,鳖邑就应是以今黔西为中心,包括金沙南部、大方东部、息烽西部和清镇、织金北部的地域,从考古资料来看,黔西甘棠应是一中心地,所以鳖县

---

① 贺国鉴:《贵州境内几个夜郎古县的考证》,《夜郎考》(讨论文集之一),第97-98页。
② 郭声波:《从华夷边镇到四道枢纽:浅谈泸州政区演变与地区角色的转型》,成都市地方志编纂委员会办公室编、高志刚主编、李勇先等副主编:《志苑集林》第一辑,成都:四川人民出版社,2019年,第2页。
③ 郭声波:《中国行政区划通史》[唐代卷(下)],上海:复旦大学出版社,2012年,第1231页。
④ 郭声波:《中国行政区划通史》[唐代卷(下)],第1231页。

的中心很有可能就在甘棠附近。①

笔者在黔西市调查时了解到,该市以县城为中心,半径二三十千米范围内的乡镇,都有汉文化元素发现。汉墓发现最多的甘棠,与谷里仅一河之隔,可能古人生活在甘棠、葬地在小河对面。该河现名野纪河,在黔西市中坪镇处流入渭河,渭河上游为乌箐河,发源于大方县黄泥乡与金沙县安洛乡接壤处的九龙山麓。渭河揽入野纪河后,始称耳海河,于黔西太来乡荆江村汇入鸭池河,形成乌江之名。该市谷里中学教师谭勇,因偶见家族墓碑上刻载有"鳖县"二字,引发兴趣,考证后撰写《谷里溯源》一文,详细考证黔西谷里是古鳖县所在。

笔者在流经贵州金沙、大方、黔西交界的古鳖水处考察,该水现名乌箐河,下游进入黔西境内称渭河(耳海河),至黔西太来乡荆江村汇入鸭池河后始有乌江之称

根据考古材料,我们可以认定鳖灵的族众生活在今黔西为中心,包括金沙南部、大方东部、息烽西部和清镇、织金北部的地域,而这方地域,就是南抵乌江(鸭池河)、北接赤水河之地。楚势力自东而来,鳖灵要避其锋芒,在蜀国杜宇朝晚期下赤水②,率众北走赤水河顺河在巴符关处(今合江县城)转入长江③。

---

① 唐正元:《黔西甘棠汉墓群》,载《贵州文物》1982年第1期。
② 岳精柱:《巴人的族群划分及其移民和政权研究》,重庆巴文化研究会、重庆市文化遗产研究院、重庆中国三峡博物馆编著,刘豫川主编:《巴渝文化》(5),成都:成都时代出版社,2021年,第75页。诚谢岳精柱先生赠书。
③ 徐中舒:《巴蜀文化初论》,徐中舒:《论巴蜀文化》,成都:四川人民出版社,2019年,第253页。原载《四川大学学报》1959年第2期。

这条古道的行进路线,经笔者考察,可从"自僰道、南广,道八亭通平夷",即今赤水镇处往南行进至鳖地,再从鳖地渡过鸭池河至今贵阳东部的清镇地域转入平坝,再转进到故且兰(安顺)。

1980年尚存的贵州黔西市谷里五里牌古道,贵州学者席克定考证为"奢香驿道"①

赤水镇东、北向道路上节已述,可通向珙县罗星渡南广河通航处顺航而下宜宾长江下游不远的南广口;东向道路则绕过镇旁天鼓岩,顺赤水河一航而至古巴符关(今合江)。往南可通向黔西、清镇、平坝,道路具体走向为:从赤水镇渡过赤水河,进入毕节市七星关区的高山铺,再顺清水铺-亮岩-燕子口-八寨坪-海子街到达毕节(比跻)②,毕节城区附近出土有汉代文物,可资佐证该地有汉人大量聚集。出城往东,经流沧桥-头步桥-二铺-梨树坪-归化,顺沙子哨-幺塘(老塘铺)-双山的落脚河(落折河、禄遮逸、禄水)河谷,东南行至大方,继续东南行,经九里箐-落穿岩(路穿岩)-羊场坝-乌溪(乌须)-簸箩箐-甘荫棠-西溪-松树沟-林泉-杨家海-新铺塘(清铺塘)-以那坝(野坝)-箐头至黔西市市区,再东进进入鳖邑所在的谷里,然后折西南行至桂箐(原小乡,今属大关镇)-大关经丘林村而至鸭池河边③,这里原是一个小乡,为纪念苏联援华建桥专家米丘林教授改为丘林乡,渡过鸭池河进入贵阳市清镇境内也名鸭池乡(现属新店镇政府驻地)之地,经老新店子-蚂蟥井-王庄(乡),再转西南犁倭镇老街,经左

---

① 图采自贵州民族文化官编、席克定:《贵州民族考古论丛》,贵阳:贵州民族出版社,2009年,图版第3页。
② 诚谢古蔺县马蹄中心校胡在勋同志协助考证。
③ 诚谢大方县党校高级讲师高祥勋协助考证。

八鸭鸡坡-左八大龙井-棋树湾-右山脚-河溪洞口-河溪村鼓励桥-周家桥李家冲组-林木寨-黄花寨-白郎村大桥(狮子山脚)-凉田丫口-打鼓村大寨组三叉路-打鼓村林场(现名桃园)-芒珠村陈家院、翁猫洞、茶叶洞组-杨柳村土场路组佟家丫口-翁林村水落潭组-香炉屯村石关口-茅草寨村高坡组、关口田组、小寨组,翻过猫耳岩丫口,至安顺市平坝区的七伯房(齐伯镇),沿新寨村-跑马冲-三棵树-水江村-江龙寨-大坡林场-中寨-小河口-大河边-十字乡-清山脚,至平坝城后,即直达安顺坝子所在的且兰国邑之地。①

乌江上游鸭池河系彝语河名,意为"一条有模有样的河流",系上源三岔河汇主要支流六冲河后的乌江干流名称。2022年8月,笔者在贵州清镇市新店镇党群办易永德(右)的指领下,在河边鸭池村渡口察看。隔河对岸为黔西市境,壁立百仞,山势如削,悬崖之下的聚居点也名鸭池村,现改名丘林

何川文 摄

  鳖灵属于百濮之属,他迁移后遗留的族众东汉末年开始直至隋唐,不断受到东扩的氐羌系乌蛮攻击,最后被称水西的安氏统治长达一千四百七十四年之久②,以上各类地名中,包括名噪一时的不狼山等濮语地名风卷残云,随之而起的彝语地名遍地开花,鸭池河(有模有样的河)、谷里(绿地之意)、七伯房(平地有岩石的山)、犁倭(迪哦

---

① 诚谢贵阳清镇市文旅局局长黄涌、安顺市屯堡文化研究会副会长兼秘书长朱发猛、安顺市平坝区齐伯中心校教师吴晓协助考证。
② 胡桃:《明代水西土司与中央政府关系的演变》,卢云辉、杨昌儒主编:《贵州世居民族文献与文化研究》(2015年卷),上海:上海古籍出版社,2017年,第229页。

的谐音,意为坝子里)①等,皆是彝语音译,完全不能用汉字字面加以释意。水西势力即沿鸭池河一线与黔地其他势力如水东等天然分隔,因而处于交通节点的河边夹岸而设的两个鸭池河人居点,有如赤水河边的赤水河镇,都成了方圆地域人人叨念的地名,历史时期名动西南。笔者观察赤水河、鸭池河这两处场镇的地势,虽分别处于不同河流,但面向河岸开阔、场后山高如削的地势特点却极为相似。

3. 故且兰

再看牂牁郡郡治故且兰地望,是否与此条西南陆海走廊有关联?过去学界从文献角度,考证且兰国邑多以今贵州黄平或福泉为主,包括任乃强、方国瑜等西南历史地理研究名家。但从新发现的考古材料及地势进一步分析,应在今清镇-平坝-安顺一线。

一是因为安顺及附近有适合古人生存和发展成中心聚邑的地理环境,这片较大的山间坝子,田畴平整,沟渠泽润,土肥地沃,气候温润,适宜农耕,所产物资足以支撑国邑的中心所在。2014年3月,贵州省文物考古研究所在安顺3处洞穴遗址和8处旷野遗址调查中,根据采集到的陶片等遗物分析,有5处旷野遗址的年代早在战国秦汉时期就存在②。二是更为重要的,安顺发现有宽达10万平方米的宁谷遗址,该遗址完全是军事拱卫城邑的要塞;三是这一带出土有众多汉代汉文化元素遗存,丰富的地下文物是黄平和福泉至今没有发现汉文化遗存的有力反证。贵州省文物考古研究所副所长张合荣明确告诉笔者:"我们反复勘查后认为,黄平、福泉不可能出土秦汉时代的汉文化元素遗存。"他在《夜郎文明的考古学观察》一书中也明确断定,安顺至清镇一带就是夜郎东边小邑"且兰"活动中心区域③,用考古材料证之,将故且兰定在今安顺至清镇、平坝一带亦最合理④。另外,《贵州清镇平坝汉墓发掘报告》也明确提出:"这一批汉墓的出土,也有可能说明牂牁郡郡治即在清镇、平坝地区,所以出土器物才如此丰富。"⑤

笔者在黄平、福泉调查,两地地方文博工作者也佐证了这一判断,他们均认为所谓且兰在其地的说法,虽有学者论及,但鼎沸之势,系党委、政府为了地方经济发展和

---

① 诚谢贵州彝族文化研究学者王继超2021年11月10日惠告。
② 张合荣:《夜郎文明的考古学观察:滇东黔西先秦至两汉时期遗存研究》,上海古籍出版社,2018年,第136页。
③ 张合荣:《夜郎文明的考古学观察:滇东黔西先秦至两汉时期遗存研究》,第136页。
④ 张合荣:《夜郎文明的考古学观察:滇东黔西先秦至两汉时期遗存研究》,第289页。
⑤ 贵州省博物馆:《贵州清镇平坝汉墓发掘报告》,《考古学报》1959年第1期。

提升知名度而热衷宣传所致,不是从考古学实际作出的判断,至今无一信服的考古材料,能证明先秦至南北朝时期产生过方国聚落。

笔者观察,黄平老县城旧州坝子虽然适宜人居,抗战期间还因地制宜建有美军机场,从这里起飞的飞机,曾轰炸得侵华日军不明就里。但800~1000年前显为原始森林所覆盖,因为该坝子十数年前出土过大量乌木半成品,据分析应为800年前茂密森林的孑存,从乌木地下埋藏时间加上此前生长又需两三百年,可轻易判断出旧州坝子1000多年前完全被莽莽苍苍的森林所遮蔽,活跃其间的是猛兽与飞禽,人类活动了无痕迹。同样,福泉作为明代平越卫治所,系因湘黔滇大道(东通黄平)贯通后所处扼要而兴,此前的汉晋唐宋遗存至今没有发现。

笔者在黄平旧州坝附近明代湘黔古道考察

福泉、黄平不仅石器、青铜器了无痕迹,就是铁器元素,也不见丝毫踪影,充分说明云贵普遍进入铁器时代后的蜀晋南朝时期,两地尚无大面积人类生存之迹。四川大学考古学教授李映福在《云贵高原出土战国秦汉时期铁器研究》[①]一文中,归纳贵州战国秦汉时期铁器出土数量共有"500多件"。笔者据其论文对照贵州青铜器研究分

---

① 李映福、周磊:《云贵高原出土战国秦汉时期铁器研究》,《江汉考古》2014年第6期,总第135期,诚谢李映福教授惠传论文并帮引荐贵州考古学者张合荣研究员。

析，铁器出土地点与该省石器、青铜器分布地点大体相当，即清镇、平坝、安顺和黔北的习水、仁怀，黔西南的普安、兴仁、兴义，皆以中国西南陆海走廊沿线最为密集，结论还是"黔东地区很少出土"。这一考古成果，再一次证明先秦至汉晋，贵州东部是华夏元素的瓯脱之地①，当地有无土著族人尚不可知。即使有，也处于极端落后的原始社会状态，故还没有石器制品和简陋墓葬出土。其后包括遵义、福泉、黄平的繁盛，或因且兰、夜郎相继灭国，族人远徙而来所致。这也为故且兰不可能在黄平、福泉作了考古学回答。

深入研究过安顺宁谷出土木牍的贵州民族大学教授叶成勇也否定黄平、福泉系且兰一说，他认为有充分理由相信安顺宁谷一带才是汉代牂柯郡的政治中心②。

贵州福泉明代新建平越卫，地控由湘入滇之路，洪武十四年（1381）所建城垣部分保存较好。始建时长4700米，呈椭圆形布局。小西门处，万历三十一年（1603）巧妙利用地势和河流走向，新建月城及水城，围河入城，与内城城垣共同构筑成一座奇特的水陆宜用的瓮城。城城相连，攻守兼备，成为屏障交通的咽喉要地，地控由湘入滇之路，所建瓮城保留至今

李光华 摄

其实，牂柯郡郡治故且兰位于安顺一代的结论，早在1980年代初，贵州当代一批学者就作过深入探讨，特别是张正东、李衍垣、翁家烈、史继忠四人讨论后，由史继忠

---

① 徐中舒：《论巴蜀文化》，第210页。
② 叶成勇：《战国秦汉时期南夷社会考古研究》，第262页。

执笔,认为:"通观史籍合而考之,并结合贵州地理的实况及考古材料,笔者以为定且兰故地于平越极不适当,应改定在清镇、平坝、安顺一带为宜。"①贵州另一学者、遵义师院教授罗荣泉在《汉夜郎侯邑地理位置辩》一文中也推论出:"且兰应当在今天北盘江以东的地方,大致就是安顺地区一带"②。但是,他们的意见至今尚未成为学界主流。

2016年6月,西南古代出海丝绸之路考察团对安顺宁谷汉城遗址进行过详细考察。该遗址实际上是一座军事堡垒,位于今西秀区宁谷镇背后的小山上。登上山四望皆空,整个安顺坝子几乎能尽收眼底。考察团成员在遗址任何一处蹲下来,稍微一扒土,土里就有瓦砾残片之类,穿越2000年时空顿现眼前。

2016年6月,"古代西南出海丝绸之路考察团"学者在贵州安顺宁谷汉城遗址考察。该遗址汉砖汉瓦俯首可拾
笔者 摄

安顺一带曾经作为牂牁郡郡治,正好位于西南陆海走廊通道上,其拱卫的牂牁道,北受鳛部道川黔滇赤水河流域三角地带承接巴蜀而来的中原文化和巴蜀文化洗礼;西向黔西、滇东沿庄𫏋故道与夜郎国邑所在的曲靖-陆良坝子相接;南向盘江-红水河流域及黔桂滇三角形接壤地带传播先进文化,起到钩连句町-漏卧道作用。可以说,故且兰所在的安顺坝子,是南夷地区最早也是最深刻接受华夏文化的地域之一,为走廊通道的顺畅贯通起到枢纽作用。

---

① 史继忠等:《且兰地理新考》,贵州省社会科学院历史研究所编:《夜郎考》(讨论文集之二),第298页。
② 罗荣泉:《汉夜郎侯邑地理位置辨》,《夜郎考》(讨论文集之二),第281页。

第七章 夜郎临牂牁江及右江上游通道价值

《史记》所言"牂牁江"究竟是现今哪一条江,夜郎的中心也就是政治势力中心或者称为国邑的地方,究竟在现在哪里呢,南盘江(北盘江)-红水河与右江水道相比较,交通通道作用究竟如何,这是关系到西南陆海走廊走向在黔滇桂乃至越南的关键。科学定义夜郎国邑、严谨判定牂牁江定位,有助于包括南方民族史、政区史、交通史、军事史诸多问题解决。笔者根据相关材料在此作简单推定。

第一节 夜郎国邑中心定位及与滇的关系

夜郎及其傍小邑是中国西南陆海走廊上的重要族群,夜郎本部立国大约在战国至西汉成帝河平年间(前28—前25)。其所生活的地域位于今云南东部、贵州西部和四川南部及桂西北一部分地区。发轫于"遯水","以竹为姓","号为竹王"[①]。

夜郎也和巴、蜀一样,属于部落联盟长性质,关联部落甚多,历史上记有名称、较有影响的是鳖、平夷、且兰、句町、漏卧、进桑、同并、头兰、鳛等。部落联盟内部的统治民族,学界论证有濮人说,有越人说,有僚人说,有彝语支先民说,甚至有苗族先民说[②],虽然争论较大,但濮人说较为普遍。

夜郎不管是不是百濮体系,但其构成民族中有百濮却是学界共识。而百濮之能到云贵高原,也是一步一步迁徙而来的,前文已述,他们也为西南陆海走廊的形成无意间贡献了力量。

---

① [晋]常璩著、任乃强校注:《华阳国志校补图注》,上海:上海古籍出版社,1987年7月第1版,2011年7月第5次印刷,第230页。
② 笔者认为,夜郎研究成果以贵州1970年代末期至1980年代初期所出3辑《夜郎考》较为系统,1980年代中期任乃强、方国瑜分别所著《华阳国志校补图注》、《中国西南历史地理考释》所释部分较为深刻,1990年朱俊明所著《夜郎史稿》较为细微,新时期杨勇、张合荣、周志清、叶成勇相关论著考古材料运用丰富,皆堪为力作。

第七章 夜郎临牂牁江及右江上游通道价值

夜郎的中心究竟在哪？这是一道两千年难解的命题，连同牂牁江究竟是哪一条江一样，成为争论的焦点。至于作为汉晋郡、县的夜郎，更是众说纷纭。有说夜郎在赫章、威宁一带，有说夜郎在安顺一带，有说夜郎在綦江、桐梓，有说夜郎在广西凌云，有说夜郎在六枝、郎岱，有说夜郎在三都、荔波，有说夜郎在黔西南州其一兴仁、兴义，其二册亨、望谟，有说在云南曲靖沾益，全无定论，共有数十种之说①。更为有趣的是贵州学者席克定，随着研究的深入，不断否定自身对夜郎问题的认知。1979-1982年他认为夜郎在黔西北地区②，1980年代中后期考察南、北盘江的三角地带③后，仍然坚持；2009年开始，修正认为在云南昭通，贵州赫章一带④。

夜郎兴起之前，春秋时期云贵高原系"牂牁"方国盘居之地。《管子·小匡》⑤中即有记录，故有学者论证夜郎应脱胎于牂牁之国⑥，夜郎与各部落之间既有一致对外的趋同性，又有各自割裂的独立性。前者使夜郎地域自成一体，后者使该地域因土地、人口、奴隶、贸易分歧而你争我伐，类似中原春秋战国，局面不可能平静如水。

作为解决夜郎国邑问题的史料之一"夜郎临牂牁江"，也因夜郎邑聚中心无法定，牂牁江自身所在也就无法指，有乌江、北盘江、南盘江、红水河、都柳江、右江、㵲阳河、重安江诸说。

---

① 多彩贵州文化旅游研究院主编：《传统与当代：首届夜郎文化高峰论坛论文集》，北京：九州出版社，2018年，第21页。
② 席克定：《汉代夜郎方位探索》，贵州省哲学社会科学研究所编：《夜郎考》（讨论文集之一），贵阳：贵州人民出版社，1979年，第152页。又席克定：《汉代夜郎方位的再探索》，贵州省社会科学院历史研究所编：《夜郎考》（讨论文集之二），贵阳：贵州人民出版社，1982年，第288页。
③ 席克定：《夜郎临牂牁江说质疑——对贵州南北盘江的实地考察》，《贵州文史丛刊》1990年第4期。
④ 席克定：《"夜郎考古"与夜郎——"考古学文化"在"夜郎考古"中的作用与意义》，贵州民族文化官编，席克定：《贵州民族考古论丛》，贵阳：贵州民族出版社，2009年，第67页。
⑤ 《管子·小匡》二十：葵丘之会，天子使大夫宰孔致胙于桓公曰："余一人之命有事于文武。使宰孔致胙。"且有后命曰："以尔自卑劳，实谓尔伯舅毋下拜。"桓公召管仲而谋，管仲对曰："为君不君，为臣不臣，乱之本也。"桓公曰："余乘车之会三，兵车之会六，九合诸侯，一匡天下。北至于孤竹、山戎、秽貉，拘秦夏；西至流沙、西虞；南至吴、越、巴、牂牁、䍌、不庾、雕题、黑齿。荆夷之国，莫违寡人之命，而中国卑我，昔三代之受命者，其异于此乎？"管子对曰："夫凤凰鸾鸟不降，而鹰隼鸮枭丰，庶神不格，守龟不兆，握鱼而筮者屡中。时雨甘露不降，飘风暴雨数臻。五谷不蕃，六畜不育，而蓬蒿藜藿并兴。夫凤凰之文，前德义，后日昌，昔人之受命者，龙龟假，河出图，雒出书，地出乘黄。今三祥未见有者，虽曰受命，无乃失诸乎？"桓公惧，出见客曰："天威不违颜咫尺，小白承天子之命而毋下拜，恐颠蹶于下，以为天子羞。"遂下拜，登受赏服、大路、龙旗九游、渠门赤旗。天子致胙于桓公而不受，天下诸侯称顺焉。又朱俊明：《夜郎史稿》，贵阳：贵州人民出版社，1990年，第79页。䍌、不庾，不见于其他先秦文献，民国《贵州通志·前事志一》解释为䍌在湖南沅陵，不庾在今江西大庾；雕题，即文面，《山海经·海内南经》有雕题国，《礼记·王制》说："南方曰蛮，雕题交趾，有不火食者也"；黑齿，即漆齿，《山海经·海外东经》有黑齿国，《逸周书·商书·伊尹献朝》也提到商之正西有贯胸（穿胸）、雕题、漆齿之国。这些习俗在岭南（尤其是海南岛）和云南古时的越人或其后裔中存在的时间很久，至今还有余俗。
⑥ 熊宗仁：《古夜郎与秦汉对西南的开发》，贵州省社会科学院历史研究所编：《夜郎考》（讨论文集之三），贵阳：贵州人民出版社，1983年，第237页。

唐蒙在番禺受"南越食以蒟酱"引发"巴符关以入",犹如毛线团,一进一出线头清晰,蹈入则其乱如麻,疑路丛生。担任西南古代出海丝绸之路考察活动顾问的蔡美彪认为,两千年理不清楚的问题,不祈望一日之功毕其一役,但总要有人去理才好。

西南夷中,夜郎最大与其西滇最大的断语,自然而然就产生二者作何关系的疑问和研究。目前滇王王印和相国印均已出土,王邑也已断明;同时受封的夜郎也应该有王印才合情合理。蔡美彪在《中华史纲》中也明确"庄蹻王滇"乃历史真实:"今云南滇池地区,楚国将军庄蹻曾领兵占据。值秦灭楚,遂留在今晋宁一带称滇王。"①从中可以大胆结论,秦汉以前即有夜郎国或夜郎部落联盟的存在。至于它与之关联密切的滇是什么关系,在此做一定分析。

2021年11月,笔者考察位于贵州安龙县栖凤街道的"古牂牁"摩崖石刻

夜郎以西,"靡莫之属以什数,滇最大"②。这个"靡莫"部落们的联盟长"滇",中心是今滇池南部和抚仙湖一带,晋宁石寨山为代表出土众多的各式各类青铜器,包括"滇王之印"和相国印来看,滇创造了云贵两广和交趾这一大片辽阔地域上最为耀眼的青铜文化。不过"滇小国焉",用"西南夷君长以什数,夜郎最大"③的评价来看,夜郎

---

① 蔡美彪:《中华史纲》,北京:社会科学文献出版社,2012年,第56页。
② [西汉]司马迁:《史记》卷一百一十六《西南夷列传第五十六》,北京:中华书局,1959年9月第1版,1982年11月第2版,1982年11月北京第8次印刷,第2991页。
③ 《史记》卷一百一十六《西南夷列传第五十六》,第2991页。

虽然军事控制能力尚强于滇,但经济、文化发达程度弱于滇。

  滇所处滇池为中心的盆地,"地方三百里,旁平地,肥饶数千里"①,面积有1071平方千米②,是云南除开曲靖-陆良盆地以外的第二大盆地,春秋早期开始即有灿烂的青铜文化出现,青铜文化的典型类型以晋宁石寨山③、江川李家山④、呈贡天子庙⑤、昆明羊甫头⑥等为典型,其文化特征可归纳为一先进,二多元,三强势,四包容,五零碎。前四者让人惊叹,后者又使其固步,最终没能一飞冲天,成为统领西南夷地的一代强国。不过,滇文化发散出的影响,北至巴蜀,东到黔西,西达缅北,南到越南,都有典型例证。

  学界对古滇的先进与强势、多元与包容论述较多,姑不赘言。只就"零碎"谈之。

  滇池地域最大的特色之一是安宁有自然赐予产销两旺的泉盐,昆明人盐工⑦到来后大肆开发,让滇人名利双收。他们也如《山海经》所述巫载之地,不稼不穑而物资充足,幸福美满地在这里生活,周围缺盐的部落自会带着他们的特产前来交换⑧。晋宁所出"赶集图",冯汉骥认为是滇族和滇族统治下的7种民族前来"纳贡"⑨,其他学者虽然进一步研究认为不止7种民族,但还是没有脱开他们前来滇国就是朝拜、觐见之类的观点。笔者认为,他们非冲着滇地政治保护或者结盟抗争而来,而是各地逐利的商人、至少是各缺盐部落的代表,前来交换安宁独特的泉盐回到缺盐地区,以追求高额差价或抚慰族众的群体。

  从呈贡(包括羊甫头)、晋宁、江川滇文化出土文物相互媲美,互不统属看来,滇池及其邻近的杞麓湖、星云湖、抚仙湖、阳宗海一带地域,林立着大大小小有如古希腊城邦的各种酋邦,共同在名义上的滇王统领下,各自为政。如嵩明西汉所置毂昌(郭昌)县⑩,就因"汉武帝将军郭昌讨夷"⑪而置,这个"夷",大范围是滇池地区的各类反叛夷人,小范围就是该地的"毂昌王"⑫,这些众多的酋长、邑君、王侯虽同姓相扶,但互不同

---

① [西汉]司马迁:《史记》卷一百一十六《西南夷列传第五十六》,北京:中华书局,1959年9月第1版,1982年11月第2版,1982年11月北京第8次印刷,第2993页。
② 蒋志龙、樊海涛:《古滇文化史》,桂林:广西师范大学出版社,2019年,第4页。
③ 云南省博物馆考古发掘工作组:《云南晋宁石寨山古遗址及墓葬》,《文物参考资料》1957年第4期。
④ 云南省博物馆:《云南江川李家山古墓群发掘报告》,《考古学报》1975年第2期。
⑤ 昆明市文物管理委员会:《呈贡天子庙滇墓》,《考古学报》1985年第4期。
⑥ 云南省文物考古研究所、昆明市博物馆、官渡区博物馆:《云南昆明羊甫头墓地发掘简报》,《文物》2001年第4期。
⑦ [晋]常璩著、任乃强校注:《华阳国志校补图注》,上海:上海古籍出版社,1987年7月第1版,2011年7月第5次印刷,第271页。
⑧ 袁珂译注:《山海经全译》,北京:北京联合出版公司,2016年10月第1版,2017年3月第4次印刷,第244页。
⑨ 冯汉骥:《云南晋宁石寨山出土文物的族属问题试探》,《考古》1961年第9期
⑩ 《华阳国志校补图注》,第272页。
⑪ 《华阳国志校补图注》,第272页。
⑫ 《华阳国志校补图注》,第275页。

属,为攫取盐销之利,控制盐运通道,二次甚或多次转贩安宁之盐,以使自身富足。从后来汉武帝开益州,在滇池等湖泊周围狭窄之地建置有众多县邑可知,这里是依托不统部落的邑居而建,因而形成了中国早期的城市群雏形,如滇池(晋宁)、连然(安宁①)、建伶(昆阳②)、俞元(澄江③)、胜休(通海④)、毋单(华宁县盘溪镇⑤)、谈槀(石林⑥)、昆泽(宜良⑦)、穀昌(嵩明)。古滇国"河土平敞,多出鹦鹉、孔雀,有盐池田渔之饶,金银畜产之富。人俗豪忲,居官者皆富及累世"⑧,乃天赐良地。在中国西南陆海走廊通道线上,它和当时成都平原城市群、红河三角洲城市群一样,散发出厚重的文化气息。只是成都平原城市群崛起的基础,以农业、手工业等为主,没有得天独厚的盐业支撑;红河三角洲城市群虽然有海盐,但沿海共有,没有比较优势,只能以海运见长。

云南昆明晋宁石寨山山腰发现古滇时期墓葬群,出土包括众多精美青铜器。笔者在出土"滇王之印"51号墓位置了解发掘情况。右为晋宁区文管所所长周忠全,左为晋宁区博物馆馆长太晓旭

---

① 《华阳国志校补图注》,第271页。
② 《华阳国志校补图注》,第271页。
③ 《华阳国志校补图注》,第277页。
④ 《华阳国志校补图注》,第307页。
⑤ 《华阳国志校补图注》,第271页:晋之毋单县治,当在今澄江县(引者注:已改为县级市)之铁赤河口。汉之毋单县或不在此而在"婆兮"(引者注:华宁县盘溪镇旧名)。
⑥ 《华阳国志校补图注》,第275、276页。
⑦ 《华阳国志校补图注》,第275页。
⑧ 《后汉书》卷八十六《南蛮西南夷列传第七十六》,北京:中华书局,1965年5月第1版,1973年第2次印刷,第2846页。

滇国酋邦的富足生活，淡化了他们走向武力联合扩张的进取心，因物资充足更加朝歌夜舞，随遇而安，为此创造出灿烂的青铜文明，成为西南地区除成都平原外最为灿烂的青铜文明之域。周围缺盐部众也不会轻易招惹他们，怕断了必需品的来源。从滇文化出土青铜器分析，即使刻画有战争场景，也没有双方剑拔弩张互相对峙的场面，"攻城掠地似乎不是他们的选项"[1]。其战争反映，看起来像打猎一样，偶尔为之，并压倒性取胜。估计都是诸如后来"压僚"之类，以掠夺奴隶和财物为主要目的，"作战"对象实乃毫无还手之力的落后部族。

夜郎与之比较，则大大不同。他们所居之地，没有天然盐泉、盐井，所食只有依靠北面的巴蜀和南面的滇地供给，还要时刻防止外族掠夺人口，他们虽然是西南夷"最大"，也没有从文化上强大起来，至今没能在夜郎疑似地域出土超过滇文化的精美青铜器，就是明证。

滇国因为王印早早出土，定位滇池附近毫无争议。那夜郎的中心究竟在哪里呢？

云贵之地，除了滇国故地青铜文化发达以外，就只有黔西滇东结合部地域。因此考古学者孙华认为，黔西滇东地区的青铜文化，存在着乌蒙山西缘昭鲁盆地、乌蒙山偏东黔西北山地、乌蒙山东南缘黔西南山地和乌蒙山西南缘曲靖盆地的一带四个区域的差异。这四个区域青铜文化进程及其文化特点，表明从青铜时代以来，该区域就存在着四个不同的传统和多种并存的文化，这正与文献中夜郎及其旁小邑的记载可以对应[2]。四个小区域青铜文化的来源和发展过程，就是古夜郎文明的形成和发展过程[3]。以截至目前的考古材料分析，还有张合荣、周志清、叶成勇等学者也认为，能支撑一个强大的部落联盟长实力的地域，应该在已密布秦汉考古遗存的黔西滇东一带[4]。激进点的观点就认为，夜郎的中心具体对应的就是曲靖盆地[5]。

---

[1] 蒋志龙、樊海涛：《古滇文化史》，第56页。
[2] 孙华：《夜郎文化的新探索——张合荣〈夜郎文明的考古学观察：滇东黔西先秦至两汉时期遗存研究〉出版》，《贵州都市报》2014年9月27日。
[3] 张合荣：《夜郎文明的考古学观察：滇东黔西先秦至两汉时期遗存研究》，北京：科学出版社，2014年，第45页
[4] 张合荣：《夜郎文明的考古学观察：滇东黔西先秦至两汉时期遗存研究》。又张合荣：《夜郎青铜文明探微——贵州战国秦汉时期青铜器研究》，上海：上海古籍出版社，2018年。又周志清：《滇东黔西青铜时代的居民》，北京：科学出版社，2014年。又叶成勇：《战国秦汉时期南夷社会考古学研究》，北京：文物出版社，2019年。
[5] 孙华：《西南考古的现状与问题——代〈南方文物〉"西南考古"专栏主持辞》，《南方文物》2006年第3期。

对于曲靖以横大路-八塔台墓葬所显示的文化,考古学界大多数学者认为应该是滇文化范畴,至少也是滇文化系列①。事实上,曲靖青铜文化遗存与滇文化两者之间存在着较为明显的差异②,曲靖进入青铜时代的时间,比滇池地区相对要早一些③。即使是《云南曲靖珠街八塔台古墓群发掘简报》的执笔人王大道,虽定义它为滇文化遗存,也不得不对陶鼎、卷云纹茎首铜柄铁剑等与滇文化相异的文物大量出现,得出"可能与夜郎文化的影响有关"的结论④。有可能就是武力强过滇国、文化落后滇国的夜郎的国邑⑤所在。因为曲靖地域所出青铜器,包括潇湘平坡、越州横大路在内,文化上都相当一致,三处墓地青铜器比较,一些主要器类如戈、矛、剑、削、斧等,无论形制,还是纹饰,均完全相同。在时间的分期上,三处墓地所表现出的文化面貌也是基本相同的,特别是随着金属器的大量出现,三处墓地所具有的文化面貌已完全趋同⑥,也是云贵高原除滇池周边以外最为发达的文化。有学者从考古学方面观察,认为由于八塔台文化的长期存在和强大,客观上阻挡了石寨山文化族群继续向东北方向扩张,转而向西南方向延伸⑦。因此,八塔台文化与滇池的石寨山文化不是一个文化⑧,也就不是一个方国。此类认识,曲靖文管所退休的李保伦就是其中代表。

---

① 叶成勇:《战国秦汉时期南夷社会考古学研究》,第69页:在曲靖盆地,发现三处大型青铜时代土坑墓地,已发掘739座。八塔台墓地属于云南曲靖市麒麟区珠街乡董家村,位于曲靖盆地东缘一海拔1880余米的东山山脚缓坡地带,由8个大小不等的人工堆成的圆形、椭圆形土堆构成,当地人称为"八塔台"。1977年至1982年,先后7次发掘,在一号和二号堆共清理353座青铜时代墓葬。横大路墓地与八塔台墓地相距仅20千米,属于云南曲靖市麒麟区越州镇横大路村,海拔约1900米。墓地顶部呈椭圆形,也为人工堆成的大型土堆,长约90、宽约40、高约8米。1997年12月至1998年3月共清理188座青铜时代墓葬。潇湘平坡墓地也属于麒麟区,面积约3000平方米,2001年底发掘198座。这三处墓地的墓葬都是层层堆埋,不断垒土,最终形成巨大的土堆。发掘者根据墓葬特点和随葬品内涵与时代特征,提出了"滇文化八塔台-横大路类型"的命名。原作者自注据以下资料所撰:云南省文物考古研究所:《曲靖八塔台与横大路》,科学出版社,2003年;云南省文物考古研究所、曲靖市麒麟区文物管理所:《曲靖市麒麟区潇湘平坡墓地发掘报告》,《云南考古报告集》,云南科技出版社,2006年。
② 李保伦:《云南曲靖青铜文化初探》,云南省文物考古研究所编:《石寨山文化考古研究论文集》(中册),北京:科学出版社,2018年,第726页。原载《铜鼓和青铜文化研究——中国南方及东南亚地区古代铜鼓和青铜文化第四次国际学术讨论会论文集》,贵阳:贵州人民出版社,2001年。
③ 李保伦:《云南曲靖青铜文化初探》,云南省文物考古研究所编:《石寨山文化考古研究论文集》(中册),第728页。
④ 王大道:《云南曲靖珠街八塔台古墓群发掘简报》,云南省文物考古研究所编:《石寨山文化考古发掘报告集》(上册),北京:科学出版社,2016年,第386页。原载《云南考古文集》,昆明:云南民族出版社,1998年。
⑤ 《华阳国志校补图注》,第319页。
⑥ 云南省文物考古研究所、曲靖市麒麟区文物管理所:《曲靖市麒麟区潇湘平坡墓地发掘报告》,云南省文物考古研究所编:《石寨山文化考古发掘报告集》(下册),北京:科学出版社,2016年,第586页。
⑦ 叶成勇:《战国秦汉时期南夷社会考古学研究》,北京:文物出版社,2019年,第93页。
⑧ 叶成勇:《战国秦汉时期南夷社会考古学研究》,第94页。

李保伦自1980年代开始研究南方丝绸之路及滇川黔地方文化,一直坚持认为夜郎国邑应在沾益及其附近寻觅。他对考古界把曲靖地下出土文物归于"滇文化八塔台-横大路类型"不以为然,认为应自成体系:"这个体系就是夜郎文化本身所具备的独特性。只是滇与夜郎之间,相互影响的成份比较多,加上人们又主观认为夜郎国在贵州,现有政区概念严重束缚思维,故把现属云南的曲靖八塔台等墓葬出土物,人为划为滇文化或滇文化分支,主观上为科学研究设置了障碍。"现年已82岁的保伦老师与笔者交流时深表遗憾,这位微信名和人们口头上皆称为"老革命"的文博工作者慨叹:"倘若我还年轻,倘若我身体还棒,我一定钻进去,把夜郎问题再透彻研究。"

为了确定夜郎中心,历史学者借助自然科学力量,也在苦苦求索。1998年,广西学者万铺彬和相关学者郭立新、李晓岑、张玉忠合作,采取"铅同位素比值法"对古代铜釜以及古夜郎国文物进行分析研究,明确认定夜郎铸造铜釜的矿料应来自滇黔交界地区,更准确地说,是来自贵州毕节、普安、织金、习水线以西。因此,他们推断古夜郎国的实际控制线应在镇宁、普安、织金、习水一线以西,即可以认为,夜郎国未能控制贵州东部[1]。孙华因此说,虽然以上研究者的观点并没有被学界广泛认可,但随着考古文物的不断发现和研究方式的进一步改进,相信会得到越来越多的认同[2],将夜郎的中心推定在曲靖盆地应该是非常恰当的[3]。

文献学者对夜郎在曲靖也有诸多关注,其中的代表是任乃强。他分析各家对夜郎中心的判断后,独推童振藻、唐钺所说:"童振藻《牂牁考》(载《岭南学报》一卷四期),始推夜郎在云南沾益、曲靖间。唐钺《水经存、温、浪水条文举疑》(载《东方杂志》三十九卷九期),定其位置在沾益。此皆近世学人,由地理实际作出判断。故能远胜前人也。"[4]

他还进一步发明,具体指出夜郎国邑的地点,是在今曲靖市沾益区的"黑桥镇"[5]。

近三四十年来,也如任乃强、李保伦,不少学者把寻觅夜郎古国都邑遗址的眼光聚焦到滇东黔西,有的甚至提出,夜郎都城遗址可能即在曲靖坝子或会泽坝子[6]。对

---

[1] 万铺彬、郭立新、李晓岑、张玉忠:《古夜郎国的铅同位素考证》,《广西民族学院学报》(自然科学版),1998年5月第四卷第2期。
[2] 孙华:《夜郎文化的新探索——读张合荣〈夜郎文明的考古学观察〉(代序)》,张合荣:《夜郎文明的考古学观察:滇东黔西先秦至两汉时期遗存研究》,北京:科学出版社2014年,第ix页。
[3] 孙华:《西南考古的现状与问题——代〈南方文物〉"西南考古"专栏主持辞》,《南方文物》2006年第3期。
[4] 《华阳国志校补图注》,第321页。
[5] 《华阳国志校补图注》,第319页。笔者调查,现在曲靖市沾益区已经撤销这个乡镇,合并到西平镇,只是保留成一个社区,继续沿用"黑桥"之名。
[6] 高兴文:《曲靖考古文集序》,《曲靖考古文集》上册,序言第16页。

于夜郎国邑在沾益一带,长期在贵州工作的云南玉溪籍学者万斗云也持此看法①。2017年3月28日《玉溪日报》以《让历史之光照亮人生之路——对话史学家万斗云》为题,采访已经年过87岁的万老先生,他还笑谈:"记得被分配到贵州之后,在贵州的夜郎考古小组工作,我的观点和那些专家不同,我一个人和贵州的那些专家对抗。"贵州另一学者罗荣泉所撰《汉夜郎侯邑地理位置辩》中,也认为夜郎中心"在今天云南省东北角、北盘江发源的地方,主要指宣威、沾益、曲靖、富源一带"②。

夜郎要发展为西南夷中最大的君长国,势必和滇国一样,"也需要一块河土平敞之地"③,而这一带最大的高原平坝,当属曲靖-陆良坝子。

所谓坝子,即地理学通常所说的山间盆地或河谷冲积平原,这是在中国西南地区,云贵高原的地貌形态最为突出的特点④。贵州的坝子多为喀斯特型,该省媒体人赵车曾以优美的语言对之进行过描述:"喀斯特坝子,是多彩的,它是游方中苗女笑靥上的娇羞,如四月枝头上的那一抹嫩红;它是银匠手中叮当敲打的银饰,如雷霆中乍现的那一道亮白;它是屯堡人家身上穿着的方愨,如秋日江南天空中那令人揪心的湛蓝;它是赤水河中泛起的朵朵浪花,如80多年前猎猎战旗映照的鲜红;它是秋天农人眼中的欣喜,如田坎里稻穗闪现的金黄。它是姊妹节五彩的糯米饭,是苗女手中多彩的绣片,折射出世代相传的生活印记。"⑤

虽然贵州坝子被描绘得如此幻若仙境,但毕竟体量小,并呈碎片化分散,全部加起来,只能"组成一个方圆一两百平方千米的小平原",不说不能与曲靖-陆良大坝子相提并论,就是与"地方三百里"的滇池坝子相比,也显逊色。故贵州省社科院历史研究所所长麻勇斌在大众媒体上撰文宣传:"(贵州)坝子作为开启者或拥有者安身立命的基础资源,每个相对独立存在的单元,面积都不是很大,而且四周是高山密林,其作为生计的空间,承载力非常有限。因此能够容纳的人口规模较小。在完全依靠地力的条件下,这些地方难以形成人口规模宏大和远程经营能力强大的群体。后住在坝子的各个群体,都缺乏跨越山脉阻隔夺取另一个坝子控制权的明显优势和强烈欲望。自(然)而然,每个坝子的人们,都安于和惯于以坝子为国为家的'小国寡民'状态。于

---

① 万斗云:《研究夜郎的体会》,1999夜郎学术研讨会论文编辑委员会编:《夜郎研究》,贵阳:贵州民族出版社,2000年,第209页。
② 罗荣泉:《汉夜郎侯邑地理位置辩》,《夜郎考》(讨论文集之二),第282页。
③ 张合荣:《夜郎文明的考古学观察:滇东黔西先秦至两汉时期遗存研究》,第23页。
④ 寸云激、马健雄:《云贵高原坝子社会研究的方法与问题》,《广西民族大学学报》(哲学社会科学版)2020年第6期。
⑤ 赵车:《喀斯特坝子上的"人间烟火"》,《贵州全域旅游》2019年4月,第9页。

是,坝子之间,彼此没有人为制造的世代血仇,彼此能够以山川为界长期相安。"①

既然贵州地域无条件孕育出夜郎方国文明,自然应越过现在的省界,在云南寻找。笔者循此思路,再根据任乃强分析,在没有更新考古材料支撑的情况下,初步认定应以曲靖沾益为主来确立夜郎中心所在。笔者对黑桥镇究竟在哪里多方求证,最后通过曲靖市广播电视台陈继华处打听到,现在沾益区已经撤销这个镇,合并到西平镇,只是保留成一个社区,继续沿用"黑桥"之名。此名是唐代修建有一座跨在南盘江上的黑桥而得。清光绪《沾益州志》载:"山塘桥,俗名黑桥。离城北三里许。通四川大道,唐武德七年(624)冬十二月,检校南宁都督韦仁寿建。"

2018年8月,笔者赶往黑桥社区查看地形地貌,已经完全看不出曾经辉煌过的夜郎国邑模样。黑桥村是1990年代初期"撤区并乡建镇"前的小乡,村里有一条窄窄的街道,两侧清代和民国时期的建筑大片大片还有保留。它曾是附近地域的中心,逢场天的人欢马嘶享誉周邻。随着沾益城区"膨胀",村四周已陷入建筑工地的灰尘弥漫之中,一条尚未硬化的路横躺村前,截去村里一小角建筑。村里闭门闭户,寥寂冷落,打听才知,大部分已外迁而走。村里残存的老式建筑,也将被一一拆除。

云南曲靖市沾益区西平镇横跨南盘江上的黑桥(摄于2017年)

曲靖市沾益区文管所 王文 供图

---

① 麻勇斌:《"坝"定贵州》,《贵州全域旅游》2019年4月,第28页—29页。

村北旁200多米远,躺着古老的黑桥,桥长42米,宽6.2米,南北向横跨在窄窄的南盘江上。桥面铺有大块大块的青石板,桥面两侧原有挡马石护栏。三个桥孔中孔跨径最大,达10米宽,枯水季孔高有4米左右。如此建成状态,证明为桥下通航所需。

再看此处的南盘江,她远没有下游宽阔,静静地躺在小小的桥下,小鸟依人,甚至看不出水有流动的痕迹。乍眼一看,黑桥桥洞距水面的高度完全容不下通船的空间,是不是此处南盘江不能通航而作此造桥之设呢?通过仔细察看桥墩、河岸,再一一询问家居附近的过桥人,得知是因为江里淤泥堆积,抬高河床后,水面上涨逼近桥身所致。社区干部告知,三四十年前,还有船只上下开行。只是夜郎一名,他们除了知道"夜郎自大"一词外,一切皆茫然,甚至笑称笔者在说"天方夜谭"。曲靖市地方研究者,大多数也没有过多关注此事,也没有人作过系统挖掘。

笔者和云南曲靖学者梁晓强(中)、沾益区文管所所长王文(右)一道,考察黑桥村

2021年7月,笔者再次探访黑桥。沾益区文管所所长王文也不知道此处有夜郎国邑一说,但他对黑桥的情况了然于胸,介绍桥南侧曾有"过桥",为3开间2层土木结构,中为通道。他认为所通之道即为著名的"五尺道",该道曾自桥北侧约200米的"引桥"逶迤而来。可惜引桥大部分已毁,只残存7孔约14米。引桥继续北延就是当地俗

称的九龙山,过山可达松林驿。清代沾益知州邓墀眼见黑桥残破没入土中,便于原址重建,咸丰元年(1851)完工后改名长虹桥,特作记立碑:"沾益之地多山,而城北大道通黔、蜀。自来远、炎方至九龙驿,数十里层峦叠嶂,罗列环绕。过大觉栖云以下,山势顿落,地形顿低,山水爆发,河陆不分,汪洋一片,行人苦之。唐武德间,都督韦公建山塘桥于此,俗名黑桥。年久倾圮,桥石尽没于土之中。余牧是州,悯行旅之艰,道光三十年修九龙驿路,咸丰元年捐款重建城南之新桥,城北之山塘桥未整改。过涉者灭顶堪虞,余心终不安也。因亦兴工重建,江西抚郡公号亦捐百金相助,于闰八月告成。桥门凡七十有九,爰改名长虹桥。即志数语勒诸石。"①

该碑题名《长虹桥碑记》,惜今已毁,幸有文字留存文管所。笔者考察时突发感叹,如果任乃强等学者推论的夜郎国邑倘经进一步科学考证,确在黑桥村,该村和村边黑桥今日能继续保留,可谓善莫大焉。

夜郎时作为国邑的沾益是什么样子,已无从考究,但从日本探险家鸟居龙藏②的笔下,还可大概窥得120多年前城市的概貌,他在所著的《西南中国行纪》一书中,定义沾益"素有'入滇第一州'之称"③:"沾益州城,城墙呈三角形,分东南西北四门。城内约两百余户,今天正遇上赶集,人山人海。盖因这里为云南、四川、贵州三省枢纽上的中心驿站,货物、人马来往频繁,市况热闹,人群熙熙攘攘。房屋鳞次栉比,井然有序。建筑亦为美观,且旅店甚多。城中建有关帝庙,立着康熙、乾隆时期的碑刻。昨天看到的巡抚副手一行歇宿在城内。集市本已非常复杂,加上此一行的到来,更是喧闹不堪。进入云南省后方初次看见如此热闹的地方。"④

对神秘的夜郎不知情和不了解,更导致对夜郎国邑定位问题众说纷纭,"究竟什么是夜郎文化,或者说夜郎文化的特质是什么,它有什么代表性器物,学术界也没有统一的认识"⑤。笔者虽然对沾益反复考察,还是认为不能简单地纸上谈兵,也不能蜻蜓点水,只就地形地势、民俗残存简单观察后匆忙下断章,还需要考古工作的进一步推进才能结论。考古学者杨勇就不完全赞成笔者观点,认为夜郎的中心是漂移的,很可能在黔西北、黔西南和滇东之间游离。笔者也期望他正在开展的西南夷如朱提故

---

① 诚谢曲靖市沾益区文管所所长王文惠传资料。
② [日]鸟居龙藏著、杨志强译:《西南中国行纪》,北京:商务印书馆,2020年,序言第1页:鸟居龙藏(1870—1953)是日本及东亚考古学家、人类学的著名开拓者之一。其田野调查的足迹除日本本土外,还遍及蒙古、朝鲜半岛、东西伯利亚及中国西南、东北、台湾、内蒙古等地,著述颇为丰富,被视为外国人在中国进行的早期人类学调查的重要活动之一。
③ [日]鸟居龙藏著、杨志强译:《西南中国行纪》,北京:商务印书馆,2020年第177页。
④ 《西南中国行纪》,第177页。
⑤ 蒋志龙、樊海涛:《古滇文化史》,第43页。

城等的考古工作能迅猛推进,或有惊人发现擦亮我们眼球。不管怎么样,沾益可不可能是夜郎曾经的一个中心之一的结论,企盼有朝一日能水落石出。在研究工作尚处于过程阶段,享誉西南的夜郎品牌需保护、传承、增值。宫长为因此认为,夜郎处于中华文明开创阶段向中华文明发展阶段的过渡期,是中华民族传统文化的重要组成部分,同时是西南地区中华文明的典型代表[1],值得深入研究和用心呵护。

第二节 通达南越的牂牁江不是红水河及其上游

假如夜郎国邑中心确定在沾益,牂牁江就如任乃强所言,就是南盘江[2]吗?笔者按任、万、罗等先生对夜郎的分析,分别在曲靖麒麟区、沾益区、陆良县等地进行考察,得知南盘江穿行在曲靖-陆良坝子内,是完全可以通航的。孙敬之主编的《西南地区经济地理》认为,从沾益的黑桥开始,到麒麟区的两河口可通航21.6千米;绕过此处再入水至陆良县越州镇的僚浒社区,可通航32.1千米;绕过僚浒再到四桥,可通航56.2千米,但总里程才110千米不到[3]。

在陆良县、宜良县、石林县等处,笔者观察到,南盘江南流到宜良狗街镇高古马村地域时,山势由北向南陡然升高,两岸壁立,河水深切,水流如箭,再也无法行船。按孙敬之的测定,只宜良和狗街之间通航26千米,然后在小龙潭与江边街之间通航74.6千米,这两处通航水道长度加上曲陆坝子通航长度,在云南省境内仅210.5千米。这与南盘江在贵州境内长度263.5[4]千米相比较,显得要短。初步判断,夜郎所临能船通南越的牂牁江,不能对此南盘江之下游河段作指称。

---

[1] 宫长为:《传承中华文明 创新夜郎文化》,多彩贵州文化旅游研究院主编:《传统与当代:首届夜郎文化高峰论坛文集》,第191页。
[2] [晋]常璩著、任乃强校注:《华阳国志校补图注》,上海:上海古籍出版社,1987年7月第1版,2011年7月第5次印刷,第320页:可定唐蒙所言之牂牁江,即今之南盘江与西江之称。
[3] 孙敬之主编:《西南地区经济地理》(四川·贵州·云南),北京:科学出版社,1960年,第187页。
[4] 席克定:《"夜郎临牂牁江"说质疑——对贵州南、北盘江的实地考察》,《贵州文史丛刊》1990年第4期。

第七章　夜郎临牂牁江及右江上游通道价值

云南省宜良、石林、澄江、华宁地域，正是南盘江出陆良坝子后，由北径南的直线流向处。笔者在宜良坝子内观察江面平缓，但到坝子南端的狗街镇高古马村，即劈山而南，水行峡谷，浪湍如鼓，再也无法通航。宜良县文管所王利骞（右一）介绍，"高古马"为彝语，意为"弯弯里箐边驻兵之地"

《史记》提到几次"牂牁江"，其中一次划定夜郎方位时，用了一个动词"临"："夜郎者，临牂牁江。江广百余步，足以行船。"①仔细分析原文可以看出，夜郎国里没有牂牁江，牂牁江只能在夜郎国之外，才能被称为"临""接""毗"，否则就该用揽入怀中之"拥""属"等词。古人用字精准，"临"明表是挨着、邻近之意，还有从北向南、从上到下的方位特征字义，空间感觉明确突出。而夜郎恰在南越的西北方，南越番禺河面宽达数里的牂牁江正流，只能被夜郎从北往南挨着，而不属于其国。由此分析夜郎联盟中的夜郎本部，从未临过牂牁江，与疑似牂牁江是郁江-右江的这一条江相邻、相拥的，只是联盟中的句町国。这个包含有今广西西北部的方国，正因为占据南汇大海、北上巴蜀的冲繁之地，才促成其国的进一步强大，最终敲响夜郎灭亡的钟声。

今天云贵高原上的珠江水系中，凡行船之江，能通航秦汉南越的似乎大多数都有可能是牂牁江，它们都是该水系的支流甚至二级乃至三级支流。牂牁江之名唐蒙以后就神秘消失，留下尾能确指番禺、头不知道在哪的毛线团。任乃强分析，是"汉世，司马迁记牂牁江外，学人入南夷者少，续言牂牁江者只桑钦《水经》。《水经》言'牂牁水东至郁林广郁县为郁水，南流入交趾。'末句已错误。宁州陷没后，历隋、唐、宋、元，无

---

① [西汉]司马迁：《史记》卷一百一十六《西南夷列传第五十六》，北京：中华书局，1959年9月第1版，1982年11月第2版，1982年11月北京第8次印刷，第2994页。

能考牂牁江为何水者。明、清世,云南、贵州建省,方志家开始考订。其下游为广东之西江;在广西者称为郁江,大体一致。上游是何水,则言从殊。虽皆依据《史记》'夜郎临牂牁江'一语,而订夜郎位置不同,所指牂牁江亦异。"①这个乱麻麻的毛线团始于蜀中所产之蒟酱,唐蒙就是惊奇于南越出现蜀产品,调查蜀贾人后,才促成西南夷开发。唐蒙通夜郎的目的很明确,就是为了寻找这条侧背进攻南越的便捷军事通道。

贵州罗甸县红水河镇、广西天峨县下老乡一带的红水河江面,江宽水阔的原因,是下游龙滩电站修建起来后,水位抬高近200米所致。
笔者 摄

古人的地理知识匮乏,加之汉初关徼西南七十年,旧时信息断代,不知秦时自西南就可通岭南,也不知秦设之象郡所辖地域已跨入滇黔,包括吕后对南越的用兵,都只知道从正北的今湘赣以南一带推进。故而唐蒙的"发现"深受汉帝国中央的高度重视,汉武帝批准他带领上万人马,驮运大批物资"出使"夜郎。

对于蒟酱是何物,如何制作,历来争论较多,一并在此作梳理。蒟酱,东汉以前称作枸酱,东汉以后才称此名。因唐蒙通夜郎源于此物,再加左思极力渲染"邛杖传节于大夏之邑,蒟酱流味于番禺之乡"②,竟成两千年来喋喋不休的谈资。郭声波认为:"古人视为一方珍味的蒟酱原料,非扶留藤(蒌叶)莫属。"他还原了其失传的制作方

---

① 《华阳国志校补图注》,第320页。
② 左思《蜀都赋》,杨慎编《全蜀艺文志》卷一,文渊阁四库全书本。

第七章 夜郎临牂牁江及右江上游通道价值

法,专门考证似为把晒干的扶留藤果穗(含果实)研成粉,调和在扶留藤叶经蒸馏提取的蒟酱油中,即成为较为粘稠的蒟酱,味带辛辣,传统产地在蜀南僰人地区。清初以来在四川基本已不见记载,无法与辣椒相敌,终于消失于川人的日常生活之中①。

唐蒙侦得南越"道西北牂牁,牂牁江广数里"和"夜郎临牂牁江,江广百余步,可行船"后,一心打通牂牁江直下南越水道,"发巴蜀卒治道,从僰道直指牂牁江"。但是元鼎五年(112),南越战事爆发,汉军一年时间都寻路不通,证明所谓夜郎从牂牁江一航南越的信息不确凿②,唐蒙所治之道即使不是南辕北辙,也"仅是'指'牂牁江,而不一定是达到牂牁江"③。上文已述,南盘江不能直航到红水河,从今情观察,红水河也不能直航广西迁江④,真正能启航到广州的只有右江及其上游驮娘江、西洋江。可能汉军没有真正重视右江水道,反而迷信有所谓其他水道才是牂牁江,故而一直处于寻路过程中。更可能的是唐蒙所犯的巨大失误,把僰道为起点的南夷道,修到不是牂牁江的沾益南盘江边,草草向远在长安的汉武帝交了差。战争才是真正检验质量的标准,唐蒙的牂牁江航线和他本人一样,被湮灭历史长河。

云贵贵高原上哪条水道通番禺捷便,任乃强分析,自夜郎(黑桥)通番禺之水道,就古今地理形势言,有四线:

一、自夜郎浮船向陆良,改陆行经师宗、广南,至博瞌,约七百里。再浮船右江,经百色、南宁至桂平,入于牂牁江正流,又过梧州、肇庆至番禺。此为四线中水程最长且平便者。然在四线最西南,汉军将必嫌其迂远,七百里陆道又难知,故必更求于其东方。夜郎人亦必有以导之者。

二、自师宗东向罗平、兴义、册亨、罗甸(三县今属贵州),至天峨(属广西),陆行八百余里,皆距牂牁江(南盘江)北岸不远。然此段河谷郁热而多滩险,不可行船。自天峨以下,虽可行船,礁险甚多。直至来宾以下始平稳。实际水程甚短。在汉时尤多恶瘴,为时人所畏。汉军亦当

---

① 郭声波:《蒟酱(蒌叶)的历史与开发》,《中国农史》2007年1期。
② 《华阳国志校补图注》,第319页:(唐蒙)既回长安汇报使命,因遍访蜀贾人以蒟酱运入牂牁江之路。蜀人畏担"奸出物"之罪,不敢备述其商道。唯曾遵关税制出夜郎者知夜郎即是牂牁,且知其城外行船之水有牂牁江称,隐试唐蒙以线索。所言故属实,可以按验,亦必与蒙有交谊者乃肯,故蒙亦深信之,而建浮船牂牁以伐越之计也。蜀贾人固未尝以"奸出物"之全面途径告之,蒙亦未知夜郎牂牁江行船不能直达番禺,徒私度其能达而已……閲二十三年为元鼎五年……汉武帝仍兼从豫章、长沙、桂阳、零陵与牂牁五路出兵,会攻番禺。结果是:南越已平,牂牁一路尚未能入越境,则唐蒙本计与地理实际并不适合故也。
③ 席克定:《"夜郎临牂牁江"说质疑—对贵州南、北盘江的实地考察》,《贵州文史丛刊》1990年第4期。
④ 徐俊鸣:《珠江》,中国青年出版社,1965年,北京,第11页。引者注:据邓敏杰、邓韬:《广西政区集成》第771页,迁江今为广西来宾市兴宾区下属镇。

疑而不取。

三、自夜郎直东，经普安，镇宁，安顺，惠水，独山，至荔波，浮船下金城江，过柳州，合牂牁江正流。陆道最长，水程最短。然水陆俱较安便。当时亦必有夜郎人引导之。

四、自鳖县（今遵义）陆行至且兰（今黄平县）。又南经凯里、丹寨，至三角屯（今三都县），浮船都柳江，入广西之融江。过柳州，入于牂牁正流（自独山亦可循此水道入广西）。此线最东，水道开辟最早。然去夜郎最远。其地面全属且兰国①。

先看都柳江。都柳江古称刚水②，发源于贵州独山，流经三都、榕江、从江，进入桂境三江后，合流湖南南流而来的潭水（寻江和柳江的古称）③。沿河多为苗、水等民族聚居，至今荒僻。2016年6月26日，西南古代出海丝绸之路考察团第1小组，在四川大学彭邦本教授带领下，从独山到三都的都柳江上游左岸，沿坑坑洼洼的小路乘车观察前行，看到江面倒平稳，但两岸长距离不见人迹，途中乱石横陈，中巴车险象环生，不少路段还得全体下车减重后才能前行。更让考察团成员始料未及，早餐后出发直至下午三点多钟，竟也没能走完40多千米的路程，当然更没地方吃上午饭，好不容易才见到路边有一位卖香蕉的小伙子，热心地免费全部送给大家才得以以饷充饥。

2016年6月26日，为考察贵州都柳江航运情况，古代西南出海丝绸之路考察团第1小组沿江而行，迟至下午3点也没地方吃午饭。幸遇一热心卖香蕉者免费供给，方狼吞虎咽，聊以充饥

魏敏 摄

---

① 《华阳国志校补图注》，第319-320页。
② [北魏]郦道元著、陈桥驿校证：《水经注校证》，北京：中华书局，2013年1月北京第1版，2020年11月北京第4次印刷，第796页。
③ [北魏]郦道元著、陈桥驿校证：《水经注校证》，第795-796页。

古代西南出海丝绸之路考察团考察贵州都柳江,部分学者在黔桂交界处三江县船上合影

康立沙 摄

如果都柳江秦汉即有往来穿梭游弋的船只,不会造成大段的荒废之地。沿江没能短距离自然聚集成市镇和人口,也说明其作为主干通道功用的可能性微乎其微。张广泗疏浚河道后,都柳江才能开始通航,直至其下游柳州以下柳江江面。但因属民族聚居区和无厚重古蕴支撑,沿江邑聚(码头)长段长段无法骤然成型。不过,据考证,这段航线之长反超红水河通航航线[1],也能从另外一侧面证明,红水河及其上游南、北盘江,不可能是番禺人心目中的牂牁江。

再看南盘江或者北盘江通过红水河南下两广的水道,从笔者田野调查来看也无法全线通航,前文已述"南盘江只沾益曲靖至宜良一段通航",宜良以下包括云南、贵州、广西约千里江段,不能一直行船。特别是红水河,沿岸峭壁如刀,水流湍急,浪击如鼓,直到广西天峨,犹如明清等学人论证,绝无通船可能。

但笔者在黔桂边兴义南盘江镇(巴结镇)处,却见江宽水阔,完全没有险峻之兆。原武警水电一总队士官黎飞虎告知,江面宽广的原因是建起电站后水位抬升近两百米所致。他们部队在这一带作业修建天生桥水电站,只见桠叉(对岸为安龙盘坝)下游江中横亘无数巨大礁石,江水急冲其上,飞花四射,望而生畏,闻之胆寒。广西隆林

---

[1] 徐俊鸣:《珠江》,第11页。

各族自治县文旅局副局长唐佩华幼时也生活在这一带,他陪笔者考察时也描绘雷公滩的可怖:远听就像江水在打雷般跌落,近观水雾迷漫,不要说行船,就是沿岸边行走,也困难重重。贵州学者席克定1985年夏考察包括雷公滩在内的贵州境内南盘江时,肯定地认为不能通航:

汹涌奔腾在黔桂边的红水河,进入广西东兰县大同乡板文村处形成直角之湾,俗称红水河第一湾

东兰县文旅局 供图

  南盘江在贵州境内都是流经石灰岩地区,两岸山势雄伟。由于江水切割,河谷深陡,水位低下,河谷一般深500-700米。南盘江在安龙坝盘处,有著名的雷公滩河湾,由数十个急滩组成,总长16.64千米,江水落差却达183.8米。雷公滩以下,江面较宽阔,水流较平缓,险滩不多。在南盘江沿岸,上游的巴结,是一个市镇,其余有岜皓、坝盘等较大的村寨,但是,他们都位于雷公滩以上,与下游并不通航;在雷公滩以下的南盘江,贵州境内,江边有少数居民点,这些居民点的户数不多,多数是在五十年代以后,才陆续迁移到江边来定居的。在实地考察中见到,有相当长的河段,江边只有一级阶地,长满杂树、芦苇等,见不到人们进行农业生产时对土地进行加工的痕迹,呈现出一种原始的状态,说明这里还是一片未开垦的处女地①。

巴结镇村民告诉笔者,过去江面远没有今天的宽阔,浩浩江面以前都是河谷,他们的村寨之前位于河谷下面,现在完全被水淹没,"就在河中间的位置"。

---

① 席克定:《"夜郎临牂牁江"说质疑——对贵州南、北盘江的实地考察》,《贵州文史丛刊》1990年第4期。

贵州黔西南州兴义市南盘江镇（巴结镇）原位于图中江心，就只能通过笔者所站位置石阶处的这条过去的古道，与外面交往。后因下游修建拦河大坝悉数淹没江底，全镇居民整体迁至距原址约500多米远的江岸台地

何川文 摄

南、北盘江交汇处又是什么情况呢？席克定考察后也认为："望谟县境内的蔗香，是南、北盘江的会合处，其下为红水河。就其地理位置而言，是最好的港口和商埠地点。但是，蔗香到现在仍然是一个以农业人口为主的小村寨，并未能成为港口或商埠。同样，在册亨县境内的坝恩、坝然、坝来等村寨，虽然位置都在南、北盘江会合处，但也是以农业人口为主的小村寨。"

笔者对蔗香也作过观察。我们2019年11月19日中午从望谟县城出发，地图上测定直线距离不过26千米，车程却经过两个多小时才抵达蔗香镇双江口。所谓双江口，就是北盘江、南盘江交汇成红水河之处。下到河边之前，先站在高处俯瞰江面，但见河面宽阔，水色澄碧，河岸线在极远处的山脚下隐隐约现，就像一汪高原湖泊。四面围住"湖泊"的大山上，树木茂盛，一片葱绿。只是，都没有看到人烟迹象。下到河边渡口，有机动渡船在贵州和广西两岸间来回摆渡，但对岸没有看到房屋的痕迹。渡口有三五处小摊点，摊主招揽生意的对象，是渡河的客人。上了年纪的布依族女摊主王善村，说的汉语没有那么纯正，个别词语需要比画才能彻底明白。她告诉笔者，红水河行船只能到下游不远处，北盘江通航到白城没有问题，南盘江只能上行到八渡（对岸是广西的旧州）。下游电站修通后，可以再直上巴结了。笔者与陪同调查的望谟县文广局局长黄福祥探讨，如此水量巨大的"三江"交汇之处，为什么没有市镇出现，这在国内是比较罕见？得出的结论还是交通不方便造成的。他还认为,这里的布依族同胞之所以汉话不流畅,就是长期闭塞所致。

贵州望谟县文广局局长黄福祥（右三）陪同笔者考察蔗香镇南盘江、北盘江、红水河交汇处的双江口。此处现有机动渡船往来两岸,摆有摊点叫卖的布依族摊贩王善村（左一）虽热情介绍情况,汉语尚不流利　　　　李光华 摄

从避难的角度来看,有难民自发选择此地而来,也证明双江口一带的蛮荒和冷僻。广西一记者20年前给我们留有一素材:"两江汇合处一带本是少有人烟的荒野之地,过去不用说都是林木苍莽,植被是十分繁茂的了,只是到了抗日战争时期,这一带令人相当害怕的野岭闲山,一下子人气热旺起来,那是一些人为了免受日本鬼子的侵害,便逃到两江交汇处的尖嘴岭上（盖）起房子居住,想凭红水河、南北盘江作天然防护,把尖嘴岭当做安全岛,而且岭上一时还成为这一带人们赶圩的临时场所。日寇投降后,人们从岛上离去,尖嘴岭又恢复了原先的平静状态。"①

笔者又沿黔桂边红水河乐业-罗甸-天峨一线观察,江面也如巴结,平静开阔。乐业县逻西乡、罗甸县红水河镇、天峨县下老乡沿江村民也告知,红水河在他们这一带不能上下通航,再往上的南盘江只有木筏断续往来,直到20世纪70年代下游电站抬高水位后,才试航了最大载重量20吨左右的船只②。出版在1980年代的《珠江》一书,

---

① 蓝阳春:《南北盘江汇合处——红水河源头考察报告之五》,唐正柱主编:《红水河文化研究》,南宁:广西人民出版社,2001年,第86页。
② 席克定:《夜郎临牂牁江说质疑——对贵州南、北盘江的实地考察》,《贵州文史丛刊》1990年第4期。

也记载从西江下游而上的帆船只能行驶到迁江。加上瘴气作祟①,古代的红水河全线完整通航是不可能的。

广西、贵州交界处的南盘江八渡（对岸为广西田林县旧州）渡口,目前两省（区）间天各开一艘渡轮方便两岸群众来往。　　　　　　　　　　段理 摄

看来,通过对珠江水系主要出黔"水道"今情观察,追溯远古也不会长距离通行,唐蒙上报武帝所言的直通番禺的牂牁江应不属南、北盘江及红水河及都柳江等条,长安的蜀贾人不知道夜郎以南的行进路线,"致误唐蒙与汉军也"②,汉军来回打转一年时间,也没有办法进军南越③。最终,驰义侯率领的巴蜀士卒连同征发同行的夜郎军队,只行进到广西梧州,便因战事结束而返程④。

当然,按照任乃强分析四条枸酱入番禺线路来看,红水河、都柳江、金城江通航能力也是不容忽视。特别是红水河及其上游南盘江和北盘江,在粤桂黔滇的倾力打造下,提升通航能力大有可为。有文章分析,如果相关地区有关部门通力合作,打通关键节点,红水河-北盘江建设成可通航1000吨级的三级航道⑤前景乐观。

---

① 方国瑜：《汉牂牁郡地理考释》,贵州省社会科学院历史研究所编：《夜郎考》（讨论文集三）,贵阳：贵州人民出版社,1979年,第63页。
② 任乃强：《四川上古史新探》,成都：四川人民出版社,2019年,第158-159页。
③ 《华阳国志校补图注》,第319页。
④ 《贵州通史》编委会：《贵州通史》第1卷《远古至元代的贵州》,北京：当代中国出版社,2003年,第147页。
⑤ 赵光辉、朱谷生：《北盘江-红水河水运发展及展望研究》,《曲靖师范学院学报》2019年第1期。

第三节　　太阳黑子:右江通道

右江是西南诸江中一条特殊但名微的河流,普通人的认知停留在邓小平同志的百色起义与左右江红色革命根据地上,至于它沟通西南-岭南的通道作用,在国内学者层面也认识模糊,更遑论与汉牂牁江相提并论。

笔者2019年11月首次考察右江时,还以固有思维主观认为牂牁江系南北盘江及红水河中的一条,非右江及其上游支流所属,故对其上游驮娘江、西洋江未作考察。回泸后查阅文献资料中得知,右江通航的记载和相关论证、成果,在广西蔚为大观,以石器时代人类的聚居到金属器时代的考古,都证明它有人类大量沿河活动痕迹。从其上游支流附近地域的出土文物来看,不仅数量可观,还有西林普驮铜棺葬[1]、铜鼓墓[2],广南牧宜木椁墓[3],那坡感驮岩牙璋[4]等高规格文物呈现。这些信息,促使笔者又三次对右江及其上游支流驮娘江、西洋江、富宁河进行实地考察。其中印象颇深的是,在百色城区和平果,笔者分别通过市文广旅局副局长孙斌和平果文联主席梁颖武引领,参观过两家右江文化展示馆,两家店珍藏有大量右江出水的各式铜器、石器,特别是花样繁多的鹅卵石,与笔者见过的长江奇石相比,更让人眼花缭乱。平果骆越文化展示馆馆长陈绪松向笔者介绍,整条右江出水玉牙璋有12块,并翻开两本画册,一一指给笔者看在哪处江段所出。若此上十块玉牙璋出水属实,整条右江的方国部落文明史将会得到更加深刻的认识。

西林文史研究者邓正甜也证实,他在普驮一带驮娘江边河滩上,也捡到过石斧、铜戈,暗合此前笔者调查右江有大量文物出水相吻合的事实。

右江是西江支流郁江的上游主流,右江上游又有驮娘江和西洋江两大主要支流,主源至今尚有争论,笔者取发源于广南县底圩乡的驮娘江为右江主源一说[5]。根据考古工作者对驮娘江流域新石器时代遗址考古调查,我们可以明确认定,在史前时期,

---

[1] 王克荣:《建国以来广西文物考古工作的主要收获》,《文物》1978年第4期。
[2] 王克荣、蒋廷瑜:《广西西林县铜鼓墓葬》,《文物》1978年第9期。
[3] 云南省文物考古研究所、文山州文物管理所、红河州文物管理所编著:《云南边境地区(文山州和红河州)考古调查报告》,昆明:公司云南科技出版社,2008年,第107-125页。
[4] 广西壮族自治区文物工作队、那坡县博物馆:《广西那坡县感驮岩遗址发掘简报》,《考古》2003年第10期。
[5] 张世铨:《汉句町四题》,中共西林县委、县人民政府,广西文物考古研究所,广西历史学会编:《句町国与西林特色文化》,第49页。原载《民族研究》1983年第5期。

驮娘江不仅是人类迁徙的通道,更是文化传播的走廊①。

任乃强上述4条分析西南至岭南沿海的古道路径,唯第一路剥隘-右江道有可取之处②。笔者实地考证后认为,只是毋须下到博隘,分别在驮娘江或西洋江边的土黄、板蚌处,即可行船一路而下。

2020年8月和2021年5月,笔者两次对驮娘江和西洋江进行了观察。考察地域是沿陆良、罗平、师宗、石林、广南、西林、富宁等地驮娘江和西洋江上游及其以北,还有隆林、田林、右江区、凌云、乐业、罗甸、望谟、册亨、安龙、兴义等南盘江、红水河间地域迂回,分别与各县地方文博、文史、水文工作者孙斌、黄鑫、崔利军、周仕敏、王合兵、陈应文、邓正甜、韦定仍、岑斌、覃宏林、黎盛根、何永进、农恩护、杨文科、唐光华、凌英甲、黄晋强、郭日晶、麻晓荣等研究者交流,并实地踏勘两江上游。

广西西林县城八达镇今貌。该县人口仅17万,县城人口不过5万,城内没有的士车,交通全靠机动三轮车,人们称其为"马崽"。站在街边吼一声"马崽",即来即停即走,甚为方便。图中绕城而过之水即右江上源驮娘江

西林县文联 李光琳 摄

右江汉代称文象水③,《汉书·地理志》所记"文象水东至增食入郁"当为首次出现。同书紧接记有"又有卢唯水、来细水、伐水",此三水应与右江关联密切,笔者认为应是其支流。中原史家对僻远之地的河流记名,并非闲笔,当为知名之河,知名原因,就因

---

① 广西文物保护与考古研究所、西林县文物管理所、田林县文物管理所:《广西驮娘江流域新石器时代遗址考古调查报告》,广西文物保护与考古研究所编:《广西考古文集》(第五辑),北京:科学出版社,2013年,第135页。
② 《华阳国志校补图注》,第320页:蜀蒟酱入番禺之路,为剥隘、右江一路,不可能是其他三路。
③ 《华阳国志校补图注》,第307页。

有航运之便。那驮娘江作为右江主源,是其中的哪一条水,历史地理考释者莫衷一是。笔者根据1980年代广西学者张世铨所撰《汉句町四题》提示,认为文象水是田阳以上右江水道(含驮娘江),右江下游则称为欢水①。

俯瞰美丽的驮娘江。图为流淌在广西西林县那劳镇洞坚湾处的一段驮娘江走向

西林县文联 罗世金 摄

驮娘江穿过广西西林县土黄坝子,向下游县城方向南流。西林县文化局原局长王合兵(右一)和西林县文史研究者韦定仍(中)介绍,此段看似窄窄的江面,过去一直能行船

---

① 张世铨:《汉句町四题》,中共西林县委、县人民政府,广西文物考古研究所,广西历史学会编:《句町国与西林特色文化》,第48-49页。

对于驮娘江在古代能通航的结论,综合调查分析出,南盘江从陆良大莫古开始上岸,都曾经有古道,西通石林西街口;南通召碴、雄壁后又达于罗平南盘江边的八大河村;也可以南另通师宗以且、五龙到达南盘江高良。分别在这两处渡口过江,或经过西林马蚌,或经过广南猫街,都到达西林古樟,然后到土黄进入驮娘江,即能顺流而航。在土黄坝子调查时,土黄村那汪屯村民卢广全告诉笔者,他父亲在世时曾经到广南坝美买船,顺流划回来。随后云南广南县坝美的村民也争相告诉笔者,这条河本来就可以通船广西(指西林)。

驮娘江上游江边出土的普驮两座高规格的西汉墓葬,证明河道通畅。两座墓葬紧紧相邻,位于西林县新、老县城之间的公路正中,距驮娘江直线距离不超过300米。所出铜棺重达800千克以上,如果肩抬而至,远距离行走山路,纵使人多不断轮流,也有无法想象的困难。唯一的解释就是顺或逆驮娘江船载而至。这是驮娘江西汉时代即有航道和航行的最早实物明证,对桂滇黔边的古代交通研究意义重大。

广西西林普驮出土的铜棺被人为损毁后,西林县博物馆约请见证人回忆,复制于馆内展陈,与原物相似度可达80%。该棺系长约2米,宽约0.66米,高约0.8米的长方形鎏金所制,棺盖上立有铜铸人物活动场面造型;棺的头、尾挂有鎏金铜铺首;棺的两侧各悬铜面具三个,一侧面具鎏金,一侧面具鎏银[①]

笔者 摄

---

① 该棺形象描述据张世铨:《汉句町四题》,中共西林县委、县人民政府,广西文物考古研究所,广西历史学会编:《句町国与西林特色文化》,第49页。原载《民族研究》1983年第5期。

驮娘江中游通航能力更大,笔者在西林老县城定安与田林县水文站负责人李彬交流江段通航情况,他认为从水深、流量、流速若干数据观察分析,沿江各处拦河坝修建以前,历史上驮娘江通航是完全可能的。

笔者在广西田林县定安镇水文站了解驮娘江水量与航运情况,
左二为水文站主持工作的副站长李彬

西洋江是驮娘江支流,现代地理知识已然判明。但在汉晋时,中原人记录较模糊,尚认为其为右江上源主流,这一认知甚至影响至今。不过,共同发源于广南县的驮娘江、西洋江,确实水量、长度皆在伯仲之间,更重要的是,都具有理想的通航条件。根据考察可证,西洋江接续陆道可转水行是不容置辩的事实。商贾物资越过南盘江的高良后,直接进入丘北到达广南坝子,然后进至该县杨柳井乡西洋街村,有一路可陆行至西洋江下游的板蚌码头,在此直航剥隘;水涨时,也可在西洋街就近下船。

笔者在西洋江沿岸调查,得知其名乃壮语语音"迪娘"或"䦆娘"的汉字音译,也有"昔阳"一词的译法,壮意皆为四只高规格铜鼓栖身之地,该江上游通航尽头,就是古村落"西洋街"。曾生活在此的西林县文联副主席岑斌认为,西洋江即是取自该村落地名。徐松石据《赤雅》认为,䦆娘系明代广西峒女握兵权者的称呼[1],暗合与壮意所释西洋江之义,西洋街似应居住过女性雄长。笔者在西洋街村四周观察,但见其坐落在一山间小盆地内,群山四围,江水切开其中一峰,向东北而流。广南县地方文博工作者陈应文因此认为,西洋江虽因西洋街而名,但西洋街在壮语里的意思应为:有四只羊从河

---

[1] 徐松石撰,余漾冬、王旭点校:《中国边疆研究文库·初编·西南边疆·卷六·粤江流域人民史》,哈尔滨:黑龙江教育出版社,2015年,第169页。

流未切开的隘口经过时,羊蹄踩踏而致水泄河走之意。不管壮语之意作何理解,西洋江不是今天网络上用汉意曲解为"西方大洋之江"或者"夕阳西下之江"是肯定的。

云南广南县西洋街村处的西洋江上游一角(红色箭头处)。从这个地势观察,西洋江确实在四面是丛峰的包围中破峡而出

在西洋街村居住60多年的宋荣芳老人(右二),在其女婿蒋开祥(右一)牵扶下,引领笔者观察西洋街村

从西洋江与驮娘江交汇处的八桂乡弄瓦村开始,水涨时通航能上溯到西洋街。退休于航管站、在此生活了60多年的85岁宋荣芳老人告知,1970年代时尚有木船在水涨时节载盐而来。广南县西洋江宇船运输有限公司董事长韦培争也证实此说。他所经营的航运公司有9条机动船,在西洋街下游的板蚌一带上下游弋,载人载货,生意

兴隆。笔者在板蚌看到,就有他公司所属的两艘机动船"西洋江5号""西洋江6号"并排停靠在西洋江与八宝河交汇处。他告诉笔者,每艘船能载货16吨,载人能载30人。

西洋江通航驮娘江古已有之,至今尚有机动船在西洋江内航行,笔者在广南板蚌看到,西洋江与八宝河交汇处的码头上,并排停靠的两只机动船

板蚌下距驮娘江的汇口百嘎直线距离约54千米,上距西洋街直线距离约15千米,过去从广南而来的马帮在西洋街分一支进入于此,上下货物再走水路,是一处仅次于剥隘的水陆物资交汇口岸,沿镇有上下两个码头,码头上过去停靠着众多木船,当地人回忆它的繁华,尚津津有味。

笔者在板蚌下码头的西洋江边,尝试与渔民共同撒网捕鱼。江内有一种嘴长得似猪嘴之状,被称为"猪嘴鱼",肉嫩味美,村民提及,皆口角流涎

驮娘江汇西洋江后,穿过驮娘江小三峡到达剥隘,剥、博、百、北在壮语互通,剥隘即隘口之意①,徐霞客考察时记作"白隘"②,故白与上述字在壮语里也发音相同。宋代有文献记载以来,皆称隘岸,直到西风东渐,清末一度被"博爱"和"百爱"之汉意记名③,从解放军进军此地的老照片上,可看到"博爱"二字赫然立于大码头的牌坊上。

1950年1月6日,人民解放军从广西逆右江进入云南的第一站即剥隘,图为战士们在码头上岸时情景。现该镇因下游百色电站拦河坝建成后江水上涨已淹没水下　　富宁县政协文史委　黎盛根　供图

博隘地小名盛,皆因驮娘江能倚此一航南海,成为自古西南-岭南交通要隘,其中滇铜运出云南正是这个隘口散发的重要通道作用,不仅江苏、福建、广东等省,就是运到近在咫尺的贵州之铜,也大多是绕道剥隘下右江,借道广西再北上④。再就是海盐

---

① 徐松石:《粤江流域人民史》,郑州:河南人民出版社,2016年,第178页。
② [明]徐弘祖撰,朱惠荣校注:《徐霞客游记校注》(上),北京:中华书局,2017年,第558页。
③ 政协富宁县第十届委员会编、张俊:《剥隘——沉入江中的千年古镇》,昆明:云南人民出版社,2019年,第5页。
④ [清]戴瑞徵著,梁晓强校注:《〈云南铜志〉校注》,成都:西南交通大学出版社,第446页。

入滇,也是在这里上岸转入陆路。小小场镇,不到两千米距离,曾经设立过6个码头,从驮娘江边一直连到那马河畔①。镇上既通行壮话,也通行西南官话,还通行粤语。在广东前来做买卖的商人影响下,外来落户者与土著者必说粤语。千百年来,江面上都是木船上溯下航,后能通行机动船,时令则在夏秋水涨之季。1930年代,机动船在该段江面作了首次试航,有考察者作过生动记录:"1933年,有三江利电船于7月12日下午4时,自百色上溯试航至剥隘,共用三日半行程抵达目的地;该地民众欢呼若狂,商户均燃炮欢迎;该轮于17日下午1时许转回百色,宣告试航成功。"②

2005年8月26日沉入驮娘江底之前的剥隘古镇,图中可见该镇顺山直下河边,位于驮娘江(左)与那马河(右)交汇处。旧时沿两河一字排开有6个码头,水运(桂)陆运(滇)繁忙繁华,被誉为滇桂交界的小香港　　富宁县政协文史委　黎盛根　供图

2005年8月26日,百色大坝蓄水,剥隘古镇被淹,镇上居民群集山腰,含泪默默注视江水把自己的家乡淹没后,整体迁到上游10千米的新剥隘处开始陌生又熟悉的新生活。他们复制了大码头门楼和码头上长长的石阶,原样迁移了粤东会馆等保留有浓浓乡愁的建筑。笔者考察中询问,人们住进新剥隘场镇,虽街新道阔,但老剥隘的温馨仍袅袅不绝,老剥隘的乡情不曾离散。

---

① 《剥隘——沉入江中的千年古镇》,第31页。
② 田曙岚:《邕乡处处:广西旅行记》,沈阳:辽宁教育出版社,2013年,第90页。

第七章 夜郎临牂牁江及右江上游通道价值

云南富宁剥隘老镇"沉入"驮娘江底后,全镇居民整体搬迁上游新址。图为笔者在"新剥隘镇"俯瞰观察　　　　　　　　　李光华 摄

笔者在老剥隘处观察,她已全部被江水笼罩,了无痕迹。想见水下二三十米的当年场镇的车水马龙,好生唏嘘。

云南富宁县剥隘镇坡芽村村民农凤妹与其妹农丽英保存的"坡芽歌书",自2006年发现以来,引来学界瞩目。通过密集宣传,已成为了壮族同胞又一亮丽名片　　　　　　　富宁县政协文史委　黎盛根　供图

407

剥隘古镇虽然沉入驮娘江底，但剥隘因交通节点引来的文化仍时有惊人发现。2006年3月26日这个周日，时在富宁县委宣传部工作的黎盛根（后担任县文史委主任）等人，在该镇坡芽村意外发现后来轰动全国的"坡芽歌书"（全称"中国富宁壮族坡芽歌书"）。歌书是一块宽约1尺、长2尺余的土布，上面有用仙人掌果实汁液绘制的81个图案，每一图案代表一首固定的山歌，共有81首壮族情歌。歌书主人农凤妹、农丽英姊妹凭图案所记，即可颂唱整部山歌。它是壮族文化的精髓，对研究壮区浓郁的地域特色起到生动的活化石作用，意义非同一般。

剥隘顺驮娘江下约9千米为滇桂交界的罗村口，普厅河自南而来汇入，古时有"瀬湍"之称。一般人以为此下即称右江，其实按水文上的正式称呼仍为驮娘江，直至百色始有右江之名。

云南富宁县剥隘镇，是右江通道中的重要节点，江水下切两山，河谷幽深。现因下游广西百色建起电站，江面升高，已不复当年踪迹。笔者手指方向，即为淹入驮娘江底的剥隘古镇，江水深达二三十米

百色市是锁钥右江孔道的重要区域，下辖12个县、市、区中，除个别县外，全在右江流域范围内。百色系壮语音译，《武缘县图经》谓即博涩古寨，百口也，色塞也，地在山脉塞口之内也[1]，乾隆七年（1742）析田州地置[2]。

百色建制虽晚，在桂西诸城却后来居上成为中心，也系右江流域第一大城。其

---

[1] 徐松石撰，余漾冬、王旭点校：《中国边疆研究文库·初编·西南边疆·卷六·粤江流域人民史》，哈尔滨：黑龙江教育出版社，2015年，第178页。
[2] 《邕乡处处》，第86页。

至,19世纪末第一位来此考察的欧洲人认为,它是梧州沿西江以上他见过的最为繁华的城市[①]。自北而来的澄碧河、自西北而来的乐里河,皆汇入自西而来的驮娘江,致使右江水量大增,江宽水阔。过去上下所行之舟,泊于澄碧河口一字排开的四个码头上,卸货装船,人声鼎沸。

浩荡的右江纳入驮娘江、澄碧河、乐里河等一干支流后,水量大增,绕百色城径南,自古皆可通航　　　　　　　　　　　　　　　　　　段理 摄

百色顺右江直至南宁宋村与左江交汇,全线通航,宋村以下至桂平处的郁、黔两江交汇处自古通航更不待言。笔者第一次考察百色,是2019年11月沿郁江-右江溯江观察,郁江江宽水阔,船只往来频繁。特别是贵港一带江面,三分钟不到,就有船只往来一艘,汽笛长鸣在绿意盎然的南国深水里,使人心旌摇曳。进入右江河道,沿线城邑成一字形排开,也有上千吨位的机动船鸣笛畅行。在田东县祥周古镇右江上,尚在扩建一大型港口,县党史和县志研究室主任韦文孟告诉说,这个港口就是古港的转化和升级。田阳区布洛陀文化研究会会长黄明标认为,百色盆地的古代文明之所以灿烂辉煌,较大因素是右江河道所发挥的作用。广西自治区水文水资源百色分局站网监测科科长郭日晶告知,田东以上的右江直至百色,也可以通行较小吨位的机动船。

百色盆地发现"中国手斧"是2000年轰动世界的科技新闻,2000年3月3日美国 Science 杂志第287卷1622期作了报道,公布美国伯克利地质年代研究中心为百色旧

---

① [英]柯乐洪著、张江南译:《横穿克里塞——从广州到曼德勒》,昆明:云南人民出版社,2018年,第153页。

右江在广西百色开始通航能力大增,图为2021年8月,笔者在百色下游田东码头拍摄的载重千百吨的货船

石器测出的同位素年龄为80.3万年。该杂志主编随后将封面印有百色旧石器图像的这期杂志送给江泽民同志,百色考古成果刹那间出现全国热潮,第二年被推选为2000年度"中国基础科学研究十大新闻"之一[①]。

2000年中国基础科学研究十大新闻百色旧石器成果汇报展开展会场,部分中外学者在主席台合影　　　　　　　　　　　　百色市右江区文管所所长　黄鑫　供图

由此可见,百色盆地不仅是古人类生活的乐土,还是当时世界先进技术的代表。之所以出现"手斧"这种先进技术,与盆地构造和右江孕育息息相关,迨至战国后期并

---

① 彭书琳:《百色考古:揭开广西最早的辉煌》,《大众考古》2014年第5期。

延至汉晋,田东出现高规格墓葬,渊聚西来的万家坝型、石寨山型铜鼓和东来的冷水冲型铜鼓这类重器,说明土著势力强炽,或许有部落首领栖居,汉置增食县一般认为在盆地更下游的平果、隆安一带,笔者认为或可就在百色盆地内,就在田东高规格墓葬附近。因为进一步分析《汉志》《水经》《水经注》中出现的文象水、欢水、朱厓水与增食、领方的关系,可以看出,文象水是指百色盆地以上的右江(含驮娘江)段,欢水则是盆地下游的右江段,这样它才可能揽入朱厓水(左江下游称谓)入郁至领方县地界。汉置领方、增食、广郁、句町等县,所控地域都较均匀地分布在右江下、中、上游流域,成为扼控右江汉晋航运堡垒。

红水河和右江上游在《汉书·地理志》和《水经》《水经注》等古代地理书记载中,有不知所云的混乱之处,一是"文象水东至增食入郁,又有卢唯水、来细水、伐水",二是"郁水受夜郎豚水",三是"温水东至广郁入郁",四是"郁水即夜郎豚水也",五是"文象水、蒙水与卢唯水、来细水、伐水并自县东历广郁至增食注于郁也",通而观之都是"郁水",让人捉摸不定。

其实,确定汉置增食县和广郁县方位,就可以结合今日水道加以甄别。前文已述,广郁在今凌云、乐业一带,其水必是南盘江和红水河;增食在今百色盆地的田东附近,其水必是右江。南盘江(温水)与北盘江(豚水)在今乐业县(广郁)雅长对岸贵州望谟县蔗香合流为红水河,下至桂平,这条水称为郁水,又叫北郁水,也称"古右江"。还有一条南郁水,即今右江,又称"古左江",至南宁与现左江相会,下至桂平。南郁水与北郁水相会于桂平,仍然称为郁水①。

古时混混淆淆的江水之名,现代人已能以清醒的地理认知彻底判明。古之南郁水在南宁西面的宋村处,与左江交汇后直至横州,被普通人称为邕江,其实水文上的标注一直把从宋村-横州-贵港-桂平这一段江面都称为郁江,郁江在此与黔江交汇后又称为浔江。广西区地方志办公室副主任唐中克告诉笔者,"郁"是"鬱"的简化写法,"鬱状"意为发洪水的样子,壮族先民由此将所见所闻称之为"鬱林","林"粤语发音"罗琴切",是壮语"水"的译音;"鬱"字粤语发音为"屈",有拗曲与弯曲之意。二字相连就是"弯曲的水"。

以上可知,古人心目中,北郁水(红水河)和南郁水(右江及其下游郁江)都是西江主流,汉晋人怎么认识哪一条为干流,已经不可考,不过从今人观察,可以得出一点启发。今天的"郁江全长(包括右江)一千一百千米,为西江最长的一条支流,而且河谷

---

① 唐崇贤、林超民、尤中:《关于句町地理位置的通信》,《句町国与西林特色文化》,第55页。

大都很宽广,当地人称它为'大河'。过去郁江被误认为西江干流,大概就是这个缘故"①。既然右江被认为是西江主流,蜀贾人心目中可行船的牂牁江,应该就是右江-郁江及其上游驮娘江或西洋江。

百色城区澄碧河与右江交汇处处的澄碧河边,一字排开有4个码头,从下游至上游依次有头、二、三、四之称。图为在头码头标识处,百色市文广旅游局副局长孙斌和文物科副科长尹星燕向笔者介绍,从此穿过牌坊往下,即当年的头码头,船连船、人接人,鼎沸之声满河飘荡

西江直下四会,汇合北江后始称珠江,珠江至入海口河道并不长,却分流注入。内地人到岭南,面对珠江往往发生误会,对入海口附近不断分岔后跳跃而去的"姿态"一脑糊涂。1990年代初期,改革开放在南粤大地热气腾腾,参观、访问者络绎而至,四川文化记者伍松乔粤行10日,在散文《珠江不是一条江》中就记录纵横南粤前,"翻了地图,三角洲河道密如蛛网。蛛网中有好多条醒目的大动脉,不知其名。离开羊城的头一条,从广州大桥下流过,河中大舟小艇,两岸高楼林立,不用说,这是穿城而过的珠江了。主人领首。越番禺,又过一桥,又是一河,叫什么?哦,又是珠江,及至车过

---

① 徐俊鸣:《珠江》,第14页。

顺德、中山、江门……每地都有宽广的航道,壮阔的大桥,问那托桥载舟之水,主人皆以'珠江'作答,这便叫人诧异了——从那交错的走向来看,好些河流,分明不是从广州蜿蜒而来的。"最后,一头雾水的这名资深新闻工作者在广东普通话中费劲"游泳",终于大悟:"原来——珠江不是一条江。"①

滚滚翻腾的珠江,在广州尚被称作番禺的时代,不如现今河道被不断而来的泥沙向前推移到海,牂牁江广数里,主流奔涌

四川日报社高级记者伍松乔退休后热衷学术文化研究,著有《川南文化特质研究》(未终定名)等书稿(已佚)和其他学术研究论文,对家乡川南历史文化作过系统梳理。图为2016年4月,受泸州市文化研究中心之邀,参加在泸举办的"首届长江文化带发展论坛"　　　金燕 摄

城下自是事实。但南越人心目中的牂牁江,可能就是珠江的最下游一段,或中游的某一段,断不可能是指整条珠江和西江,及其上游红水河、南盘江,或支流北盘江。"牂牁江"一语在广西郁江、浔江沿岸,皆有此称。就如现在对这条江的主流,在不同的地段尚有不同的称呼,从下往上一路行来,你会经历珠江、西江、浔江、黔江、红水河、南盘江不同称谓,才能到达珠江源曲靖。而笔者2019年11月在位于非珠江主流的郁江岸边贵港市考察,适逢学者聚集研讨秦桂林郡和汉郁林郡郡治布山地望。他们根据贵港出土的西汉罗泊湾墓群分析,认为古布山县就在此处。笔者由此判断,秦能把一郡的政治甚至经济、文化、交通中心设置在支流上,很有可能错把西江-浔江-郁江-右江当成珠江主流,一如徐霞客考证以前,一直把岷江当成长江主流一样所产生的错觉。

同样产生错觉的不仅是古代中国人,就是近代来华探险的欧洲人也是这样,误认为从广州到百色的河道,是西江的正流。英国人谢立山②在十九世纪八十年代所著的《华西三年:三入四川、贵州与云南行记》中,就明白无误地记载了这种失误:

---

① 伍松乔:《随遇而乐——一个记者的游记》,成都:四川民族出版社,1998年,第49页。
② 谢立山著、韩华译:《华西三年:三入四川、贵州与云南行记》,北京:中华书局,2019年,封面反拉页:谢立山(1853--1925)。1876年进入驻华领事界,历任英国驻重庆领事、英国驻成都总领事馆首任总领事、英国驻天津总领事等职务。多次在华旅行,搜集了许多关于商业和博物学等方面的材料。著有《满洲》《四川的特产、实业和资源》等。

"西江"起源于云南西部,流经中国的广西、广东两省,冲刷着广州这座大城市的城墙,最后从正对着香港的虎门流入大海。西江可上溯航行至云南边境上的百色……西江与红河相比具有更多的自然优势,它的水量更大,河床落差也小得多。①

从谢氏的这段文字来看,郁江-右江是西江主流的认识,确因此河段的航运条件,优越于同样发源于云贵高原并流入南中国海的著名河流元江(红河),这也是客观上无法否定的事实。同理,郁右江段通航自然优越于红水河-黔江也是无可厚非。

在谢立山的考察中,还不断重复着此类失误,表现在所著著作中一再提到西江主流与支流问题,如他对今人已用现代科学手段证实珠江(西江)上源即为南盘江一事,当时还存在模糊的认识,反映在他考察云南沾益时,对穿城而过的南盘江是这样定义的:"(沾益)这座县城坐落在一个广阔的平原北部……有一条河流穿过县城的东大门向南流去,并最终汇入西江的北部支流。"②

显然,谢立山所指"向南流去"的这条河即是南盘江上游流经沾益、曲靖那一处江段;"西江的北部支流"即是南、北盘江交汇后的红水河。在这里,他又一次明白无误地错误引导我们,红水河只是西江的其中一条支流,不是主流;自然,作为红水河支流的南盘江更是西江支流的二级支流,更非西江上源。汉时地处珠江下游番禺的南越人,也许也如2000年后英格兰人的认知,奉右江为珠江正溯。而唐蒙从番禺折回云贵重新查访珠江主流时,由于所处方位角度不同,也由于夜郎实力和知名度高于句町,把本是番禺人所指夜郎联盟中的句町活动在珠江上游,而误判为夜郎本身,也就误判南盘江为牂牁江,完全忽视了右江通航上佳的优势,致使她被"黑"了千百年。

与谢立山同时期进入两广、云南等地考察的英国人柯乐洪从广州溯珠江-西江而上进入云南文山、红河、思茅、普洱、大理等市州,就在所著《横穿克里塞——从广州到曼德勒》一书中,特别明确地指出,自己从浔州府(桂平)至百色厅的航行,就是溯西江而上的。描写浔州府就"位于西江和北河的交汇顶点处"③,明确认定"北河"(黔江)是西江支流;描写南宁时把它与梧州"在西江的位置"相提并论④;介绍百色时更明确"位于西江两条支流形成的顶点处"⑤。

---

① 谢立山著、韩华译:《华西三年:三入四川、贵州与云南行记》,北京:中华书局,2019年,序言第6页。
② 《华西三年:三入四川、贵州与云南行记》,第40页
③ [英]柯乐洪著、张江南译:《横穿克里塞——从广州到曼德勒》,昆明:云南人民出版社,2018年,第65页。
④ [英]柯乐洪著、张江南译:《横穿克里塞——从广州到曼德勒》,第95页。
⑤ [英]柯乐洪著、张江南译:《横穿克里塞——从广州到曼德勒》,第153页。

第七章 夜郎临牂牁江及右江上游通道价值

随着考古研究工作的深入,越来越表明红水河一线从贵州到广西,几乎没有汉晋华夏元素发现,集中的大规模民族遗存也没有痕迹,新旧石器考古成果也没有突出之处。笔者按照郭声波教授的提示,根据谭其骧《中国历史地图集》和相应文献资料分析,该部位处于西汉牂牁郡、郁林郡、武陵郡、象郡的结合部,大片区域几乎没有县治治所所在,加之当地山高林密的自然环境,不难判断先汉时代这一地区尚是"实际瓯脱之地"的可能性相当大。《史记·匈奴传》称部落间的弃地为"瓯脱"①。徐中舒认为,瓯脱就是越的译音:"越与瓯脱,不但音读相同,意义又属一致。"他进一步分析:

> 越本作粤。从于之字如字,有区宇之义;如迂,有迂曲、迂远之义;于又通作於,从於之字如烟,为阴郁;如瘀,为积血;如淤,为淤塞;如阏,为拥塞,凡此从于或从於之字,都可以认为是越的引申之义。把这些字义加起来,就是迂远、淤塞、阴郁,这就是百越之越的本义。它和阳或扬,恰好是完全相反的。②

右江一线的地下文物中,中原文化、滇文化、骆越文化元素在秦汉遗存中数不胜数,越来越多的考古证据表明:右江及其上游众多支流驮娘江、西洋江等河流,是古代夜郎、滇、句町、漏卧等牂牁地域通向骆越、西瓯、南越、交趾的交通大动脉。右江,这条邓小平和他的红七军战友洒血流汗的广西西北部河流,古代包括汉人在内各种族群游走与迁徙大通道,与下游郁江一体,或许被在下游方位的南越番禺人称为牂牁江的可能性更大。广西有学者早在1980年代即判断:"在(广西)西北部,很久以来就存着一条水陆联运的通途,就是以牂牁江作为杠杆,把四川、贵州和广西、广东联系了起来。所以广西地区自古以来就以它有利的自然条件和优越的地理位置,成为中国西南部到达南海之滨的要冲。"③

能把古代巴蜀穿越黔西南、滇东南与岭南连接的便捷通道中,广东学者李龙章就认为,广西右江流域是古濮人和瓯越人混居之地,"属滇越之间的交通要道"④。广西学者蒋廷瑜也深为右江这条自古自然存在的交通动脉,在古籍中无法找到相应的证据而扼腕:"有关右江流域秦汉蜀晋时期历史情况的文献十分贫乏。我们只能模糊地知道'古属百越地'。秦始皇统一岭南,把它划在象郡。《旧唐书·地理志》在邕州宣化县条下载:'欢水在县北,本牂牁河,俗呼郁林江,即骆越水也,亦名温水,古骆越地也。

---

① 《史记》卷一百十《匈奴列传第五十》,第2889页。
② 徐中舒:《巴蜀文化续论》,《四川大学学报》1960年第1期。
③ 黄体荣编著:《广西历史地理》,南宁:广西民族出版社,1985年,第42页。
④ 李龙章:《广西右江流域战国秦汉墓研究》,《考古学报》2004年第3期。

'宣化县即今南宁,骆越水应是今之邕江及其上游右江。"①

　　右江与左江在中国西南陆海走廊的通道作用,相信经进一步文献梳理、文物考证、田野调查,必将更加明显,借元代诗人陈孚咏叹的《邕州》一诗,借此再作证明:"左江南下一千里,中有交州堕鸢水。右江西绕特磨来,鳄鱼夜吼声如雷。两江合流抱邕管,莫冬气候三春暖。家家榕树青不凋,桃李乱开野花满。蝮蛇挂屋晚风急,热雾如汤溅衣湿。万人冢上蛋子眠,三公亭下鲛人泣。驿吏煎茶荣萸浓,槟榔口吐猩血红。飒然毛窍汗为雨,病骨似觉收奇功。平生所持一忠壮,荒峤何殊玉阶上。明年归泛两江船,会酌清波洗烟瘴。"②

---

① 蒋廷瑜:《右江流域青铜文化族属试探》,广西文物考古研究所编著:《广西考古文集》(第三辑),北京:文物出版社,2007年,第517页。
② [元]陈孚:《邕州》,[清]张景星编:《元诗别裁集》卷三,北京:中华书局,1975年,第45页。诚谢广西西林县文化馆覃宏林先生惠告。

第八章 沿线重大军事行动凸显走廊通道关键

纵观先秦到南北朝,西南、岭南地区征战记载不少,出现影响全区域的战争也有发生。总体归纳,笔者认为应有这样几类性质:一是意识形态争斗,二是中央与地方割据斗争,三是族群之间的种属矛盾,四是物资、奴隶等资源争夺。

以上四类战争,从先秦到汉晋,在中国西南陆海走廊沿线典型的不止十次以上,如王莽乱政对句町摘王冠之战,就是典型的意识形态不同造成的;汉武帝平定南越和诸葛亮南征是中央反对割据的典型,虽然蜀汉中央也是割据而来的。马援征交趾之战,也是正统的东汉帝国中央反对分裂割据的行动;巴与蜀的长期对立、东爨乌蛮与濮僰系的无间断争斗,当属族系之间的冲突;秦楚在巴地的角逐,就是为了争夺巴东盐泉资源;奴隶战争中,最为典型当属夜郎、漏卧、句町西南夷小三国大战。这些战争或多或少与交通通道有密切关联。

赤水河流域和右江与南盘江地域这两处爆发过的战争,在此需要特别表述,对于西南陆海走廊来说,可以以此反证整个走廊的连贯性和整体性。

第一节 鳛部道战争是中原文化深入南夷的重要载体

赤水河因有红军"四渡"而闻名中外,是川江南岸重要支流之一,在四川合江城下与长江相汇。它发源于云南省镇雄县赤水河源镇(原名板桥镇)银厂村长槽组的罗汉岭,南至县城25千米左右。上源水系当地人又称"洛甸河",其最初模样就是哗哗流淌的小溪汇成的两层瀑布,迭拥从山崖飞泻。赤水河古名较多,按任乃强考证,"巴符(涪)水"一名是至今见到的对它最为古老的指称。至于巴涪水,多数学者认为是对乌江下游的古称,独任老坚持即赤水河:"'巴涪水',今川黔之赤水河。巴人由此入南中,巴国时设巴符关稽核商旅,(秦)灭巴后置符县于此水口者是也。符、涪同音,传字

第八章 沿线重大军事行动凸显走廊通道关键

作字不同。"①

巴符水之名湮灭后,又有大涉水、鳛部水、安乐水、赤虺河之称,元明才始称赤水河的今名②。赤水一词《山海经》即有数处提及,其一如"赤水出东南隅,以行其东北"③,其二如"炎帝之妻,赤水之子听訞"④等等。当代中国神话学大师袁珂解释"听訞",系"炎帝的妻子",是"赤水族的姑娘"⑤。

这位"姑娘"所在的赤水族部落,是否在今赤水河流域尚不得知,历代的注释家都难以判断其确切的位置⑥,只任乃强认为"'赤水'即今从陕南流入汉水的丹江"⑦。虽然"赤水"地望不清,得名可上溯至《山海经》却是事实。吕子方认为,《山海经·大荒经》里记载的江流,都是长江两岸的河流,是"小河"⑧。

位于云南镇雄县赤水河源镇(原名板桥镇)银厂村长槽组的赤水河源头,红圈山崖处有该县所镌"赤水源"3个大字　　　镇雄县赤水源中学 杨春艳 摄

赤水河改称今名,笔者分析缘于朱元璋所建赤水卫。卫所即今四川叙永县赤水镇,位于赤水河上游。前文已分析,汉晋时乃平夷县治。据笔者在叙永、古蔺一带调查,赤水河上游南朝没于乌蛮后,彝语名之"阿蠮磨",意即"两岸可闻鸡鸣的宽阔河流"⑨。明清重新纳入中原汉文化体系,才以汉称得以今名。

赤水河从乌蒙山腹地奔涌而出,在滇、黔、川、渝四省(市)的昭通、毕节、遵义、泸

---

① [晋]常璩著、任乃强校注:《华阳国志校补图注》,上海:上海古籍出版社,1987年7月第1版,2011年7月第5次印刷,第13页。
② 龙先绪:《赤水河通航考述》,龙启权主编:《走进赤水河》,成都:西南交通大学出版社,2018年,第178页。
③ 袁珂译注:《山海经全译》,北京:北京联合出版公司,2016年10月第1版,2017年3月第4次印刷,第205页。
④ 袁珂译注:《山海经全译》,第289页。
⑤ 袁珂译注:《山海经全译》,第303页。
⑥ 吕子方:《读山海经杂记》,杭州:浙江人民美术出版社,2018年,第230页。
⑦ 任乃强:《四川上古史新探》,成都:四川人民出版社,2019年,第253页。
⑧ 吕子方:《读山海经杂记》,第230页。
⑨ 笔者据叙永县水潦彝族乡毕摩后裔李禄清翻译语音作汉字记名和语意记录。贵州彝族历史文化研究者王继超告诉笔者,他认为汉文记字应为"扯勒雅益"。

419

州17个县(区、市)之间(含支流水系)穿行,干流全长450千米(按西南师范学院地理系1981年测定①)。通常将古蔺二郎镇以上称为上游,二郎至赤水市复兴镇段称中游,复兴场以下称下游。至今全段干流是长江上游一级支流中唯一没有修建拦河大坝的河流,蓝勇称之为唯一保持原生态、彭邦本称之为唯一保持原型态的长江支流,并于2015年7月在四川泸州倡议全力保护,发起了《中国·泸州:赤水河共识》文本,以资形成社会力量更强力呵护。

以贵州为中心,该省考古学者曾分析,就地形环境等客观条件来看,从今四川南

三江交汇的四川合江县县城,摄于2012年6月。清幽的长江(右)从上而来,在先秦巴人即设的巴符关处,揽入水色泛红的赤水河(左)继续东流;赤水河入江口上游,有高洞河(习水河)静静汇入,三江共拥亲吻这座先秦古邑

泸州市诗书画院 虞潜 供图

部的泸州一带顺赤水河谷进入贵州中西部(今贵阳、安顺)再往黔西南延伸,要比从宜宾进入再越过乌蒙山谷容易得多。从贵州已发现的汉代遗存和分布看,汉代移民进入贵州多数也是沿这一方向线进入的②。就是天上的飞机,出于军事目的,也会沿着这一河谷航巡。1941年7月13日,日机侵入赤水市长期镇(时属习水县缠溪乡)领空,

---

① 西南师范学院地理系编:《四川地理》,内部资料,1982年,第186页。
② 张合荣:《夜郎文明的考古学观察:滇东黔西先秦至两汉时期遗存研究》,北京:科学出版社,2014年,第44页。

投下一枚炸弹后,却不知道什么原因,坠于观音阁河中①。1943年2月6日,一架国民党空军飞机在习水县同民乡(时属赤水县)仙人坳坠落②;1944年12月17日,三架美制飞机夜航经习水县马临乡(时属赤水县)上空时,一架坠毁于栓牛岩③。直到新中国成立后,人民空军也在沿赤水河一线作过飞行训练,当时百姓印象深刻。1990年5月27日,习水县组织民兵成功营救了成都空军某部在境内上空飞行训练中失事跳伞的飞行员苗岩④。

昔日运输繁忙的赤水河水道⑤

赤水河河谷地带,虽崇山环伺,林野苍茫,但常居人口不少,明清开始,更是生齿日众。明万历二十八年(1600)播州(今遵义)土司杨应龙反叛,明军数路四围而击,其中一路明军就由总兵吴广率领,从赤水河流域进击,收降仅三寨附近土民就达数万:

---

① 贵州省习水县志编纂委员会编:《习水县志》,贵阳:贵州人民出版社,1995年,第18页,记载时间为1941年。又谢爱临主编:《遵义历史文化知识手册》,北京:中国文史出版社2011年,第37页,记载时间也是1941年。但习水县文史研究委员会办公室编:《习水县文史资料选辑》(第八辑),内部资料,第161页傅明详著《日本飞机炸缠溪》一文,却记为1942年。其余月、日三书均同。诚谢遵义市政协文史委主任谢爱临赠《遵义历史文化知识手册》,诚谢习水县档案局原副局长袁永贵赠《习水县志》《赤水县志》。
② 贵州赤水县志编纂委员会编:《赤水县志》,贵阳:贵州人民出版社,1990年,第25页。
③ 《赤水县志》,第25页。又《习水县志》,第19页。
④ 《习水县志》,第50页。
⑤ 图采自贵州省交通运输厅编:《贵州水运简史》(1949-2019),贵阳:贵州大学出版社,2020年,扉页第10页配图。诚谢贵州省航务管理局办公室主任鄂启科赠书。

大征播州,擢(吴)广总兵官,以一军出合江。副将曹希彬以一军出永宁,受广节制。广屯二郎坝,大行招徕。贼骁将郭通绪迎战,将士袭走之。陶洪、安村、罗村三寨土官各出降,他部来归者数万,广择其壮士从军。①

陶洪等三寨应是古蔺、仁怀、习水的赤水河两岸,经笔者反复考证,陶洪今名陶洪滩,安村今名安龙场,罗村之名至今沿用,皆属今仁怀市美酒河镇(原名沙滩乡)。三寨位于美酒河镇与茅台镇之间的赤水河右岸,其下游不远赤水河与桐梓河交汇处就是二郎坝(今习水县二郎乡)。从吴广又"别遣永宁女土官奢世续等督夷兵二千"②参战来看,这三寨土官所领之民也不是汉人,陶洪是苗族,安村是彝族,罗村应是彼时尚生活在此的僚人或羿人之类。从数万众丁壮来投降情况分析,这些土官所领族人甚众。他们虽非汉族,但受汉文化影响深刻,才迅速接受了吴广招抚,放弃协助杨应龙对抗中央的策略。

古代西南丝绸之路第一阶段考察(川黔边段)时,部分学者在贵州习水县土城镇合影。合影处对岸渡口,即为当年红军"中央纵队"一渡赤水的渡口所在

康立沙 摄

---

① 《明史》卷二百四十七 列传第一百三十五《吴广传》。
② 《明史》卷二百四十七 列传第一百三十五《吴广传》。

明清有关赤水河作为军事通道被不同军事集团反复利用的战例尚有不少,西南大学博士张铭、李娟娟考证,从明初傅有德、沐英等进剿云南元朝势力残余,到杨应龙"叛掠合江"、奢崇明取道赤水"攻合江",再到南明孙可望与杨展之间的战事及至吴三桂反叛,皆在赤水河地区有过激烈战事[①]。

此地汉元素星罗棋布　巴蜀之地承载的中原文明,在向南发散文化和民族南北迁徙的途径中,赤水河是重要通道。巴蜀之地被迅速华夏化之后,赤水河流域的川滇黔边自也同步或稍迟跟进,与巴蜀腹地一同,迅速连成华夏化整体。巴蜀文化通过中水道和岷江-长江水道汇合江阳、符县后,深刻而有效地影响着以赤水河为主轴的川滇黔边及其以南地域。以现今的政区建置来看,川渝滇黔边是泸州、遵义、毕节,昭通的威信和镇雄,重庆的江津、綦江等地,这些地域都大部或一部处于赤水河流域范围。泸州境内,汉代画像石棺出土众多,如果再加上画像崖棺的数量,约占四川地区已知画像石棺总数的三分之一[②],遍布市内江阳、龙马潭、纳溪、泸县、合江。位于赤水河与长江交汇处的合江县目前发现的汉棺数量最为密集,2005年建起了中国唯一的汉代画像石棺专题博物馆,馆内藏有画像棺33具[③],这些石棺均出土在古老的符县地域,分布长江和赤水河沿岸。合江县文物局张采秀介绍,在2007年到2011年的全国文物普查中,该县发现汉墓墓穴近1000个。

沿赤水河发现的各类文化遗存来看,华夏文化、巴蜀文化、民族文化器形、器物与葬俗在同时期都有表现。位于赤水河右岸土城镇黄金湾遗址中发现的铁器和漆器,与在宜宾高庄桥和泸州龙马潭区麻沙桥汉墓中发现的器具十分相似,这应该被认为是当时秦汉中央政府开发边疆的实物证明,具有重要的学术意义[④]。

贵州省文物考古研究院等单位长期在黔北的赤水河沿岸开展一系列的考古调查与发掘工作,发现赤水河沿岸(茅台镇至赤水市段贵州地域)新石器时代至汉晋时期阶地遗址31处,其中仁怀市12处、习水县16处、赤水市3处。再加上古蔺野猫洞新石

---

① 张铭、李娟娟:《赤水河在"南方丝绸之路"中的支柱意义研究》,《贵州文史丛刊》2017年第1期。
② 成都文物考古研究院、泸州市博物馆编:《四川泸州汉代画像石棺研究》,北京:文物出版社,2019年,第6-7页。
③ 高文:《〈合江汉代画像石棺〉序》,《合江汉代画像石棺》编委会编:《合江汉代画像石棺》,北京:中国戏剧出版社,2010年,序言第1页:中国画像石棺,主要分布在四川、山东、河南、陕西、山西、江苏等省,其中四川汉代画像石棺中,合江县的石棺,不但内容丰富、题材广泛、雕刻精良,而且数量最多,居全国之冠,已经运回"合江县汉代画像石棺博物馆"的画像石棺已达33具,还有一大批画像石棺还在断崖绝壁的崖墓内,目前暂时无法无力运回,还有一些石棺已调查勘探清查,亟待申请报批抢救性的发掘。
④ 马强:《略论赤水河流域的历史地理地位及其意义》,仁怀市历史文化研究会编:《赤水河流域历史文化研究论文集》(一),成都:四川大学出版社,2018年,第3页。

器遗址①和桐梓古人类化石遗址②、合江汉元素遗存,总数甚为可观。

2015年7月,古代西南丝绸之路考察团部分学者,考察位于赤水河边的贵州习水县土城镇黄金湾遗址发掘现场
康立沙 摄

赤水河贵州岸遗址从面积来看,大小有别,具有一定的层级分化,整体以中小型遗址为主。面积超过1万平方米的遗址有15处,仁怀市有茅台镇大园子、二合镇杨家岩、合马镇卢缸嘴、合马镇平坝;习水县有隆兴镇庙坝、福禄台、大沙坝、土城镇黄金湾、官仓坝、方家坝、渔溪、醒民镇千江寺等;赤水市有元厚镇板桥、复兴镇打鱼坝、大同镇坝。面积超过3万平方米的遗址有杨家岩、黄金湾,后者超过10万平方米。

黄金湾遗址位于习水县土城镇黄金湾村新阳组,处在石高嘴河与赤水河交汇处的赤水河东岸(右岸)一级阶地上,遗址面积约10万平方米,是目前所见赤水河流域及黔北地区规模最大的一处汉代聚落遗址。笔者考察时,土城籍遵义文史研究者禹明

---

① 杨兴隆、杨代环等:《中国古蔺大熊猫—剑齿象动物群研究》,重庆:重庆出版社,1995年。又胡昌柱、任江:《四川古蔺县石屏野猫洞新石器时代遗存的年代商榷》,《四川文物》2007年第2期:1990年10月,古蔺县蔺阳中学高级生物教师李希国响应国家教委、科委、科协关于"在青少年中开展生物百项科技竞赛"的号召,在该校学生中组织生物考察。考察小组在(古蔺)野猫洞调查时发现了一些古生物化石。李希国当即将发现情况上报重庆自然博物馆。1991年初,重庆自然博物馆对野猫洞遗址进行了调查和试掘。同年11月,对遗址进行正式发掘。发掘历时一个月,共发现2000件标本,其中无脊椎动物化石1种,哺乳动物化石36种,人类牙齿化石9枚,以及陶片3块。这批材料对于研究大熊猫—剑齿象动物群的演化,川南地区古地理、古气候的变化,以及史前人类的生活有着重要的意义。1995年5月,重庆出版社正式出版杨兴隆等先生著《中国古蔺大熊猫——剑齿象动物群研究》一书。
② 吴茂霖、王令红、张银运、张森水:《贵州桐梓发现的古人类化石及其文化遗物》,《古脊椎动物与古人类》1975年第1期。

先告知,黄金湾遗址当地人口头上习惯称为天堂口,得名原因据说是清代这里建有一座天堂庙。

参加黄金湾考古工作的习水县历史文化研究会执行会长陈应祥,对笔者详细介绍了出土文物情况:

黄金湾遗址以汉晋时期为主,发现遗迹200余处,汉文化遗存呈现出一种爆发式的出现和发展,包含有至少1处的居住区和3处具有明显规划的墓葬区。遗物数量极为丰富,出土有陶、石、骨、漆、铜、铁、银、鎏金器,还有熏炉、网坠、纺轮、房屋模型、水塘模型、俑等不同类型,西汉时期半两、五铢等铜钱出土较多。一些器物上带有文字信息,如"王""王豚""周刘"等。出土遗物整体具有中原地区汉文化的特点,巴蜀地区文化因素也占较大比重。

黄金湾及附近遗址墓葬有崖洞墓、砖室墓、瓮(瓦)棺葬等形式,普遍随葬兵器,还有鱼类、禽类、蛋类、羊前腿等较为特殊的丧葬习俗。如崖墓无论在墓葬形制、开凿方式,以及出土遗物方面,均与邻近的川南地区和黔北地区汉晋时期崖墓基本一致,皆属同类文化遗存。

从今合江县城溯川黔交界的赤水河,沿岸发现的遗址、遗存,都满带巴蜀风味。仁怀合马崖墓中流行的石棺和青瓷器、砖室墓中的子母楔形砖,更多地表现出与四川东部地区砖室墓和崖墓的联系。这说明这一区域的汉移民主要来自四川盆地东部,实际上是四川地区汉文化在这一代的自然延伸和新的发展[①]。崖墓主要分布在赤水河流域的赤水、习水、仁怀一带,这类墓葬均是在石崖之上人工开凿石窟以作墓室,内设壁龛、石棺、灶台、排水沟等,部分有浮雕装饰。其年代早可至东汉晚期,多数可能为蜀汉至南北朝时期遗存。习水三岔河一座崖墓墓门左侧,就铭刻有章武三年(223)买地券一则[②]。

"买地卷"入葬以慰死者,是汉文化葬俗的典型表现,紧邻仁怀市的金沙县出土贵州境内首次发现的画像石汉棺,除绘刻有伏羲女娲图、有身穿"交领宽袖衣"人像,与泸州、合江所发现的如出一辙外,更为典型的汉文化元素买地文也赫然在目,在墓门西侧封门石内壁上,竖行阴刻"坟冢直二万五"6个汉隶书字[③]。

[①] 叶成勇:《战国秦汉时期南夷社会考古学研究》,北京:文物出版社,2019年,第169页。
[②] 李飞:《夷汉之间——从考古材料看贵州战国秦汉时代的文化格局》,《贵州民族研究》2009年第6期。
[③] 张合荣:《贵州金沙县汉画像石墓清理》,《文物》1998年第10期。

赤水河流域出土的陶灯,对其南地域也有文化影响。贵州兴仁交乐汉墓群的M6出土众多珍贵文物,其中青铜树连枝灯尤其引人注目①。另外,交乐M14、M15和兴义万屯M2也各出土一件青铜灯具:M2出土的还是青铜跪人灯。结合贵州各地灯具出土来看,也如汉式墓的分布,从赤水河流域的赤水市复兴马鞍山崖墓的一种豆形器陶灯开始,到黔西市M37陶豆形灯,到清镇、平坝M15、M83各两件青铜灯,到宁谷M28、M31各1件青铜灯,这类文物也构成了西南陆海走廊沿线布局的特征之一。

通过对上述这些遗存的分析,可以肯定,赤水河流域的古文化类型,在时代与文化特征上与巴蜀地区古文化有较多的联系,自新石器时代晚期开始,即受到川渝地区古文化影响,同时向其南传播这种影响。从巴蜀进入云贵,赤水河通道成为承揽先进文化传播的桥梁。就华夏族群通过赤水河流域南进来说,往往是依托华夏化后的巴蜀族群为载体进行的。四川的汉文化,主要是巴蜀族群接受中原文明后的蜕变和升华,换句话说四川地区汉文化的族群载体,自然是先秦的巴蜀族群为主。他们向中原文化转化的同时,难免不带着浓厚的巴蜀文化残余。以向云贵发端华夏文明的桥头堡江阳为例,常璩就评价有"好文刻"和"多朴野"的"天性"③。这种"天性",显然是巴蜀族群遗留下来的人群基因,即使后来被华夏化,其特有天性还气息浓郁。巴蜀族群的主体民族,不管族称何名,都以百濮之族为主。百濮族群长期生活的泸州地域,对其南部的赤水河流域影响巨大,至今尚存的羿人,先祖平夷人就建有平夷古方国④。沿赤水河流域附近从上到下,还有鳖、鳛等方国和西汉所置的南广、平

赤水河流域的贵州习水县三岔河蜀汉崖墓发现的石刻买地卷。铭刻于墓门左侧,时间为章武三年(223)。说明汉文化深植该地,法制已深入,契约以诚信②

---

① 《贵州省博物馆藏品志》编辑委员会编:《贵州省博物馆藏品志》,贵阳:贵州人民出版社,1990年,第129页。
② 图采自《贵州通史》编委会:《贵州通史》第1卷《远古至元代的贵州》,北京:当代中国出版社,2003年,图版第6页第19图。
③ [晋]常璩著、任乃强校注:《华阳国志校补图注》,上海:上海古籍出版社,1987年7月第1版,2011年7月第5次印刷,第180页。
④ 详见第五章第四节《沿线小语种族群与走廊通道》。

夷、鳖县和秦置符县等政权建置。

秦灭鳛击楚之战　战争是促进文化传播最野蛮,但也是最迅疾的方式。赤水河道原始河床存在的险滩并不甚多①,下游河槽开阔,水流平缓,天然条件良好;上中游原生型石滩甚少,少量次生型石滩是近代形成的②,说明先秦汉晋时期,用于包括军事在内的交通通道价值颇大。从军事角度分析,历代川滇黔边一带战争用兵,赤水河的出入是重大军事行动的主要通道外,作为辅助通道的次数也不在少数。辅助通道除前文所述平播吴广沿合江上溯外,此前平乞弟,此后平奢,清初扑灭吴三桂叛乱,都利用了赤水河的天然优势。除军事家稔熟外,文人墨士也有"高见",苏东坡就曾辞情恳切地建议对反叛的泸南乌蛮首领乞弟用兵,要有效利用此通道达到对敌方"一举而荡灭"之效:

> 乞朝廷差三五千人将,选兵三路入界(反叛的乞弟界)。西路自江安县进兵,先积粮于宁远寨,以十州五团等诸夷为先锋,以施、黔、戎、泸四州药箭手继之。中路自纳溪寨进兵,先积粮于本寨,亦以诸夷为先锋,以将下兵马继之。三路中惟此路稍平,可以用官军。东路自合江县进兵,先积粮于安溪寨,亦以诸夷为先锋,以嘉、戎、泸、渝四州招募人继之,可以一举而荡灭也。③

历史上关于赤水河通道的用兵事例,分析应是秦灭鳛国为始。鳛国得名,当缘于赤水河中游一带的百濮民族所建,他们因"对生活在流域中的河流里的一种独有鱼种产生了原始泛灵崇拜,将其名'鳛'",其人也称鳛人④,春秋中期开始,产生了部落军事联盟性质的方国鳛国,在"今习水县四周"⑤。夜郎强大起来后,鳛国被征服⑥。《遵义府志》在《建置》里说:"鳛部水,即今仁怀赤水。然则仁怀为古鳛部地。汉之称鳛部者,或秦前有鳛国欤?今仁怀出一种鱼,土人皆名鳛鱼,赤水外无有也。古以此鱼名国,盖与鱼、鳖同类。"其中所说的仁怀,包括今天的仁怀、习水、赤水等地⑦。中央文献出版社出版的《习仲勋传》也说:"习姓历史渊源久远。传说在春秋时有诸侯国(今贵州赤

---

① 夏鹤鸣、廖国平主编:《贵州航运史》(古、近代部分),北京:人民交通出版社,1993年,第7页。
② 夏鹤鸣、廖国平主编:《贵州航运史》(古、近代部分),第29-30页。
③ [北宋]苏轼:《苏轼文集》卷四十九《答李琮书》,北京:中华书局,2004年,第1436页。
④ 《习水县历史文化丛书》编纂委员会编:《鳛国·鳛姓·鳛部·习水——源流》,北京:中国文史出版社,2015年,第16页。诚谢习水县政协副主席冯世祥赠书。
⑤ 周春元、王燕玉、张祥光、胡克敏:《贵州古代史》,贵阳:贵州人民出版社,1982年,第27页。
⑥ 周春元、王燕玉、张祥光、胡克敏:《贵州古代史》,第30页。
⑦ 赤水市档案局、赤水市地方志办公室点校:《增修仁怀厅志》,北京:中国文化出版社,2015年,第2页。诚谢赤水市文联曾强、志办苏林富二先生赠书。

水一带),国灭后,即以国名习为姓氏。"①。

鳛国灭于何时无考,分析至迟在秦楚之战时应该被司马错所灭。司马错率秦军与楚国进行过两次大规模征战,每一次都从巴涪水逆流绕道发动进攻,攻取"楚巴、蜀黔中郡",这个过程中鳛国应被秦国顺手而灭。

司马错伐楚分别是公元前308年和公元前280年,征战对象都是楚黔中郡的"商於之地"②。简单来说,就是各国的"瓯脱"之地、不管之地,这些地域,实际上应该是夜郎的势力范围。只是面对强大的秦、楚,夜郎统治者无力争取,自然先后纳入楚、秦势力范畴。在断续28年的战事中,赤水河是秦国从江州、枳、涪陵正面战场侧后攻击楚军的"秘密"通道:

> 司马错倾全力浮江伐楚,不循江东下转由巴涪水入取商於之地者,盖楚人亦倾全力以捍卫其盐泉,于州江(巴人对长江之别称)沿岸乘险扼守以拒之,舟师扼于明月、黄草、鸡鸣诸峡,不能至枳。故绕巴涪水,取道鳖邑东向黔中。③

秦从巴涪水偷袭的战略,应该缘于追击僰侯南逃时侦察所得。两次偷袭都让司马错取得成功,也说明楚近在咫尺之旁的涪陵(重庆彭水)却不知僰侯南逃借道其事。一次是"司马错率巴、蜀众十万,大舶船万艘,米六百万斛,浮江伐楚,取商於之地,为黔中郡"④。这一次的战略意图似乎欠佳;第二次"又使司马错发陇西,因蜀攻楚黔中,拔之"⑤。楚黔中郡地望,包括有今湖南临沅县⑥。《读史方舆纪要》引旧《志》言明代临沅城西"有司马错城,与张若城相距二里。秦使(司马)错与张若伐楚黔中,相对各筑一垒,以扼五溪咽喉"⑦,为司马错偷袭成功"拔之"的实物证据。

晋军反攻成汉 西晋末年,驻守西南夷地的晋平西将军、南夷校尉、宁州刺史王逊⑧,也准备充分利用鳛部道,向割据巴蜀的成汉政权发动反攻,以使长江中下游后勤资源能到达云贵。《华阳国志》在《后贤志》中,通过对侯馥的作传褒扬,侧面解读了此

---

① 《习仲勋传》编委会编:《习仲勋传》上卷,北京:中央文献出版社,2013年,第5页。
② 《华阳国志校补图注》,第11页。
③ 《华阳国志校补图注》,第13页。
④ 《华阳国志校补图注》,第128页。
⑤ [西汉]司马迁:《史记》卷五《秦本纪第五》,北京:中华书局,1959年9月第1版,1982年11月第2版,1982年11月北京第8次印刷,第213页。
⑥ [北魏]郦道元著、陈桥驿校证:《水经注校证》,《水经注》卷三十七《沅水》第832页:(临沅)县治武陵郡郡下,本楚黔中郡矣。秦昭襄王二十七年(前280),使司马错以陇蜀军攻楚,楚割汉北与秦。至三十年(前278),秦又攻楚巫黔及江南地,以为黔中郡。
⑦ [清]顾祖禹《读史方舆纪要》卷八十《湖广六·常德府》,北京:中华书局,2005年,第3772页。
⑧ 《华阳国志校补图注》,第663、664页。

场战事：

> 侯馥，字世明，江阳人也。察孝廉，平西参军。从至巴，尚薨后，巴郡乱，辟地入牂柯。宁州刺史王逊领平西将军，复取为参军。逊议欲迁牂柯太守谢恕为涪陵太守，出屯巴郡之把口。表馥为江阳太守，往江阳之沘源，抚恤蛮獠，规复江阳，清通长江。雄征东大将军李恭已在江阳。馥招降夷獠，修缮舟舰，为进取调。预白逊请军，移恕俱出涪陵，"不能自前"。恭奉众攻馥。众寡不敌，为恭所破。生虏馥，送雄。雄下廷尉责。曰："事君，有死无贰，其次，破家与国。今纵不死，又无益国，灰没其分。守心而已，无他顾望。"雄必欲屈之，使馥同郡人张迎晓喻之。馥怒骂迎曰："卿等国亡不能存，大难不能死，低眉海内，何面目相见也。且王宁州，治乱才也，以吾有桑梓之耻，故远上尚书，遣吾讨贼。受命之日，实忘寝食。但栽船未辨，请军未至，牵揣不及，为他所先。当灭身陨碎，以谢不及，冀上不负日月，下不愧王侯。吾岂苟生，如卿儿女之人乎？"迎还白雄。雄义而赦之。①

侯馥作为罗尚平西将军府的参军，当是西晋惠帝太安二年（303）闰十二月罗尚败溃成都时，引导罗尚军队顺牛鞞水（沱江）南下进入江阳的向导。因其乃江阳人，地熟人熟之故。作为罗尚信任的重要幕僚，后又随其顺江东下至巴郡②。

罗尚在巴郡苦撑西晋在川残局7年后，于永嘉四年（310）去世。侯馥继续南逃牂柯地域，被继任平西将军王逊再度任命为参军。随后，又以江阳太守身份，参与王逊"规复江阳、清通长江"的战争：

> （王）逊既为平西，即当有规复益州之责。先已表李钊为朱提太守，治南广，盖以规取犍为郡地也。此又表侯馥为江阳太守，进屯沘源，规取江阳郡地。迁谢恕为涪陵太守，出屯把口，规取巴郡地。于时巴东尚为晋地。若果得犍为之僰道，与江阳、巴郡，则长江水道通，可由荆州溯江以济宁州粮械，资其兵力以复益州。故曰"清通长江"。综核地理形势与史志旧文，逊之本谋当如此。③

此时已是西晋永嘉五年（311），此前饥馑的成汉军队屯粮已足，开始从成都出发

---

① 《华阳国志校补图注》，第664页。
② 《华阳国志校补图注》，第665页。
③ 《华阳国志校补图注》，第664页。

大举四出略地，北至汉中，西至汉嘉，南至僰道、江阳，东至巴与涪陵，皆入版图，王逊之从南中图规复四川亦势所必然。他具体的进攻计划是三路从南向北，齐头并进。分别安排蜀南朱提、江阳、涪陵三名新的太守上任，准备从西方南广向犍为进攻，东方从綦江、涪陵向巴郡进攻，配合中路主力从赤水河进攻江阳①。

泚源在今何处？近年云南学者李艳峰等人认为在叙永县地域②，此外尚无过多人注意到此地名概念。任乃强也没能进一步考证清楚，只说："'泚源''沘源'字亦难定。河南南阳地区有沘水，《后汉书·光武纪》：'汉军与甄阜梁丘赐战于沘水。'一本作'泚水'。二字易混，自古已然。泚读如此，沘读如比。江阳附近今地名无与二音接近者，故不能定。然其地位在今茅台与赤水间之赤河（古安乐水）沿岸则可定。此处始可有舟楫通于江阳也"③。笔者结合赤水河流域附近的鳖邑并上推鳖灵、鳖国、鳖人来看，"泚"乃"鳖"的另一发音，皆系该地域古代民族语音，只是音译后记音汉字不同。故"泚源"应在今赤水河上游，从川南古叙路接大方、金沙、黔西地域交界处大方境内之九龙山，此山乃鳖水所出之源④来看，泚源似为鳖源，似位于大方附近。不过郭声波考证，唐宋泸属羁縻州中的浙州治所在今贵州习水县土城镇，所辖四县即有浙源⑤。谭其骧也认为"浙州领县四，其一曰浙源，可知州、县并以水名，是浙水即《水经》之鳛部水"⑥，不知道同处赤水河流域的此"浙源"是否与彼"泚源"有承续关系？抑或就是同一地名的不同称谓？有待川黔边赤水河沿线地方文史研究者进一步调查和论证。

侯馥既担中路，当系此次军事行动的主力。他不辞辛劳游走在今川黔边赤水河流域一带，团结当地少数民族首领，疏浚河道，修缮舟楫，积极作进攻准备。

谋事在人成事在天，侯馥中路军还没发动进攻，东路晋军也还没来得及配合，成汉驻守江阳的大将李恭就"举众攻馥"，先发以制，使得此次西晋筹划的大规模反击战功亏一篑。笔者分析，李恭出击晋军的进军路线，也如司马错逆巴符水，当是从合江溯赤水河攻击前进，直到泚源"生掳（侯馥）"。侯馥被俘虏后，义正词严，拒不叛降，被评价为美志不遂，忠规奋烈⑦。从其后僚人大规模入蜀而使蜀地侨郡、侨县林立来看，被表为江阳太守的侯馥所任，实乃侨置的江阳，此系江阳有记载以来的第一个侨郡。

---

① 《华阳国志校补图注》，第664-665页。
② 李艳峰、赵永忠、阳举伟：《骆越源流史》，昆明：云南大学出版社，2020年，第92页。又[晋]常璩撰、刘琳校注：《华阳国志校注》（修订版），成都：成都时代出版社，2007年，第502页。
③ 《华阳国志校补图注》，第665页。
④ 详见第六章第二节《古县考证：平夷、鳖、故且兰》。
⑤ 郭声波：《圈层结构视阈下的中国古代羁縻政区与部族》，北京：中国社会科学出版社，2018年，第107页。
⑥ 谭其骧：《播州杨保考》，谭其骧：《长水集》（上），北京：人民出版社，2009年，第273页。
⑦ 《华阳国志校补图注》，第665页。

没能实领江阳的这位江阳太守,侨置的地方或有可能就是前文所述的沘源。

侯馥前往赤水河之"沘源""抚恤蛮僚,修缮舟舰,规复江阳,清通长江"①,这也是有史记载对赤水河的第一次大规模整治行动。虽然出于军事目的,但客观上达到赤水河进一步通航的效果,在四川,整治一条大河,约相当于一条铁路的通过能力;一个大型船队,可抵一列火车的运载量②,效力显著。

踌躇满志的侯馥这场失败的战事,与1600年后,云南护国中路军进攻四川的态势如出一辙。只是因为明代乌撒入蜀道的开通和景川侯曹震疏浚永宁河的成功,护国军不再东顺赤水河绕行合江进攻泸州,而是在赤水镇渡河径直而北,沿永宁河攻击到泸州城大江对岸的月亮岩。当然,护国军没有失败,而是三两仗下来,就把想当皇帝的袁世凯一气而毙。

1916年护国战争胜利后,蔡锷在四川永宁河边的叙蓬溪镇(后改名护国镇)一石崖上劲挥大笔,题下"护国岩"三个大字,后人再予镌刻

泸州市中级人民法院 陈远杰 摄

---

① 《华阳国志校补图注》,第663页。
② 陈玲:《四川内河航运史(古、近代部分)序》,王绍荃主编:《四川内河航运史》(古、近代部分),成都:四川人民出版社,序言页第3页。

侯馥之后，缘于赤水河水道的战事还没有结束。"保境为晋"的谢恕，继续率领牂牁子弟兵不断顺河而来，袭扰成汉的江阳等地①，为东晋桓温大军顺利逆江突入四川创造了牵制敌军的良好效果，使成汉最终覆灭。

从司马错到秦"置吏焉"和汉置犍为郡与牂牁郡过程中，鳛部道都承担了中原-巴蜀-西南夷之间通道的杠杆作用。正是因为有这一条天然通道可资利用，先进的华夏文明才能以此为载体，声势浩大地向南推进，而不似南夷道、五尺道之类，耗费大量人财物才能贯通。当然赤水河道的利用是有季节性的，笔者考察中得知，从今赤水城区留园坝以上河段，在夏季涨水之前，行船较为困难；涨水季节，上溯到今古蔺县鱼塘河甚至叙永县赤水镇附近中沙小河口，都可顺利通船。只是越到上游吨位越小，从茅台到鱼塘河渡口处，只能通行载重五六吨的木船；从鱼塘河到赤水镇下游的小河，则只能载重两三吨。

第二节 庄蹻"循江"与"王滇"之间的地理距离

公元前276年，楚将庄蹻率数万楚国东地之兵绝地反击，循江而上，把秦国夺去一年时间的沿江15邑尽数收复。踌躇满志的楚军准备继续扩大战果的时候，一座秦誓死守卫的城邑挺立江岸，巍然不动②。无可奈何之下，庄蹻只得舍去江州（重庆），转向西南方向攻击前进，准备以斡腹之谋彻底解除秦借长江之势凌空斫压楚地的威胁③。结果出乎意外，竟然远去滇云，置身化外。正如《史记》所说"略巴、(蜀)黔中以西"④，又如《后汉书》说的"伐夜郎，军至且兰，椓船于岸而步战。既灭夜郎，因留王滇池"⑤。

---

① 《华阳国志校补图注》，第259页。
② [晋]常璩著、任乃强校注：《华阳国志校补图注》，上海：上海古籍出版社，1987年7月第1版，2011年7月第5次印刷，第314页。
③ 《华阳国志校补图注》，第314页。
④ [西汉]司马迁：《史记》一百一十六《西南夷列传第五十六》，北京：中华书局，1959年9月第1版，1982年11月第2版，1982年11月北京第8次印刷，第2993页。
⑤ [南朝宋]范晔：《后汉书》卷八十六《南蛮西南夷列传第七十六》，北京：中华书局，1965年第1版，1973年上海第2次印刷，第2845页。

既然庄蹻的绕道攻击的目标是秦在巴蜀的势力,为什么要留在滇池(今晋宁)称王呢?偏安一方作出对不起母国之事,不是先秦两汉时期中国人的风范。那个时候的华夏普通人,为了一句承诺都宁愿以死兑现,何况一位赳赳武士?

还有,庄蹻王滇之前,秦军主力用兵中原与"三晋"相争,在巴蜀采取守势,没有力量对楚军实施歼灭。战争的主动权完全掌握在庄大将军手中,他为什么选取避战遁走的线路呢?

种种连常理都解释不通的疑问萦绕了研究者两千多年(见下表),甚至有学者如蒙文通,1963年在《四川大学学报》上干脆提出,没有庄蹻这个人,当然就没有庄蹻王滇的事①。

回避矛盾的最好办法还是解决之。

清代贵州布依族学者莫与俦(被称为"西南巨儒"的莫友芝之父)在《庄蹻考》②中,确定庄蹻王滇一事,正值楚顷襄王时,且溯长江、经鳖邑(遵义)西入夜郎。任乃强又据《史记·楚世家》史料:"(楚顷襄王)十九年,秦伐楚,楚军败,割上庸、汉北地予秦……二十一年,秦将白起遂拔我郢,烧先王墓夷陵。楚襄王兵散,遂不复战,东北保于陈城。二十二年,秦复拔我巫、黔中郡。二十三年,襄王乃收东地兵,得十余万,复西取秦所拔我江旁十五邑以为郡,距秦"③撰就《庄蹻入滇考》并图④,详细作过阐述。

他考证"复西取秦所拔我江旁十五邑以为郡",时,为秦楚争夺巴东盐泉之期;人,为楚将庄蹻。其所率"东地兵"溯江完成夺盐任务后,需"图蜀",以占领巴蜀之地并加以巩固。故而庄蹻首先要拔取横亘在楚已收复的巴东盐泉区和巴蜀屏障之地的秦之江州(重庆)地,才能防止秦第三次"浮江伐楚"⑤。但是天生重庆,管控巴、蜀两郡水运枢纽,"山城险固,非戈矛所能取"⑥,秦军也自当死守。庄蹻从东面逆攻不顺,决定突出奇兵从西面顺江再击。为此绕道南向,在长江与赤水河之间迂回,几番北渡长江而对秦军防守反复冲杀。

---

① 蒙文通:《庄蹻王滇辩》,《四川大学学报》(社会科学版)1963年第1期。
② 《华阳国志校补图注》,第771-772页。
③ 《史记》卷四十《楚世家第十》,第1735页。
④ 《华阳国志校补图注》,第313-315页地图《庄蹻入滇路线图》。
⑤ 《华阳国志校补图注》,第13页。
⑥ 《华阳国志校补图注》,第314页。

庄蹻歧义表[①]

出处 类别	《史记》	《汉书》	《华阳国志》	《汉纪》	《后汉书》
人物身份	楚庄王苗裔庄蹻	楚庄王苗裔庄蹻	楚庄王将军庄蹻		庄豪
进军时间	楚威王时		楚顷襄王时	楚庄王时	楚顷襄王时
进军路线	循江		泝沅水		从沅水
占领地域	滇池及其旁数千里		夜郎、且兰	靡莫	夜郎、且兰
最终归属	王滇		留王滇池	王靡莫	留王滇池

笔者对此则分析反复理解，整理出庄蹻二渡赤水，在川滇黔边的迂回攻战路线。不过，还是先把他王滇的原因，摘录一则："（庄）蹻至滇池，（地）方三百里，旁平地，肥饶数千里，以兵威定属楚。欲归报，会秦击夺楚巴、黔中郡，道塞不通。因还，以其众王滇，变服，从其俗，以长之。"[②]看来是道阻才无法回楚汇报，非其主观作割据之念。

任乃强的推论就是，庄蹻军如果绕道今贵州出其不意从西面和南面进攻江州再次失利，可忽略该城，直接上溯长江至岷江或沱江攻入蜀腹地成都平原，实现楚国梦寐以求的"图蜀"战略：

> 庄蹻厄于江州，故更绕至鳖，欲从后方袭取江州。因屡阻于江水，不得入蜀，乃往夜郎求助也。
>
> 蹻本亦如柳跖，组合武装，为大盗于官府力所难及之地。其道颇得当时受压迫者之支持，故能存在于山野居民之间，为官府贵族所憎而莫如之何。兹更挟巴东盐利以诱结地方民族首领，故能久滞南夷不败。可以设想：当其自枳向鳖时，载有大量食盐以为招诱资本。故各地方民族首领，皆乐于与之接纳，支持其军食。由是得滞留南夷中甚久。其盐，系自芙蓉江之涪口（浩口）转陆，由其军士负运至鳖储存。蹻亦曾从夜郎坝、巴符关、江阳、新乐、南广等处攻向蜀地，皆扼于大江，未能得逞。最后乃自平夷入夜郎，至于滇池，"以兵威定蜀楚"。未能入蜀，只以收抚诸部落

[①] 参考杜玉亭、杜雪飞：《庄蹻王滇千年争论的学理反思》，《云南社会科学》2015年第5期。
[②] 《史记》卷一百一十六《西南夷列传第五十六》，第2993页。

为楚属地归报①。

从重庆城绕过，南到贵州迂回攻进四川，势必堪比伟大的工农红军渡过赤水河，只是庄蹻之军非如红军是"战略转移"，而是攻击前进。故物资充足，保障有力。从乌江转入芙蓉江之涪口（重庆武隆区浩口镇）登陆时，其军士负运有大量瘴疠之地稀缺食盐至营储存。这批珍稀宝贝促成部队军心踏实，行走蛮荒地域如履平地。根据庄蹻之军顺夜郎坝逆綦江攻击乐城（重庆江津区油溪镇附近②）、巴符关、江阳、新乐（江安县城西③）、南广（珙县沐滩镇傅家坝④）的点位分析，楚国远征军确实在赤水河上进行了来回横穿。

一是攻击合江，不果。

历史惊人巧合，正如后来的太平军进攻这里的意图一模一样；也与中革军委最早渡过长江的战略意图选点在此，也一模一样。或者是任老囿于文献匮缺，以后事推前事所作之判断。

楚军攻击距江州最近的上游城邑乐城失利，逆綦江及其上游松坎河转回夜郎坝，转向今黔北渡过赤水河兵临合江城。笔者分析没能实现合江战略意图，不是庄蹻不努

---

① 《华阳国志校补图注》，第314页。
② 《华阳国志校补图注》，第31页：乐城县 在西州江三百里。延熙十七年省。第33页：乐城废县址，《一统志》谓在长寿县西一百里之洛碛；徒缘字音推测，未考《常志》之义。常云"西州江"者，谓重庆以上之长江。舟人称长江为"州江"，自443以上称"西州江"。"三百里"，应在今江津尤溪附近。今璧山、永川、江津当皆是故乐城县地。
③ 《华阳国志校补图注》，第181页：新乐县（江阳）郡西二百八十里。元康五年（295）置。西接僰道。有盐井。大姓魏、吕氏。第184页：新乐故城，以道里推之，当在今江安县治西。今江安城西五里，当淯江口，有小河原曰旧县坝，地属长宁县。传为江安旧址，而无城址与瓦砾之迹，盖即以新乐县故治。土城湮灭，久成耕土也。按江安县沿革，《一统志》云："后汉置汉安县……隋开皇十八年改曰江安。"此缘《隋志》文省所误耳。龚煦春《四川州县沿革表》作："二九五置新乐县。三七三后改名常安。"魏、周、隋栏复曰："汉安，五九八改名江安。"查二九五即晋惠帝元康五年，此据《常志》也。三七三即东晋孝武帝宁康元年，此据《宋书·州郡志》也（《宋志》云："常安令，晋孝武立"）。刘宋江阳郡领江阳、绵水、汉安、常安四县，其汉安在今之内江，不在江安甚明。《元和志》谓"晋穆帝于此立汉安县"者，盖就流民所置之侨县。迨宋平獠乱，置东江阳郡时，汉安会复还故治。南齐时，东江阳郡复陷，魏、周得蜀，于东江阳故地置中江县（隋改曰内江），而改常安从故侨县名，故《隋志》曰"旧曰汉安，开皇十八年改名"也。《隋志》本称《五代史志》，略于梁、魏以前沿革，行文又极省略，苟非与汉、晋、宋诸志综合分析，即不可能得其沿革全面。唐以后地理书尊《隋志》而径依之，遂至直通汉安至晋穆帝时，则与《常志》、《沈志》皆不合矣。《晋书·地理志》无新乐县，盖所据为《太康簿》，新乐置于元康年，固不能有也。
④ 蓝勇：《南方丝绸之路》，重庆大学出版社，1992年，第23页：我们在珙县西南37千米（引者注：2001年珙县县城由珙泉镇搬迁到巡场镇后，道里相距60千米）南广河岸的沐滩及邻近的孝儿、合作等地许多汉墓中出土许多半两钱、铜洗、带钩、铜斤、纺锤、陶罐等文物，南广县治很有可能就是在这三地。这个位置与《嘉庆一统志》定南广县在珙县西南是相吻合的。又蓝勇：《南方丝绸之路路线问题的探索》，《成都大学学报》1994年第3期：赞同将南广县定于珙县沐滩傅家坝之说。本书笔者考察傅家坝时，沐滩镇原人大主席田文导引察看各汉代文物出土点，在傅家坝和南广河左岸筠连县腾达镇（原平田寨）察看水流与古码头遗址，充分判断出腾达与傅家坝之间的南广河段，是适合支撑县城、郡城的要津。

力、楚军不威武,而是秦军太强大。处于赤水河汇入长江的节点,合江自巴人势力西扩后,就如其对付东方强临荆楚所设扞关、阳关、沔关①一样,设立了巴符关,专门对付可能自南而来的牂牁之地各个方国的威胁,更是为了控制通往牂牁地域的商贸。秦灭巴蜀后与楚的争盐之战,这里也是秦将司马错大舫船载十万军队背后袭楚郁山盐泉的前进基地,焉能无重兵把守?司马错第二次沿赤水河出击时,还带来了剽勇强悍的陇西兵②,可谓固若金汤的巴符关不可能土崩瓦解在楚人面前。

合江不克,庄蹻再谋新的攻取目标,反正他拼死要完成"图蜀"的既定任务。

攻击江阳,不果;攻击新乐,不果。

转逆渚江,攻击南广,不果。

笔者分析,任乃强认为庄蹻"曾从夜郎坝、巴符关、江阳、新乐、南广等处攻向蜀地",又未阐明具体的史料依据却又言之凿凿在理,当为分析近代石达开和中央红军转战川滇黔结合部的态势而作出的结论。特别是红军在遵义会议后的北上方向,就是从桐梓出击綦江、重庆欲与四方面军汇师;后又欲攻取合江渡江而北,中央红军前锋林彪一军团已经攻击到了今天的赤水市复兴场,并设司令部于丙安靠前指挥。只是中央纵队在土城青杠坡战斗失利,才奉命回撤,从复兴上游的猿猴(今赤水市元厚)渡河,转进古蔺插出黄荆老林以攻叙永,欲取泸州与江安的长江江段而渡。第四渡再转黔地后,在毛泽东同志的英明决策下,成功调出龙云的滇军主力东进,才绕道贵阳以南,迂回黔西南一带大踏步趋进滇境。但仍留有一支疑兵,在扎西(威信)由周恩来同志亲自动员讲话,以中国工农红军川南游击纵队建制,充作主力,游击于川南叙永、兴文、江安、长宁、珙县一带,大张旗鼓迷惑追军。看来,庄蹻也如中央红军另辟蹊径,自南广而入夜郎(云南曲靖沾益区③),前往云南为楚争取更为辽阔的广大西南生存空间。

庄蹻部队也如中央红军,转战在赤水河与长江平行的这方地域,来回渡过在当时被称为巴符水的这条乌蒙大山深处流来的英雄河,苦苦挣扎,屡挫屡攻。秦国的巴蜀守军,也苦苦抵御,双方拉锯,势如骑墙。

楚国远征军团毕竟没能打破有以巴蜀为后方根基的秦军合力严防死守,在进攻南广失利回来,庄蹻只得逆符黑水(南广河),踰汾关山④,顺道平夷部落(叙永县赤水镇⑤)渡过赤水河,向夜郎方向前进。他们郑重决策的战略意图显然是长期占领夜郎、

---

① 《华阳国志校补图注》,第37页。
② 《华阳国志校补图注》,第11、13页。
③ 详见第七章第一节《夜郎国邑中心定位及与滇的关系》。
④ [东汉]班固:《汉书》卷二十八上《地理志第八上》,北京,中华书局,1962年6月第1版,1975年4月第3次印刷,第1599页。
⑤ 《华阳国志校补图注》,第255-256页。

第八章 沿线重大军事行动凸显走廊通道关键

且兰等方国的牂牁地盘,像钉子一样钉死在秦军南方,为楚国拓展战略空间尽到国之虎贲的最大努力。

从平夷出发,庄𫏋大军似如蜀王子南迁交趾①所走线路,迅速向夜郎国邑靠拢,从鳖地南向消灭且兰(安顺附近②),打通横亘在楚地与夜郎方向这个强大方国。当然,且兰再强怎经受得起逐鹿华夏时也风生水起的楚军撕咬?只有国灭之命。

任乃强承续莫与俦之论,认为鳖地在遵义或其附近,最新考古成果分析,应在今贵州黔西市③,所以庄𫏋从川南通向夜郎的路径应是在今赤水镇渡过赤水河后,顺七星关、大方、黔西、清镇、平坝而至安顺,灭据此的且兰后,西向镇宁、关岭、晴隆、普安、盘州、富源而至曲靖盆地。其所行进路线,元代大力整治,明代成为湘黔滇通衢大道,乃是庄𫏋故道的重新利用。笔者在镇宁县白马湖街道明星社区观察到,徐霞客笔下的双明洞古驿道尚存约百十米。该道既是徐氏时代湘黔滇东西向大道的咽喉节点,也是南向贞丰北盘江白层港口的必经之路。千百年来,处于十字路口的双明洞因古道而流名千古,"此处山皆回环成洼,水皆下透穴地"④,鬼斧神工,造化神奇,杨森驻节贵州时,也惊而题刻"宇宙奇迹"四个大字于道傍崖壁,至今尚存。

贵州镇宁县文管所所长王光明引领笔者考察双明洞古驿道。古道在山脚下的山崖底部,距古道路面约20米高。崖壁尚存的"宇宙奇迹"四字,系杨森担任贵州省主席时所书

笔者 摄

---

① 详见第五章第三节《苴侯萉侯:巴蜀地域星星点灯的先秦方国》。
② 详见第六章第二节《古县考证:平夷、鳖、故且兰》。
③ 贵州省博物馆:《贵州黔西县汉墓发掘简报》,贵州省文物考古研究所编:《贵州田野考古报告集》(1953—1993),北京:科学出版社,2014年,第235页。
④ [明]徐宏祖撰、朱惠荣校注:《徐霞客游记校注》,北京:中华书局,2017年,第782页。

再则,因鳖地方位判断有误,任乃强分析庄𫏋大军从乌江支流芙蓉江浩口镇直趋遵义也非事实。有学者分析,綦江道宋代始辟①,顺逆綦江非彼时地理实际,故庄𫏋在蜀地的行进路线,似应以江州之下的枳(涪陵)地逆乌江至中游地段后,行进在荒无人烟的瓯脱之地,蹑盐商之迹前往鳖邑所在的黔西市的,并在鳖邑北进,顺赤水河直趋巴符关。

楚大军"步战"灭掉且兰后,随即西向横越云贵高原深谷幽壑,云卷云舒般降临云南曲靖平原所在的夜郎国邑,即今天曲靖市沾益区西平镇黑桥社区。望着蚂蚁般黑压压的荆楚武士,夜郎王完全不如且兰君般愚蠢抵抗,来了一个"降"字了得②。

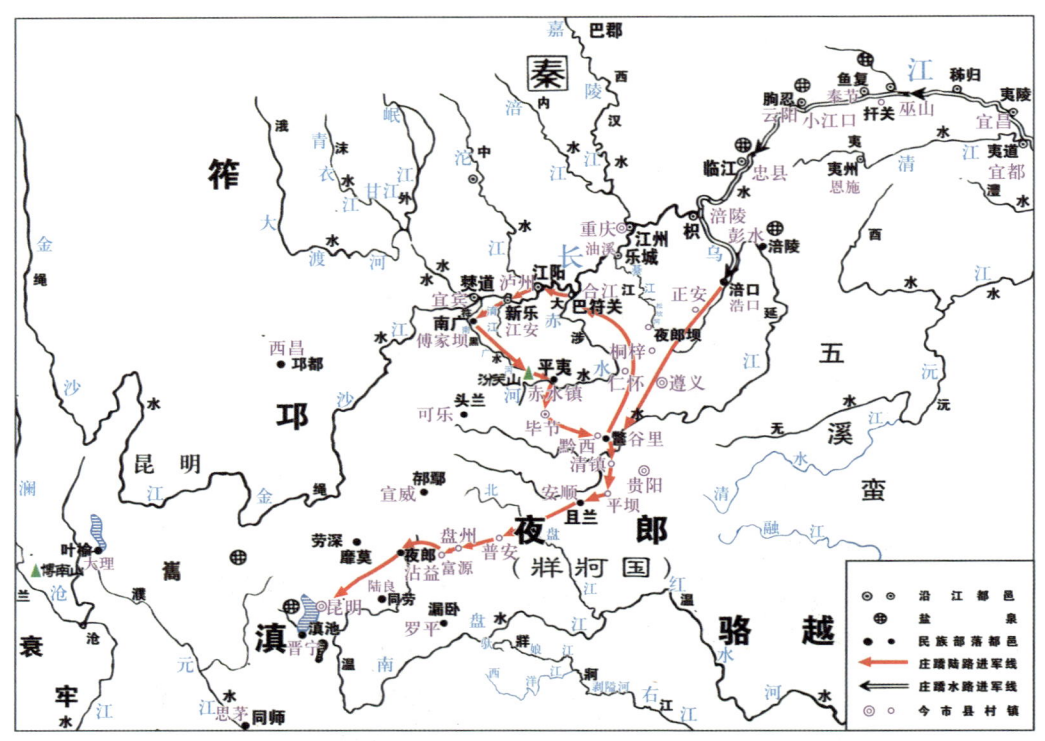

庄𫏋入滇路线示意图③

为达到为楚张目目的,将在外的庄𫏋自然想到尚需归报母国。可是秦军在巴东争盐之战并不因为庄𫏋南行而不继续,蜀地缺盐的民众岂不造反?庄𫏋深入云贵之时,

---

① 蓝勇:《四川古代交通路线史》,重庆:西南师范大学出版社,1989年,第198页。
② 《华阳国志校补图注》,第229页:且兰既克,夜郎又降。
③ 任乃强:《华阳国志校》第315页,《庄𫏋入滇路线图》,又根据笔者文中分析改绘。

秦仍在集中全力夺取川东盐泉并成效卓著,"会秦击夺楚巴、黔中郡,道塞不通",庄𫏋回国之路被得胜的秦军牢牢钳横。

回师楚地,就得要在长江打破敌军的重重堵截;滞留云南,就得要舍得旧友故交自甘寂寞形同蛮夷。彷徨的楚人想必也如二三十年前的蜀王子,在争论之后下定决心就地留置。在夜郎王的被迫安排下,把夜郎未重视的食盐基地滇池①抢夺在手。经上百年筚路蓝缕,一如楚人先祖,终成"夜郎以西,其西靡莫之属以什数,滇最大"②的一代方国。1950年代,冯汉骥对滇王王邑所在地昆明晋宁墓葬出土青铜器进行详细分析③,看出滇人与周围部落往来密切,或战或和,铸工精细,栩栩如生,说明楚人之裔在这里生活得有盐有味五彩缤纷。

笔者在云南江川李家山博物馆考察古滇所出各类精美的青铜制品,可见庄𫏋治下的滇地文化高度发达

楚人的滇国到汉武帝开西南夷时,已过100多年六七代人之久。按常识判断,祖源记忆应已模糊,又处于变俗后的蛮夷丛中,自知和他识都可能随风而走,好比陶渊明笔下之人,好不叹惋:"乃不知有汉!"庄𫏋遁去的这个"桃花源",这个时候统治该国的乃其裔尝羌,虽然"不知有汉",也不知"汉孰与我大"④,还是自告奋勇要替大汉打通

---

① 任乃强:《四川上古史新探》,成都:四川人民出版社,2019年,第334页。
② 《史记》卷一百一十六《西南夷列传第五十六》,第2991页。
③ 冯汉骥:《云南晋宁石寨山出土文物的族属问题试探》,《考古》1961年第9期。
④ 皆据《史记》卷一百一十六《西南夷列传第五十六》,第2996页。

身毒(印度)和大夏(阿富汗)的道路。当时,首批大汉使臣王然于等人为寻找此路,"至滇。滇王尝羌乃留,为求道西十余辈。岁余,皆闭昆明,莫能通身毒。"①但是使者回到长安,"因盛言滇大国,足事亲附。天子注意焉。"②看来流有华夏血脉的滇王与直承华夏的汉使自然亲近,好酒好肉一通,使者回馈的美言在武帝心目中高大敞亮开来③,无功亦成为有功。后来生死存亡的事实也证明,汉帝国在西南夷经略中,对滇始终不同于其他方国,一直是厚待有加。

我们看看汉武帝怎么宠待它的?"黄屋左纛"的地方割据势力南越④被消灭后,汉帝国对众多曾附庸它的西南夷方国有不同惩罚,对头兰(赫章可乐⑤)、且兰、邛君(西昌⑥),诛;对筰侯(泸定一带⑦),杀;对劳浸、靡莫(嵩明、寻甸一带⑧),发巴蜀兵击灭。一句话:送上了天国。对夜郎,让其恐惧"自入朝",否则,或诛或杀或灭。独独对滇另眼相看,不仅没追究它与"其旁""同姓相扶"的劳浸、靡莫部落沆瀣一气,"数侵犯(汉)使者吏卒"的罪过,反而"使王然于以越破及诛南夷兵威风喻滇王入朝"。看到各个方国部落落得国灭人亡的境地,"滇王始首善,以故弗诛"。注意两点,第一是通知它入朝,第二是派曾经接受过款待的使者王然于去"友好"通知的,没有让它自己"懂不懂音乐"醒悟该不该入朝,也没有派陌生人去通知甚至责备,怕三观不合一言不顺就处僵。看来,可爱的武帝可能怀有小小私心,作为毛主席《沁园春·雪》一词夸赞过的一代雄主,也有惺惺相惜之念?想通过庄蹻子裔,睹一睹当年大侠风采吧。夜郎和滇因为同一事件入觐皇帝,可能有不同心情到达长安,当然,有共同心情回来,"西南夷君长以百数,独夜郎、滇受王印。"但是,"滇小邑,最宠焉。"难怪司马老太公感叹:"楚之先岂有天禄哉? 在周为文王师,封楚。及周之衰,地称五千里。秦灭诸侯,唯楚苗裔尚有滇王。汉诛西南夷,国多灭矣,唯滇复为宠王。"⑨

---

① 皆据《史记》卷一百一十六《西南夷列传第五十六》,第2996页。
② 皆据《史记》卷一百一十六《西南夷列传第五十六》,第2996页。
③ 《史记》卷一百一十六《西南夷列传第五十六》,第2997页:西南夷君长以百数,独夜郎、滇受王印。滇小邑,最宠焉。
④ 《史记》卷一百一十六《西南夷列传第五十六》,第2994页。
⑤ 《四川上古史新探》,第332页。又《贵州通史》编委会:《贵州通史》第1卷《远古至元代的贵州》,北京:当代中国出版社,2003年,第114页。
⑥ 方国瑜:《中国西南历史地理考释》(上),北京:中华书局,1987年10月1版,2012年10月北京第3次印刷,第14页。
⑦ 《华阳国志校补图注》,第197页。
⑧ 任乃强:《四川上古史新探》,第333页。
⑨ 以上均据《史记》卷一百一十六《西南夷列传第五十六》,第2997页。

第八章　沿线重大军事行动凸显走廊通道关键

1959年云南晋宁石寨山出土的滇王之印　昆明市晋宁区博物馆　太晓旭　供图

后来到两晋、隋唐,云南不少地方的民众,还自称庄蹻后人[①];笔者在云南通海句町王庙内,见到庄蹻塑像至今尚存。1956年,晋宁石寨山古墓群出土一枚蛇纽金质印章铸有"滇王之印"四个大字[②],彻底证明了古滇国的影响跨过时间与空间,深植彩云之南这片土地。

庄蹻挺进夜郎所蹈之路,也如蜀王子枭侯那样,为巴蜀南向黔滇再一次作了大规模的探行,使一再行走其间的蜀贾人对道路更加了然于胸,"及汉兴,皆弃此国而开(关)蜀故徼"[③]时,他们仍然一如既往,穿行在赤水河等"间道"上,大发其财。

第三节　争夺"僮盐通道"的西南夷小三国战争

滇黔桂交界之句町国(也写作"钩町"),"其置,自濮王。姓毋。汉时受封迄今。"[④]这个与夜郎相攻的王国,故事颇多,其"国境"大概相当于今百色西部、文山州全部直

---

① [唐]杜佑撰、王文锦等点校:《通典》卷一百八十七《松外诸蛮》,北京:中华书局,1988年,第5079页:自夜郎滇池以西,皆云庄蹻之余种也。
② 蔡美彪:《中华史纲》,北京:社会科学出版社,2012年,第56页:今云南滇池地区,楚国将军庄蹻(引者注:即"庄蹻")曾领兵占据。值秦天地,遂留在今晋宁一带称滇王。夜郎归附后,武帝发兵入滇,滇王降汉。汉朝加封,赐给官印"滇王之印"(今存)。又孙太初:《云南晋宁石寨山古遗址及墓葬》,《考古学报》1956年第1期。又云南省博物馆:《云南晋宁石寨山古墓群发掘报告》,北京:文物出版社,1959年,第113页、图版107-3。
③ 《史记》卷一百一十六《西南夷列传第五十六》,第2993页。
④ [晋]常璩著、任乃强校注:《华阳国志校补图注》,上海:上海古籍出版社,1987年7月第1版,2011年7月第5次印刷,第303页。

至越南北部一部分区域。随着势力扩张,又挺进到西至今红河州中东部,玉溪、曲靖部分地域①。总之,横亘在左右江上游流域一带,总控西南通海关衢。

随着西林县普合乡的普驮屯相继发现铜棺葬②和铜鼓墓③,愈来愈证明西林县是句町国曾经的一个活动中心,即建有都邑在西林。在有史可据长达613年的历程中④,她历经历代王朝的征抚和与邻国的攻战兼并,畛域幅员及政治中心衍革变化、不断转移也是可能的。云南广南也发现有位于黑支果乡牡宜的句町国古墓群,其县城位于一个天然宽阔的平坝,也可能是句町曾经的一个都邑中心;从战国墓出土文物分析,西林县地方文化研究者王合兵认为,田东及沿左江、右江之间的阔大区域,如那坡、富宁等处,也可能是其不同时段的活动中心。

句町第一次跳入我们眼球时,尚是侯国的"渠帅"。《汉书》记载,公元前81年,"句町侯毋波率其君长人民击反者,斩首捕虏有功。其立毋波为句町王。"⑤同样记录在案的还有《华阳国志·南中志》:"封句町渠帅亡波为句町王,以其助击反者故也。"⑥

这场战事,使得仅是"渠帅"的这位句町侯大出风头,实惠多多。既有实实在在的战利品,又被大汉中央政府封了王,修得正果。为什么呢?

原来,雄才大略的汉武帝一驾崩,新即位的汉昭帝即在西南夷地区遭遇考验,"昭帝始元元年(前86),益州廉头、姑缯,牂柯谈指、同并等二十四县民反"⑦。这是昆明族属的盐工"廉头""姑缯"们,纷纷起来反对帝国对食盐的严苛管控,开始"罢工"并武力反抗。依靠连然、滇池食盐基地供应的夜郎及其部分"旁小邑",和靡莫之属的滇地人群,自然深受其害,只得一并"起哄"兵戎相见⑧。汉昭帝虽然调兵遣将,暂时平定。但后三岁,姑缯复反,势头更炙,"蛮夷遂杀益州太守,乘胜与辟胡战,士战及溺死者四千余人"⑨。

"廉头""姑缯"何所指?何以掀起如此风浪?对这两种"西南夷别种名"⑩,姑据任乃强所释试作溯源。

---

① 王克荣、蒋廷瑜:《广西西林县铜鼓墓葬》,《文物》1978年第9期。
② 王克荣:《建国以来广西文物考古工作的主要收获》,《文物》1978年第4期。
③ 广西壮族自治区文物工作队:《广西西林县普驮铜鼓墓葬》,《考古》1982年第2期。
④ 何正廷:《句町国史》,第1页。又何正廷:《守护句町文化圣地 架设国际旅游金桥——关于在文化旅游产业中打造句町品牌的建议》,中共广南县委、广南县人民政府、广南驻文山老年人协会编:《广南句町古国历史文化研究》,内部资料,云新出〔2009〕准印字180号,第53-54页。
⑤ [东汉]班固:《汉书》卷七《昭帝纪第七》,北京:中华书局,1962年6月第1版,1975年4月第3次印刷,第224页。
⑥ 《华阳国志校补图注》,第236页。
⑦ 《华阳国志校补图注》,第235-236页。
⑧ 《华阳国志校补图注》,第238、239、270、271页。
⑨ 《汉书》卷九十五《西南夷两粤朝鲜传第六十五》,第3843页。
⑩ 《汉书》卷七《昭帝纪第七》,第219页,颜师古注(一)。

廉头一名,除《华阳国志》外,没有其他历史记载,应该是盐场的盐工称呼,不是种族之名。汉代蜀人呼盐为龄,官书作临。僰人语音再变,音就成了连或廉了,故僰地之人称盐工为"廉头"[1]。氐羌系的昆明人世擅采盐、煮盐之业,盐工基本上都是其人专为[2]。令人惊奇的是,今川南筠连县50岁以上的人中,又反过来称呼"连"为"临",他们称自己县时,发音均为"筠临"[3]。盐、连、临数音,两千多年的叠次变化,反证出川滇黔一带向现代民族演变过程中你中有我、我中有你的特殊关系。

2021年7月笔者在四川筠连县考察时与该县文化部门及地方文史工作者座谈,了解当地民俗文化

姑缯,即古宗(犸猔),其人与藏族同俗,系原从西康高原进入滇北的羌人支系,占有黑盐塘的盐利。汉武帝开益州郡后,置有姑复县,晋宋时又分有东、西姑复,地在今四川盐源、木里与云南金沙江以北宁蒗、永宁、永胜等地之间的黑盐塘(也称临池泽或盐池泽)附近。藏族古史,曾称之为"谷查"或译"姑查"。

---

[1] 《华阳国志校补图注》,第238页。
[2] 《华阳国志校补图注》,第251-252页。
[3] 笔者2021年7月在筠连县考察获知,筠连曾产"土盐"。任乃强考证:筠连县有小盐井,清代所开。古无凿井者,唯知土壤中有盐,取其土,浸水而煮之,是为土盐。其后乃有人依李冰法挖土坑蓄卤,俾浸溶碱土中盐质而煮之。唐筠州有盐水县,即以此法为名也。唐代地没于夷僚,而其法未废,置筠、连两羁縻州,宋并为筠州。元为筠连州。明为筠连县至今。连州之连,亦即临利之临。连,盖临之异字,犹"连然"之连,与"临池泽"之临,皆谓有盐也;又考证:临利县,不见《两汉志》与《晋志》。《宋志》朱提郡有,云"江左立"。可知其地位在朱提与南广之间,疑是王逊移朱提郡治于南广时新立。故城当在步道上,为加强后方勤务置也。又,临为巴蜀南中人呼食盐之古语。南六县自清井外,唯筠连盆地土咸,有地产小盐井,唐代曾置盐水县(见《唐志》)。又珙县界内有盐水镇,明置盐水坝巡检司,见《明统志》及《方舆纪要》。考其地,即近世之沐爱设治局,今已并入筠连县。然则,晋临利县正是今筠连县地(以上均见《华阳国志校补图注》,第284页)。

此次廉头与姑缯前后两次造反，鼓动益州、牂柯两郡二十余县同反，时间长达6年，原因一是汉武帝去世，西汉中央威信受损。更为主要的是，汉廷推行"榷盐铁"之法从内地实施到两个新开的边郡，收诸盐泉归官，而以内地先进方法汲煮，严重侵犯拥有安宁盐泉的昆明族盐工，和垄断黑白盐塘的姑缯人世专盐利的利益。两族本是同种（氐羌的不同支系），自然一呼而应，揭竿而起。

牂柯的谈指、同并等其二十余县并没拥有盐泉，为什么也相从而反（除连然与姑复外，还有二十二县同反）？仰食其盐也。任乃强作了合情合理分析：

> 于时，牂柯郡十七县，且兰、镡封、鳖、平夷在东北境，行销巴地盐泉之盐，不至同反。益州郡二十四县，其西部都尉所辖，有澜沧江区盐泉，原在少数民族地区，不榷，故亦不至反。此反叛之二十四县，当在益州郡东南部，与牂柯郡西南部，即南北盘江流域，素只专销连然井盐地区（句町除外），与越巂之姑复、遂久、青蛉，等数县（定筰以东之越巂郡县不反，以白盐井历系汉民掌握也）。此据南中民族间经济历史推定，虽无《史》《汉》明文，亦必不能易之民族史实也。①

"自初叛至于敉平，阅时六年矣"②，整整闹腾了六年。这六年，正好句町大出风头。恰逢其时的句町侯国由于地理优势，有南海海盐输入，不仅不愁，反而、正好坚决站在帝国一边，出军出力，帮助汉军"大破益州，斩首捕虏五万余级，获畜产十余万"③。后来《蛮书》记载东爨蚁聚造反，南诏乘势东进，也可证因盐而起④。

句町王冠加顶，从此，在夜郎集团傍小邑间，取得与夜郎王平起平坐的显赫身份。当然，这也为后来夜郎集团内部"三国大战"并最终导致夜郎王国彻底覆灭埋下了诱因。

参与"三国战争"的另外一个是漏卧。此侯不知何时被封，从敢于与夜郎、句町"更相攻伐"来看，它也不是一个善茬，"盖亦南夷强国也"⑤。"漏卧"发音促读就是"落"，濮人后裔僚人常用发音中就有这个"落"字⑥。看来，漏卧也是濮人国家。故任乃强认为"漏卧侯，亦当时濮王之小者"⑦。相关考证认为，它活动地域在今滇黔桂结合部的盘江河谷与其南北支谷，含有今贵州兴义、安龙、册亨，广西西林、隆林和云南

---

① 《华阳国志校补图注》，第238页。
② 《华阳国志校补图注》，第239页。
③ 《汉书》卷九十五《西南夷两粤朝鲜传第六十五》，第3843页。
④ [唐]樊绰著、赵吕甫校释：《云南志校释》，北京：中国社会科学出版社，1985年，第132-135页。
⑤ 《华阳国志校补图注》，第308页。
⑥ 刘复生：《西南史地与民族——以宋代为重心的考察》，成都：巴蜀书社，2011年，第41-43页。
⑦ 《华阳国志校补图注》，第232页。

罗平①、师宗、泸西、弥勒等县。

漏卧古国位于罗平，学界素无争议，笔者在罗平县博物馆，也看到该县出土的蜀式无胡铜戈，证明其受巴蜀文化影响深厚，也是汉化程度较深的证明。2021年11月30日，笔者与在该县圭山村汉墓发掘现场的中国社科院研究员杨勇交流中也认为，与漏卧侯关联密切的西汉所置漏卧县即在该村，距离今罗平县城直线不过10千米。至于漏卧境含有兴义等贵州地域，黔西南州文物局崔利军从对兴义万屯8号墓进行充分研究后，认为系某一代漏卧侯室之墓②。其含有师宗，经2014年中国社科院考古研究所云南工作队调查，该县大园子青铜时代墓葬遗存③出土的各类文物可证，当时生活在师宗盆地的这一古国或古部族，势力不可小觑，是与漏卧有关的公共墓地④。同样，2007年—2008年泸西石洞村、大逸圃墓地发掘出的各类土著文化文物显示，该县也是漏卧侯曾经的活动地域⑤。

笔者在云南罗平县圭山村了解考古发掘情况。左一为主持发掘工作的中国社科院考古所研究员杨勇，右一为罗平县文管所原所长庞玲，右二为罗平县文旅局副局长刘光现

---

① 《华阳国志校补图注》，第308页。
② 崔利军：《万屯8号墓主人身份补正》，《黑龙江史志》2014年第1期。
③ 杨勇、金海波：《师宗县大园子古墓地考古发掘成果》，《曲靖考古文集》上册，昆明：云南民族出版社，2017年，第238页。
④ 杨勇、金海波：《师宗县大园子古墓地考古发掘成果》，《曲靖考古文集》上册，第242页。
⑤ 云南省文物考古研究所、中共泸西县委政府、红河州文物管理所编著：《泸西石洞村 大逸圃墓地》，昆明：云南科技出版社，2009年，第2-4页。诚谢泸西县文管所连云同志赠书。

罗平处于中国西南陆海走廊的关键节点,至今尚存县城罗雄街道的明清古驿道也是证明之一。驿道东起县城,西至师宗,断续分布在幸多禄村、土地庙村、泥石打村、茶安村、塘房村、大偏山村等处山间。罗平县文管所所长何磊告知,驿道全程长32千米,现残存9段约3.7千米,宽1米至1.85米不等。以今推古,汉晋时代的漏卧国人,或许有行走、驱驰这些古道上的身影。

句町被封王后54年,即汉成帝河平二年(前27),同是夜郎集团的夜郎、句町、漏卧三国,为争夺奴隶、食盐等资源及其贸易通道,终于爆发了大规模的奴隶主战争:"夜郎王兴与句町王禹、漏卧侯俞,更举兵相攻"①。

三国之战起因,没有任何史料提及。笔者结合西南夷地形势、西南夷族属、经济贸易等方面分析,应该是为了抢占奴隶②和食盐的贸易通道而爆发的战争,堪称"僮盐之战"。

百濮族群或者其体系中与汉民族更"习近"的僰人③,常常被掠卖为奴。奴隶买卖利润可观,大做此等人肉生意的,不仅巴蜀商贾"持窃出市"铤而走险来交换,岭南和交趾来的外族人,本族的上层,都趋之若鹜。而外来的商人,也只有依靠西南夷各个方国部落的王、侯、君长们权势和武力庇护,才能把活生生且随时可能反抗、逃跑的人,顺利"运送"出境。商人和邑君之间,靠一条互相利用的经济纽带,捆绑成不可或缺的利益共同体。"共同体"都以巴蜀文化和巴蜀为代表的中原文化为指针,共同在华夏化标准、模板、惯性等方面影响相作用下,时强烈时迟缓进行运转。夜郎等三国自不例外,在奴隶利润高昂的诱惑下,谁断我财路我必断尔头,挑起剧烈冲突自不在话下。

先看战争关系。这场"更相攻伐"的战争,有两个层面的敌对关系,第一个层面,有可能是捉对厮杀,三者你打我、我打你、你打他,互相扭打成团;第二个层面,有可能是我和你二打他,有可能是我和他二打你,也有可能是他和你二打我。现在用A、B、C分别代表夜郎、句町、漏卧,把这两个层面的每一组对应关系,作逐一分析:

---

① 《汉书》卷九十五《西南夷两粤朝鲜传第六十五》,第3843页。
② 《贵州通史》编委会:《贵州通史》第1卷《远古至元代的贵州》,北京:当代中国出版社,2003年,第120页。
③ 章太炎:《西南属夷小记》,李绍明、程贤敏编:《西南民族研究论文选》(1904-1949年),成都:四川大学出版社,1991年,第2页:僰、濮两字古音同部通用,僰之为字,疑因濮转声而造。又第3页:故知濮为初语,僰为后造。原载《制言半月刊》1936年第25期。又蒙默:《南方古族论稿》,北京:商务印书馆,2015年,第21页:僰、濮两族同住一地,僰、濮两字音读全同,其为同一族称之异译是无可置疑的。又任乃强:《羌族源流探索》,重庆:重庆出版社,1984年,第111页:僰族,是西南地区历史上一个与汉族最为习近的大族。

位于云南罗平县罗雄街道幸多禄村的古驿道，尚残存1300多米，是县城通往师宗、昆明方向的必经之路

罗平县文管所所长　何磊　供图

第一个层面的战争相对简单，就是 A vs B vs C vs A，也就是三国同时三方作战：夜郎攻打句町和漏卧，句町攻打漏卧和夜郎，漏卧攻打夜郎和句町，一国同时对两国开战。这一个层面迄今没有学者论及，据关联文献分析和推论，笔者也认为几乎不可能发生，故忽略不论。

第二个层面相对复杂，分为三组来观察：

第1组为 A + B vs C（即2-1组）；第2组为 B + C vs A（即2-2组）；第3组为 A + C vs B（即2-3组）。

任乃强分析，战争态势是上述第二个层面的第1组（2-1组）情形，漏卧侯因为也是南夷强国之一，"与夜郎、句町鼎立，而更亲附汉，故汉使袒之，至于激怒二国，更成叛乱"[①]。也就是说，是夜郎和句町两个"王"一级的"强国"，共同发动了对"侯"一级"弱国"漏卧的"侵略"战争。然后引来汉帝国作停战调停，不允许夜郎和句町再继续欺负弱小。诱因可能因为漏卧侯的倾向问题，深刻原因就是"僮""盐"经济利益的纠葛，争抢对象就是对交通的控制权。

不过，多数学者的观点认为，是上述第二个层面的第2组（2-2组）情形，即势力日渐发展的句町王挑战夜郎王权威，联合漏卧侯共同反击过去的"老大"。蒙文通就是

---

① 《华阳国志校补图注》，第308页。

持此观点,认为"漏卧侯尝与句町合兵攻夜郎"①;广西学者郑超雄更具体阐述为:"这次西南三国战争,很可能是夜郎国引起的,个中原因估计是夜郎王想吞并句町、漏卧两个方国,结果是句町、漏卧两个方国联合起来,共同对付夜郎国,最后是汉王朝派军队消灭了夜郎国。这场战争才算结束"②。

笔者认为,是第二个层面的第3组(2-3组)A(夜郎)+C(漏卧)vsB(句町)。理由有三:

第一,句町跃升西南夷大国引夜郎不满。句町协助汉军平息姑缯、廉头反叛,获利甚多,所虏人口与牲畜转化成奴隶和畜产品出售,经济实力骤然提升;政治上又得到帝国最高层宠爱,地方官吏也得礼让三分,自西南夷部落内部声誉鹊起,从过去从属于夜郎部落联盟内的小方国一跃而与之并列,跃跃欲试总控奴隶贸易通道等行径,引发老牌之王大为不满;

第二,夜郎和句町争夺滇国资源而交恶。滇王公元前109年封印后,史无下文,估计滇国没落甚至消亡。有学者分析出土"滇王之印"的晋宁石寨山第6号墓是末代滇王墓,由于滇贵族不懂汉代专制主义的封建制度,在降汉的滇王病故后,把其生前的金印也当做随葬品,无意中违反汉法。汉武帝抓住这个把柄,剥夺了滇王世袭的特权③。20余年后姑缯、廉头骚乱引发"牂牁谈指、同并等24邑"皆反时,滇王已经失去了权力,或许被默默无闻地废除了④。益州动乱平息后,滇国留下的资源特别是安宁盐泉产销,自然成为夜郎、句町两大国的博弈,从联盟内部成员转化为敌视状态。

第三,句町、夜郎阻道导致漏卧等因盐恐慌。夜郎、句町的敌对或者敌视状态,夜郎自然有意无意阻隔句町输入蜀中奴隶之路,断其财路,夜郎"截留下南来北往客商的货物也是可以想象的"⑤。句町新兴之势夺取滇池盐泉后,加上本身地理位置控制着海盐入云贵之道,深深痛恨。便垄断盐销方式反制,故意对偏向夜郎、靠安宁盐维系生活必需的各小国提价甚至拒售。估计漏卧还习以为常保持站在过去的夜郎联盟阵营内,也是被句町以盐遏制的对象。虽然夜郎本部还可以从巴蜀运盐维持,但漏卧等支持夜郎的小方国和邑君却无法招架,不断央求夜郎召集人马向句町开战。

---

① 蒙文通遗:《越史丛考》,北京:人民出版社,1983年,第51页。
② 郑超雄:《句町国的历史渊源与王权政治》,中共西林县委、县人民政府,广西文物考古研究所,广西历史学会编:《句町国与西林特色文化》,南宁:广西人民出版社,2009年,第21页。
③ 蔡葵:《论云南晋宁石寨山第6号墓的史料价值》,云南文物考古研究所编:《石寨山文化考古研究论文集》上册,北京:科学出版社,2018年,第397页。
④ 李昆声:《"滇王之印"与"汉委奴国王"印之比较研究》,《思想战线》1986年第3期。
⑤ 蒙礼云:《关于夜郎文化的思考》,《夜郎研究》,贵阳:贵州民族出版社,2000年,第226页。

三国大战由此爆发,血红六眼,上国调停也毫不理睬。但是不管如何,夜郎王兴都决策失误,不该以个人(国)之力,"轻易汉使"。"牂柯太守请发兵诛兴等,议者以为道远不可击。(成帝)乃遣太中大夫蜀郡张匡持节和解。兴等不从命,刻木象汉吏,立道旁射之"①。没有句町王禹和漏卧侯俞圆滑,看大事不妙,立息争端,从死对头摇身转为牵手共同"劳吏士"。

　　一直在西南夷中充老大的夜郎王不听招呼,还羞辱天朝上国代表,"不惮国威"。此等作奸犯科行为必定后果严重,汉帝国决定"宜因其萌牙,早断绝之"。在三国"未疑汉家加诛"之时,采取三条措施:其一,"阴敕旁郡守尉练士马",就是在周边悄悄调集和训练平叛的军队;其二,"大司农豫调谷积要害处",就是把战争需要的辎重粮草运到战场险要处囤积;最为重要的,乃其三,"选任职太守往,以秋凉时入,诛其王侯尤不轨者"②,就是要惩办首恶,以儆效尤。

　　汉帝国派出的强硬主战派名叫陈立。"立者,临邛人,前为连然长,不韦令,蛮夷畏之"③。看来也不是善茬,是"具有多地执政的土著官员"④,临机决断能力强。他到任牂柯太守,立马产生当机立断的效果:"(陈立)及至牂柯,谕告夜郎王兴。兴不从命,立请诛之。未报,乃从吏数十人出行县,至兴国且同亭,召兴。兴将数千人往至亭,从邑君数十人入见立。立数责,因断头。邑君曰:'将军诛亡状,为民除害,愿出晓士众。'以兴头示之,皆释兵降。"

　　看到作为老大的夜郎王就这样头断身死,伏尸汩汩,自甘作了"恶首"下场,"句町王禹、漏卧侯俞震恐,入粟千斛,牛、羊劳吏士",也是赶快想出血免灾,祈求"协从不办",法外施恩。

　　不过,夜郎被灭,继续拥有王爵之尊的句町,自然更加成为原夜郎联盟的雄长。至于小小漏卧,从此灰飞烟灭,不见史册,估计不是被汉帝国秋后算账,也是被句町所灭。笔者在罗平所见正在发掘的东汉墓,全是汉文化元素,几乎没有土著族群的标志性文化相伴出土,分析应是漏卧国灭或势微,汉帝国中央派军镇守、募人屯垦,俨然如内地,尽皆华夏汉人生活劳作于此了。

　　夜郎王被灭,夜郎人并没有失载于史。因为夜郎王兴的"妻父翁指与兴子邪务收余兵,迫胁旁二十二邑反",被陈立"攻绝其水道"后,反叛集团内部出现分裂,"蛮夷共

---

① 《汉书》卷九十五《西南夷两粤朝鲜传第六十五》,第3843—3844页。
② 以上并见《汉书》卷九十五《西南夷两粤朝鲜传第六十五》,第3844页。
③ 《汉书》卷九十五《西南夷两粤朝鲜传第六十五》,第3845页。
④ 李东红、陈丽媛:《从"滇国三印"看西汉时期的西南边疆治理》,《中国边疆史地研究》2021年第3期。

斩翁指,持首出降",一场大面积的骚乱虽最终平息,但王子邪务却不知所终①。笔者分析,要么战死,要么逃亡。往南逃亡的夜郎族众史书上痕迹比较清晰:五六十年之后的东汉光武帝建武年间,九真徼外出现了被称为夜郎的蛮夷②,其首领"张游率种人内属,封为归汉里君"③。又过了71年后的东汉安帝永初元年(107),"九真徼外夜郎蛮夷举土内属,开境千八百四十里"④。这些被称作夜郎的族众,与被灭的牂柯夜郎之关系,值得注意和探究。有学者就认为是夜郎国后裔迫于陈立压力,逃亡迁徙去的。九真郡一次性能开郡近两千里,势必在其西今老挝境内⑤。夜郎人从滇黔到老挝,应绕过句町控制地域如百色、文山等地,从红河(元江)顺河而南或渡河西去的可能性较大。

往黔东方向迁徙也是夜郎贵族裹胁族众的一条主要线路,时至今日,众多濮人后裔仡佬、木佬等生活在铜仁、黔东南、黔南、遵义一带即为明证。汉武帝置犍为郡和牂柯郡时,上述地域除母敛(榕江⑥)以外,几乎大面积空白,显然为上文所分析的莽莽森林,无酋邦方国部落称雄锁控,夜郎人也如秦击陆梁时的越人一样,入此丛薄中,躲避强悍的陈立大军追杀,生养休息,直至唐代,以东谢、西谢、南谢、西赵诸面目再现史册。当然,此时降汉的夜郎"旁二十二邑"蛮夷,因击杀翁指有功,被西汉政府宽豁,得留故土,并深刻汉化,文献上有东汉初年以谢暹⑦、东晋初年以谢恕⑧等为代表,继续与华夏正统政权保持政治一致的记载;文物上有贵州清镇地域汉墓出土的"谢买"等印章⑨,也可证即其族人所持⑩。谢氏一族自视血统高贵,"法不育女",目的是为避免找不到门第相当的人嫁女,就残忍的采取控制养育女孩措施,以维护等级的尊严⑪;另一方面也保证了夜郎族属的血统纯正,演变成现代仡佬等民族,使我们今日研究有迹可徇。

---

① 以上并见《汉书》卷九十五《西南夷两粤朝鲜传第六十五》,第3845页。
② 《后汉书》卷七十六《循吏列传第六十六·任延传》,第2462页:于是徼外蛮夷夜郎等慕义保塞。
③ 《后汉书》卷一下《光武帝纪第一下》,第60页。
④ 《后汉书》卷八十六《南蛮西南夷列传第七十六》,第2837页。
⑤ 李艳峰、赵永忠、杨举伟:《骆越源流史》,昆明:云南大学出版社,2020年,第57页:两汉时期的九真郡东面大海,南接日南,故西境一千八百四十里只能是向西,因而这部分的夜郎分布区显然是在今中南半岛地域老挝桑怒、川圹、万象以及琅勃拉邦一带。
⑥ 《华阳国志校补图注》,第264-265页。
⑦ 《华阳国志校补图注》,第260页。
⑧ 《华阳国志校补图注》,第257页。
⑨ 贵州省博物馆:《贵州清镇平坝汉至宋墓发掘简报》,《考古》1961年第4期。
⑩ 侯绍庄:《牂柯大姓谢氏考》,《贵州文史丛刊》1982年第1期。
⑪ 翁家烈:《仡佬族》,北京:民族出版社,1992年,第31页。

三国之战又过了39年,公元12年的王莽时代,一度辉煌的句町不想还是天降横祸。

王莽篡汉自立,四夷称王者皆更为侯。在改"匈奴单于玺"为"匈奴单于章"的同时,始建国四年(12)贬句町王为句町侯,他对不服气的句町王毋邯,还命令牂柯郡大尹(太守)周歆"诈杀"之,邯弟毋承遂举兵攻杀周歆①。王莽花了大力气,调动天水、陇西骑士,以及广汉、巴、蜀、犍为20万军队和后勤保障人员镇压②,前后上十年,数易其帅,甚至为了讨得吉利,把如今的通海县西汉建县时命名的胜休县③,也改成"胜僰县"④。但是不管怎么努力或者疯狂,"王莽政权直到地皇四年(23)彻底垮台之时,也没有能够完成他'绝僰'句町的'大业'"⑤。被他一再念叨的"僰虏"首领"若豆""孟迁",仍顽强地领导句町等"蛮僰"族群持续抗斗。

句町王爵位,直至常璩撰写《华阳国志》的公元四世纪中期⑥时尚称"汉时受封迄今"⑦,据《宋书》《南齐书》"州郡志"记载,其兴古郡中皆有句町,但梁朝取代萧齐的公元502年就未见记载了⑧,说明句町国已经在历史上消失。从汉昭帝始元六年(前81)诏封毋波为王开始,句町王国一直延续了583年,若从其附汉封侯时的公元前111年算起,则有613年,这可算我国有诸侯爵位以来"任职"时间最长的王侯了。

句町、漏卧侯王之国,主要活动地域是今云南、广西、贵州接壤一带。因此,贵州有学者认为,在贵州省内部而言,黔西南是一方特殊的地域,它与桂西北、滇东南周邻的联系至为密切,远胜于与黔西北地区的文化联系。滇黔桂边正好是在句町王、漏卧侯活动范围内,可能存在一个包括黔西南兴义、安龙、普安、册亨、望谟等与滇东南丘北、广南、富宁及桂西北右江上游百色、田阳、田东等地区在内的一个文化圈。该文化圈内一字格曲刃剑、舞蹈纹无胡铜戈、曲刃矛、V形銎、带∞符号的铜钺、羊角钮钟、铜鼓等流行。而风字形钺身、V形銎、部分带∞符号的铜钺是该文化圈内最为频见、最具特色,也是其构成一个相对独立的文化圈的关键⑨。

---

① 蒙默:《僰为僚说》,《南方古族论稿》,第20页。
② 《华阳国志校补图注》,第236页。
③ 《华阳国志校补图注》,第307页。
④ 蒙默:《僰为僚说》,《南方古族论稿》,第19页。
⑤ 蒙默:《僰为僚说》,《南方古族论稿》,第20页。
⑥ 《华阳国志校补图注》,前言第3页。
⑦ 《华阳国志校补图注》,第303页。
⑧ 何正廷:《守护句町文化圣地 架设国际旅游金桥——关于在文化旅游产业中打造句町品牌的建议》,《广南句町古国历史文化研究》,第53页。
⑨ 李飞:《夷汉之间——从考古材料看贵州战国秦汉时代的文化格局》,《贵州民族研究》2009年第6期。

中国西南陆海走廊沿线地域发生的战争,都是伴随有交通通道问题出现,甚至有的战争就直接围绕构筑交通或保卫交通或拓展交通而展开。如前135年至前109年之间,频繁发生8~10场战事(唐蒙出使夜郎和司马相如通西南夷姑且不算战争),3年左右即有一次剧烈军事冲突。可以说,交通问题制约甚至主导了先秦到南北朝梁以后西南夷地沦陷为止,长达约上千年的慢慢历程。

中国西南陆海走廊所处地域,既沟通西南与岭南,又北连关陇、中原,东接楚湘,西通缅印,南入中南半岛,陆海相接,中外毗邻,地位突出。加上族群众多、族属芜杂、迁徙无常,致使华夏势力进入后,对其或强行介入或顽固"葆就",冲突与战争势不可免。从文物出土资料来看,兵器几乎逢墓就有,与战争关联的器物,也远远大于生产与消费器物,甚至古人两大事的"戎""祭"相比,"戎"的比重超过其他地域的文物出土。这些都说明这一范围内,族群之间的心理戒备、利益争夺甚或生存自保都处于临战边缘,随时可能有战争行为发生。战争是人类的暴行,但战争也是促使和平期间无法一蹴而就之事能快速解决,上述战争事例中,"清通长江""调谷积要害处"等处置方式,即是明证,彻底证明中国西南陆海走廊发生的战争,对交通通达起到过被迫加速建设的特殊作用。

第九章 「盐」「铁」「僮」贸易支撑走廊形成特殊通道

巴蜀经济的高度发展,催生了"蜀贾人"阶层的产生,"以所多易所鲜"①,游走、跋涉在今西南乃至岭南和中南半岛部落方国之间,"以此巴蜀殷富"②,蔚然"工商致结驷连骑,豪族服王侯美衣"③,出现全国也鲜见的一幅欣欣向荣景象。

支撑其迅猛发展的因素颇多,"盐""铁""僮"等特殊的贸易是其中重要原因之一,单就"僮"而论,所获利润相当可观,商贾"每卖出100个奴隶,可获利20万"④。正因为当时特殊贸易带来的惊人暴利,商人才乐此不疲,民间秘密商道才大行其道。通过蜀贾人不断的求索与"间出"通行,西南和南海之间扭动起来一条特殊利益维系的道路交通线。

第一节 奴隶贸易吸引商贾"持窃出市"

第三章第一节已述,巴蜀市场中,著名的有巴国的"龟亭市"、秦时所营"成都市",皆"市张列肆",繁华有加。商品经济的活跃,自然与交通密不可分。在以巴蜀为代表的经济发达地区和商品辐射地区,包括夜郎、滇、南越、交趾诸地,秘密商道勾连其间是自然而然的事情。正是因为有商道的存在和蜀贾的贩卖,近至云贵、远达南海诸郡,"中国往商贾者多取富焉"⑤。

---

① [西汉]司马迁:《史记》卷一百二十九《货殖列传第六十九》,北京:中华书局,1959年9月第1版,1982年11月第2版,1982年,第3262页。
② 《史记》卷一百一十六《西南夷列传第五十六》第2993页。
③ [晋]常璩著、任乃强校注:《华阳国志校补图注》,上海:上海古籍出版社,1987年,2011年7月第5次印刷,第148页。
④ 唐光孝:《从四川出土陶俑谈汉代奴婢的一些问题》,四川省文物考古研究所编:《四川考古研究论文集》1996年(增刊),第32页。
⑤ [东汉]班固:《汉书》卷二十八下《地理志第八下》,北京:中华书局,1962年,第1670页。

| 第九章 "盐""铁""僮"贸易支撑走廊形成特殊通道 |

秘密商道显然不愿为外人所知,尤其不愿让官方知晓,先秦汉晋典籍因而无专门记载具体的线路、行程、交易方式、运载物资的详细情况,只有根据后人的记载窥其一斑,以今及古。如南宋周去非就记有钦州博易场往返蜀地的商贾影子,动用的资金巨大、交易的方式灵活、流通的物资丰富、往来的线路平稳、中转的周期固定,亦庄亦谐,颇有妙趣:

> 唯富商自蜀贩锦至钦,自钦易香至蜀,岁一往返,每博易动数千缗,各以其货互缄,逾时而价始定。既缄之后,不得与他商议。其始议价,天地之不相侔。吾之富商,又日遣其徒为小商以自给,而筑室反耕以老之。彼之富商,顽然不动,亦以持久困我。二商相遇,相与为杯酒欢。久而降心相从,侩者乃左右渐加抑扬,其价相去不远,然后两平焉。官为之秤香交锦,以成其事。既博易,官止收吾商之征。其征之也,约货为钱,多为虚数,谓之纲钱。每纲钱一千,为实钱四百,即以实钱一缗征三十焉。①

笔者在广西钦州市平南古渡了解濂江通航情况。笔者所站位置为西渡口,对岸为东渡口,西渡口附近江边即钦州古城墙,城墙外即宋代钦州博易场

---

① [南宋]周去非著、杨武泉校注:《岭外代答校注》,北京:中华书局,1999年9月第1版,2012年12月北京第3次印刷,第196-197页。

蜀商活跃的身影,早自宋代以前即有大量闪现,他们通过南、北丝绸之路将"五星出东方利中国"为代表的蜀锦、蜀绣、蜀布、邛竹杖和蒟酱等产品远销海外①,其足迹西到印度阿萨姆的迦摩缕波国②,南到广州甚至越南北部,在中国的经济舞台上扮演了举足轻重的角色。有学者认为,蜀布和邛竹杖销到大夏(阿富汗),有部分就是四川运到南越再海上转销印度而去的③。其中,在岭南和西南地区更是异常活跃④,蜀人的商业往来,远到夜郎,由夜郎再到南越⑤,通贾南越。巴蜀商贾来往穿梭,对西南、岭南与东南亚的文化趋同,起到了无法估量的润滑推动作用。

秦灭巴蜀后,出于经济发展需要,采取大量剥削奴隶的劳动价值方式创造财富,所设立的蜀郡东工工室内,无论是铸铜、铸铁、制漆、织绵,还是一般木工、制陶等,都大量使用奴隶。秦朝庭的一些大型基建项目,如修建阿房宫、骊山陵等,还从蜀地调去大量工匠,其中多为官奴⑥。前文所说的富豪卓王孙,在给女儿卓文君嫁妆中,就有"僮百人"⑦;即使是普通人家,包括寡妇家庭在内,也在使用奴隶。西汉"才高名隽"的王褒⑧,竟然只是为惩戒一名不给自己买酒的奴隶"便了",而立马从寡妇杨惠手中买下来,殚精竭虑,穷词尽辞,创作出名垂千古的《僮约》一文,对其所承担的物业具体化、契约化予以安排和约束。秦代巴寡妇清更是拥有庞大的私人武装"用财自卫"⑨,笔者分析,兵员应该也是奴隶矿工为主组成的兵团,即平时作工,乱时为卒,一声令下,呼啦号啸,令人不敢轻戏。整族整姓被掠作奴隶者也有记载,蒙默曾列举《通志·氏族略》引盛弘之《荆州记》:"建平信陵县有税氏,昔蜀王栾君王巴蜀,王见廪君兵强,结好饮宴,以税氏五千人遗巴王(原注:原讹作蜀)廪君。""税氏"这种可以用以馈赠的

---

① 李后强:《四川"灾变论"》,李后强:《蜀地散聊——关于30个理论与实践问题的探讨》,成都:四川人民出版社,2019年,第162页。
② 汶江:《滇越考》,朱东润、李俊民、罗竹凤主编:《中华文史论丛》1980年第2辑(总第14辑)。
③ 吕昭仪:《对两汉时中印交通的一点看法》,《南亚研究》1984年第2期。
④ 周永卫:《两汉交趾与益州对外关系研究——以若干物质文化交流为主》,汕头:汕头大学出版社,2009年,第21页。又西汉南越王博物馆编,张荣芳、周永卫、吴凌云:《西汉南越王墓多元文化研究》,广州:中山大学出版社,2015年,第135页。
⑤ 桑秀云:《蜀布邛杖传至大夏路径的蠡测》,段渝主编:《南方丝绸之路研究论集》,成都:巴蜀书社,2008年,第121页。
⑥ 罗开玉:《出土文物看秦汉三国时期蜀郡工室、工官》,《长江文明》2010年第3期。
⑦ [西汉]司马迁:《史记》卷一百一十七《司马相如列传第五十七》,北京:中华书局,1959年9月第1版,1982年11月第2版,1982年11月北京第8次印刷,第3001页。
⑧ 《华阳国志校补图注》,第146页。
⑨ 《史记》卷一百二十九《货殖列传第六十九》:巴寡妇清,其先得丹穴,而擅其利数世,家亦不訾。清,寡妇也,能守其业,用财自卫,不见侵犯。秦皇帝以为贞妇而客之,为筑女怀清台……清穷乡寡妇,礼抗万乘,名显天下,岂非以富邪?

人口显为奴隶①。

从出土文物完全可以佐证蜀地从官方到民间存在普遍使用奴隶的事实。四川出土的汉代画像石棺、画像砖中,不少都有奴隶劳作的画面。这些表现当时汉人"视死如生"观念的画像,描绘了他们要把日常生活景照搬到冥界的心态。成都市郊出土的"弋射收获"画像砖②,有一手持类似今天镰刀一样工具的劳动者,头式非华夏式束发,应是奴隶形象;新都出土的"酿酒"画像砖③中,一椎髻赤足推独轮车者更应为典型的奴隶形象;涪陵出土一柄战国秦戈,上刻铭文"武,廿六年蜀守武造。东工师宦、臣业、工篪。"④,四川省博物馆专家罗开玉分析,"臣业"之人,身份应是官奴⑤。

弋射收获画像(拓本)　　　　　弋射收获画像(线图)⑥

云贵和岭南、交趾也存在大量买卖和使用奴隶情况。古滇文化中人骨最丰富、保存最好的当属宜良汤池镇纱帽山墓地,一些规格较高的墓中,发现有殉葬较多奴隶的现象,他们身前被残忍砍杀、肢解,有一具头枕骨砍痕达22毫米×7.5毫米;墓葬中还反映出该地族群有男子为女子殉葬的习俗⑦,所殉之人也应是男性奴隶。南越吕嘉反叛

---

① 蒙默:《魏晋南北朝时期的"蛮"》,蒙默:《南方古族论稿》,北京:商务印书馆,2015年,第435页。
② 罗二虎:《"弋射收获"画像考》,《艺术考古》2009年第2期。
③ 高文:《四川汉代画像砖》,上海,上海人民美术出版社,1987年,第16页。
④ 四川博物馆、重庆市博物馆等:《四川涪陵地区小田溪战国土坑墓清理简报》,《文物》1974年第5期,第68页。
⑤ 罗开玉:《从出土文物看秦汉三国时期蜀郡工室、工官》,《长江文明》2010年第3期。
⑥ 两图采自罗二虎《"弋射收获"画像考》,《艺术考古》2009年第2期。
⑦ 云南省文物考古研究所、昆明市文物管理委员会、宜良县文物管理委员会:《云南宜良纱帽山滇文化墓地发掘报告》,云南省文物考古研究所编:《石寨山文化考古发掘报告集》(下册),北京:科学出版社,2016年,第797-798页。原载《南方民族考古》第八辑。

时，大造王太后将把越人当作奴隶买卖的谣言以收离间之效："多从人，行至长安，虏卖以为僮仆。"①九真太守益昌从事奴婢等走私买卖，"赃百万以上"。三国时期，吴交趾太守孙谞"上手工千余人"②到吴都建业（南京），当为奴隶工人群体。笔者从贵港罗泊湾一号墓在椁室底下有七个殉人③、二号墓有一人殉葬④的考古材料分析，就是为主人殉葬的家奴。经鉴定，罗泊湾人与广西现代壮族和汉族接近，尤其与壮族人更为接近⑤。看来，壮族、布依族的先民瓯骆人被掠买为奴的现象也较严重，有可能还通过句町-漏卧道中转蜀地当作"滇僮"售出。中国台湾学者林富士考证，百越民族中本该地位尊荣的巫者，甚至也有少部分沦为了奴隶⑥。及至民国，蓄婢之风，岭南亦盛。有人调查，1930年代，北流江流域广西容县全县人口才28.6万人⑦，婢女不下千余人。只是不以奴隶之名为称，往往借名为养女，在未嫁人之前，主人可以任意役使⑧。同时期，右江流域也大量存在"饶富之家，买婢为使，及笄及嫁"⑨现象。

晋宁石寨山青铜器中，有大量奴隶劳作的贮贝器出土，更有残杀奴隶的青铜器铸出来，形象地显示了对奴隶从抓捕、使用、售卖或祭祀的整个流程。如M1墓中出土一"奴隶生产俑贮贝器"，器盖上所铸铜俑共有18位女性，系一家庭奴隶生产最生动的场面，女奴隶主端坐于盖的上首矮榻上，较其他各俑为大，且通体镀金。奴隶俑们或者"双手捻线"，或者"以足蹈腰机而织"，或者"做接线状"，或者"双手执扣"，或者"捧盘于胸前"，或者为奴隶主执伞，或者向奴隶主捧盘⑩；江川李家山也有同类器物出土，他们也做着抬轿、执伞、做工等体力之活。笔者分析，青铜铸件不一而足的形象要表现的主题就是，贵族生活"自应"悠然，奴隶劳作"自应"辛苦。

为了奴隶来源，奴隶主不惜使用武力。壮族古老的《鸡卜经》"卜辞"中有许多内容，表明了是掠夺人口而发动战争，如"打贼夺得三十头人口""打贼捉得奴婢四索，吉""打贼捉得一百八十四索，吉""打贼杀得三十二头，人口三千名，祭吉""打贼见大旺军，杀得四十路，捉得二万人"等。其掠夺人口的数目不等，少则数人，多到上万，战

---

① 《史记》卷一百一十三《南越列传第五十三》，第2974页。
② [晋]陈寿撰、[宋]裴松之注：《三国志》卷四八《孙休传》，北京：中华书局，2006年，第689页。
③ 广西壮族自治区博物馆编：《广西贵县罗泊湾汉墓》，北京：文物出版社，1988年，第95页。
④ 杨式挺：《岭南文物考古论集续集》，广州：岭南美术出版社，2011年，第340页。
⑤ 彭书琳、张文光、魏博源：《贵县罗泊湾西汉墓殉葬人骨》，广西壮族自治区博物馆编：《广西贵县罗泊湾汉墓》，第114页。
⑥ 林富士：《汉代的巫者》，台北：稻乡出版社，1999年，第161页。诚谢四川省网络作家协会副主席度政赠书。
⑦ 田曙岚：《邕乡处处：广西旅行记》，沈阳：辽宁教育出版社，2018年，第218页。
⑧ 《邕乡处处：广西旅行记》，第222页。
⑨ 《邕乡处处：广西旅行记》，第67页。
⑩ 冯汉骥：《云南晋宁石寨山出土文物的族属问题试探》，《考古》1961年第9期。

争的失败者往往就沦为奴隶[1]。晋宁出土贮贝器M6∶1现存铸像十八人,其中滇国武士十一人,余为敌方,敌方中就有被押送的俘虏[2];石寨山M13的"献俘扣饰"[3]上共有四人、两个人头和三只牲畜,表现的是一前一后两个滇人武士掳掠而归,各自手提一个人头。领头在前的武士牵着捆绑女人的一根绳子,女人及背上所背小孩也是可怜的俘虏[4]。这种俘虏极可能两种下场,或者作为祭祀的牺牲,残戕而亡;或者作为劳作的奴隶,或留或售。李家山57号墓出土的"吊人铜矛"上,就形象地表现出奴隶被反剪双手的待宰命运。为了供应蜀贾人"旺盛"的市场需求,滇人与敌方的类似战争不会偶然,应该是有组织地主动挑衅,目的就是掠之以售。

云南江川李家山69号墓出土的祭祀场面青铜贮贝器,顶部圆片盖子上铸有35个人和2匹马等。人物中抬肩舆(轿子)者、执伞者和其他劳作者,分析应为奴隶形象

玉溪市江川区文管所 张庭隆 供图

---

[1] 何正廷:《关于句町文化的研究》,《文山师范高等专科学校学报》2008年第1期。
[2] 李伟卿:《贮贝器及其装饰艺术研究》,云南文物考古研究所编:《石寨山文化考古研究论文集》中册,北京:科学出版社,2018年,第452页。
[3] 云南省博物馆:《云南晋宁石寨山古墓群发掘报告》,北京:文物出版社,1959年,第89页。
[4] 蒋志龙、樊海涛:《古滇文化史》,桂林:广西师范大学出版社,2019年,第307页。

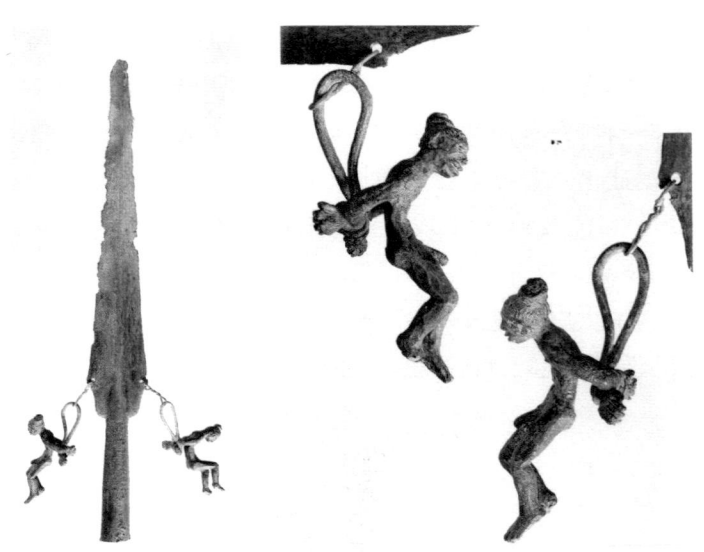

云南江川李家山57号墓出土一柄青铜矛,刃部近柄处的两侧,分别悬吊一椎髻、双手反缚的裸体男子。笔者在李家山博物馆反复观摩,认为是滇人所掠奴隶,将被用作祭祀牺牲的实物表现

玉溪市江川区文管所 张庭隆 供图

《汉书·地理志》评价巴蜀商人经营的商品种类时说:"巴、蜀、广汉,本南夷,秦并以为郡……南贾滇、僰僮;西近邛笮马、旄牛。"赫然把滇人、僰人当作"商品"进行描述。葛剑雄解释"僮"为劳动力,并认为"僮"可以提供劳动力,说明当时贵州、云南、四川的交界这一带已经存在比较方便的交通线路,这些物资才可以采购、周转,劳动力才可以输出①。用历史唯物主义观点来审视,出现这种现象自是人类向文明进步发展时迈不开的一道坎,但对于"滇僮"和"僰僮"来说,在秦汉时期的巴蜀之地,又因有典型的地域特殊性才产生出这种奴隶交易。

《华阳国志》记载巴蜀的奴隶种类不仅有滇、僰,还有僚(獠)、賨等人。任乃强分析,"滇獠賨僰"四字所代表为当时掠卖奴隶的族属,包括劳深、靡牧、巂、昆明、哀牢、姑缯、同师、夜郎、乌浒诸民族,及秦汉时大量入住于贵州高原民族、巴国七土著、僰国土著等出于百濮的民族。前者皆不谙内地语言风俗,须奴隶商购入施行调教后乃可售供使用者,统称为"滇僮";后者"獠、賨、僰"颇习汉语汉俗,奴隶商购入即可转售。故称之曰"僰僮"②。

---

① 葛剑雄:《丝绸之路与西南历史交通地理》,《思想战线》2019年第2期,第45卷。
② 《华阳国志校补图注》,第116页。

第九章 "盐""铁""僰"贸易支撑走廊形成特殊通道

巴蜀和中原内地,对滇、僰僮奴隶的需求巨大,致使奴隶贸易发达。巴蜀出现的奴隶商人群体中,较出名的有刁间、姓伟、罗裒等人,居然有人还进入《史记》《汉书》之列。任乃强举了一个生动的例子:

> 西汉时,《史记·贷殖传》言成都罗裒,"经来巴蜀,数年间,致(资)千余万"。又说:"初,裒贾京师,随身数十百万。"当时行五铢钱,数十百万随身,非大力者所能胜。况行数千里,山险水恶,途多盗贼,纵挟数十百万商品,亦不可能。惟携带值数十百万之奴隶,于义乃通。故知罗裒起家,便是贩卖奴隶。先贩僰僮,以才能受平陵富豪委托资遣,乃至巨富。《传》虽不及僰僮,而僰僮之利自见。①

好潇洒的蜀贾人,到京城长安贸易进货,竟然不带笨重的金银之币,而拉上一队活生生的僮仆就上路。《华阳国志》载:"郫县,(蜀)郡西北六十里。冠冕大姓何、罗、郭氏。"②分析此即罗裒祖地,"以工商兴盛,购田宅于郫以长子孙",其人皆以事业移藉于成都市,族属故在郫③。《华阳国志》又在"成都县"条下阐述:"富,先有罗裒,后有郄公、郭子平。"④把罗与曾担任过益州刺史的郄俭⑤等人相提并论,足显其豪富之身,称得上蜀地第一奴隶商。

巴蜀之地废除豢养奴隶这一野蛮残暴的习俗并不容易,即使汉光武帝两次下诏,把陇蜀被掳卖为奴者"一切免为庶人"⑥,但奴隶主势力顽固,不屈不服,最终是经过帝国中央和蜀地大奴隶主之间惨烈的战争方式,才得以逐步实现的。《后汉书·光武纪》载有其中一次典型战事:

> (建武)十八年(42)春二月,蜀郡守将史歆叛。遣大司马吴汉率二将军讨之,围成都。甲寅,西巡狩,幸长安……秋七月,吴汉拔成都,斩史歆等。壬戌,赦益州所部殊死已下……十二月乙丑,车驾还宫。是岁,罢州牧,置刺史。⑦

为了痛下决心消灭蜀人奴隶主的疯狂反扑,光武帝本人也从京城洛阳往西"巡

---
① 任乃强:《四川上古史新探》,成都:四川人民出版社,2019年,第111-112页。
② 《华阳国志校补图注》,第157页。
③ 《华阳国志校补图注》,第159页。
④ 《华阳国志校补图注》,第157页。
⑤ 《华阳国志校补图注》,第159页、第150页。
⑥ 《后汉书》卷一下《光武帝纪第一下》,第59页:(汉光武帝十二年)三月癸酉,诏陇、蜀民被略为奴婢自讼者,及狱官未报,一切免为庶人;又第63页:(汉光武帝十三年)冬十二月甲寅,诏益州民自八年以来被略为奴婢者,皆一切免为庶人;或依托为人下妻,欲去者,恣听之;敢拘留者,比青、徐二州以略人法从事。
⑦ 《后汉书》卷一下《光武帝纪第一下》,第69-70页。

狩"至长安,靠前指挥,直到"奴隶解放战争"取得彻底胜利,才启程"还宫"。又《后汉书·吴汉传》以更详细的经过,记载了同一事件:

> 十八年,蜀郡守将史歆反于成都,自称大司马,攻太守张穆,穆踰城走广都,歆遂移檄郡县,而宕渠杨伟、朐䏰徐容等,起兵各数千人以应之。帝以歆昔为岑彭护军,晓习兵事,故遣汉率刘尚及太中大夫臧宫将万余人讨之。汉入武都,乃发广汉、巴、蜀三郡兵围成都,百余日城破,诛歆等。汉乃乘桴沿江下巴郡,杨伟、徐容等惶恐解散,汉诛其渠帅二百余人,徙其党羽数百家于南郡、长沙而还。①

对这场战事的评判,历来史家皆以战争说论战争,独任乃强另辟新说,此系因推行解放奴隶诏令,才促使史歆、杨伟、徐容等反叛②。若此,发生在公元初季的中国奴隶解放战争,比著名的美国南北战争早了1800多年。

不过,历代奴隶买卖之风一直延续到唐代,就唐代宫廷中奇奇怪怪姓氏之宦官来源,可知多出自今之四川、广东、福建诸省。因为当时上述地域乃边徼蛮夷之地,姓氏"不类汉姓",多系南方少数民族或被少数民族化的汉人③。唐玄宗朝两个最显赫的当权宦官杨思勖和高力士,都是出自岭南少数民族即隋之高凉郡地④。随后权势熏天的

---

① 《后汉书》卷十八《吴盖陈臧列传第八·吴汉》,第683页。
② 《华阳国志校补图注》,第337页:史歆为蜀郡人,因避公孙述而走中原投附光武者。光武命为岑彭护军,返蜀平述。述时,蜀中大姓首领人物大部附述,少数不附。故光武使史歆同岑彭还蜀,号召不附述之大姓豪门也。既平述,史韵建议"搜求隐逸,旌表忠义"等事项,深得时任蜀守张堪"赞行之"。一时,蜀中大姓奴隶主扬眉吐气,恣肆横行。第338页:建武十四年,张穆为蜀中太守。似由穆以大姓各有奴隶拥部曲为不然,对史歆等大姓巨室多所裁抑,歆遂发兵逐太守。自称大司马,系用吴汉入蜀时旧衔。盖当时只为放恣,驱逐牧守。固犹未叛汉庭;其目的仅有威胁朝廷,维持蜀中巨室豪门之特殊利益而已。其时汉庭与蜀中巨室豪门之主要矛盾,在于奴隶制度之存废问题。第339页:如此由禁炙灼奴隶,至禁略卖奴隶,以至依其志愿无条件解放,不准向买者索还身价。为东汉建武年代一大进步措施。平蜀以前,徐、青诸州已经贯彻。蜀中则公孙述时犹恣豪门巨室略卖、占有、虐待奴隶。平蜀初,张堪等重在安辑地方,拊循大姓,无所更张。至建武十五年,张堪内调,张穆继任太守,自必推行解放奴隶诏令。是促成史歆、杨伟、徐容等反叛之原因。吴汉时方击匈奴在塞上,受命后,单骑驰入武都,发檄广汉、巴、蜀三郡,乃竟能大集兵马,迳围成都者,盖有广大人民拥护解放奴隶政策,支持汉朝廷号召。故史歆徒能守城,不敢野战,守城,则可组合诸奴隶主强迫奴隶供役,野战则有前徒倒戈之虞故也。巴郡杨伟徐容等叛众,一闻吴汉军至,立即瓦解,渠帅被诛者,奴隶皆自叛其主故也。此等叛主奴隶,犹畏汉政府不能长久保护,请求远徙奴隶主阶级200余户于长沙,以防报复。《吴汉传》作杨伟徐容之"党羽数百家",实即响伟、容之巴蜀奴隶主数百家也。自经此次平叛后,巴蜀奴隶制度大体已就消灭,新获解放之人,在摧毁奴隶主压制,各自取得自由之后,生产热情高涨,地方经济飞跃发展,从而文化提高。东汉迄晋数百年中,巴蜀郡县人物,无论在学术方面,政事方面,艺术方面,以致武功方面,皆能普遍著绩,为全国领先者,此其主要原因。
③ 陈寅恪:《唐代政治史述论稿》,上海:上海古籍出版社,1997年,第23-25页。
④ 唐长孺著,朱雷、唐刚卯选编:《唐长孺文存》,上海:上海古籍出版社,2006年,第587-590页。

大太监鱼朝恩,籍贯在泸川县①(泸州),根据唐长孺《唐代宦官籍贯与南口进献》②一文分析,笔者认为应是生活在川南一带的古代僚人,之所以净身入宫,也应是被掠卖作奴隶而去的。

故奴隶愈多,产业愈发展,商道愈远大③。可以从近古欧美人深入非洲大陆疯狂猎取黑奴的残暴想见,秦汉时巴蜀商人疯狂追逐利益时,深入云贵方国部落的丑陋嘴脸与训练奴隶"商品"的残酷行状。但是,正因为利润奇高,促使其不畏道险水阻,迂回在云贵桂之地,自然有经验知晓哪条道孰远孰近孰险孰易,而使交通进一步通畅明了。

秦灭汉兴时,蜀地边关被关闭,蜀商也不畏重罪,持窃出市。《史记·西南夷列传》载,"巴蜀民或窃出商贾,取其笮马、僰僮、髦牛,以此巴蜀殷富。"④文景之时,铸钱成巨富的巴蜀南安人邓通也搞走私,"人有告邓通盗出徼外铸钱。下吏验问,颇有之"⑤。分析此时邓通"家居"赋闲,而且是蜀人,产业虽在"蜀严道铜山"铸钱生利,应也是眼红周边奴隶商人,另"跨界"在做利润更为惊人的僮仆走私买卖。

汉帝国中央对走私行为打击甚严,张家山汉简的出土,也证明了"越塞阑关"当罪⑥,汉武帝曾一次性处死长安城里涉嫌走私行为的商人500多人⑦;处置的对象也有高级别的官员,如"谕告瓯骆四十余万口降(汉)"⑧的南越国桂林监居翁,被封为湘成侯,但其子益昌虽也做到了九真太守,"坐使人出买犀、奴婢"⑨,还是被依法砍了头。即便如此,汉地对僮婢的热求与西南夷地对铁器和盐等物品的渴求所产生的高额对流回报,使得一大批"蜀贾人"铤而走险,正如马克思在《资本论》中引用的:"一有适当的利润,资本就会非常胆壮起来。只要有10%的利润,它就会到处被人使用;有20%,就会活泼起来;有50%,就会引起积极的冒险;有100%,就会使人不顾一切法律;有300%,就会使人不怕犯罪,甚至不怕绞首的危险。"

滇僮、僰僮一经掠买作奴隶,进入新环境虽然陌生,但异于曾经的闭塞和荒陋,不对战争担惊受怕,不对衣食绞尽脑汁。两相对比,一般欣然接受主家安排和使唤,不

---

① [北宋]欧阳修、宋祁:《新唐书》卷207《列传第一百三十二·宦者上·鱼朝恩》,北京:中华书局,1975年,第5863页。
② 唐长孺著,朱雷、唐刚卯选编:《唐长孺文存》,第584-592页。原载《陈寅恪先生诞辰一百周年纪念论文集》,北京大学出版社,1989年12月版。
③ 《华阳国志校补图注》,第117页。
④ 《史记》卷一百一十六《西南夷列传第五十六》,第2993页。
⑤ 《史记》卷一百二十五《佞幸列传第六十五》,第3193页。
⑥ 朱红林:《张家山汉简〈二年律令〉集释》,北京:社会科学文献出版社,2005年,第286-287页。
⑦ 《史记》卷一百二十《汲郑列传第六十》,第3109页。
⑧ 《汉书》卷九十五《西南夷两粤朝鲜传第六十五》,第3858页。
⑨ 《册府元龟》卷七百《牧守部·贪黩》,文渊阁四库全书本。

会感到伤痛反而为之效忠①。不少还以契约方式，遵从而行。反之，如果奴隶骄悍不听使唤，帝国的各级官僚机构会出面保护奴隶主的诉求，甚至"兜底"奴隶主经济利益。云梦睡虎地秦简《封诊式》的《告臣》一条即有鲜活记录：

> 某里士五（伍）甲缚诣男子丙，告曰："丙，甲臣，桥（骄）悍，不田作，不听甲令，谒卖公，斩以为城旦，受贾（价）钱。"讯内，辞曰："甲臣，诚悍，不听甲。甲未赏（尝）身免丙。丙毋（无）病医（也），毋（无）它坐罪。"令令史某诊丙，不病。令少内某、佐某以市正贾（价）贾丙丞某前。丙中人，贾（价）若干钱。②

作为奴隶的"丙"因不听使唤，被奴隶主"甲"绑交县庭受审，官方不仅认定有罪还出资买下主人不想再役使的"丙"充作官奴，这种替奴隶主"兜底"的之事，分析非此孤例，应为当时的普遍执政机制。从中我们可以判断出，官奴比家奴境遇更为悲惨，被压迫的力度更加苛重，才证明不听话的"丙"受到了惩罚。

但是，只要是奴隶，身份不论官、私，劳动强度皆不可小觑。西汉王褒的《僮约》可以逼真地为我们还原汉代家奴在工作、生活中所受压迫情景，也深刻揭示了彼时蜀中社会、经济、交通、民俗、市镇、田园等状态：

> 蜀郡王子渊，以事到湔，止寡妇杨惠舍。惠有夫时一奴名便了，子渊倩奴行酤酒。便了提大杖上夫冢巅曰："大夫买便了时，只要守冢，不约为他家男子酤酒也！"子渊大怒曰："奴宁欲卖邪？"惠曰："奴大忤人，人无欲者。"子渊即决买，券之。奴复曰："欲使便了，皆当上券；不上券，便了不能为也！"子渊曰："诺！"
>
> 券文曰：
>
> 神爵三年正月十五日，资中男子王子渊，从成都安志里女子杨惠，买亡夫时户下髯奴便了，决贾万五千。奴当从百役使，不得有二言。每日晨起洒扫，食了洗涤。居当穿臼缚帚，裁盂凿斗。浚渠缚落，锄园斫陌。杜襜埤地，刻木为架。屈竹作杷，削治鹿卢。出入不得骑马载车，踑坐大呶。下床振头，捶钩刈刍，结苇躐纑。汲水酪，佐酤酿。织履作粗，黏雀张乌。结网捕鱼，缴雁弹凫。登山射鹿，入水捕龟。涉园纵养，雁鹜百余。

---

① 任乃强：《四川上古史新探》，成都：四川人民出版社，2019年，第223页："那些被掠卖的奴隶们，一旦被掠卖到生活条件好的中原去，他们并不会感到伤痛而会感到幸福。尤其是遇到善良主子，给他们一点人格的尊严和优惠的待遇，便会心悦诚服，为之效忠。"
② 睡虎地秦简整理小组：《睡虎地秦墓竹简》，北京：文物出版社，1978年，第259页。

驱逐鸱乌,持梢牧猪。种姜养芋,育放豚驹。粪除堂庑,餧食马牛。鼓四起坐,夜半益刍。二月春分,被堤杜疆,落桑皮棕。种瓜作瓠,别茄披葱。焚槎发畴,垄集破封。日中早馈,鸡鸣起舂。调治马户,兼落三重。舍中有客,提壶行酤,汲水作餔。涤杯整案,园中拔蒜,斫苏切脯。筑肉臛芋,脍鱼炰鳖,烹茶尽其具,餔已而盖藏。关门塞窦,喂猪纵犬,勿与邻里争斗。奴但当饭豆饮水,不得嗜酒。欲饮美酒,裁得染唇渍口,不得倾盂覆斗。不得辰出夜入,交关伴偶。舍后有树,当裁作船,下至江州上到湔,主为府掾求用钱。推纺垩,贩棕索。绵亭买席,往来都雒,当为妇女求脂泽,贩于小市。归都担枲,转出旁蹉。牵犬贩鹅,武阳买茶。杨氏池中担荷,往来市聚,慎护奸偷。入市不得夷蹲旁卧,恶言丑詈。多作刀矛,持入益州,货易羊牛,奴自交精慧,不得痴愚。持斧入山,断辕裁辕。若有余残,当作俎豆几木屐,及犬彘盘。焚薪作炭,礨石薄岸。治舍盖屋,削书伐牒。日暮欲归,当送干薪二三束。四月当披,五月当获。十月收豆,抢麦窖芋。南安拾粟采橘,持车载辕。多取蒲苎,益作绳索。雨堕如注瓮,披薛戴子公。无所为当,编蒋织箔。植种桃李,梨柿柘桑,三丈一树,八赤为行,果类相从,纵横相当。果熟收敛,不得吮尝。犬吠当起,惊告邻里。帐门柱户,上楼击鼓。持盾曳矛,还落三周。勤心疾作,不得遨游。奴老力索,种莞织席。事讫欲休,当舂一石。夜半无事,浣衣当白。若有私敛,主给宾客。奴不得有奸私,事事当关白。奴不听教,当笞一百。

读券文适讫,词穷诈索,仡仡扣头,两手自搏,目泪下落,鼻涕长一尺:"审如王大夫言,不如早归黄土陌,丘蚓钻额。早知当尔,为王大夫酤酒,真不敢作恶也。①

从这则珍贵史料可以看出,近至"绵亭""旁蹉""归都""都雒",中至"武阳""南安",远到巴地的"江州"甚至云贵高原上的"益州",都是该僮的活动范围。但是一经签约,僮奴必须服从,为主人料理家务、插秧种地、做工护院、往来贩售、创造财富。故巴蜀直至中原,上至大豪大富,下至闾左平民,无不对"僮"以购为荣,以购成乐,以购求财。

《僮约》一文除语言优美,用词华丽外,因系契约,具法律意义,各类称谓极为精准。合理解析出王褒本人何以有两个不同地名的称谓为中心,即"蜀郡王子渊"和"资

---

① 王洪林:《王褒集考译》,成都:巴蜀书社,1998年,第21-22页。感谢作者赠书。

中男子王子渊"两句,就可考证出僮奴便了被买后究竟在哪里为中心工作的问题,也为全文出现的若干地名提供了参照。王褒前后自称应体现其公私分明,他籍贯(老家)是资中(资阳)人,该地秦置时原属蜀郡,汉初新设广汉郡时划入广汉;元鼎六年(前111)平南夷后又被划入犍为郡。王褒立约的神爵三年(前59)应还属犍为。那王褒为何不自称"犍为郡王子渊"而称蜀郡呢? 分析应是他在蜀郡做事,因公出差前往属于汶山郡的湔地,故于公冠以"蜀郡"二字表明公差身份;于私购买成都(县)安志里居住的寡妇杨惠家的僮奴便了时,以"资中男子"自称,一表明公不挟私,二更明确约定会带去自己老家犍为郡资中县役使该奴,以免"不上卷"其耍滑称"不能为"。另外,后文中"下至江州上到湔"往来乘船分析,都系行驶江河水道,此处之"湔"非地名而是水名,即沱江上游的湔水,资中正好处于上下游二者之间,充分说明便了的工作地点在王褒的家乡庄园。

《僮约》地名,以今资阳为原点,结合王洪林《王褒集考译》以及笔者与之多次探讨,拟对便了活动的各处小地名分析如下:

绵亭,出席,地疑在今绵竹市绵远镇。王褒邮驿做事,用席并可替驿传代购,《汉书·地理志》:"绵竹,紫岩山,绵水所出,东至新都北入雒"①,可知其地当在沱江上游绵远河傍。

地名的"湔",任乃强考证为灌县,即今都江堰市。他认为因秦汉时称成都平原北山一带的土著为湔氐,故秦置湔氐道,省称湔县;汉因以为县,属汶山郡。蜀汉时,湔氐部落之民与汉族融合为一,不愿再用湔氐夷名,正式更作湔县,至晋时又改称更具华夏文化色彩的都安县②。

都雒,笔者认为应即雒县。该县按汉初《秩律》载,乃广汉郡唯一秩千石者③;后作益州刺史部刺史驻节地,皆因该邑繁华繁胜,民间得以"都"冠其首。王洪林与笔者探讨时,也认为应指"雒都",蜀地有广都、新都、成都,广都又以"都广之野"的"都广"出现,那"雒都"以"都雒"倒置在汉时现身也有可能。如此推论,则古蜀时成都平原似从"三都"变为"四都"。加上下文所述"归都",成都平原以外带都字地名似乎尚多,如邛都、筰都等等,这类"都"字发音,与古蜀族群似应关联重大。

归都,王洪林考证系里名,他举证《粤雅堂丛书》刻清高懋功《云中纪程》宋朝进士题名,有资州磐石县归都乡太清里,民国初年资中县归德乡,今资中县归德镇。他还

---

① 《汉书》卷二十八上《地理志第八上》,第1597页。
② 《华阳国志校补图注》,第191页。
③ 周振鹤、李晓杰、张莉:《中国行政区划通史》[秦汉卷(上)],第455页。

向笔者提出,先秦资国都邑无考,从西汉时归都地名线索,或可作进一步研究。

旁蹉,也系地名。《僮约》反切修辞隐语数处,王洪林认为旁蹉应遵循《太平御览》卷五九八注"蹉,地名"提示,用反切注音为"婆闰",锁定为简阳市平泉镇一带。他考证该镇秦汉时似应设里,西魏置有婆闰县①。

益州,笔者认为指益州郡,郡治滇池县在今昆明晋宁,距离古资中实属遥远。当然,对便了"持入益州"的理解,也非一定到达益州郡治所在,到达益州郡属地也可。益州郡所属最北与蜀地犍为郡接近之地为味县(今曲靖),处于一大平原中,"冲积土腴沃冠于全滇"②,从四川而去"贸易牛羊"即可就近而得。从《僮约》所述地名,除"蜀郡"表明王褒身份而点名称为郡外,其余皆县甚或县下之里,所涉之郡有汶山郡(湔)、广汉郡(都雒)、犍为郡(资中、武阳、南安等)、巴郡(江州),皆不于前冠以郡名,唯有此处出现"益州",应推断为该郡地域而非郡治所在。

更为关键的是,便了活动范围的宽广,关系到王家役使奴仆的轻重,也侧面折射出当时的交通问题,"益州"地名的定位,是解锁《僮约》一文的关键。汉武帝先设益州郡,后设全国十三刺史部之益州部,两地相距遥远,便了"持入"的益州究竟指哪里呢?前文所列各郡,王褒时皆由益州刺史部统辖之,驻地在雒县。一句话表明,便了所活动地域,虽宽广到巴蜀乃至西南夷地,但皆未脱益州刺史部辖地,故此"益州"是指郡而非刺史部。既非指刺史部,就不可能是去刺史部驻地雒县贸易刀矛与牛羊。最后根据文中涉益州上下关联三句"多作刀矛,持入益州,贸易羊牛"分析,商贸之道,乃以所多易所鲜,西南夷地益州郡所多乃牛马羊,所缺乃铁制品包括铁制武器,便了所在巴蜀腹地正好相反,持多易缺,不去云南的益州,只就近在内地的雒县,何能形成贸易之流赚足差价呢?

从古资中出发到古益州地域即今天滇池一带,要捎去笨重铁器,唯有水路最为省便,又从"下至江州上到湔"的行船线路可窥,便了被安排入益州的路线就是沿沱江而下,在江阳转顺长江,在符县逆赤水河,经平夷(叙永赤水镇)、汉阳(赫章可乐)、存䣖(宣威)、味县(曲靖)而入益州境。

以上益州确定,便明确了便了的工作地点和工作范围,从中可以看出西汉蜀民商贸活动所涉地域包括今川渝云贵等地,充分证明在西汉中后期,不管是水道通过岷、

---

① 王洪林:《资阳市雁江区地名志》,未刊稿,第31页:婆闰里,旁蹉反切婆,全称婆闰里,《僮约》"转出旁蹉"《太平御览》注蹉,市名,半对。秦资中县婆闰亭,汉牛鞞县婆闰里,几千年小集市。555年西魏武康郡辖阳安、婆闰,婆闰县有牛鞞县西南部,北周改平泉县。
② 《华阳国志校补图注》,第274页。

沱,还是陆道通达西南夷地,普通的农耕之家已经形成逐利的商业趋向,形成固定的商贸路线,充分显示彼时巴蜀与南中之地交通通畅、贸易发达,从商者众。

此外,武阳、南安、江州,皆秦汉时设置的县。分别是今天的彭山、乐山、重庆。《僮约》反映出西汉巴蜀繁荣富庶,出产和生产的物资充足;加上交通便捷,长江、沱江、岷江、赤水河相互沟通,小农经济发达,人们生活优裕。《僮约》规定便了所干之事甚多,有学者分析,王褒在此所描写的各种劳务,可能系典型集中,如把几人甚至十几个人应干的活集中到了便了一人身上,目的在于警戒那些强悍"杵人"的奴隶,不要轻侮软弱的主人,否则将有苟主来收拾他①。文学作品的典型意义,真实反映了西汉社会在奴隶问题上的两个现状,一是社会役用奴隶普遍,二是奴隶本人有人格自由,有人生权利,不能对其率性而为。诸如便了就是文学典型中的僮仆,即使无人身自由,被主家繁重压迫,也人格受到尊重,使用和管理有言在先,有约有章,做事一目了然。

第二节　盐铁刚需促使方国大开国门

"秦灭及汉兴,皆弃此国而开(关)蜀故徼。巴蜀民或窃出商贾,取其筰马、僰僮、髦牛,以此巴蜀殷富"②。研究巴蜀史的学者每每引用。再联系吕后对南越地区下达的那道"毋予蛮夷外粤金铁田器。马牛羊即予,予牡,毋予牝"③旨意来看,则会更加理解这条中央政令的施行带给巴蜀商贾一时间何等巨大的利益。以上这些政策,都使得民族关系、交通地理、经济构建乃至政治、军事行为,在包括巴蜀、西南夷、瓯骆一大片辽阔土地上造成深刻嬗变,对从种养业到基础制造业到坐商、行商若干行业产生倾倒性影响。

关闭蜀地故徼,巴蜀之盐进入西南夷地的价格更加昂贵

盐之所以是西南夷地区的刚需,是因为该地域在滇池以东皆不产盐,包括今整个贵州和云南曲靖、昭通、红河、文山和广西百色,全靠外地输入。而"一日无盐,腿脚酸

---

① 罗开玉:《秦汉三国时期的奴隶——以成都为例》,《成都大学学报》2009年第6期。
② [西汉]司马迁:《史记》卷一百一十六《西南夷列传第五十六》,北京:中华书局,1959年9月第1版,1982年11月第2版,1982年11月北京第8次印刷,第2993页。
③ [东汉]班固:《汉书》卷九十五《西南夷两粤朝鲜传第六十五》,北京:中华书局,1962年6月第1版,1975年4月第3次印刷,第3851页。

软",任乃强《说盐》就作过精辟分析,他认为西南夷地方族群的迁徙、繁衍,与盐的生产和销售息息相关[1]。

食盐由于其遇水即溶解消失,甚至于吸收水气亦即化解消失,故不能成为古遗址中可见物[2]。巴蜀由考古文物支撑的盐业生产是重庆市巫山县刘家坝遗址中的文化遗存[3],巴人就是作为长江上游最早的水运商人,为了向缺盐之地就近行销,专门在今重庆大渡口区跳蹬镇设立有龟亭市[4],上溯长江及其支流嘉陵江、沱江、岷江、乌江、赤水河而可深入其他方国部落,他们沿江销盐,成功地控制四川盆地内不产盐的其他族群的活动区域而强大起来[5]。地处沱江上游三星堆的蜀人是食盐的最大消费群体,就是靠贩回巴盐才得以生存和发展。

从这个结论来看,中国西南陆海走廊的"中水道",最早应是巴、蜀两族因食盐这条纽带共同开拓的结果。

食盐的富缺,对于不产盐的西南夷们当然是重要非常,拥有天然安宁盐池的滇,自然对夜郎及其傍小邑可以大做食盐生意,故滇的经济发展水平要高于其他方国。不过,滇国生产食盐的数量不能满足整个其东其南地域的需求。这两个地域就需分别依靠巴蜀人和瓯骆人运来井盐和海盐维系正常生活。如鳖、平夷、鳖、且兰、头兰等位于今贵州中部、北部的方国要靠郁山和湣井之盐及其后"江阳之盐"保障;位于今滇黔桂交界处的句町等,要靠交趾、两广沿海的海盐保障。盐成为夜郎部落联盟民众最紧俏的刚需。

蜀地商人乘虚而入,夜郎方国们当然欣欣然大开国门,不仅心甘情愿地保障蜀贾的经济利益,还要保障其通行安全甚至生命安全,更用滇、僚、僰等"僮"物物交换,互得其益,共同维系出一条高效、便捷的安全通道。从沿线都有汉文化遗存和山川人文角度分析,当时贩盐之路应属鳖部道为主。巴人之所以在赤水河与长江交汇处要设立巴符关,应该不是出于战争需要,而是要在往来的商贾身上抽成。因为从军事角度来说,与巴蜀接壤的是夜郎傍小邑,没力量更没胆气招惹其北的巴、蜀两个"大国",而巴符关的位置又非蜀、巴交界之地,也不是"巴蜀攻伐"的战略要地。巴人之所以设关,只能从商贸利益角度予以解释。

---

[1] 任乃强:《说盐》,《盐业史研究》1988年第1期。
[2] 任乃强:《说盐》,《盐业史研究》1988年第1期。
[3] 陆荣华:《略论渝东盐业运销制度的嬗变》,《盐业史研究》2003年第1期。
[4] [晋]常璩著、任乃强校注:《华阳国志校补图注》,上海:上海古籍出版社,1987年7月第1版,2011年7月第5次印刷,第27页、第29页。
[5] 任乃强著、任新建编:《川大史学·任乃强卷》,成都:四川大学出版社,2006年,第309页。

稀缺即珍贵,珍贵即价高,价高则流动频繁。巴蜀之盐可谓日日不可或缺地行销西南夷地,孕育出一条清晰可辨的盐道融贯其间,从先秦-汉晋乃至民国,从未断绝。

关闭蜀地故徼,巴蜀之铁进入西南夷地就更加珍稀

庄蹻和唐蒙的成功,在于西南夷地区秦汉早期不能炼制铁器,后期仅仅只能简单废铁回收"块炼"加工,这已经是考古学上的定论。冯汉骥就这样认为:"根据晋宁墓葬出土的各种文物来看,滇族当时尚未掌握炼铁技术。"①童恩正进一步综合有关资料分析,西汉时代云南尚未掌握炼铁技术,基本上是可以肯定的,只是有脱胎于青铜冶炼的简单块炼技术②。同样,处于西南夷地的贵州地区,也无任何文献记载和出土文物佐证,西汉时代即可冶炼铁制品。即使规模较大的普安铜鼓山工场,也只是冶炼和制造青铜器具。由此有学者认为,晋宁石寨山的铁器全部是由四川输入③。

在两广,铁器被视为珍宝。贵县一号墓随葬有两件木牍,记载了不少铁器品种名称和数量,最多的品种达110件,稍少也有几件。但是在二号墓里只有三件出土④,其中一铁斧还"估计是盗墓者的工具"⑤;奢华的南越王墓出土的铁农具也只有10件左右。当时贵如王侯的高端人群,也舍不得轻易入土"浪费",可见铁具的珍贵。

石器、青铜器、铁器使用的更新换代,表明了古人生产力水平逐步提高。而铁器的出现,最是一次质的飞跃。《越绝书·宝剑篇》说:

> 轩辕、神农、赫胥之时,以石为兵,断树木为宫室,死而龙藏。夫神圣主使然。至黄帝之时,以玉为兵,以伐树木为宫室,凿地。夫玉,亦神物也,又遇圣主使然,死而龙藏。禹穴之时,以铜为兵,以凿伊阙,通龙门,决江导河,东注于东海。天下通平,治为宫室,岂非圣主之力哉?当此之时,作铁兵,威服三军。天下闻之,莫不服。此亦铁兵之神,大王有圣德。⑥

可知铁器在劳动生产与军事斗争中的作用重大。铁器在中国的出现首先是在中原地区,早在西周末年即有使用,战国时期进一步普及,基本上实现了"铁器化"⑦。邓少琴从《禹贡》的记载中分析,巴蜀的农业和工业生产,也较早利用了铁这一金属:

---

① 冯汉骥:《云南晋宁石寨山出土文物的族属问题初探》,《考古》1961年第9期。
② 童恩正:《对云南冶铁业产生时代背景的几点意见》,《考古》1964年第4期。
③ 李家瑞:《从考古材料看云南冶铁业早期历史》,《文物》1962年第3期。
④ 广西壮族自治区博物馆编:《广西贵县罗泊湾汉墓》,北京:文物出版社,1988年,第109页。
⑤ 广西壮族自治区博物馆编:《广西贵县罗泊湾汉墓》,第110页。
⑥ 李步嘉校释:《越绝书校释·越绝外传记宝剑第十三》,北京:中华书局,2018年,第281-282页。
⑦ 彭曦:《战国秦汉铁业数量之比较》,《考古与文物》1993年第3期。

铁之冶炼于蜀中,所起作用最大。用于农业有"蜀郡铁锄"。用于工业者,宋代黄山谷在巫山县署所见煎盐之铁牢盆,缘边一圈,有篆高"□巴官三百五十什永平七年第廿七西"十六铭文题记。永平七年为公元64年,小如铁锄应重数斤,大如铁盆,形大而厚,应重三四百斤,非简便之技所能铸造,由此可见铁之为用其利甚溥。①

巴蜀铁制品使用情况之普及和丰富,达到奢靡的地步。"雒江桥敦"的发现,可以尽显一切。2007年2月,广汉市小汉镇麻柳林村川陕公路石亭江大桥南约420米的河滩沙砾层中,发现1件我国目前所见年代最早最大件铸铁:铁桥墩。其重量和年代,桥墩表面"广汉郡雒江桥敦重卅五石太始元年造"十六字阳文篆书铭文作了明确交代,即造于汉武帝太始元年(前96),重约1.38吨②。

当时能奢侈地用如此体量的铁制品去做桥墩,是西南夷和岭南地区无法想象的。但是,巴蜀地区确实对铁制品已经习以为常,早在公元前310年,秦灭蜀不久,就在成都设立了"铁官",西汉时还增加到了南安、严道、临邛、武阳、宕渠等地,酉阳、邛崃、蒲江、西昌、广汉等地区出土大量的质量过关、外表美丽的汉代铁制文物,说明巴蜀普及铁具从战国中后期肇始,汉代已呈星火之势。什邡市城关战国秦汉墓葬品金属器的演变可以看出,到西汉早期的第五期时,"铜兵器数量绝对减少,铜工具绝迹",代之而起的就是"铁器使用普遍"③。铁器的广泛运用,彻底改变了巴蜀地域诸多生产乃至生活领域的传统面貌,也极大的刺激了居地之民的心理架构,为"夷狄之邦"跃升为"天府之国"作出了物质和精神的双重贡献。

铁器对于南越的重要,吕后为代表的西汉帝国充分认识。在西南夷地南部的赵佗被经济封锁后,虽然有今桂平、平南一带的六陈镇、罗秀镇块炼铁工场所出铁器④,但质差量小,远不能满足需求,只得加大食盐等财物给西南夷方国,以交换蜀商运至的铁具。广东学者司徒尚纪就认为,赵佗时代,蜀贾人通过西江应将铁器卖到了岭南⑤。过去南越"财物役属夜郎",其"财物"中就应该包括有海盐。此时,需求盐的西南夷和需求铁制品与马、牛、羊的南越,"役属"与被"役属"变成相互依赖。所以《史记》认为,直到南越灭亡,南越对夜郎"终不能臣使也"。

---

① 邓少琴:《巴蜀史迹探索》,成都:四川人民出版社,2019年,第188页。
② 李映福、杨盛、马春燕、余建:《四川广汉石亭江汉代铁桥墩相关问题研究》,《考古》2015年第9期。
③ 四川省文物考古研究所、什邡市文物保护局:《什邡市城关战国秦汉墓葬发掘报告》,第179页。
④ 李映福:《广西平南"碗式"炼炉与我国"碗式"炼炉的起源》,《考古》2014年第6期。
⑤ 司徒尚纪:《广东文化地理》,广州:广东人民出版社,1993年8月第1版,2013年8月第3版第一次印刷,第29页。

西南夷畜牧业发达,赵佗自会多方设法从其地攫取,以弥补国内祭祀、役用、食用等方面刚需的困顿。这个"畜盐互换"过程中,由于军事实力强大,"以兵威临边",故能役属他们。不过,因为不能"臣使"之,南越也只能相对平等地实行贸易方式求得。"西南夷诸民族的商品交换方式则只有以物易物"①,那巴蜀产盐、铁,夜郎"产"僮仆,形成互换;南越缺铁畜,夜郎缺食盐,也形成互换。这样一个无形的循环圈就在汉帝国中央政策的无意调控下,闭合成一个当时南方中国活灵活现的经济圈,自发而高效地运转起来。

在这两对互换中,铁是从巴蜀直达岭南的刚需。周志清在《滇东黔西青铜时代的居民》一书中就认为:"南越为了获得汉朝的铁器,于是通过滇东黔西地区的商人与巴蜀商人进行边境走私贸易。"②其中就有程、郑等铁商这时更可能通过夜郎把铁器大量输往南越③。余英时也指出,虽然目前未有资料显示南越与巴蜀商人之间有着直接的贸易记录,但通过夜郎这个中间而获得其必须的战略物资则是可能的④。西林铜鼓墓出土铁剑等铁器共有5件,相比其他青铜制品等金属器明显偏少,而且都是铜铁合制。蒋廷瑜明确认为,该"墓中出土的铜铁合制器在四川、云南西汉时代墓中也常发现,很可能是从蜀地传入的"⑤。南越被封锁期间,造成青铜器也需要继续进口。西汉前期,在岭南一带发现较多具有巴蜀风格青铜器尤其青铜炊器,可能与西汉中央政府对南越国采取封锁政策,中原及楚等地的青铜器不易流通至岭南,而从巴蜀经夜郎等的商贸通道却比较通畅有关⑥。更为重要的事,西汉中央政府在自唐蒙通夜即以前,根本不知道巴蜀可抵南越,其禁令完全可能未对蜀贾人颁行。

关闭蜀地故徼自然造成大量畜产品从西南夷流向南越

南越自身不出产牛、马、羊,而牛、羊是祭祀用品,马是军事之需。赵佗向文帝上书中,就有一句辩解的话:"老夫处辟,马、牛、羊齿已长,自以祭祀不修,有死罪,使内史藩、中尉高、御史平,凡三辈上书谢过,皆不反。"⑦"祭"乃古人两大事之一,"神不歆非类,民不祀非族"⑧。赵佗被封锁,南越能买到的马、牛、羊皆公而无母,故无法配种

---

① 刘弘:《南方丝绸之路早期商品交换方式变更考——从滇人是否使用贝币谈起》,《中华文化论坛》2008年12月(增刊)。
② 周志清:《滇东黔西青铜时代的居民》,北京:科学出版社,2014年,第209页。
③ 《贵州通史》编委会:《贵州通史》第1卷《远古至元代的贵州》,北京:当代中国出版社,2003年,第138页。
④ 余英时:《边境贸易》,《剑桥中国秦汉史》,北京:中国社会科学出版社,1992年。
⑤ 蒋廷瑜:《西林铜鼓墓与汉代句町国》,《文物》1978年第10期。
⑥ 张合荣:《牂牁江水道——秦汉时期夜郎与南越的商贸通道》,《贵州文化遗产》2020年第2期(总第73期)。
⑦ [东汉]班固:《汉书》卷九十五《西南夷两粤朝鲜传第六十五》,北京:中华书局,1962年6月第1版,1975年4月第3次印刷,第3851页。
⑧ 《左传》僖公十年。

传代,致使其"祭祀不修",面对祖先有"死罪"。这则史料充分看出,南越不得不转向附近唯一有畜产品出售的西南夷购买,西南夷不少方国正好是畜牧业强项,从汉武帝初开益州时,"得牛、马、羊属三十万"①所知,该地畜产之丰,令人称羡。如李家山墓地出土马、牛、羊、鸡、犬、猪等青铜器,真可谓六畜俱全,体现了古滇国时期已具有一定规模的初步发达并仅次于农业的畜牧业②。这些铜铸的六畜等器物,制作精美、活灵活现,如果当时先民们没有长期饲养牲畜的经验,决做不出如此逼真的艺术佳作来③。

云南江川李家山出土的虎噬牛图。图中之大小二牛健硕有力,当为西南夷地域特产
玉溪市江川区文管所 张庭隆 供图

对牛马长期饲养,古滇人既派生了专业分工,也摸索出相对进步的饲养之法,有效节省劳动力。晋宁贮贝器(M12:2)上的放牧图,一人捧棍牧马17匹,一人执鞭放牛12头;另从M3:64、M6:32、M12:239所铸房屋模型的底层饲养有马、牛、猪、羊等家畜的情形参照分析,牛马的饲养方法是白天野外放牧、夜间宿于人畜共居的"干栏式"房屋④,有效避免昼夜温差等气候因素对家畜的不良伤害。在长期饲养经验的催生下,

---

① 《华阳国志校补图注》,第267页。
② 张兴永:《云南春秋战国时期的畜牧业》,云南省文物考古研究所编:《石寨山文化考古研究论文集》(中册),北京:科学出版社,2018年,第435页。原载《农业考古》1989年第1期。
③ 汪惠坤:《浅谈李家山文物》,李树华主编:《古滇国文化论文选集》,昆明:云南人民出版社,2012年,第149页。
④ 张永兴:《云南春秋战国时期的畜牧业》,《石寨山文化考古论文集》(中册),第431、432页。

古滇人为世界战争史贡献了一项特殊的发明——马镫。滇国青铜器上的马镫图像发现于西汉中期石寨山13号墓所出的1件贮贝器上。图像中央铸有一骑马急驰、通身鎏金的人物,所乘之马马鞍前沿两侧各系一绳,下垂至马腹,绳端另结一圆圈,骑者双脚大拇指各伸进一圈,登向马腹前。从其他青铜铸件也有类似图像来看,这是古滇骑士普遍使用的绳圈式简易马镫,比我国过去最早发现于长沙西晋永宁二年(302)的那

云南晋宁石寨山13号墓出土贮贝器上的跣足骑士,已经熟练使用绳圈式简易马镫②

件陶马上的马镫早了300年以上①。

滇国为保障牛、马、羊等牲畜健康生长,畜牧业还延伸出了兽医行业。估计对牛的偏好,牛的医治成效卓著,健硕之牛随处可见,以江川李家山古墓群第一次发掘为例,出土的青铜器上共有各种动物图案图像296个,牛为96头,占了总数的三分之一以上,呈贡天子庙和晋宁石寨山墓地的情况也大致如此③。这都得力于牛医的功劳,李家山71号墓正好出土有一件牛医医牛扣饰,一生病的公牛正在咀嚼牛医手中的"草

---

① 张增祺:《滇国的战马、马具及马镫》,云南文物考古研究所编:《石寨山文化考古研究论文集》(中册),北京:科学出版社,2018年,第633-634页。原载《考古》1997年第5期。
② 图采自张增祺:《滇国的战马、马具及马镫》,云南文物考古研究所编:《石寨山文化考古研究论文集》(中册),第634页。
③ 覃丽:《从李家山出土文物看滇国的畜牧业》,玉溪江川区文化和旅游局、云南李家山青铜器博物馆编:《滇国信使——云南江川李家山古滇文化览要》,内部资料,2021年,第200页。

药"。牛因病而双目呆滞,腹部瘦削,懒心无肠;医者头著高冠,衣饰华丽,全神贯注饲牛以药。从病牛到人情分析,应是颇有社会地位的牛医在耐心医牛。李家山博物馆覃丽据此认为滇国分化出有兽医行业,尤其他胸前挂着的那个小口、圆腹、圜底的小罐,应该是用来装药的特制容器,手中所拿的东西,不是一般的饲料,而是一种医治病牛的药物①。笔者思考,西南夷地的古滇出现兽医,一是因为牲畜繁多,需要调理,二则反过来更加促进畜牧业繁荣,产出更大宗的产品自用或外销。

云南江川李家山出土的医牛青铜扣饰,充分说明西南夷地畜牧业发达,催生兽医行业盛行,反刍其畜牧业繁荣

玉溪市江川区文管所 张庭隆 供图

西南夷地与岭南交换畜产品,迨至三国时更有一特例。被称为"士王"的交趾太守士燮②之弟合浦太守士壹,向吴主孙权朝贡,"时贡马凡数百匹"③。这一批批不时发

---

① 覃丽:《从李家山出土文物看滇国的畜牧业》,玉溪江川区文化和旅游局、云南李家山青铜器博物馆编:《滇国信使——云南江川李家山古滇文化览要》,第203页。
② 《越史略》卷一。
③ [晋]陈寿撰、[宋]裴松之注:《三国志》卷四十九《吴书四》《刘繇太史慈士燮传》,北京:中华书局,2006年,第708页。

往吴都的贡马,一次就几百匹,如此巨量,堪比南宋特设横山寨所市之马的数量,马从何来?笔者分析,当从南中来。从云南江川李家山驯马场面盖贮贝器集体驯马的出土实物来看,古滇之地就有为军队驯练军事用马①的措施和机制,这些战马除用作本国所需,外贸出口当是重要目的。

云南江川李家山出土的滇国骑兵图,所乘之马高大威武,当产于其地

玉溪市江川区文管所 张庭隆 供图

在分析士壹的贡马何以从南中来之前,先看一下吴帝孙权对马的态度,事载《三国志》卷四十七《吴书二》之《吴主传第二》,时间为吴嘉禾四年(235):"魏使以马求易珠玑、翡翠、玳瑁。权曰:'此皆孤所不用,而可得马,何苦而不听其交易?'"②其渴求之态毕现。而对照士燮所献有:

(士)燮每遣使诣权,致杂香细葛,辄以千数,明珠、大贝、琉璃、翡翠、玳瑁、犀、象之珍,奇物异果,蕉、邪(可能即椰子)、龙眼之属,无岁不至。③

可分析,东吴朝廷奇物异果、宝贝珠玑应该有海量囤积,以"所不用"换有用,孙权

---

① 云南省文物考古研究所、玉溪市文物管理所、江川县文化局编:《江川李家山——第二次发掘报告》,北京:文物出版社,2007年,第235页。
② 《三国志》卷四十七《吴书二》《吴主传第二》,第677页。
③ 《三国志》卷四十九《吴书四》《刘繇太史慈士燮传》,第708页。

476

内心可谓心生划算。至于士燮"无岁不至"贡献来的奇珍异宝,孙权接收下来,表明他只不过欣赏士燮恭敬忠诚的政治表态而已,并非真心喜爱这些物品。他真正喜欢的,还是可用作叱咤疆场的重要战略资源战马。

广西西林博物馆展陈的普驮铜棺葬内出土的铜骑俑（复制品）,从骑士与战马的比例上来看,充分表明夜郎部落联盟各方国重视骑兵建设,拥有高大威猛的马匹是其军事之需

笔者 摄

再次审视陈寿给出的材料:"（士）燮又诱导益州豪姓雍闿等,率郡人民使遥东附。"①过去研究者大多从政治军事角度进行引用和论述,没有从经济、交通与贸易方面予以深入发挥。在此,我们稍加思考,即可得出士燮、士壹兄弟从曹魏集团投身孙吴集团的投怀送抱之礼,当为孙吴军事急需、且被横亘于江北曹操阻断的购马之途,势同南宋被金人所阻而大市于横山寨一样,只是士氏代替了横山寨作用,与南中豪强雍闿等暗输款曲,以贸易方式获得优质的云贵高原之马,权充江东集团的匮乏,既讨得新主欢心,又结交了南中大姓。故而在蜀汉与东吴大动干戈之时,南中大姓出于经济利益被"诱导",自然而然倒而"东附"。估计此时士燮兄弟既加大了购马数量,更增加了购马价格（当然也可能是海盐等实物交换比率增大）,南中之马才更加自觉自愿

---

① 《三国志》卷四十九《吴书四》《士燮传》,第708页。

扬蹄赶到岭南转道东吴。这一既古老又鲜活的史料,有力佐证云贵与岭南汉末三国即已呈通衢之状,也佐证彼时盐马贸易已呈炙热之势。诸葛亮平定南中后,得众多良马以充军资,此时,南中至交州的盐马之路方才转衰。

从蜀地到两广和越南北部直接贸易能比通过夜郎中间转手利润更大,故而敢于冒险求利的蜀贾人就敢于直面南越其地,去构筑物资交换体系,甚至尝试下船出海展开海外商贸活动。

岭南地区也有商人从事商贾活动,贵港秦布山就"有市府经营的漆器作坊"①,表明发达的手工业为商业贸易有效开展奠定了基础,也大量催生"市"的出现。经过南越国90年的努力,西汉中期岭南郡县城邑由原来的只有几个增加至55个以上②,这些城邑或城邑附近绝大多数有"市"附属,穿梭其间的身影就是商贾之人。秦始皇向岭南"移民实边"的50万人中间就有许多商人,徙自岭南后易地重操旧业,从事特色产品生产和贩卖自然有如迁人卓王孙之类,轻车熟路,"并因此而发财致富"③。西汉末年,京兆尹王章之妻、子被发配合浦,"采珠致产数百万"④,分析他们当有以珍珠、海盐等特产深入西南夷地,换回牛、马、羊和铁器二次牟利,也是情理之中。

通道上的其他商品之一:蜀锦

四川因蜀锦生产而闻名海内外,优质蜀锦自然向四方扩散流通。有学者评价"蜀锦是'中国织锦之母'",蜀锦产生的时间最早,定名的时间也最早。

《华阳国志》记载"禹会诸侯于会稽,执玉帛者万国,巴蜀往焉"⑤,由此推断距今4000多年前的蜀国已能生产丝织品"帛"了,帛即为最初的锦。我国有四大名锦,"蜀锦"名称产生于公元前316年之前⑥,"云锦"一词在六朝时期出现⑦,"宋锦"这一称呼出现在明代⑧,"壮锦"之名出现也是在明代⑨,蜀锦定名时间比第二名的云锦起码要早

---

① 广西壮族自治区博物馆编:《广西贵县罗泊湾汉墓》,第91页。
② 赵明龙等:《南海丝绸之路与东南亚民族经济文化交流研究》,南宁:广西人民出版社,2016年,第46页。原作者自注根据《汉书·地理志》统计。引者认为,《汉书》未记录而新近发现如南宁三江口宋村汉城等未统计在内,故称"55个以上"。
③ 张荣芳:《秦汉史与岭南文化论稿》,北京:中华书局,2005年,第212页。
④ 《汉书》卷七十六《赵尹韩张两王传第四十六》,第3239页。
⑤ 《华阳国志校补图注》,第4页。
⑥ 唐林:《蜀锦与丝绸之路》,《中华文化论坛》2017年第3期。
⑦ 黄天玉、李英:《云锦:天衣无缝 灿若云霞》,《纺织服装周刊》2014年第27期:南京云锦的正式发端始于东晋安帝义熙十三年(417),"云锦"一词在六朝时期也正式诞生,西晋木华《海赋》就有"若乃云锦散文于沙汭之际,绫罗被光于螺蚌之节"之言。
⑧ 包铭新:《中国染织服饰史文献导读》,上海:东华大学出版社,2006年,第165-180页。
⑨ 吴伟峰:《壮族历史上的纺织业》,《广西民族研究》1995年第2期:据明代魏濬《西事珥》可知壮锦成为贡品并被列为名织品中。

538年,生产的时间则比其他三大名锦早3000余年[①]。这种古称锦缎的优质丝织品,六朝时才传至江南,非中原古代所有,是古代四川的特产[②]。

制作蜀锦的工具考古工作中也有突破性发现。成都天回镇老官山汉墓出土西汉织机模型4部,皆竹木结构,形制复杂、制作精巧,是首次发现的织机模型[③]。模型周围还发现15件彩绘俑,每个木俑的左胸上还写有不同的铭文来区别织工的不同司职[④],体现西汉时期蜀地纺织业在经济生活中居于重要地位,纺织生产的经营方式亦为社会所熟悉,纺织产业已经形成作坊式生产的规模[⑤],完全是一幅汉代四川纺织工厂的盛景[⑥]。

2017年4月,在成都举办的"天府之国与丝绸之路学术研讨会"上,王子今作了题为《汉代河西的蜀地织品——以"广汉八稷布"为标本的丝绸之路史考察》主旨演讲,指出河西边塞出土的"广汉八緵布"简文,是蜀地丝绸生产繁荣的重要资料[⑦]。

2021年3月20日,考古人员在广汉三星堆四号坑提取到距今3000年—3200年的丝绸制品残留物,并在样土检测中发现丝蛋白[⑧],有力说明古蜀国是中国古代丝绸的重要起源地之一。加上黄帝娶了善于巢丝的嫘祖为妻的传说,巴蜀与丝绸的关系一直散发出一种令人美仑美奂的遐想。

古代四川大概以产蚕著称,所以才名之曰蜀[⑨],被称为蜀也不是妄称,所产丝织品量大质优,"陆逊攻刘备于夷陵,备舍舡步走,烧皮铠以断道,使兵以锦挽车,走入白帝"[⑩]。"以绵挽车"相当浪费,可是蜀人情急之中也觉得平常。

---

① 唐林:《蜀锦与丝绸之路》,《中华文化论坛》2017年第3期。
② 徐中舒:《蜀锦》,《说文月刊》1942年第7期。
③ 成都文物考古研究所、荆州文物保护中心:《成都市天回镇老官山汉墓》,《考古》2014年第7期。
④ 唐林:《蜀锦与丝绸之路》,《中华文化论坛》2017年第3期。
⑤ 王子今:《汉代河西的蜀地织品——以广汉八稷布为标本的丝绸之路史考察》,《四川文物》2017年第3期,总第193期。
⑥ 冯永德:《浅谈成都老官山汉墓出土蜀锦织机》,《四川蚕业》2013年第4期。
⑦ 2017年4月8日上午,笔者聆听王子今在"天府之国与丝绸之路学术研讨会"的主旨演讲:根据1930年4月,中国和瑞典共同组织的西北科学考察团发现的居延汉简中,有刻有"出广汉八稷布十九匹八寸大半寸直四千"一简所作分析。
⑧ 中央电视台2021年3月20日—23日:《三星堆新发现》直播特别节目。又段渝:《三星堆:神权与文明的内涵》,《中国文化研究》2021年第4期,第120页。
⑨ 季羡林:《中印文化关系史论丛》,北京:人民出版社,1957年,第159页。
⑩ 《太平御览》卷八一五,文渊阁四库全书本。

2021年3月,四川广汉三星堆考古发掘工作经中央电视台现场直播,热络全国。图为考古人员在提取4号祭祀坑发现的丝织物遗存

三星堆博物馆 供图

至迟在汉武帝时中国内地的丝织品(缯帛)已经传到现在的云南、贵州、广西一带,为当地人民所喜爱①。安顺宁谷徐家坟山M6西汉墓里,发现两处绢类残存,一是400余枚五铢钱,分叠"用绢类穿孔系牢包裹",二是环柄铁刀的柄上"有丝绫缠迹"②,无蚕桑的牂牁地域有丝织品自然是来自蜀地。西林铜鼓墓中出土的铜耳杯,口沿一周穿有镶"缯缘"的无数小孔③,当是蜀中所产丝绸。贵县一号汉墓发掘的木牍"从器志"记载来看,该墓随葬的纺织品是相当多的,包括了成匹的缯、布等;在七号殉葬棺内还有不少黑底桔红回纹织锦残片,出土时十分鲜艳④,说明纺织蜀锦的技艺,也随着中国西南陆海走廊通道的利用,从四川传播到广西⑤。在少数民族歌谣中,就有"蜀地锦花来历久,开遍西南有巧手"的咏唱⑥。

通道上的其他商品之二:蜀酒

当然,蜀蒟酱、邛竹杖、巴乡清美酒、蜀茶之类附加商品,也会随盐、铁之路流向番禺等沿海地区。

---

① 季羡林:《中印文化关系史论丛》,第159页。
② 严平:《贵州安顺宁谷汉墓》,《文物资料丛刊》1983年第4期。
③ 王克荣、蒋廷瑜:《广西西林县铜鼓墓葬》,《文物》1978年第9期。
④ 广西壮族自治区博物馆编:《广西贵县罗泊湾汉墓》,第86页。
⑤ 唐林:《蜀锦与丝绸之路》,《中华文化论坛》2017年第3期。
⑥ 唐林:《巴蜀与丝绸之路》,《中华文化论坛》2017年第3期。

对于酒类产品来说,文献没有关于蜀商贩运和交易的材料。不过,位于句町–漏卧道上的云南广南黑支果阿章村出土的铜鼓①上,有一幅猜拳罚酒图,图像生动传神,展现当时酒在滇黔桂所得到的喜爱,铜鼓铸图为"2人之间放一酒缸,其中一人右手抬起,执酒杯,左手举起,屈下4指扳出一指;对面一人左手叉腰,右手扬起,出4指屈下1指。双方互相注视手势,吆喝之声如闻在耳"②。这幅图就是巴蜀之地至今乡间饭局上还流行的"划拳"场景,如铜鼓图案所示,若有一人喊出"魁五手",则赢此拳。此图可以佐证蜀贾人不仅贩卖来川酒,还传来猜拳行令等酒文化。贵州平坝汉墓出土的"中可都酒"铭文陶罐③,可推测巴蜀美酒经过牂牁道而达滇黔。当然,在蒸馏酒未发明之前,米酒之类酒制品不易贮存,局限了先秦汉晋时期川酒出川的距离,其销售范围,也只能以产地周边为主。但制作技艺、饮酒方式、酒桌文化却随着汉人迁徙、蜀商行贩远传,在少数民族群体中得以扩散并受到喜爱。今日众多名酒厂大兴对酒文化的挖掘和弘扬,若主动与上述生动的考古实物结合,面向消费者宣传会有更强的说服力。

为什么说酒是蜀地所来的呢?徐炯《使滇杂记》称:"滇黔总无美酒。酿三日即饮,迟数日便坏。其色味具恶,醉则饱闷难解。"④蓝勇考证,明代及清代前期黔地并不出酒,贵州地区的酒并无今天的影响⑤。四川则不同,早在先秦,就酒名有声。如秦国与巴夷订盟约定,"秦犯夷,输黄龙一双。夷犯秦,输清酒一钟"⑥,足以见得,这种"巴乡清"好酒贵如金玉。它就产于长江边,溯江而上即转入赤水河;再则,《华阳国志·蜀志》记载"九世有开明帝,始立宗庙。以酒曰醴,乐曰荆"⑦,把其作为神圣之物进入初次祭祀,可以想象出当时是何等的严肃和隆重,必定是因为酒好,才堪当此任。在沱江流域,三星堆遗址出土大量的陶、铜酒器具,反映了古代蜀文明中酒文化的茂盛。其他重要的酒具出土点,战国中期偏早,新都墓所出有整套的金器、酒器、水器⑧,还有彭县竹瓦街殷末西周的窖藏,战国时期成都百花潭M10、新都马家木椁墓、简阳糖厂窖

---

① 陈明:《浅论文山石寨山型铜鼓及纹饰》,文山壮族苗族自治州文化局编著:《声震神州——文山铜鼓暨民族历史文化国际学术研讨会论文集》,昆明:云南人民出版社,2005年,第47页。
② 蒋廷瑜、彭书琳:《试论句町铜鼓》,《声震神州——文山铜鼓暨民族历史文化国际学术研讨会论文集》,第29页。
③ 周春元、王燕玉、张祥光、胡克敏编著:《贵州古代史》,贵阳:贵州人民出版社,1982年2月第1版,1983年2月第2次印刷,第60页。
④ [清]徐炯撰:《使滇杂记》,《瓜蒂庵藏明清掌故丛刊》,上海:上海古籍出版社,1983年,第342-343页。诚谢四川大学现代史硕士邝俊熙查证。
⑤ 蓝勇:《西南历史文化地理》,重庆:西南师范大学出版社,1997年,第289-290页。
⑥ 《华阳国志校补图注》,第14页。
⑦ 《华阳国志校补图注》,第122页。
⑧ 李学勤:《东周与秦代文明》,上海:上海人民出版社,2016年,第154页。

藏等①。李学勤评价四川独有的"鍪"类酒具:"应当认为是古代巴、蜀人民在文化史上的一项贡献。"②

汉代四川酿酒业发达,"酴酒(屠苏酒)作为名酒运销广东"③。江阳、符县,就是酒业生产、消费和转销之地,更是更新换代的试验区。目前关于蒸馏酒的考古材料,宋代以前尚无佐证,不过《宋史》卷一百八十五《食货志下·七》记载:

> 川陕承旧制,卖曲价重,开宝二年,诏减十之二。既而颇兴榷酤,言事者多陈其非便,太平兴国七年罢,仍旧卖曲。自是,唯夔、达、开、施、泸、黔、涪、黎、威州、梁山、云安军,及河东之麟、府州,荆湖之辰州,福建之福、泉、汀、漳州,兴化军,广南东、西路不禁。

> 自春至秋,酝成即鬻,谓之小酒,其价自五钱至三十钱,有二十六等;腊酿蒸鬻,候夏而出,谓之大酒,自八钱至四十八钱,有二十三等。凡酝用秔、糯、粟、黍、麦等及曲法、酒式,皆从水土所宜。

由此可以看出,宋代上述"不禁"地域所涉宽广,包括沿长江中上游至福建、广西、云南等地。这些地域因酒禁松弛,酒业生产创新能动性强,出现了大酒(蒸馏酒)和小酒(米酒)共同在市场上销售的情况,可以说,世界上最早的蒸馏酒发轫于中国南方地区。为此,赵永康专文论述其中泸州区域酒类生产为此脱颖而出的条件:

> 李时珍《本草纲目》说:"烧酒非古制也,自元时始创其法。"近代有的学者甚至提出:中国的蒸馏白酒酿造技术,是元代年间从阿拉伯人那里学来的。《宋史》里记述的这种"腊酿蒸鬻、候夏而出"的"大酒",到底是把原料谷物蒸熟糊化以后拌上曲药,使之发酵而成的酒精浓度在10%以下的发酵酒(黄酒),还是拌上曲药发酵以后再通过蒸馏而成的高酒精浓度的蒸馏白酒(烧酒)?请略言之:

> 所谓"小酒",从酿造时间上看,是在气温较高,微生物(酵母菌等)容易繁殖的"自春至秋"之际。历代酿造米酒(发酵酒),都主要是在这段时间里进行。从泸州一带酒料谷物的实际情况来看,在这几个月里,上年收获的高粱已渐次用完,新高粱还未登场入仓。因而酿造小酒的

---

① 林向:《巴蜀考古论集》,成都:四川人民出版社,2004年,第124、142页。
② 李学勤:《东周与秦代文明》,第156页。
③ 刘方健:《历史上四川酒业的经营规模、专卖制度与销售市场》,四川省民俗学会、剑南春集团公司编:《四川酒文化与社会经济研究》,成都:四川大学出版社,2000年,第175页。

原料，就只能主要是糯米。这种由梗稻脱粒的糯米，在川南和黔边，被称作酒米，广泛种植，总产量是很大的。从"小酒"的酿造和发售上看，是"酤成即鬻"，酒熟了就卖。随酿随卖，发酵和老熟的周期很短，也不需要搞什么老熟贮存，因为这种酒实际上是不堪"老熟贮存"的。贮存时间稍微长一点，就要发酸、沉淀、变质，不堪饮用，更卖不出去。据此可知，这种"小酒"乃是传统的发酵酒（米酒、黄酒）。由于谷物原料、曲药和工艺的不同，价格上出现了众多的档次。但不论其价格如何不同，都是发酵酒。

至于"大酒"，则是"腊酿蒸鬻、候夏而出"，也就是在寒冷的冬天下料，采用蒸馏工艺，从蒸熟糊化并且拌药发酵以后的酒糟里，烤（蒸馏）出酒来。冬随秋至，新登场的高粱刚被集中起来，送到酒坊里，作为酿酒的原料。冬季气温低，微生物繁殖缓慢，在这样的条件下，要使酒料谷物充分发酵，必须创造一个稍高于外界气温的恒温环境，亦即需要使用酒窖，较长时间地进行持续发酵，才有可能。所谓"候夏而出"，说的是这样蒸馏出来的酒，还要入窖贮存半年，迨到夏天，进一步醇化老熟以后，方才出售。这种"大酒"，在原料应用、工艺流程、发酵方式和酒的后期贮存老熟等一切方面，都已经与现代的浓香型白酒非常接近。①

通过以上分析可以看出，早在宋代，包括泸州在内的四川、湖南、福建、两广等南方地区，在原有成熟的米酒生产技艺和经验基础上，率先酿制出了较为先进的蒸馏酒，这是中国劳动人民在世界饮料史上的重大贡献。难怪明代状元杨升庵能在泸州吟出"不看中街花，不饮小市酒"②这样的反衬之诗，不能不说是"不禁"之地散发出的酒香迷人所致。这一珍贵的考证，是对上述各地地产酒"地理原产地"标识的重要宣传抓手，这些区域的酒类企业谁率先打出此牌，谁就可以立于中国白酒（蒸馏酒）最为古老之列。

泸州被誉为"中国酒城"，现今有泸州老窖1573和古蔺郎酒两朵金花翩跹全国，酒业生产历史有据可考可至唐代晚期，文物出土资料可予佐证。1999年2月3日，泸州老窖股份有限公司营沟头车间的国宝窖池南侧的凤凰山北麓坡地，挖出一批青瓷器皿，包括各类酒具，具有浓厚地方特色。

---

① 赵永康：《川江地理略》，北京：团结出版社，2016年，第120-121页。
② [明]杨慎：《升庵遗集》卷二"五言古诗"，诗题为：《留熊南沙用白香山体》。成都：天地出版社，2002年，第708页。

1999年2月,泸州老窖营沟头国窖1573车间旁发现唐末、五代制瓷窑遗址及废品堆场。左图为1999年9月1日《中国文物报》的报道,右图为文博学者在泸州老窖公司论证营头沟出土文物

(左)郭可夫 摄 (右)泸州老窖企业文化中心 景俊鑫 供图

通过清理和研究,参与现场发掘工作的泸州文博工作者郭可夫判定,遗址是一座老窑青瓷窑的废品堆场,堆场上面的原泸州二中地界围墙内应有窑场和窑炉。为此,发掘人员在二中围墙内作了四个1.5米的探方,其中一个探方距地表1.5米处,发现一个券拱型窑炉,券拱砖为耐火砖,炉内有30厘米污泥,长度约5米,内壁有垮塌现象。

郭可夫经过反复查阅资料和实物测定,初步断定为唐、五代时期一处古窑址。此前,泸州并未发现过唐、五代遗存,现国宝窖池旁出土这大批酒业产业链中的壶、杯、匜、碗、罐等手工业制品,是川南浅丘地带发现的第一次,为泸州酒文化悠久历史提供了丰富多彩的实物佐证①。

历代王朝对酒的生产和销售皆控制较严,号为"榷酤",在川南等地则时有松懈,《宋史·蒲卣传》载潼川路刑狱蒲卣事,可看出是政府对这一带开放酒禁的态度,实乃求得边境清宁的"惠安边人"之策,"有议榷酤于泸、叙间,云岁可得钱二十万。(蒲)卣言:'先朝念此地夷汉杂居,故驰其榷禁,以惠安边人。今之所行,未见其利。'乃止"。②

马端临《文献通考》载,北宋熙宁十年(1077)全国商税10万贯以上的城市有27个,泸州是其中之一,在这十万贯商税中,只有一万贯是酒税③。这与当今泸州作为酒城,拥有泸州老窖、古蔺郎酒两大国家级名酒完全不相符,当前泸州酒业税收占全市财政收入的40%以上。古今两相对比,充分说明当时的封建王朝是为追求政治稳定、民族和睦,不得不故意"牺牲"经济利益所采取的行为。税收10万贯可名列全国27个

---

① 郭可夫:《泸州老窖(营沟头)青瓷窑研究》,《四川文物》2002年第2期。
② 《宋史》卷二百五十三,列传第一百一十二。
③ 赵永康:《宋代泸州酒楼考略》注2,《四川文物》1988年第3期。

商业大都市之一,而能收20万贯巨资之数的建议,当政官员却"未见其利",不予采纳。此一事例,在当今上下要求高质量发展的政策中,地方各级党政是否可资思考。

1993年8月,位于泸州城区凤凰山长起桥西桥头(柏杨坪方向)的南宋墓中,出土双人"斟酒图"石刻,现藏于泸州民间收藏者刘永贵处　刘永贵 供图

正因为蒲卣"驰其榷禁","城上人家水上城,酒楼红处一江明"①的泸州一地酒业大兴,不仅生产出量多质优之酒,其下游链条之一的酒楼也蓬勃兴盛,灯绿旗红,"万户烧霞"②。今天尚能考证的有:南定楼(旧为水云亭)、会江楼(本名泸江亭)、皇华馆(也称皇华亭)、通津馆、留春馆、骑鲸馆等③。这些散发着氤氲酒香的楼堂馆所,不仅是本地官宦、绅士、市民宴聚尽兴之所,也是商贾往来、交洽生意之场,充分证明了这座依托中水道、长江道的水滨城市,呈现在西南要会中的兴盛和繁华。

---

① [清]张问陶:《泸州》,清嘉庆本《船山诗草》卷八。诚谢蓬溪县政协文史委原主任、张问陶研究学者胡传淮先生查证。
② [北宋]唐庚:《题泸川县楼》,黄鹏编著:《唐庚集编年校注》,北京:中央编译出版社,2015年,第243页:百斤黄鱼鲙玉,万户赤酒烧霞。榆(徐)甘渡头客艇,荔枝林下人家。
③ 赵永康:《宋代泸州酒楼考略》,《四川文物》1988年第3期。

泸州酒业兴盛，历史上酒楼林立，北宋南定楼蔚为大观，其遗址位于今沱江一桥江阳区桥头面向沱江左侧附近①（红圈处），乃宋代市民赏游胜景②，登楼可瞰滔滔沱江

泸州市江阳区民间文艺家协会主席 陈泽治 摄

联系沱江上中下游出土文物来看，酒传入云贵的途径之一是沿沱江-赤水河而南的。1987年泸州童家路汉墓出土一汉代陶俑，双手捧一酒钵，"面带微笑，闭目悠悠然陶醉其中"③。泸州9号和合江10号汉棺④上，都刻画有饮酒图像。

通道上的其他商品之三：蜀茶

四川是我国栽培茶叶最早的地区⑤，茶叶和品茗之风，皆系通过中国西南陆海走廊从蜀地销转云贵、两广等地。秦灭巴蜀后，四川的茶饮现象才被大量外传，顾炎武因此认为："是知自秦人灭巴蜀而后始有茗饮之事。"⑥资阳王洪林与笔者讨论《僮约》一文的茶文化现象时，大叹：川人自顾关起门来自啜自饮，欣欣然喝得陶陶然，外省人却一脸惘然后知后觉。

---

① 赵永康：《杨升庵在泸州的十年》，赵永康：《杨升庵与泸州》，成都：四川大学出版社，2017年，第51页（原载1983年9月四川省首届杨升庵学术思想讨论会论文集）；民国《泸县志》载："南定楼在盐道公署旁"，即今泸州市沱江大桥桥头附近（引者注：即今沱江一桥江阳区桥头面向沱江左侧附近）。《江阳谱》记：南定楼，在泸州芙蓉桥后罗城上，旧为水云亭。绍兴三十二年（1162）晁公武改建此楼，取诸葛孔明建兴五年（227）《出师表》语为名，自为之记。壁左右有李赞皇、诸葛忠武像及南蛮西夷地图。其雄壮尤为一方胜。广袤八丈有奇，面临资江，檐庑高明，庭宇爽垲。凡帅守会僚属、将佐商军务多在是。右司范公仲艺书额。
② 赵永康：《杨升庵在泸州的十年》，赵永康：《杨升庵与泸州》，第51页注3。
③ 张德全：《四川汉代酿酒研究》，《四川酒文化与社会经济研究》，第106页。
④ 成都文物考古研究院、泸州市博物馆编著：《四川泸州汉代画像石棺研究》，图版第9页、40页之图版一八、图版八零。
⑤ 西南师范学院地理系编：《四川地理》，内部资料，1982年7月，第301页。
⑥ [清]顾炎武著、黄汝成集释：《日知录集释》，上海：上海古籍出版社，2006年，第449页。

第九章 "盐""铁""僰"贸易支撑走廊形成特殊通道

泸州9号汉棺饮酒图案已被四川汉室酒业有限公司慧眼独具正式注册，推出"汉家泸"品牌酒

四川汉室酒业有限公司董事长 刘林 供图

蜀地早期产茶之地当推沱江流域的什邡，《华阳国志》载："什邡县，山出好茶。"①任乃强分析："什邡后山，历世皆出好茶。茶树风候土质特宜故也。此云'山出好茶'，自是就汉晋时言。《诗·谷风》：'谁谓荼苦，其甘如荠。'系泾渭间平民之诗。唐陆羽《茶经》与宋魏了翁文皆说茶（《尔雅》'槚，苦荼'之荼）即汉以来之茶字。可疑我国什邡县山产茶最早，自周代即为商品行销关陇（关陇非产茶之地）。是否尚待考订，然值研究茶业史者注意也。"②

岷江流域也有产茶之地，中国最早记录茶叶买卖史料是王褒《僮约》文中的"武阳买茶"，寓示今眉山、彭山一带也有好茶产出。王褒要求僮仆"便了"每天为其"烹茶"，则是最早的饮茶文化记录。赤水河边出土的合江15号汉棺③刻画有双人对坐品茗，旁置一壶，表现的也应该就是早期的茶文化，说明早在两汉时期巴蜀各地茶叶生产、销售、啜饮就已经比较广泛，从川西平原沱岷两江上游至川黔交界赤水河流域，都有充分证明。云南等地对茶叶种植和生产直到唐代而还没进入人工栽培阶段，现虽发现有野生茶叶，但当时"无采造法"只"散收"而已④。这种野生茶树没有修剪、施肥，也没有科学采摘，产量低下自可想象。

蜀茶一经走向全国即声名远扬，杨晔《膳夫经手录》说："惟蜀茶南走百越，北临五湖，皆自固其茗香，滋味不变。"⑤宋代黄庭坚也称："蜀茶总入诸藩市，胡马常从万里来。"⑥指在四川周边的少数民族地区，有大量的蜀茶被作为商品在流通。他还特别对

---

① 《华阳国志校补图注》，第166页。
② 《华阳国志校补图注》，第168页。
③ 成都文物考古研究院、泸州市博物馆编著：《四川泸州汉代画像石棺研究》，图版第46页之图版九二。
④ [唐]樊绰著、赵吕甫校释：《云南志校释》，北京：中国社会科学出版社，1985年，第266页。
⑤ [明]杨晔撰：《膳夫经手录》，清初毛氏汲古阁钞本。诚谢四川大学历史硕士邝峻熙查证，书有关中古至近现代史史实查证皆同。
⑥ [北宋]黄庭坚：《山谷集》卷十二。

泸州纳溪梅岭等产茶区作赋讴歌①,让梅岭茶成为甲冠全国的名茶之一。在黄之前的唐代后期,大诗人李商隐因为一名叫冼宗礼的官员担任泸州刺史时,茶叶生产抓得突出等原因,以"作者多仰于茗茶"为由,上书《为京兆公乞留泸州刺史冼宗礼状》恳请"量留宗礼更一二年"在任②。

蜀地既有好茶,又催生烹茶之艺,长途跋涉的蜀贾人在销售主流商品之时,出于自身消费之需,也会带上茶、酒等物资,一路行一路饮,顺便售往夜郎、滇等地应是情理之中。

黄庭坚笔下的"纳溪梅岭"今址无考。四川纳溪区2012年把原绍坝乡(今属护国镇)的2个村双石、伏金合并,改名为梅岭村,2020年又扩入另4个村。早茶栽种连片,每年农历二月初,都邀妙龄女工集体采茶,俨然一道天人合一的绝美风景线③

李飚摄 曾其玉 供图

---

① [北宋]黄庭坚:《煎茶赋》,黄庭坚著,刘林、李勇先、王蓉贵校点《黄庭坚全集》(一),成都:四川大学出版社,2001年,第302-303页。《煎茶赋》:汹汹乎如涧松之发清吹,皓皓乎如春空之行白云。宾主欲眠而同味,水茗相投而不浑。苦口利病,解胶涤昏,未尝一日不放箸。而策茗椀之勋者也。余尝为嗣真渝茗,因其涤烦破睡之功,为之甲乙。建溪如割,双井如挞,日铸如绝,其余苦则辛螫,甘则底滞。呕酸寒胃,令人失睡,亦未足以与议。或曰无甚高论,敢问其次。涪翁曰:味江之罗山,严道之蒙顶。黔阳之都濡高株,泸川之纳溪梅岭。夷陵之压砖,临邛之火井。不得已而去于三,则六者亦可酌兔褐之瓯,渝鱼眼之鼎者也。或者曰:寒中瘠气,莫甚于茶。或济之盐,勾践破家,滑窍走水,又况鸡苏之与胡麻。涪翁于是酌岐雷之醪醴,参伊圣之汤液。斮附子如博投,以熬葛仙之垩。去蒉而用盐,去橘而用姜。不夺茗味,而佐以草石之良,所以固太仓而坚作强。于是有胡桃、松实、庵摩、鸭脚、贺、靡芜、水苏、甘菊。既加臭味,亦厚宾客。前四后四,各用其一。少则美,多则恶,发挥其精神,又益于咀嚼。盖大匠无可弃之材,太平非一士之略。厥故贪味隽永,速化汤饼。乃至中夜不眠,耿耿既作,温дет殊可屡歌。如六经,济三尺法,虽有除治,与人安乐。宾至则煎,去则就榻。不游轩石之华胥,则化庄周之蝴蝶。

② [清]董浩:《全唐文》卷七百七十二,第8048页。又李商隐著,钱振伦、钱振常笺注《樊南文集》(下册·樊南文集补编),上海:上海古籍出版社,2015年,第530页。

③ 诚谢纳溪区地方文化研究者王明久、车亚林惠告梅岭村改名时间。

泸州所产之茶不仅系日常饮用佳品,还是远近闻名的贡品,更可作"疗风"的药用奇效:"泸州有茶树,夷僚常携瓢置侧,登树采摘芽叶,必先衔于口中。其味极佳,辛而性热。彼人云饮之疗风。"①

笔者在今泸州的纳溪区梅岭村一带山上了解,据说还有这样的野生茶树,早在农历的正月末即可采摘,可惜谁也说不清楚生长在哪。②

通道上的其他商品之四:荔枝、桂圆

中国西南陆海走廊作为物流承载载体,从南而北也有各种商品流布,除前文所述海盐、珍珠、龟甲等南海海产品,以及海外诸商品外,荔枝及其种植技艺传入蜀中,则应重点关注。在第四章第一节已论,荔枝的栽种和培植技术系岭南北传巴蜀。巴蜀尚无此"水果之王"时,自有鲜果或荔枝煎之类制品自南而来才引发种植热潮。先秦巴蜀之地未大量种植之前,循走廊古代路径,荔枝及荔枝奴龙眼(桂圆)也会"行走"此道。只是荔枝娇鲜,行而不远;桂圆则可有半月左右日程大踏步奔跑。目前尚无考证荔枝煎、桂圆干之类贮存较久的技艺源起何时,相信古人摸索出这样的制作方式③以后,两种优质水果的后期制品也会沿路行销。

第三节 唐蒙出使"食重"的背后

唐蒙是中国历史上第一位伟大的战略情报家。之所以在社会层面默默无闻,是因为了解他至伟之功只在只有发言权而无决策权的学者层面,他们心知肚明唐蒙成就的开拓之功,远超300多年后的诸葛武侯。他建功立业的第一个地理方位,就是先秦到西汉名声显赫的巴符关。它是巴人在今合江县城赤水河汇入长江处设立的,近些年还立了一方小小的石碑,碑名"南关"。据碑上文字介绍,意为唐代时期,该县邑人称为南关上,故立此碑。

---

① [明]万邦宁:《茗史》,《四库存目丛书》第591册,齐鲁书社,1997年,第767页
② 笔者书稿即将付梓时,纳溪地方文化研究者王明久已于梅岭村发现数株野生茶树,笔者作了实地察看,俟后专文论述。
③ [北宋]蔡襄:《荔枝谱》:红盐(去声)之法:民间以盐梅卤浸佛桑花为红浆,投荔枝渍之,曝干,色红而甘酸,可三四年不虫(去声)。修贡与商人皆便之,然绝无正味。白晒者正尔,烈日干之,以核坚为止,畜之瓮中,密封百日,谓之出汗。去(去声)汗耐久,不然逾岁坏矣。福州旧贡红盐、蜜煎二种……蜜煎:剥生荔枝,榨去其浆,然后蜜煮之,予前知福州,用晒及半干者为煎,色黄白而味美可爱。

没被立碑并没影响2150多年前中郎将唐蒙的意气风发。他"将千人,食重万余人"①,溯河南通夜郎。虽然至今没有人研究出一万多人的庞大队伍负载着什么样的"食重",但从后来夜郎王及其旁小邑君长皆大欢喜的程度分析,唐蒙所携"食重"如非华丽和实用,这些生性爽直的夷人不会"皆贪"。

位于长江与赤水河交汇的四川合江县,早在先秦时即由巴人设有巴符关,两河交汇处即为故关所在,现民政部门名其为"南关"　　李光华 摄

笔者联系唐蒙通夜郎前因后果及夜郎地区物产所匮分析,万人辎重部队运去的应该是食盐、铁具、锦帛之类。数者皆是巴蜀所产:盐,黔地民众必需;铁,先进生产力代表;帛,夜郎贵族荣耀。这几种珍贵的硬通货,哐当一下打破南越用财物"役属"夜郎的局面,同意唐蒙"约为置吏",和平归顺大汉中央政权。

《史记》叙述这次大规模行动的背景是这样让唐蒙开始出场的:建元六年(前135),大行王恢击东越,东越杀王郢以报,恢因兵威使番阳令唐蒙风指晓南越②。

唐蒙在其首长大行令③王恢的绝对信任下,以小小县令之身,全权代表凯歌高进的大汉帝国东部野战兵团,"颐指气使"地作为天朝上国的使者来到南越都邑番禺。

南越国上下对唐蒙自然礼貌有加,虚与委蛇。唐蒙在广州最好吃的、最好玩的估计统统有份。但是,他肩负的使命没有让他丝毫松懈,竟然在食谱中脑洞大开,发现了"蜀蒟酱"的地理秘密。

---

① [东汉]班固:《汉书》卷九十五《西南夷两粤朝鲜传》,北京:中华书局,1962年6月第1版,1975年4月第3次印刷,第3839页。
② [西汉]司马迁:《史记》卷一百一十六《西南夷列传第五十六》,北京:中华书局,1959年9月第1版,1982年11月第2版,1982年11月北京第8次印刷,第2993-2994页。
③ 秦汉官名,为九卿之一,管理封拜诸侯及少数民族首领等。

第九章 "盐""铁""僮"贸易支撑走廊形成特殊通道

作为超级间谍,不能就此打住。他回到长安,复命前,先去摸底,作了自认为翔实的调查:"问蜀贾人。贾人曰:'独蜀出枸酱,多持窃出市夜郎。夜郎者,临牂柯江,江广百余步,足以行船。南越以财物役属夜郎,西至同师,然亦不能臣使也。'"①

人证物证齐全,唐蒙风驰电掣般行动起来。汉代武帝时的中国人,为国建功,为己扬万,是人生最为快意的抱负,不惜排除万难,不惜牺牲生命。一如张骞和苏武,甘受寂寞和痛苦,也不坠报国之志。唐蒙及其大形势下的汉代臣民,包括囚徒被武装上阵,没有一人不会不怀揣此等理念,作一鼓作气舍身呐喊之冲锋。所以我奇怪汉武帝横扫闽越、灭国南越、登陆朝鲜等等战事,都敢大胆一再使用囚徒兵和归降人,百思得其解:统治者已经极大地激发了国人建功立业之家国豪情!

唐蒙把对付南越的"制越一奇"计策,向汉武帝一报告,可想而知结果:"上许之。乃拜蒙为中郎将,将千人,食重万余人,从巴符关入,遂见夜郎侯多同。"②

唐蒙能让汉帝国中央作出如此重大的国家战略行动,除了他侦察有方、调查有力的前提外,他的政治敏感、说话技巧、报告策略都触动了帝国神经。西南夷地和南越三郡(南海、桂林、象郡),都是始皇帝时"诸此国颇置吏"③和发兵五十万置办的中华家产,汉武帝对恢复前朝荣光何等重视,对南越不服中央权威何等切齿,对包括僭越厚葬之事何等愤怒④。就是对强大的匈奴都正敢摩拳擦掌跃跃欲试一决雌雄,何况尔等小小的方国部落?

唐蒙在长安有彻底的底气出发而来,拜见夜郎王时,带来的"食重"可以尽情挥洒:"(唐)蒙厚赐,喻以威德,约为置吏,使其子为令。夜郎旁小邑皆贪汉缯帛,以为汉道险,终不能有也,乃且听蒙约。还报,乃以为犍为郡。"⑤

武有"威德"天花乱坠,文有"厚赐"实惠实在,唐蒙的两手,两手都齐刷刷齐刷刷直刺靶心。果不其然,不仅夜郎王,就是夜郎王周围的小方国,全部都"皆"听从了唐蒙的哨哨。

---

① [西汉]司马迁:《史记》卷一百一十六《西南夷列传第五十六》,第2994页。
② 《汉书》卷九十五《西南夷两粤朝鲜传第六十五》,第3839页。
③ 《史记》卷一百一十六《西南夷列传第五十六》,第2993页。
④ 南越不服汉帝国中央擅自称帝文献较多,殊不例举。仅从出土文物也可见一斑,如标明身份地位的金扣漆器,据刘晗露、寇焱:《江西出土两汉漆器金属镶嵌工艺研究》,《南方文物》2021年第5期,第292页:目前国内仅有两件金扣漆器出土,一是广州南越王墓出土的金扣漆卮(腐朽,仅留金扣),二是长沙望城风篷岭长沙王后墓出土的一件椭圆形漆盒……前者结合赵眜的称帝之举,为僭越的产物;而后者结合墓中出土的金缕玉衣来看,或为朝廷的赏赐。
⑤ 《汉书》卷九十五《西南夷两粤朝鲜传第六十五》,第3839页。

正如笔者在前文分析,唐蒙出使夜郎不是目的,打通直航南越的牂牁江水道才能使命光荣。所以,没有达到目的的中郎将不会亲身"还报"则休,他还要继续向最高使命攀登。他接下来的就是"发巴蜀卒治道,自僰道指牂牁江"。

此时,大汉帝国对西南的开拓者,又在唐蒙开边以西,增加司马相如一支生力军,与其相互呼应。"蜀人司马相如亦言西夷邛、筰可置郡。使相如以中郎将往喻,皆如南夷,为置一都尉,十余县,属蜀。"

司马相如比唐蒙运气好得多,很快就完成为汉室开辟新疆土的任务。可能一来他有卓文君之父大做盐铁生意,积累起来与西南夷各个方国部落的人脉关系,二来没有唐蒙背负战略开道那样繁重的任务。

唐蒙筑路"数岁,道不通,士罢饿离湿死者甚众",鼠目寸光的人说三道四,一时流言四起,"百姓愁怨",搞得他很是狼狈。汉武帝也不得不采取措施,"罢西夷,独置南夷夜郎两县一都尉,稍令犍为自葆就"①。但是没有过多责怪他,反而"转拜唐蒙为都尉"②,继续向牂牁开道。

"思都邮,斩令头"③,蜀人常璩记载的当时一句民谚,作为川南人,看了还是深深惋惜,也为唐蒙筑路心情再急迫也人性化执法叹服。负责施工的僰道令"费功无成"④,唐蒙将要问斩时,可怜的这位僰人首领⑤长叹:"忝官益土,恨不见成都市!"⑥就是说,我一直在偏僻的地方生活,虽然为汉帝国开疆拓土位列县令之尊,但是繁华的成都市场居然没有见到,就要被砍头了,很是遗憾!唐蒙竟然满足了他的这个不合常理的"要求",命令把他送到"成都市"处死⑦。所以那些埋怨唐蒙用力过猛,出手太重的谣言,自可休也。

出使异常顺利,筑路无比艰苦,唐蒙在西南的业绩前后冰火两重天,为什么?还得从唐蒙出使队伍的"食重"来分析。

张骞出使西域人数和唐蒙出使夜郎人数一比较,就发现唐蒙有一个被研究者们

---

① 以上均引自《汉书》卷九十五《西南夷两粤朝鲜传第六十五》,第3839页。
② [晋]常璩著、任乃强校注:《华阳国志校补图注》,上海:上海古籍出版社,1987年7月第1版,2011年7月第5次印刷,第230页。
③ 《华阳国志校补图注》,第172页。
④ 《华阳国志校补图注》,第172页。
⑤ 《华阳国志校补图注》,第173页:僰道在未置犍为郡之前,其县属蜀郡,其令当受命成都。"治道二岁不成",唐蒙将斩之,临死,乃叹"未见成都市"。可知非汉人官此。盖僰侯之子弟,就地受任,因使将僰民凿通夜郎道也……其所治道,盖即自僰道通向夜郎之道,属今昭通、东川通向曲靖之路。僰人技术落后,固无法克服险峻山岭,故至于死。
⑥ 《华阳国志校补图注》,第172页。
⑦ 《华阳国志校补图注》,第172页。

忽视了两千多年的小秘密。唐蒙的出使队伍是张骞100多人①队伍的100倍,如此多的"食重"队伍,自然会带着比见西域君主更多的宝贝去见夜郎王,才会如此兴师动众。难道夜郎及其旁小邑君长比西域国君们更加贪婪,才肯"且听蒙约"?

笔者反复思考,得出的结论是,唐蒙以上万人之力,带的除了《史记》《汉书》明确记载的"缯帛"以外,应该是还有食盐、铁具等实用物资。这是夜郎及其旁小邑望眼欲穿的"宝贝"。特别是盐,也是南越"以财物役属夜郎",对夜郎高举的杀手锏。夜郎等牂牁之地缺盐,南越有海盐供应,故而能卡住这里君长人民的咽喉。当然铁具也是珍稀之物,前文已述,西南夷、南越等地尚不能科学开采铁矿,所需铁器靠中原、巴蜀输入,铁制品于斯可谓珍爱有加。赫章可乐"南夷墓"发现的随葬铁锸一般仅有"半个"的情况分析,铁具系从外地输入,因而使用损坏后还不会加工改造②。

那么,唐蒙的队伍是通过哪条路线到达合江(巴符关)?上溯赤水河后又是怎么到达夜郎?为什么出使的道路和后来开通的道路不是同样一条?

目前,对唐蒙出使等夜郎问题的研究者,针对唐蒙怎么到达合江的,并没有过大的热情在关注。他们关注的重点都是唐蒙进入夜郎地域后的若干问题。但是,研究中国西南陆海走廊通道时需进一步搞清楚。

笔者查阅了学者们对这个问题的研究结论,发现叙述唐蒙来合江无外乎有三个方向。其一是通过成都顺岷江而来,这是大多数人的观点;其二是直接从长安顺西汉水(嘉陵江)转溯长江而来③;其三是从成都顺中水(沱江)而来④。

第三个观点笔者赞同。中水的上游是高祖时就设置的广汉郡,郡治雒县绳乡(今德阳市旌阳区孝泉镇)⑤,农业和工商业均发达,所制作的漆器20世纪还在朝鲜有出土。

唐蒙出使夜郎,一经武帝同意,即会制定周密出行计划。从长安来四川,没有必要去当时不能管辖广汉郡的蜀郡成都绕道,而是翻过秦岭后,径至雒县,调集蜀锦、铁具后顺沱江南下,到江阳转浮长江到巴符关;并在这里征调从巴郡龟亭市⑥上溯而来的众多巴东泉盐,启程出使。唐蒙首次出使选择巴符关以入,和其后治南夷道却"自僰道指牂牁江"线路不同,笔者认为就是要就近调拨龟亭市里囤积着的大量巴东盐产

---

① 《史记》一百二十三《大宛列传第六十三》:初,(张)骞行时百余人,去十三岁,唯二人得还。
② 《贵州通史》编委会:《贵州通史》第1卷《远古至元代的贵州》,北京:当代中国出版社,2003年,第98页。
③ 任乃强:《四川上古史新探》,成都:四川人民出版社,2019年,第332页:唐蒙使夜郎路,系从褒斜道泛西汉水(今嘉陵江),至巴郡(今重庆),溯江至符县(今合江),更溯赤水河至平夷。
④ 徐中舒:《古代都江堰情况探原》,《成都文物》1984年第1期;又徐中舒:《论巴蜀文化》,成都:四川人民出版社,2019年,第272页。
⑤ 《华阳国志校补图注》,第164页、167页。
⑥ 《华阳国志校补图注》,第27页。

区的食盐。前文已述,巴国所建的这个物资交易市场,其主要功能之一就是与僰僚交易食盐①,距离巴符关便捷,通过长江一溯而达。

根据以上分析,唐蒙的出使队伍构成应为1000名长安而来的汉军精锐,加上广汉郡、蜀郡和巴郡的万名后勤辅助人员,如船工、挑夫之类,人喧马嘶,巴符关上船径南,经今赤水、土城、古蔺、仁怀、金沙、叙永的赤水河河道,在平夷羿人部落转旱,浩浩荡荡直奔位于云南沾益的夜郎国邑。

包括司马错两次顺江伐楚结集巴符关的史实,笔者分析,江阳、符、平夷,至少在秦国常頞略通五尺道时已经"置吏",甚至建县。当然,江阳是秦县得到西南历史地理学界老前辈任乃强等人认定,更有出土的里耶秦简和之前出土的张家山汉简相互佐证,建置时间至少在公元前207年秦朝灭亡之前已经没有悬念。针对合江和平夷秦县的研究尚刚有起步,不过,符为秦置已有相当共识②,合江县城出土有先秦时期精美青铜器,也是该地建有邑聚的文物力证。至于平夷是否常頞"诸此国颇置吏焉"时所设,尚待进一步探究。

好事要做就彻底。唐蒙带着截至当时最为庞大的使团,把中原文化和巴蜀文化发散到滇黔大地,事迹之突出,不亚于与他同时代的张骞。他沿途走过的每一个地方,都有资格、更有责任宣传和弘扬,教育后人,启迪来者,涵养文明。但愿能关注他行进路线的各地地方政府,充分发挥文化自信,采取实实在在的行动付诸实施。诸如塑出高大威武的唐蒙像作城标之举,则是笔者心愿,也当是沿线治史者的共同心愿,更是中华民族形成初期在巴蜀及云贵高原的标志性反映。

---

① 《华阳国志校补图注》,第29页。
② 详见第六章第一节"符"注。

第十章 华夏文化认同保障走廊长期稳固

因为统一的华夏政权秦汉的文化先进与武力强大,对周边民族产生强烈的吸附和归属认同上的影响。当这样的政权架构设置其间,使周边民族自然不自然提升心理认同,"西南夷"和瓯骆各族自不例外。如果中央政府选派廉吏与能吏与其共同"郡国"治理中,尊重"故俗",发展经济,提升文化,少数民族地区向慕之心更加突出。从汉晋历史看,中原王朝与南方各族的关系基本上循此轨迹,这就为包括交通在内的各项政策施行、基础建设夯实,营造了深厚的政治清明氛围。中国西南陆海走廊受益于当时中央与地方的共同利益需求维系的道路交通网络,因而从内陆腹地直达南海成为长远不变的主题。

第一节　　华夏文化认同缀联族群心理

一、秦汉移民在西南和南方沿海的华夏化作用。

正如第三章所述,华夏文化元素在走廊沿线地下出土文物中的表现是琳琅满目、丰富多彩,在秦汉时代的现实生活中,也是同样的道理。正是因统一和强大的文化归属感,才使得中国西南陆海走廊形成后,得到稳固和通畅,还因为秦汉大量向这一地区移民而带来的华夏化成果。

秦兼并巴蜀后,采取移民和改造土著等方式进行政权巩固,成效极大,使迅速被华夏化的巴蜀,接受中原文明的同时,还成为秦等历代中央王朝开拓西南夷地的桥梁前驱。因此有学者评价"秦对巴蜀的政策,应说是比较成功的"[①]。

针对西南和华南,傲视天下的秦国视为自身势力范围,分别进行了攻取和开拓。

---

① 王子今:《秦汉交通史新识》,北京:中国社会科学出版社,2015年,第24页。

从巴蜀开凿五尺道,沿道深入夜郎地域,"诸此国颇置吏焉";凿通灵渠,越过南岭,在岭南设置南海、桂林、象郡,其中象郡处于滇东南和桂西南、越南北部交界处。被从北和从南两个方向的秦势力分割,夜郎也被纳入中央视野。华夏族群开始陆续进入,使西南和华南诞生华夏文化萌芽。期间,秦始皇也借鉴先辈对巴蜀拓展的成功经验,大量移民到"陆梁"①之地,对岭南产生深刻和深远影响。具体有:

其一,军事攻取并移民。"三十三年,发诸尝逋亡人、赘婿、贾人略取陆梁地,为桂林、象郡、南海,以适遣戍"②。即公元前214年,秦派出各类"逋亡人,赘婿,贾人"之流人员组成的军队,控制了岭南地区。"后以尝有市籍者,又后以大父母、父母尝有市籍者,后入闾,取其左"③,纷纷被征发而去。

其二,巩固治理并推行民族融合。秦并天下,"以谪徙民,与越杂处十三岁"④,以大量华夏人迁入的方式,对岭南地区加强华夏族群基因巩固。"秦始皇使尉佗逾五岭攻百越。尉佗知中国劳极,止王不来,使人上书,求女无夫家者三万人,以为士卒衣补。秦皇帝可其万五千人"⑤,说明有一万五千名华夏家庭在岭南组合成功;更多戍卒只好娶当地瓯骆人为妻,这又诞生了数十万"夷夏"混杂的家庭,达到"颇有中国人相辅"的程度⑥。

二十多年后,混血产生一定效果:"粤人之俗,好相攻击。前时秦徙中县之民南方三郡,使与百粤杂处。会天下诛秦,南海尉它(佗)居南方长治之,甚有文理。中县人以故不耗减,粤人相攻击之俗益止,俱赖其力。"⑦此乃刘邦在高帝十三年(前195)发给南越王赵佗的诏书。从中可以看出,秦经营岭南的移民政策在当地产生了华夏化的巨大作用,为了抚慰赵佗,刘邦不得不借此事实予以褒扬。王子今评价:"秦王朝最高执政者的'南海'战略,其设计与推行是可以借用其自我政治宣传语言'圣德广密'之所谓'广密'予以肯定的。秦'南海'战略的局部成功,创造了后来赵佗的南越国能够实现区域稳定和发展的条件。"他进一步指出:"从强化南中国的交通效能以及创造海

---

① 指今岭南一带。《史记正义》谓"岭南之人多处山陆,其性强梁"。赵世瑜:《岭南的建构及其意义》,赵世瑜:《在空间中理解时间:从区域社会史到历史人类学》,北京:北京大学出版社,2017年,第323-324页:(陆梁地)大概的意思是"山里的强人住的地方"或者是自称"陆梁"的人群住的地方。
② [西汉]司马迁:《史记》卷六《秦始皇本纪第六》,北京:中华书局,1959年9月第1版,1982年11月第2版,1982年11月北京第8次印刷,第253页。
③ [东汉]班固:《汉书》卷四十九《爰盎晁错传第十九》,北京:中华书局,1962年6月第1版,1975年4月第3次印刷,第2284页。
④ 《史记》一百一十三《南越列传第五十三》,中华书局,1963年版,第2967页。
⑤ 《史记》卷一百一十八《淮南衡山列传第五十八》,第3086页。
⑥ 《史记》一百一十三《南越列传第五十三》,第2967页。
⑦ 《汉书》卷一下《高帝纪第一下》,第73页。

上航运条件的角度来看,对于东方史乃至于世界史的影响,是有明显的积极意义的。"①

秦移民政策是自身强大的基础上向外殖民为主,汉帝国初建与之相反,对北方强大的匈奴必须随时应付,防御性质突出。不过,汉帝国尊重知识分子,为之出智出力者大有人在,其中晁错就是典型,他为汉帝国中央建议了一套环环相因相扣的移民措施:

> 陛下幸忧边境,遣将吏发卒以治塞,甚大惠也。然令远方之卒守塞,一岁而更,不知胡人之能,不如选常居者,家室田作,且以备之。以便为之高城深堑,具蔺石,布渠答,复为一城其内,城间百五十步。要害之处,通川之道,调立城邑,毋下千家,为中周虎落。先为室屋,具田器,乃募罪人及免徒复作令居之;不足,募以丁奴婢赎罪及输奴婢欲以拜爵者;不足,乃募民之欲往者,皆赐高爵,复其家。予冬夏衣,廪食,能自给而止。郡县之民得买其爵,以自增至卿。其亡夫若妻者,县官买予之。人情非有匹敌,不能久安其处。塞下之民,禄利不厚,不可使久居危难之地。胡人入驱而能止其所驱者,以其半予之,县官为赎其民。如是,则邑里相救助,赴胡不避死。非以德上也,欲全亲戚而利其财也。此与东方之(戎)戍卒不习地势而心畏胡者,功相万也。以陛下之时,徙民实边,使远方无屯戍之事,塞下之民父子相保,亡系虏之患,利施后世,名称圣明,其与秦之行怨民,相去远矣。②

晁错的连环计策包括:其一,考察新迁地环境,解决水源;其二,新迁地宜于农林牧畜;其三,建立城邑,寓兵于农;其四,开辟交通;其五,营建居所,置办用具;其六,配套医疗;其七,祭祀不废,精神不灭;其八,恰以婚配,死得其所。这八条策略可使汉移民"乐哉斯土",循环长居,可谓经典之策。到汉武帝大力开疆拓土时候,于北方应用以外,岭南、西南、朝鲜无一不按此运作,致使汉文化强势崛起,"宛若投入平静湖面的石子溅起的涟漪,荡漾开去"③,扩散成一圈圈汉元素一浪高过一浪的强大浪潮,涤荡一个东方巨国出来。

汉代华夏族群大规模进入西南和南海沿岸,始于唐蒙汉武帝建元六年(前135)通夜郎。23年后的汉武帝元鼎五年(前112)开始,南越战事和汉军"诛头兰。头兰,常隔

---

① 王子今:《秦"尉屠睢""监禄"事迹的世界史意义》,中国秦汉史研究会第十六届国际学术研讨会开幕式主旨演讲,桂林,2022年10月22日。诚谢王子今教授惠传演讲稿电子文档。
② 《汉书》卷四十九《爰盎晁错传第十九》,第2286页。
③ 李飞:《汉夷之间——从考古材料看贵州战国秦汉时代的文化格局》,《贵州民族研究》2009年第6期。

滇道者也。已平头兰,遂平南夷为牂牁郡"①,与诛邛君、杀莋侯、消灭靡莫之属等行动后,汉人涌入云贵、岭南掀起高潮。同时,汉继承之前秦的移民政策,"乃募豪民田南夷,入粟县官,而内受钱于都内"②,"汉发南方吏卒往诛之,间岁万余人"③,到岭南和西南边郡;一批批地调派汉人士卒和募徙死罪及奸豪到这些新建立起来的郡县去,进行屯垦、开发,还包括大量赴任的汉族官员,也不断来往,通过与其他民族的混居,达到以华夏文化影响和控制这些新开发地区的效果。仅岭南,在吴初、东晋和南朝梁末,更掀起三次中原汉人迁徙高潮,南徙的总人数达到250万左右④。

华夏文化进入越南中北部,集中在秦设象郡开始,迨至汉武帝设立交趾、九真、日南,汉文化在此方水土更加如火如荼,它们引领土著文化并互融互存。2018年3月27日下午,日本东亚大学黄晓芬教授应中国社会科学院考古研究所之邀,作题为"越南交趾郡治LUY LAU羸陵遗址的调查与探索"学术讲座⑤时,指出经GPS测定数据分析,交趾郡郡治羸陵城址的建造理念和汉长安城一致,是按照南北建筑中轴线配置规划建设而成的,城砖上装饰的纹饰有格子纹、菱形纹、圆点纹等,还发现越南东山铜鼓纹饰与典型的汉砖纹样同时并存。羸陵出土瓦当纹样更是丰富多样,既有汉代的云纹瓦当,"万岁"文字瓦当,及城内采集的"位至三公"瓦当,还有人面纹瓦当、花叶纹瓦当、莲花纹瓦当等。这些瓦当文字纹样,与中国汉至六朝隋唐期瓦当造型纹饰基本相同或类似。然而,从瓦当背面留有山形切弧观察,显示出与中国传统瓦当的制作方法不同。由此表明羸陵

位于越南北宁省顺城县清江社陇溪村的陇溪城址,系法国学者1930年代首先发现,1968年至2018年,越南国内多家单位对其进行了17次调查与发掘,初步判定为两汉交趾郡郡治。其中出土的"位至三公"文字瓦当,深刻表明汉文化在此地有绝对影响⑥

---

① 《史记》卷一百一十六《西南夷例传第五十六》,第2996页。
② 《史记》卷三十《平准书第八》,第1421页。
③ 《汉书》卷二十四下《食货志下》,第1174页。
④ 刘希为、刘盘修:《六朝时期岭南地区的开发》,《中国史研究》1991年第1期。
⑤ 微信公众号"社科院考古所中国考古网",2018年3月30日。网址:https://mp.weixin.qq.com/s/fqN8qUyyBTT-mto4TU2P41Q
⑥ 邓鸿山:《越南汉唐时期陇溪城址考古发掘与研究》,中山大学社会学与人类学学院主办:"跨越边界:华南与越南的考古学文化接触与交流"学术研讨会会议手册,广州,内部资料,2018年,第19页。图采自第59页,图二。

瓦当既有汉唐瓦当技术,又保持有越南当地独特的技法。另外,城内发掘出土的大量陶瓷片以汉至六朝隋唐时期的陶瓷器为大宗,从一部分出土陶片中还发现汉代陶器与越南东山文化陶器的造型纹饰特征并存,更反映出两种不同文化的交流与融合。

综合嬴陵遗址的考古调查和发掘成果,解读众多出土遗物的文化内涵表明,交趾郡的设置、郡治的建设管理等,并没有伴随激烈的战争冲突,中央王朝派驻当地的官员秉承汉文化和当地土著交流融合的政策,最终形成了独具特色的交趾文化。这一事实与以往的征服史观,以及单纯用侵略与对抗概念来诠释不相符,这一包容的文化策略无论是在历史上,还是现在都颇具启发意义。

从云贵、岭南、越南北中部出土的大量古代文物来看,汉式文物层出不穷,充分说明秦汉统治者实施的策略已取得极大成功。正因为华夏移民在西南和岭南地区以先进文明引领和示范,这一区域得以不断开发,起到沟连中外作用,特别是"地处汉帝国之西南边陲的地理区位特点,西南夷地区在汉王朝与南亚及东南亚各地的交往中充当着桥梁和通道的角色"[①]。

因为华夏人群大量涌入云贵,与在这一区域原有的世居民族共同生活、通婚等,诞生了有别于中原地区的又一个庞大的华夏族群。由于汉人社会的文明程度远高于世居民族,这个族群中的少数民族主流成分被汉化的程度与日俱增,逐步形成介于少数民族与汉人之间的"南中大姓"群体,如爨、焦、孟、傅、董、毛、量、尹、雍、谢等,他们大都是汉族移民后裔本土化或土著方酋、渠帅汉化后衍生的。

南中大姓通晓夷、汉语言,成为有话语权的"吏绅"群体,在汉为替政权机构统治夷人的代理,在夷为替民族事务乃至纠纷向汉人官府申诉的中介。至于纯粹的少数民族,"与外来尊官间,语言隔阂,情感不通,一切受吏绅摆布"[②]。南中大姓中的一部分人学习汉文化后,对郡县官吏,用儒家语言交流,但在生活的其他方面,接触夷人特多,因而亦不能不学习夷情,于是平居谈话"虽学者",亦得"半引《夷经》"[③]。如鱼在水地游刃于二者之间的角色,使其势力日炙。中有不少大姓还向官僚化转换,通过儒学等汉式学习,成为郡守、令、长等职官,反过来更加剧了宗族势力膨胀。可以说,汉晋之时,南中大姓已经自成一体,介于非夷非汉之间的一类有共同文化认同的华夏新族群。任乃强阐述南中大姓性质即有:

---

① 白云翔:《〈战国秦汉时期云贵高原考古学文化研究·序〉》,杨勇:《战国秦汉时期云贵高原考古学文化研究》,北京:科学出版社,2011年,第Ⅲ页。
② [晋]常璩著、任乃强校注:《华阳国志校补图注》,上海:上海古籍出版社,1987年7月第1版,2011年7月第5次印刷,第243页。
③ 《华阳国志校补图注》,第247页。

> 守令恃其（引者注：指南中大姓）习民情、通语言，庶政恒倚任之。流官来去有时，此辈吏绅则阅世恒在，故地方上能作威作福。遂有豪桀狡健者，发展成为若干之地方集团，由挟制官府进而地方自擅。中央政府强盛，则守礼致忠，助宣教化，推动社会发展；或有衰征弱象，即图割据自保。①

这类南中大姓新族群，大都以"遑耶""自有耶""百世遑耶"的方式聚集而生、开枝散叶。《华阳国志》有深刻的剖析：

> 与夷为姓曰"遑耶"。诸姓为"自有耶"。世乱、犯法，则依之藏匿。或曰：有为官所法，夷或为执仇。与夷至厚者，谓之"百世遑耶"，恩若骨肉。故南人轻为祸变，恃此也。②

他们结成血亲式的夷汉混同体，既有汉的知识与聪慧，更有夷的坚韧与勇猛，这一新"族群"自经形成，即在南中区域势炙如火，平时凌驾乡里，战时叱咤疆场，此乃南中地区汉晋时进一步融入中华文明的特殊例证。

魏晋之际，新附强势司马氏政权的南中监军霍弋，派出大批大姓俊杰，率领南中子弟"自蜀出交趾"，就展示了任老所示的"致忠"一面。他们"忠勇奋发，卒无畏退"③。先"破吴军于古城，斩大都督修则、交州刺史刘俊"④，后被三十万吴军所围而灭，诸南中将领皆气节凛然，"私誓：不能死节，困辱虏手"，特别是毛炅，被俘拒降，"吴人生割其腹、允割其肝"，仍骂声不绝⑤。充分展示了南中大姓勇猛顽强、坚贞不屈，更证明"此夷汉部曲于保郡外，更能用于远征之明效"⑥。此类事例并非交趾之战孤例，徐文盛率军勤王和南中兵参与扑灭"安史之乱"，都体现出南中大姓群体在外不俗的战力。

上层贵族带动华夏化主流。具体表现出华夏认同的首先是习汉俗，姓汉姓，用汉器，守汉制，典型人物如牂柯谢氏，该氏先后有两次保境为汉、为晋的事迹载入史乘。

"为汉"的谢氏乃时任牂柯郡功曹谢暹，他和牂柯地域的龙、傅、尹、董大姓，认同汉室正统，不满公孙述割据巴蜀，得知刘秀河北称帝，即派专使往南，避开公孙述势力阻挡，"远使使由番禺江出，奉贡汉朝"，绕道到河北向光武帝报告南夷情况，"世祖嘉

---

① 《华阳国志校补图注》，第243页。
② 《华阳国志校补图注》，第247页。
③ 《华阳国志校补图注》，第310页。
④ 《晋书》卷五十七《陶璜传》，第1558页。
⑤ 《华阳国志校补图注》，第309页：（毛）炅骂不断曰："尚欲斩汝孙皓，汝父何死狗也。"
⑥ 《华阳国志校补图注》，第249页。

之",被封为"义郎"①。"夜郎"本司马迁译音用字,故汉光武帝改作义郎,"义"乃取夜郎之"夜"的谐音②,只是字义主观上想更加具有华夏文明内涵。说明谢氏族人应该是夜郎夷人,或者因其有汉人姓氏,至少可以说是汉化的夷人或夷化的汉人。

200多年后,另一位"为晋"谢氏乃异曲同工。该谢名恕,李氏成汉政权占据宁州地区,"南中尽为雄所有。惟牂牁谢恕不为寿用,寿破之。寿去遂复保郡为晋。官至抚夷中郎将、宁州刺史、冠军将军"③。前文已述,谢恕还率牂牁子弟兵,不断北上入蜀滋扰江阳等长江沿线,给成汉政权以极大威胁,为桓温入蜀破氏创下良好战机。

这两位不服割据政权的谢氏,贵州学者侯绍庄认为,他们是今安顺、平坝、清镇一带牂牁郡郡治的人,清镇出土有署名"谢买"的铜质印章一枚,可能即谢氏宗族遗物④。

谢氏在改朝换代的风口浪尖中,每次都似乎有先见之明,先后成功得到"正溯"王朝的肯定,血脉绵延,直到唐代,还有东谢、西谢、南谢诸谢,被唐中央给予各类册封。

笔者考察云南陆良县爨文化汉化典型墓葬"梁堆墓"。陆良县博物馆王洪斌馆长(中)介绍该墓在脚下,共有三座并列。现已被荒草掩没

何川文 摄

谢氏雄长牂牁地区达六七百年,不仅经济豪富,政治上也是豪强,担任汉晋乃至唐地方官吏,其政治态度对地域内民众影响巨大。因而汉晋时期其倾向华夏化,致使

---

① 《华阳国志校补图注》,第260页。
② 《华阳国志校补图注》,第262页。
③ 《华阳国志校补图注》,第257页。
④ 侯绍庄:《牂牁大姓谢氏考》,《贵州文史丛刊》1982年第1期。

第十章 华夏文化认同保障走廊长期稳固

牂牁地域服从中央(包括蜀汉)号令时间较长,为此区域进一步开展经济贸易、通道贯通奠定基础。只是由于后来中原长期战乱,中央力量式微,才使牂牁等南中地区失去控制,再加上接受汉文化尚浅的氐羌民族的强烈进攻,终至汉化地区又复夷化,直到元明才逐步恢复云贵区域的华夏化进程。

有如谢氏,南中爨氏也是受汉化濡染典型,墓葬的"梁堆墓"形状,是汉文化深刻影响的结果。整个汉晋时代,牂牁一带"少有乱,惟朱褒见诸"①,说明该地域已相当一致地拥护中央政权,是由于士绅们大都已倾向于汉文化了②。

广西西林县博物馆展陈普驮铜棺墓中出土的六博棋盘、铜跪俑(跽坐俑)

笔者 摄

云贵桂地域的民俗倾向汉化,在发掘的汉晋墓葬中表现充分。普驮铜棺葬内,汉人喜好的"六博棋盘"等汉俗用具赫然在列,与六博棋盘同出的4件铜跽坐俑,皆免冠,发上植,穿宽袖长裙,脚着屐,同汉代官吏燕居打扮一样③。该墓另有铜骑俑、洗、锅、耳杯、弓帽、盖弓帽、当卢等大量的汉文化因素存在,构成随葬品的重要部分,与土著文化因素平分秋色④,其他出土物如车马饰、A型(Ⅱ)式铃以及三棱型铜身铁铤镞等器物,也明显属汉文化影响因素⑤。为此有学者还大胆打破传统认知,分析该墓主人不

---

① 《华阳国志校补图注》,第260页。
② 《华阳国志校补图注》,第262页。
③ 蒋廷瑜、彭书琳:《试论句町铜鼓》,文山壮族苗族自治州文化局编著:《声震神州——文山铜鼓暨民族历史文化国际学术研讨会论文集》,昆明:云南人民出版社,2005年,第28页。
④ 叶成勇:《战国秦汉时期南夷社会考古学研究》,北京:文物出版社,2019年,第108页。
⑤ 李龙章:《广西右江流域战国秦汉墓研究》,《考古学报》2004年第3期。

属于句町国上层贵族或某位王侯,而是汉移民中富裕的贾人或手工业者(冶铜者)①。

习汉俗的重要表现方式是用汉字,"汉字具有超越方言和古今语言差别的功能"②。中国西南陆海走廊汉墓和民族墓葬中,就有不少汉字。广南黑支果乡牧宜东汉木椁墓发现汉字书写的"王x"字样漆木耳杯,其旁南约1.5千米的白崖脚下的台地上,发现战国西汉时期的墓地有较大的土著铜筩③。1950年代尚属陆良行政辖区内发现的爨龙颜碑、爨宝子碑④汉字书法,堪称天下"神品第一",不仅代表着魏晋南北朝时期云南书法的最高水准,而且也是中国书法艺术的最高水准⑤;毗邻的滇黔桂结合部安龙、罗平、广南、西林等地,也有汉文化元素如铜镜等与民族文化共存的现象。兴仁万屯出土汉人梳妆必用的铜镜上,有长达37字的铭文:"尚方作镜真大

位于云南陆良县马街镇薛官堡村的爨龙颜碑,汉字书法自成一体,书艺达到华夏文化巅峰　　陆良县博物馆馆长　王洪斌　摄

巧,上有仙人不知老。渴饮玉泉饥食枣,浮游天下遨四海。此镜主古市惠信保兮。"黔西南州文博工作者崔利军、周仕敏考证,该镜系某一代漏卧侯室夫人的随葬品⑥。

使用汉字印章,更是习汉俗的标配,证明各族群对汉文化承载的汉式制度心生认同。中国西南陆海走廊发现有不少,使用者既有华夏族群也有民族族群。出土的"滇王之印"就是滇人首领被汉武帝封王的明确例证;而新发现的"滇国相印",则可能是汉帝国派往滇地行使管理和监督的汉人信物。铜鼓作为古代西南民族的重器,皆由上层贵族、巫师掌控,云南西畴出土的灵山型董马鼓,就赫然铸有8个汉字,其中"金""银"二字清晰可辨。更值得一提的是,该鼓鼓面上的第2晕和第3晕,铸有汉文化中独特

---

① 叶成勇:《战国秦汉时期南夷社会考古学研究》,第107页。
② 刘光裕:《"汉字需要再认识"——谈安子介的汉字研究》,《文史哲》1995年第1期。
③ 云南省文物考古研究所、文山州文物管理所、红河州文物管理所编著:《云南边境地区(文山州和红河州)考古调查报告》,昆明:公司云南科技出版社,2008年,第123页。
④ 王洪斌:《陆良历代石刻注解与研究·凡例》,昆明:云南人民出版社,2016年,第1页。
⑤ 王洪斌:《陆良历代石刻注解与研究》,第21页。
⑥ 崔利军:《万屯8号墓主人身份补正》,《黑龙江史志》2014年第1期。

| 第十章　华夏文化认同保障走廊长期稳固

2014年开始，云南省考古研究所即在昆明市晋宁区进行每年3000平方米面积的古滇文化发掘工作。2021年10月，就在距城12千米左右的石寨山下1千米处的上蒜镇河泊所村，出土了"建伶令"封泥印章。此前的"滇国相印"也在附近出土。图为笔者在建伶令封泥出土现场了解相关信息

的印章形式纹饰，并采用印章中最常用的方形①。2021年10月，晋宁新出土了一枚"建伶令"封泥印章②，拥有者的民族成份则有可能是汉人。昆明呈贡小松山出土"二千石大徐氏"铭文铜提梁壶，李家山的"李德"印、"黄义"印，石寨山的"胜西"印，石碑村的"田"字铜钺，既可能是汉族移民滇池区域的可靠证据③，又因汉字依托民族文化元素为载体呈现，可看作为滇族汉化或向慕汉文化的证据。凡此种种，证明日常生活中，至少在向以汉人为代表的官方交往中，各族群已逐步以汉字印章作为工具在交流和记录。

---

① 夏云辉：《试论文山董马鼓的几个特点》，文山壮族苗族自治州文化局编著：《声震神州——文山铜鼓暨民族历史文化国际学术研讨会论文集》，昆明：云南人民出版社，2005年，第270页。
② 笔者2021年11月7日在昆明市晋宁区文管所座谈时获悉，并在考古现场作了了解。又据新华社2022年9月28日报道：国家文物局在当日举行的"考古中国"重大项目发布会上，云南省文物考古研究所发布了河泊所遗址最新考古成果。云南省文物考古研究所所长刘正雄介绍，去年以来的考古发掘揭露出主体为两汉时期的文化堆积，发现建筑基址、灰坑、墓葬、河道、水井等重要遗迹，出土封泥、简牍、铜器、铁器、骨器、玉石器等文化遗物2000多件。"其中最重要的发现为封泥、简牍、大型建筑基址、道路等。"刘正雄说。封泥共发现500余枚，有官印封泥和私印封泥，包括"益州太守章"及益州郡下辖24个县中18个县的长官封泥；私印封泥有"宋虞之印""君冯私印"等。这些封泥集中出土点可能是当时文书资料的销毁场所。简牍集中出土于上蒜一小探方的灰坑中。出土简牍目前仅清理了一部分，发现字迹明显的简牍残片200余片，字迹不明显的简牍残片1000余片，已辨识出"滇池以亭行""建伶县""始元四年"等文字。
③ 昆明市文物管理委员会：《昆明呈贡石碑村古墓群第二次清理简报》，云南省文物考古研究所编：《石寨山文化考古发掘报告集》（上册），北京：科学出版社，2016年，第257页。原载《考古》1984年第3期。

曲靖"八塔台墓地中出土一方'王辅汉印'铜印①,反映了他们拥护汉朝的意愿"②,是汉文化影响的产物。③

羊角钮铜钟是典型的土著文化,与滇、句町、漏卧的文化影响关联密切,是彼时和铜鼓一并流行的"孪生子",从滇西经滇池一带往红河和西江流域传开④。作为战国早期至西汉晚期的特殊音乐文物,在云南、广西、贵州及越南都有出土⑤,遍及越南北部和晋宁、西林、容县、广州⑥、凌云⑦、册亨⑧等中国西南陆海走廊沿线,笔者所见左江岩画中还有众多图像。实物中,安龙1984年7月上旬所出为最大体型⑨,越南羊角钮铜钟上还铸有汉字,如老街博物馆馆藏的1件,在钟面上即铸有"除祸发吉福"5个汉字⑩。

广西平果市骆越文化展示馆馆长陈绪松2022年4月2日收购到1件右江那桐江段出水的青铜羊角钮钟。该钟高21厘米、底径13厘米、顶长5厘米,缺一角,系2016年8月出水

平果市骆越文化展示馆馆长 陈绪松 供图

---

① 云南省文物考古研究所:《曲靖八塔台与横大路》,北京:科学出版社,2003年,第105页。
② 肖明华:《爨前曲靖地区的青铜文化》,《曲靖考古文集》下册,第424页。
③ 梁晓强:《对曲靖八塔台古墓群M69的文化解读》,《云南文物》,2004年第1期。
④ 蒋廷瑜:《羊角钮铜钟初论》,《文物》1984年第5期。
⑤ 蒋廷瑜:《羊角钮铜钟初论》,《文物》1984年第5期。
⑥ 刘小兵:《滇文化史》,第70页。
⑦ 广西百色市右江区文管所所长黄鑫告知。
⑧ 贵州册亨县文管所所长彭龙告知。
⑨ 胡维屏、李志恩:《我省首次发现羊角钮铜钟》,《贵州文物》1984年第2期。
⑩ 彭长林:《越南早期考古学文化研究》,南宁:广西科学技术出版社,2018年,第367页。

二、接受汉式经济生活方式和标准是推动汉俗的重要保障

贵州兴仁交乐 M10 号汉墓出土有"巨王千万"铜印①,表明墓主有渴求巨富的经济思维心理;与此相类,带汉式姓氏及"千万"之称的随葬品在清镇、平坝,也发现有诸如"赵千万""樊千万"等印章②。瑞士日内瓦 Barbier-Mueller 博物馆保存的 1 件越南出土的汉代提筒,口部边缘有"龙□重六衡名曰果第未五十二容一廿一斗七升半升"22 字铸铭③,以及越南出土的古螺Ⅰ号鼓内侧的"西于四十八鼓重量千百八十一斤"14 字铸铭④,充分表明了汉式度量衡标准已被古交趾地区接受。与此相类,秦汉的岭南,统一的度量衡制度可谓一应俱全,广泛得到推广和应用,贵县罗泊湾 1 号汉墓出土物中,就有计量长度的行尺、木尺,表示容器单位的铜鼎,标明重量的铜鼓、铜桶⑤。

使用统一的中央(含汉人割据政权)货币,更能证明华夏化的经济秩序融入各族群心理。从巴蜀到云贵到两广、交趾,所发现的遗存中,汉五铢等钱币几乎是常见之物,有的墓葬内,出土达数十千克以上。类似汉式钱币,还远达印度南部的泰米尔纳杜邦等地⑥。经济秩序稳定,交易自然活跃,巨富豪姓进一步追求政治作为当是必然,上文所述越南陇溪城址出土的"位至三公"文字瓦当,当是铸者心理追求的渲泄。

向西南夷地输入汉文化,除了秦、汉、晋等中原王朝外,僻处岭南的南越国也从南到北、从东向西起过一定的作用。立国南越的赵佗虽变服、易俗为"蛮夷大长",实也是维护华夏文化的代表,制度颇同中原,如设郡、县,置监、守,封侯、王;其朝廷百官如丞相、内史、中尉、太傅、校尉、司马等,无不与汉制相同;对所役属的夜郎等西南夷君长,虽"不能臣使也",但也颁发有铭刻汉字的印信、绶符之类,如"越归义蜻蛉长"印章

---

① 贵州省考古研究所:《贵州兴仁交乐汉墓发掘报告》,贵州省博物馆考古研究所编,熊水富、宋先世主编:《贵州田野考古四十年》(1953-1993),贵阳:贵州民族出版社,1993 年,第 260 页。
② 贵州省博物馆:《贵州清镇平坝汉至宋墓发掘简报》,《考古》1961 年第 4 期。
③ 彭长林:《越南早期考古学文化研究》,南宁:广西科学技术出版社,2018 年,第 362 页。
④ 彭长林:《越南早期考古学文化研究》,南宁:广西科学技术出版社,2018 年,第 367 页。
⑤ 司徒尚纪:《珠江传》,石家庄:河北大学出版社,2001 年,第 79 页。
⑥ 杨富学:《南印度出土中国古币汇说》,《中国钱币》1995 年第 1 期:(1960 年代末,印度泰米尔纳杜邦坦焦尔县)共出钱币 323 枚,出土地点在该乡的奥拉雅昆纳姆(Olayakunam)村。钱币铜质,绝大多数亦属宋代之遗物,现入藏于马德拉斯政府博物馆,具体情况未见确切报道,但其中的一枚三铢钱却极引人注目。按照《汉书·武帝纪》的记载,这种钱币仅行了四五年,数量不多,留世者甚稀。在南印度能够发现这种钱币,其意义则就更为重大了。有意思的是,汉武帝时代所铸的五铢钱在南印度也有所发现,此钱出自坦焦尔西北卡纳塔克邦南部迈索尔(Mysore)的昌德拉瓦里(Chandravalli)。

的出土①，就证明远在今云南永仁的西南夷蜻蛉②首领，受到过南越国的册封③，接受了南越国颁发的官印。

三、儒学风尚是华夏化的重要载体

赫章可乐汉墓所出"敬事"印章，表明儒家思想西汉时期已传播到夜郎地区④。经过汉帝国三百年同化，西南和岭南地区，到晋代，儒学风尚确已普遍流行。从《华阳国志》可知南中有"学者"⑤群体，"学者"即儒生，他们奉行的是汉人习俗、制度、文化，与郡县官绅有共同的语言和文化认同，并被视为与夷分界的标准⑥。

位于云南路南（今石林县）的文笔塔，是少数民族向慕汉文化、习传儒学等的重要见证

石林县文管所所长　虎志光　摄

---

① 陈直：《汉书新证》，天津：天津人民出版社，1979年，第210页。
② 《华阳国志校补图注》，第300页：明、清地理志书，咸以今大姚为古青蛉县，姚安为古弄栋县。是必不然。姚安、大姚，同在一河源中，相去五十余里，汉世边县不能如此其密。本书（引者注：指《华阳国志校补图注》一书）"三缝县"云："渡泸得蜻蛉县"（县上有故字）即近世滇人所称之苴却（杨慎嘉靖中还家省亲过此，称为左却），今为永仁县，盖汉之青蛉故治也。自蜀越巂郡赴永昌哀牢者，必须至此渡江，转弄栋川，出云南驿，经下关、博南山，渡南沧江桥与怒江桥。县治以沿此路线设置为便。晋世蜻蛉县治，似又已徙至龙川江侧，约当今元谋县位置。苴却旧治仍隶属之。
③ 蒙默：《试论汉代"越巂"的"越"》，蒙默：《南方古族论稿》，北京：商务印书馆，2015年，第509-511页。原载《西南民族学院学报》1985年第2期。
④ 宋治民：《〈夜郎青铜文明探微〉序》，张合荣：《夜郎青铜文明探微——贵州战国秦汉时期青铜器研究》，上海：上海古籍出版社，2018年，序第Ⅳ页。
⑤ 《华阳国志校补图注》，第247页。
⑥ 《华阳国志校补图注》，第252页。

贵县一、二号墓入葬棺木,经广西林业科学研究所鉴定有越南榆、杉、樟等材质①,用其覆盖内棺的方式,与四川合江汉墓极其相似。合江墓是2012年3月17日在城关凤仪山工地发现的,形制为竖穴式,墓圹残长5米,宽3米,墓底及四周用楠木铺筑;楠木外表涂着黑漆,大小不一,共有12块,底板均长4.6米,厚0.6米;档头长2.25米,宽0.2米,厚0.6米②。仔细对比数据,与罗泊湾相似处比较多。充分表明早在西汉前期,岭南有接受汉文化的人群基础,这类人群就有可能带有儒学思想。

两广地区汉苍梧郡也是汉文化彰显之域,在今广西与广东交界处的广西梧州市和紧邻的广东封开县,是南越国所封的苍吾王赵光王国领地,武帝时曾设苍梧郡,郡治所在即今两地共有的广信县。1960年发现于梧州塘源飞蛾地的战国大铜鼎,从形制特征看,这是中原式战国鼎而非越式鼎,实属弥足珍贵③。

梧州被称为是秦汉时期陆海丝绸之路最早对接点之一④,包括其上游藤县(汉猛陵县)等地,有秦汉汉文化文物出土。在藤县处汇合于浔江的北流江,以及与之平行南流入海的南流江流域,特别是濒临南海的合浦,汉文化保存更为丰富。

2002年—2012年,考古工作者先后对南流江支流周江(流经县城称"西门江")东岸的大浪古城和草鞋村遗址进行勘探和发掘,确认为汉代城址⑤。而汉墓群则蔚为大观,面积约68平方千米,地表现有封土堆1056个,地下墓葬的埋藏量有约上万座⑥。墓葬中出土了"徐闻令印""陈褒"⑦等汉字印章,表明众多汉人族属的官员、商贾、移民后裔埋葬于此,他们是董仲舒倡导"独尊儒学"的族群载体,为合浦铺垫儒学风尚形成广泛的社会基础。

除了出土文物佐证,文献中关于云贵、岭南、越北融有汉文化事例更多。向慕汉文化的代表当推东汉时牂牁郡人尹珍。"明、章之世,毋敛人尹珍,字道真,以生遐裔,未渐庠序,乃远徙汝南许叔重受五经。又师事应世叔学图纬,通三材。还以教授。于是南域始有学焉。"⑧尹珍教授乡梓,成效立现,夜郎郡人尹贡、平夷郡人傅宝脱颖而

---

① 广西壮族自治区博物馆编:《广西贵县罗泊湾汉墓》,北京:文物出版社,1988年,第140页。
② 笔者2017年4月在合江调查时,诚谢合江县文保局局长贾雨田提供数据。
③ 杨式挺:《岭南文物考古论集续集》,广州:岭南美术出版社,2011年,第379页。
④ 王元珠:《广信:秦汉时期陆海丝绸之路最早对接点之一》,《广西民族大学学报》(哲学社会科学版)第38卷第2期,2016年。
⑤ 熊昭明:《汉代合浦港的考古学研究》,北京:文物出版社,2018年,第24页。
⑥ 广西自治区文物工作队、合浦县博物馆:《合浦丰门岭汉墓——2003-2005年发掘报告》,北京:科学出版社,2006年,第1页。
⑦ 蒋廷瑜等:《黄泥岗1号墓和"徐闻令印"考》,北海市人民政府、广西壮族自治区文化厅:《海上丝绸之路研究:中国·北海合浦海上丝绸之路始发港理论研讨会论文集》,北京:科学出版社,2006年。
⑧ 《华阳国志校补图注》,第260页。

出,"亦有明德",号为"南州人士",三人都被察举在外担任官职①。

广信人陈钦,字子佚,治《左氏春秋》,王莽从他受学。他的儿子陈元字长孙,亦精《左氏春秋》,官至议郎。岭南经学,实以二陈为始②。陈氏父子也如牂牁尹珍,开岭南一派学风。

同为苍梧广信人的士燮兄弟"并为列郡,雄长一州",士燮本人作为交趾太守,"既学问优博,又达于从政",精通《左氏》《尚书》③。作为太守的他,定会带动相当一部分人习传儒家文化。蜀人常宽两晋之交避难交州11年④,"鸠合经籍,研精著述","撰《蜀后志》及《后贤传》,续陈寿《耆书》,作《梁益篇》"⑤,将中原文化特别是巴蜀文化在其地广为传播。因而有学者评价,古时交趾地方比较缺少瘴气,适宜于人类居住,古代帝王首先注目南交,观此亦可明了底蕴。换而言之,交趾文化的发生,似乎不在两粤之后⑥。三国时,吴国日南太守虞歆之子虞翻,被流徙交州后,"虽处罪放,而讲学不辍,门徒常数百人"⑦,这数百弟子及再传弟子,如投石入水,定有汉文化涟漪一圈圈绽放。

古交趾、九真、日南地域,属于今越南中部以北区域,不论考古学家的锄头挖到哪里,发现的都是遍布各地的汉式古砖墓,随葬品也都是汉式的。这些地域和岭南一样,先秦两汉为百越之瓯骆所居,这与左右江流域的族群大致相同。有学者指出,现今越南人就是汉人与当地土著的融合体,无论越南还在中国版图内的1000多年,还是越南已经独立的1000多年,由于山水相连的地缘关系,两地人民之间的流动从来就没有停止过,从越南开国开始的927年封建皇朝中,有证可查的就有830年是汉族后裔当皇帝⑧。这也反映出正是位于中国西南陆海走廊中句町-漏卧道、蜀交趾道所发挥的通道作用,使华夏文化和百越、百濮、交趾文化实现融合和发展。广东学者张荣芳评价,秦汉时期是儒家文化在岭南地区传播、灌输、发展的时期,岭南的道德伦理深深打上了儒家的烙印⑨。

---

① 《华阳国志校补图注》,第260页。
② 徐松石撰,余漾冬、王旭点校:《中国边疆研究文库·初编·西南边疆卷六·粤江流域人民史》,第149页。
③ [晋]陈寿撰、[宋]裴松之注:《三国志》卷四十九《吴书四》《士燮传》,北京:中华书局,2006年,第708页。
④ 《华阳国志校补图注》,第661页。
⑤ 《华阳国志校补图注》,第659页。
⑥ 徐松石撰,余漾冬、王旭点校:《中国边疆研究文库·初编·西南边疆卷六·粤江流域人民史》,第150-151页。
⑦ 《三国志》卷五十七《吴书十二》《虞翻传》,第782-783页。
⑧ 李谷:《从恩恩怨怨到平等互利——世纪之交的中越关系研究》,中国香港:香港红蓝出版公司,2001年,第134-136页。
⑨ 张荣芳:《秦汉时期岭南地区社会发展的划时代意义》,中国秦汉史研究会编:《秦汉史论丛》第七辑,北京:中国社会科学出版社,1998年,第3页。

第二节 "故俗"文化共存营造宽政环境

秦川滇取"筰及江南地"、两广"略取陆梁地"及西南修五尺道沿途置吏,即开始对西南夷地和岭南的管理和经营。但"秦灭""汉兴",诸举措皆荒废:西南夷闭关不通往来,岭南赵佗割据自立为帝。直至汉武帝开西南夷和消灭南越国后,这些地区才正式纳入中央管控。

秦早在消灭巴蜀后,就如何经营好与中原文化迥然有别的这片广大区域,试行了一套继续任用土著豪酋"自治"的方式进行治理。但诸多原因并不成功,只得设置郡县直管。汉帝国面临的新增疆域更为庞大,需要一套长期坚持的费省效宏策略。

> 汉连出兵三岁,诛羌、灭两粤,番禺以西至蜀南者置初郡十七,且以其故俗治,无税赋。南阳、汉中以往,各以地比给初郡吏卒奉食币物,传车马被具。①

这是汉武帝对新征服地区的重要措施,从中可以看出从汉中经四川,越过云贵高原到岭南,有一条常年坚持"奉食币物"和"传车马被具"的生命补给交通大动脉,缀联在这一交通干线上各个"初郡"的旧时土著统治者,能继续享有"故俗治"的权利,或生活在这条交通大动脉周边的部族和人民,能享受"故俗治"的优势,物质生活不被盘剥,精神生活不被掐断。现在回看,这套"以其故俗治",实行"郡国"并治,让土著王、侯、邑君、将们"复长其民",并培植"夷汉相通"大姓掌控"部曲"的措施,已经成为帝国中央层面的指导思想,行之有效地一以贯之。不仅统一的汉晋帝国大力实施,偏安的蜀、吴政权乃至割据的南越政权都奉若至尊。这种后来演变为羁縻方式的治理策略,继秦始乃至民国,施行长达2000多年。

"滇,小国焉",得以封王并继续颐指气使行使民政管理,出土文物中最为典型。"从滇池地区发掘的滇文化墓地可以看出,西汉中晚期乃至东汉初,滇的上层人物仍具有很高的社会地位和经济地位"②。晋宁石寨山墓地甲区第一号墓和M6、M7墓,都

---

① [东汉]班固:《汉书》卷二十四下《食货志第四下》,北京:中华书局,1962年6月第1版,1975年4月第3次印刷,第1174页。
② 杨勇:《战国秦汉时期云贵高原考古学文化研究》,北京:科学出版社,2011年,第350页。

属汉王朝征服滇以后的墓葬,其墓圹规模及随葬品的丰富程度,不逊于西汉早期未被征服前的一些大墓①。

西南夷中"最大"的夜郎王墓址及王印虽未得到考古确认,无文物资料支撑其生前有无生活的显赫与奢华,但从其被降服、被封王以后,最后一位名"兴"的夜郎王,仍有力量反叛来看,汉帝国中央予其自主权是相当大的。一是他有实力藐视汉使,"刻木象汉吏,立道傍射之",进行羞辱;二是他有实力傲慢,牂柯太守陈立不得不"屈尊"来见;三是他有拥趸,"将数千人","所从邑君数十人",前呼后拥,气宇轩昂;四是他有余威,夜郎王兴被陈立斩首后,"兴妻父翁指与兴子邪务收余兵",尚能大面积"迫胁旁二十二邑反"②。而兴之前的竹王被斩,余威也如出一辙:"后夷濮阻城,咸怨诉竹王非血气所生,求立后嗣。"迫使首任牂柯太守吴霸,不得不上表请求,"封其三子列侯。死,配食父祠。今竹王三郎神是也"③。

句町王和漏卧侯也因为有"故俗治"政策,得以在民政乃至军事上有决定权,因而敢"更相攻伐"。广西西林普驮和云南广南牧宜所发掘的铜棺葬、铜鼓墓和木椁墓,疑似句町上层贵族乃至某位句町王的墓葬,葬品之奢华和丰富,可看出其"复长其民"的生前生活中,经济地位不降反升的轨迹。

割据岭南的赵佗是较早施行这种以夷制夷"故俗治"管理方式的统治者。其所封的桂林郡监居翁其实就是瓯骆之人,故居翁"闻汉兵破番禺",能一声令下,"谕瓯骆民四十余万降",随即被封为湘成侯④。又从其后嗣昌意也作了九真太守史实分析,这支"居氏"应长期受重用"复长"瓯骆之民。

九真和交趾是赵佗兼并象郡、击败安阳王后拓其地所设,也同样在使用"故俗治"管理方式,仅派二使者前往"典主"⑤,还在交趾地区分封了一位"西于王",这位"西于王"正是瓯骆之人⑥,甚或就是杀死秦将尉屠睢的原西瓯君译吁宋的后裔。徐中舒分析:

---

① 杨勇:《战国秦汉时期云贵高原考古学文化研究》,第350页。
② 《汉书》卷九十五《西南夷两粤朝鲜传第六十五》,第3845页。
③ [晋]常璩著、任乃强校注:《华阳国志校补图注》,上海:上海古籍出版社,1987年7月第1版,2011年7月第5次印刷,第230页。
④ [东汉]班固:《史记》卷二十《建元以来侯者年表第八》,北京:中华书局,1962年6月第1版,1975年4月第3次印刷,第1051页。
⑤ [西汉]司马迁:《史记》卷一百一十三《南越列传》索引《广州记》,北京:中华书局,1959年9月第1版,1982年11月第2版,1982年11月北京第8次印刷,第2969-2970页。
⑥ 蒙文通遗著:《越史丛考》,北京:人民出版社,1983年,第77页。又黄展岳《关于贵县罗泊湾汉墓的墓主问题》,四川大学博物馆、中国古代铜鼓研究会编:《南方民族考古》(第二辑),成都:四川科学技术出版社,1989年,第199页。

《交州外域记》说南越兼并安阳王以后"越王令二使者典主交趾、九真二郡民。后,汉(武帝)遣伏波将军路博德讨越王,路将军到合浦,越王令二使者赍牛百头,酒千钟,及二郡民户口簿,诣路将军。乃再拜二使者为交趾、九真太守,诸雒侯主民如故"。据此知南越兼并安阳王以后仍以诸雒将主民,并未改变他们的地位。雒民生产低下,不能担负繁重苛税。①

徐中舒又分析:

> 汉武帝平南越后,设郡县,因仍其旧日君臣隶属关系而羁縻之;雒王雒侯比于郡守、刺史,雒将比于县令、长②。交趾、九真长期停留在雒将统治下。③

对民族地区采用旧制、故俗,从西汉路博德到东汉马援,都一以贯之。马援南征交趾、九真一带,"与越人申明旧制以约束之",戎马倥偬中,不忘"穿渠灌溉,以利其民"④。此等政权与军队,自然大受欢迎。故《水经注》引《林邑记》评价:"自林邑王范胡达始,秦余徙民,染同夷化,日南旧风,变易俱进。"⑤说明林邑独立以前,受到华夏文化洗礼已较普遍。

帝国统治集团内部,熟谙民族风情并主张尊重民族意愿予以治理的清醒之士不乏其人,涌现过诸葛亮、士燮、薛综、吕岱、任延、锡光、孟尝、费贻、文齐等典型人物,他们在中华民族形成过程中贡献卓著。

薛综,字敬文,沛郡竹邑县人,年少时依从族人避难到交州,师从刘熙学习。士燮归附吴国后,孙权征召他为五官中郎将,出任合浦、交趾太守。当时交州刚刚开发,刺史吕岱率领大军前往讨伐,薛综与其同行,渡海南征。可谓是了解岭南地情人俗的"岭南通":

> 时交土始开,刺史吕岱率师讨伐,综与俱行,越海南征,及到九真。事毕还都。当得知吕岱被"从交州召出",(薛)综惧继岱者非其人,上疏曰:
>
> 昔帝舜南巡,卒于苍梧。秦置桂林、南海、象郡,然则四国之内属

---

① 徐中舒:《〈交州外域记〉蜀王子安阳王史迹笺证》,《徐中舒文存》,第347页。
② 徐中舒:《〈交州外域记〉蜀王子安阳王史迹笺证》,《徐中舒文存》,第341页。
③ 徐中舒:《〈交州外域记〉蜀王子安阳王史迹笺证》,《徐中舒文存》,第347页。
④ 《后汉书》卷二十四《马援列传第十四》,第839页。
⑤ [北魏]郦道元著、陈桥驿校证:《水经注校证》卷三十六,北京:中华书局,2013年1月北京第1版,2020年11月北京第4次印刷,第797页。

也,有自来矣。赵佗起番禺,怀服百越之君,珠官之南是也。武帝诛吕嘉,开九郡,设交址刺史以镇监之。山川长远,习俗不齐,言语同异,重译乃通。民如禽兽,长幼无别,椎结徒跣,贯头左衽,长吏之设,虽有若无。自斯以来,颇徙中国罪人杂居其间,稍使学书,粗知言语,使驿往来,观见礼化。及后锡光为交址,任延为九真太守,乃教其耕犁,使之冠履;为设媒官,始知聘娶;建立学校,导之经义。由此已降,四百余年,颇有似类。①

吕岱在岭南,确也功绩卓著。更为了不起的是,向更南的中南半岛其他地方宣扬华夏文化:"(吕)岱既定交州,复进讨九真,斩获以万数。又遣从事南宣国化,暨徼外扶南、林邑、堂明诸王,各遣使奉贡。"②

东吴的交州政策大体按汉代旧制方式继续,长期任用士燮兄弟主政其地。士燮祖上乃华夏人,其本人实乃夷汉相通,有同于南中大姓。在其家族控制下的岭南、交趾地区,"中国士人往依避难者以百数"③。因与大姓声息相通,士燮还成功染指南中政局,"诱导益州豪姓雍闿等,率郡人民使东遥附(孙权)"④,致使诸葛亮不得不亲率大军南征平叛。士燮一族至今仍受越南民众爱戴,越南河内国家大学所属社会科学与人文大学历史系邓鸿山在《越南汉唐时期陇溪城址考古发掘与研究》一文中,认为处于越南北宁省顺城县清江社陇溪村的陇溪古城城址,是交趾郡治所,"是交趾郡政治、经济和文化中心,士燮在东汉末至三国初统治该地'威震南蛮',他在该地传播儒学被称为'南交学祖',至今在陇溪城址内还保留有与士燮相关的历史建筑"⑤。

尊重当地民风民俗,大力引导经济发展,是帝国中央选拔官员赴任边郡人选的要求,任延、锡光都是其中杰出官员。锡光西汉末年任交趾太守,任延在紧接着的东汉初年担任九真太守:

> 诏征(任延)为九真太守。光武引见,赐马杂缯,令妻子留洛阳。九真俗以射猎为业,不知牛耕,民常告籴交址,每致困乏。延乃令铸作田

---

① [晋]陈寿撰、[宋]裴松之注:《三国志》卷五十三《吴书八》《薛综传》,北京:中华书局,2006年,第741-742页。
② 《三国志》卷六十《吴书十五》《贺全吕周钟离传》,第818页。
③ 《三国志》卷四十九《吴书四》《士燮传》,第708页。
④ 《三国志》卷四十九《吴书四》《士燮传》,第708页。
⑤ [越南]邓鸿山:《越南汉唐时期陇溪城址考古发掘与研究》,"跨越边界:华南与越南的考古文化接触与交流"学术研讨会会议手册,内部资料,2018年,第19页。

器,教之垦辟。田畴岁岁开广,百姓充给。

又骆越之民无嫁娶礼法,各因淫好,无适对匹,不识父子之性,夫妇之道。延乃移书属县,各使男年二十至五十,女年十五至四十,皆以年齿相配。其贫无礼娉,令长吏以下各省奉禄以赈助之。同时相娶者二千余人。是岁风雨顺节,谷稼丰衍。其产子者,始知种姓。咸曰:"使我有是子者,任君也。"多名子为任。

初,平帝时,汉中锡光为交阯太守,教导民夷,渐以礼义,化声侔于延。王莽末,闭境拒守。建武初,遣使贡献,封盐水侯。领南华风,始于二守焉。①

《水经注》也有材料记载其事迹:

九真太守任延,始教耕犁,俗化交土,风行象林。知耕以来,六百余年,火耨耕艺,法与华同。名白田,种白谷,七月火作,十月登熟;名赤田,种赤谷,十二月作,四月登熟。所谓两熟之稻也。至于草甲萌芽,谷月代种,穜稑早晚,无月不秀,耕耘功重,收获利轻,熟速故也。米不外散,恒为丰国。桑蚕年八熟茧,《三都赋》所谓八蚕之绵者矣。②

经任延有效治理,九真礼化易俗,社会发展迅速,"于是徼外蛮夷夜郎等慕义保塞",使得任延"遂止罢侦候戍卒"③,节约了大量军事开支。

此类因官员有恩信而以德服人之例,逐步上升到国家治理层面,渐成国策。汉顺帝永和二年(137),针对岭南治理问题,组织了一次御前讨论,顺帝"召卿公百官及四府掾属,问其方略",最后肯定了大将军从事中郎李固的意见。李固先反驳武力出兵镇压的弊端,列举了七条理由:

若荆、扬无事,发之可也。今二州盗贼槃结不散,武陵、南郡蛮夷未辑,长沙、桂阳数被征发,如复扰动,必更生患。其不可一也。又兖、豫之人卒被征发,远赴万里,无有还期,诏书迫促,必致叛亡。其不可二也。南州水土温暑,加有瘴气,致死亡者十必四五。其不可三也。远涉万里,士卒疲劳,比至领南,不复堪斗。其不可四也。军行三十里为程,而

---

① 《后汉书》卷七十六《循吏列传第六十六·任延传》,北京:中华书局,1965年5月第1版,1973年8月第2次印刷,第2462页。
② [北魏]郦道元著、陈桥驿校证:《水经注校证》卷三十六,北京:中华书局,2013年1月北京第1版,2020年11月北京第4次印刷,第803页。
③ 《后汉书》卷七十六《循吏列传第六十六·任延传》,第2462页。

去日南九千余里,三百日乃到,计人禀五升,古升小,故曰五升也。用米六十万斛,不计将吏驴马之食,但负甲自致,费便若此。其不可五也。设军到所在,死亡必众,既不足御敌,当复更发,此为刻割心腹以补四支。其不可六也。九真、日南相去千里,发其吏民,犹尚不堪,何况乃苦四州之卒,以赴万里之艰哉!其不可七也。前中郎将尹就讨益州叛羌,益州谚曰:'虏来尚可,尹来杀我。'后就征还,以兵付刺史张乔。乔因其将吏,旬月之闲,破殄寇虏。此发将无益之效,州郡可任之验也。宜更选有勇略仁惠任将帅者,以为刺史、太守,悉使共住交阯。今日南兵单无谷,守既不足,战又不能。可一切徙其吏民北依交阯,事静之后,又命归本。还募蛮夷,使自相攻,转输金帛,以为其资。有能反闲致头首者,许以封侯列土之赏。①

随后,他又作了具体人选的推荐,认为可派人选有以下数人:"故并州刺史长沙祝良,性多勇决;又南阳张乔,前在益州有破虏之功,皆可任用。昔太宗就加魏尚为云中守,哀帝即拜龚舍为太山太守。宜即拜良等,便道之官。"②

讨论结果,"四府悉从固议",马上任命祝良为九真太守、张乔为交阯刺史。果然不出所料,张乔一到交阯,"开示慰诱,并皆降散";祝良一到九真,"单车入贼中,设方略,招以威信,降者数万人,皆为良筑起府寺"。经二人努力,由是"岭外复平"③。

与此类似,历代沱江也相继凸显过官员挺身而出安抚"群盗"或僚人的典型。前者为西汉末年安抚广汉郡"群盗"的益州刺史孙宝:"鸿嘉中,广汉群盗起,选为益州刺史,广汉太守扈商者,大司马车骑将军王音姊子,软弱不任职。宝到部,亲入山谷,谕告群盗,非本造意。渠率皆得悔过自出,遣归田里。自劾矫制,奏商为乱首,《春秋》之意,诛首恶而已。商亦奏宝所纵或有渠率当坐者。商征下狱,宝坐失死罪免。益州吏民多陈宝功效,言为车骑将军所排。上复拜宝为冀州刺史,迁丞相司直。"④看来,勇敢面对、爱民有加的官员终有善果。

后者为隋朝资州刺史卫玄:"仁寿初(601),山僚作乱,(卫玄)出为资州刺史以镇抚之。玄既到官,时僚攻围大牢镇,玄单骑造其营,谓群僚曰:'我是刺史,衔天子诏安养汝等,勿惊惧也。'诸贼莫敢动。于是说以厉害,渠帅感悦,解兵而去,前后归附者十

---

① 《后汉书》卷八十六《南蛮西南夷列传第七十六》,第2838页。
② 《后汉书》卷八十六《南蛮西南夷列传第七十六》,第2838-2839页。
③ 《后汉书》卷八十六《南蛮西南夷列传第七十六》,第2839页。
④ 《汉书》卷七十七《盖诸葛刘郑孙毋将何传第四十七·孙宝传》,第3258页。

余万口。高祖大悦,赐缣二十匹,除遂州总管,仍令剑南安抚。炀帝即位,复征为卫尉卿。夷獠攀恋数百里不绝。玄晓之曰:'天子诏征不可久住。'因与之诀,夷獠各挥涕而去。"①这些干将良才,都以良好个人素养和决绝勇猛气魄,抚夷安僚,终得夷汉归心。

合浦还珠成语,也形象说明故俗治的成功,为此,王维以《送邢桂州》律诗,还进行过歌咏:"铙吹喧京口,风波下洞庭。赭圻将赤岸,击汰复扬舲。日落江湖白,潮来天地青。明珠归合浦,应逐使臣星。"②

合浦采珠业发达,不法官员贪暴,不仅"宰守采珠无度",还"禁民采珠。巧盗者蹲水底刮蚌,得好珠,吞而出"③。这样竭泽而渔的统治自不会长久,引发骚乱之事不少,"珠遂徙邻郡"。汉顺帝时,"孟尝到官,革除前弊,珠遂还"④:

> (孟尝)迁合浦太守。郡不产谷实,而海出珠宝,与交趾比境,常通商贩,贸籴粮食。先时宰守并多贪秽,诡人采求,不知纪极,珠遂渐徙于交趾郡界。于是行旅不至,人物无资,贫者饿死于道。尝到官,革易前敝,求民病利。曾未逾岁,去珠复还,百姓皆反其业,商货流通,称为神明。修身于蜀,纪名亦足。⑤

在合浦还有"五廉"一说。费贻,犍为郡南安(今乐山)人,"修身于蜀,纪名亦足"⑥。东汉建武年间任合浦太守,教民筑渠引水、种稻植桑,一改"以珠易米"之窘。又施德惠民,为政以廉。传他调任时,百姓攀辕追送,直至廉山,廉山因之得名;所别之河处南流江下游河段,也被称廉江,城内一井被称为廉泉,一城被称廉州。构成合浦"五廉"以资纪念外,当地还立费公祠,香火不绝。

同样,来自四川的广汉人文齐,担任益州郡守时,也是采取同样方式,受民爱戴。他"造起陂地,开通溉灌,垦田二千余顷。率厉兵马,修障塞,降集群夷,甚得其和"⑦。

文齐"开造稻田,民咸赖之",生动表明他与益州各族群和睦相处的载体,就是抓好了经济发展。其中,还按川西平原先进的农业生产方式,在滇池坝子"使用了水利灌

---

① 魏征:《隋书》卷六三《卫玄传》,第1501-1502页。
② [唐]王维,陈铁民校注:《王维集校注》卷二《送邢桂州》,北京:中华书局,1997年,第184-185页。
③ 《太平御览》卷八百三引三国吴万震《南州异物志》,文渊阁四库全书本。
④ 《太平御览》卷一百七十二《廉州》,文渊阁四库全书本。
⑤ 《后汉书》卷七十六《循吏列传第六十六·孟尝传》,第2473页。
⑥ 《华阳国志校补图注》,第583页。
⑦ 《后汉书》卷八十六《南蛮西南夷列传第七十六》,第2846页。

溉"①。东汉肃宗时的益州太守王阜"始兴起文学"后,"渐迁其俗"②,将文化有效根植于此,后来的西爨之地之所以出现众多汉化程度较高的碑文,是这种教育的必然结果。

诸葛亮南征取胜,"收其俊杰建宁爨习、朱提孟琰及(孟)获为官属,习官至领军,琰,辅汉将军,获,御史中丞"③。即其渠帅而用之,让南中大姓或朝中做官或继续统治其地,不留部队镇守。他清醒、坚定地认识到:"若留外人,则当留兵,兵留则无所食,一不易也;加夷新伤破,父兄死丧,留外人而无兵者,必成祸患,二不易也;又夷屡有废杀之罪,自嫌衅重,若留外人,终不相信,三不易也;今吾欲使不留兵,不运粮,而纲纪粗定,夷、汉粗安故耳。"④同时,根据南中地域的特殊民情和风俗,顺水推舟,从信仰与习俗的精神层面上予以控制,"诸葛亮乃为夷作图谱:先画天地,日月,君长,城府,次画神龙;龙生夷,及牛马羊;后画部主吏,乘马幡盖,巡行安恤;又画牵牛负酒、赍金宝诣之象"。此画在素有"俗征巫鬼"的夷人群体中,大受欢迎,倍加珍贵。与此配套,诸葛亮还向其颁发"瑞锦""铁券",证明他们享有不同于一般人的特权⑤。

诸葛亮"故俗治"这一政策的有效施行,致使南中地区成为蜀汉的稳固后方,军资兵员得以保障,"赋出叟、濮耕牛、战马、金、银、犀、革,充继军资,于是费用不乏"⑥。

云贵的考古文物也有"官民"和平共处的证据出土。1963年昭通后海子中寨发现一座东汉壁画墓⑦,墓内题记可知墓主乃南中大姓显贵之一的霍氏家族成员。围绕端坐在铺垫上的他,有众多头蓄"天菩萨"、光着脚板的夷人,其情融洽,其景怡然。

反面教训当首推王莽的"乱政"。王莽把句町王等"四夷称王者皆更为侯",引发骚乱,终其新莽一世,牂牁、益州乱事不止⑧。同样,他不尊重"故俗",擅自改有深厚底蕴的"牂牁"为"同亭",也引得"郡不服"⑨;另外,就连号称"三蜀"之一的犍为郡,虽自秦开始汉化日久,但被王莽改曰"西顺",也让"郡人不会",也如牂牁谢氏那样,光武帝都南阳后即"远奉供职"⑩。

蜀汉庲降都督张翼"持法严,不得殊俗和",采取不尊重当地民风民俗的强硬措施

---

① 张增祺:《滇国与滇文化》,昆明:云南美术出版社,1997年,第26页。
② 《华阳国志校补图注》,第237页。
③ 《华阳国志校补图注》,第241页。
④ 《资治通鉴》卷七十《魏纪二》,第2225页。
⑤ 《华阳国志校补图注》,第247-248页。
⑥ 《三国志》卷四十三《蜀书十三》《黄李吕马王张传》,第621页。
⑦ 云南省考古工作队:《云南昭通后海子壁画墓清理简报》,《文物》1963年第12期。
⑧ 《华阳国志校补图注》,第236页。
⑨ 《华阳国志校补图注》,第260页。
⑩ 《华阳国志校补图注》,第172页。

时,被免职;继任的马忠则"柔远能迩,甚垂惠爱"①,表明蜀汉政府坚决使用更能掌握民族心理的官员治理南中的成功。如遇有压榨当地土著的官员,就会有不好的下场,"晋元帝世,(牂牁)太守建宁孟才以骄暴无恩,郡民王清、范朗逐出之"②,毫不客气地被赶跑。

同一样的事例屡有发生,贪暴官员和恩信官员甫一比对,结果泾渭:

> 桓帝永寿三年(157),居风令贪暴无度,县人朱达等及蛮夷相聚,攻杀县令,众至四五千人,进攻九真,九真太守儿式战死。诏赐钱六十万,拜子二人为郎。遣九真都尉魏朗讨破之,斩首二千级,渠帅犹屯据日南,众转强盛。延熹三年(160),诏复拜夏方为交阯刺史。方威惠素著,日南宿贼闻之,二万余人相率诣方降。灵帝建宁三年(170),郁林太守谷永以恩信招降乌浒人十余万内属,皆受冠带,开置七县。熹平二年(173)冬十二月,日南徼外国重译贡献。③

反面人物"居风县令"被杀原因就是"贪暴无度",而素有"威惠"名声的夏方,和采用"恩信"方式的谷永,都轻松降服了人数众多的蛮夷,致使"徼外"也能又遣使来朝。华夏文化的穿透力,在不同的官员身上,产生截然相反的效应。为了有效加强对夷地的治理,纯洁官员队伍也是中央政府一再施行的政策,东汉安帝就对益州、永昌、越嶲诸郡各级政府官吏进行清查,结果触目惊心:"举劾奸、贪长吏九十人,黄绶六十人。"④对大帮作奸犯科官僚进行严厉打击,以抚慰土著,顺应"故俗"治理之需。

第三节　灰姑娘身影下的"桃花源"和"小成都"

在汉人为主的官僚政体制约下,追求公平正义、安居乐业是古代少数民族的渴望;没有贪暴酷吏的苛政,也是平民百姓梦寐以求的幻想。他们甚至把这种基本的诉求寄托在圣明的官员身上,演绎一出出志怪之事,不胫而走。前述交阯刺史周敞在高

---

① 《华阳国志校补图注》,第247页。
② [晋]常璩著、刘琳校注:《华阳国志新校注》,成都:四川大学出版社,2015年,第208页。
③ 《后汉书》卷八十六《南蛮西南夷列传第七十六》,第2839页。
④ 《华阳国志校补图注》,第237页。

要鹊巢亭侦破苏娥被杀案,自然是上佳选材。作为史学家的干宝(约284—351),意味深长地作了细节刻画,罗列进其《搜神记》一书,情节灵异的幻影下,给人莫大的恩仇快意:

> 汉九江何(周)敞为交州刺史,行部到苍梧郡高安(要)县,暮宿鹄(鹊)奔(巢)亭。
>
> 夜犹未半,有一女从楼下出,呼曰:"妾姓苏,名娥,字始珠,本居广信县,修里人。早失父母,又无兄弟,嫁与同县施氏。薄命夫死,有杂缯帛百二十匹,及婢一人,名致富。妾孤穷羸弱,不能自振,欲之傍县卖缯,从同县男子王伯赁牛车一乘,直钱万二千,载妾并缯,令致富执辔,乃以前年四月十日,到此亭外。于时日已向暮,行人断绝,不敢复进,因即留止。致富暴得腹痛,妾之亭长舍乞浆取火。亭长龚寿操戈持戟,来至车旁,问妾曰:'夫人从何所来?车上所载何物?丈夫安在?何故独行?'妾应曰:'何劳问之?'寿因持妾臂曰:'少年爱有色,冀可乐也!'妾惧怖不从。寿即持刀刺胁下,一创立死。又刺致富,亦死。寿掘楼下,合埋妾在下,婢在上。取财物去,杀牛烧车,车釭及牛骨,贮亭东空井中。妾既冤死,痛感皇天,无所告诉,故来自归于明使君。"敞曰:"今欲发出汝尸,以何为验?"女曰:"妾上下着白衣,青丝履,犹未朽也。愿访乡里,以骸骨归死夫。"掘之果然。
>
> 敞乃驰还,遣吏捕捉,拷问具服。下广信县验问,与娥语合。寿父母兄弟,悉捕系狱。敞表寿:"常律杀人,不至族诛。然寿为恶首,隐密数年,王法自所不免。令鬼神诉者,千载无一。请皆斩之,以明鬼神,以助阴诛。"上报听之。①

一个惊天泣地的故事!它的背后,我们仿佛看到了人们渴求公平正义的声音:小说中的何敞,代表的就是诸葛亮、任延、孟尝等"循吏"的身影;龚寿就是酷暴之吏的丑恶嘴脸;其一干父兄辈"隐密数年",岂不是助纣为虐的层层官僚网?干宝臆想的这则故事,从本真演化,虽虚幻阴阳之隔,却让西南、岭南的百姓们心中燃烧着圣明之灯,那就是华夏以人为本的真正文明。他们的希望在这种文明之焰的引领下,进一步获得应有的幸福和满足。

---

① [东晋]干宝:《搜神记》卷十六之九,北京:华文出版社,2018年1月第1版,2020年5月第2次印刷,第122-123页。

幸福美满的生活，是中华民族大家庭各民族的共同向往，在民族地区往往以载歌载舞形式予以发挥，每至夏秋丰收之时，他们祭拜山水、树木之俗已从俅人群体影响到其他民族群体。图为2020年农历六月十八，广西西林县那佐乡坝盆村壮族侬支系村民围绕村中古树开展每年一次的祭树活动。古树树龄上千年，高12.6米，树干需20名成年人才能合抱　　　　　　　　　　西林县句町摄影协会　王光明　摄

后至唐代，也出现类似故事。产生的地域也在南方，时间也在秦汉，主人公是名叫叶限的"灰姑娘"。看来灰姑娘《水晶鞋》原型不在欧陆，而在中国的广西左右邕流域。记述这则故事的是《酉阳杂俎》，也是一部志怪小说合集，系唐人段成式（803-863）著，续集《支诺皋》中录有一则《叶限》故事。据撰者附记为"成式旧家人李士元所说。士元本邕州洞中人，多记得南中怪事"：

> 南人相传，秦汉前有洞主吴氏，土人呼为"吴洞"。娶两妻，一妻卒，有女名叶限。少慧，善淘金，父爱之。末岁父卒，为后母所苦，常令樵险汲深。时尝得一鳞，二寸余，赪鬐金目，遂潜养于盆水。日日长，易数器，大不能受，乃投于后池中。女所得余食，辄沉以食之。女至池，鱼必露首枕岸。他人至，不复出。其母知之，每伺之，鱼未尝见也，因诈女曰："尔无劳乎，吾为尔新其襦。"乃易其敝衣。后令汲于他泉，计里数百也。母徐衣其女衣，袖利刃行向池呼鱼，鱼即出首，因斫杀之。鱼已长丈余，膳其肉，味倍常鱼，藏其骨于郁栖之下。逾日，女至向池，不复见鱼矣，乃哭于野。忽有人被发粗衣，自天而降，慰女曰："尔无哭，尔母杀尔鱼矣！骨在粪下。尔归，可取鱼骨藏于室，所须第

祈之,当随尔也。"女用其言,金衣玉食随欲而具。及洞节母往,令女守庭果。女伺母行远,亦往,衣翠纺上衣,蹑金履。母所生女认之,谓母曰:"此甚似姊也。"母亦疑之。女觉遽反,遂遗一只履为洞人所得。母归,但见女抱庭树眠,亦不之虑。其洞邻海岛,岛中有国名陀汗,兵强,王数十岛,水界数千里。洞人遂货其履于陀汗国,国主得之,命其左右履之,足小者履减一寸。乃令一国妇人履之,竟无一称者。其轻如毛,履石无声。陀汗王意其洞人以非道得之,遂禁锢而拷掠之,竟不知所从来。乃以是履弃之于道旁,即遍历人家捕之,若有女履者,捕之以告。陀汗王怪之,乃搜其室,得叶限,令履之而信。叶限因衣翠纺衣,蹑履而进,色若天人也。始具事于王,载鱼骨与叶限俱还国。其母及女即为飞石击死,洞人哀之,埋于石坑,命曰懊女冢。洞人以为禖祀,求女必应。陀汗王至国,以叶限为上妇。一年,王贪求,祈于鱼骨,宝石无限。逾年,不复应。王乃葬鱼骨于海岸,用珠百斛藏之,以金为际,至征卒叛时,将发以赡军。一夕,为海潮所沦。①

故事讲的是南方一个"吴洞国"国主的女儿叶限,因为母亲早丧,继母对她百般虐待,还不让她出门参加令人心潮彭拜的"洞节"节庆活动;更恶毒的是,把她养了多年的宠物鱼杀死。最终,在神仙的指点下,叶限知道了神鱼留下的那付鱼骨,有有求必应的功用。为了参加热闹非凡的洞节,便用鱼骨变出漂亮的衣服、鞋子,穿戴靓丽而去。活动现场,被继母、妹妹发现后,只好仓皇逃离。跑丢的那只"其轻如毛、履石无声"的"金履",被过路人拾得卖到一个叫陀汗的相邻岛国。国王让国内所有姑娘试穿,都不合脚。最终才在邻国"吴洞"找到叶限,并娶之为"上妇",而欺负她的继母则被飞石击死。但因拥有"鱼骨"而蜕变贪婪的陀汗王,也遭到上天的惩罚,所藏的金玉珠宝,被"海潮"卷去,空留一心欢喜。

洞节、山歌、赶圩,是壮乡人民发自骨髓深处的一种喜爱,参加者不论男女老少热血贲张。笔者在云南文山,广西百色、崇左一带,每与地方研究者谈及,他们都对此津津乐道。如广西隆林壮学会会长唐光华,能在家庭歌会上对唱三天,会唱1000多首南盘江调山歌。赶圩也是他们的最爱,每到圩日,必盛装而往,购得心满意足方归;圩日发展到一年一度的洞节,更是热闹难述,远远近近,倾寨而出,唱歌跳舞,情尽而归。小小年纪的叶限,遇到这种节日,心痒难耐自是必然。

---

① [唐]段成式撰、曹中孚校点:《酉阳杂俎》续集卷一《支诺皋上》,上海:上海古籍出版社,2012年8月第1版,2015年5月第6次印刷,第124页。

赶圩是生活在壮乡的各族人民喜爱的活动,每逢圩日,必然盛装而往。图为地处左江流域的广西龙州县壮族妇女,身着民族服饰前往圩场的情景　　　龙州县文联主席　农林　供图　严造新　摄

笔者在左右邕江流域各地,每次考察都分别向不同层次者问及叶限故事,皆答不知。后在广西社科院历史所研究员赵明龙的帮助下,才知崇左市曾就此民间传说,欲打造"灰姑娘文化旅游产业园",并在黄铮、郑超雄、覃彩銮三位学者的协助下,召开过一次学术研讨会,出版有《崇左灰姑娘文化资源及开发研究文集》一书,该书有一文,考证"吴洞"在崇左市江州区濑湍镇和罗白乡附近[①]。看来,叶限已淡出民间,只在学者层面尚有气息。至于书中该文对叶限故乡吴洞的考证是否确凿,尚需以更有力的材料予以佐证才能使人信服。

既然是邕州"洞中人"李士元亲口所述,不管"吴洞"是否在崇左,叶限故事诞生在左右邕流域应无疑问。透过这则神异传说,从压迫与反压迫的角度解读,灰姑娘叶限正是苏娥喊冤的又一翻版。作者对叶限继母的丑陋刻画,反映了受压制人民内心深处的憎恶;陀汗王的贪得无厌,活脱脱是穷搜合浦之珠的贪暴官员。认真解读苏娥和叶限的象征符号及其意义,是中华民族大家庭形成过程中底层深处的自发认同。

---

① 白耀天:《吴洞所在考》,黄铮主编:《崇左灰姑娘文化资源及开发研究文集》,南宁:广西人民出版社,2014年,第101页。

中国灰姑娘渴求幸福,广信"女鬼"苏娥追求正义,耳熟能详的陶渊明《桃花源记》则阐发宁静,追求和谐。它虽被视为小说,也可能有传说的事实作为依据①,是一例既寓意之文,也纪实之文。纪实之部分,乃依据东晋义熙十三年(417)春夏间刘裕率师入关时,戴延之等所闻见之材料而作成②。现先再审视陶之原文:

广西左江流域白头叶猴现仅存数百只,是全球25种最濒危的灵长类动物之一,被公认为世界最稀有的猴类
龙州县文联主席 农林 供图 严造新 摄

晋太元中,武陵人捕鱼为业。缘溪行,忘路之远近。忽逢桃花林,夹岸数百步,中无杂树,芳草鲜美,落英缤纷。渔人甚异之,复前行,欲穷其林。林尽水源,便得一山,山有小口,仿佛若有光。便舍船,从口入。初极狭,才通人。复行数十步,豁然开朗。土地平旷,屋舍俨然,有良田、美池、桑竹之属。阡陌交通,鸡犬相闻。其中往来种作,男女衣着,悉如外人。黄发垂髫,并怡然自乐。见渔人,乃大惊,问所从来。具答之。便要还家,设酒杀鸡作食。村中闻有此人,咸来问讯。自云先世避秦时乱,率妻子邑人来此绝境,不复出焉,遂与外人间隔。问今是何世,乃不知有汉,无论魏晋。此人一一为具言所闻,皆叹惋。既出,得其船,便扶向路,处处志之。及郡下,诣太守,说如此。太守即遣人随其往,寻向所志,遂迷,不复得路。

南阳刘子骥,高尚士也,闻之,欣然规往。未果,寻病终。后遂无问

---

① 任乃强:《四川上古史新探》,成都:四川人民出版社,2019年,第308页。
② 陈寅恪:《桃花源记旁证》,原载姚季浓主编:《三国史史料研究》,后收入《金明馆丛稿初编》,上海:生活·读书·新知三联书店,2001年,第188页、第200页。

津者。①

《桃花源记》所记故事,学者唐长孺认定本是中国南方的一种传说②。笔者据唐意梳理,从雏形发生在荆湘到后来演义至成都平原附近彭州白鹿山,都有相应文献记之甚详。其中,与陶渊明相近的是南朝刘宋时代的刘叔敬在其撰就的《异苑》中的一则:

> 元嘉初,武陵蛮人射鹿,逐入石穴,才容人。蛮人入穴,见其傍有梯,因上梯,豁然开朗,桑果蔚然,行人翱翔,亦不以怪。此蛮于路砍树为记,其后茫然,无复仿佛。③

广西左江流域江边山崖上,分布有众多古代先民所刻绘的画作,大多位于左江及其支流明江两岸,绘画内容包罗万象,其中铜鼓与羊角钮钟造像尤惹人注目。图为笔者在宁明左江支流明江乘船观摩花山岩画

虽然作者刘叔敬能够看到陶渊明的作品(也可能未曾看过),然而这一段不像是《桃花源记》的复写或改写,倒像更原始的传说④。证明这一类传说,非一人所传,非一闻所闻,有一定的广泛性,折射出历史的一定真实,更表达出相当一部分群体,尤其是"蛮族"群体的内心愿望。后至唐代有一书《云笈七籤》记有与《异苑》内容相同的故事,但把石穴所在明确定在武陵之西的西(酉)阳县南数里:

---

① [晋]陶渊明著、逯钦立校注:《陶渊明集》卷六《桃花源记》,北京:中华书局,1979年,第165-166页。
② 唐长孺著,朱雷、唐刚卯选编:《唐长孺文存》,上海:上海古籍出版社,2006年,第220页。
③ [南朝宋]刘敬之撰、范宁校点:《异苑》,北京:中华书局,1996年,第4页。
④ 唐长孺著,朱雷、唐刚卯选编:《唐长孺文存》,上海:上海古籍出版社,2006年,第221页。

> 武陵西(酉)阳县南数里,有孤山,崖石峭拔,上有葱自成畦垅,拜而乞之,则自拔,食之甚美。山顶有池,鱼鳖至七月七日皆出而游。半岩室中有书千余卷,昔道士所遗经也。元嘉中有蛮人入此山,射鹿入石穴中,蛮人逐之。穴旁有梯,因上,即豁然开朗,别有天日。行数十步,桑果蔚然,阡陌平直,行人甚多,蛮人惊遽而出,旋削树记路,却结伴寻之,无复处所。①

这则故事发生的时间还是在东晋南北朝之时,而与此故事内容大体相同、成书时间也相当的《太平寰宇记》卷七三彭州九陇县白鹿山条引《周地图记》时,又把"酉阳"进一步往西漂移到了彭州:

> 白鹿山,在县北五十里。《周地图记》云:宋元嘉九年有樵人于山左见群鹿,引弓将射之。有一麋所趋险绝。进入石穴,行数十步,则豁然平博,邑屋连接,阡陌周通。问是何处?有人答曰:"小成都。"复更往寻之,不知所在。②

白鹿山今尚存名,在彭州白鹿镇境内。"小成都"的提法虽然在宋真宗时期成书的《云笈七籖》内再次提到,但该书直承唐《开元宝藏》,故其事更趋近事发之期,雏形意义更为明显,内容中也明确在"白鹿山":

> 蜀氏③遇晋氏饥,辈三五人挟杠竹矢入白鹿山捕猎以自给,因值群鹿骇走,分路格之。一人见鹿入两崖间,才通人过,随而逐之。行十余步,但见城市栉比,闾井繁盛,了不见鹿。徐行市中,因问人曰:"此何处也?"答曰:"此小成都耳,非常人可到,子不宜久住。"遂出穴,密志归路,以告太守刘悛,悛使人随往,失其旧所矣。④

唐长孺认为,《桃花源记》和《异苑》等所述故事,恰好反映了蛮族人民的要求⑤。这种亦虚亦幻的和详、宁静(亦繁盛)、自由、平等的人间仙境故事,大量演衍流传在东晋南北朝期间,正是人们对西晋末年"永嘉之乱"的思考和反讽,现实生活中也确发生大量避难流亡之民,并有强豪者引领,形成流亡集团。晋代各流民集团的规模是相当

---

① [北宋]张君房:《云笈七籖》,北京:书目文献出版社,1992年7月北京第1版,1995年7月北京第三次印刷,第805—806页。
② 《太平寰宇记》卷七三彭州。
③ 《唐长孺文存》:第222页注□:氏字疑当作民,涉下氏字而误。
④ [北宋]张君房:《云笈七籖》,第805页。
⑤ 《唐长孺文存》:第227页。

巨大的,这是一种以地方大族为领导的包含各阶级的区域性组织①,大者如南渡之豪门大姓,远徙闽粤;亦有蜀地之民,顺江流亡湖湘,不能远徙者籍"小障""庳城"以避难逃死(陈寅恪语),其中川南滇北的"南广郡""朱提郡"一带,就出现了众多流亡蜀人聚族而居的现象,任乃强从二郡人户数量变化分析,发现有大量蜀民在巴氐李特、李雄乱蜀时留寓此地:

> 晋太康时,朱提郡户二千六百。(李)雄时,朱提郡户八千,南广郡户千,合为九千,较太康户增至四倍。至刘宋世,朱提郡千一十户,南广郡四百四十户,合计不足千六百户,又几减至晋初之半,约为李雄时六分之一。由此户口增减情形,可以想见李雄初据蜀时,蜀中地主豪门率其部曲客户避雄南流者之多。迨宁州亦为雄所奄有,其人不得不归降于雄,然犹徘徊不敢还蜀,且留边县以为观望。及桓温既灭蜀后,乃相与还蜀,而此诸边县户口突减矣。②

四川彭州市白鹿镇,地处白鹿山中。任乃强考证,白鹿山系末代开明王太子在秦灭巴蜀之战中,败退至此被杀之地③　　　　　　　　　　彭州市地方文化研究会　邓启君　摄

---

① 《唐长孺文存》:第217页。
② [晋]常璩著、任乃强校注:《华阳国志校补图注》,上海:上海古籍出版社,1987年7月第1版,2011年7月第5次印刷,第283页。
③ 诚谢四川日报社赵晓梦、吴梦琳联系拍摄。

任老所谓"边县",即当时南广郡下的临利、常迁、新兴诸县,他认为分别治于今筠连县沐爱镇、珙县上下罗计等一带,"大都为西晋末年入五胡诸国,又曾还附东晋或曾暂为晋有之新县"。如常迁县即"显然为王逊时所置之新县",乃原江安县(常安县)人民其"北部附李氏而其一部地主南流居此,附晋以抗雄,自称为常安县。李雄取宁州后,抚有此部流民,因置为常迁县也"①。陈寅恪因此认为"真实的桃花源居人先世所避之秦乃苻秦,而非嬴秦"。不管嬴秦还是苻秦,都是暴虐的象征,其中"兵乱"是其特点之一②。

世人欲得太平、安宁,逃避动乱只得寄望于桃花源与小成都,正如鲁迅所言:"躲进小楼成一统,管他冬夏与春秋。"唐长孺撰就《读〈桃花源记旁证〉质疑》一文,认为陶渊明"所说的'乱'是指繁重的赋役压迫","逃亡"是当时最普遍的一种斗争形式③,当然也有揭竿而起的群体。能典型说明时人对赋役繁重不堪忍受而造反的乃陈涉、吴广起事,对税赋严苛无法卒忍的则是孟获对南中夷人所造谣言:

> 益州夷复不从(雍)闿,闿使建宁孟获说夷叟曰:"官欲得乌狗三百头、膺前尽黑,螨脑三斗,斫木构三丈者三千枚,汝能得不?"夷以为然,皆从闿。斫木坚刚,性委曲,高不至二丈,故获以欺夷。④

孟获是一个天才的宣传者,所言黑胸乌狗300头、螨的脑髓三斗重、三丈长斫木3000根的税赋之物,是一物不能筹到的。乌狗一般胸前有白毛,无法觅得黑胸者;螨为"金脚带"蛇,短小有剧毒,通体斑采丽泽,捕之不易,何况碎其小小之头得脑髓三斗之多?斫木今云"石楠",文中已述"坚刚",即质极坚致而无直枝干,最高才得长到二丈长,焉有三丈之木?⑤看来孟获转述蜀汉官府强迫夷、叟之民缴纳之物,不能实事求是,实乃异想天开,夷人听闻焉能不得不怒而随同雍闿、孟获起兵反抗。

战乱、苛政促使民众迁徙、逃亡外,歧视更是无形的压迫,针对夷族尤其突出。表现在文字上对古代少数民族都加有反犬旁以冠其族称,如苗为猫、羌为獂、瑶为猺、侗为狪等等,不一而举。口头上称呼更是普遍带有轻视、不屑甚至厌恶,如称"某子""某某子"的"子"就是明显而带蔑视的现象,都谓之"蛮子",意为蛮横、凶暴之人。笔者考察中发现,至今黔北、川南、渝南一带,还称呼着一种骂人之词"獠包"(音"老包"),应

---

① 《华阳国志校补图注》,第284页。
② 陈寅恪:《桃花源记旁证》。
③ 《唐长孺文存》,第227页。
④ 《华阳国志校补图注》,第241页。
⑤ 《华阳国志校补图注》,第243页。

该也是史上对僚人的蔑称转化而来的留存,意有"憨包""愚蠢"含义。故现今有部分少数民族,凡听到别人无意间所说之话带有×子时,也会心生芥蒂,甚或怒目相向。

桃花源代表了一种在中国传统思想中占据主流地位的社会主张:理想社会并非一个严密规划和管理的社会,而是一个合乎"天然"的和谐社会。理想秩序原本就内在于人的天性之中,只要去除阻碍其发挥作用的力量,社会就将自动回归有序状态①。"儿孙生长与世隔,虽有父子无君臣"②,身体、精神和物质的压迫,促使无论是汉民族还是古代少数民族,都成团地规模化向南方山地迁徙,本着天性寻觅天然,"适彼乐土",形成"特殊的文化孤岛"。于汉来说,在滇桂黔边一带,产生了被他称为"高山汉"的特殊汉族族群,他们有自身的特殊服装与配饰,语言几乎都是西南官话中的四川方言。进入滇桂乐业、凌云、西林、田林、隆林、广南、富宁、那坡一带的"高山汉",至今还被土著壮人或其他汉人蔑视,私下称之为"贵州人",称呼中含有极端瞧不起的意味。而少数民族的迁徙中,徕人、布央人也是不断寻求和平宁静之处而动而走,从川南直至贵州、云南、越南、老挝等地。遇到心满意足的"桃花源""小成都"就怡然自乐聚族而居,强敌压迫而来,又作再一次流亡和寻觅。与这些族群从北向南迁徙方向不同而规模更为庞大的是苗族,他们自东而西,又自北向南,经江汉、湖湘而贵州、云南而岭南直至越南、老挝、缅甸、泰国,甚至远涉重洋到达美、法等国。

壮乡人民一直生活在宁静、淡泊的环境中,妇女坚持纺织自给,直到1990年代,乡村里仍较为普遍。图为广西靖西市安宁乡的壮族妇女搓棉场景

靖西市博物馆 黄毅 供图 靖西市文化馆 农莉 摄

---

① 王东杰:《从"桃花源"到"乌托邦":〈大同书〉关于理想社会的构想》,《近代史研究》2022年第2期,第51页。
② 王安石:《桃源行》,李璧笺注,高克勤点校:《王荆文公诗笺注》,上海:上海古籍出版社,2010年,第67页。

笔者在广西隆林各族自治县龙旺自然村（属隆或镇打兰村委会）了解高山汉时，对他们所居之地徒生"桃花源"感觉。该村按行政建制分别为坪上屯和沙底屯，但浑然一体，不分你我。全村有1100人左右，大部分姓阮，另有龙、黄、李、杨5姓。据1940年出生的阮昌福介绍，祖上相传，村里人来源有三，一是从福建迁广西宾阳而来，二是从四川小地名"一碗水"通过贵州迁来，三是从四川迁贵州天柱县再迁来。具体什么时候，称已失传。只是因四川连续干旱三年，祖上才被迫逃亡至此。

笔者在云南广南县杨柳井乡宝月关村二关组，邂逅背柴回家的高山汉村民张荣德（右一）。张出生于1956年，1970年代在四川甘孜服役。张称，他用家乡话与四川战友交流全无障碍，其他省的战友还一直误认为他就是四川人

龙旺四周皆山，过去未通公路前，只有北面的田湾和南面的滴岩两处可与外界沟通。这里的高山汉聚众而居，自耕自食，生活清贫却闲适，一代代人在与世无争中终老一身。他们的风俗较多受到周围壮族的影响，但是纯正的四川话却一直保留至今。我与他们交流起来毫无障碍，而他们听到我的发音，则像见到久别的亲人，亲热有加。坪上屯社长阮清勇因要外出办事，特别请来打兰村村主任龙仕应和自家二哥阮清元，陪同笔者在村里村外四处考察，并吩咐老婆吴艳芳做了一顿丰盛的午餐等候。吃饭时已近下午2:00，狼吞虎咽中忘了味道，他们的热情至今难忘。

根据百色学院吕嵩崧调查，百色、河池地域居住着如龙旺一样的说四川话的"高

山汉"①,人数不下二三十万。笔者在云南广南、富宁、麻栗坡地域,也了解到不少被称为"高山汉"的汉族族群在那里生活。他们是宋代以后②,特别是明末清初躲避战乱从四川迁来的古代汉人,也有从湖南、江西、湖北、贵州③、福建迁徙而来,可能因四川籍占多数,他们的语言最后都以四川话为主。这些古代汉人来到陌生的异地,无法与先

笔者在广西隆林各族自治县隆或镇龙旺自然村坪上屯高山汉阮清勇、吴艳芳家里作访谈。左二为阮昌福,右二为龙仕应,右三为阮清元,左一为吴艳芳

入为主的壮族争好田好土,只能到荒山野岭之上,用勤劳和汗水开垦出自己的土地,并在这近似与外界隔绝的世外桃源劳作一生。壮族歧视他们所居环境恶劣,情急骂架时一般骂之为"坡缅"(音),"但我们不懂这个词是啥子意思,所以当没有被骂过一样。"性格开朗的吴艳芳爽朗大笑着述说。后笔者在其他壮族同胞口中得知,"坡缅"意为"低档""下等""蛮横"之类意味,带有相当歧视的。

高山汉与一般汉族最大的区别,就是他们有自身特定的服装,甫一看花花绿绿,不知情还以为他们是少数民族。过去日常家居皆穿,现在一般只在节日或喜庆之时穿戴。笔者在隆林各族自治县城郑文斌、张银妹夫妇的高山汉服装店了解到,这类服饰颇为热销,生意兴隆时他们两个闺女也帮助打点才搞得赢。说着四川话的一家人,生活在壮乡,自我感觉其乐融融。

---

① 吕嵩崧:《桂西高山汉语研究》,北京:中国社会科学出版社,2016年,第1页;"高山汉"主要分布在广西百色市的乐业、凌云、田林、隆林、西林、那坡、田阳等县,河池市的凤山、天峨、南丹、巴马、东兰、都安、大化、金城江也有少量分布。
② 杨业兴、黄雄鹰主编:《右江流域壮族经济史稿》,南宁:广西人民出版社,1995年,第7页。
③ 吴和培、罗志发、黄家信:《族群岛:浪平高山汉探秘》,南宁:广西民族出版社,1999年,第1页。诚谢田林县县志办主任黄晋强赠书。

高山汉虽使用四川话（或者西南官话），但与现今的四川话用词上已经产生了区别，他们所用词汇相对较古老，如"舌头"他们发音"舌条"；"桂圆"一词他们不知何意，只称"龙眼"；"脊椎"称"龙骨"，等等。笔者设想，他们如桃花源中人，离开熟悉的族群、文化、土地，一心执意远方寻求宁静、平等，虽累虽苦，但无侵凌与压榨，自会自得其乐。阮昌福就说，龙旺坝子就是他们祖上把坡地改造成的良田，先辈们在此平等而居，日出日落，怡然陶然。遍布桂滇黔结合部的高山汉群体，虽系近三四百年诞生的特殊"族群"，却为我们勾画了秦汉开始的一幅"逃逸"画面，把古代中国人渴望的"桃花源"和"小成都"之类梦想，沿中国西南陆海走廊关键节点处，如跳蛙状密布。

不管是个体的苏娥、叶限，还是集体的桃花源和小成都，西晋末年开始的分崩离析之政权架构，都造成了对民众的伤害和侵凌，渴望平等与自由的心声和由此爆发的行动，是彼时社会生活中尚属主流的反馈，也是在中华民族集体意识形成过程中的特殊音符。"中华民族是世界上伟大的民族，有着5000多年源远流长的文明历史，为人类文明进步作出了不可磨灭的贡献。"[①]正因为有种种离奇经历和曲折演化，才有中华民族的绚烂多姿，也才有南方中国的进一步巩固和发展。

笔者在广西隆林各族自治县城郑文斌（右一）、张银妹夫妇所开的高山汉服装店了解到，高山汉们一进城，一般都要来此逛店，或赏或购，爱不释手。两位穿高山汉服装者即其闺女（左一、左二）

---

① 习近平：《在庆祝中国共产党成立100周年上的讲话》，北京：人民出版社，2021年，第2页。

第十一章 再说川盐：巴蜀华夏化云贵的长期载体

第一节　巴东泉盐共振川江

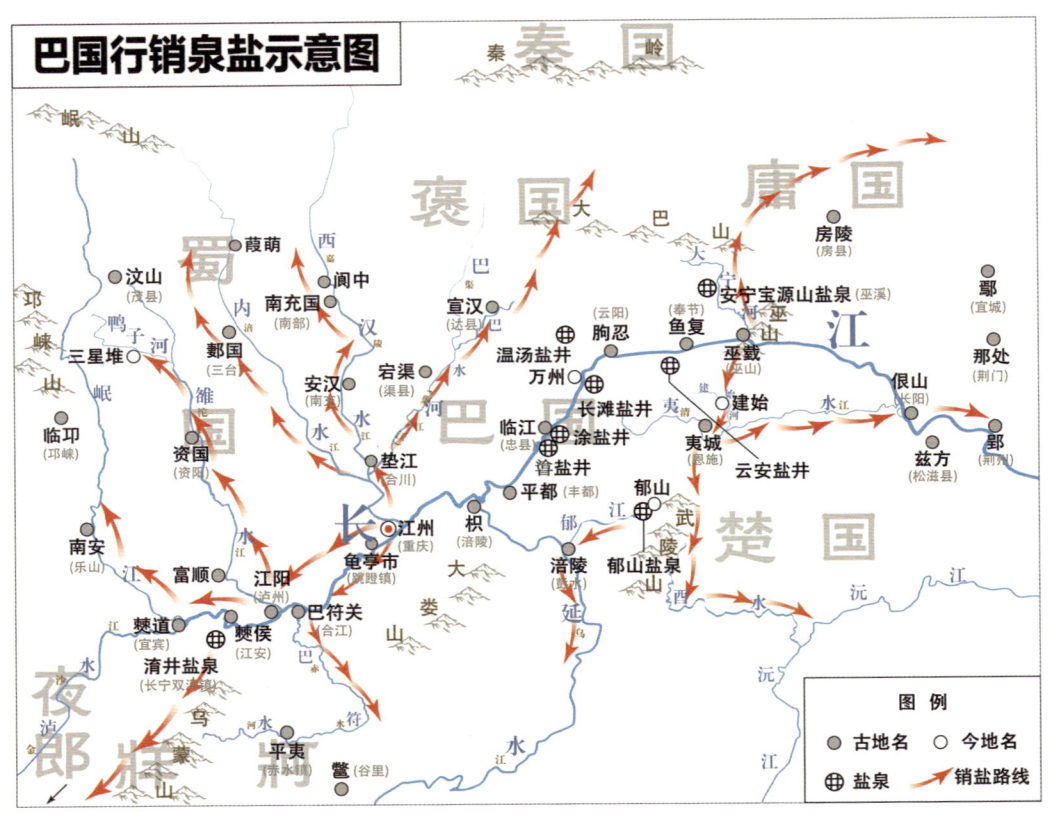

巴国行销泉盐示意图

第十一章 再说川盐：巴蜀华夏化云贵的长期载体

如今残存不多的四川通往滇黔的古道，光光滑滑的石板上，每每烙有深深的印痕，人的①、马的、羊的、车的、拐爬②的，一见就会凹凸着人们思古的幽情。

岁月已经斑驳，盐的故事还在古道上唱着动人的歌。

西南的盐业利用，生活在旄牛徼外③即今天藏东、甘南一带的昆明夷人，开采最为古老④，但他们都是粗放利用池盐，勉强够自己和邻近部落食用，行销远地的规模不大。

重庆市綦江区九盘子古驿道，蜿蜒渝黔边，是川盐綦岸入黔的必经之道

重庆自然博物馆 张颖 摄

---

① 江安县地方文化研究者胡文仲回忆告知，较为古老的石板路上确有人的鞋印，印痕由俗称"铁马"的鞋踩踏出来的。它是川滇黔山民普及的古老行路防滑工具，由铁打制而成，形同马掌。一只四个钉齿一个盘，卡绑在草鞋或布鞋跟下面，或布鞋直接套上草鞋"铁马"，俗称"脚马子"，一直沿用至1970年代。

② 山民随身携带负重时用于助力或者休息时用于承重的木柱，柱底端套有铁套。翁家烈：《仡佬族》，北京：民族出版社，1992年，第29页：负重使用篾片编织的喇叭型大背篓（较轻物资用扁桶型小背篓装），用包谷皮或棕编的扁平背垫套在双肩，搭于背腰，再将背篓背起。一背篓物重常达二三百斤，超过人体重量。负重行走路途较远，途中需要歇息，背的物品过重，很难放下，而放下又难再背上，故人们常挟带一根形如钉耙的木拐（俗称拐爬子），随时可以用它支持着臀部，站着休息，待体力恢复后再继续前行。

③ 旄牛一是古族名，二是地名。旄牛族是先秦两汉时才进入川西高原一带与筰人、邛人相邻的羌支民族的称呼；地名在今四川雅安市汉源县以北之九襄镇，汉武帝派司马相如使南夷时置。徼外是指没有纳入中原王朝或者华夏族群认同之地。西南徼外主要在今天青藏高原横断山西面、北面和南面之地。

④ 任乃强著、任新建编：《川大史学·任乃强卷》，成都：四川大学出版社，2006年，第312-314页：蜀南盐泉，殆全部为昆明夷人所开发……昆明夷者，原是河源地区之羌族，以牧羊牛为生业，《禹贡》雍州所称"织皮、昆仑、析支、渠搜"之西戎……其所经营盐事者，成为专业盐工……"昆明"盖其自称，羌语昆为崇高之义，明为人名之义。亦作"昆弥"。盖血缘出于"织皮昆仑"（以连毛皮出售于中华之昆仑部落），故曰昆明也……昆明人一支在滇池发现盐泉后，转销四方，当时诸夷部落人民每食盐即联想及昆明夷，以至于以昆明为食盐之代称。又见《华阳国志校补图注》，第251-252页。

古蜀之地①则没有天然的盐泉和盐池②,井盐③开采之前,由于自然界恩赐,在今渝东巫载④,人们较早发现并利用了自然盐泉(泉盐),故可称为巫盐。巫盐发轫于巫溪县大宁河宝源山,孕育而成巫载之国。它早于巴人立国之前1000年⑤,就在位于今巫峡口上端的巫山县一带,蓬勃兴盛。随后,鱼复(奉节)⑥、朐腮(云阳)⑦、临江(忠县)⑧、郁山(彭水县郁山镇)这片地域,也由巴人开发出盐泉⑨。因以上盐井所在地域曾一度被其纳入囊中⑩,笔者皆称之为巴东盐泉,即巴盐⑪。

---

① 此处指狭义的蜀。即成都平原一带古蜀王所辖控地域,非指四川全省,也不包括四川西部甘阿凉地域。
② 任乃强:《四川上古史新探》,成都:四川人民出版社,2019年,第293页:蜀国本身也出产点盐,但主要是仰给巴盐。巴国自垫江以北红土丘陵区的农民,也是仰给巴东盐泉的。秦灭蜀与巴时所占领地区,恰只有这两大片仰给巴盐的地区。
③ 任乃强:《四川上古史新探》,第247页。
④ 任乃强:《四川上古史新探》,第250页:巫载这个国名,出在《山海经》。第253页:巫山与巫峡,居三峡正中,也正好与巫载地位符合。第255页:瞿塘峡一称"巴峡",为巴东三大峡之首。其东口(即大溪口)与巫峡西口(即巫溪口)之间百里,河谷开阔,多耕地。与巫溪河谷、大溪河谷相连。构成一小盆地。天然成为这个盐泉民族(载民)发展的地盘。是为"巫载之国"。第259页:巫载之兴,当与虞夏同时,可以算得我国上古时代两朵并蒂花。但它的所在地不似中原那样宏阔开展,而是狭促崎岖的一个石灰岩山谷地区,所以发展到了农业优先的时代,便不能不为巴、楚文化所代替了。第260页:巫载国未进入战国之世,便灭亡了。第253页:载字,以至为声,实则原始的铁字。铁、台、垤、绖都是以至为声,皆与黛音近。引者注,即音 daì。
⑤ 《四川上古史新探》,第249页:巴族承巫载文化而兴,其时间晚于巫载约一千年。
⑥ 《华阳国志校补图注》,第37页:鱼复,秦旧县。故城在白帝山下瀼溪平原上,今云"下关城"是……秦汉谓免徭役为复。此鱼复,与越嶲郡之姑复,及涪陵郡之汉复,皆以盐泉所在置县而名复。疑是因重盐工,免其徭戍,专事盐役,故名。又:鱼复江南,峡外有洲,人称盐碛,从古产盐……江水夏秋没碛,惟冬春可煎。盐工候江落石出时,于泉上搬去石碛为堆,乃得盐水。岁岁为之,泉位与碛堆不变。过舟者不知其故,妄传为诸葛亮布置之八阵图。
⑦ 邓少琴:《巴蜀史迹探索》,成都:四川人民出版社,2019年,第13页:朐腮,即今云阳,以地产蚯蚓故名朐腮。又《华阳国志校补图注》,第38页:朐忍音义……段注《说文》引《十三州志》谓:"即丘引,今俗云曲蟮也。"今按:蚯蚓随处多有,不得为此县特称。此县特点,在溪水中涌起盐泉……则所谓朐者,齐语海水之义,亦即谓煎盐之水也。忍者,腾突而不外著之义。是谓溪中盐泉潜涌之状耳……朐忍故城本在云阳万户坝,即盐泉所在处。后乃徙至汤溪口外大江北岸,即今云阳县治。去故治(今日云安镇)四十余里。
⑧ 《华阳国志校补图注》,第30页:临江县,枳东四百里,接朐忍。有盐官,在监涂二溪,一郡所仰。其豪门也家有盐井。又32页:此县在巴与秦,本曰盐江。汉作临江,非因其临江岸。凡巴之邑,无不临江。此邑虽亦在江岸,不得专临江之称也。巴国盐泉,皆去江岸远,惟此县二溪盐泉去江岸近而旺盛,巴人当发现甚早,兼以水旺面阔,利亚于巫泉,故早得"盐江"之称。"枳东四百里",正是今忠县位置。
⑨ 《四川上古史新探》,第274页。
⑩ 《川大史学·任乃强卷》,第309页。
⑪ 笔者定义"巴盐"乃地理物产,而作为川盐专有名词也有"巴盐"之称。林振翰:《盐政辞典》,北京:商务印书馆,民国十七年十一月出版,第39页:[巴盐]四川所产,凝结成块如锅巴,大者重二三百斤。水汽净而耗少,多销滇黔边岸。有火巴、碳巴、青口巴、白口巴等名称。诚谢自贡市地方文化研究者陈星生惠告。

| 第十一章 再说川盐：巴蜀华夏化云贵的长期载体 |

鸟瞰今日长江三峡之巫峡　　　　　　　重庆日报报业集团　张永才　供图　王正坤　摄

巫臷人过着神仙般美满幸福的生活。《山海经》形容他们"不绩不经，服也；不稼不穑，食也。"就是说不耕田不织布，都有衣穿有饭吃；还说那里"鸾鸟自歌，凤鸟自舞"[1]，森林茂盛，鸟兽成群，他们也不狩猎也不采摘，仍然就有肉和美味食用[2]。

坐落长江三峡中的今重庆市巫山县城　　　　　　巫山日报社　供图　王忠虎　摄

---

[1] 袁珂译注：《山海经全译》卷十五《大荒南经》，北京：北京联合出版公司，2016年10月第1版，2017年3月第4次印刷，第244页。
[2] 《川大史学·任乃强卷》，第306页。

现在的考古材料可以看出,巫山地区及周围的湖北郧县①、建始县②、都发现古猿的头骨和牙齿等化石;1988年11月19日的《人民日报》还以《我国发现二百万年前人类化石》为题,报道巫山县大庙乡龙坪村龙骨洞里,出土迄今东亚最古老的猿人化石③。这些古猿人是不是进化成了巫载人不能确定,但是这个地域是人类生存繁衍的乐土却是事实。从距今约7000年的巫山县刘家坝遗址中的文化遗存来看,这个地区确实早在此时已开始有盐业生产了④。

宁厂盐场位置图⑤

三日无盐,腿脚酸软！缺盐的部落会带着他们的粮食、畜禽产品,千里迢迢来巫载交换必需的食盐。因为盐,巴人的祖先才从鄂西夷水(今湖北清江)⑥上溯盐水(清江上游支流建始河)⑦来到这里,并自甘附庸该国⑧,专门为其运输、销售泉盐并逐步强

---

① 黄万波、侯亚梅、徐自强:《龙骨坡:200万年前的山寨》,北京:中华书局,2006年,第138-139页。
② 《龙骨坡:200万年前的山寨》,第138-139页。
③ 《龙骨坡:200万年前的山寨》,第10页:在我国,最早可上溯至200万年前的巫山龙骨坡文化。第125页:200万年前的巫山猿人,生活极其艰苦,但其行为方式却超越了动物一大步。巫山猿人的存在和繁衍,证明人类早在200万年前就已出现在东亚,是直立人(蓝田人、北京人、和县人……)的先辈。
④ 陆荣华:《略论渝东盐业运销制度的嬗变》,《盐业史研究》2003年第1期,第78页。
⑤ 图采自赵逵:《历史尘埃下的川盐古道》,上海:东方出版中心,2016年,第28页。
⑥ 董其祥:《巴史新考》,重庆:重庆出版社,1983年,第18-19页:《世本》说:"禀君浮土舟于夷水,据扞关而王巴。"夷水就是清江。扞关据《后汉书》说,"佷山有扞关",佷山就是现在湖北长阳县。
⑦ 邓少琴:《巴蜀史迹探索》,第25页。
⑧ 《四川上古史新探》,第268页。

大起来，一跃独立成为一方王国①，反过来吞并了宗主国②。后来楚从巴手里千辛万苦夺得此地控制权，正如大旱之望云雨，使得著名的美男子宋玉挥动他斑斓彩笔作赋，大肆讴歌楚王幽会神女。拨开《高唐赋》脍炙人口的华丽表象，能看到惊人的史实：渴求盐的楚人高兴坏了③。

巴人比巫䝞国人勤奋和务实，他们利用自身擅长水性的优势，沿长江及其支流上下左右行销巫盐④，不仅大肆扩张了势力，赚取了立国资本，还开发出更多的盐泉。作为长江中上游最早的水运商人⑤，巴人沿江销盐达于整个四川盆地⑥和附近的蜀人、青衣人、丹犁人、邦人、苴人、僰人、庸人等部落区域。就是成都平原的古蜀，也是在巴盐的有力支持下⑦，迟巴国数百年后才建成国家⑧。进入殷商时期，巴人还与武丁及其妻妇好所率的大军作过对抗⑨。殷墟留下的甲骨中，妇好参加针对巴方战争的卜辞发现有五片。其中一片：

> 辛未卜，争，贞妇好其从沚馘伐巴方，王自东夐伐，陷于妇好立。
> ［贞］妇好其［从］沚馘伐巴方，王［勿］自东夐伐，陷于妇好立。

这条卜辞是从正反两个方面卜问：命令妇好统率沚馘伐巴方，武丁亲自由东夐去攻打巴方在陷地的驻军，把溃败的敌军歼灭在妇好埋伏之处与否⑩。能让拥有"邦几千

---

① 《四川上古史新探》，第268页：到了后照时，由于巴族对于行盐有显著的功勋，便亦进为（巫䝞王国）诸侯，而有巴国产生了。
② 《四川上古史新探》，第272—273页。
③ 《四川上古史新探》，第257—258页：楚人宋玉《高唐赋》说：天帝之季女，封于巫山之阳，"朝为行云，暮为行雨。朝朝暮暮，阳台之下"。并对楚怀王说："闻君游高唐，愿荐枕席。"这篇赋是宋玉献给楚襄王的，不能凭空造谣。后世文人只欣赏他的文章，盛传这个故事，却未有人研讨过文章的实质。近世的科学家们，也只把它看作文人游戏，付之一笑而已。我试把它结合到巫溪盐泉来分析，觉得他所说的巫山神女，就是代表的巫盐。巫盐对于楚人的生活来说，正如大旱之望云雨。巫盐能运来满足楚人食欲，宋玉誉为自荐枕席。楚襄王时，被秦国夺取了巫盐，楚国大乱，襄王曾竭其全力夺回巫盐。宋玉的《高唐赋》，便是此时作来歌颂襄王的。楚文学，好借神鬼为寓言，不直陈其事。屈原文章便是如此，故其弟子宋玉也是如此。
④ 《川大史学·任乃强卷》，第306页：巴人善舟楫，能远行，使巫盐势力扩展至长江上游，与巴、涪诸水支流地带，至各地人皆知有巴人而忘巫䝞。
⑤ 《四川上古史新探》，第267页。
⑥ 《四川上古史新探》，第274页。
⑦ 屈小强、任丽洁：《巫䝞文化带的形成及其历史地位》，《三峡学刊》1994年第4期：（三星堆蜀人）大致是从鸭子河（古雒水）入石亭江（亦称雒水或洛水），再至金堂沱江，于泸州会长江，沿江东下至三峡川东地带，购回巫䝞国的泉盐。反之，巫䝞国和帮助巫䝞国贩运泉盐的巴族盐商、船工也正是沿此路线上溯进入雒水流域行盐的。
⑧ 任乃强：《说盐》，《盐业史研究》1988年第1期。
⑨ 王宇信、张永山、杨升南：《试论殷墟五号墓的"妇好"》，《考古学报》1977年第2期。
⑩ 王守信、张永山、杨升南：《试论殷墟五号墓的"妇好"》，《考古学报》1977年第2期。

里,维民所止"①的武丁夫妇亲陷战阵,两面夹击巴方在㐭的军队,反衬巴军的勇猛和强大。㐭字至今无释,如能识读,对于定位古巴意义重大。

因盐而兴,因盐而富,因盐而强,此时此刻,巴人踌躇满志,不断介入国际事务,联秦助楚,灭了庸国②,瓜分其地最多;趁褒人叛秦③,兵临秦岭,占据汉中④;越过大巴山,伐邓⑤伐申;联合蜀攻楚至其核心区滋方(今荆州松滋市)⑥;也曾派水军直抵楚国国都郢(今荆州),逼死一代楚王⑦。战国时"及七国称王,巴亦称王"⑧。当然,在盆地内与蜀"世战争"⑨,打打杀杀从没停止。最后搬起石头砸了自己的脚,亡于借来的救兵秦军的顺手牵羊⑩。

巴人开发和总控了巴蜀地域的所有泉盐产区,这些产区分别在巫溪、鱼复、临江、朐腮、郁山、洯井(今长宁双河镇)等处。秦灭巴蜀之前,巫溪、郁山、洯井等盐泉已经分别被楚、蜀侵占或者置换⑪。强大起来的楚国还虎视眈眈,对其他盐泉觊觎有加。

---

① 《诗经·商颂·玄鸟》。
② 《四川上古史新探》,第291页:文公十六年(前611)灭庸之役,值楚大饥,"戎人伐其西南",庸人、麇人与"群蛮""百濮"一齐联合攻楚。楚庄王勉强御之,"七遇皆北"。唯有求助于秦人与巴人。因巴人助楚,群蛮皆反与楚盟,百濮亦各还其邑,这才把楚国稳定下来。三国共同灭庸,瓜分其地。此役巴国功最多,得地最广。第215页:当庸国强盛时,几乎把楚国覆灭了,大巴山区的所谓"百濮""群蛮"都响应它的号召组成受它指挥的联军,有一举灭楚之势。但它的组织非常松懈,结果是次第解体,反使自己国亡地分。第214页:庸,是今湖北竹山县地。又《华阳国志校补图注》第61页:汉中郡,本庸国地。周匡王二年,巴、秦、楚灭庸,其地分属秦、巴。
③ [晋]常璩著、任乃强校注:《华阳国志校补图注》,上海:上海古籍出版社,1987年7月第1版,2011年7月第5次印刷,第63页、64页。
④ 《四川上古史新探》,第278页:在巴与秦、楚三国灭庸而分有其地之后,四国(引者注:包括蜀国)争夺汉中的拉锯战便开始了。战国中叶,巴国曾经乘汉中人民叛秦之际,据有汉中与苴国之地。又后乃为蜀人夺去。又《华阳国志校补图注》,第123页:周显王之世,蜀王有褒汉之地。
⑤ 《四川上古史新探》,第290-291页:《左传》桓九年(楚武王三十八年),"巴子使韩服告于楚,请与邓为好"。这是巴准备越过楚境从邓境通商到中原去,请楚为之介绍。楚王立即派人去办。邓国的鄾邑人杀害了两国使臣,夺去所携的货币。楚国又派大将斗廉率军助巴师攻邓。"邓师大败",这是巴国越过楚境远征至邓的一次战役。
⑥ 《华阳国志校补图注》,第11页。
⑦ 《四川上古史新探》,第291页:庄公十八年《左传》:"楚文王即位,与巴人伐申,而惊其师。巴人叛楚而伐那处(原作者注:沿江地名,相当于今之董市。引者注:邓少琴:《巴蜀史迹新探》第68页:那处之地,就在今荆门那口),取之。遂门于楚。楚人御之,大败于津。"当楚子战败回郢时,守城的鬻拳不敢开门,把楚子逼到黄国去(今黄冈),死于军中。
⑧ 《华阳国志校补图注》,第11页。
⑨ 《华阳国志校补图注》,第11页。
⑩ 《华阳国志校补图注》,第11页。
⑪ 《四川上古史新探》,第314页:长宁盐泉从洯江侧涌出,故俗称"洯井"。产量虽小,却自巴人发现,进行隔开淡水,汲泉煎煮以来,产量始终如一,未衰竭过。早在蜀王开明氏时,已经从巴国取得了这个盐泉。取得的方式,或许是和亲,或许是战争,也可能是用鄨、苴、梓潼地方与巴交换。总之当在巴国都邑向阆中方向移进,放松了商业,倾向于农业的时候。巴国向北发展,蜀国乘机向南发展,自然就会有办法取得这个盐泉。而巴国在满不在乎的忽视下,失去了这个盐泉。又292页:由巴蔓子请楚援的故事,可知战国年代,巴人经营的盐业已有一部分转入楚人手中了。巴东有些盐泉产地。亦渐为楚所侵占。例如巫泉与郁山盐泉,是很明显的。

第十一章 再说川盐:巴蜀华夏化云贵的长期载体

秦横扫巴蜀时,楚趁机把巴东所有土地和人民收入囊中①,进一步加剧秦国攻占巴蜀后无盐的困顿。还以盐为载体,扩大对牂柯地域的经济侵略②。

牂柯的记载始于《管子·小匡》篇中③,是公元前7世纪,齐桓公称霸后得意洋洋的命令中透露出的历史信息。他吆喝说:"南至吴、越、巴、牂柯、䍧、不庾、雕题、黑齿、荆夷之国,莫违寡人之命!"④

这句对国际形势分析之语,让古牂柯国跃入中华的历史瞬息悠久起来。它因建于牂柯江流域而得名,该国指向大体明确,就是今黔滇桂一带,缩小点来说,就是滇东黔西桂西北。这个古国与后来崛起的夜郎国,应该有存续关系,夜郎崇拜竹王,而牂柯就是竹的音转⑤。牂柯地区不能产盐,巴、楚先后以盐为诱饵,对其役属。蜀开明保子"帝攻青衣,雄张獠、僰"⑥后,又屈服于蜀国,成为蜀之园苑⑦。武力震慑和经济命脉的左右下,牂柯东摇西摆,也是寻求自我生存的必然选择,别无他法。

盐可厄国,盐可制民。盐的生产和销售产生的强大经济驱动,就历来被统治者攥在手中不容松懈。

盐的生产和销售由官营而私营或者官督商销等多种模式,是历代封建统治者不断总结和改进的控制方式,总的目的都是为了增加财税收入。不管怎么样,因为需大于供,盐业产销业主都赚得盆满钵满,全国各地争相涌来的人口,要么凿井,要么销盐,要么在盐业的上下游领域点缀为一颗永不停摆的链条,嘤嘤嗡嗡,其乐融融,其富敌国。陈世松认为,湖广填四川的第一波,就是因为元末明初川南以今天自贡为中心的盐井大量开采,需要众多产业工人而自发出现的人口迁徙潮流⑧。看来,历史教科书中关于中国资本主义萌芽率先出现在江浙这一表述,值得拓宽视野再认真提炼。

随着资本积累,盐业产销业主开始进行各类跨界经营,开办酒业、置办钱庄、经营客店者相继涌现。在仁岸,盐业巨贾华联辉就涉足酒业产销,从泸州请来酿酒师,"成

---

① 《四川上古史新探》,第309页:在秦灭巴蜀的战争中,楚国已乘时抢先占据了枳县以东的沿江城邑,和枳县以南的黔、涪、五溪的巴国故地,置黔中郡。
② 《四川上古史新探》,第308页:楚国的商人,早已从清江河谷深入到巴的地方,占领郁山盐利,行商到鳖邑与且兰地区。
③ 《华阳国志校补图注》,第321页。
④ 祥见第七章第一节注□。
⑤ 《华阳国志校补图注》,第321页:竹,夷语译音,其声本为"牂柯",促读之则为竹也。
⑥ 《华阳国志校补图注》,第122页:开明位号曰丛帝。卢帝攻秦,至雍。生保子帝。保子帝攻青衣,雄张獠、僰。
⑦ 《华阳国志校补图注》,第118页。
⑧ 元史学者、客家研究学者、四川省社科院移民与客家文化研究中心主任陈世松教授2016年7月20-22日在"重庆·荣昌填川移民文化学术研讨会"发表的主旨演讲:《元史·儒学·瞻思传》载:顺帝至元二年(1336),襄汉流民聚居宋之绍熙府故地(今荣县等地)至数千户,私开盐井,自相部置。

裕酒房"盛极一时[1],最终成为国酒茅台的主源之一;二郎滩头的回沙郎酒,也是在盐商一手促成下诞生并神采飞扬。

相对中原和江南,地处祖国内陆腹地的川滇黔西南数省由于交通、信息等因素,看似整体落后于这些地方,但四川的商贸和文化,却呈现云蒸霞蔚之势,其中盐业开采运销的驱动,是带动西南经济的强推器和领跑云贵川文明的润滑剂。

逶迤在贵州金沙县城边的五里坡古盐道,其中马蹄所踏之印深达四五厘米　　　　李光华 摄

井盐通往贵州等地运销节点,不断有城市或场镇因之而兴。龚滩守护乌江声名鹊起,桐梓承接渝南拨地而扬,打鼓新场自发扩容跃为县城,瓢儿井(瓢井镇)驮马和背夫让其名播四方,兴义兜底川盐闪耀黔桂,安顺中转川盐秀美中国,遵义小邑腾升贵州第二大城。仅在赤水河一线,就涌现先市、九支(对岸留元坝发展成为赤水城)、复兴(北宋仁怀县治)、炳安、猿猴(元厚)、土城、太平、二郎、茅台、青池等一大批近古城镇,成为当时的星光灿烂。赤水市档案馆珍藏的清代档案,盐业内容令前来考察的曹树基教授叹为观止。

---

[1] 彭恩:《清代川盐入黔与贵州赤水河流域发展》,辛克坚主编:《赤水河流域经济文化综合研究文集》,成都:西南交通大学出版社,2012年,第153页。

| 第十一章　再说川盐：巴蜀华夏化云贵的长期载体 |

赤水河沿线因盐而兴的现代场镇数不胜数，先后兴起了丙安、复兴、元厚、太平、二郎、茅台等集镇。图为四川合江县境内的先市镇，因盐而兴，至今以盐为主的醋业、酱油业享誉川黔

泸州市摄影家协会　王伟　摄

这些城镇，都大张旗鼓修建有雍容华贵的聚集场所。陕西的西秦会馆、广东的南华宫、福建的妈祖庙、江西的万寿宫、两湖的禹王宫、四川的川主庙，星罗棋布，琳琅满目，这些场所既有祭祀作用，供奉各自的尊主；也有娱乐功能，搭有戏台，是腰缠万贯的盐商等生意人思亲、祭祖、休闲、议商的心仪之地。

陕西盐商所建自贡西秦会馆今貌　　　　　　　　　　　　　　　自贡市文旅局　供图

第二节　秦争巴盐而一统天下

巴蜀是我国唯一出产井盐的地区①，为了争夺盐产地控制权，华夏中央政府或者域内地方割据政权，从来都是对南面方国政权觊觎行为进行强烈打击，绝不敢、也不会手软。早在先秦，秦楚在四川就有长达数十年的拉锯战，即乃争盐之战。这次争夺，都拼尽了你死我活，更是竭尽了举国之力。

秦灭巴蜀，楚人趁势分羹，吞占了早就垂涎的全部巴东盐泉②。

当时态势，除僰地的郁井因僰侯南逃越南另建新国而被秦掌控外，巴人的盐泉，尽没楚手。

楚师与北来的秦师相反，是从国内最西面的黔中郡郁山盐泉挥师北向，顺丹涪水③而来，攻占巴国的故都枳（涪陵）④，直抵秦国刚灭巴新控的江州（重庆）。秦国君臣争论半天才统一意见的这场吞巴灭蜀之战，虽然占有了巴蜀的大部分土地和人口，但以食盐为代表的经济资源，却被楚国渔人而去。

况且，楚人布局巴蜀的胃口何止小小的枳？它一面顺江斩断巴头已掉的巴尾，就是把㴍（音gàn）井、涂井、长滩井、温汤井、云安井、白盐碛等七大泉盐产区，打包没

---

① 《四川上古史新探》，第24页：地下食盐溶于水，经人工作井取出者——井盐。我国唯四川省（引者注：含重庆市）有之。
② 任乃强著、任新建编：《川大史学·任乃强卷》，第311页：秦灭巴蜀时，楚亦进兵夺巴国枳邑以东诸盐泉。巴御秦，不能自顾江州以东，故楚取之甚易。
③ [晋]常璩著、任乃强校注：《华阳国志校补图注》，上海：上海古籍出版社，1987年，第41页：涪陵郡，巴之南鄙。折丹涪水，本与楚商于之地接。秦将司马错取楚商于之地为黔中郡。又第42页：丹涪水，今彭水县之郁江（郁山河）也。发源于湖北利川县，经黔江县、彭水县入乌江（黔江）。黔江县有古丹穴，周秦世产丹甚壮。其丹循此水，转乌江至枳，运销全华……涪与浮通，渭水多激急多泡沫。巴蜀水称涪者多。蜀有涪江、沫水。巴有巴涪水、丹涪水。并是此意。郁山有盐泉，在此水侧。"折丹涪水"者，谓由乌江转溯丹涪水，至郁山盐泉，是蜀汉涪陵郡治，其盐行销于荆南、五溪（汉武陵郡）与乌江中上游，皆故楚之商于之地。司马错灭蜀、巴后，与楚争巴东盐泉，曾先取楚商于之地为黔中郡。常氏意：当时秦黔中郡治，即蜀汉涪陵郡治，其道由枳入也。然前已明言错初伐楚置黔中郡，系自巴涪水入。实未得枳。错军不能从枳折入丹涪水。但能自鳖邑横取郁山盐泉耳。又任乃强：《四川上古史新探》，成都：四川人民出版社，2019年，第285页。
④ 任乃强：《四川上古史新探》，第292页：在秦灭蜀、巴的战役中，楚国乘势占领了全部巴东盐泉。占领过程，是由郁山顺乌江占领了枳邑，于是自枳以下，占领沿江城邑，如平都（今丰都）、临江（今忠县）、朐忍（今云阳）、鱼复（今奉节）与巫山的盐泉地区。楚国并在巫山和枳邑驻有重兵，抵御秦人。时为楚襄王初年。于此。导致了秦与楚争夺巴东盐泉的战争。

收①；一面还在枳地以逸待劳虎视劳师远来的秦军,时刻准备着出"秦"不意舞刀弄剑"解放"巴蜀。怀揣利刃,咄咄逼人。

秦本指望以巴蜀的富庶作为巩固的后方基地,用来支撑大军东出函谷关,去争夺东方诸国控制权。现在,巴蜀民众因楚控盘食盐后的凶焰炙天,闹起了盐荒。秦人焉不如鲠在喉？焉不双眼血红②？

秦楚之战,势不可免。正因为这场战事,使"楚得枳而国亡"③,被秦提前削去了这个七雄中的翘楚地位；也使秦在一扫六国前,无意间瞥得一丝鲸吞天下的靓丽端口,惹得更加奋不顾身"扑街"天下。回顾历史,有不少人也许还是贯有思维以为秦灭六国是因其强大；而我要加一条：还有运气。因为灭了巴蜀后必争盐泉,与楚也要誓死保卫盐泉之间的矛盾,两大国火并的余烬,就突然腾串而起,让秦人看到了君临天下那闪闪发光的希望。

战前形势,先观蜀。此时秦势力在蜀地为主,他们把打变了人形的蜀贵族紧紧攥在手里,套一身"侯""相"④之袍呼去唤来作傀儡⑤,为秦实现并吞中原打造一劳永逸的后方基地这一长远战略,被迫起到对普通蜀民摇头晃脑的象征性发号施令作用。但他们稍有异动,以秦国商君之法的严苛,予以轻则废,重则杀,三十年间被三立三废⑥,最后弃如破履,由秦人直上前台亲自指手画脚⑦。

为进一步巩固巴蜀这方对垒中原的后院,秦人一面实行郡县制⑧,筑城成都、郫城

---

① 《四川上古史新探》,第292页、第248页。
② 《四川上古史新探》,第293页：蜀国本身,也出产一点盐,但主要是仰给巴盐。巴国自垫江以北红土丘陵区的农民,也是仰给于巴东盐泉的。秦灭蜀与巴时所占领地区,恰只有这大大片仰给巴盐的地区。巴东盐泉全被楚国占去,给秦国以很大不利。若还秦、楚交恶,楚国不肯把盐输过江州(今重庆市),则秦所占的蜀、巴、汉中三郡人民大困,秦在蜀、巴政权不得稳固,将迫使其人民转而附楚。这一着,是秦最为痛苦而无可奈何的。无可奈何之下的办法,就只能诉诸战争。
③ 《川大史学·任乃强卷》,第326页：为争夺盐泉之利,秦楚进行了数十年之久的战争。史谓"楚得枳而国亡",前人多不解。其实,即指楚占巴东盐泉,犯秦所必争,故遭强秦所灭。
④ 《史记》卷七十《张仪列传第十》,第2284页：(秦)卒起兵伐蜀,十月,取之,遂定蜀,贬蜀王更号为侯,而使陈庄相蜀。
⑤ 《四川上古史新探》,第130页：《六国表》作"蜀反。司马错往诛蜀守恽,定蜀"。不作蜀侯反,而作"蜀反",是有蜀仍以傀儡国存的意味。
⑥ 《华阳国志校补图注》,第128-129页。
⑦ 《华阳国志校补图注》,第129页：但置蜀守。第132页：其时蜀守政权已固,天下行就统一,故遂但置蜀守也。
⑧ 《华阳国志校补图注》,第11页：置巴、蜀、及汉中郡。分其地为四十一县。

（郫都）、临邛（邛崃）①、江州②等；一面大兴水利，修都江堰，疏浚岷江、沱江，开凿盐井③；一面还大肆殖民，"移秦民万家实之"④，实行同文同制，人口结构上淡化反叛的蜀民族群的基础。

又看巴。巴灭于秦纯属擦枪走火。已被农业文明洗脑⑤加上为与秦、楚、蜀互争汉中⑥，不断从固陵（云阳固陵镇）而平都（丰都）而枳而江州而垫江（合川）而阆中的巴王⑦，为在前来哭求的苴侯面前人模人样充老大，跑到秦国借兵救苴而引发蜀亡⑧。不料唇亡齿冷，连横大师张仪们贪其富庶，攻下江州后，避开楚军锋芒，上溯西汉水（嘉陵江）扑向时巴王所居都城阆中，小鸡般擒其回师咸阳。不过，秦对巴王的态度还算温柔，竟让其"世尚秦女"，娶了秦女为妻后，降为蛮夷君长，遣回故地继续配合秦人⑨，在巴境辖控蛮勇的巴人和对付狼子野心的楚人。

秦对巴王、蜀王迥然不同，何以如此？这又要分析楚国在巴地的态势了。秦灭巴蜀之战，因追击号称蜀王子泮的蜀侯顺江所逃路线，自然从武阳（彭山江口镇）顺岷江转长江入新乐⑩（今长江与清江交汇处）巂侯国邑⑪。得知巂侯东走，当然循江追杀。武力进入江阳等巴地后，消灭蜀残余的战略目的已经被急迫夺取巫盐的欲火烧炽，改而径东拿下江州欲顺江再拔巴东。但是，捷足先来的楚军却突然横亘于前，因为他们已趁巴秦相争，以地缘优势，自东、南夹击，径取了巴国这些盐产区并以逸待劳，直面秦

---

① 《华阳国志校补图注》，第128页：（张）仪与（张）若城成都，周回十二里，高七丈。郫城，周回七里，高六丈。临邛城，周回六里，高五丈。造成下仓，上皆有屋。而置观楼，射蘭。
② 《华阳国志校补图注》，第11页。又13页：秦巴郡初治阆中，因巴故都，兼领汉中九县。时自枳以下，为楚所取，只江州以上属秦，故必然如此部置。如此，则阆中适居中位。分置汉中郡后，阆中即嫌偏北，郡治当已南徙于垫江（引者注：今合川）。兼顾巴西、东。由于自枳以下，巴东盐泉为秦所得，巴、蜀、汉中食盐仰给于楚，势将为楚所制。故秦必全力争夺巴东盐泉。张仪于水运枢纽之江州筑城，以为伐楚后勤之备。江州城成，司马错即倾蜀全力以争盐泉，郡治亦必已徙入江州城矣。
③ 《华阳国志校补图注》，第133页。
④ 《华阳国志校补图注》，第128页。
⑤ 《四川上古史新探》，第277页。
⑥ 《四川上古史新探》，第278页。
⑦ 《四川上古史新探》，第274-276页。
⑧ 《华阳国志校补图注》，第126页。
⑨ 《后汉书》卷八十六《南蛮西南夷列传第七十六》，第2841页：及秦惠王并巴中，以巴氏为蛮夷君长，世尚秦女，其民爵比不更，有罪得以爵除。其君长岁出赋二千一十六钱，三岁一出义赋千八百钱，其民户出幏布八丈二尺，鸡羽三十鏃。
⑩ 《四川上古史新探》，第315页。
⑪ 《四川上古史新探》，第315页：这个巂侯的国邑，原就在清溪与长江的汇口，距清井不到十千米。近世都还有建筑遗迹可见。

军。血淋淋的史实一再警示我们,即使如楚巴这种世代姻亲之邦①,为了生存利益,也会趁危打劫,何况所谓友谊的小船,自然会说翻就翻。

大城重庆鸟瞰(摄于2018年) 重庆日报报业集团 张永才 供图 王正坤 摄

再看楚这个诞生三闾大夫屈原的泱泱之国,从西周到春秋到公元前223年灭于秦,一直有众多争论重重裹挟。各种声浪中的重心,是妖魔化其非华夏正宗,所受周天子爵位也不过"子"而已②。从当代的最新研究成果表明,楚国王族的民族成份,确实出于羌族,大概是羌支中深谙华夏文化的一支③;其庶民荆人,也出于羌。只在熊渠之后,所征服的民族部落已多,才形成为异于羌俗的"楚文化",并逐渐转为华族④。历代楚君"师夏师夷",且自甘不正宗,称"我蛮夷也"⑤,知变通,懂进退,在西方和南方,

---

① 《华阳国志校补图注》,第11页:战国时,(巴)尝与楚婚。又第12页:《左传》昭十三年(公元前五七七年),楚"共王无冢嗣,有宠子五人,无適立焉。乃……与巴姬密埋璧于大室之庭,使五人齋而长入拜"(约曰:"当璧而拜者,神所立也。")是共王正妃,即是巴王之女。又《路史·国名纪》曰楚灵王妃,巴姬也。是春秋时巴与楚已世婚矣。何待战国时乃"尝与楚婚"哉?
② 《华阳国志校补图注》,第4页:古者,远国虽大,爵不过子。故吴楚及巴,皆曰子。
③ 任乃强:《羌族源流探索》,重庆:重庆出版社,1984年,第84页。
④ 《羌族源流探索》,第85-86页。
⑤ [西汉]司马迁:《史记》卷四十《楚世家第十》,北京:中华书局,1959年9月第1版,1982年11月第2版,1982年11月北京第8次印刷,第1692页。

灭庸制巴、深入牂牁、号令越濮,"汉阳诸姬,楚尽实之",先后灭国五十有二,迅速成为强大之邦,一度还成为春秋五霸之一。

楚、秦开战时,楚势力占有今鄂西、渝东、渝南、黔东、黔北大片原巴地,并对牂牁地域内的鳖、平夷、且兰、鳛等夜郎联盟部落方国诱以盐利,成为自己的"商於之地",从东北的汉中郡(陕西安康、湖北竹山等地),东的巫黔中郡(渝东、鄂西),南的今渝南、黔东北(后来秦设为巴黔中郡)等数面,对秦在巴蜀的势力形成了半包围态势。

而且,重要提醒:楚人赖以生活的食盐,也就是巫盐,他们不得不誓死捍卫。楚之所以与巴长达数百年周旋,也是由于巴掌控盐泉,风头强过正在筚路蓝缕的弱小之楚,被扼咽喉,才忍气虚与委蛇。楚异军突起后,能继续容忍巴在卧榻之侧,甚至婚嫁往来、联袂拓土①,双方共同"友好"妥协的结果就是,你必须卖盐给我,我保证不灭你国。

咚咚鼙鼓动地来,好戏就这样敲锣了:秦人的巴蜀要巫盐维系民众,楚人要巫盐支撑国本。谁能让谁?对撕,没有回旋。金戈铁马,箭镞如雨。

前期:攻方,秦;守方,楚②。中期:庄蹻出场,短暂易攻守③。终局:秦胜,楚败④。

秦能仰天大笑直至终场,得力于北、南两线作战的优势,得力于心狠手辣的旷世名将白起纵横捭阖⑤,得力于司马错四度入蜀⑥熟悉地利巧借巴涪水(今赤水河)踹足楚

---

① 《华阳国志校补图注》,第10-11页;《春秋》鲁桓公九年(前703),巴子使韩服告楚,请与邓为好。楚子使道朔将巴客聘邓。邓南鄾攻而夺取币。巴子怒,伐邓,败之。其后巴师、楚师伐申……鲁文公十六年(前611),巴与秦、楚共灭庸。又《四川上古史新探》,第291页:有人认为巴通使外国都得请命于楚,是误解。
② 《四川上古史新探》:第293-296页。
③ 《四川上古史新探》:第296页:但楚顷襄王不能甘于亡国。他奔陈之明年(引者注:前278),又纠合十万之众,乘秦师归国后,打回郢来。沿江十五邑人民纷起响应,包括有大盗庄蹻在内,各自驱逐了秦置的守令,复还为楚。这所谓"沿江十五邑",主要就是宜都、西陵(夷陵)、秭归、巫山、鱼复、朐忍、临江、平都、枳与郁山等产盐和盐运中心的城邑。
④ 《四川上古史新探》:第296-297页。
⑤ 《华阳国志校补图注》,第13页:(秦)乃以大将白起率军,越韩境,兼出汉中与商鄀,"拔鄢、西陵",切断巫盐入楚水道。明年,遂"拔我郢、烧夷陵"。楚因巫盐道绝,失盐,军溃,顷襄王东走保陈。又《四川上古史新探》,第295-296页:秦既不能从巴蜀取巫郡,乃遣大将白起率师,越韩国以向楚的旧都、鄢邑,并以别军出汉中与商、鄀,同取夷陵(今宜昌),截断郢与巫盐的水上运道(《六国表》在顷襄王二十年)。这一着,可成功了。于是楚人惊乱,顷襄王所率之军自行崩溃。襄王东奔陈邑。秦取鄢、郢、烧夷陵,使巫郡失去后援,于是蜀守张若之军轻轻松松就把巫郡取得了。秦以鄢、郢、夷、巫诸地置南郡,实现了司马错"楚地可得"的目的。
⑥ 《华阳国志校补图注》,第126页:司马错第一次入蜀是"周慎王五年(前316)秋,秦大夫张仪、司马错、都尉墨等人从石牛道伐蜀"。第128页:第二次是公元前309年,"秦遣庶长甘茂、张仪、司马错复伐蜀,诛陈壮"。第13页:"《蜀志》周赧王七年(前308)即灭蜀后八年,司马错击巴、蜀众十万……浮江伐楚"。第129页:第三次是周赧王十四年(前301),"遣司马错赐(蜀侯)恽剑,使自裁";第13页:第四次是前280年,"《秦本纪》'司马错发陇西,因蜀,攻楚黔中,拔之'"。

背①。更为重要的还是气势,秦人那咬定青山以气吞山河的豪情,自立国开始就在体内荡气回肠,直至始皇帝槊扫华夏成就赫赫帝国。

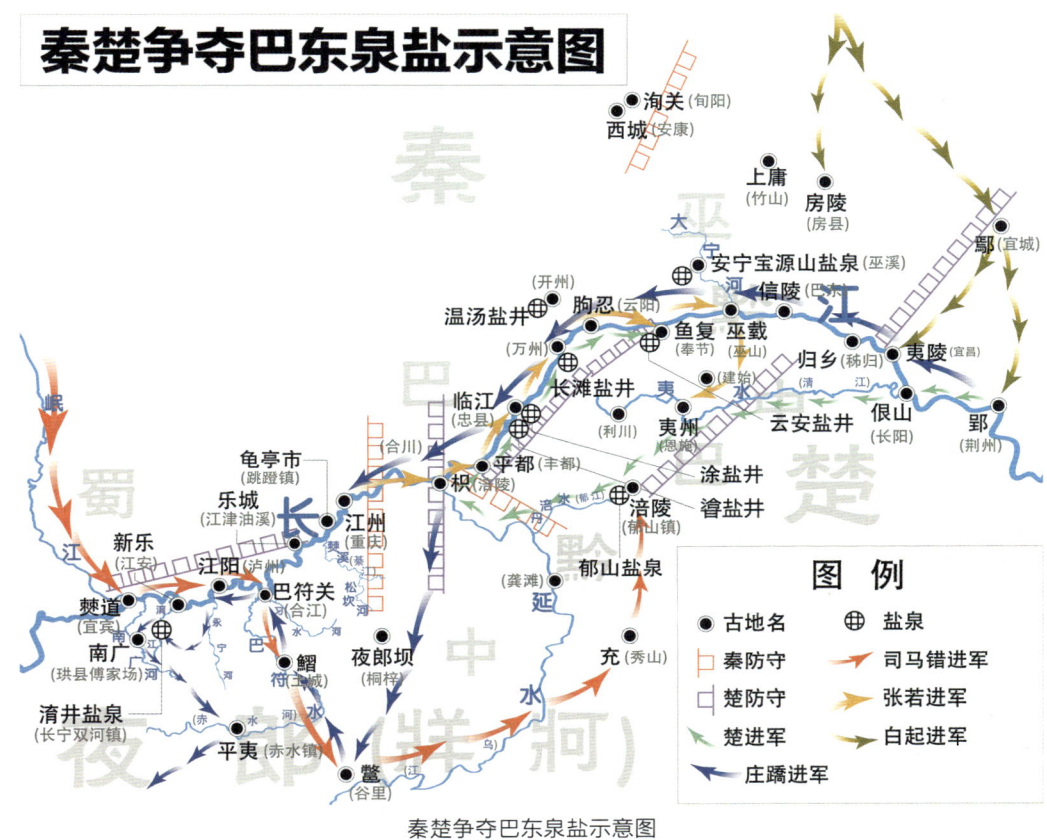

秦楚争夺巴东泉盐示意图

有如后世蒙宋四川用兵,秦楚在巴地之战长达半个多世纪②。秦的胜出,再次印证春秋战国时期无数纵横家之一、也就是那个著名的苏秦的族弟苏代那句伟大的预言:楚得枳而国亡。也预示了楚趁秦灭巴蜀时尽占巴东盐泉的好事,到头来成为"福

---

① 《四川上古史新探》:第294页:(周赧王七年,前308年,司马错)大举伐楚。但收效甚微,江州以下的水道,被楚国舟师拒绝了,攻不动,所以才经由巴涪水进军。巴涪水,即今之赤水河。《史记》《汉书》作"符水"(有巴符关,在今合江县)。巴涪水小滩多,行舟不远,即当陆行趋向鳖邑,从枳邑后方攻取黔中,可能夺得郁山盐泉,但粮运困难,不可能更进夺枳。只取得了郁山盐泉与一部分楚国的商於之地,便罢兵了。这次战役,使巴郡的清江盐泉可以安全生产,不再受楚军的威胁,又夺得了郁山盐泉,增添了盐的给源。第295页:《秦本纪》昭王二十七年(即楚襄王十九年),司马错"发陇西,因蜀,攻黔中,拔之"。这次大举,巴、蜀兵为主力,更征伐到陇西之军。大概仍是从巴符水入,取了郁山盐泉,再置黔中郡,留兵戍守。或许还取得枳邑,打通了黔中水路。
② 从公元前316年秦灭巴蜀开始与楚在今川渝境及附近争战,至前241年楚被迫迁都寿春,战争断断续续进行了75年。笔者认为这场影响中国历史进程的秦楚巴蜀争盐之战,可称为"秦楚七十年争盐战争"。

兮祸所伏、祸兮福所倚"这句成语的殉葬标志。楚在秦由北向南和由西向东两路大军的夹击下，祖陵（夷陵，今宜昌）不保、都城（郢都，今荆州）不顾，奔逃而东[①]。最后，祖先鬻熊开创千年的基业，在屈原悲愤满胸的长太息声中，无可奈何土崩瓦解。反之，"如秦灭巴蜀时就已取得了巴东盐泉之地，就不会发生这几十年的秦楚战争，也不会有蜀地凿井煮盐之事，而楚国也不可能延命到公元前223年。"[②]也就是说，如果不是因为盐，秦楚不会以命相搏，两国的正面战争不会在"西僻之国"[③]的巴蜀交手。正是因为在巴蜀战胜七雄中敌方的排头兵，大大削弱抗秦的有生力量，才促使虎狼之秦放心对付东方诸国，加速了灭六国的滚滚车轮。不过，随之流传出的"楚虽三户可亡秦"这句谣谚，神一般料定终极长笑的还是楚人，刘邦攻入咸阳，项羽尽灭诸嬴。大汉帝国通身流淌着楚人血脉，所延国祚三百年，汉人之称迄今不绝。

古称枳的重庆市涪陵区在小田溪持续半个世纪的考古发掘中，出土了众多巴文化元素精美文物。该城作为乌江之入江口，川盐销运黔东必经此处。图为2022年7月7日笔者观摩涪陵博物馆，与涪陵区委宣传部副部长薛秋红（前左一）、区博物馆馆长黄海（前左二）等人讨论古巴相关问题

[①]《四川上古史新探》，第296页。
[②]《四川上古史新探》，第297页。
[③]《战国策》卷三《秦策》：夫蜀，西僻之国也，而戎狄之长也。又《华阳国志校补图注》，第126页：夫蜀，西僻之国，戎狄为邻。

第十一章 再说川盐:巴蜀华夏化云贵的长期载体

争盐自此,秦益强,楚愈弱。最终王翦的60万秦军虎贲咆哮,尽灭其国;并由尉屠睢、任嚣等所率,继续向南扫荡南越、西瓯、骆越,摇身变作"蛮夷大长"的秦人余脉赵佗还与此前南逃的蜀蚕后裔安阳王,又大战南海之滨。

秦楚争盐时秦苦于楚扼控巴东泉盐,其中或许有李冰随军参战,回到川西后,愤而发明井盐开采技术"以自救"①。他或许在与楚交战中留心观察巴东盐泉生产情形得到启示②,疏浚岷江和沱江时,在成都平原的广都地域首先创造井盐开采③,此谓为大井④。虽然挖掘不易,用工成本高昂,也使蜀地民众骤然腾升希望,各地寻找盐脉之风猎猎。从秦到清,巴蜀从南长宁到北汉中,从西盐源到东巫溪,泉盐和井盐的盐井开采达到8456口,最终形成规模庞大的川南富荣犍乐、川北西充南部、川中射洪蓬溪、川东云阳大宁等五大盐场主产区⑤。

巴蜀盐业继渝东靠自然盐泉生产方式后,伟大的四川先民在川西、川北、川南等地,都实现了掘井采盐技术,向深浅一两百米到超千米的地层索要宝贵的生活资源。由此深邃地层的开凿,还诞生了世界上最早的石油和天然气开采案例。

到了宋仁宗年代,小井开凿技术这项全世界伟大的发明,四川各地应运而生。李冰的大井掘采时口大底小,深不过五六百尺;小井被形象地称为"卓筒井",井口与底部大小基本相同,井径不过五、六寸⑥,到清代所凿最深的一口达1001.4米⑦。该井因伴有天然气出现,被取名燊海井,直到现今尚有盐卤水源源而出。

---

① 《四川上古史新探》,第297页:当楚国坚守巴东盐泉地区以制巴蜀,蜀民惊慌失措之时,蜀守李冰,创取井盐法以自救。勉强获得安定巴蜀,终于待得楚亡。
② 《四川上古史新探》,第151-152页:蜀人从(秦)军攻取巴东盐泉的人(或有李冰在内),看到盐水从地下涌出,料到四川盆地的下层有盐水……并研究地文形式,揆度盐层所在,反复实践之后取得的成绩。
③ 《华阳国志校补图注》,第134页:(李冰)又识齐水脉,穿广都盐井,诸陂池。第141页:李冰前,蜀人食盐仰给于巴。秦灭巴时,巴东盐泉为楚所据,张若等争之,久乃克有。当尚未得到巴东盐泉时,李冰创为盐井之法,图盐自给。其最先开创之盐井在广都,故曰:"穿广都盐井。"秦广都县境,包括今双流与仁寿广大地面。自仁寿县治以北,至籍田铺、秦皇寺、贵平寺一带,地层上都积有盐水。李冰识之,故最先掘井于此。
④ 《华阳国志校补图注》,第141页。
⑤ 宋良曦、钟长永:《川盐史论》,成都:四川人民出版社,1990年,第10页。
⑥ 彭久松、张学君:《我国古代地质钻井史概说》,自贡市盐业历史博物馆编,彭久松、陈然主编:《四川井盐史论丛》,成都:四川省社会科学院出版社,1985年,第33-35页。
⑦ 彭久松、张学君:《我国古代地质钻井史概说》,自贡市盐业历史博物馆编,彭久松、陈然主编:《四川井盐史论丛》,第40页。

第三节　江阳之盐的重要性与日俱增

随着比生产泉盐更加先进的凿井技术出现,江阳、南安(乐山)等处井盐被大量开采利用。东汉以后,盐产量大幅提升,贵州大部和云南东北部对川盐的依附更为显著,直至民国,一以贯之。

位于沱江支流釜溪河的四川富顺县邓关镇,是富顺、自流井、公井井盐外销的咽喉之地,图为当年繁忙的盐运码头旧址　　　　　　　　　　　　　　　　　　　富顺县文广旅局　供图　张健伟　摄

江阳县所属的富顺地域,汉时掘出富世井①后,地位逐步提高,"江阳之盐"②名声响亮,东汉章帝时,通过崔骃所著《博徒论》记载,有学者循此文化信息详细推论,"所谓

---

① [晋]常璩著、任乃强校注:《华阳国志校补图注》,上海:上海古籍出版社,1987年7月第1版,2011年7月第5次印刷,第180页:(江阳县)有富世盐井。又182页:《元和志》:"富义县,本汉江阳县地。周武帝于此置富世县。贞观二十三年改为富义县。"又云:"富义盐井在县西南五十步,月出盐三千六百六十石。剑南盐井,唯此最大。"盖李冰式之脽井,以盐汁浓,自汉魏即已开凿,晋已有富世之名,后周因井以置县,至唐犹大盛。宋代筒井大兴,此井乃废也。[宋]王象之:《舆地纪胜》卷一百六十七《富顺监·古迹注》:江阳有富世盐井,以其出盐最多,商旅辐辏,百姓得其富饶,故名。
② [唐]虞世南:《北堂书钞》,中国书店,1989年,第616页。又《川盐史论》,第25页:东汉章帝时,崔骃所著《博徒论》即写到"江阳之盐"。

'江阳之盐',很可能是曾经以沱江为主要运输系统的重要盐产区产品的共有名号",江阳就是四川盐业生产基地和向南运输集散的"蜀中重郡"[1],产生了以盐业销售为主的"江阳市"[2],盐的运销成为沱江下游最重要的通道行为。为了加强这个四川盐业生产基地和向南运输集散地的控制,汉中央政府驻节枝江都尉[3]于此,东汉末年升格为郡[4],蜀汉时调派赵云[5]、张翼[6]等名将攻占或者镇守。看来,战争年代对盐产地采取特殊军事行动势在必然。

富世井的价值北周时进一步凸显,其地升格为富世县[7],因避唐、宋两位太宗名讳,最终改名富顺至今。唐代该井即成为剑南道最为高产的盐井,贸易活跃,通达四方,时至今日,西班牙瓦伦西亚博物馆还收藏有铭刻"富顺县"字样的银锭[8]。

---

[1] 王子今:《秦汉交通史新识》,北京:中国社会科学出版社,2015年,第192页。
[2] 详见第三章第一节《巴蜀的"市"是西南经济文化高地》。
[3] 《华阳国志校补图注》,第181页:枝江都尉,两《汉书》不见。盖亦如涪陵都尉,为刘二牧时,因犍为郡境辽阔而形势分散,分设都尉以治盗贼,划有属县,遂因程石大姓之请,升为郡也。枝江者,沱江之别称。
[4] 《华阳国志校补图注》,第180页:(江阳郡)建安八年(203)置郡。江安程征、石谦白州牧刘璋求立郡。璋听之,以都尉广汉成存为太守。第181-182页:江阳郡,因袭旧县名为称。治城在江之北岸,故曰"江阳"。郡境则跨江之南北也。成存,未见《广汉士女目录》及《三国志》。不知何时作此都尉。本书(引者注:指《华阳国志校补图注》)谓其升太守在建安十八年(213),微有可疑。《晋书·地理志》谓:"蜀章武元年,又改固陵为巴东郡,巴西为巴郡。又分广汉立梓潼郡,分犍为立江阳郡。"是改郡在章武元年(221),非建安十八年也。建安十八年,刘备攻刘璋已围雒城,刘璋正惶迫垂灭之年,安可能从容升江阳为郡?且就《三国志》各传作江阳太守者程畿刘邕彭羕诸人传记推之,亦不可能是建安十八年升郡。若作八年,则合矣。《三国志·杨戏传》《辅臣赞》注赞程季然云:"季然名畿,巴西阆中人也,刘璋时为汉昌长……义知畿必不为己,厚陈谢于璋以致无咎。璋闻之,迁畿江阳太守。先主领益州牧,征为从事祭酒。"赵韪叛璋,庞义疑贰,在建安五年(200),先主领益州牧,在建安十九年(214)。则谓建安十八年升郡,成存程畿于一年内更为太守,为不可能。又注赞刘南云:"刘南,名邕,义然也,随先主入蜀。益州既定,为江阳太守。建兴中稍迁至监军、后将军。"又《彭羕传》云:"先主领益州牧,拔羕为治中从事……左迁江阳太守。"以此推之,建安十八年前后,江阳太守首为成存,代存者为程畿,皆在刘璋时。程畿征,代之者为彭羕。羕未就任,以怨诽死于狱中,代畿者实为刘邕,邕任甚久(至后主世)。庞义疑贰,璋初未知。其知由程畿不附而拔羕为江阳太守,应在建安六年以后,十六年刘备入蜀以前,不能迟至刘备反攻刘璋之后。故江阳为郡,只能是建安八年,不能是十八年。至于《晋书》作章武元年,则尤误矣。成存已至二千石秩,为常璩所知,而《广汉士女目录》未收者,盖曾参加叛乱罪废。常氏书例,凡参加贾龙与赵韪之乱者皆不收。疑存附赵韪叛璋。韪败后久之乃为璋所觉,故以程畿代之。
[5] [晋]陈寿:《三国志》卷36《蜀书六》,北京:中华书局,1959年,第4册,第948-949页。
[6] [晋]陈寿:《三国志》卷45《蜀书十五·张翼传》,第1073页。
[7] 《川盐史论》,第26-27页:周武帝天和二年(567),划出江阳县以富世盐井为中心的西北部地区,设置洛原郡,并"于此置富世县"(《元和郡县志》卷33)……唐贞观二十三年(649)因避太宗讳更名为富义县……入宋以后……四川先后设立十监,自贡地区则分设有富义监与公井监……富义监即系富义县……(北宋)太平兴国元年(976)因避太宗讳改名富顺监。富顺名称即从此开始。
[8] 段渝、邹一清:《西班牙、法国、伊朗博物馆所见南丝路中外交流》,载王欣、万明主编:《中外关系史视野下的一带一路》(《中外关系史论丛》第24期),西安:陕西师范大学出版社,2016年,第44页。又汤洪:《古代巴蜀与南亚的文化互动和融合》,北京:中华书局,2020年,第133页:段渝在西班牙瓦伦西亚博物馆所见"富顺县"银锭,即为北宋976年后富顺盐业对外贸易的有力凭证……盐商怀揣"富顺县"官方流通通货币银锭,一路辗转销卖,将巴蜀井盐实物以及产盐先进技术带到域外。

位于四川富顺县的沱江支流釜溪河,是自流井井盐外销云贵的重要通道,"单食盐,每年就有上百万吨通过"[①]。图中红圈处,是邓关镇民国年间在釜溪河上新辟的船闸   夏艳 摄

原属江阳和南安的荣县地域本为著名的"铁山僚"盘踞,传说僚人梅泽掘出大公井[②]后,汉人中央政府独立建镇设县立州[③]。而自流井和贡井涌现大量盐井后,清政府又分别设立为两个分县[④];与当时成都50万人口[⑤]、重庆45万人口[⑥]相较,富荣盐场竟达30万之多[⑦],远高于各自母县县城人口,甚至高过川南传统两个重镇泸州、宜宾[⑧]。1939年9月1日,国民政府将其合并升格为自贡市[⑨],和成都、重庆一样,成为四川最早建立的三个市之一。自流井名气之大,早在成书于公元10世纪的穆斯林地理学著作

---

① 《川盐史论》,第153页。
② 《川盐史论》,第26页:宋王象之《舆地纪胜》卷167"富顺监·古迹注":梅泽,本夷人。晋太康元年(280)因猎,见石上有泉,饮之而咸,遂凿石三百尺,盐泉涌出,煎之成盐,居人赖焉。梅死,官立为祠。梅泽是自贡盐业的始祖和井神,先后被封为金川王、通利侯,被供奉于井神庙中。
③ 《元和郡县志》:[唐]虞世南:《北堂书钞》卷一百四十六:荣州公井县,泸州泸县、江安、富义县,均为汉江阳县地。《元和郡县志》卷三十三:周武帝于此设公井镇。同书:(唐)武德元年(618)于镇置荣州。因该镇为公井县,县有盐井,又有大公井,故县、镇因取为名。
④ 《川盐史论》,第187页:雍正八年,又以河(引者注:釜溪河)为界,将富义厂一分为二,自流井称富厂,贡井称荣厂,分设富顺县自流井县丞署和荣县县丞署,管理该地区的盐业生产。
⑤ 胡焕庸:《四川地理》,重庆:正中书局,民国二十七年,第129页。
⑥ 胡焕庸:《四川地理》,第130页。
⑦ 胡焕庸:《四川地理》,第136页。
⑧ 胡焕庸:《四川地理》,第132页。
⑨ 《川盐史论》,第42页:早在1913年,自贡地方议事会就曾提议设立新和县,但未获批准……1928年和1932年,自贡各界地方人士曾两次提出建立自贡市……1938年6月,经由国民党四川省政府批准,成立自贡市政筹备处。经过一年多时间的筹备,1939年9月1日正式宣告成立自贡市,直辖省政府管辖。

《世界境域志》中,就列名其中①。现在不少人对自贡车牌为"川C"不甚了了,其实是根据蓉渝自的城市排名而来的,川渝分治,重庆原"川B"的车牌才荣幸落到新中国成立后异军突起的绵阳头上,让其甩掉排名靠后的"川G"。

民国时期的四川自贡市政府大门。该市依托自流井、贡井盐业生产发达的富荣盐场而设,成为当时四川省除成都、重庆外所建的第三个市

陈星生 供图

自贡从事盐业开采的矿主和工人也呈爆发式增长,清后期从事关联行业的人员有数十万,较大盐场用工上千人,用作动力的牛,动辄上千匹,整个富荣厂区达到3万多头。"水煮牛肉"这道川菜,就是退役的老牛供应充足而在这一带创造和流行开的②。泸州历史文化研究者秦厚生笑称:过去富荣盐场几乎被王、李二姓垄断,街上甚至出

---

① [波斯]佚名著、王志来译:《世界境域志》,上海:上海古籍出版社,2010年,第51页。
② 《川盐史论》,第179页;《四川风物志》记载,川菜中的"水煮牛肉"这道名菜,即是在自贡盐业生产中诞生的。早在明清时期,自贡盐场以牛为动力推车汲卤,随着盐井增多,车体增大,牛只也越来越多,清光绪时常年维持在三万头左右,随时有病牛与退役的牛需宰杀,所以在自贡盐场,牛肉食品也越来越多,越做越有风味,其中水煮牛肉、火边子牛肉、火爆黄喉、牛头牛尾汤便逐步成为川菜的上品。

过一条民谚:"你不姓王不姓李,今天打架就不怕你!"[1]

原属泸州管辖的江安县,紧邻现泸州江阳区有一处叫南井的小场,如今萧条落寞,殊不知宋代出盐而被设为与县平级的监,繁华喧嚣一时,远在京城开封的宋真宗还亲自下诏,关心过煎盐灶户的劳逸结合。[2]直到1903年路过此地的美国旅行家威廉·埃德加·盖洛,还亲见深达1150英尺的盐井尚在产盐[3]。只可惜当地缺乏历史文化常识,2019年把这个古老辉煌的名字竟更名为不伦不类的中桥村,令人扼腕。

西班牙瓦伦西亚史前博物馆收藏有铭刻"富顺县"字样的银锭,证明古时富顺地域盐业产销兴旺,贸易发达　　　　　　　　四川师范大学　汤洪　供图

---

[1] 罗筱元:《自流井王三畏堂兴亡纪要》,政协四川省自贡市委员会文史资料研究委员会编:《自贡文史资料选辑》一至五辑合刊本,内部资料,1982年2月,第3-73页:多年来在自贡流传的"王、李二姓是大族","自流井王、李、胡、颜四大家族"以及"河东王、河西李"等说法中,所指的王氏家族,虽然包括的范围很广,但王三畏堂却富于典型性和代表性。这个家族从清朝道光末叶起至解放止(约在公元1850-1949)的一百年间,极盛时拥有盐井数十眼,天然气井锅口700余口,常年雇佣工人1000余人,有推汲卤水用牛1000余头,开设盐号远及重庆、宜昌、汉口、沙市、洋溪等地,田土乡庄遍于富顺、威远、荣县、宜宾,每年产盐量约占富荣盐场总产量的12%以上。因而有"富甲全川"之称。又黄植青、吉润卿、李允文、李子琳、李雪樵、李鹤藩口述,胡善权、聂无放整理:《自流井李四友堂由发轫到衰亡》,政协四川省自贡市委员会文史资料研究委员会编:《自贡文史资料选辑》六至十辑合刊本,内部资料,1982年2月,第77-123页:李氏系在元朝末年由河南省固始县迁四川富顺县鸿鹤镇(引者注:位于今自贡市大安区),当时是否经营盐业已无从考知。但盐业经营发轫当在明末清初,1890年前后达到黄金巅峰,1931年左右走向衰亡。最兴旺时也有火井100余眼,天然气井锅口800余口,仅挑水工人即1200人之多,推牛1000头以上。

[2] [南宋]李焘:《续资治通鉴长编》卷七十,北京:中华书局,2004年,第1580页:(大中祥符元年十二月乙未),诏泸州南井(井)煎盐灶户自今遇正、至、寒食三日给假三日,所收日额仍除之。

[3] [美]威廉·埃德加·盖洛著,沈弘审译,晏奎、孟凡君、孙继成译,李宪堂审校:《扬子江上的美国人1903》,北京:北京时代华文书局,2022年,第138页。

| 第十一章 再说川盐：巴蜀华夏化云贵的长期载体 |

2022年冬，笔者再次寻访四川江安县南井场。家住场上盐坊街11号的徐章荣（左一）详细告知曾经的禹王宫、万寿宫、南华宫等位置所在，由此可知100前南井仍盐业兴盛、盐商云集　　何川文 摄

与南井命运相仿的江安县井口镇，同年也被合并到并无历史厚重感的阳春镇，当地居民每谈及皆痛彻心扉。井口与南井直线距离仅4.6公里，是南井产盐区运盐至此转入长江水道的天然良港，是"南井口"的省称；运盐方式就是架设长长的竹筒输送卤水，到南井口熬制成白花花的食盐。苏轼父子三人皆有诗作留存该地，东坡本人还欣欣然购得绣有梅饶臣《春雪》一诗的弓箭带，进京送给名重文坛的欧阳修，彰显出早在北宋年间，泸南少数民族地区已经有了深入的汉文化普及[1]。

不咸不淡九斤盐。从泸州流行开来的这条民谚[2]，充分说明，人体对盐的摄入，一年就需要这么多，不可或缺。但是，盐贵问题却一直无法解决。四川盐的价格较全国相比，更加昂贵[3]。

杜甫在来蜀途中，以《盐井》为题赋诗感叹"自公斗三百，转致斛六千"[4]，批评盐价被疯狂高炒。特殊时期，几乎炒到一坨盐一锭银的地步，"斗米换斤盐，斤盐吃半年"[5]

---

[1] 赵永康：《井口遥相眺 南井问遗碑》，赵永康著：《我家江水初发源》，北京：作家出版社，2009年，第6-8页。
[2] 谢忠樑：《汉代四川井盐生产劳动画像砖新探——兼谈古代四川井盐业的一些问题》，自贡市盐业历史博物馆编，彭久松、陈然主编：《四川井盐史论丛》，成都：四川省社会科学院出版社，1985年，第65页；四川泸州市有句流行的话："不咸不淡九斤盐。"表明一人一年食用九市斤食盐。据引者调查，目前在泸州1940年代出身的人尚有记忆，其后基本上不知道了。也就是说，随着食盐的"不珍贵化"，该句民谚已经不流行。又自贡市地方文史研究者陈星生告知笔者，此句民谚似出自丁宝桢和抗战时期"计口售盐"，即每人每年九斤或每月九两定量供应。似乎与盐的不珍贵化关系不大。
[3] [韩国]曹福铉：《宋代四川地区的盐价研究》，姜东锡主编：《宋史研究论丛》（第二十七辑），北京：科学出版社，2020年，第3页。
[4] 嘉庆二十年刻《温江县志》。
[5] 《四川上古史新探》，第307页。

之谚广为流传。迫降蜀后主刘禅的邓艾,不顾东吴尚未消灭,准备动用四万兵力"煮盐兴治"①,可见统治者对盐业的重视和渴求地步。盐税,成为政府聚财的重要来源。《清史稿·食盐盐法》记载,乾隆十八年,四川盐税700多万两;光绪末年达到2400多万两;仅仅三年后的辛亥革命那一年,则高达4900多万两;1938年,四川盐税是田赋、契税和营业税总和的1.4倍;其中川南的盐税又占全川总盐税的九成。

盐至今还是重要生活物资。沿清代永岸线路,散布着现代食盐配送连锁店。图为笔者在四川纳溪区护国镇所见川盐连锁店　　　　　　　　　　　　　徐虹 摄

盐贵则货奇,货奇则眼红。民国开始,全国乱成一锅粥,刘文辉、刘湘、唐继尧、杨森、赖新辉、周西成等川滇黔大小军阀,都一再把魔爪伸向川南这块税赋肥肉,不断大打出手。"二刘"争夺四川控制权实际上就是争夺盐税控制权,刘湘本人就坐镇自流井指挥军队对付其叔父刘文辉②;云南援助四川独立为由,派军把"反正"后成立的川南

---

① 谢忠樑:《汉代四川井盐生产劳动画像砖新探——兼谈古代四川井盐业的一些问题》,自贡市盐业历史博物馆编,彭久松、陈然主编:《四川井盐史论丛》,成都:四川省社会科学院出版社,1985年,第67页。
② 《四川文史资料》第五辑:杨学端著《二刘大战月表》和《四川军阀最后一次大战》:1932年10月,刘文辉与刘湘两军主力为争夺四川控制权,在荣县、威远、井研等地激战达一个半月,以刘文辉败走雅安告终。又见自贡市档案馆"运使署销盐机构管理及纠纷案卷":待刘湘军完全控制了自贡地区后,刘湘与王绪缵即以二十一军(引者注:军长即刘湘)司令部和四川盐运使署名义,联衔发布告要求:本军此次进驻富荣,所有富荣盐税,自应由本军提拨,以充军饷。

第十一章 再说川盐：巴蜀华夏化云贵的长期载体

军政府司令官黄方枪杀在合江城郊①，抢走了30多万两盐税款，制造了武昌首义后首起革命阵营自相残杀的血腥事件。直到1946年，国民政府为纪念推翻满清有功之臣，方在泸州城中心，塑立黄方和另一名同盟会员佘竟成的纪念碑，供人凭吊瞻仰。

民国时期，四川境内军阀混战不断，既有川内派系争斗，也有川滇、川黔跨省之战。照片中柱体建筑为1921年杨森为纪念与滇军交战而阵亡的川军将士，下令修建在泸州城郊的纪念碑，当地民间至今称该碑所在街道为"纪念标"。位于泸州南门外前进中路与前进下路交接处，所处具体位置为今天的泸州市公交公司大楼处，1960年代中期拆除。照片来源于德国苏黎世联邦理工学院图书馆官网，拍摄时间为1931年，拍摄者不详。拍摄角度为由南向北。照片中可以看到纪念碑共三层，下面两层有碑文，最顶层为方尖柱装饰。碑西侧之石堡坎后，为川军阵亡将士的墓穴。照片中右侧荒野再往东即为1919年滇军将领赵又新为纪念护国战争阵亡滇军将士而主导修建之慰忠亭。当时的纪念碑与慰忠亭隔街相望。慰忠亭及其附属墓穴建筑于1950年代初被拆除后修建成川南军区礼堂　　　邝俊熙　供图

诚如是，盐的重要表现最明显的就是战争。即便控制了牂牁地域的各种势力，也必须对巴蜀尤其是长江沿岸的盐产区进行掠夺和蚕食，才既能稳固匪盐地区的统治，又能发兵向北出击。东晋桓温率军消灭成汉蜀中割据政权，就是牂牁谢恕不断出扰江阳、巴、涪一带盐产区，才顺利攻下成都俘虏末代氐王李势的②。

---

① 周开成编著：《四川与辛亥革命》，中国台北：台湾学生书局，1976年。转自张鹰、曾妍编：《张培爵集》，重庆出版社，2011年，第16页：川南军政府杨家彬等电称："援川滇军第二旅旅长李鸿祥，分队下援合江，由司令部长黄方带队同往，（黄）方先到合城，城内开门投降，转请滇军驻城中，代办善后事宜。方率队回泸，道经蔡坝（引者注，即菜坝），滇军伏队袭击，追缴枪械，将黄方及将弁军士数十人，尽行杀害。"又张培爵著，谢守平、陈亮整理，重庆市档案馆供稿：《蜀军政府始末》，张鹰、曾妍编：《张培爵集》，第45页：后滇军行动屡与条约相背驰……合江之役，惨杀川南之总司令黄方，而捏造罪状。

② 《华阳国志校补图注》，第259页。

| 中国西南陆海走廊 |

1946年塑立在四川泸州城中心中城公园内的"黄方、佘英纪念碑"，现已整体迁至忠山公园内。笔者2022年清明节后去观瞻，犹见有自发祭悼的花束散放碑前

李光华 摄

　　待到北宋年间，大宋中央帝国自从与辽订盟（澶渊之盟）就基本没有战事，但恰恰没有人想到，西南一隅的泸叙地区，爆发了持续上百年的边面战争①，真宗、仁宗、神宗、徽宗四朝皆连年用兵，为何？笔者认为也是为了争夺盐的产销权。

　　此时，泸州作为潼川府路安抚使司治所②，辖控的长宁、南井、富顺的盐业产量虽然如火如荼不断创下新高，缺盐地区还是一盐难求。川南、黔北、滇东诸多势力日炙的民族集团，对凸地在南的长宁盐井便垂涎三尺。加上汉人官吏贪腐营私，处事不

---

① 刘复生：《僰国与泸夷——民族迁徙、冲突与融合》，成都：巴蜀书社，第104页：北宋时期，这里（泸叙）的少数民族活动达到高潮，与王朝政府间的武装冲突此起彼伏，连绵不断达一百余年，成为北宋政府在西南地区的一大心患。
② 据2017年6月24日，胡昭曦先生生前给泸州市文化研究中心来信：宋代咸平后只有益、利、梓、夔四路，皆各有治所。泸州属潼川府路（即梓州路），路治所在今三台，未见迁徙路治所或新设一路。据《舆地纪胜》卷153载、《宋史》卷89载，宣和二年诏泸州守臣带潼川府夔州路兵马钤辖、泸南沿边安抚使。乾道六年升本路安抚使。据此，泸州或可称，乾道六年为潼川府路安抚使司治所。

第十一章 再说川盐:巴蜀华夏化云贵的长期载体

公,矛盾激化只有上升到战争解决。帝国边疆屏障安全牵一发而动全身,宋徽宗赵佶在被金军掳走之前七年(1119),以"边阃之寄,付畀非轻"为由,成立泸川军节度使①。为了提振军民战斗意志,这一年的6月11日,他还亲笔挥其著名的瘦金体,书写"西南要会"四个字奖掖泸城②。现在我们惊奇泸县、江阳、龙马潭、合江城乡,出土众多高规格南宋墓,知道了这个背景,就能读取大量富庶人口之所以渊聚泸州的密钥。

今日四川长宁县双河镇即宋代淯井监所在,至今尚存的淯井盐产区的其中一井,位于该镇东溪与西溪交汇处,尚有咸味出井中　　　　　　　　　　　　　　　　　　　　　　　傅强 摄　邹永前 供图

滇黔所需食盐,位于南广河源处的族众最是晴雨表,这里乃濮越系中的羿人、僰人、都掌、土僚等交错而居。随着东爨乌蛮一支包括吕告、恒部扯勒的挺近,与汉政权争夺对弱小民族控制和对食盐的掠夺,构成了北宋政府西南边地的巨大动荡。

北宋庆历年间,乌蛮更加大肆北进,甚至直抵距泸州仅15千米的纳溪附近,"以舟下泸不过半日"③。如此紧张的民族对峙形势,迫使宋帝国"皇祐三年(1051)于纳溪口

---

① 刘琳、刁忠民、舒大刚、尹波等校点:《宋会要辑稿》,上海:上海古籍出版社,2014年,第940页:泸州升为节度赐名泸川军 宣和元年三月十五日。泸州,西南要会,控制一路,边阃之寄,付畀非轻,可升为节度,仍赐名泸川军。原作者注:"畀"原作"界",据《舆地纪胜》卷153引《国朝会要》改。
② 王智勇、王蓉贵主编:《宋代诏令全集》,成都:四川大学出版社,2012年,第13册,第7683—7684页;又:2017年6月24日,胡昭曦先生给泸州市文化研究中心来信:宣和元年五月二日是农历。宣和元年为公历1119年;农历五月朔日为丙午,是公历6月10日,则农历初二为公历6月11日。故宣和元年五月二日是公历1119年6月11日。
③ 《宋史》卷四九六《藩夷四·泸州蛮》,第14244页。

置军寨,委七州都巡检使任责防托蛮僚"①。

百年战争中以宋神宗时期的"讨乞弟"之役为最。煽动此次战争的那只蝴蝶,竟然是小小的"鱼筍"②。神宗熙宁十年(1077),纳溪寨民苏三十七(一家兄弟堂兄弟排行出如此数字,真乃"超生"大户)和罗胡苟里夷(居住纳溪西南五里处)一叫目特意的夷人争夺它时,不知恶意还是失手,目特意被打死。江安官衙"出警",照汉例解剖验尸以明案情。由此引发风俗不同的夷人不解,进而不满,聚众攻打纳溪寨并四处追杀汉民③。

一骑飞报,神宗御旨进剿④。

摄于2022年4月的四川泸州市纳溪区(方位上南下北)。永宁河自南而来,穿过纳溪城区汇入长江。长江下游(左)有正在建设的"泸州长江八桥",连接江阳区方山镇,长江上游为隆黄铁路纳溪大桥。通过此图形象显示,纳溪古今水陆交通位置重要,是川南深入滇黔的一方重镇

泸州市摄影家协会 周永叙 供图 荣忠远 摄

乌蛮扯勒部首领乞弟率部助剿有功,但认为受赏不多,藉口扰界⑤。小打小闹的战争本在纳溪、江安附近,却升级演变为宋军与乌蛮的直接冲突,蔓延成川滇黔边特大规模战争⑥。宋帝国发川陕黔十万之兵进剿四年,付出死亡四万多人代价,才得以镇压下去⑦。可见寯演变成乌蛮族众⑧后,武力之强大。

---

① 《永乐大典》卷二二一七《泸州·建制沿革·纳溪县》,第11页。
② 郭声波:《四川历史农业地理》,成都:四川人民出版社,1993年,第377页:四川还有几种具有地方特色的捕鱼方法,如利用鱼筍、动物捕鱼等。《华阳国志》所载广都等地江中之"鱼漕梁",按任乃强先生解释,就是沿江作石堤分水,设筍以取鱼。唐时杜甫《秋日夔府咏怀奉寄郑监李宾客一百韵》也有"儿去看鱼筍,人来坐马鞍"的句子。
③ 《续资治通鉴长编》,卷二九〇,第7087页。
④ 《续资治通鉴长编》,卷二九〇,第7095页。
⑤ 《续资治通鉴长编》,卷二九五,第7191页。
⑥ 《续资治通鉴长编》,卷三〇三,第7373-7382页。
⑦ 赵永康:《古蔺史》,上海:上海古籍出版社,2019年,第129页。
⑧ 《羌族源流探索》,第134页。

第四节　文化趋同是经济的自然表现

经济只是文化的一种表现,滇黔融入中华文化圈层,是水滴石穿的过程。这个过程需要时间的积淀和科学的进化,犹如小小盐粒被排兵布阵,才可能成为一包包、一坨坨供人所需的珍贵食盐。

那么,缺盐的古代滇黔之地是一种什么样的文化结构呢?

1978年,人类学家在云南禄丰县石灰坝,发掘出一个距今800万年前的比较完整的禄丰腊玛古猿头骨化石[1]。有学者推论,亚洲黄色人种的祖先,就是由在亚洲南部和东南部包括我国滇南等地,活动于热带森林地区的拉玛猿、南猿进化而来,如距今170万年前的元谋人之类。其中嗜猎禽兽者,群聚于山林,并缘山脉向北移进[2]。正是这类古猿人的一部分坚持向前进入羌塘(藏北)高原生息、繁衍成为羌族[3]。然后分流而徙,与其他种群融合、衍进,才形成今日的藏羌[4]和新疆[5]、中亚诸多民族。

笔者在此暂不涉及170万年前的缥缈史事,当然,科学研究也没严谨到说得清楚的地步。还是讨论这方地域有史可依的文化特征演变流程。

笔者认为,云贵地区形成自身特性,迄今绕不开历史上的五个人,依名气大小,次第为诸葛亮、朱元璋、丁宝桢、唐蒙、庄𫍯。

庄𫍯变服王滇,揭开云南纳入中华文化圈之肇始。

唐蒙出使夜郎,牢不可破地拓展云贵为中华版图。

武侯五月渡泸,高垒南中一座座经久不息的神坛。

洪武调北征南,彩云之南彻底再度汉化蔚然成风。

宫保川盐入黔,金黔近代文明腾跃白花花的光芒。

他们都是中国历史上"西部大开发"的创设人,手留余香,犹如上世纪六十年代的"三线建设",影响生生不息。除诸葛亮尚未寻得充分证据外,其他四人在滇黔的所作

---

[1] 朱振宏、程为民主编:《长江400问》,郑州:黄河水利出版社,1999年,第57页。诚谢黄河水利出版社耿磊编审赠书。
[2] 任乃强:《羌族源流探索》,重庆:重庆出版社,1984年,第3-4页、第11页。
[3] 《羌族源流探索》,第12页。
[4] 《羌族源流探索》,第39-44页。
[5] 《羌族源流探索》,第39页。

所为,皆与盐有密切关系。

蜀汉南中军事行动,三路出击的大军虽有马忠东出平夷(今叙永县赤水镇)弹压郡治在安顺的牂牁之叛,但诸葛亮和李恢分率两军的作战对象,主要在川西高原和曲靖盆地。虽然《华阳国志》记叙①和《三国演义》演绎有人人乐道的"七擒孟获"故事,可谓云贵川斑斓生色的非物质文化遗产,影响深深刻入滇中记忆,但涉盐无多,略笔带过。

庄蹻建立滇国和唐蒙通夜郎国,笔者在专题《庄蹻"循江"与"王滇"之间的地理距离》和《唐蒙出使"食重"的背后》已呈现,故也略去。只强调一点:庄蹻、唐蒙,是带着珍贵之食盐才在中国西南建功立业,才能得以进入史迁、班固、常璩、范晔的如椽大笔。

朱元璋统一中华的最后一战,就是对川黔滇用兵。顺利逼降了割据重庆的明玉珍之子明昇的明夏政权后,从东向西和从北向南两路气势赳赳的开国明军,沿路扫清黔地各土司政权的羁绊,一举荡平困兽滇中的梁王元蒙残余。洪武大帝稳步控制西南边陲的重大措施,就是"调北征南"。一声令下,盔甲鲜明的军人以"卫""所"等方式星罗棋布就地布局,平时为民屯田自给,战时为雄跃马杀敌。来自应天府(今南京)附近的近30万明军,加上人数更为庞大的随军家属②生根发芽,给这一带留下如今人人自称祖居应天府的家族记忆。但这种记忆伴生着对盐的渴求,明帝国中央为让来自近海地区从不知道缺盐滋味的苏皖军民安心西南,从湖南特别是四川调运大量食盐入黔,还发明了有别于前的最新管理之法"开中法",以快捷顺畅运盐到达贵州。此外,还高悬达摩克利斯剑,用法律措施保障对运盐流程中懒政怠政官吏的惩处。

朱元璋及其统治帝国的子孙,对黔地的看重远超历朝历代,终于在永乐十一年(1413),割出湖南、广西、四川、云南相邻区域,建成当时中国最年轻的省份③。清雍正

---

① 《华阳国志校补图注》,第241页:夏五月,亮渡泸,进征益州。生虏孟获,置军中,问曰:"我军如何?"获对曰:"恨不相知,公易胜耳。"亮以方务在北,而南中好叛乱,宜穷其诈。乃赦获,使还合军,更战。凡七虏、七赦。获等心服,夷、汉亦思反善。亮复问获,获对曰:"明公,天威也!边民长不为恶矣。"
② 杨伟兵:《云贵高原的土地利用与生态变迁(1659-1912)》,上海:上海人民出版社,2008年,第56-57页:明代大规模的移民进入(云贵)主要是洪武、永乐年间开展的军事戍边和屯田所致,其余的民屯等移民也占有一定比例。洪武年间在云南设163卫3御8所,合计103个千户所;贵州有18卫1所,合计127个千户(原作者注:方国瑜:《中国西南历史地理考释》,下册,中华书局1987年版,第1136-1141页)。依次计算云南有12万兵力,与家眷合计36万口人,贵州兵力14.2万,与家眷合计为42.6万口人,云贵地区共有军屯人口近80万口人[原作者注:曹树基:《中国移民史》(主编:葛剑雄)第五卷《明时期》,福建人民出版社1997年版,第305-316页]。此外,《滇系》载:"洪武十七年,移中土大姓以实云南。"[原作者注:(清)师范:《滇系》卷三《事略》]洪武二十二年(1389)"(沐英)还镇,携江南、江西人民二百五十余万入滇,给予籽种、资金,区划地亩,分布于临安、曲靖、武、姚安、大理、鹤庆、永昌、腾冲各郡县,并奏请移山东、山西、江西富民六十余户以实滇"[原作者注:佚名:《云南世守黔宁王沐英传附后嗣十四世略》,载(清)吕志伊、李根源编:《滇粹》]。
③ 周春元、王燕玉、张祥光、胡克敏编著:《贵州古代史》,贵阳:贵州人民出版社,1982年2月第1版,1983年2月第2次印刷,第216-218页。

五年(1727),进一步再划相应地域①,成为今天我们在地图上见到的贵州省模样。所以,人们开玩笑,说贵州是一个"逗逗宝"(四川话意为拼凑起来的小可爱)。

循先秦巴人盐路,循唐蒙从宜宾开筑的南夷道,循朱元璋卫所布点,循清代深入滇黔的盐运水陆步道,以四川南部的黔州(重庆彭水)、泸州、叙州(宜宾)为桥头堡,中原文明和巴蜀文化数路南进,呼啸而来,滇黔在明清大踏步跨入对中华文化血浓于水的深切认同之路。

其中,华夏人移民实边作用巨大,另文已述②。只是,悲惨移民的事例,也在历史长河中时时有痛苦的浊浪。唐朝时南诏两次破袭成都,每次都掳掠走成千上万数的能工巧匠,以及哭哭啼啼纤纤作细步的锦城女子③,"驱尽江头濯锦娘"④。他们在已陷入夷蛮的南中落地生根,虽然和那些大姓一样被夷化或半夷化,但据就近观察在泸州成书的《续资治通鉴长编》记载,他们"往往能汉语"⑤。其訇然作响的汉文化血统在明帝国重新开发云南、贵州之时又砰然迸裂,最后汇聚成地域无法打破的西南官话,活力四溅。笔者行文中,作了一次有趣的调查,贵州的毕节、遵义、黔东南镇远、黔南独山、黔西南贞丰和云南的昭通、曲靖会泽、大理、红河建水、保山、广南和富宁,广西百色等地,尤其是距离城区较远的村寨,人们对近半个世纪四川人失落的方言音沿用不衰,如电影院和院长的院发音"万",世界的界发音"改",一角钱两角钱的角发音"桔",说明巴蜀古方言转移到了云贵桂地区,而且保留完好。

西南官话也在不断吐故纳新,一些大家觉得"土"的词汇或发音被淘汰,如"泥窗"(糊窗)之类已近消失,"汪几了"(意为油腻之菜吃多了又闷又胀)已被抛弃,另一些新颖新鲜之词不断被发明而涌现,并波及若干省。从泸州建筑行业发轫的"弟兄班"一词,除流行在四川、贵州、重庆,还飘洒到广东、福建、河北等省的川籍民工为主的建筑工地上,成为行业通用词。其意为情投意合、手艺相差无几的数人或十数人,接同一工种的活路后,共同劳动和平均分配;大家干活时不分你我齐齐出力,情如兄弟,既克

---

① 《贵州古代史》:第276-277页:雍正五年(1727),划四川的遵义府并所辖遵义、绥阳、桐梓、仁怀、正安五州县隶贵州。以永宁县(即前以永宁卫、普市所改设者,与近盘江的永宁州有别)改隶四川……又割湖广的平溪卫为玉屏县,清浪卫为清溪县,均领于(贵州)思州府。又以湖广靖州的天柱县隶黎平。同年八月,吏部议准云贵总督鄂尔泰与工部侍郎李拔、广西巡抚韩良辅会议以后空疏,割广西泗城、西隆的红水河以北地设永丰州,升南笼厅为府,拨安顺府的普安州及安南县、普安县并之,而隶属贵州。
② 详见第十章第一节《华夏文化认同缀联族群心理》。
③ [北宋]司马光:《资治通鉴》卷244,"唐纪六十",北京:中华书局,1956年,第7868页:(南诏)乃大掠子女、百工数万人及经籍货物而去。但又有不同统计,如[唐]李德裕撰,傅璇宗、周建国校笺:《李德裕文集校笺》卷一二,石家庄:河北教育出版社,2000年,第209页:臣德裕到镇后……一一勘寻……蛮共掠九千人……并非工巧。
④ [清]彭定求等编:《全唐诗》卷474,北京:中华书局,1960年,第5384页。
⑤ 《续资治通鉴长编》卷二百六十九引杨佐《云南买马记》。

服了过去算"点天"(按日计酬)时磨洋工的陋病,又共同多快好省完成工程,还增进了彼此的了解和友谊,可谓一积极向上之词。甫一出现,即呈流行之势。泸州某建筑公司技术工长袁茂君告诉笔者,"弟兄班"也称"兄弟班",源起大概有20年左右了。

2019年贵州考古发现,在乌江、清水江等流域发现的越来越多的商周时期文化遗存,都受到来自峡江等地区的影响。源起巫载之国崇巫的风俗,通过傩戏等形式四面飘洒,至今盛行不衰的贵州傩戏,把巴蜀百姓喜爱的艺术形式,在这里散发余热保留得原始古朴。其中福泉、金沙、安龙的"梓潼傩戏"演变出"川主"形象①,特别能与巴蜀民众热爱李冰父子的感情共鸣。南诏时期云南流行的"星回节"过节时间,到了明清却不知不觉从每年12月16日,变成6月24日左右,为啥? 也是暗合四川人信仰的川主祭奠时间。②

贵州福泉市博物馆珍藏的外国女士喜爱贵州傩戏照片。喜爱之情,溢于眉梢
笔者 摄

慕义华夏文明,是云贵人民自古形成的一种价值取向。武侯祠、武侯庙比比皆是,甚至越过国界惹得缅甸也建了不少。泸州忠山明代崇祯以前曾名宝山,山顶建有武侯庙,"每岁蛮人贡马,相率拜于像前",宋代有诗人咏之为"蜀人所致祀遗像,蛮僚

---

① 刘大泯、王义著《贵州傩戏文化研究》,北京:中国社会科学出版社,2016年,第3页。诚谢王义先生赠书。
② 蓝勇:《西南历史文化地理》,重庆:西南师范大学出版社,1997年,第484页。

犹知问旧碑"①。笔者在保山调查时,当地群众说,过去为辟邪驱灾,家中都敬有神祉画像,与传说中的武侯形象一模一样。云贵古代各民族请求内附归顺中央政府的事例也举不胜举,当华夏政权如汉、唐、明强大、稳固时,他们会心生"汉威甚神"②之念,欣欣然向往之、亲近之。哀牢夷首领柳貌率部落民众内附东汉帝国,因此有了保山永昌郡的建制③。永昌首任太守是巴蜀广汉人王纯,与哀牢人约定每年只交少量盐、布等即可;越巂太守张翕去世,夷人如丧父母,派两百多代表,牵着牛羊悲悲戚戚送丧至其老家安汉(南充)④;傅友德、蓝玉、沐英征滇大军甫到,水西奢香、武定商胜两位女土司深明大义,庚即归附,资军粮、修道路,为明军扫荡残元、巩固西南发挥重要作用。

改姓也是各少数民族追慕中华文明的一大见证。永宁(叙永、古蔺)土司改姓奢,芒部(镇雄、威信)土司改姓陇,水西(大方)和乌撒(威宁一带)改姓安,水东(贵阳及周边)改姓宋,乌蒙(昭通)改姓禄,武定改姓凤,布依族和壮族改姓黄、岑、莫者和白族改姓赵、李、王者数不胜数。还有甚者,本是少数民族族属,却在族谱、家传中附会为史上有显赫声名的汉族者⑤,显为民族上层不乐蛮僚之称,于是攀附汉族高门以自张大⑥。明清时期,广西左右江土司伪托名人手笔为其祖先事迹进行张本的例子,就被许多学者发现过。⑦播州(遵义)土司杨氏就最为典型,坚称祖族是杨老令公之后,从山西领军入播击退南诏东侵。好在学者谭其骧⑧抗战期间来到贵州,1941年在授课之余,本着正本清源精神,考证其祖确乃夷人,是唐末泸州夷之一支杨保蛮。所撰《播州杨保考》⑨影响深远。

---

① [明]曹学佺:《蜀中广记》卷一六《下川南道·泸州》,《四库全书》文渊阁本。
② 《华阳国志校补图注》,第285页。
③ 《后汉书》卷八十六《南蛮西南夷列传第七十六》,第2849页。
④ 《华阳国志校补图注》,第204页。
⑤ 谭其骧:《播州杨保续考》,谭其骧:《长水集》(上),北京:人民出版社,2009年,第310页:元明以来西南各省土司的族谱,说他们的祖先出于中原,以从军征伐至西南某地而成为当地的土司的很多,这种记载虽不能说百分之百,至少可以说大多数是靠不住的。最近读《民族研究》1981年第4期,中有《莫友芝的族属探讨》一文,也以充分的论据证实了清代著名学者独山莫与侔友芝父子一族明明是宋元以来当地的土著布依族,而莫氏族谱却原原籍是江南宁府上元县人,明弘治中始祖某以征以剿匀苗遂留居都匀,继迁独山。曾国藩即据以叙入其《莫犹人(与侔)先生墓表》。这和宋濂据播州杨氏族谱写成《杨氏家传》是同样的情况,同样是不可信的。
⑥ 蒙默:《略说仡佬族自称的演变——〈僰为僚说〉补议》,蒙默:《南方古族论稿》,第91页。原载云南民族大学编:《民族学报》第十辑,云南民族出版社2013年版。
⑦ 杜树海著:《边境上的中国:11世纪以来广西中越边境地区的历史与记忆》,北京:九州出版社,2020年12月第1版,2021年6月第2次印刷,第57页。
⑧ 谭其骧,1911-1992,浙江嘉善人。历史地理学家,中国历史地理学的主要奠基者和开创者。曾任复旦大学历史系主任、历史地理研究所主任,中国科学院地学部委员。
⑨ 该文原载《史地杂志》第一卷第四期,1942年10月。《贵州民族学院学报》(社会科学版)1982年第1期重发。后收录谭其骧:《长水集》(上),第269-307页。

事隔40年,谭其骧又专门撰写《〈播州杨保考〉后记》①,推翻了他四十年前认为杨保是罗人(彝人)结论,怀疑是僰人②,支持他观点的还有四川大学教授蒙默、刘复生,贵州民族学院教授王德埙等人。蒙默补充了谭的论据,认为杨保人原居住戎州(宜宾)、泸州以南的南广溪洞间,稍从汉俗,易为罗、杨等姓,盖南广为杨氏故土,播州为杨氏开拓发展之新地③;罗荣泉也认为杨保人是僰人,播州即应为"僰州"④;刘复生认为杨保人是僰人最后的辉煌⑤;郭声波进一步认为,杨保人应是演变为现代仡佬族的一支僚人⑥。

左一左二为四川泸县南宋石室墓女武士图 泸县宋代石刻博物馆 供图 李绪成 李升 摄
左三为贵州遵义杨粲墓女武士图 遵义市政协文史委 谢爱临 供图
右一为贵州赤水博物馆女武士图 赤水市博物馆 韦玮 供图

---

① 谭其骧:《长水集》(上),第308-311页。
② 谭其骧:《播州杨保续考》,谭其骧:《长水集》(上),第310页:我虽然认为这篇四十年前的旧作所作的结论基本正确,但也有自己觉得论据比较薄弱,论断不一定可信的地方。这主要指杨保是罗(彝)族的一支的说法。说杨保出自"泸夷"应该是没有问题的,但以杨夷所出之泸夷断定为罗族,主要论据只是唐宋泸叙羁縻州很多属县都以罗、逻、卢等字为名,认为"盖得名于其人之族类",这显然是不够坚强的。县名多用罗字,只能说明这个罗字应为当地少数民族的语言,这种语言习惯于用罗这一字音作为地名;但不能说罗就是这个民族的族名。我在这篇文章写完后若干年,曾一度产生过杨保可能是古代僰人后裔的一支的想法,并且还找到了几条有利于证明这种想法的资料。可惜当时没有抄录下来,现在记不起了,或者是录下来了而现在找不到了,因而目前也就无法作进一步的考察。
③ 蒙默:《试释〈太平寰宇记〉所载黔州"控临番十五种落"》,《贵州民族研究》2014年第11期。
④ 罗荣泉:《僰人入播考》,《贵州民族研究》2006年第2期。
⑤ 刘复生:《西南古代民族关系史稿》,上海:上海古籍出版社,2020年,第163页。
⑥ 郭声波教授与笔者的交流。

第十一章 再说川盐：巴蜀华夏化云贵的长期载体

不管这个当时中国最大的土司是僰人、僚人还是其他，全族上下羡慕汉文化却是事实。主播八百年，宋代开始性嗜读书，建孔庙以励族人，民从其化，全族因此汉化日甚，《遵义府志》卷二十《风俗》引宋《遵义军图经》载："世转为华，俗渐于礼，男女多朴质，人士悦诗书，宦、儒户与汉俗同。"到明末被灭时，整体几乎融入汉人体系。笔者对照他第十三世土司杨粲墓①人物石刻，与四川泸县、合江县出土的同时代相比，发现除部分侍从人物头饰、冠帽保留有少数民族特性外，其他主体人员着宋代官服、披宋代战袍，与宋人大体相同。其中女室中的一件女武士，头戴虎头兜鍪②，与泸州宋墓石刻中女武士的"虎头盔"惊人相似③，再结合江津区④和赤水市⑤分别出土类似女武士形象分析，两宋时期成熟的川南石室墓对黔北石室墓产生了很大影响⑥。这些女武士着装从头盔到盔甲外的战袍和脚上穿的靴子，都是典型的"宋代军人常服"⑦，即标准的汉式着装，非异族形象。可见早在杨粲生活的十三世纪中期，杨保人已受汉风熏吹，几乎全盘汉化。

云南建水县文庙被称为"滇南邹鲁"，文庙管理者（左）告知，每逢学生升考，前来烧香者络绎不绝　　　　　　建水县志办　陈红丽　摄

---

① 《贵州古代史》，第194-195页：杨粲，字文卿，于南宋宁宗嘉泰初年世袭播州统治，被宋庭封为沿边安抚使。大约于南宋理宗绍定前后死去，统治播州约30年。杨粲墓于1953年发现，1957年发掘。经过发掘，得知是一座男女两室合葬的大型石室墓。若以墓室的实际情况比较，它是迄今国内已发掘并见于报道的宋墓中最大的一座。
② 胡进：《杨粲墓石刻》，《文物天地》2015年第5期。
③ 王文波：《泸州宋墓石刻武士"虎头盔"形象试探》，《江汉考古》2021年第3期。
④ 重庆江津区博物馆馆长王世俭惠告。
⑤ 贵州省赤水市博物馆馆长韦玮惠告。
⑥ 杨菊：《川东渝西黔北宋元明石刻墓研究》，四川大学2014年硕士学位论文。
⑦ 霍巍：《四川泸县宋墓研究两题》，《江汉考古》2014年第5期。

和杨保人想法惊人相同,为使族人文采斐然,创设神圣庄严、高大巍峨的孔庙,元明时在云贵各地各族中蔚为大观。元时所建临安(建水)文庙被誉为"滇南邹鲁",仅次于曲阜和北京的规模,每年来礼拜的高考学生及其家长犹过江之鲫。家居昆明的云南盛世鑫都商贸有限公司老板杜京告诉笔者,其小孩发蒙读书始,他一家三口即驱车两个多小时,专门到建水文庙烧了一炷498元的高香,以祈其子读书成绩一路高飘,考入重点。各地"文革"中被毁文庙也陆续择地新建或旧地复原,福泉2016年新建平越文庙,笔者看到工地热火朝天,重载飞驰;会泽修缮位于县一中的庙堂,新辟宽宏广场于前。当地人告诉笔者,正因为庙宇完好保存在校园内,全县学子沾孔圣人灵气,每年高考揭榜全都喜笑颜开,2019年100%升学。尊崇文化地标之风,贵州安龙更甚。张之洞父亲张瑛主政时,竟建有"辟雍"①,可谓冒着风险教化子弟②。是说子能承父业,四川兴学、湖广洋务、北京主政,张之洞确为晚清中国创不朽功业。

云南、贵州及川南民众的文化启蒙首先得感谢有明一代第一才子杨慎,个人不幸滇云幸,被嘉靖帝毫不客气打烂屁股,撵到偏荒滇西。这位四川明代唯一一位状元郎没有懊恼丧气自废武功,反而潜心治学,授业育徒,带动谪居地和行役沿途大倡文风,各地受化匪浅。作为著作等身(后人研究其撰著有400多种和200多种诸说)的学者,授徒也没有严格束脩,真正践行孔老夫子有教无类。学生中名声响亮者被称"杨门七子",少数民族籍属就有三人③。其中被誉为"史上白族第一文人"的李元阳,学贯儒、释、道,归省乡梓四十载,为云南各族人民春风化雨殚精竭虑。犹如李元阳,云贵各民族还有不少人文代表,毋敛尹珍、平夷傅宝、夜郎尹贡,都是较早接受汉文化的表率④。

---

① 龙青松:《盘江"风雅颂"——布依族非物质文化遗产研究》,昆明:云南科技出版社,2017年,第262-263页;辟雍是封建礼制建筑,是皇帝授课的地方,是"大学"所在。诚谢望谟县文体广局局长黄福祥赠书。
② 龙青松:《盘江"风雅颂"——布依族非物质文化遗产研究》,第262-269页。
③ 诚谢杨升庵研究学者、湘潭大学教授雷磊先生惠告"杨门七子"中三位少数民族考证依据:第一,杨士云(1477-1554),字从龙,号弘山,又号九龙真逸。今云南省大理市人,白族。见《中国少数民族历史人物志·第一辑(科技文化人物)》(谢光晃等编著,民族出版社1983年版,第113页),又《西南少数民族人物志·第2辑》(巴胡母木主编,四川民族出版社1990年版,第295页),又《中国少数民族文化大辞典·西南地区卷》(铁木尔·达瓦买提主编,民族出版社1998年版,第696页),又《大理白族自治州志·卷九》(云南人民出版社2001年版,第225页),又《中国民族百科全书13·白族》(杨聪主编,世界图书出版社西安有限公司2015年版,第274页)。 第二,李元阳(1497-1580),字仁甫,因世居云南大理太和苍山十八溪中,故号中溪。白族。见《中国少数民族名人辞典》(刘德仁等编,四川辞书出版社1989年版,第11页),《西南少数民族人物志·第1辑》(巴胡母木主编,四川民族出版社1987年版,第272页),又《中国少数民族文化大辞典·西南地区卷》(同上,第358页),又《中国民族百科全书13·白族》(同上,第274页)。 第三,吴懋,字德懋,号鹤河,白族。李元阳女婿。见《中国少数民族名人辞典》(同上,第14页),又《云南历代各族作家》(陶应昌编著,云南民族出版社1996年版,第93页)。杨门七子另四人张含、王廷表、唐锜、胡廷禄似乎都是汉族人。
④ 《华阳国志校补图注》,第260页。

| 第十一章　再说川盐：巴蜀华夏化云贵的长期载体 |

笔者在贵州安龙探访张之洞父亲、时任兴义知府张瑛所建"辟雍"

其他如郑珍、莫友芝等被称为"西南巨儒"[①]者不表，单单说与四川密不可分的赵藩[②]，可窥云贵汉化炽烈之势。

云南剑川白族人赵藩饱受巴蜀文化熏陶，晚年回归滇中，不仅思想上倾向革命，拥护共和，文化教育上继杨升庵、李元阳之后，再开南中新风，培养了大批学人弟子，为滇云边陲之地吹拂了又一池中华文明春水。其所书昆明大观楼联，可谓荣登汉字书法之高地；所撰成都武侯祠联，连毛泽东主席都夸赞有加。

川滇黔全部和湘鄂桂陕甘青藏一部分，影响四川和受四川影响，在中国是一种特

---

① 《贵州古代史》，第397—399页。
② 何白李原著、兰永生整理：《泸州地方文献目录提要三十种》，北京：团结出版社，2016年，第19页注□：赵藩(1851—1927)，字樾村，一字介庵，号蝯仙，晚号石禅老人。白族，云南剑川县人，清光绪元年(1875)举人，光绪十九年(1893)起，宦游四川17年。光绪三十年(1904)至宣统元年(1909)在泸州任永宁道(下川南道)观察使(道台)，后升四川提刑按察使(臬台)。以营救革命党谢持不果，辞官不做。支持辛亥革命，积极参加护国、护法运动。护法失败，回云南任省图书馆长，编辑整理地方文献，躬自总纂《云南丛书》，集滇云文化之大成。赵藩于诗词研究极深，意兴所至，伸纸吮毫，立即成咏。各体兼长，七律尤锻炼入神，情感充沛。后期作品中反对帝国主义，反帝制复辟，反封建军阀割据等爱国民主思想突出，充分表现其民族正气和民族色彩。在成都武侯祠所撰"能攻心则反侧自消，从古知兵非好战；不审势即宽严皆误，后来治蜀要三思"名联，毛泽东主席多次赞誉，国人尽知。

殊的文化现象。按蓝勇1997年出版的《西南历史文化地理》①专著中归纳，西南一带，从考古学意义下的人种结构，到移民与文化氛围嬗变，以及信仰、教育、艺术、方言和吃穿住行、生老病死，都呈现整体趋同。笔者反复研读和揣摩后，斗胆认为，大西南就是一个容具奇特的染缸，不管是汉人移民和少数民族迁徙，一踏上这方热土，就会在古巴蜀文明的光芒照耀下，升华为中华文明之西南支，共同为祖国的繁荣昌盛发出光和热。

盐业产销繁荣，人的兴奋程度自然增加，幸福感获得感油然而生。对酒的需求也就有了旺盛的市场，多酿酒、酿好酒就是一种特别例子，也带来了四川、云南、贵州的相互影响。

赵藩清末在泸州担任永宁道观察使（道台）时，大倡文化，力主修复忠山山顶处宋代江山平远楼。图为竣工时部分参与者的合影。百余年沧桑，人去物非，图中它物无存，两只威武雄狮被泸城百姓藏于附近十数米远的土中，泸州医专（今西南医科大学）基建科长杜开华偶然发现，方得重见天日，再次傲立山顶②

邝峻熙　董代富　供图

先秦时，巴乡清酒使秦王与朐䏰夷订立同盟时流着口水以金玉相诺③；宋代，泸州包括川南、渝东、闽粤等一带，诞生了中国最早的蒸馏酒"大酒"④。到清代，江津⑤、泸州

---

① 蓝勇：《西南历史文化地理》，重庆：西南师范大学出版社，1997年。此专著系四川省哲学社会科学"八五"规划项目、西南师范大学出版资助项目，共分为十三章和两篇附录，字数：800千，是我国第一部把西南作为整体对象进行全面研究的学术著作。
② 泸州市地方文史研究者董代富供图时说明，此图系泸州人邝峻熙据日本常盘大定、关野贞：《支那文化史迹》第十辑，法藏馆1941年刊行本，第9页辑出。诚谢邝、董二先生惠赐。
③ 《华阳国志校补图注》，第14页：盟曰："秦犯夷，输黄龙一双。夷犯秦，输清酒一钟。"
④ 《宋史》卷一百八十五《食货志下·七》。
⑤ 司马青杉：《被遗忘的光荣——大历史视野下的重庆酒史》，重庆：重庆出版社，2019年，第96页：（清代）如果以县城为比较单位，重庆江津无论是酒坊数，还是产酒数，在相当长时间内都是全川第一。诚谢作者赠书。

等川南地域,酒坊林立,香飘四方。云贵之域清初以前,反而是"滇黔总无美酒","其色味俱恶,醉则饱闷难解"①。现在如日中天的茅台和习酒、董酒、金沙回沙酒等确实回味绵长、甘冽饴美,但大都是盐商习传而去②,最后在彼地开枝散叶终成参天之荫。

当然,云贵反刍四川的实例也有不少,就以酒为例,如今四川人喝贵州酒,和喝泸州老窖、五粮液、郎酒都是一样心情,喜上眉梢。成汉时候"引僚入蜀",大量云贵桂僚人从泸州、宜宾一带进入四川盆地,据考川南古叙、兴文一带人人称道的窖酒,酿造技艺即其留存。③四川人津津乐道、印象深刻的"滑竿"这一旧时交通工具,也是民国初年蔡锷的部队从云南带到四川来的。用两条竹竿架成一个长方架,架上系一张可躺可坐的竹帘或软椅,前面系一个踏脚,冷天在软扎上垫一块被褥,热天撑一块白布篷遮挡太阳④。坐起来晃里晃荡,抬起来上下甩动,影视剧画面中一副诗意。

贵州大方县所产皱椒,长达40多厘米,辣味之中,更兼香味浓郁,令人称奇　　谢佳永 摄

此外,包括四川人喜食辣椒的风俗,也传至贵州一带。辣椒从沿海登陆我国后,大量食用源起贵州,黔地民众因盐"当其匮也,代之以狗椒。椒之性辛,辛以代咸"⑤,其中大方县一带培育出的一种"皱椒"长达40多厘米。但此时四川人尚不吃辣,反而

---

① [清]徐炯撰:《滇南杂记·物产》,上海:上海古籍出版社,1983年,第342-343页。
② 郭子健:《近代中国"茅台酒"品牌的演进》,《近代史研究》2022年第1期。
③ 陈介刚:《川南窖酒小考》,《中华文化论坛》,2009年第4期。
④ 铁波乐:《巴蜀古道东大路》,《巴蜀史志》2003年第3期。
⑤ [清]田雯撰:《黔书》卷上"盐价说",清嘉庆十三年刻本。

像现今广东人一样,重蜜喜甜。《蜀中广记》记载:"新城孟太守到蜀,猪豕鸡鹜味皆淡,故蜀人作食喜煮饴蜜以助味……食,皆蜜也。豆腐、面筋、牛乳之类,皆用蜜渍,客多不能下箸。惟东坡亦酷能嗜蜜,能与之共饱。"[1]生于蜀地的苏东坡如此不说,连宦游四川的陆游也"入乡随俗",不仅吟出"五食峨眉栭,金虀丙穴鱼",还喜欢把金橙切细后蘸酱而吃。[2]

迨至近代,蜀人对甜辣的味觉才产生180°大反转,清道光至光绪年间(1875-1908),四川开始普遍栽种辣椒,品种齐全,辣椒的5个变种类型:灯笼椒、长椒、圆锥椒、簇生椒、樱桃椒,蜀中各地应有尽有[3]。就因黔风北渐,辣椒不显山不露水传来风中那种味道,让川渝辣名飞扬。合江人李九如19世纪末开业在成都的聚丰园餐厅,就独创过酸辣牛尾汤、九斤黄鸡六吃等名菜[4],将川人喜辣之风推向极致。自贡所产七星椒更是辣得出名,四川许多地方的人都要前往购买[5]。

云南文山出产的三七,受到国内外消费者喜爱,经营这一品牌的专业门店随处可见。图为笔者在泸州城郊蓝田街道所见销售门市,虽值疫情期间,店主也称,生意不错。

李林雪 摄

---

① [清]严可均:《全三国文》卷六,北京:中华书局,1958,第1082页。又《蜀中广记》卷六十四引《魏略》。
② 蓝勇:《西南历史文化地理》,重庆:西南师范大学出版社,1997年,第277页。
③ 侯官响:《辣椒传入中国与湘川菜系的形成》,《楚雄师范学院学报》2018年第2期。
④ 车辐:《川菜杂谈》,北京:生活·读书·新知三联书店,2004年,第241-242页。
⑤ 葛剑雄主编、蓝勇编著:《河流文明丛书·长江》,南京:江苏教育出版社,2006年,第181页。

同是果蔬类的南瓜,原产美洲大陆,也是先在我国沿海和西南边疆首先引种[1],地方志和专业古代志书中,云南种植的记录早于四川[2],当地人称之为"缅瓜"[3]。四川的南瓜种植和食用,通过云南传入的可能性较大。再者,玉米(包谷)明代传入中国时也有经缅甸达云南一途[4],后逐渐向东发展,传入贵州和四川[5]。

云南滇味"过桥米线",也是川黔桂等地舌尖上的美味。以泸州为例,这里的米线、米块,一改二三十年前了无踪影之状,越来越多地静悄悄挤进街边早餐面馆,俨然以主人姿态招摇好吃之嘴。更为奇特的是云南"文山三七",品牌卓著,全国喜爱,川中之店,星罗棋布。

通过盐的贩卖和输运,产生的人际流、物际流、文化流,云贵川已经成为你中有我我中有你的亲密弟兄。当然,历代当政者的治理导向和军事行动的影响更为重要,盐只是其中的媒介而已。总之,在多种力量漫天飞舞的组合拳下,犹如东北中国的黑吉辽,云贵川一体,形成中华文化大家庭密不可分的"西南支"亚文化序列。现今,四川突出南向战略,和滇黔渝桂粤等省(市)将围绕"一带一路"倡议,共拓中南半岛和南亚次大陆,山呼海啸,齐齐发力。

第五节 盐价高昂促进道路运输改善

盐价高昂,百姓愁苦,盐业经营者却大赚其钱。不过,他们成为大富豪的同时,把中原和蜀地文明,向相对落后的云贵作了功不可没的传播和弘扬,使秦汉的古夜郎和后来的乌蒙、乌撒、芒部、东川、播州、水西、水东等地,迅速与中华大家庭相生相伴,共同为祖国的西部开发做出了巨大贡献。单就为销售食盐所开辟的交通线,也是功不可没。

---

[1] 李昕升:《中国南瓜史》,北京,中国农业科学技术出版社,2017年1月第1版,2019年4月第二次印刷,第48页。诚谢郭声波教授引荐作者交流。
[2] 李昕升:《中国南瓜史》,第46-47页,表1-2《中国各省最早记载南瓜情况一览表》。
[3] 雍正《顺宁府志》卷七《土产》:南瓜,一名缅瓜。又光绪《丽江府志》卷三《物产》:缅瓜,种出缅甸,故名。
[4] 陈树平:《玉米和番薯在中国传播情况研究》,《中国社会科学》1980年第6期。
[5] 郭声波:《四川历史农业地理》,成都:四川人民出版社,1993,第178-179页。

明清川盐入黔滇的几条水道,从川江上游到下游,分别是横江、南广河、永宁河、赤水河、綦江、乌江。它们从云贵高原的深山峡谷一路北来垂直汇入长江,滩险流深,经历代的整治,发挥出包括盐在内各类商品的主力输送作用。被誉为"忠规奋烈"的西晋江阳太守侯馥,就在"沘源"①整治过赤水河,是有史记载最早的一次。杨升庵往返滇蜀,深知道路艰险,对在乌撒入蜀通道②大工程中,改善永宁河通航条件的景川侯曹震③赏赞有加,并对地方史书没有记载其功绩而愤愤不平,专门赋诗《读江门驿景川

---

① [晋]常璩著、任乃强校注:《华阳国志校补图注》,上海:上海古籍出版社,1987年7月第1版,2011年7月第5次印刷,第664页;又见第八章第一节《鳛部道战争是中原文化深入南夷的重要载体》。
② [明]刘文征撰,古永继点校,王云、尤中审订:《滇志》卷4《旅途志·乌撒入蜀旧路》,昆明:云南教育出版社,1991年,第165-166页:由交水(今云南曲靖市北二十六里西平镇)西北,五亭而达松林驿,平坡相半。旧名普鲁吉,今以名堡。松林七亭而达炎方驿,有火忽都堡。途经松韶关。孙清愍生于此,别墓松山,不忘所本也。炎方八亭而达沾益州,与乌撒后所同城。始食蜀盐。西有崇山,连亘数十里,曰石龙山,土酋安氏所居。有水箐坡,纪鞍哨,土兵守之,皆隶安氏。沾益八亭而达倘塘驿。有倘塘站,隶黔中,清汛驶,梁以巨木,要横溪上,曰可渡桥,因以名驿,隶四川乌撒府。其站曰普德,旧有石牙,有石井中列,石岩路渐峻,滇疆止于石岩。可渡九亭而达乌撒卫。有四川乌撒府(今为贵州威宁县),与卫同城。乌酋所居曰盐仓,去城一舍,中道停骖之所,有古松四株。其险道,有杨柳三湾。乌撒八亭而达瓦店。有柽木林,横长十余里,纵莫知其极。树多梨,以地险多夷寇,行人莫敢取,盐仓酋纵马其中食之。其厄寨,有碴子坎,每月以午、未日聚行旅千余,严兵乃过。瓦店驿七亭而达黑张。自乌撒以西,山地瘠,不宜稻,惟此地有稻田数百顷,乌撒、瓦店皆仰食焉。有天生桥,产银矿。黑张七亭而达周泥。至野马川,即望周泥在面山,下至山趾,涉七星关山巅,穷日乃至。七星关水潴于陆广(今贵州修文县六广镇),水势崩湱(huò),为滇蜀要津,昔梁王(自思明)追明玉珍(伐滇之兵)于此。旧未有桥,嘉靖壬寅(1602),有道人黄一中募修之,甫衡一木,即堕水死,越七日,浮尸端坐水面。居民塑像祀于江浒,悬崖架木,二年乃成。周泥九亭而达毕节卫(治今贵州毕节市七星关区)。黔西诸驿皆隶蜀,惟毕节驿隶黔。国初,高皇帝召水西酋妇奢香与子妇叠助至官,约令刊山,开龙场九驿,自贵州至毕节。香遂设九驿,廪饩马匹皆水酋供之。毕节七亭而达层台所。旧有卫,今废。有木稀巡司(即木稀关,地在毕节城东北四十里木稀山下)、倒马坎。层台六亭而达白崖。有相见坡。白崖五亭而达赤水卫(今叙永县赤水河镇)。卫在雪山关下,临赤虺河。河源出芒部,冬春以缆设舟为浮桥;夏秋泛滥奔流,津人伤篙柁乃济。赤水七亭而达摩尼所。跻雪山关,岭头饶瘴雾,鲜晴日,行淖汙中,人马困之。摩尼七亭而达普市。有一碗水坡(今叙永县摩尼镇半边山村境),泥行如雪山关,行人谣云:"摩尼普市天,三日无雨似神仙。"大抵黔中为古牂牁郡,古志云(天文)上值天井,故多雨潦,信然。夹路皆深茅,多戾虫。不可暝行。普市十亭而达永宁卫。蔺茵与卫夹江而居,水至纳溪县(今泸州市纳溪区)达于江。国初,景川侯曹震奉命辟(pī)工开之,其滩一百九十五,名滩八十二,石之大者凿之,水之陡者平之,舟楫通焉,刻石于江门大滩上。永宁五亭而达永安(今叙永县马岭镇)。永安驿七亭而达江门(今叙永县江门镇)。江门驿七亭而达大洲(今泸州市纳溪区护国镇)。沿江有九溪十八口,刊山凿石,崱屴(zè lì 高峻险峻)多不可骑。大洲驿六亭而达纳溪县。江中有三层峡、天子磴。至渠坝(今泸州市纳溪区天仙镇渠坝场),有马阉王七空桥,今废。马阉王,即马烨。烨镇黔,果于杀戮,诸罗惮之,故云。自交水至纳溪地一千二百一十里,为西路(乌撒路)。昔天兵南下,以西平(侯沐英)督东师,战普定;以颖川侯(傅友德)督西师,战乌撒。南土既定,遂以西路置(邮)传,为神京孔道。滇人之出也,自交水十五日而达永宁(今叙永县),顺流大江(而达于南京)。
③ 《明史》卷八十八《河渠志六》载:(洪武)二十三年,四川永宁宣抚使言:"所辖水道百九十滩、江门大滩十二,皆被石塞。"(洪武帝)诏景川侯曹震往疏之。又《明史》卷三百一十二《四川土司二·永宁宣抚使》载:二十四年,(曹)震至泸州按视,有枝河通永宁。乃凿石以通漕运。

| 第十一章　再说川盐：巴蜀华夏化云贵的长期载体 |

杨升庵倡议修建的曹震"景川侯庙"位于四川叙永县永宁河江门峡谷中，今庙已毁。图为曹震庙旧址地势
罗曼 摄

侯曹公开河碑》[①]："将军玉剑房尘清，余力犹能水土平。象马边隅通贡道，蛟龙窟宅奠夷庚。史家底事遗经略，郡乘何曾纪姓名？赖有琳琅播金薤，可无萍藻荐芳馨。"[②]对曹震表扬的同时，他还向永宁地方长官建言立庙祭祀。庙成，又特撰《景川曹侯庙碑

---

① [明]曹震：《开永宁河碑记》，光绪《续修叙永永宁厅县合志》卷四十四《艺文志》三：洪武二十三年十一月二十三日，钦奉皇帝谕制："景川侯曹震前往四川永宁，开通河道。合用军民，四川都司、布政司，贵州都司即便调拨。大小军需，悉听节制。如制奉行。钦此。"于洪武二十四年二月初七日，到成都，分遣官属，各任其责：永宁水、陆路，自泸州纳溪至摩尼驿、桥、道、路，委四川都司同知徐凯，成都后卫指挥使布政，提调卫、府、州官军民夫，以疏通之。自永宁至曲靖驿、桥、道、路，委贵州都司同知马烨，提调永宁、赤水、毕节、乌撒等军夫以修治之……其间水之险恶者，莫甚于永宁。其滩一百九十五处，至险有名滩者八十有二。石之大者，凿之；水陡者，平之。使舟楫得以通焉……统计用兵、军三万五千，夫四万五千。自二月初七日兴工，五月十五日工歇，秋九月初一兴工，次年正月十五日工毕，凡八阅月。
② [明]杨慎：《升庵文集》卷二十七"七言律诗"，明万历十年刻本。又王文才选注：《杨慎诗选》，成都：四川人民出版社，1981年4月第一版，1982年6月第二次印刷，第133页：嘉靖三十一年(1552)(杨)慎七次返蜀，侨寓泸州，道经江门，始见曹震开河碑，因作此诗，载入《南中集续钞》。原题作《读景川侯开河碑》，后有跋文，并节钞碑记，题为壬子之作。七十还滇，又有《戊子冬过水峡驿观瀑布怀景川曹公遗迹》诗，表彰前人功绩不遗余力。又赵永康：《杨升庵与泸州》，成都：四川大学出版社，2017年，第128页：嘉靖三十六年，杨升庵在(叙永)江门读到半没蓬蒿的开河碑感慨万分地写道……得到这位状元如此大声疾呼、宣传表彰，各级官府一齐重视起来，又是重新隆重安放这通石碑，又是立庙奉侍祭祀，四川及其所属永宁、纳溪、合江等处，分别把这通碑文以及相关文献载入自己的志乘。

记》，连用12个感叹之"兮"字大赞其功①。景川侯庙建在永宁河昼夜咆哮的江门峡谷之中②，所受香火不绝，直到抗日军兴抢筑川滇缅公路时，该庙才毁。

为了迎接由川入黔的宝贵食盐，贵州人民也是拼了，奢香修通龙场九驿，除了接受洪武大帝军事之需的命令以外，更多的是出于为入黔川盐提供便捷的交通环境③。民众的热情也是极度高涨，作为赤水河普通船工的吴登举"忠耿过人"，在贯彻贵州总督张广泗整治赤水河号召上是激情高涨，站位高远，率全家十八口血书请战，立下赫赫之功而不苛求总督大人的任何奖赐④，一时传为川黔两岸佳话。

张广泗疏浚赤水河航道，最上游的工程就是从打通天鼓岩大量垮石淤塞的河道开始。天鼓岩在赤水镇下游1千米处，海拔1006米，岩如绝壁，刀砍斧削⑤，是东面进入赤水镇这座古平夷县的天然屏障。其乃一圈石钟形岩石立于半坡，迎合坡上赤水河湍急的水声，恍若鼓音，斯称"天鼓时鸣"⑥，系赤水镇八大景之一。张广泗疏浚它，实际上就是恢复汉晋以前就能从赤水河河口到平夷县的通航功能，在此与明代开通的乌撒入蜀路相连，把陆路物资滇铜、黔铅等转水而下，也让后来设的仁岸之盐能上溯至此，通过水路运输节约陆路人背马驮所付出的巨大成本。

---

① [明]杨慎：《升庵文集》卷四"记类"，明万历十年刻本。
② 刘泰承文、罗曼图：《江门镇联结两位文化名人 赞功臣杨状元以诗寄情》，《酒城新报》2017年7月14日，第2-3版。
③ 周春元、王燕玉、张祥光、胡克敏编著：《贵州古代史》，贵阳：贵州人民出版社，1982年2月第1版，1983年2月第二次印刷，第257页：所谓龙场九驿，是指龙场、六广、谷里、水西、奢香、西溪（一说为威清）、金鸡、阁鸭、归化等驿站的设立，而驿站的设立，除主要为统治者传递公文、运输粮草外，也便利了商业的交往。贵州素不产盐，但因交通的发展，明初不仅黔北吃到四川所产的盐，甚至镇远以西各府，也都吃到邻省四川、云南的盐。
④ 夏鹤鸣、廖国平主编：《贵州航运史》（古、近代部分），北京：人民交通出版社，1993年，第108-109页：乾隆八年（1743），贵州总督张广泗深感川盐运输艰难，特别是"滇铜黔铅每岁由陆路运输进京，节节皆崇山峻岭，鸟道羊肠，驮运艰难，脚费浩大（《大定府志》卷五十三）"，乃倡导疏通赤水河发展航运……米粮渡（桐梓河与赤水河汇合处）渡夫吴登举闻讯赴仁怀县城献开河之策，受到重视，蒋至省城向张广泗汇报赤水河的险滩情况及改善措施，"于水道远近便易，尽得其要"，"言开河次第，皆确凿可行"。言及开河利弊时，竟刺血书一家兄弟子侄18人名，誓言如工程失利"一并连坐"（《仁怀厅志》）……对张广泗坚定信心和决心起了作用。高宗（引者注：乾隆帝）对张广泗通赤水河的申请，给予充分支持。乾隆十年四月，经工部议准组织实施。工程上起毕节县（引者注：今毕节市七星关区）境的天鼓岩（引者注：位于今七星关区清水铺镇与叙永县赤水镇毗邻之赤水河左岸四川境内），下至猿猴（引者注：今赤水市元厚镇）附近的鸡心滩，纵长400余里。乾隆十年十月初一动工，次年闰三月初一竣工，共整治险滩68处，耗银38642.5两，是前清继舞阳河、清水江、都柳江整治之后又一较大规模的治河工程……十一年四月，张广泗现场视察，拟对开河积极献策的吴登举授以官职，吴婉言谢绝说："某未习诗书，荷公厚恩，得免罪戾足矣，望敢官乎（《仁怀厅志》）。"张深受感动，赠"忠耿过人"四字以示奖励。
⑤ 叙永县赤水镇志编纂委员会：《叙永县赤水镇志》，内部资料，2017年，第44页。
⑥ 四川省地方志编纂委员会辑：《叙永旧志辑存》，北京：国家图书馆出版社，2015年，第53页。

| 第十一章 再说川盐:巴蜀华夏化云贵的长期载体 |

位于四川叙永县赤水镇赤水河下游约1千米左岸处的四川境内天鼓岩,以"天鼓时鸣"之称,成为赤水八景之一

涂电林 摄

不过,为了盐运等利益,地方政府或少数民族发生你争我夺的案例也不少。民国年间,古蔺县与仁怀县为争赤水河左岸长坝槽辖控权[①],就是欲以扼控通道达到攫取盐利的典型。

这场论争的官司在川黔两省和遵义、泸州两专员督察区及仁、古两县政府之间,沸沸扬扬,双方展开一年的电报辩论战,唇枪舌战,互不相让。现据贵州学者杨斌的研究,梳理如下[②]:

[①] 杨斌:《插花地研究——以明清以来贵州与四川、重庆交界地区为例》,北京:中国社会科学出版社,2015年,第246页:长坝槽是今贵州省仁怀市茅台镇、二合镇、合马镇位于赤水河西岸(引者注:即左岸)并与四川省古蔺县毗邻地域的统称,该地域"南北长一百一十华里,东西宽度平均二十余华里"。民国时期,长坝槽属贵州省仁怀县第一、四区辖境。"有保二十个,居民二千三百八十户,口一万四千四百二十七人"。民国三十年(1941)六月至民国三十一年(1942)四月,川黔两省在清理拨正插花地的过程中,围绕长坝槽的归属问题展开了激烈的争论,这就是长坝槽之争。原作者注:在今仁怀地图中,并无"长坝槽"这一地名。查阅民国以前仁怀的地方文献,也不见"长坝槽"之记载。故长坝槽这一名称的由来,还有待考证。笔者(引者)经多方查找,在泸州市民宗局原局长熊华跃(曾在古蔺县担任过分管工交副县长),古蔺县地方文史研究者罗树、胡再勋的热心下,终于找到古蔺县土城乡铁龙村、仁怀市合马镇洞上村交界处,茅溪镇(水口镇)九坝村、云浮村地界,分别有3个叫长坝槽的小地名,正好位于狭长地块的南北两端。其中土城、合马处长坝槽过去相当繁华,定时赶场,被民间称为小香港,现已萧条落寞。

[②] 《插花地研究——以明清以来贵州与四川、重庆交界地区为例》,第246-253页。

| 中国西南陆海走廊 |

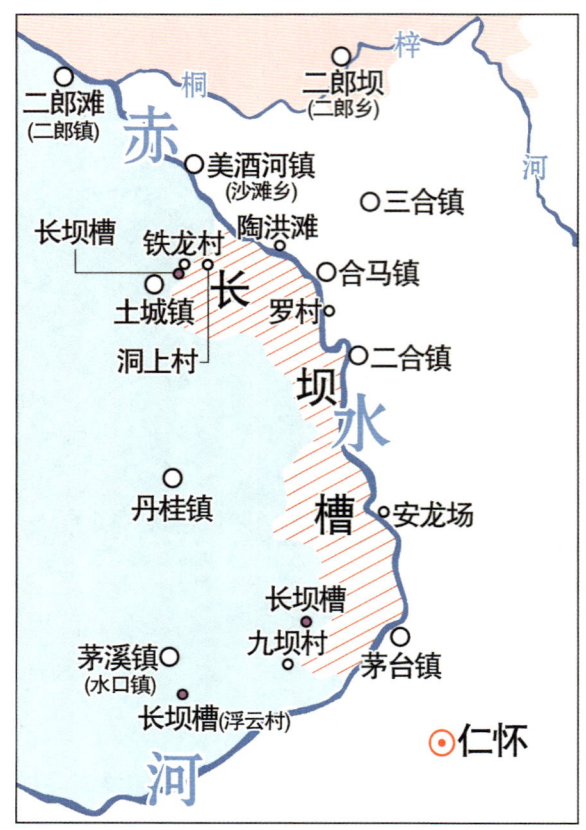

赤水河流域长坝槽位置示意图。图中可知，"长坝槽"小地名有3处之多，笔者认为该狭长地块得名，或与这三处同名的小地名有关

起因：1941年6月，四川省政府根据驻泸州的其第七行政督察区公署呈报材料致函贵州省政府，认为长坝槽飞嵌于四川省古蔺县境内，咨请贵州省政府"依部颁《省市县勘界条例》第八条之规定办理"①，并请"见复"。接此公函后，贵州省政府责令仁怀县政府："遵照查明，将长坝槽一带地方详细绘图贴说，具文呈复，以凭核办。"

过程一：仁怀县县长钭青芳向贵州省汇报了不应该划拨的详细理由；贵州省函告四川省后，四川又致函贵州，提出贵州省政府派人会同由四川省"第七行政督察专员张清源及仁怀、古蔺两县县政府实地详为查勘"，上报内政部解决。

---

① 《插花地研究——以明清以来贵州与四川、重庆交界地区为例》，第246页：原作者注：《省市县勘界条例》第八条规定："省或都属于行政院之市，请行政区域如须新定界线时，应由关系各省市政府委派专员定地履勘后，再议定界线，连同图说咨内政部呈行政院转呈国民政府核定，于必要时由内政部派员会同勘界。"

过程二:贵州接函后,责令驻遵义的其第五行政督察区公署专员高文伯,与仁怀县长钋青芳会同实地会勘。

过程三:仁怀县长钋青芳与古蔺县县长代表项云会勘并召开协商会,分歧很大、争论十分激烈。

过程四:期间,双方在内政部、省、督察区、县之间电报往来频繁,各自诉述划和不划理由。

过程五:张清源、高文伯最后碰面协商:不划。

传说泸州专员张清源被对方的茅台酒贿赂后,才息了争端①。此次看似是辖土之争,背后实质是盐运通道的利益之争。长坝槽对岸是茅台,地理位置处在川盐入黔交通线的水路终点,盐运地位重要。对四川省来说,占据了长坝槽地域,就可以分享仁岸盐运之利;而对贵州省来说,失去了该地域,则盐利不能独享。其实有此争议,实乃川黔分界时未了之事的继续。雍正七年(1729)川陕总督岳钟琪曾拟将划分到黔省的遵义府所属仁怀县重划归泸州,雍正也朱批"甚好。交与查郎阿徐徐斟酌办理"②。不知后来是皇帝政务繁忙还是川省易人,此事就"徐徐"不了了之。

同样,现重庆酉阳县龚滩镇,本来经国民政府内政部调研组决议,准备设立为新县,名称也取好了,叫延水县,由于酉阳县政府不愿意放弃乌江水道这个能扼控盐运红利的要津,内政部也只好作罢③。龚滩镇建县胎死腹中,乡邦之人扼惋之余有幸于今:正因无县城的喧嚣才保留厚朴古色,令游者识香蜂拥,以此作为拥抱乌江的网红打卡地尽情徜徉,直至下游拦河筑坝发电,才彻底沉没江底。

---

① 《插花地研究——以明清以来贵州与四川、重庆交界地区为例》,第250页:在仁怀县长卜青芳与古蔺县县长代表项云意见相持不下的情况下,经贵州省第五行政督察区专员高文伯与四川省第七行政督察区专员张清源"协商",做出了"长坝槽一带地方,既非飞地,亦非瓯脱,仅系嵌地(毗连嵌入)"的结论。于是,长坝槽仍旧归贵州省仁怀县管辖,耗时近一年的长坝槽之争就此终结(作者原注2:贵州省第五行政督察专员高文伯与四川省第七行政督察专员张清源是如何"协商"的,档案中没有记载。我们在仁怀调研时,当地民间有一种传说,长坝槽之争之所以不了了之,是因为高文伯用茅台酒贿赂了张清源)。
② 台北故宫博物院藏《官中档奏折(雍正朝)》,编号:故宫 024963/402021666。诚谢巴蜀文化研究者陈伟平惠告。
③ 《插花地研究——以明清以来贵州与四川、重庆交界地区为例》,第253页:龚滩是今重庆酉阳土家族自治县的一个古镇,地处乌江和阿蓬江交汇处,与贵州沿河土家族自治县毗邻。民国三十二年至三十四(1943-1945),川(今渝)黔两省在清理拨正交界地区插花地过程中,围绕是否在龚滩设县的问题展开了激烈的讨论。

川陕总督岳钟琪上奏奏章"仁怀县改隶泸州"和雍正帝批示原件。现藏中国台北故宫博物院

第十一章 再说川盐：巴蜀华夏化云贵的长期载体

乌江也如赤水河,因红军飞兵抢渡而蜚声中外。其实早在先秦已名动一时,有名的巴寡妇清就在其地开采丹砂富可敌国①。该江源出黔西北,中上游大段不能通航,盐运使沿岸勃兴,更得沿江整治,通航里程加大,从江口涪陵可上溯黔东沿河一带,为匮盐的黔地民众承担起了又一道"输血管"作用。

"三度巡泸衢,初登第一峰。"②贵州织金人丁宝桢实施盐政改革的重地在泸州,选此"重地"实乃交通因素考虑。作为死后家人连灵柩都无钱置办的封疆大员,一心干实事,三次(据诗意可理解甚或三次以上)视察泸事,只抽暇登了一次城边著名的忠山,不负后来四川、山东、贵州三省人民为他建祠纪念。仅有的这一次放松,笔者看出他乃以总督之尊,实陪好说歹说才从湖南请来执掌尊经书院(四川

位于乌江边的重庆市酉阳县龚滩镇,古镇古色,令人留连。惜因下游拦河筑坝发电,现已沉入江中　　刘庆丰 摄

乌江由上游二源汇成,图为其中一源六冲河在贵州七星关处情形　　魏敏 摄

---

① 《史记》卷一百二十九《货殖列传第六十九》,第3260页。
② 丁宝桢:《泸州忠山小集奉和王壬秋山长》,清丁宝桢著、郭国庆、吴穹编校整理:《丁宝桢全集》5,贵阳:贵州人民出版社,2017年,第108-109页:三度巡泸衢,初登第一峰。秋晴犹伏暑,风静不鸣松。宾主东南盛,杯盘左右从。万家愁火热,何以变时雍? 第二首为:贤豪随显晦,亦复托鱼盐。况切安边计,能忘驻锦襜? 观山窥局署,却暑下筠帘。流火莫嫌燠,严霜近在檐。第三首为:仙人长不在,道士尚能来。橘种千头熟,亭虚半榻开。长河迥夕驭,浅酌尽余杯。明早扁舟去,苍苍何处苔? 诚谢泸州文史研究者谢佳永查证。

583

大学前身之一)的王壬秋。王系饱学之士,为四川教育事业贡献卓著①。从丁诗题为《泸州忠山小集奉和王壬秋山长》可窥端倪:总督甘屈身份,对读书人尊敬有加。

四川叙永县城远眺（摄于2018年） 　　　　　　　　　叙永县永宁文史馆　万中华　摄

---

① 薛元敬：《薛焕创办尊经书院的前前后后》,《巴蜀史志》2020年第3期；据中国第一历史档案馆《宫中朱批》文教类第8号件载,四川总督吴棠与张之洞向同治皇帝上了《奏为绅民请捐建尊经书院并刊刷经史以裨实学》的奏章："在籍候补京堂薛焕、翰林院编修伍肇龄等呈称：书院之设,原为国家培养人才。士子在院读书,必期成明行修……查川省地方,省内向建有锦江书院,省外各府厅州县亦各分建书院。均系专课诗文,其经义古学阙焉未讲。是以各属士子能文者多,专经者少……""所有一切经费,议由合省绅粮公捐,分属措筹",新建书院要"以裨实学"。
同治帝于八月初五日,即御笔朱批"知道了。钦此。"同意四川新建书院。经皇上批准后,薛焕立即带领绅民们抓紧创建。《清续碑传集·卷十三·薛公行状》记载了薛焕在创建尊经书院时的作用："省城创建尊经书院,经费皆赖公一言决之……"
光绪元年(1875),薛焕等倡导新蜀学的尊经书院在吴棠与张之洞的大力支持下,在成都文庙西侧石犀寺旧址建成。
关于书院山长问题,薛焕曾函请享誉江南的大文豪王闿运出任,但王闿运(原作者注：字壬秋)正在写《湘军志》不能来(原作者注：后担任第三任山长)。吴棠与张之洞等也曾邀一些享誉国内的学者来任教,也皆因各种原因未能成行。当时守旧派势力很大,薛焕竟公然提倡弃八股文而尊经学,所以响应者寥寥。因当时具备省级书院山长资格且擅长经学的学者极为鲜见,而薛焕提倡的"经学"中还暗藏洋人的天文地理算学等。能讲的没资格,有资格的又不会讲。莫奈何,年老多病的薛焕只能亲自当了尊经书院第一任山长,并延请同治二年识于上海,并随之入京为西席的学者钱保塘及钱铁江为主讲,任命在成都府任训导的堂侄薛华墀(后来为尊经书院第四任山长)为监院。
书院设立后,薛焕即"发旧藏经史有用诸书,畀省中书院刻之。自后蜀中书渐多,士知崇尚朴学,风气为开。"(《清续碑传集·卷十三·薛公行状》)到光绪二十七年(1902),经四川总督传旨,尊经书院与锦江书院、四川中西学堂合并为四川通省大学堂,即今四川大学前身。尊经书院除去没被正式任命却又实际当过山长的薛华墀(薛焕侄儿,首任监院)外,前后共七位山长,依次是薛焕、钱保塘、王壬秋、伍肇龄、刘岳云、宋育仁、杜嗣兰。

第十一章 再说川盐：巴蜀华夏化云贵的长期载体

"贤豪随显晦,亦复托鱼盐。"作为四川总督,丁宝桢要富蜀强民,盐政改革就是他上任后多方调查采取的重大举措。他之前,历代中央政府对盐铁等物资,都纳入战略高度进行专卖专控,设立了盐官和铁官垄断经营。秦国在巴蜀成都、临邛、朐䏰①三个县设置了盐官,到汉代,就增加到17个县之多②。以泸州为例,明清一代还设立有铜官,勘验、转运云南的铜③和贵州的铅、锌。

丁宝桢大刀阔斧在泸州这座水陆要津设立川盐官运总局④,对盐业产销进行总计调,从五通桥(乐山)、自流井、贡井开始的生产区,到永岸(叙永)、仁岸(仁怀)、綦岸(綦江)、涪岸(涪陵)四个"盐岸"之地⑤,再到嘉陵江和长江中游楚湘地域,这一大片广阔的销售区,都归属该局统一指导。

古代西南出海丝绸之路考察团部分学者参观贵州织金县丁宝桢纪念馆　　　　康立沙　摄

---

① [东汉]班固：《汉书》卷二十八上《地理志第八上》"巴郡条",北京：中华书局,1962年6月第1版,1975年4月第3次印刷,第1603页。
② 宋良曦、钟长永：《川盐史论》,成都：四川人民出版社,1990年,第3页。
③ 梁晓强：《明代云南铜产与铸钱》,《曲靖师范学院报》2021年第5期:明朝在四川泸州设有官铜店,以汇聚云南、四川等长江上游省份生产的铜,以足额提供两京铸钱用铜。《明熹宗实录》卷十二记:"天启元年七月丁卯,户科给事中赵时用条铸钱之法言:前议置官泸州聚铜,若铸,则以荆州为便。此两处皆当置一官,专董其事。泸之收铜,则用滇、蜀、黔额解。"这是一条滇铜由水路外运的捷径,水路运输成本只是陆路运输的四分之一。这一做法,后来为清朝继承,清政府即在四川泸州设有总铜店,负责京城户工两部、长江下游和北方诸省铸钱用铜的供应及运输。只是明朝泸州官铜店负责收储、运输来自滇、蜀、黔三省的额解铜,并且只是为两京宝源局服务。清代特准云南一省提供铸钱用铜,清朝泸州总铜店,就只是负责转运来自云南的朝廷额铜。
④ 旧址即原中共泸州市委党校。
⑤ 赵逵：《历史尘埃下的川盐古道》,上海：东方出版中心,2016年,第13页。

光绪三年（1877）这个机构在泸州成立①，川盐销往贵州和滇东北更为顺畅和有效，川盐已经成为当地人一日不可或缺的仰赖。

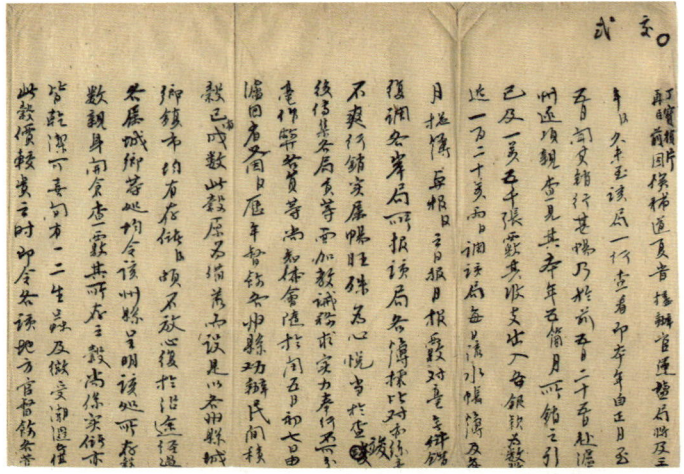

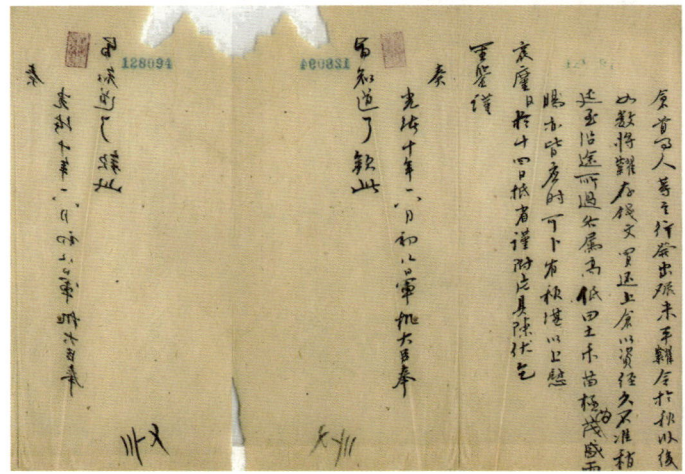

现藏于中国台北故宫博物院内的光绪十年（1884）丁宝桢所上奏折。内容为奏报其视察泸州川盐官运总局所见盐引行销畅旺一事，报告了官运局设立后川盐销售盛况② 　　陈伟平 供图

---

① 周询：《蜀海丛谈》卷下（卷三）《丁文诚公》，沈云龙主编：《近代中国史料丛刊第一辑》，香港：文海出版社，1948年，第465页：(光绪三年，丁宝桢)在泸州设立(川盐)官运总局，将贵州边岸及近边之叙永、永宁(县)、泸州(本州)、纳溪、合江、江津、綦江、南川、涪州、江北、巴县、酉阳、秀山、彭水、黔江各厅州县，额行之边，计水引一万四千零三十五道，陆引一万三千一百六十一道，尽归官运局办理。又将边岸分为四岸，盐由永宁入黔者，曰永岸；由合江入黔者，曰仁岸；由涪州入黔者，曰涪岸；由綦江入黔者，曰綦岸。省内各邑，则统名计岸，各岸皆设分局。
② 台北故宫博物院藏《军机处档折件(光绪朝)》，编号：故机128831/128094。诚谢巴蜀文化研究者陈伟平惠告。

第十一章 再说川盐:巴蜀华夏化云贵的长期载体

丁宝桢所设川盐官运总局大发其光,川盐济黔、济楚、济滇成显效宏。除入黔所设"四岸"外,入滇也是两条线路南进,让滇东北民众解除盐厄之苦。一条是乐山犍乐盐厂经宜宾到安边转入横江,一条是从宜宾城下游不远处南广河以入,转入盐津,两条路都汇入昭通再行分发。

摄于2021年10月的四川宜宾城。左为金沙江,右为岷江,交汇宜宾老城区后奔涌始称长江,三江簇拥,堪称万里长江第一城
宜宾日报社 庄歌尔 摄①

南广道追溯历史也堪久远,汉武帝时"自僰道指牂牁江"②,就由唐蒙"发卒治道"而成著名的南夷道。该道从南广河口(叙州区南广镇)溯河而上,经高县、筠连、珙县地域逶迤而南,至罗渡镇(罗星渡)起旱南行,经观斗进入南秦古县(威信旧城镇),翻过汾关山而至赤水河边的平夷转入牂牁道。

南广河古称符黑水,源出川滇黔交界处的汾关山北麓。该山主脉位于今威信、叙永毗邻的罗汉林(详见第六章第二节《古县考证:平夷、鳖、故且兰》),顺南所出之水为赤水河水系,顺北而出就有符黑水和永宁河两大水系,自古皆僰人所居。僚人入蜀及乌蛮东进,这个地区民族成分复杂起来,争争夺夺的结果,彝族先民占尽优势,原有僚人、羋人、僰人或迁或灭或融,到清末以后基本不见踪影。但南广道却是这些古代民族战天斗地的结果,古老的南广县乃至整个南广郡,也是因其而治,甚至辖控川滇黔

---

① 诚谢宜宾晚报社总编辑庄剑传图。
② [西汉]司马迁:《史记》卷一百一十六《西南夷列传第五十六》,北京:中华书局,1959年9月第1版,1982年11月第2版,1982年11月北京第8次印刷,第2994页。

大面积地域的有"三蜀"之称的犍为郡郡治,也在南广河边今珙县沐滩镇所在地傅家坝①(对岸为筠连县腾达镇,即平寨场)驻留有近半个世纪之久。西汉时置南广县所定之名,即为唐蒙通夜郎时所取,意为大汉帝国向南拓展之义,后尚有汉代"南广尉印"封泥印章传世,也留有汉砖汉瓦②、半两钱、铜铣、带钩、铜斤等被掘出③,早在汉武帝元光六年(前129),即置邮亭④。1980年代高后石质半两钱范在此道上的出土⑤,更充分证明为保障南广道顺畅便捷,汉帝国有强大常设军事和后勤保障力量予以镇控和维系。

笔者在四川筠连县腾达镇考察南广河,背后即为珙县沐滩镇傅家坝西汉南广县治所。左一为珙县文广旅局副局长范玉洪,右一为沐滩镇副镇长王丹。正在介绍南广河航运情况者(右二)为珙县地方历史文化研究者、沐滩镇人大主席团原主席田江文

李光华 摄

---

① 珙县傅家坝原为沐滩区下属小乡,1992年撤区并乡建镇时归属沐滩镇,镇政府随即迁驻于此。傅家坝得名于傅姓大量聚居,清代该氏族谱明载其姓乃"傅"非今日简写之"付"。诚谢沐滩镇原人大主席团主席田江文惠告。
② 四川省珙县志编纂委员会编纂:《珙县志》,成都:四川人民出版社,1995年,第676页。诚谢珙县沐滩镇人大主席团原主席田江文赠书。
③ 蓝勇:《南方丝绸之路》,重庆:重庆大学出版社,1992年,第23页。
④ [晋]常璩著、任乃强校注:《华阳国志校补图注》,上海:上海古籍出版社,1987年7月第1版,2011年7月第5次印刷,第278页。
⑤ 蓝勇:《南方丝绸之路》,第24页。

南广道经南秦翻过汾关山抵达平夷后,即进入笔者定义的牂牁道。牂牁道跨过赤水河,在毕节分路一径南进入安顺继续承载此道之名通向北、南盘江;一继续以南夷道之名,西折赫章、威宁经宣威进入曲靖坝子。在永宁河疏浚完善后,从毕节经赤水镇转永宁河更为方便和快捷,南广道成为辅道。包括云南的铜,贵州的铅、锌,都以永宁河道为主,历史上有名的京铜蜀道应运而生。赵藩曾经行走此道,有感赋诗:"负盐人去负铅来,筋力唯供一饱材。汗雨频挥撑拄立,道旁看尔为心哀。"①

赵藩与四川联系甚多,但他担任永宁道台驻节泸州之事知者甚少。泸州三年,他主持修复龙马潭和江山平远堂等名胜,团结士子出刊《江阳唱和集》②。在川滇黔边,看到背着盐巴和铅块的劳动人民来回穿行崎岖山路的艰难,作为父母官,忍不住酸泪长流。

诗中道出了重要的历史文化信息:从云贵经宜、泸长江,出三峡唯一通京水陆蜀道,影响明清大半中国人的钱袋子。由于四川研究者寥寥,近些年由四川省政府倡导的多条蜀道文化研究工程中,竟没有被列为课题对象;四川广播电视台联合凤凰卫视2020年6月至7月首播的十集大型纪录片《蜀道风流》,也没有提到此道。看来,挖掘泸州、宜宾等川南历史文化资源任重道远。其实,至今叙永县城内尚留有名"窝盐"的街名,深刻分析地名由来,当为铅、锌矿产品在此陆转水的遗存;明代称锌为"窝铅",清代称锌为"白铅",以区别于金属铅③;而"铅"西南官话发音"元","元"与"盐"音近,铜、铅、锌物运衰竭,盐业运输持续,故而当地"铅(元)""盐"之音不分,讹"窝铅街"而成今日之"窝盐街"。同样,大量铅、铜转道泸州-宜宾汇入长江④,两城仍保留有历史文化信息浓郁的铜码头、铅店街、铜关上地名,让人遐想曾经繁华的浩荡铜运。

---

① [清]赵藩:《永宁杂咏》四,[民国]《叙永县志》卷八《杂记篇》。诚谢叙永县文史研究者涂电林先生惠告。
② 何白李著、兰永生整理:《泸州地方文献目录提要三十种》,北京:团结出版社,2016年,第19页:这本唱和集就当时泸州地区最高长官赵藩(樾村)和钟寿康为中心的唱和诗集,参加的人数达50余人,收诗200多首。
③ 蒋志龙、樊海涛:《古滇文化史》,桂林:广西师范大学出版社,2019年,第119页。
④ [清]戴瑞徵著、梁晓强校注:《〈云南铜政〉校注》,成都:西南交通大学出版社,2017年,第265页:清代最初的京运铜,由永宁店领运,泸州未设铜店。乾隆七年,泸州始设铜店,其地位还不是很重要,因此委大关同知兼管。乾隆十六年时,永宁店裁撤,京运铜统归泸州收发,泸州铜店成为京运铜的汇集地和总店,地位变得很重要,委员兼管的方式已经滞后。至乾隆三十年,不得不改委官员专管。以后泸州铜店地位越来越重要,委派管理官员的级别也越来越高,逐渐由佐杂、州县,升至知府。泸州地位亦十分重要,清政府川南永宁道即驻扎在泸州。清政府为了使铜运顺畅,明令永宁道等地方官辖下有关铜务事项,受云南督抚节制。

俯瞰位于川滇交界处的横江及横江古镇　郑启友 摄

通过横江连接滇川，也不仅是明清时作用于盐路，它是常頞所开秦五尺道的基本走向，第四代蜀王杜宇较早就利用过此道北迁成都平原①。横江汉晋时称"崩容江"，"横江鱼跃，岸边食稻"乃古之奇观，首次提及它的典籍当属《华阳国志》，称"崩容江出好磨石，崩江多鱼害"②，任乃强对这一奇特现象专门作了解释："崩容江，即今之横江，一曰石门江。上游有石阁道通夜郎，即唐蒙所开阁道也。地层古，石质坚硬，故云'好磨石'。'鱼害'，谓食草之鱼类，每天雨，或雾、露时，成群蹦入农田食害禾稼，有成大灾者。此非亲见者往往不信，故张佳胤刻时删害字作'多鱼'。夫江河多鱼则皆然也，岂惟崩容江独然而特见称哉？"③

从宜宾城上溯金沙江28.5千米④转入横江，明清因铜运盐运兴盛，兴起了横江镇；又因水道直通盐津老鸦滩并陆路转进东川府（今会泽），皆系汉晋朱提之地，该江又称朱提江。从犍乐盐场运达云南曲靖、昭通的井盐，大部分循此道而去。依托昭鲁盆地先天优势生活劳作的古族群，汉武帝开西南夷时建朱提县，2017年文物考古部门在此发

---

① 蓝勇：《南方丝绸之路》，第20页。
② 《华阳国志校补图注》，第175页。
③ 《华阳国志校补图注》，第179页。
④ 张宏主编：《四川地理》，北京师范大学出版社，2016年11月第1版，2017年11月第2次印刷，第77页。

| 第十一章　再说川盐：巴蜀华夏化云贵的长期载体 |

现了故城遗址，位于今昭阳区太平街道永乐社区诸葛营村。杨勇研究员2022年10月结束罗平县漏卧故城发掘工作后，即率队转场于此，目前已有众多地下文物出现端倪。①

笔者在横江上游关河边云南盐津县城老鸦滩（红圈处）了解通航情况

1867年法国画家所绘云南盐津老鸦滩横江及横江吊桥②

---

① 诚谢中国社会科学院考古研究所杨勇研究员惠告。
② 图采自傅奠基、唐靖：《昭通简史》，北京：中华书局，2021年，扉页图版。

从宜宾经安边沿河谷而行的五尺道,在汉晋时已是商旅不断的重要通道①,其间有一关键节点石门关,又称豆沙关,是彝族先民乌蛮占据后彝语音译之名②。笔者观察,尚留存有岁月最为沧桑的一段古道,路面上的马蹄印最深达10厘米以上,证明来往人群、马帮既历史久远,又负重吃力。

五尺道险峻处系位于云南盐津县的石门关(豆沙关),笔者所见西南尚存古道中,以此处最为古老。印痕深凹,沧桑逼人

宜宾横江镇上溯的人流、物流,一般在老鸦滩转折陆道,经过石门关后径南而至朱提(昭通)③。唐德宗贞元十年(794),御史中丞袁滋册封南诏,过关所留题名摩崖石刻至今尚存。盛唐时的宜宾,以戎州都督府之尊,辖有65个羁縻州④在石门道南进沿线,直延今滇池区域,再转至中越交界的红河州之弥勒、开远、蒙自、元阳、石屏等地,皆其所辖⑤,南北狭长,"一直延伸到云南河口一带的中越边界"⑥,最远达2707里之

---

① 蓝勇:《南方丝绸之路》,第22页。
② 贾书伟:《豆沙关初考》,昭通市政协文史资料委员会编:《昭通文史资料》(豆沙关文化专集),昭市新出〔2004〕准印字32号,内部资料,2004年,第45页。
③ 郭声波:《彝族地区历史地理研究——以唐代乌蛮等族羁縻州为中心》,成都:四川大学出版社,2009年,第49-59页。诚谢作者赠书。
④ 郭声波:《彝族地区历史地理研究——以唐代乌蛮等族羁縻州为中心》,2009年,第41页。
⑤ 郭声波:《中国行政区划通史》[唐代卷下(册)],上海:复旦大学出版社,2012年,第1253页。
⑥ 郭声波:《圈层结构视阈下的中国古代羁縻政区与部族》,北京:中国社会科学出版社,2018年,第249页。

第十一章 再说川盐：巴蜀华夏化云贵的长期载体

遥①。有曾经镇控如此地域的"西南半壁"②辉煌，值得宜宾地方文史工作者深入挖掘，大书特书。③

丁宝桢川盐入黔綦岸，是依托长江在江津转入的綦江而行的。綦江盐道近代名声响亮，远古却泯灭无闻，皆因綦江城上溯赶水镇即转陆进入大娄山腹地，基本是鸟道羊肠，无法通行，"多山险，路细，不通乘骑，贵贱皆策杖而行，其囊橐皆差夫背负"④。蓝勇考证宋代此路才辟为通途，但綦江与长江交汇处早在新时期时代即有人居住，推测非巴人族属，其系更为古老的人群⑤。但是，该地域直至明清才有道路发展成川黔交通要道⑥，此乃盐运入黔的经济利益之驱所致的又一例证。清代遵义诗人罗兆甡为此抒发了运盐人虽苦犹乐的形象诗句："君不见，播儿双肩红肉裂，笑担盐篓上前山。"⑦即使负重至双肩裂口露肉，仍为即将赚到手的贩盐所得而兴高采烈、健步如飞。

畅达的交通使川盐大量快速输送到云贵起到重要作用，而川盐的渴求又刺激了产区的更大规模生产，刺激了采盐技术的进一步提高。盐产量又客观刺激交通

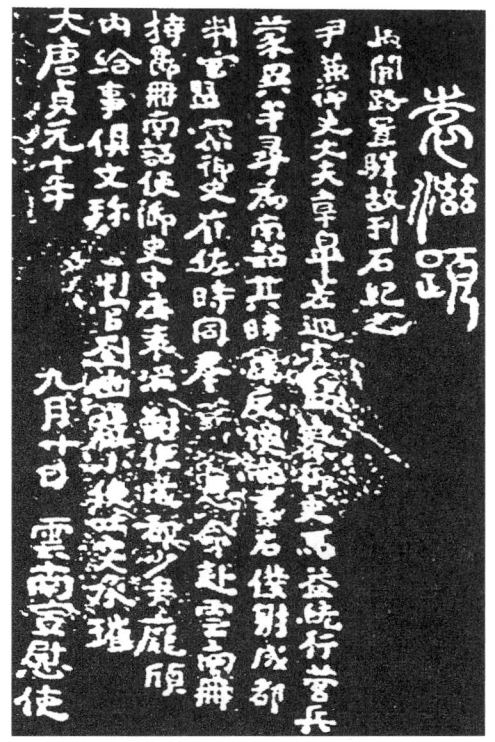

图为位于云南盐津县豆沙镇豆沙关的"袁滋题名摩崖"石刻拓本。摩崖文字内容为：大唐贞元十年九月廿日，云南宣慰使（第一行）内给事俱文珍、判官刘幽岩、小使吐突承璀（第二行）、持节册南诏使御史中丞袁滋、副使成都少尹庞顾（第三行）、判官监察御史崔佐时，同奉□□恩命，赴云南，册（第四行）蒙异牟寻为南诏。其时节度使尚书右仆射成都（第五行）尹兼御史大夫韦皋，差巡官监察御史马益，统行营兵（第六行）马，开路置驿，故刊石纪之（第七行）。袁滋题（第八行）③

---

① 刘复生：《僰国与泸夷——民族迁徙、冲突与融合》，成都：巴蜀书社，2000年，第94页。
② [明]谢肇淛：《滇略》卷十，文渊阁四库全书本：史万岁征南宁夷过石城山诗云："石城门峻谁开辟？更鼓误闻风落石。界天白岭胜金汤，镇压西南天半壁。"
③ 图采自谢文同：《关于唐袁滋题名摩崖》，《文物集刊》1982年第2期。
④ 《太平广记》卷483《南州》条引《玉堂闲话》。
⑤ 陈丽琼、申世放：《江津王爷庙新石器时代遗址》，重庆市文物考古研究院、重庆市文化遗产保护中心编著：《渝西长江流域考古报告集》，北京：科学出版社，第54-56页。原载《几江》1981年第3期。
⑥ 蓝勇：《四川古代交通路线史》，重庆：西南师范大学出版社，1989年，第198页。
⑦ 《遵义府志》卷四十六艺文五。诚谢遵义市地方文化研究者、遵义市政协教科文卫委原主任申翔惠告。

位于重庆市江津区珞璜街道江口村处的綦江汇入长江处，古称僰溪口（图中红圈处）。此处长江下游1千米许即为顺江场（北周江津县老县治江阳治所），正对岸为九龙坡区铜罐驿镇（即冬笋坝）

笔者 摄

的进一步拓展，二者相辅相成，滚动在西南特有的崇山峻岭之中，推动西南文明滚滚向前。正如栖身赤水河的郎酒集团诗人李明政所感古盐道渡口的讴歌，道出了厚重的西南地区因盐而生的文化、因盐而水乳与共的光芒：

桨声 船影

箭步如飞的背夫

绝壁上的羊肠小径

消失在古盐道渡口

白色的裙岩

不管树木枯荣

河水清浊

昼夜轮回

古盐道渡口

用最简单的盐巴的白

怀念自贡的盐井

曾经有一群热血汉子
推开白晃晃的岩石
在赤水河边开仓分盐
曾经古盐道渡口是一座灯塔
照亮云贵高原
千百年无味的日子
火焰一样炫目
古盐道渡口的岩石
叫人想起
这里不曾黑过
有一种白是静止的光芒①

---

① 李明政:《蝉翼》组诗之《白是一种静止的光芒——赤水河古盐道渡口》,《人民文学》2022年第2期第201页。

附5：

关于"西南要会"的来信[①]

晓东总编，世松、永康先生：

各位好！

拜读《酒城新报》第253期有关泸州宋城文化研究开题会报道，甚为兴奋！颇受教益！这个策划很好，将有一支专业队伍，对泸州历史文化进行比较集中地逐步深入细致地研究，从而助推今日泸州市的改革发展，助推巴蜀地域文化和中华文化的科学传承。谨此祝贺！

读后，也在个别内容上有点疑惑，作为老朋友，为了把这个项目做好，我不揣冒昧写在下面，供你们参考并赐教。即颂

夏祺！

胡昭曦 上
2017.6.24

一、关于宋徽宗诏令

已见有三月、五月两个诏令。

（一）宣和元年三月十五日

1.《宋会要辑稿·方域七之五》："《泸州升为节度赐名泸川军 宣和元年三月十五日》泸州，西南要会，控制一路，边阃之寄，付畀非轻[②]，可升为节度，仍赐名泸川军。"

2.《宋代诏令全集》："《泸州升为节度赐名泸川军诏宣和元年三月十五日》泸州，西

[①] 此信系胡昭曦先生2017年6月24日通过微信发给笔者的，原无标题，敬录于此时据文意所加。信中"世松"系泸州宋城文化课题研究组组长、四川省社科院移民与客家文化研究中心主任陈世松研究员，"永康"系课题研究组副组长、西南大学历史地理所特聘研究员赵永康。信中原无楷体，录此变体，系开题会报道原文。

[②] 引者注：胡老来信原注：《宋会要辑稿》校点本，上海：上海古籍出版社，2014年版第15册，第940页："畀"原作"界"，据《舆地纪胜》卷153引《国朝会要》改。

南要会,控制一路,边阃之寄,付畁非轻①,可升为节度,仍赐名泸川军。(《宋会要辑稿》方域七之五)"

(二)宣和元年五月二日

《宋代诏令全集》:"《泸州升为泸川军御笔 宣和元年五月二日》泸州西南要会,控制一路,边门之寄②,付畁非轻,可升为节度,赐名泸川军。《宋代诏令全集》卷159"。

《宋朝事实》记为"泸州,宣和元年,升泸川军节度。"③

二、关于纪念日期

拟在"御笔诏书颁布900周年(即2019年5月2日)",举行国际学术研讨会。

(一)上列有两次诏书,哪一次是颁布日期?

(二)宣和元年五月二日是农历。宣和元年为公历1119年;农历五月朔日为丙午,是公历6月10日,则农历初二为公历6月11日。故宣和元年五月二日是公历1119年6月11日。

三、关于泸州级别

"泸州破天荒首次升格为一级政区(路)治所"。

宋代咸平后只有益、利、梓、夔四路,皆各有治所,泸州属潼川府路(即梓州路),路治所在今三台,未见迁徙路治所或新设一路。据《舆地纪胜》卷153载、《宋史》卷89载,宣和二年诏泸州守臣带潼川府夔州路兵马钤辖、泸南沿边安抚使。乾道六年升本路安抚使。据此,泸州或可称,乾道六年为潼川府路安抚使司治所。

四、个别用词

1."宋徽宗金口玉言,下诏"。似可不必用金口玉言。

2."獠",今日叙述、报道一般改写为"僚"。

以上意见,请指正赐教。

---

① 引者注:胡老来信原注:王智勇、王蓉贵主编:《宋代诏令全集》,成都:四川大学出版社,2012年版第13册,第7683页:"畀",据文意,当作"界"。

② 引者注:胡老来信原注:王智勇、王蓉贵主编:《宋代诏令全集》,第7683-7684页:"边门"清钞本亦作"边门"。

③ 引者注:胡老来信原注:《宋朝事实》卷19"潼川路",北京:中华书局,1957年,第302页。

结 语

通过对西南、岭南及古代交趾地域古人类遗存罗列、先秦汉晋民族元素分析、六朝以前考古文物比对,以及华夏文化在夷地的流布、土著方国部落构建、地方政权组织设置、走廊通道物资流动等方面梳理和分析,再通过实地踏勘和田野论证,可以看出一条清晰的走廊交通路径从北向南延伸,也从南向北发散。西南腹地与南海的沟通悠久和频繁,古代西南出海之途从石器时代肇始,到商周初显,至汉晋蔚为大观,形成了一条"中国西南陆海走廊"是客观存在的历史事实。

四川经贵州、云南、两广、越南而达南海形成中国西南陆海走廊,有别于古代西南其他通道,"先天""自然"是其基调,南北对进是其主流,循环互动是其根本。从中搜觅规律与启示,作用于当今经济发展与对外关系,可产生一定的启迪意义。特别是非沿边沿海的川渝黔三地,了解、借鉴、思考,相信假以时日加以合理利用和转化,或能产生一定的现实生产力。

一、西南陆海走廊通道的具体走向

走廊通道的主线具体走向。从成都平原的广汉郡郡治雒邑(四川广汉金轮镇)和成都开始,沿"中水道"沱江穿过巴蜀腹地到达江阳泸州,顺流长江至巴符关(四川合江)转溯赤水河"鳛部道";在平夷叙永赤水镇起旱转"牂牁道",通过今毕节七星关区清水铺,绕行大方、金沙、黔西交界的九龙山(不狼山)进入鳖邑(黔西市),渡过鸭池河后,西南向今贵阳西部清镇等地进入安顺地区牂牁郡郡治故且兰;出安顺坝子径南转入镇宁、关岭、贞丰一带,在白层顺航北盘江,进入与之交汇的南盘江形成的红水河贵州册亨、罗甸、望谟,广西乐业、凌云,和安龙、兴仁、兴义黔域,与田林、隆林、西林桂域等沿南盘江地域"句町-漏卧道",在云南罗平八大河(对岸广西西林八大河),贵州兴义巴结(今南盘江镇,对岸广西西林革步)、册亨八渡(对岸广西田林旧州)、望谟蔗香(双江口,对岸广西乐业雅长)、罗甸红水河镇(对岸广西天峨下老、乐业逻些)等处,渡过南盘江和红水河径南,分别进入广西汉广郁县地的西林、隆林、田林、乐业、凌云、天峨;"句町-漏卧道"也可在兴义不过南盘江而西转今云南罗平到师宗、泸西、弥勒而南,南向丘北、广南、富宁,分别在右江或其上游驮娘江、西洋江河道顺航而下,共汇澄碧河、乐里河河谷通道,形成右江蒟酱道,而下增食(田东),在南宁三江口宋村纳入自西而东的左江后,顺郁江-浔江-西江-珠江直到番禺,或南宁三江口宋村右折一路溯左江汇入蜀交趾道东线,或下至藤县折一路为"合浦道",溯圭江(今北流江),翻过"陆桥"桂门关(鬼门关)转顺南流江至合浦,形成"南海道"出海跨入海上丝绸之路。

西南、岭南入交趾三道。折回再看左江。溯左江西上,是西南陆海走廊蜀交趾道东线;中线由西汉益州郡治滇池(晋宁)经同并(弥勒)盘龙江源头,顺江到都梦(文山市)出今国境继续循盘龙江(越南境内称为清水河或明江)而下,经河江、宣光,汇入红河到达河内出海;蜀交趾道西线,是于川滇黔结合部平夷西向折南而去的,也可从夜郎(沾益)南下同劳(陆良)、谈藁(石林),分一线至昆泽(宜良)、俞元(澄江)、滇池(晋宁)、建伶(晋宁昆阳)等滇池城市群,然后经胜休(通海)南下毋棳(建水曲江),沿元江一带的贲古(个旧倘甸)—西随(个旧蛮耗)—进桑(越南谷柳)—进桑关(河口)—麓泠(越南河内市麓泠县南),顺红河水陆并行出海。

西南陆海走廊通道支线。先折回看平夷。此处分一路向汉阳(赫章可乐)而去的南夷道,转入存䣕(宣威)至夜郎(沾益)、味县(曲靖)的五尺道,南向汇入蜀交趾道,东向至安顺的庄蹻故道汇入牂牁道。

再折回看故且兰。西出安顺坝子也可从今晴隆—普安—盘州进入云南富源的庄蹻故道,入今曲靖沾益五尺道,顺流南盘江南向陆良,在此分路或东南经师宗汇入句町-漏卧道,或西南向石林通过宜良、呈贡、滇池、抚仙湖、杞麓湖而南,分别汇入蜀交趾道中、西线。

中国西南陆海走廊通道,最终汇成两条主脉连通南海,一是从滇黔桂今交界的句町-漏卧道的左右江分别达于南海,二是从滇黔结合部直通滇南河口或云南文山州、广西百色市南部而达越南出海。从先秦到蜀晋,在今川渝黔滇桂粤和越南中部、北部之间,就形成了一条先秦汉晋时期中国西南通达南海的陆海通道。从本书的观察来看,这是一条"盐""铁""僮"等贸易商品支撑起来的商贸文化圈走廊,是中华民族形成时期的一方民族交流融合的典型区域。

中国西南陆海走廊因有3个"三角形文化圈",既锁钥其走向又以发动机驱动其通达。这3个"三角形"地域即川滇黔边三角形、黔滇桂边三角形和滇桂越(南)边三角形,对这3个特殊的山水所造就的历史人文进行深入研究后,才能梳理历史潮流进程中地理环境特殊而造就的民族文化繁育衍进,才能证明走廊在关键节点区域的融会贯通,才能探就走廊整体连贯的客观实际。笔者囿于条件未能对越南一侧作实地考察,但在滇桂可窥其一斑,滇桂越(南)三角形和其他两个三角形虽未处同一地理单元,但其情略同,其理可证。

二、沱江-赤水河是巴蜀南向主通道之一

沱江天然的水运优势决定盆中腹地人群和物资成为南向出行的重点选择。从大禹"东别为沱"到鳖灵、李冰、文翁的整理,沱江水道一直是纵贯川渝腹心地带的交通主脉之一。沱江古称较多,最新考古材料证明,古人所称"江潜绵洛"四水,除江(岷江)以外,都分别指沱江的上游支流湔水(湔江)、绵水(绵远河)、洛水(石亭江),以一名贯连中、下游全段并称谓使用时间较长者为"中水"。

沱江从上游川西平原腹地到长江口的泸州,经过"岷山导江"后,"沱潜既道",一直都能通航。长江上游最早的水运商人巴人,销售今渝东巫盐,和蜀人一道,共同开拓出这条中国西南陆海走廊"中水道"。成汉氐人流民武装追击西晋溃逃势力即顺中水而下;东晋讨伐谯纵割据则逆中水突出奇兵。

繁荣的经济和发达文化支撑交通进一步巩固和成熟。沱江在成都平原与岷江混流,三星堆、十二桥、金沙等文化都处于此。青铜时代即开始形成西南文化、经济中心和物资集散之域,四外延展形成通道势在必然。进入秦汉,更加优秀的华夏文化元素在沱江流域遍地分布,华夏之物令人目不暇接。具体到今天的每个区县都有实证。整个流域自开科举以来,占四川可考状元的42.8%以上比例;雒县(广汉)孝子姜诗及妻、子"一门三孝"感天泣地;资阳市雁江区蓝家坡出土的汉代青铜马车,被誉为"中国汉代第一车",车上饰件与西域、南海等域外文明有一定关系;汉安(内江)"山水特美好"而产生大姓豪富,有力量和底气与州郡官员周旋,言行影响地方政务;江阳长江中"大阙、小阙"有航标的性质。"伯涂鱼梁"的存在,也可能与水文标记有关,这是沱江转

入长江后,航道更加发达的重要证据,秦置古县的泸州也因此成为蜀中重郡,渊萃各类物资集散自发形成"江阳市",驾驭和掌握南向赤水河交通走向。

"江通鳛部"使得赤水河成为巴与蜀交汇南入云贵的重要孔道。赤水河古称巴涪(符)水、鳛部水、大涉水、安乐水等,自古就有人类活动的留存,贵州沿岸已发现31处古人类遗址。作为天然通道自古通航,亘古就有南北交流例证,开明蜀国创始人鳖灵所率族人自鳖地进入川西平原,即是此通道天然秉性所发挥的作用。

司马错伐楚,赤水河是秦国侧后攻击楚军的"秘密"通道;继之而来的楚军才意识到赤水河通道的重要,庄𫏋也绕道鳖地,顺赤水河进攻巴符关;唐蒙通夜郎,也是看在赤水河通道成熟的基础上选择而去的;西晋向割据巴蜀的成汉政权发动反攻,主观就想利用鳛部道,在赤水河"汦源"一带"抚恤蛮僚,修缮舟舰",准备"规复江阳,清通长江"。

赤水河流域被秦汉以中原文化和巴蜀文化双重文明浸染,逐步向南深入,向西南夷地发散出更加文明和进步的光芒。

赤水河地域,秦汉古县符、平夷、鳖连接成线,直至牂牁郡中心即郡治所在地故且兰。就地形环境等客观条件来看,从今四川南部的泸州顺赤水河谷进入贵州中西部一带,再往黔西南延伸,要比从宜宾进入再越过乌蒙山谷容易得多,从贵州已发现的连片汉代遗存和分布看,就是最好的证明。特别是在土城镇周边黄金湾为主,发现众多先秦至汉晋时期古遗址、古墓葬和重要文物;仁怀合马崖墓中流行的石棺和青瓷器、砖室墓中的子母楔形砖,都更多地表现出与四川东部地区砖室墓和崖墓的联系,表明这一区域的汉移民主要来自四川盆地东部。赤水河流域实际上是四川地区巴蜀文化和汉文化在这一带的自然延伸和新的发展。

赤水河通航条件先天即有,原始河床存在的险滩并不甚多,上中游原生型石滩甚少,大量次生型石滩是近代形成的。通过田野考察,证明从下游合江到中游土城到上游茅台村,再上溯鱼塘河、牛捆塘、磨子塘、小河口,绕过天鼓岩后仅1千米,即可到达赤水镇古平夷县。茅台上游河段,一直可以通行吨位不等的船只,虽然现今赤水镇两岸不同角度观察,水波贴滩四泛,水浅可见河底,无法想象历史时期两岸能互通渡河船,更不用说上下而航。但是当地人介绍,1958年大炼钢铁破坏赤水河两岸高山森林前,渡口绿水泛波,水深浪缓,完全可以通航。上推近古,且不论汉晋,这里水量会更大,航行条件自然优于1950年代。清代贵州总督张广泗疏浚赤水河,即从天鼓岩开始,铁证赤水河可通航赤水镇。笔者分析,张广泗的目的就是为了缓解川黔交界处滇铜黔铅繁忙运输,由南北向的旱路恢复东西向的水道以降低运输成本。

三、右江及其上游地域是云贵南出、岭南北向的主通道

史前多种文化现象证明右江及其上下游是北移南迁主动脉。以左右江及其下游郁江作为水路的自然通道,又通过关联区域的陆路、水路,在云贵桂粤以及中南半岛越南等国家之间四面发散。广西发现的旧石器遗址和地点,右江河谷最为集中,有130多处,西起百色市右江区,东至田东县思林镇,在长约90千米,最宽处15千米的盆地内沿河谷均有分布;在百色盆地西北侧的永乐盆地及田林、平果也有一些分布。百色这个制造手斧的旧石器"工业"地域,证明80.3万年前,是一个相当发达的古人类憩息之地。

右江上游驮娘江仅广西地域就发现58处史前文化遗址或地点,明显具有云贵高原的一些文化因素。新石器遗址或地点中,有10处分布在田林县,14处分布在西林县。对于小小的县级行政区域来说,可谓空前密集。证明在史前时期,驮娘江就是人类迁徙的通道,是文化传播的走廊。

从先秦开始,右江及其支流都有华夏文化元素发现。田东战国墓,广南白崖脚战国西汉墓,西林西汉铜棺葬、铜鼓墓,广南牧宜东汉木椁墓,以及罗平、师宗、陆良、富宁,百色市、崇左市范围各县区,和左江上游流域及毗邻区域,越南境内的东山文化等,都有与民族文化共存的中原文化和巴蜀、滇文化元素发现。生于斯的族群得先天之利控制交通,也促使扼控交通枢纽的句町、漏卧发展壮大。句町在强力争夺滇国衰落后留下的资源特别是安宁盐泉产销之时,与夜郎从联盟内部成员关系转化为敌视状态。

夜郎阻挡句町、漏卧通往蜀中道路,截留南来北往客商货物,尤其是"僮"等奴隶商品,引发强大起来的句町不满;句町遏制夜郎联盟方国刚需之盐的供应,引发漏卧不满;实力相当就靠战争解决,引发夜郎的灭亡和句町的进一步壮大。句町成为后夜郎时代西南夷首屈一指的强国,对左右江及其上游和南盘江之间的交通达到无以复加的"总控"地步,最终在王莽依托巴蜀而来的20万大军的连年攻击下,衰微沉寂。

反观南盘江与北盘江交汇的红水河,此段河谷古时郁热而多滩险,从广西天峨到来宾迁江镇之间长距离不可行船,通航里程没有郁江及其上游长,水量也没有郁江

大,作为主通道先天存在缺陷。通过田野考察,红水河和滇黔一带的南盘江,大段大段峡狭滩深,岸崖刀削,水流湍急,古代通航几乎不能做到。

笔者多次往返滇黔桂南盘江-红水河和右江上游驮娘江与西洋江各渡口进行调查,得出两条结论,就是一由黔西南和滇东进入广西,都是渡过南盘江不是顺航而下,二渡江后集中而去的方向,大体又在桂西北转道陆路后再入水路,即驮娘江水路;滇东南入桂,除入驮娘江外,也可入西洋江,还会陆行更远距离,直接到剥隘水行右江而下。

各个重要津渡中,剥隘是最为关键的节点。百色城没兴起前,这个点位是总控桂滇黔边的枢纽,驮娘江、西洋江、富州河在该镇上游、下游不远处交汇,形成享誉远近的水陆大阜。其上游驮娘江的重要津渡分别是西林老县城定安和新县城八达,分别承接横渡南盘江重要津渡云南罗平的八大河村(广西西林名八大河镇)、贵州兴义的巴结(广西隆林革步)、册亨板坝(广西隆林管肖)、册亨八渡(广西田林旧州)等处,分别通过陆上孔道入此下水顺航。这类交通小节点,蛛网一样密布在桂滇黔边这个三角形地带,溯江而来的粤语方言,半个世纪前占比当地语音一半以上。

四、巴蜀-南海经云贵中转先秦即有文化沿走廊互动

从南向北移动和从北向南发散的文化和造成的影响,在巴蜀、云贵、两广、越南等西南陆海走廊不同区域、不同时间都有表现。从石器时代到秦汉,逐步从天然形成自然直至人工通道。其中,贵州西南和滇东南、桂西北文化趋同,是巴蜀与南海中转的重要枢纽之一。

石器时代古人类遗存沿西南陆海走廊呈线状分布,关联密切。沱江流域及其附近资阳人、铜梁人,与赤水河流域包括桐梓人在内的31处石器遗址沿河相连;"锐棱砸击技术"在普定穿洞、平坝飞虎山、兴义猫猫洞遗址,和紧靠黔西南的驮娘江古人类,都有广泛使用;黔西观音洞旧石器工具技术与类型在飞虎山、穿洞、大洞中有继承关系,其细石器与广东西樵山细石器有某些联系;滇南蒙自人、西畴人等与越南石器文化连成整体;广西顶狮山文化沿郁江-右江东西移动,沿左江和北盘江南北移动。这些古人类遗存一如后来的金属文化、汉文化,沿天然通道成线型分布,而且惊人重叠。

巴蜀文化和通过巴蜀而来的中原文化向南发散影响。蜀地特色"无胡蜀式青铜戈"向南一路传播,滇文化青铜戈总数的四分之三以上都与蜀文化相似。云贵其他青铜兵器刀、矛、剑、钺等,绝大多数都与巴蜀或者通过巴蜀而来的中原文化有关;源于三星堆的摇钱树,东汉之时从北向南"一路栽种"遍布滇东黔西并南延滇黔桂结合部;巴蜀地区的典型葬俗船棺葬,目前在越南北部、北中部6个省市已经发现42个墓地;东南亚的岩葬习俗,很有可能也"是与四川古代巴文化中濮僚系统因素有关系的"①。

川黔滇到岭南、越南,有大量相互关联文物发现,广州及邻近地区西汉前期墓中,有来自巴蜀和西南夷等地的部分产品,包括铜釜、铜鍪和釜甑等四川盆地战国秦汉时期最常见炊器;广西西林铜鼓墓、铜棺葬中,出现大量滇文化元素和经巴蜀而来的中原文化元素;云贵发现的成批量漆器,部分有铭文明确显示制造于蜀郡、广汉郡。

沿海而来的舶来品及其制作方式,一路向北直至巴蜀和中原。三星堆大量海贝、象牙、金器、玉器的发现,证明广大西南地区甚至南方沿海,都在三星堆古国的交往范围之内;少量大龟甲自东南亚越南等地,顺"牙璋之路",深入西南腹地巴蜀,传流至殷商首都殷墟。李学勤认为:"商代从中原到西南,并延伸到越南北部,有着文化传统交往的通道。"列瓣式银盒及其制作方式等海外舶来品,从沿海传播到西南滇王国墓葬;滇式器物铜锄、铜钺出现在成都平原;巴蜀早期佛像系从南海传播,泸州佛像是海路传播途中与中国本土莲花结合的首例发现;广西平南"碗状"块炼冶铁技术可能更多受南亚、东南亚地区的影响而出现;岭南野生荔枝驯化后,树种及栽培技艺北传四川,川南僰人区域大量栽种,"园植万株,树收一百五十斛",资以致富。岭南铜鼓与滇式铜鼓南北相互传播,冷水冲型、灵山型北传直达川滇黔结合部赤水河、南广河流域。有学者通过铅同位素数据解读,越南东山文化部分铜鼓,有可能在石寨山铜鼓和冷水冲铜鼓文化区域做好后,通过某种途径交流而去,甚至是"东山文化的主人从中国运来矿料在东山文化区铸造"②。

五、夜郎和滇等西南夷主要方国控制通道

学界对夜郎、且兰、鳖、句町等方国部落和依托其设置的郡县地望众说纷纭。结合文献及考古材料和田野调查,从中国西南陆海走廊交通情况分析,笔者判断如下。

鳘、平夷并绵亘鳖、且兰,控制蜀地和巴地入西南夷通道。西南陆海走廊所经过

---

① 童恩正:《试谈古代四川与东南亚文明的关系》,《文物》1983年第9期。
② 万辅彬、韦丹芳:《东南亚铜鼓研究》,北京:中国科学技术出版社,2018年,第136页。

的交通线路,包括汉置平夷县的平夷部落、鳛部和鳖、且兰等方国。

鳛国 春秋时期赤水河中游一带,活动有部落军事联盟性质的方国鳛国,在今习水县四周平夷下游土城黄金湾一带。司马错浮江伐楚转溯赤水河期间,即被顺道而灭,四散鳛人,以"习"为姓,今"习"姓即为其后。

平夷 位于今四川叙永县南部赤水河左岸的赤水镇,镇头有硚家坪,其下即姚家渡。经实地考察,平夷附近现仍有山名汾关山,位于珙县、兴文、威信、叙永四县的川滇交界处。汾关山山系最高峰在滇名杨龙湾梁子,在川名罗汉林,海拔1902米。川滇交界处的叙永县所在有一乡镇,至今尚名分水镇,可判断为汉时汾关亭所在。

鳖邑 应当今黔西市之谷里镇。考古工作已经证明鳖邑的中心区域在毕节黔西市甘棠或者甘棠附近。田野考察证明,金沙、黔西、大方交界处位于大方境内之九龙山为鳖山(犍山),所出之水南入乌江的耳海河为鳖水,鳖县就应考虑在耳海河与乌江交汇处地域今黔西一带,包括金沙南部、大方东部、息烽西部和清镇、织金北部地域。甘棠是汉文化元素发现的重要地点,鳖县的中心很可能就在与之一河之隔的谷里附近,这条河即为鳖水的支流野纪河。

故且兰 早在1980年代初,贵州当代一批学者就作过深入探讨,特别是张正东、李衍垣、翁家烈、史继忠四人讨论后,由史继忠执笔,认为:"通观史籍合而考之,并结合贵州地理的实况及考古材料,笔者以为定且兰故地于平越极不适当,应改定在清镇、平坝、安顺一带为宜。"安顺一带众多汉墓极其丰富的器物出土,也说明牂牁郡郡治即在清镇、平坝、越秀地区。该地区的安顺坝子,为贵州境内最大的高原平坝,有能承载古代方国部落的良好自然地理条件。

鳛、平夷、鳖、且兰等方国部落,活动在赤水河流域,并绵亘到黔西、黔中的中国西南陆海走廊沿线,它们的政治倾向、文化归属、内部变化、对外关系都与交通息息相关。川滇黔结合部赤水河一带,是巴与蜀的文化及源自巴蜀的华夏文化,与夜郎等西南夷文化的首要碰撞区,四者融合发力,对巴蜀和云贵而言,都产生有相互关联影响。

句町、漏卧锁钥右江上游与南盘江地域交通。句町、漏卧与夜郎的"更相攻伐"来看,应该是围绕西南陆海走廊"奴隶和食盐的贸易通道"而爆发的战争。

夜郎 现代考古学者认为,能支撑一个强大的部落联盟长实力的地域,应该在已密布秦汉考古遗存的黔西滇东一带。而这一带最大的高原平坝,当属曲靖-陆良坝子,故应在这些地理条件优越之地寻找夜郎故邑。近年来,不少学者把寻觅夜郎古国都城遗址的眼光聚焦到曲靖,任乃强、孙华等学者认为应以曲靖沾益为主来确立夜郎中心所在。

句町 大概相当于今桂滇黔结合部和越南北部一部分区域。随着势力扩张,又挺进到西至今红河州屏边、河口,玉溪市通海等处。横亘在左右江流域和南盘江之间一带,总控西南通海关衢。根据出土文物分析,它初期政治中心不断在广西那坡、田东、西林,云南富宁、广南,及沿左江、右江之间的阔大区域变化。汉昭帝始元六年(前81),助击反者有功被立为王,南朝时才被废。

漏卧 漏卧在以今罗平为主的滇黔桂毗邻地区,也是濮人所建之国,"亦当时濮王之小者"。师宗大园子和泸西大逸铺、石洞村发现的与漏卧有关的公共墓地遗存分析,当时这一古国或古部族,势力不可小觑。被句町以盐扼制时,联合夜郎与其"更相攻伐"。

句町、漏卧主要活动地域是今云南、广西、贵州接壤一带。考古材料认为,黔西南、桂西北、滇东南联系密切,可能存在一个包括黔西南兴义、安龙、普安、册亨、望谟等与滇东南丘北、广南、富宁及桂西北右江上游百色右江区、田阳、田东等地区在内的一个文化圈。该文化圈正好控制在句町、漏卧等方国活动区域的南来北往的交通要道上。

西南夷区域位置特殊,在汉王朝与南亚及东南亚各地的交往中充当"桥梁"和"通道"。对交通的控制与反控制,矛盾会不断产生,深化后就会爆发战争。汉成帝河平二年(前27),同是夜郎集团的夜郎、句町、漏卧,为争夺奴隶等资源和贸易通道,终于爆发了大规模的西南小三国大战。夜郎国灭,族群流徙,后汉时九真一带出现的夜郎群体归附事件,证明夜郎族众顺蜀交趾道去到了中南半岛一带;从唐时出现的东谢、西谢、南谢、西赵等部族来看,也有夜郎族众东入秦汉"瓯脱"之地的黔东、黔南发展壮大。

六、秦汉郡县设置沿走廊形成控制堡垒

秦汉郡县治所沿西南陆海走廊成线型布局

秦始皇攻取岭南和依托巴蜀"略通五尺道","诸此国颇置吏焉",西南和岭南也纳入中华版图。在云贵地区秦郡、秦县尚无准确考证,岭南则有南海、桂林、象郡三个郡及番禺、广信、布山、临尘等县。这些郡县布点和唐蒙通夜郎及汉武帝灭南越后所置

郡县,从出土的里耶秦简可知,帝国内部特别是相邻地区,郡与郡之间、郡与县之间、县与县之间有上下有效的统一调度和平行级别之间的互联互通,有便捷的交通往来。

从中国西南陆海走廊角度观察,秦汉之县从北向南中水道上有雒、绵竹、新都、郫、繁、成都、牛鞞、资中、汉安、江阳,鳛部道上有符、平夷,牂柯道上有鳖、故且兰、谈指、句町—漏卧道上有漏卧、句町、漏江、宛温,蒟酱道上有广郁、增食、领方、布山、阿林、猛陵、广信、端溪、高要、四会、番禺,交趾道上有同劳、谈稾、昆泽、滇池、建伶、俞元、胜休、毋棳、律高、贲古、西随、进桑、来唯、临尘、麓泠、嬴陵、龙编等县,分属汉武帝置十三刺史部的两大部,即益州和交州。刺史部和县之间还有上下贯通职能的郡一级行政机构,如治在成都的蜀郡、治在雒的广汉郡、治在鳖的犍为郡(后逐步北移南广、僰道、武阳)、治在滇池的益州郡、治在布山的秦桂林郡和汉郁林郡、治在广信的苍梧郡、治在番禺的南海郡、治在徐闻(后移合浦)的合浦郡、治在临尘的秦象郡、治在嬴陵的先汉交趾郡和治在龙编的后汉交趾郡、治在西卷的日南郡等郡县治所。它们与出海通道的都元国、邑卢没国、谌离国、夫甘都卢国、黄支国、皮宗、已程不国等海外勾连,共同维系帝国内部从西南到沿海、从沿海到海外的政治和商贸体系运转,拱卫从巴蜀到南海乃至印度洋诸国的通道安全。

秦汉郡县的设置加速了通道人际流、物资流、文化流、信息流的融汇通达

秦灭巴蜀和攻取岭南,开始设置郡县,汉武帝继之并扩大到整个西南地区;西南陆海走廊沿线和今川滇两省藏彝区域,都有郡县治地,今川黔滇桂粤琼彼时所设郡郡治,大部在走廊沿线,沿线城邑成为各类信息类聚地、中转地与发散地。印度佛教通过南海登陆一路北传,以胡人口头语言、肢体表现为载体,在巴蜀形成了包括摇钱树所塑造像、摩岩造像、胡俑造像等在内的早期佛像体系,合浦上岸的"钵生莲花器"北传到泸州形成"赤水河莲花""江阳莲花"的文物实证,勾勒可得出一条中国本土莲花与佛教结合的清晰路径。外来文化元素首先在郡县治所得到蓬勃传播,贯连成线,毫无质疑地表达出通道能够具备东西南北的网状四达作用。

秦汉西南至南海沿走廊建有特殊政权组织,进一步加大通道安全

各种证据表明,基层政权在交通安全、物资流通等方面夯实保障之基外,特殊军事化机构在其中也起较大甚至决定化影响和作用,我们对典型的秦汉最初所设郡治布局进行分析梳理,发现这些郡治和重点的县邑所在点位与西南陆海走廊关系密不可分,几乎都在走廊交通线上,连线共同构成保障道路交通安全的基点,或者是天然通道情况下的自然选择的基点,有效地控制和沟通沿线,使西南陆海走廊通道初步成熟。

从南朝时期各个小朝廷都相继置有"西江督护"这一特定机构反推,空间上表明中央政权对珠江-西江-浔江-郁江-右江这条蒟酱道的非常规重视和加大力度的呵护;时间上表明此前秦汉魏晋也作过大力拓展和经营,并借道有南中大姓南伐交趾东吴势力,广州刺史邓岳西上云贵涤荡成汉势力。从南陈开国皇帝陈霸先也担任过"西江督护"典型案例,纵观走廊全线的各段道路,都有邑治在军事征讨、攻守互易中所起的堡垒作用。如刘备进攻刘璋,雒邑牢不可破长达一年,包括庞统也命丧城中所发流矢;"且兰君恐远行",牵扯南伐南越的汉军八校尉回归"击破之";庄蹻无法攻破张仪所筑江州城,不得不绕道进攻巴符关、江阳等城,也因遭遇负廊抵抗致使不得不远走滇地而变俗、易服"王滇"。左右江交汇处宋村汉城和左江上游明江、丽江交汇处舍巴汉城的发现,以及云南晋宁新发现宽约12米的汉代古道,均证明在其地历史时期所设军事堡垒作用明显,通道基础建设手笔巨大,充分显示中央政府控制道路交通的决心和措施。

七、民族迁徙和华夏化融合左右走廊全线贯通

西南陆海走廊沿线,民族间南北交错移动是主流

部落和方国构成的基础是族群,百濮、百越、氐羌、苗瑶等古代民族在南方中国互动频繁。百濮自江汉流域被迫转进西南一带,充当西南古代交通的拓路先锋;以古蜀人在蜀王子蒦侯带领,从赤水河经南中于左江流域进入越南,建立安阳王国为代表,印度支那民族大部分去至岭南和西南中国;从老挝、岭南等地经过"牂牁地域迁徙来的僚人,对川渝影响长达数百年,直到宋代才与四川的汉族彻底融合"[①]。僚人北上入川,正是通过唐蒙出夜郎的鳖部道、南夷道等枢纽孔道慢慢向遭受战乱的巴蜀腹地推进;古代巴蜀夷人(羋人)、獠人迁徙到今川滇黔边等地,"平夷蛮落"[②]从唐代的夷子演变为元代的蚁子、明代的羋子,赤水河流域尚存羋人后裔;傈人也自北而南迁徙,黔桂滇边的册亨、隆林、田林、西林、广南、富宁至今尚存小聚居现象;从川南到黔滇桂边到越南、老挝等中南半岛,布央人也不断迁徙,有一条清晰明显的"仡央语言"走廊呈现,

---

① 蒙文通:《僚人入蜀研究提纲》,《蒙文通全集》(四),成都:巴蜀书社,2015年,第337页。
② 道光《大定府志》,《水西安氏本末》。

所遗葬俗尚以"蚂蚁坟""癞子坟"的民间传说,附会着他们曾经生息的痕迹。民族地名通常随部族移动①,走廊沿线地区常见"都""多""驮""德""达""大"等字相同内涵地名,也是民族迁徙留下的齿痕,从今中南半岛、桂西北、黔西南、滇东南通过黔北北延川渝。

秦对西南和华南分别进行攻取和开拓,兼并巴蜀采取移民和改造土著等方式进行政权巩固;开凿五尺道深入西南夷,"诸此国颇置吏焉";凿通灵渠,越过南岭,设南海、桂林、象郡。华夏族群陆续进入,使西南和华南开始华夏化萌芽。

汉代华夏族群大规模进入,始于唐蒙通夜郎。23年后的汉武帝元鼎五年(前112)开始,南越战事和汉军"还诛头兰"与诛邛君、杀筰侯、消灭靡莫之属、迫使滇王入朝等行动后,汉人大量涌入云贵、岭南之势形成高潮。

中央政府培植"夷汉相通"大姓掌控"部曲",走廊沿线形成拥趸汉文化的众多族群

华夏人与云贵世居民族共同生活、通婚、结成"遑耶""百世遑耶"等,诞生了有别于中原地区的又一个庞大的华夏族群南中大姓。他们介于夷人与汉人之间,通晓夷、汉语言,通过儒学等汉式学习逐步官僚化,膨胀宗族势力,掌控夷人为部曲,带动习汉俗、姓汉姓、用汉器、尊汉制,牂牁前后两谢氏分别保境为汉、为晋的事迹载入史乘,血脉绵延直到唐代。蜀汉建宁郡(今曲靖一带)爨氏也是典型,坚决站在华夏代表的东晋政权旗下。其后人爨龙颜、爨宝子的汉字书法自成一体,书艺达到华夏文化巅峰,墓葬"梁堆墓"形状,是汉文化深刻影响的结果。

岭南和越南中北部西瓯、骆越人群也自觉不自觉纳入华夏化进程,早在秦大量移民到"陆梁"地即开始,民族融合仅仅二十多年就产生效果。

在华夏化进程中,牂牁人尹珍、夜郎人尹贡、平夷人傅宝、广信人陈钦父子和士燮兄弟,成为"儒学"大家,带动整个夷族群体向慕汉文化。丰富的考古材料证明,彼时的汉化程度已经相当高,正如越南学者评价:在越南中北部,不论考古学家的锄头挖到哪里,发现的都是遍布各地的汉式古砖墓和汉式随葬品。

秦汉蜀吴晋中央推行"故俗治",秦灭巴蜀试行土著豪酋"自治",汉帝国总结为"以其故俗治","郡国"并治,让土著王、侯、邑君、将"复长其民"。这种后来演变为羁

---

① 郭声波:《彝族地区历史地理研究——以唐代乌蛮等族羁縻州为中心》,成都:四川大学出版社,2009年,第16页。

縻方式的成功治理策略,继秦始乃至民国,有效施行长达2000多年。

西南陆海走廊地域族群互动促进通道频繁利用,华夏文化认同,保障了通道持续巩固和运行安全。

八、"僮""铁""盐"等走私品是通道主要流通物资

蜀贾人和邑君之间形成奴隶贸易利益共同体,共同无意识维系通道安全

奴隶买卖利润可观,奴隶货源充足,买方市场旺盛,不仅巴蜀商贾"持窃出市"铤而走险来交换,岭南和交趾来的外族人,本族的上层,都趋之若鹜。西南陆海走廊沿线地域,商人和大做此等人肉生意者往来频繁,邑君、侯王为此不惜发动战争充实货源。南越王太后也被反叛势力指责她把越人当作奴隶商品,欲到长安买卖。

当时被掠卖为奴的族属以"滇獠賨僰"为主,包括劳深、靡漠、嶲、昆明、哀牢、姑缯、同师、夜郎、乌浒诸民。其中"獠、賨、僰"颇习汉语汉俗,奴隶商购入即可转售,被称之曰"僰僮","僰僮"如便了之属,主家要求习汉语、重诚信、晓地理、能做工、会务农、精养殖、惯渔猎、懂经商、通情感、讲礼仪,堪作全能型"蓝领"役使,广泛受到巴蜀和中原人喜爱,争相购买,时为上流社会时尚主流。

晋宁石寨山和江川李家山出土青铜器有表现奴隶主悠闲生活的铸件,广西贵县一号汉墓出土有七个人殉的奴隶,充分表明阶级矛盾严重对立。不过,滇僮、僰僮一经掠买,一般欣然接受主家安排和使唤,不少还以契约方式,照章遵行。《僮约》深刻揭示了彼时社会、经济、交通、民俗等状态,是对奴隶买卖最真实和细腻的记录。

外来西南夷之地的商人,也只有依靠西南夷各个方国部落的王、侯、君长权势和武力庇护、后勤支持,才能把活生生且随时可能反抗、逃跑的奴隶,顺利"运送"出境。有学者指出,在公元前2世纪或更早,要把蜀地的夏布、邛竹杖、丝绸、果酱运到远方,不仅仅要有交通路线,而且沿途要有一些辅助设施。否则一个人从四川出去贸易,沿途没有住宿供应,生活必需品得自己带,那他还能携带多少货物?这些货物的运费得多少?① 商人和邑君之间,靠一条互相利用的经济纽带,捆绑成不可或缺的利益共同体,奴隶愈多,产业愈发展,商道愈远大。蜀贾人迂回在云贵、岭南之地,自然有经验

---

① 葛剑雄:《丝绸之路与西南历史交通地理》,《思想战线》2019年第2期,第45卷。

哪条道孰远孰近孰险孰易,而使交通进一步通畅明了。

盐是牂牁地域最首要刚需产品,夜郎方国欣欣然大开国门

不仅心甘情愿地保障蜀贾的经济利益,还要保障其生命安全,更用滇、僚、僰等"僮"商品物物交换,互得其益,共同维系出安全、便捷的秘密通道。通道上大量集散盐、铁刚需商品和丝绸(蜀锦)、茶、酒、蒟酱,以及漆器、铜镜、摇钱树、六博棋之类中原和巴蜀文化制器等附属商品;从沿线都有汉文化遗存和山川人文角度分析,运至牂牁地域的井盐之路当属鳛部道为主,海盐之路当属句町−漏卧道为主。位于赤水河与长江交汇处的巴符关,应是要从往来的商贾身上抽成而设,正是这个商贸要隘,庄蹻和唐蒙先后不谋而合瞄准了它:唐蒙出使夜郎,庄蹻绕道到赤水河攻击江州秦军,也是看到巴符关的重要地理位置而去的;夜郎、句町、漏卧更相攻伐,也是为争夺盐运通道控制权而爆发,句町进一步壮大后,更加加强对右江与南盘江之间"僮""铁""盐""马牛羊"运销孔道控制,引发王莽的连年讨伐。

铁器是不产铁地域的刚需产品,旺盛的需求欲促使交通通达

关蜀故徼,巴蜀之盐铁进入西南夷地就更加珍稀。唐蒙出使的成功,在于携带大量食盐和铁具进入西南夷地区。吕后为代表的西汉帝国充分认识铁器对于南越的重要,下令作为物资封锁中的重点。当时贵如王侯的高级人群,也舍不得把铁具轻易入土陪葬"浪费",奢华的南越王墓出土的铁农具也只有10件左右。赵佗只得加大用海盐、珠宝等财物,来交换蜀商运至西南夷的铁具等物资,岭南与云贵的商道进一步打通。

畜产品是岭南"祭祀"刚需,加强交通交换西南夷产品也是不二选择

赵佗被封锁,南越能买到的马、牛、羊皆公而无母,无法配种传代,致使其"祭祀不修",面对祖先有"死罪"。不得不转向附近唯一有大牲畜产品养殖的西南夷,物资交换购买的硬通货就是南海所产的大量海盐,为此形成一条海盐为纽带的盐马贸易之路雏形。三国初期,再又产生有一条清晰可鉴的"士壹盐马路"雏形,有效地沟通岭南和南中。

为此,西南和岭南形成一个无形的盐、铁、僮为主,马、牛、羊等畜产品和蜀锦、夏布、蒟酱、茶、酒、六博等消费品为辅的经济循环圈,它是汉帝国中央政策的无意撮合下,闭合而成的一个当时南方中国特殊商贸链条。在这个圈层结构中,起到杠杆作用的是交通,必须是交通问题得到了有效解决才能呼呼运转。各类物资,"包括劳动力都可以输出,证明这一带已经有了比较方便的、运输成本不太高的交通路线"[1]。以上物资到达番禺、合浦、交趾、日南等南海沿岸港口后,即有海上丝绸之路链接,中国西南内陆的文化、物资、人际扬帆太平洋、印度洋各地是大概率的事情。

在盐、铁、僮互换中,蜀贾人既是受益者,也是润滑剂,他们从蜀地到两广和越南北部直接贸易能比通过夜郎中间转手利润更大。敢于冒险攫利的蜀贾人就敢于直面南越去构筑物资交换体系,甚至尝试下船出海展开商贸活动。他们返程时成功引进的荔枝、龙眼栽培技艺,当属巴蜀与岭南交往的特例。反之,秦始皇发配岭南的商贾群体中,也有重操旧业之人,他们自会以包括海盐、海贝、珍珠及海外交流而来的玳瑁、琉璃等物资,西进北上西南夷地,换回岭南所缺物资和"僮"等奴隶商品。中国西南陆海走廊在不被官方注意的静悄悄氛围中,生机勃勃地运行成一条陆＋海的商贸文化走廊。

本书旨在探讨巴蜀通过夜郎(今黔西、滇东为主)以达岭南和古代交趾的先秦汉晋交通线路,经过过去学界普遍认为的夜郎道(牂柯道)和蜀交趾道,文中观点虽然以中国西南陆海走廊概领,但实质还是在夜郎联盟方国和巴蜀、西瓯、雒越族群地域内的走向问题。本书依据了较多考古新成果进行分析和观察,但还有挂一漏万之嫌。不过,正如吴焯所言"汉代在中国西南开凿的真正能够使用中外交通路线就是这么两条"[2],即夜郎道和交趾道。因此,继续探索和调查,以期一步步接近当时的客观实际,是漫长的目标。此课题研究并不会因出版而终结,尚需以更加求真务实的行动,期盼更多同仁参与,在先秦汉晋断面基础上,通观整个古今历史纵向,再考察、分析、探究,深度充实中国西南陆海走廊概念,揭示中华民族在南部中国的融合发展中所付出的韧性和所产生的向心。

纵观中国西南陆海走廊,既是人流通道、物流通道,也是文化通道,更是信息通道。通过走廊的交换互通、循环往复,内陆腹地与南海沿海连成一体,从古人类尝试而出的自然通道,达成有政区治所保障的交通动脉。其间,古代南海港口物资,既承载有来自大西南的琳琅满目商品扬帆海外,也把海外商品和文化北传西南,共同为南方中国繁荣和文明做出了有益推动。

---

[1] 葛剑雄:《丝绸之路与西南历史交通地理》,《思想战线》2019年第2期,第45卷。
[2] 吴焯:《西南丝绸之路研究的认识误区》,《历史研究》1999年第1期。

参考文献[①]

一、古籍

[1]　《逸周书》,文渊阁四库全书本,上海:上海古籍出版社,1987年。
[2]　李学勤主编:《十三经注疏》,北京:北京大学出版社,1999年。
[3]　谭继和、祁和晖:《十三经恒解:笺解本》,成都:巴蜀书社,2016年。
[4]　袁珂译注:《山海经全译》,北京:北京联合出版公司,2016年。
[5]　杨伯峻编著:《春秋左传注》(修订本),北京:中华书局,1981年。
[6]　[西汉]司马迁:《史记》,北京:中华书局,1982年。
[7]　[西汉]桓宽:《盐铁论》,上海:上海人民出版社,1974年。
[8]　陈广忠校注:《淮南子》,长春:吉林文史出版社,1990年。
[9]　[东汉]班固:《汉书》,北京:中华书局,1962年。
[10]　[东汉]许慎:《说文解字》,北京:九州出版社,2001年。
[11]　[东汉]袁康等著,李步嘉校释:《越绝书校释》,北京:中华书局,2018年。
[12]　[东汉]佚名著,何清谷校注:《三辅黄图校注》,西安:三秦出版社,2006年。
[13]　[三国]韦昭注,[清]徐元诰集解,王树民、沈长云点校:《国语集解》,北京:中华书局,2002年。
[14]　[西晋]左思著:《蜀都赋》,杨慎编:《全蜀艺文志》卷一,文渊阁四库全书本。
[15]　[西晋]陈寿撰,[宋]裴松之注:《三国志》,北京:中华书局,2006年。

[①] 以原作者著述时间为序,同类项中,著作在前,论文在后,电子资料又次之(外国人论著以中文出版时间为序)

[16] [东晋]常璩著,任乃强校注:《华阳国志校补图注》,上海:上海古籍出版社,1987年。

[17] [东晋]常璩著,刘琳校注:《华阳国志校注》(修订本),成都:成都时代出版社,2007年。

[18] [东晋]干宝:《搜神记》,北京:华文出版社,2018年。

[19] [东晋]陶渊明著,逯钦立校注:《陶渊明集》,北京:中华书局,1979年。

[20] 靳士英主编:《南方草木状释析》,北京:学苑出版社,2017年。

[21] [南朝宋]刘敬之撰,范宁校点:《异苑》,北京:中华书局,1996年。

[22] [北魏]郦道元原著,陈桥驿、叶光庭、叶扬译注:《水经注全译》,贵阳:贵州人民出版社,1996年。

[23] [北魏]郦道元著,陈桥驿校证:《水经注校证》,北京:中华书局,2013年。

[24] [北魏]贾思勰著,缪启愉、缪桂龙译注:《齐民要术译注》,上海古籍出版社,2009年。

[25] [南朝宋]范晔:《后汉书》,北京:中华书局,1965年。

[26] [南朝梁]沈约撰:《宋书》,北京:中华书局,1965年。

[27] [南朝梁]萧子显撰:《南齐书》,北京:中华书局,1972年。

[28] [唐]姚思廉撰:《梁书》,北京:中华书局,1973年。

[29] [唐]姚思廉撰:《陈书》,北京:中华书局,1972年。

[30] [唐]令狐德棻等撰:《周书》,北京:中华书局,1971年。

[31] [唐]令狐德棻等撰:《隋书》,北京:中华书局,1973年。

[32] [唐]李延寿:《北史》,北京:中华书局,1974年。

[33] [唐]魏征:《隋书》,北京:中华书局,1973年。

[34] [唐]义净著,王邦维校注:《大唐西域求法高僧传校注》,北京:中华书局,1988年。

[35] [唐]王维著,陈铁民校注:《王维集校注》,北京:中华书局,1997年。

[36] [唐]樊绰著,赵吕甫校释:《云南志校释》,北京:中国社会科学出版社,1985年。

[37] [唐]李吉甫撰,贺次君点校:《元和郡县图志》,北京:中华书局,1983年。

[38] [唐]段成式撰,曹中孚校点:《酉阳杂俎》,上海:上海古籍出版社,2012年。

[39] [唐]虞世南:《北堂书钞》,中国书店,1989年。

[40] [唐]杜佑撰,王文锦等点校:《通典》,北京:中华书局,1988年。

[41] [唐]李德裕著,傅璇宗、周建国校笺:《李德裕文集校笺》,石家庄:河北教育出版社,2000年。

[42] [唐]房玄龄等:《晋书》,北京:中华书局,1983年。

[43] [唐]刘学锴、余恕诚:《李商隐文编年校注》,北京:中华书局,2002年。

[44] [五代]刘昫等:《旧唐书》,北京:中华书局,1975年。

[45] [后蜀]徐式文笺注:《花蕊宫词笺注》,成都:巴蜀出版社,1992年。

[46] [北宋]李昉等撰:《太平御览》,文渊阁四库全书本。

[47] [北宋]李昉等编:《册府元龟》,文渊阁四库全书本。

[48] [北宋]欧阳修:《新唐书》,北京:中华书局,1975年。

[49] [北宋]苏轼:《苏轼文集》,北京:中华书局,2004年。

[50] [北宋]沈括:《梦溪笔谈》,文渊阁四库全书本,。

[51] [北宋]范祖禹:《太史范文公集》,清抄本《宋集珍本丛刊》线装书局,2004年。

[52] [北宋]司马光编:《资治通鉴》,北京:中华书局,1956年。

[53] [北宋]王安石著,李璧笺注,高克勤点校:《王荆文公诗笺注》,上海:上海古籍出版社,2010年。

[54] [北宋]黄庭坚著,刘琳、李勇先、王蓉贵校点:《黄庭坚全集》,成都:四川大学出版社,2001年。

[55] [北宋]张君房撰:《云笈七籤》,北京:书目文献出版社,1992年。

[56] [北宋]洪适:《隶释·隶续》,北京:中华书局,1985年。

[57] [北宋]王博:《唐会要》,上海古籍出版社,1991。

[58] [南宋]李焘撰:《续资治通鉴长编》,北京:中华书局,1979年。

[59] 刘琳、刁忠民、舒大刚、尹波等校点:《宋会要辑稿》,上海:上海古籍出版社,2014年。

[60] [南宋]魏了翁:《重校鹤山先生大全文集》,北京:国家图书馆出版社,2004年。

[61] [南宋]郭允蹈撰,赵炳清校注:《蜀鉴》,北京:国家图书馆出版社,2010年。

[62] [南宋]王象之撰:《舆地纪胜》,文渊阁四库全书本。。

[63] [南宋]范成大:《吴船录》,文渊阁四库全书本。

[64] [南宋]范成大:《桂海虞衡志》,南宁:广西人民出版社,1988年。

[65] [南宋]江奎:《全宋诗》,北京:北京大学出版社,1998年。

[66] [南宋]周去非著,杨武泉校注:《岭外代答校注》,北京:中华书局,1999年。

[67] [南宋]佚名撰:《昭忠录》,文渊阁四库全书本。

[68] [南宋]王应麟撰:《通鉴地理通释》,文渊阁四库全书本。

[69] [元]脱脱、阿鲁图编:《宋史》,北京:中华书局,1985年。

[70] [元]周达观著,夏鼐校注:《真腊风土记校注》,北京:中华书局,1981年。

[71] [明]宋濂:《元史》,北京:中华书局,1975年。

[72] [明]解缙编:《永乐大典》,北京:中华书局,1986年。

[73] [明]李时珍:《本草纲目》,文渊阁四库全书本。

[74] [明]曹学佺:《蜀中名胜记》,重庆:重庆出版社,1984年。

[75] [明]杨慎:《升庵文集》,明万历十年刻本。

[76] [明]杨慎:《升庵遗集》,明万历三十四年蜀刻本。

[77] [明]万邦宁:《茗史》,《四库存目丛书》,济南:齐鲁书社,1997年。

[78] [明]田汝成:《炎徼纪闻》,上海:商务印书馆,1936年。

[79] [明]谢肇淛:《滇略》卷十,文渊阁四库全书本。

[80] [明]曹学佺:《蜀中广记》,文渊阁四库全书本。

[81] 《明实录》,文渊阁四库全书。

[82] [明]徐弘祖撰,朱惠荣校注:《徐霞客游记校注》,北京:中华书局,2017年。

[83] [明]曾省吾:《西蜀平蛮全录》,文渊阁四库全书本。

[84] [清]陈菊谭遗著,杨俊注释:《菊谱新诗》,北京:中国文化出版社,2008年。

[85] [清]陈梦雷编:《古今图书集成》,文渊阁四库全书本。

[86] [清]常明修,杨芳灿纂:嘉庆《四川通志》,清嘉庆二十一年木刻本。

[87] [清]严可均:《全三国文》,北京:中华书局,1958年。

[88] [清]倪蜕著,李埏校点:《滇云历年传》,昆明:云南大学出版社,1992年。

[89] [清]戴瑞徵著,杨黔云总主编,梁晓强校注:《〈云南铜志〉校注》,成都:西南交通大学出版社,2017年。

[90] [清]穆彰阿、潘锡恩等纂修:《大清一统志》,文渊阁四库全书本。

[91] [清]顾祖禹:《读史方舆纪要》,北京:中华书局,2005年。

[92] [清]张景星编:《元诗别裁集》,北京:中华书局,1975年。

[93] [清]徐炯撰:《滇南杂记》,上海:上海古籍出版社,1983年。

[94] [清]顾炎武著,黄汝成集释:《日知录集释》,上海:上海古籍出版社,2006年。

[95] [清]董浩等编:《全唐文》,北京:中华书局,1999年。

[96] [清]吴应逵:《岭南荔支谱》,清道光三十年刻本。

[97] [清]梁廷楠、[汉]杨孚等著,杨伟群校点:《南越五主传及其它七种》,广州:广东

人民出版社,1982年。

[98]　[清]田雯撰:《黔书》,清嘉庆十三年刻本。

[99]　[清]张问陶著,《船山诗草》,清嘉庆刻本。

[100]　云南省博物馆、建水县文化和旅游局、建水古城旅游投资有限公司、建水学政考棚景区管理有限公司影印:《公车图》,昆明:云南民族出版社,2020年。

[101]　[越南]黎崱著,武尚清点校:《安南志略》,北京:中华书局,2000年。

[102]　[波斯]佚名著,王志来译:《世界境域志》,上海:上海古籍出版社,2010年。

[103]　军机处档折件(光绪朝),台北故宫博物院藏,编号:故机128831/128094。

二、方志及地方史料

[1]　蒲孝荣:《四川政区沿革与治地今释》,成都:四川人民出版社,1986年。

[2]　余楚修、管维良主编:《重庆建制沿革》,重庆出版社,1998年。

[3]　任乃强、任新建:《四川州县建置沿革图说》,成都:巴蜀书社,2002年。

[4]　蓝勇、曾小勇、杨光华、李世平编著:《巴渝历史沿革》,重庆出版社,2004年。

[5]　嘉庆《温江县志》。

[6]　民国《新繁县志》。

[7]　嘉庆《资阳县志》。

[8]　王洪林:《资阳史话》,成都:巴蜀书社,1993年。

[9]　嘉庆《资州直隶州志》。

[10]　民国《资中县续修资州志》。

[11]　道光《内江县志》。

[12]　同治《内江县志》。

[13]　嘉庆《泸州志》。

[14]　民国《泸县志》。

[15]　泸州市地方志编撰委员会编撰:《泸州市志》,北京:方志出版社,1998年。

[16]　四川省地方志编撰委员会辑:《叙永旧志辑存》,北京:国家图书馆出版社,2015年。

[17]　古蔺县志编撰委员会:《古蔺县志》,成都:四川科学技术出版社,1993年。

[18]　赵永康:《古蔺史》,上海:上海古籍出版社,2019年。

[19] 民国《合江县志》。

[20] 四川省珙县志编纂委员会编纂:《珙县志》,成都:四川人民出版社,1995年。

[21] 兴文县志编纂委员会编:《兴文县志》,成都:四川辞书出版社,1994年。

[22] 周春元、王燕玉、张祥光、胡克敏:《贵州古代史》,贵阳:贵州人民出版社,1982年。

[23] 《贵州通史》编委会:《贵州通史》第1卷《远古至元代的贵州》,北京:当代中国出版社,2003年。

[24] 贵州省文史研究馆点校:嘉靖《贵州通志》,贵阳:贵州人民出版社,2008年。

[25] 弘治《贵州图经新志》,成都,西南交通大学出版社,2018年。

[26] 道光《遵义府志》。

[27] 民国《续遵义府志》。

[28] 谢爱临主编:《遵义历史文化知识手册》,北京:中国文史出版社,2011年。

[29] 赤水市档案局、赤水市地方志办公室编:《增修仁怀厅志(点校本)》,北京:中国文化出版社,2015年。

[30] 贵州赤水县志编纂委员会编:《赤水县志》,贵阳:贵州人民出版社,1990年。

[31] 贵州省习水县志编纂委员会编:《习水县志》,贵阳:贵州人民出版社,1995年。

[32] 道光《大定府志》。

[33] [明]刘文征撰,古永继校点:《滇志》,昆明:云南教育出版社,1991年。

[34] 于希贤:《滇池地区历史地理》,昆明:云南人民出版社,1981年。

[35] 民国《威宁县志》。

[36] 中共宣威市杨柳乡委员会、宣慰使杨柳乡人民政府编,徐发苍主编:《云南省历史文化名村明镇·可渡》,昆明:云南人民出版社,2008年。

[37] 中国人民政治协商会议宣威市委员会编、王所邦主编:《宣威简史》,昆明:云南人民出版社,2015年。

[38] 叙永县赤水镇志编撰委员会编:《叙永县赤水镇志》,叙新出内〔2017〕第001号,内部资料,2017年。

[39] 傅奠基、唐靖:《昭通简史》,北京:中华书局,2021年。

[40] 罗平县地方志编纂委员会编纂:《罗平县志》,昆明:云南人民出版社,1995年。

[41] 光绪《镇雄州志》。

[42] 道光《广南府志稿》。

[43] 文山壮族苗族自治州地方志编纂委员会编纂:《文山壮族苗族自治州志》(第一卷),昆明:云南人民出版社,2000年。
[44] 云南省邱北县地方志编纂委员会编:《邱北县志》,北京:中华书局,1999年。
[45] 泸西县志编纂委员会编:《泸西县志》,昆明:云南人民出版社,1992年。
[46] 政协弥勒市委员会编、陈友康主编:乾隆《弥勒州志》(译注本),昆明:云南人民出版社,2021年。
[47] 弥勒县志编纂委员会编纂:《弥勒县志》,昆明:云南人民出版社,1987年。
[48] 光绪《丽江府志》。
[49] [民国]蒙起鹏:《广西通志稿》(一),南宁:广西人民出版社,2017年。
[50] 邓敏杰、邓韬:《广西政区集成》,南宁:广西人民出版社,2014年。
[51] 康熙《西隆州志》。
[52] 西林县地方志编纂委员会编:《西林县志》,南宁:广西人民出版社,2006年。
[53] 乾隆《郁林州志》。
[54] 民国《北流县志》。
[55] 合浦县志编纂委员会编:《合浦县志》,南宁:广西人民出版社,1994年。
[56] 威信县政协文史办公室编:《威信文史资料辑》第十九辑,(昭刊)字第039号图书准印证,内部资料,1995年。
[57] 珙县曹营镇人民政府:《曹营镇志》,宜珙文教内〔2017〕040号,内部资料,2017年。
[58] 叙永县赤水镇志编撰委员会编:《叙永县赤水镇志》,叙新出内〔2017〕第001号,内部资料,2017年。
[59] 中共丘北县委党史研究室编:《中共丘北县党史资料》(第三辑),内部资料。

三、近现代史料

[1] 周询:《蜀海丛谈》,香港:文海出版社,1948年。
[2] 《胡适手稿》八集,台北:胡适纪念馆。
[3] 胡焕庸:《四川地理》,重庆:正中书局,1938年。
[4] 施复亮主编、王成敬著:四川经济研究专刊第二号《成渝路区之经济地理与经济建设》,重庆:四川省银行经济研究所,1945年。

[5] [清]赵尔巽编:《清史稿》,北京:中华书局,1985年。

[6] 黄炎培:《黄炎培诗集》,北京:中国文史出版社,1987年。

[7] 陈寅恪:《唐代政治史述论稿》,上海:上海古籍出版社,1997年。

[8] 梁启超:《佛学研究十八篇》,上海:上海古籍出版社,2001年。

[9] 孙中山(孙文):《建国方略》,武汉:武汉出版社,2011年。

[10] [清]丁宝桢著,郭国庆、吴穹编校整理:《丁宝桢全集》,贵州人民出版社,2017年。

四、先行研究

(一)民族类

[1] 罗香林:《古代越族文化考》,国立中山大学文学院《百越源流与文化》,1940年。

[2] 尤中:《中国西南的古代民族》,昆明:云南出版社,1980年。

[3] 贵州省哲学社会科学研究所编:《夜郎考》(讨论文集之一),贵阳:贵州人民出版社,1979年。

[4] 贵州省社会科学院历史研究所编:《夜郎考》(讨论文集之二),贵阳:贵州人民出版社,1982年。

[5] 贵州省社会科学院历史研究所编:《夜郎考》(讨论文集之三),贵阳:贵州人民出版社,1983年。

[6] 任乃强:《羌族源流探索》,重庆:重庆出版社,1984年。

[7] 徐松石:《徐松石民族学文集》,桂林:广西师范大学出版社,2005年。

[8] 徐松石撰,余漾冬、王旭点校:《粤江流域人民史》,哈尔滨:黑龙江教育出版社,2015年。

[9] 李绍明:《民族学》,成都:四川人民出版社,1986年。

[10] 吴和培、罗志发、黄家信:《族群岛:浪平高山汉探秘》,南宁:广西民族出版社,1999年。

[11] 四川大学博物馆、中国古代铜鼓研究会编:《南方民族考古》(第一辑),成都:四川大学出版社,1987年。

[12] 任乃强:《任乃强民族研究文集》,北京:民族出版社,1990年。

[13] 朱俊明:《夜郎史稿》,贵阳:贵州人民出版社,1990年。

[14] 龚永辉:《族际识俫》,南宁:广西人民出版社,1990年。

[15] 李绍明、程贤敏编:《西南民族研究论文选》(1904-1949年),成都:四川大学出版社,1991年。

[16] 伍新福、龙伯亚:《苗族史》,成都:四川民族出版社,1992年。

[17] 翁家烈:《仡佬族》,北京:民族出版社,1992年。

[18] 张济民:《仡佬语研究》,贵阳:贵州民族出版社,1993年。

[19] 范洪贵、顾有识等:《壮族历史与文化》,南宁:广西民族出版社,1997年。

[20] 费孝通:《费孝通文集》,北京:群言出版社,1999年。

[21] 李锦芳:《布央语研究》,北京:中央民族大学出版社,1999年。

[22] 李旭练:《俫语研究》,北京:中央民族大学出版社,1999年。

[23] 刘复生:《僰国与泸夷》,成都:巴蜀书社,2000年。

[24] 1999夜郎学术研讨会论文编辑委员会编:《夜郎研究》,贵阳:贵州民族出版社,2000年。

[25] 张声震:《壮族史》,广州:广东人民出版社,2002年。

[26] 蒲文泽:《木佬语研究》,北京:民族出版社,2003年。

[27] 李绍明:《巴蜀民族史论集》,成都:四川人民出版社,2004年。

[28] 屈川:《都掌蛮——一个消亡民族的历史与文化》,成都:四川人民出版社,2004年。

[29] 尤中:《中国西南地区民族沿革史》(先秦至汉晋时期),北京:民族出版社,2005年。

[30] 罗世敏主编:《大明山的印记——骆越古国历史文化研究》,南宁:广西民族出版社,2006年。

[31] 谢爱临主编:《仡佬族百年实录》(上下),北京:中国文史出版社,2008年。

[32] 郭声波:《彝语地区历史地理研究——以唐代乌蛮等族羁縻州为中心》,成都:四川大学出版社,2009年。

[33] 中共西林县委、县人民政府,广西文物考古研究所,广西历史学会编:《句町国与西林特色文化》,南宁:广西人民出版社,2009年。

[34] 刘复生:《西南史地与民族——以宋代为重心的考察》,成都:巴蜀书社,2011年。

[35] 何正廷:《句町国史》,北京:民族出版社,2011年。

[36] 黄明标校点:《田州岑氏土司族谱》,南宁:广西人民出版社,2011年。

[37] 占升平:《仡佬族方言比较研究》,北京:民族出版社,2012年。

[38] 李树华主编:《古滇国文化论文选集》,昆明:云南人民出版社,2012年。

[39] 翟国强:《先秦西南民族史论》,哈尔滨:黑龙江教育出版社,2012年。

[40] 梁晓强:《南诏史》,北京:中国社会科学出版社,2013年。

[41] 黄铮主编:《崇左灰姑娘文化资源及开发研究文集》,南宁:广西人民出版社,2014年。

[42] 蒙默:《南方古族论稿》,北京:商务印书馆,2015年。

[43] 《习水县历史文化丛书》编纂委员会编:《鳛国·鳛姓·習部·习水——源流》,北京:中国文史出版社,2015年。

[44] 李艳峰、曾亮:《中国南方古代僚人源流史》,昆明,云南大学出版社,2016年。

[45] 吕嵩崧:《桂西高山汉语研究》,北京:中国社会科学出版社,2016年。

[46] 周铃、王国祥主编:《僚学研究》第二辑,北京:中国广播影视出版社,2017年。

[47] 龙青松:《盘江"风雅颂"——布依族非物质文化遗产研究》,昆明:云南科技出版社,2017年。

[48] 郭声波:《圈层结构视阈下的中国古代羁縻政区与部族》,北京:中国社会科学出版社,2018年。

[49] 多彩贵州文化旅游研究院主编:《传统与当代——首届夜郎文化高峰论坛文集》。北京:九州出版社,2018年。

[50] 朱圣钟:《族群空间与地域环境:中国古代巴人的历史地理与生态人类学考察》,北京:科学出版社,2019年。

[51] 建水县彝学研究会编:《建水彝族志》,昆明:云南人民出版社,2019年。

[52] 刘复生:《西南古代民族关系史稿》,上海:上海古籍出版社,2020年。

[53] 李艳峰、赵永忠、杨举伟:《骆越源流史》,昆明:云南大学出版社,2020年。

[54] 余若瑔著,涂电林校注:《且兰考校注》,成都:西南交通大学出版社,2021年。

[55] 刘大如:《僰国遗韵》,成都:四川民族出版社,2022年。

[56] 陈介刚、陈伟平、温涛编著:《叙南都掌文献汇注》,成都:巴蜀书社,2022年。

[57] 戴裔煊:《僚族研究》,《民族学研究集刊》1948年第6期。

[58] 游汝杰:《从语言地理学和历史语言试论亚洲栽培稻的起源和传播》,《中央民族学院学报》1980年第3期。

[59] 侯绍庄:《牂牁大姓谢氏考》,《贵州文史丛刊》1982年第1期。

[60] 张世铨:《汉句町四题》,《民族研究》1983年第5期。

[61] 蒋廷瑜:《高山之国句町》,《三月三》1984年第4期。

[62] 翁家烈:《僰人考》,《贵州民族研究》1986年第2期。

[63] 田曙岚:《骆、僚研究》,《中南民族学院学报》1986年增刊。

[64] 孙华:《卢族西迁与彝族关系考》,《贵州民族研究》1987年第1期。

[65] 侯绍庄:《关于仡佬族的族属源流问题》,《贵州文史丛刊》1988年第1期。

[66] 尤中:《古滇国夜郎考》,《史学史研究》1989年第1期。

[67] 席克定:《夜郎临牂牁江说质疑——对贵州南北盘江的实地考察》,《贵州文史丛刊》1990年第4期。

[68] 梁敏:《仡央语群的系属问题》,《民族语文》1990年第6期。

[69] 吴伟峰:《壮族历史上的纺织业》,《广西民族研究》1995年第2期。

[70] 白耀天:《宋代在今广西西部设置羁縻州、县、洞考》,《广西民族研究》1998年第2期。

[71] 李锦芳:《越南拉哈语与仡央诸语言的初步比较》,《语言研究》1999年第1期(总第36期)。

[72] 李锦芳:《从语言学角度探讨仡央语族群的历史来源》,《云南民族学院学报》,2000年3月第17卷第2期。

[73] 罗荣泉:《僰人入播考》,《贵州民族研究》2006年第2期。

[74] 何正廷:《关于句町文化的研究》,《文山师范高等专科学校学报》2008年第1期。

[75] 陈介刚:《云南省丘北、泸西、罗平三县僰人遗裔考察报告》,《宜宾学院学报》2008年第10期。

[76] 胡桃:《明代水西土司与中央政府关系的演变》,卢云辉、杨昌儒主编:《贵州世居民族文献与文化研究》(2015年卷),上海:上海古籍出版社,2017年。

[77] 岳精柱:《巴人的族群划分及其移民和政权研究》,重庆巴文化研究会、重庆市文化遗产研究院、重庆中国三峡博物馆编著,刘豫川主编:《巴渝文化》(5),成都:成都时代出版社,2021年。

[78] 黄秀蓉:《清代苗族跨国迁徙路径考》,《西南大学学报》(社会科学版)2022年第5期。

[79] 田曙岚:《试论濮、僚与仡佬的起源及其相互间的关系》(未定稿),贵州省民族研究所编:《民族研究参考资料》第一辑,内部资料,1980年。

[80] 田曙岚:《"僚"的研究与我国西南民族若干历史问题(初稿)》,贵州省民族研究

所编:《贵州民族研究参考资料》,第八集,内部印刷,1981年。

[81] 田曙岚:《骆、里、哀牢都不可能是僚族的先民或同族》。此文为田曙岚先生遗稿,油印,未公开出版。

[82] 潘文:《关于滇黔桂俫人的初步调查研究》,广西民族研究所印,内部资料,1981年。

[83] 曾江等:《谁的夜郎》,《中国社会科学报》2011年4月19日。

[84] 泸州市民族宗教事务局编:《泸州少数民族志》,民族杂志社(内部资料),2008年。

[85] 黎之津:《镇南关设置历史研究》,广西社科院主办"友谊关与大连城历史文化学术研讨会"学术论文集,2018年,内部资料。

[86] 玉溪江川区文化和旅游局、云南李家山青铜器博物馆编:《滇国信使——云南江川李家山古滇文化览要》,内部资料,2021年。

[87] 政协习水县委员会:《鳛水碑刻拓本》,内部资料,2021年。

(二)考古类

[1] 云南省博物馆编:《云南晋宁石寨山古墓群发掘报告》,北京:文物出版社,1959年。

[2] 睡虎地秦简整理小组:《睡虎地秦墓竹简》,北京:文物出版社,1978年。

[3] 中国科学院古脊椎动物与古人类研究所《中国古人类画集》编制组:《中国古人类画集》,北京:科学出版社,1980年。

[4] 中国社会科学院考古研究所、广州市文物管理委员会、广州市博物馆:《广州汉墓》,北京:文物出版社,1981年。

[5] 高文:《四川汉代画像砖》,上海,上海人民美术出版社,1987年。

[6] 广西壮族自治区博物馆编:《广西贵县罗泊湾汉墓》,北京:文物出版社,1988年。

[7] 四川大学博物馆、中国古代铜鼓研究会编:《南方民族考古》(第二辑),成都:四川科学技术出版社,1989年。

[8] 《贵州省博物馆藏品志》编辑委员会编:《贵州省博物馆藏品志》,贵阳:贵州人民出版社,1990年。

[9] 广西博物馆编:《广西铜鼓图录》,北京:文物出版社,1991年。

[10] 广州市文物管理委员会编:《西汉南越王墓》(上下),北京:文物出版社,1991年。

[11] 《中国考古学会第七次年会论文集》(1989),北京:文物出版社,1992年。

[12] 宋治民:《中国秦汉考古》,成都:四川大学出版社,1993年。

[13] 贵州省博物馆考古研究所编,熊水富、宋先世主编:《贵州省田野考古四十年》(1953-1993),贵阳:贵州民族出版社,1993年。

[14] 杨兴隆、杨代环等:《中国古蔺大熊猫——剑齿象动物群研究》,重庆:重庆出版社,1995年。

[15] 孙机:《中国圣火——中国古文物与东西文化交流中的若干问题》,沈阳:辽宁教育出版社,1996年。

[16] 四川省什邡市文物管理所编:《什邡馆藏文物集粹》,成都:四川美术出版社,1997年。

[17] 李学勤:《比较考古学随笔》,桂林:广西师范大学出版社,1997年。

[18] 四川省文物考古研究所:《四川考古报告集》,北京:文物出版社,1998年。

[19] 夏鼐:《考古学论文集》(外一种)下,石家庄:河北教育出版社,2000年12月。

[20] 《铜鼓和青铜文化研究——中国南方及东南亚地区古代铜鼓和青铜文化第四次国际学术讨论会论文集》,贵阳:贵州人民出版社,2001年。

[21] 麦英豪、王文建:《岭南之光——南越王墓考古大发现》,杭州:浙江文艺出版社,2002年。

[22] 林向:《巴蜀考古论集》,成都:四川人民出版社,2004年。

[23] 文山壮族苗族自治州文化局编著:《文山铜鼓》,昆明:云南人民出版社,2004年。

[24] 广西壮族自治博物馆编:《广西考古文集》,北京:文物出版社,2004年。

[25] 文山壮族苗族自治州文化局编著:《声震神州——文山铜鼓暨民族历史文化国际学术研讨会论文集》,昆明:云南人民出版社,2005年。

[26] 朱红林:《张家山汉简〈二年律令〉集释》,北京:社会科学文献出版社,2005年。

[27] 广西壮族自治文物工作队:《广西考古文集》(第二辑),北京:科学出版社,2005年。

[28] 张家山汉墓竹简整理小组:《张家山汉墓竹简(二四七号墓)》(释文修订本),北京:文物出版社,2006年。

[29] 黄万波、侯亚梅、徐自强:《龙骨坡:200万年前的山寨》,北京:中华书局,2006年。

[30] 中国国家博物馆、广西博物馆编:《瓯骆遗粹》,北京:中国社会科学出版社,2006年。

[31] 广西自治区文物工作队、合浦县博物馆:《合浦丰门岭汉墓——2003-2005年发

掘报告》，北京：科学出版社，2006年。

[32] 四川省文物考古研究院、德阳市文物考古研究所、什邡市博物馆编著：《什邡城关战国秦汉墓地》，北京：文物出版社，2006年。

[33] 江川县文化局、玉溪市文物管理所、云南省文物考古研究所编：《江川李家山——第二次发掘报告》，北京：文物出版社，2007年。

[34] 广西文物考古研究所编著：《广西考古论文集》（第三辑），北京：文物出版社，2007年。

[35] 何志国：《汉魏摇钱树初步研究》，北京：科学出版社，2007年。

[36] 王焕林：《里耶秦简校诂》，北京：中国文联出版社，2007年。

[37] 彭长林：《云贵高原的青铜时代》，南宁：广西科学技术出版社，2008年。

[38] 云南省文物考古研究所、中共泸西县委政府、红河州文物管理所编：《泸西石洞村 大逸圃墓地》，昆明：云南科技出版社，2009年。

[39] 王庭福：《符阳考古》，北京：中国文化出版社，2009年。

[40] 杨式挺：《岭南文物考古论集续集》，广州：岭南美术出版社，2011年。

[41] 贵州民族文化宫编、席克定著：《贵州民族考古论丛》，贵阳：贵州民族出版社，2009年。

[42] 石林彝族自治县文化体育局编，窦光华等著：《石林文物研究》，昆明：云南民族出版社，2010年。

[43] 《合江汉代画像石棺》编委会编：《合江汉代画像石棺》，北京：中国戏剧出版社，2010年。

[44] 饶宗颐：《西南文化创世纪——殷代陇蜀部族地理与三星堆、金沙文化》，上海：上海古籍出版社，2010年。

[45] 霍巍：《西南考古与中华文明》，成都：巴蜀书社，2011年。

[46] 杨勇：《战国秦汉时期云贵高原考古学文化研究》，北京：科学出版社，2011年。

[47] 邱登成：《西南地区汉代摇钱树研究》，成都：巴蜀书社，2011年。

[48] 陈伟主编：《里耶秦简牍校释》第一卷，武汉：武汉大学出版社，2012年。

[49] 右江民族博物馆编：《亚洲人类智慧之光——百色旧石器考古探秘之旅》，桂林：广西师范大学出版社，2012年。

[50] 四川省文物考古研究院：《天府遗宝图·四川省考古研究院60年出土文物选粹》，北京：文物出版社，2013年。

[51] 广西文物保护与考古研究所编:《广西考古文集》第五辑,北京:科学出版社,2013年。

[52] 贵州省文物考古研究所编:《贵州田野考古报告集(1993-2013)》,北京:科学出版社,2014年。

[53] 张合荣:《夜郎文明的考古学观察:滇东黔西先秦至两汉时期遗存研究》,北京:科学出版社,2014年。

[54] 昭通市文物管理所编:《昭通文物藏品图录》,昆明:云南人民出版社,2014年。

[55] 蒋廷瑜:《广西铜鼓文献汇编及铜鼓闻见记》,桂林:广西师范大学出版社,2014年。

[56] 周志清:《滇东黔西青铜时代的居民》,北京:科学出版社,2014年。

[57] 广西壮族自治区文化厅、广西壮族自治区文物局编:《左江右江流域考古》,南宁:广西科学技术出版社,2015年。

[58] 云南李家山青铜博物馆编:《滇国铜魂:云南李家山古滇文物集萃》,云南人民出版集团云南人民出版社,2015年。

[59] 熊昭明:《汉代合浦港考古与海上丝绸之路》,北京:文物出版社,2015年。

[60] 西汉南越王博物馆编,张荣芳、周永卫著:《西汉南越王墓多元文化研究》,广州:中山大学出版社,2015年。

[61] 王子今:《秦汉交通考古》,北京:中国社会科学出版社,2015年12月第1版,2019年3月第2次印刷。

[62] 四川省文物考古研究院、陕西省考古研究院、越南国家历史博物馆:《越南义立-冯原文化遗存发掘报告》,北京:文物出版社,2016年。

[63] 云南省文物考古研究所编:《石寨山文化考古发掘报告集》(上下册),北京:科学出版社,2016年。

[64] 王洪斌:《陆良历代石刻注解与研究》,昆明:云南人民出版社,2016年。

[65] 王洪斌:《解读爨龙颜碑》,昆明:云南人民出版社有限责任公司,2016年。

[66] 牟孝梅:《贵州贞丰红岩岩画研究》,银川:宁夏人民出版社,2016年。

[67] 政协云南省曲靖市委员会文史资料委员会、云南省曲靖市文化体育局编:《曲靖考古文集》(上下册),昆明:云南民族出版社,2017年。

[68] 云南文物考古研究所编:《石寨山文化考古研究论文集》(上中下册),北京:科学出版社,2018年。

[69] 万辅彬、韦丹芳:《东南亚铜鼓研究》,北京:中国科学技术出版社,2018年。

[70] 张合荣:《夜郎青铜文明探微——贵州战国秦汉时期青铜器研究》,上海:上海古籍出版社,2018年。

[71] 熊绍明:《汉代合浦港的考古学研究》,北京:文物出版社,2018年。

[72] 彭长林:《越南早期考古学文化研究》,南宁:广西科学技术出版社,2018年。

[73] 陈伟主编,鲁家亮、何有祖、凡国栋撰:《里耶秦简牍校释》第二卷,武汉:武汉大学出版社,2018年。

[74] 《宜邑古珍——宜良文史资料第十五辑》,昆明:云南人民出版社,2018年。

[75] 叶成勇:《战国秦汉时期南夷社会考古学研究》,北京:文物出版社,2019年。

[76] 《黔西南藏品志》编撰委员会编:《黔西南藏品志》,昆明:云南科技出版社,2019年。

[77] 成都文物考古研究院、泸州市博物馆编:《四川泸州汉代画像石棺研究》,北京:文物出版社,2019年。

[78] 贵州省安龙县文物管理所编:《安龙县文物志》,昆明:云南人民出版社,2020年。

[79] 曲靖市文物局:《曲靖市文物志》,昆明:云南人民出版社,2020年。

[80] 泸州史市博物馆编:《西南要会》(第一辑),成都:巴蜀书社,2021年。

[81] 泸州市博物馆编:《泸州文博论坛精粹》,成都:巴蜀书社,2022年。

[82] 广西文物保护与考古研究所、北海市博物馆、合浦县申报海上丝绸之路世界文化遗产中心编著:《合浦大浪古城:2019—2020年考古发掘报告》,北京:文物出版社,2022年。

[83] 重庆市文物考古研究院、重庆文化遗产保护中心编著:《渝西长江流域考古报告集》,北京:科学出版社,2022年。

[84] 西南文教部文物调查征集工作小组:《成渝铁路筑路当中出土文物调查报告》,《文物参考资料》第2卷第11期。

[85] 翦伯赞:《考古发现与历史研究》,《文物参考资料》1954年第9期。

[86] 广西文物管理委员会:《广西贵县汉墓的清理》,《考古学报》1957年第1期。

[87] 云南省博物馆考古发掘工作组:《云南晋宁石寨山古遗址及墓葬》,《文物参考资料》1957年第4期。

[88] 刘志远:《成都天回山崖墓清理记》,《考古学报》1958年第1期。

[89] 贾兰坡、邱中郎:《广西洞穴打击石器的时代》,《古脊椎动物与古人类》1960年第1期。

[90]　葛秀芳:《东汉墓发掘云南昭通桂家院子》,《考古》1960年第5期。

[91]　贵州省博物馆:《贵州清镇平坝汉至宋墓发掘简报》,《考古》1961年第4期。

[92]　冯汉骥:《云南晋宁石寨山出土文物的族属问题试探》,《考古》1961年第9期。

[93]　冯汉骥:《四川的画像砖墓及画像砖》,《文物》1961年第11期。

[94]　李家瑞:《从考古材料看云南冶铁业早期历史》,《文物》1962年第3期。

[95]　童恩正:《对云南冶铁业产生时代背景的几点意见》,《考古》1964年第4期。

[96]　颜訚:《大汶口新石器时代人骨的研究报告》,《考古学报》1972年第1期。

[97]　李衍垣:《贵州安顺宁谷发现东汉墓》,《考古》1972年第2期。贵州省博物馆:《贵州黔西县汉墓发掘简报》,《文物》1972年第11期。

[98]　洪声:《广西古代铜鼓研究》,《考古学报》1974年第1期。

[99]　四川博物馆、重庆市博物馆等:《四川涪陵地区小田溪战国土坑墓清理简报》,《文物》1974年第5期。

[100]　作铭:《我国出土的蚀花肉红石髓珠》,《考古》1974年第6期。

[101]　吴茂霖、王令红、张银运、张森水:《贵州桐梓发现的古人类化石及其文化遗物》,《古脊椎动物与古人类》1975年第1期。

[102]　云南省博物馆:《云南江川李家山古墓群发掘报告》,《考古学报》1975年第2期。

[103]　广西壮族自治区文物考古训练班等:《广西南宁地区新石器时代贝丘遗址》,《考古》1975年,第5期。

[104]　童恩正:《我国西南地区青铜剑的研究》,《考古学报》1977年第2期。

[105]　王宇信、张永山、杨升南:《试论殷墟五号墓的"妇好"》,《考古学报》1977年第2期。

[106]　梧州市博物馆:《广西梧州市近年出土的一批汉代文物》,《文物》1977年第2期。

[107]　重庆市博物馆、合川县文化馆田野考古工作小组:《合川东汉画象石墓》,《文物》1977年第2期。

[108]　曹泽田:《贵州水城硝灰洞旧石器文化遗址》,《古脊椎动物与古人类》1978年第1期。

[109]　王克荣:《建国以来广西文物考古工作的主要收获》,《文物》1978年第9期。

[110]　王克荣、蒋廷瑜:《广西西林县铜鼓墓葬》,《文物》1978年第9期。

[111]　蒋廷瑜:《西林铜鼓墓与汉代句町国》,《文物》1978年第10期。

[112]　贵州省博物馆考古组:《贵州兴义、兴仁汉墓》,《文物》1979年第5期。

[113]　广西壮族自治区文物工作队:《广西田东发现战国墓》,《考古》1979年第6期。

[114] 四川省博物馆、简阳县文化馆:《四川简阳出土的战国青铜器》,《文物资料丛刊》1980年第3辑。

[115] 重庆市博物馆:《铜梁旧石器的发现及其重要意义》,《重庆师范大学学报》(哲学社会科学版)1980年第1期。

[116] 唐金裕等:《陕西古城固县出土殷商铜器整理简报》,《考古》1980第3期。

[117] 广西文物工作队:《广西近年来发现的四件铜鼓》,《考古》1980年第4期。

[118] 贵州省博物馆考古组、威宁县文化局:《威宁中水汉墓》,《考古学报》1981年第2期。

[119] 广西壮族自治区文物工作队:《广西合浦县堂排汉墓发掘简报》,文物编辑委员会编:《文物资料丛刊》第4期,北京:文物出版社,1981年。

[120] 广西壮族自治区文物工作队:《广西隆安大龙潭新石器时代遗址发掘简报》,《考古》1982年第1期。

[121] 唐文元:《黔西甘棠汉墓群》,《贵州文物》1982年第1期。

[122] 谢文同:《关于唐袁滋题名摩崖》,《文物集刊》1982年第2期。

[123] 曹泽田:《猫猫洞旧石器之研究》,《古脊椎动物与古人类》1982年第20卷。

[124] 吕遵谔、黄蕴平、范桂杰、胡昌钰:《四川资阳鲤鱼桥旧石器地点发掘报告》,《考古学报》1983年第3期。

[125] 严平:《贵州安顺宁谷汉墓》,《文物资料丛刊》1983年第4期。

[126] 何凤桐:《贵州境盘江流域的古文化遗存》,《贵阳师院学报》1983年第3期。

[127] 游天星:《四川筠连人类牙齿化石的发现》,《成都地质学院学报》1983年第3期。

[128] 贵州省博物馆考古组:《贵州平坝天龙汉墓》,《文物资料丛刊》1983年第4期。

[129] 广西文物工作队:《广西贵县风流岭31号西汉墓清理简报》,《考古》1984年第1期。

[130] 胡维屏、李志恩:《我省首次发现羊角钮铜钟》,《贵州文物》1984年第2期。

[131] 中国科学院古脊椎动物与古人类研究所:《贵州桐梓新发现的人类化石》,《人类学学报》1984年第3期。

[132] 李衍垣、万光云:《飞虎山洞穴遗址的试掘与初步研究》,《史前研究》1984年第3期。

[133] 曾骐:《西樵山东麓的细石器》,《考古与文物》1984年第3期。

[134] 蒋廷瑜:《羊角钮铜钟初论》,《文物》1984年第5期。

[135] 昆明市文物管理委员会:《呈贡天子庙滇墓》,《考古学报》1985年第4期。

[136] 广西壮族自治区文物工作队:《广西北流铜石岭汉代冶铜遗址的试掘》,《考古》1985年第5期。

[137] 李昆声:《"滇王之印"与"汉委奴国王"印之比较研究》,《思想战线》1986年第3期。

[138] 李加能、柏天明:《丘北县草皮村出土石寨山型早期铜鼓》,《中国古代铜鼓研究通讯》1986年第4期。

[139] 胡世勋:《古蔺县出土一面铜鼓》,《四川文物》1987年第1期。

[140] 湖北省宜昌地区博物馆、四川大学历史系:《宜昌中堡岛新石器时代遗址》,《考古学报》1987年第1期。

[141] 王有鹏:《四川汉代陶俑刍论》,《四川文物》1987年第3期。

[142] 谢志成:《四川汉代画像砖上的佛塔图像》,《四川文物》1987年第4期。

[143] 曾跃明:《文山县发现早期铜鼓》,《中国古代铜鼓研究通讯》1987年第5期。

[144] 张国云:《广南沙果村Ⅰ、Ⅱ号早期铜鼓初探》,《中国古代铜鼓研究通讯》1987年第5期。

[145] 王寿芝:《城固出土的汉代陶都》,《文博》1987年第6期;

[146] 罗二虎:《四川崖墓的初步研究》,《考古学报》1988年第2期。

[147] 李刚:《从汉晋胡俑看东南地区胡人、佛教之早期史》,《东南文化》1989年第2期。

[148] 霍巍、黄伟:《试论无胡蜀式戈的几个问题》,《考古》1989年第3期。

[149] 雷建金、曾健:《内江市中区红缨东汉崖墓》,《四川文物》1989年第4期。

[150] 李刚:《汉晋胡俑发微》,《东南文化》1991年第1期。

[151] 赵殿增、袁曙光:《四川忠县三国铜佛像及研究》,《东南文化》1991年第5期。

[152] 唐长寿:《四川早期佛教遗物辨识》,《东南文化》1991年第5期。

[153] 李刚:《佛教海路传入中国论》,《东南文化》1992年第5期。

[154] 蓝日勇、杨小菁:《广西贵县罗泊湾一号汉墓漆器铭文探析》,《江汉考古》1993年第3期。

[155] 彭曦:《战国秦汉铁业数量之比较》,《考古与文物》1993年第3期。

[156] 景竹友:《三台新德乡东汉崖墓清理简报》,《四川文物》1993年第5期。

[157] 陈其复、黄振良:《田东县出土两面万家坝型铜鼓》,《中国古代铜鼓研究通讯》

1993年第9期。

[158] 李学勤:《越南北部出土牙璋》,《文物天地》1994年第3期。

[159] 陈其复、黄振良:《广西田东县再次出土万家坝型铜鼓》,《中国古代铜鼓研究通讯》1994年第10期。

[160] 杨富学:《南印度出土中国古币汇说》,《中国钱币》1995年第1期。

[161] 李健民:《云南青铜矛》,《考古学报》1995年第2期。

[162] 张合荣:《从考古材料论贵州现代的交通与文化》,《贵州民族研究》1996年第1期。

[163] 郭士伦、郝秀红等:《用裂变径迹法测定广西百色旧石器遗址的年代》,《人类学学报》1996年第4期。

[164] 何志国:《初论中国南方早期佛教遗像的性质》,四川省考古研究所编:《四川考古研究论文集》,《四川文物》1996年(增刊)。

[165] 唐光孝:《从四川出土陶俑谈汉代奴婢的一些问题》,四川省文物考古研究所编:《四川考古研究论文集》《四川文物》1996年(增刊)。

[166] 成都市考古文物工作队:《成都市金沙巷战国墓清理简报》,《文物》1997年第3期。

[167] 香港古物古迹办事处:《香港涌浪新石器时代遗址发掘简报》,《考古》1997年第6期。

[168] 吴晓秋、唐文元:《贵州贞丰发现一面粤式铜鼓》,《中国古代铜鼓研究通讯》1997年第13期。

[169] 程存洁:《东汉末年岭南佛教史迹小考》,《广东社会科学》1998年第2期。

[170] 万辅彬、郭立新、李晓岑、张玉忠:《古夜郎国的铅同位素考证》,《广西民族学院学报》(自然科学版),1998年5月第四卷第2期。

[171] 广东省文物考古研究所、广宁县博物馆:《广东广宁县龙嘴岗战国墓》,《考古》1998年第7期。

[172] 张合荣:《贵州金沙县汉画像石墓清理》,《文物》1998年第10期。

[173] 中国科学院考古研究所,广西文物工作队等:《广西邕宁县顶狮山遗址的发掘》,《考古》1998年第11期。

[174] 白化文:《狮子与狮子吼——纪念佛教传入中国两千年》,《文史知识》1998年第12期。

[175] 邓聪:《华南土著文化圈之考古学举要》,香港中文大学中国考古艺术研究中心、厦门大学历史系考古教研室编,邓聪、吴春明主编:《东南考古研究》第二辑,厦

门:厦门大学出版社,1999年。

[176] 罗二虎:《略论贵州清镇汉墓出土的早期佛像》,《四川文物》2001年第2期。

[177] 云南省文物考古研究所、昆明市博物馆、官渡区博物馆:《云南昆明羊甫头墓地发掘简报》,《文物》2001年第4期。

[178] 郭可夫:《泸州老窖(营沟头)青瓷窑研究》,《四川文物》2002年第2期。

[179] 李学勤:《初读里耶秦简》,《文物》2003年第1期。

[180] 万辅彬、房德惠、韦东萍:《越南东山铜鼓再认识与铜鼓分类新说》,《广西民族学院学报》(哲学社会科学版)2003年第6期。

[181] 广西壮族自治区文物工作队、那坡县博物馆:《广西那坡县感驮岩遗址发掘简报》,《考古》2003年第10期。

[182] 中国社会科学院考古研究所广西工作队等:《广西南宁豹子头贝丘遗址的发掘》,《考古》2003年第10期。

[183] 陈远璋:《广西考古的世纪回顾与展望》,《考古》2003年第10期。

[184] 梁晓强:《对曲靖八塔台古墓群M69的文化解读》,《云南文物》,2004年第1期。

[185] 李龙章:《广西右江流域战国秦汉墓研究》,《考古学报》2004年第3期。

[186] 贵州省文物考古研究所:《贵州兴仁交乐十九号汉墓》,《考古》2004年第3期。

[187] 洪石:《战国秦汉时期漆器的生产与管理》,《考古学报》2005年第4期。

[188] 刘晗露、寇焱:《江西出土两汉漆器金属镶嵌工艺研究》,《南方文物》2021年第5期。

[189] 罗二虎:《论中国西南地区早期佛像》,《考古》2005年第6期。

[190] 孙华:《西南考古的现状与问题——代〈南方文物〉"西南考古"专栏主持辞》,《南方文物》2006年第3期。

[191] 蒋廷瑜等:《黄泥岗1号墓和"徐闻令印"考》,北海市人民政府、广西壮族自治区文化厅:《海上丝绸之路研究:中国·北海合浦海上丝绸之路始发港理论研讨会论文集》,北京:科学出版社,2006年。

[192] 胡昌钰、任江:《四川古蔺县石屏野猫洞新石器时代遗存的年代商榷》,《四川文物》2007年第2期。

[193] 刘牟社、辛怡华:《丰都槽房沟发掘报告》,重庆文物局、重庆市移民局编:《重庆库区考古报告集2001卷(下)》甲种第九号,北京:科学出版社,2007年。

[194] 黄尚明:《从考古学看濮人的迁徙》,《华中师范大学学报》(人文社科版)2008年第1期。

[195] 谢崇安:《岭南汉墓所见之胡人艺术形象及相关问题》,《民族艺术》2009年第2期。

[196] 罗二虎:《"弋射收获"画像考》,《艺术考古》2009年第2期。

[197] 毛永琴、曹泽田:《贵州普定穿洞史前遗址试掘中的石制品》,《贵州科学》2009年第4期。

[198] 李飞:《夷汉之间——从考古材料看贵州战国秦汉时期的文化格局》,《贵州民族研究》2009年第6期。

[199] 张合荣:《毕节青场瓦窑商周遗址发掘主要收获》,《贵州文史丛刊》2010年第1期。

[200] 罗开玉:《从出土文物看秦汉三国时期蜀郡工官、工室》,《长江文明》2010年第3期。

[201] 黄全胜、李延祥:《广西平南六陈坡嘴冶炼技术研究》,《有色金属》2011年2月第63卷第1期。

[202] 何志国:《钵生莲花镜考》,《民族艺术》2011年第2期。

[203] 四川省文物考古研究院、资阳市雁江区文物管理所:《资阳市雁江区狮子山崖墓M2清理简报》,《四川文物》2011年第4期。

[204] 索德浩、刘宇茂:《汉代胡人形象面具考——从成都金堂李家梁子M23出土一件胡人形象面具谈起》,《考古与文物》2011年第5期。

[205] 广西文物考古研究所等:《广西合浦寮尾东汉三国墓发掘报告》,《考古学报》2012年第4期。

[206] 冯永德:《浅谈成都老官山汉墓出土蜀锦织机》,《四川蚕业》2013年第4期。

[207] 史继忠:《举世闻名的黔西观音洞》,《当代贵州》2013年第16期。

[208] 崔利军:《万屯8号墓主人身份补正》,《黑龙江史志》2014年第1期。

[209] 霍巍:《四川泸县宋墓研究两题》,《江汉考古》2014年第5期。

[210] 彭书琳:《百色考古:揭开广西最早的辉煌》,《大众考古》2014年第5期。

[211] 李映福:《广西平南"碗式"炼炉与我国"碗式"炼炉的起源》,《考古》2014年第6期。

[212] 李映福、周磊:《云贵高原出土战国秦汉时期铁器研究》,《江汉考古》2014年第6期。

[213] 成都文物考古研究所、荆州文物保护中心:《成都市天回镇老官山汉墓》,《考古》2014年第7期。

[214] 杨菊:《川东渝西黔北宋元明石刻墓研究》,四川大学2014年硕士学位论文。

[215] 胡进:《杨粲墓石刻》,《文物天地》2015年第5期。

[216] 李映福、杨盛、马春燕、余建:《四川广汉石亭江汉代铁桥墩相关问题研究》,《考古》2015年第9期。

[217] 李飞:《昆仑奴:播州土官眼中的世界》,《当代贵州》2017年第19期。

[218] 张溯、王绚:《论大汶口文化的拔牙和崇獐习俗》,《东南文化》2018年第1期。

[219] 谢崇安:《云南石寨山文化与越南东山文化的比较研究》,考古杂志社编辑、朱岩石主编:《考古学集刊》第21集,北京:社会科学文献出版社,2018年。

[220] 李大伟:《越南旧石器考古概况》,《大众考古》2018年第3期。

[221] 晏昌贵:《里耶秦简所见郡县订补》,《历史地理研究》2019年第1期。

[222] 胡昌钰、黄家祥、任江:《四川资阳市雁江区兰家坡汉墓发掘简报》,《四川文物》2019年1期。

[223] 任江:《四川资阳市雁江区兰家坡汉墓的初步研究》,《四川文物》2019年第1期。

[224] 霍巍:《考古视野下的四川汉代移民研究——以新都东汉崖墓出土"石门关"题刻为视角》,《中华文化论坛》2019年第3期。

[225] 禹明先:《土城天堂口出土汉代文物的历史意义和考古学价值》,《贵州文化遗产》2019年第3期。

[226] 庄小霞:《秦汉简牍所见"巴县盐"新解及相关问题考述》,《四川文物》2019年第6期。

[227] 周仁琴、廖国一:《海上丝绸之路与佛教文化的传入——合浦汉墓出土文物佛教文化因素探析》,《北部湾大学学报》2020年第1期。

[228] 张合荣:《牂牁江水道——秦汉时期夜郎与南越的商贸通道》,《贵州文化遗产》2020年第2期。

[229] 白云翔、杨勇:《班诺洼与考山考——泰国两处史前遗址的考察及相关问题讨论》,《中国国家博物馆馆刊》2020年第4期。

[230] 杨筑:《贵州汉墓出土俑类分析》,《文物鉴定与欣赏》2020年第6期。

[231] 吴小平、魏染:《朱提堂狼器考》,《考古学报》2021年第3期。

[232] 王文波:《泸州宋墓石刻武士"虎头盔"形象试探》,《江汉考古》2021年第3期。

[233] 朱乃诚:《从牙璋看夏文化向南方地区的扩散》,《江汉考古》2021年第6期。

[234] 刘建成、明伟庭、王运生、王奖臻、余健:《三星堆遗址出土大玉料溯源研究》,《四

川文物》2021年第6期。

[235] 晏满玲：《泸州地区崖墓刍议》，泸州市博物馆编：《泸州文博论坛精粹》，成都：巴蜀书社，2022年。

[236] 索德浩：《四川汉墓分区研究》，《考古学报》2022年第2期。

[237] 四川大学考古文博学院、成都文物考古研究院、安岳县文物保护中心：《四川安岳净慧岩摩崖造像调查简报》，《文物》2022年第2期。

[238] 杨勇：《云贵高原出土汉代铜钟研究》，《考古》2022年第9期。

[239] [越南]黎文兰、范文耿、阮灵编著，梁志明译：《越南青铜时代的第一批遗迹》，越南河内：河内科学出版社，1963年。

[240] [越南]陶维英著，钟明岩译、越胜校：《越南历代疆域》，北京：商务印书馆，内部发行，1973年。

[241] [日]松井千鹤子著，唐虹、孙晓明译：《越南北部出土的青铜戈》，《东南亚》1987年第1期

[242] [日]佐佐木正治：《三足架与拨镰——四川早期铁器的特殊性和古蜀民的汉化过程》，《四川文物》2003年第6期。

[243] [越南]邓鸿山：《越南汉唐时期陇溪城址考古发掘与研究》，中山大学社会学与人类学学院主办："跨越边界：华南与越南的考古学文化接触与交流"学术研讨会会议手册，广州，内部资料，2018年。

[244] 四川省哲学社会科学研究所省志组《四川历代政区图志》编辑小组编、成都军区江河兵要地志办公室翻印：《四川省主要河流释名及其沿革——兼述河流与历史上战争的关系》，内部资料，1977年。

[245] 四川省文管会、贵州省博物馆、云南省博物馆合编：《云贵川古人类旧石器时代考古经验交流会论文集》，内部资料，1984年4月。

[246] 王寿芝：《桃都•天鸡•摇钱树》，《中国文物报》1990年9月13日第4版。

[247] 四川省宜宾地区文化局编印：《宜宾地区文物志》，1992年。

[248] 四川宜宾市政协文史资料委员会编：《宜宾文史——南丝路东干道史料专集》（总第24辑）内部发行，川宜内图准(96)字第101号，1996年。

[249] 贾书伟：《豆沙关初考》，昭通市政协文史资料委员会编：《昭通文史资料》（豆沙关文化专集），昭市新出〔2004〕准印字32号，内部资料，2004年。

[250] 李雪艳：《金堂县崖墓群考古发掘出土219座墓葬》，《成都日报》2020年4月28日。

[251] 四川日报微信公众号:2020年5月14日报道,《成都惊现6000座古墓,延续2000年!》,https://mp.weixin.qq.com/s/6HZ8pz0DPFj0mn46WZo8Aw

[252] 中共广南县委、广南县人民政府、广南驻文山老年人协会编:《广南句町古国历史文化研究》,内部资料,云新出〔2009〕准印字180号。

[253] 中国社科院考古所"中国考古网":《探索—2018年度考古学研究系列学术讲座第1讲》,https://mp.weixin.qq.com/s/fqN8qUyyBTTmto4TU2P41Q。

[254] 微信公众号"社科院考古所中国考古网":《越南交趾郡治LUY LAU遗址的调查与探索——2018年度考古学研究系列学术讲座第1讲》,2018年3月30日。https://mp.weixin.qq.com/s/fqN8qUyyBTTmto4TU2P41Q

(三)交通类

[1] 夏光南:《中印缅道交通史》,北京:中华书局,1948年。

[2] 季羡林:《中印文化关系史论丛》,北京:人民出版社,1957年。

[3] 中国台湾"中研院"《历史语言研究所集刊》41本10分册(1969)。

[4] 中国台湾"中研院"《历史语言研究所集刊》45本4分册(1974)。

[5] 香港中文大学《中国文化研究所学报》第八卷第1期(1976)。

[6] 谭其骧主编:《中国历史地图集》,北京:中国地图出版社,1982年。

[7] 严耕望:《唐代交通图考》第四卷《山剑滇黔区》,台北:(台)中央研究院历史语言研究所专刊之八十三,1986年。

[8] 徐冶、王清华、段鼎:《南方陆上丝绸之路》,昆明:云南民族出版社,1987年。

[9] 蓝勇:《四川古代交通路线史》,重庆:西南师范大学出版社,1989年。

[10] 王绍荃主编:《四川内河航运史》(古、近代部分),成都:四川人民出版社,1989年。

[11] 王立显主编:《四川公路交通史》(上册),成都:四川人民出版社,1989年。

[12] 贵州省交通厅交通史志编审委员会编:《贵州公路史》(第一册 道路交通·近代道路),北京:人民交通出版社,1989年。

[13] 伍加伦、江玉祥主编:《古代西南丝绸之路研究》,成都:四川大学出版社,1990年。

[14] 《广西航运史》编审委员会编:《广西航运史》,北京:人民交通出版社,1991年。

[15] 《南方丝绸之路文化论》编写组编:《南方丝绸之路文化论》,昆明:云南民族出版

社,1991年。

[16] 广西壮族自治区交通厅史志编审委员会编:《广西公路史》,北京:人民交通出版社,1991年。

[17] 蓝勇:《南方丝绸之路》,重庆:重庆大学出版社,1992年。

[18] 夏鹤鸣、廖国平主编:《贵州航运史》(古、近代部分),北京:人民交通出版社,1993年。

[19] 四川大学历史系编:《中国西南的古代交通与文化》,成都:四川大学出版社,1994年。

[20] 申旭:《中国西南对外关系史研究——以西南丝绸之路为中心》,昆明:云南美术出版社,1994年。

[21] 四川省钱币学会、云南省钱币研究会编:《南方丝绸之路货币研究》,成都:四川人民出版社,1994年。

[22] 云南省交通厅公路交通史志编审委员会编:《云南公路史》(第一册 古代道路运输·近代公路运输),北京:人民交通出版社,1995年。

[23] 川滇黔十一市州政协合编:《今古生辉南丝路》,云南德宏:德宏民族出版社,1998年。

[24] 蓝勇:《古代交通生态研究与实地考察》,成都:四川人民出版社,1999年。

[25] 李朝春:《从高原走向大海的红河国际通道》,昆明:云南民族出版社,2011年。

[26] 郭声波、吴宏歧主编:《南方开发与中外交通——2006年中国历史地理国际学术研讨会论文集》,西安:西安地图出版社,2007年。

[27] 凉山州博物馆等编:《三星堆研究(第二辑):三星堆与南方丝绸之路青铜文化研讨会论文集》,北京:文物出版社,2007年。

[28] 段渝主编:《南方丝绸之路研究论集》,成都:巴蜀书社,2008年。

[29] 周永卫:《两汉交趾与益州对外关系的研究——以若干物质文化交流为主》,汕头:汕头大学出版社,2009年。

[30] 古小松主编,赵明龙、刘建文副主编:《中国与东盟交通合作战略构想——打造广西海陆空交通枢纽研究》,北京:社会科学文献出版社,2010年。

[31] 陆韧:《云南对外交通史》,昆明:云南人民出版社,2011年。

[32] 莫小莎等:《广西国际河流研究》,北京:社会科学文献出版社,2013年。

[33] 王子今:《秦汉交通史新识》,北京:中国社会科学出版社,2015年。

[34] 覃主元主编:《广西对外交通史》,北京:社会科学文献出版社,2015年。
[35] 袁晓文主编:《西南民族与南方丝绸之路》,北京:民族出版社,2016年。
[36] 赵明龙、张健、颜洁、岑贵安等:《南海丝绸之路与东南亚民族经济文化交流研究》,南宁:广西人民出版社,2016年。
[37] 邓海春主编:《南方丝绸之路上的民族与文化》,成都:四川民族出版社,2016年。
[38] 屈小玲:《南方丝绸之路沿线古国文明与文明传播》,北京:人民出版社,2016年。
[39] 赵永康:《川江地理略》,北京:团结出版社,2016年。
[40] 赵逵:《历史尘埃下的川盐古道》,上海:东方出版中心,2016年。
[41] 李保伦:《南丝路曲靖考古与研究》,成都:四川师范大学电子出版社有限公司,2017年。
[42] 段渝:《南方丝绸之路丛书:历史越千年》,重庆:重庆大学出版社,2018年。
[43] 段渝、邹一清:《南方丝绸之路丛书:老路新观察》,重庆:重庆大学出版社,2018年。
[44] 邹一清:《南方丝绸之路丛书:贸易通天下》,重庆:重庆大学出版社,2018年。
[45] 杨丽华:《南方丝绸之路丛书:古城尽朝晖》,重庆:重庆大学出版社,2018年。
[46] 李桂芳:《南方丝绸之路丛书:人物竞风流》,重庆:重庆大学出版社,2018年。
[47] 凌受勋:《清代民国时期南方丝绸之路上的宜宾》,上海:文汇出版社,2018年。
[48] 何志国:《西南丝绸之路早期佛像研究》,上海:华东师范大学出版社,2020年。
[49] 汤洪:《古代巴蜀与南亚的文化互动和融合》,北京:中华书局,2020年。
[50] 贵州省交通运输厅编:《贵州水运简史》(1949-2019),贵阳:贵州大学出版社有限责任公司,2020年。
[51] 唐长寿:《南方丝绸之路乐山行图记》,成都:四川文艺出版社,2021年。
[52] 李昆声主编、陆韧等著:"南方丝绸之路研究丛书",合肥:时代出版传媒股份有限公司安徽人民出版社,2022年。
[53] 严德一:《论西南国际交通线》,《地理学报》第5卷。
[54] 方国瑜:《云南与印度缅甸古代交通》,《西南边疆》(昆明版)1941年第12期。
[55] 汶江:《滇越考》,朱东润、李俊民、罗竹凤主编:《中华文史论丛》1980年第2辑(总第14辑)。
[56] 童恩正:《试谈古代四川与东南亚文明的关系》,《文物》1983年第9期。
[57] 吕昭仪:《对两汉时中印交通的一点看法》,《南亚研究》1984年第2期。
[58] 《人民画报》社记者撰文并摄影:《海上丝绸之路》,《人民画报》1985年第10期。

[59] 李学勤：《商代通向东南亚的道路》，王元化主编：《学术集林》卷一，上海：上海远东出版社，1994年。

[60] 李富强：《西南-岭南出海通道的历史考察》，《广西民族研究》1997年第4期。

[61] 刘初：《开发西江水系航运的探讨》，何其锐主编：《两广西江流域开发研究——两广西江经济走廊联合开发建设与可持续发展战略学术讨论会论文集》，广州：广东经济出版社，1997年。

[62] 吴焯：《西南丝绸之路研究的认识误区》，《历史研究》1999年第1期。

[63] 童恩正：《古代中国南方与印度交通的考古学研究》，《考古》1999年第4期。

[64] 赵永康：《探索古代西南丝绸之路的遗踪》，《泸州日报·酒城星期刊》2000年3月4日。又见《成都理工大学学报》2004年第3期。

[65] 铁波乐：《巴蜀古道东大路》，《巴蜀史志》2003年第3期。

[66] 张金莲：《六世纪以前的交趾与内地交通》，《学术研究》2005年第1期。

[67] 刘弘：《南方丝绸之路早期商品交换方式变更考——从滇人是否使用贝币谈起》，《中华文化论坛》2008年12月（增刊）。

[68] 李绍明：《近30年来的南方丝绸之路研究》，《中华文化论坛》2009年第1期。

[69] 陆保红收集整理：《茶马古道——横山寨的市马路》，《田东文史》（第六辑），北京：中国文史出版社，2009年。

[70] 陈一榕：《百越古道的历史文化考察》，《广西民族研究》2012年第1期。

[71] 赵德云：《珠饰反映的两汉时期两广沿海和西南地区的交通》，香港城市大学中国文化中心编：《九州学林》（2011春季），上海：上海人民出版社，2012年。

[72] 罗群、朱强：《20世纪以来"南方丝绸之路"研究述评》，《长安大学学报》（社会科学版）2015年9月第17卷第3期。

[73] 蒋廷瑜：《"百越古道"中的铜鼓路》，广西壮族自治区博物馆编：《广西博物馆文集》第十二辑，南宁：广西人民出版社，2015年。

[74] 王元珠：《广信：秦汉时期陆海丝绸之路最早对接点之一》，《广西民族大学学报》（哲学社会科学版）2016年第38卷第2期。

[75] 段渝、邹一清：《西班牙、法国、伊朗博物馆所见南丝路中外交流》，王欣、万明主编：《中外关系史视野下的一带一路》（《中外关系史论丛》第24期），西安：陕西师范大学出版社，2016年。

[76] 时玉阶：《山地丝绸之路：古代中国广西通向东南亚的南方丝绸之路》，《广西社

会主义学院学报》2016年第6期。

[77] 周永卫:《对早期华南海上丝路民间贸易的重新审视》,《地域文化研究》2017年第2期。

[78] 唐林:《蜀锦与丝绸之路》,《中华文化论坛》2017年第3期。

[79] 刘弘:《"接力赛"式的展览和"空前绝后"的学术会议》,刘弘、张正宁、贾丽主编:《微吟集》,成都:四川民族出版社,2016年。

[80] 张铭、李娟娟:《赤水河在"南方丝绸之路"中的支柱意义研究》,《贵州文史丛刊》2017年第1期。

[81] 陆韧:《南方陆上丝绸之路与海上丝绸之路互联互通的历史进程》,《云南大学学报》(社会科学版)2017年第2期。

[82] 范佳:《南方丝绸之路文献整理现状研究》,《四川图书馆学报》2017年第3期。

[83] 王子今:《汉代河西的蜀地织品——以广汉八稷布为标本的丝绸之路史考察》,《四川文物》2017年第3期,总第193期。

[84] 赵光辉、朱谷生:《北盘江-红水河水运发展及展望研究》,《曲靖师范学院学报》2019年第1期。

[85] 杨丽华:《从杨慎往返川滇行程看明中期的南方丝绸之路》,《中华文化论坛》2017年第11期。

[86] 张蓉、喻丽:《南方丝绸之路研究述评》,《名作欣赏》2017年第33期。

[87] 赵晓东、魏敏:《南方丝绸之路东线的初步考察》,《中华文化论坛》2017年第12期。

[88] 葛剑雄:《丝绸之路与西南历史与交通地理》,《思想战线》2019年第2期,第45卷。

[89] 段渝:《近年南方丝绸之路研究的发展阶段及主要成果》,《暨南学报》2021年第5期。

[90] 席蓬、任敬文、李丹:《"古代巴蜀与南亚文明"研究综述——兼评〈古代巴蜀与南亚的文化互动和融合〉》,《民族学刊》2021年第5期。

[91] 李诚、张以品:《古蜀文化与三星堆"神鸟扶桑"新证——兼评〈古代巴蜀与南亚的文化互动和融合〉》,《四川师范大学学报》(社会科学版)2022年第3期。

[92] [日]藤田丰八著,何健民译:《中国南海古代交通丛考》(上中下),太原:山西人民出版社,2015年。

[93] 李学勤:《中国古代西南出海丝绸之路考察(第二阶段)启动式书面发言》,贵州

毕节,2016年6月20日。

[94] 谭继和:在贵州都匀举行的"古代西南出海丝绸之路考察"第二阶段小结会上的主旨演讲,贵州都匀,2016年6月29日。

[95] 段渝:《改革开放以来的"南方丝绸之路"研究》,2019年7月21日《中国民族报》。

(四)其他论述

[1] 陈直:《汉书新证》,天津:天津人民出版社,1979年。

[2] 缪钺:《读史存稿》,北京:生活·读书·新知三联书店出版,1963年。

[3] 史念海:《河山集》,北京:生活·读书·新知三联书店,1963年。

[4] 周开成编著:《四川与辛亥革命》,中国台北:台湾学生书局,1976年。

[5] 王文才选注:《杨慎诗选》,成都:四川人民出版社,1981年。

[6] 董其祥:《巴史新考》,重庆:重庆出版社,1983年。

[7] 蒙文通:《越史丛考》,北京:人民日报出版社,1983年。

[8] 方国瑜:《中国西南历史地理考释》,北京:中华书局,1987年。

[9] 《陈寅恪先生诞辰一百周年纪念论文集》,北京大学出版社,1989年。

[10] 刘小兵:《滇文化史》,昆明:云南人民出版社,1991年。

[11] 黄淳厚编:《郭沫若书信集》,北京:中国社会科学出版社,1992年。

[12] 董其祥:《巴史新考续编》,重庆:重庆出版社,1993年。

[13] 郭声波:《四川历史农业地理》,成都:四川人民出版社,1993年。

[14] 牛汝辰:《中国地名文化》,北京:中国华侨出版社,1993年。

[15] 司徒尚纪:《广东文化地理》,广州:广东人民出版社,1993年。

[16] 蓝勇:《西南历史文化地理》,重庆:西南师范大学出版社,1997年。

[17] 张增祺:《滇国与滇文化》,昆明:云南美术出版社,1997年。

[18] 中国秦汉史研究会编:《秦汉史论丛》第七辑,北京:中国社会科学出版社,1998年。

[19] 林富士:《汉代的巫者》,台北:稻乡出版社,1999年。

[20] 赵殿增、李明斌:《长江上游的巴蜀文化》,武汉:湖北教育出版社,2004年。

[21] 唐长孺著,朱雷、唐刚卯选编:《唐长孺文存》,上海:上海古籍出版社,2006年。

[22] 胡昭曦:《巴蜀历史考察研究》,成都:巴蜀书社,2007年。

[23] 陈寅恪:《桃花源记旁证》,原载姚季浓主编:《三国史史料研究》,后收入《金明馆丛稿初编》,上海:生活·读书·新知三联书店,2001年。

[24] 李学勤：《走出疑古时代》（修订本），沈阳：辽宁大学出版社，1997年12月第2版。

[25] 汤用彤：《汉魏两晋南北朝佛教史》，北京：北京大学出版社，1997年。

[26] 王洪林：《王褒集考译》，成都：巴蜀书社，1998年。

[27] 段渝：《政治结构与文化模式——巴蜀古代文明研究》，上海：学林出版社，1999年。

[28] 朱浒：《东汉佛教入华的图像学研究》，北京：科学出版社，2000年。

[29] 段渝：《玉垒浮云变古今——古代的蜀国》，成都：四川人民出版社，2001年。

[30] 司徒尚纪：《珠江传》，石家庄：河北大学出版社，2001年。

[31] 郑德坤著，周蜀蓉整理：《四川古代文化史》，成都：巴蜀书社，2004年。

[32] 车辐：《川菜杂谈》，北京：生活·读书·新知三联书店，2004年。

[33] 张荣芳：《秦汉史与岭南文化论稿》，北京：中华书局，2005年。

[34] 任乃强著，任新建编：《川大史学·任乃强卷》，成都：四川大学出版社，2006年。

[35] 徐中舒：《川大史学·徐中舒卷》，成都：四川大学出版社，2006年。

[36] 葛剑雄主编、蓝勇编著：《河流文明丛书·长江》，南京：江苏教育出版社，2006年。

[37] 包铭新：《中国染织服饰史文献导读》，上海：东华大学出版社，2006年。

[38] 红河学院红河流域社会发展研究中心编：《红河流域社会发展国际论坛：首届国际学术研讨会论文集》，昆明：云南大学出版社，2006年。

[39] 段渝：《酋邦与国家起源：长江流域文明起源比较研究》，北京：中华书局，2007年。

[40] 霍巍、赵殿增：《战国秦汉时期中国西南的对外文化交流》，成都：巴蜀书社，2007年。

[41] 赵世瑜著：在空间中理解时间：从区域社会史到历史人类学》，北京：北京大学出版社，2017年。

[42] 毛曦：《先秦巴蜀城市史研究》，北京：人民出版社，2008年。

[43] 杨伟兵：《云贵高原的土地利用与生态变迁（1659-1912）》，上海：上海人民出版社，2008年。

[44] 谭其骧：《长水集》（上下），北京：人民出版社，2009年9月第1版。

[45] 周永卫：《两汉交趾与益州对外关系研究——以若干物质文化交流为主》，汕头：汕头大学出版社，2009年。

[46] 蔡美彪：《中华史纲》，北京：社会科学文献出版社，2012年。
[47] 郭声波：《中国行政区划通史》（唐代卷），上海：上海复旦大学出版社，2012年。
[48] 南炳文：《南明史》，北京：故宫出版社，2012年。
[49] 王智勇、王蓉贵主编：《宋代诏令全集》，成都：四川大学出版社，2012年。
[50] 田曙岚：《邕乡处处：广西旅行记》，沈阳：辽宁教育出版社，2013年。
[51] 曲英杰：《水经注城邑考》，北京：中国社会科学出版社，2013年。
[52] 郭声波：《四川历史地理与宋代蜀人地图研究》，西安：西安地图出版社，2014年。
[53] 蒙文通著，蒙默编：《蒙文通全集》，成都：巴蜀书社，2015年。
[54] 蓝勇主编：《长江三峡历史地图集》，北京：星球地图出版社，2015年。
[55] 葛剑雄：《我们应有的反思：葛剑雄编年自选集》，北京：中信出版社，2015年。
[56] 杨斌：《插花地研究——以明清以来贵州与四川、重庆交界地区为例》，北京：中国社会科学出版社，2015年。
[57] 罗家祥：《犍为郡记》，成都：天地出版社，2015年。
[58] 徐中舒著，清华大学国学研究院、李懿编：《徐中舒文存》，南京：江苏人民出版社，2016年。
[59] 李学勤：《东周与秦代文明》，上海：上海人民出版社，2016年。
[60] 何白李原著，兰永生整理：《泸州地方文献目录提要三十种》，北京：团结出版社，2016年。
[61] 刘大泯、王义：《贵州傩戏文化研究》，北京：中国社会科学出版社，2016年。
[62] 周振鹤、李晓杰、张莉：《中国行政区划通史》（秦汉卷），上海：复旦大学出版社有限公司，2017年。
[63] 赵永康：《杨升庵与泸州》，成都：四川大学出版社，2017年。
[64] 李昕升：《中国南瓜史》，北京，中国农业科学技术出版社，2017年。
[65] 吕子方：《读山海经杂记》，杭州：浙江人民美术出版社，2018年。
[66] 夏艳主编：《天下文宗杨升庵》，成都，四川大学出版社，2018年。
[67] 贾大泉、陈世松主编：《四川通史》，成都：四川人民出版社，2018年。
[68] 顾颉刚：《论巴蜀与中原的关系》，成都：四川人民出版社，2019年。
[69] 任乃强：《四川上古史新探》，成都：四川人民出版社，2019年。
[70] 徐中舒：《论巴蜀文化》，成都：四川人民出版社，2019年。
[71] 蒙文通：《巴蜀古史论述》，成都：四川人民出版社，2019年。

[72]　邓少琴:《巴蜀史迹探索》,成都:四川人民出版社,2019年。

[73]　蒋志龙、樊海涛:《古滇文化史》,桂林:广西师范大学出版社,2019年。

[74]　李后强:《四川"灾变论"》,李后强:《蜀地散聊——关于30个理论与实践问题的探讨》,成都:四川人民出版社,2019年。

[75]　政协富宁县第十届委员会编、张俊:《剥隘——沉入江中的千年古镇》,昆明:云南出版社,2019年。

[76]　严文明:《长江文明的曙光》(增订本),北京:文物出版社,2020年。

[77]　李后强、姚乐野主编:《四川江河纪》,成都:四川民族出版社,2020年。

[78]　王子今:《秦汉海洋文化研究》,北京:北京师范大学出版社,2021年。

[79]　王炎、王文才:《蜀志类纂考释》,北京:中华书局,2021年。

[80]　黄宁、张思宁主编:《回首白云低——读懂大明山 读懂广西历史》,南宁:广西美术出版社,2021年。

[81]　先开金:《泸州民俗风情录》,成都:四川人民出版社,2021年。

[82]　徐中舒:《蜀锦》,《说文月刊》1942年第7期。

[83]　方继成:《关于宗周钟》,《人文杂志》1957年第2期。

[84]　徐中舒:《巴蜀文化初论》,《四川大学学报》1959年第2期。

[85]　徐中舒:《禹鼎的年代及其相关问题》,《考古学报》1959年第3期。

[86]　缪钺:《〈巴蜀文化初论〉商榷》,《四川大学学报》(哲学社会科学版)1959年第4期。

[87]　蒙文通:《庄蹻王滇辩》,《四川大学学报》(社会科学版)1963年第1期。

[88]　徐中舒:《〈交州外域记〉蜀王子安阳王史迹笺证》,四川大学学报编辑部、四川大学历史系编:《四川地方史研究专辑》(《四川大学学报》丛刊第五辑),成都:四川人民出版社,1980年。

[89]　陈树平:《玉米和番薯在中国传播情况研究》,《中国社会科学》1980年第6期。

[90]　李家文:《中国蔬菜作物的来历和变异》,《中国农业科学》1981年第1期。

[91]　徐俊鸣、徐晓梅:《略论古代肇庆在岭南的地位》,《岭南文史》1983年第2期。

[92]　吴仁山:《广西荔枝起源及其传播途径》,《农业考古》1983年第1期。

[93]　蓝勇:《四川荔枝种植分布的历史考证》,《西南师范大学学报》(自然科学版),1985年第4期。

[94]　蓝勇:《对〈宜宾地区茶叶生产历史初探〉和〈四川荔枝栽培史略谈〉二文的几点

商榷》,《农业考古》1986年第1期。

[95] 刘耀荃:《海南岛古代历史的若干问题》,《中南民族学院学报》(社会科学版)1986年增刊《百越源流研究》。

[96] 蓝勇:《历史时期西南地区荔枝种植分布研究》,《中国农史》1988年第3期。

[97] 赵永康:《宋代泸州酒楼考略》,《四川文物》1988年第3期。

[98] 何清谷:《〈三辅黄图〉的成书及其版本》,《文博》1990年第2期。

[99] 曹旅宁:《佛教与岭南》,《学术研究》1990年第5期。

[100] 刘希为、刘盘修:《六朝时期岭南地区的开发》,《中国史研究》1991年第1期。

[101] 蒙文通:《汉、唐间蜀境之民族迁徙与户口升降》,《南方民族考古》1991年第3期。

[102] 余英时:《边境贸易》,《剑桥中国秦汉史》,北京:中国社会科学出版社,1992年。

[103] 蔡东洲、李勇先:《巴蜀状元考》,《社会科学研究》1994年第4期。

[104] 刘光裕:《"汉字需要再认识"——读安子介的汉字研究》,《文史哲》1995年第1期。

[105] 陈波江:《佛教传入广西时间考》,《学术论坛》1995年第5期。

[106] 陈国生:《明代四川进士的地域分布及其规律》,《西南师范大学学报》1996年第3期。

[107] 蒋廷瑜:《略论汉"徒合浦"》,《社会科学家》1998年第1期。

[108] 李谷:《从恩恩怨怨到平等互利——世纪之交的中越关系研究》,中国香港:香港红蓝出版公司,2001年。

[109] 李诚:《古蜀神话传说与中华文明建构》,《中国俗文化研究》2003年第1期。

[110] 段渝:《跨生态的文化和政治扩张:古蜀与南中诸文化的关系》,《云南民族大学学报》2005年第4期。

[111] 胡昭曦:《大足石刻研究》,《中华文化论坛》2004年第1期。

[112] 李正晓:《中国内地汉晋时期佛教图像考析》,《考古学报》2005年第4期。

[113] 李毓麟:《秦汉布山古城考》,《广西社会科学》2006年第1期。

[114] 郭声波:《蒟酱(蒌叶)的历史与开发》,《中国农史》2007年1期。

[115] 段渝:《略论古蜀与商文明的关系》,《史学月刊》2008年第5期。

[116] 李蓝:《西南官话的分区(稿)》,《方言》2009年第1期。

[117] 罗开玉:《秦汉三国时期的奴隶——以成都为例》,《成都大学学报》2009年第6期。

[118] 邓敏杰:《桂林郡设置始末考辨》,《广西民族大学学报》(哲学社会科学版),2014年1月第36卷第1期。

[119] 杜玉亭、杜雪飞:《庄蹻王滇千年争论的学理反思》,《云南社会科学》2015年第5期。

[120] 冯其明(赵晓东):《家住川南锦水东——略谈〈少岷拾存稿校注〉中的泸州情缘(代序)》,[明]曾屿著,曾广溯校注:《少岷拾存稿校注》,成都:西南交通大学出版社,2018年。

[121] 侯官响:《辣椒传入中国与湘川菜系的形成》,《楚雄师范学院学报》2018年第2期。

[122] 郭声波:《从华夷边镇到四道枢纽:浅谈泸州政区演变与地区角色的转型》,成都市地方志编纂委员会办公室编、高志刚主编、李勇先等副主编:《志苑集林》第一辑,成都:四川人民出版社,2019年。

[123] 夏保国、王兴成:《汉"椎髻"考》,《北方文物》2020年第2期。

[124] 石小梅、何小荣:《玄奘法师佛教"七宝"译法浅析》,《法音》2020年第3期。

[125] 薛元敬:《薛焕创办尊经书院到前前后后》,《巴蜀史志》2020年第三期。

[126] 梁晓强:《明代云南铜产与铸钱》,《曲靖师范学院报》2021年第5期。

[127] 段渝:《三星堆:神权与文明的内涵》,《中国文化研究》2021年第4期。

[128] 郭子健:《近代中国"茅台酒"品牌的演进》,《近代史研究》2022年第1期。

[129] 王东杰:《从"桃花源"到"乌托邦":〈大同书〉关于理想社会的构想》,《近代史研究》2022年第2期。

[130] 卜宪群:《秦汉乡里社会演变与国家治理的历史考察》,《中国社会科学》2022年第3期。

[131] 麻国庆:《海洋资源共享与人文价值——海域研究的人类反思》,《文史哲》2022年第3期(总第390期)。

[132] 王子今:《秦"南征百越"与"尉屠睢""监禄"事迹的世界史意义》,中国秦汉史研究会第十六届国际学术研讨会主旨发言,2022年10月22日。

[133] 西南师范学院地理系编:《四川地理》,内部资料,1982年。

[134] 广西中小学教材编写组编:《广西地理知识》,内部资料。

[135] 四川省宜宾地区文化局编:《宜宾文物简志》,1982年。

[136] 廖苏予、曾江、徐进:《重庆市文化遗产研究院代玉彪:切实做好再现巴文化融入汉文化历史景观的冬笋坝发掘工作》,中国社会科学网,2021年3月8日。http://

kaogu.cssn.cn/zwb/kgyd/kgsb/202103/t20210309_5316846.shtml

[137] 杨俊:《泸西阿庐文化调查》,红新出〔2006〕准印字第247号。

[138] 宋多河:《南宁三江口的烙印》,待出版书稿。

[139] 董代富:《老窖营沟轶事》,内部资料,泸新出内〔2008〕153号。

[140] 中国人民政治协商会议文史委员会编:《河口瑶族自治县文物概览第一辑》,准印证:红新出〔2014〕准印字第257号。

[141] 罗家祥、王洪林:《惊世大发现:资中县始建于秦》,《内江史志》(内刊)2015年第1期。

[142] [英]伊莎贝拉·伯德著,卓廉士、黄刚译:《1898:一个英国女人眼中的中国》,武汉:湖北人民出版社,2007年。

[143] [英]托马斯·布莱基斯顿著,马剑、孙琳译:《西人中华西南行纪·江行五月》,北京:中国地图出版社,2013年。

[144] [英]柯乐洪著,张江南译:《横穿克里塞——从广州到曼德勒》,昆明:云南人民出版社,2018年。

[145] [日]山川早水著,李密、李春德译:《巴蜀旧影——百年前一个日本人的巴蜀行纪》,成都:四川人民出版社,2019年。

[146] [英]谢立山:《华西三年:三入四川、贵州与云南行记》,韩华译,北京:中华书局,2019年。

[147] [日]鸟居龙藏:《西南中国行纪》,杨志强译,北京:商务印书馆,2020年。

[148] [美]威廉·埃德加·盖洛:《扬子江上的美国人1903》,晏奎、孟凡君、孙继成译,北京:北京时代华文书局,2022年。

[149] [韩国]曹福铉:《宋代四川地区的盐价研究》,姜东锡主编:《宋史研究论丛》(第二十七辑),北京:科学出版社,2020年。

五、其他文献

[1] 林振翰:《盐政辞典》,北京:商务印书馆,民国十七年

[2] 孙敬之主编:《西南地区经济地理》(四川·贵州·云南),北京:科学出版社,1960年。

[3] 徐俊鸣:《珠江》,北京:中国青年出版社,1965年。

[4] 辞海编辑委员会编:《辞海》,上海:上海辞书出版社,1980年。

[5] 黄体荣编著:《广西历史地理》,南宁:广西民族出版社,1985年。

[6] 自贡盐业历史博物馆编:《四川井盐史论丛》,成都:四川省社会科学院出版社,1985年。

[7] 广西农业科学院、广西农业学校编:《广西荔枝志》,广州:广东科技出版社,1986年。

[8] 宋良曦、钟长永:《川盐史论》,成都:四川人民出版社,1990年。

[9] 伍松乔:《随遇而乐——一个记者的游记》,成都:四川民族出版社,1998年。

[10] 朱振宏、程为民主编:《长江400问》,郑州:黄河水利出版社,1999年。

[11] 胡传淮:《张问陶年谱》,成都:巴蜀书社,2000年。

[12] 四川省民俗学会、剑南春集团公司编:《四川酒文化与社会经济研究》,成都:四川大学出版社,2000年。

[13] 唐正柱主编:《红水河文化研究》,南宁:广西人民出版社,2001年。

[14] 罗应涛编著:《诗游僰国》,成都:四川大学出版社,2006年。

[15] 张鹰、曾妍编:《张培爵集》,重庆:重庆出版社,2011年。

[16] 董代富、尹杰霖、范生根:《忠山文化》,成都:四川科技出版社,2011年。

[17] 《习仲勋传》编委会编:《习仲勋传》上卷,北京:中央文献出版社,2013年。

[18] 铁波乐:《老生杂谭》,北京:中国文史出版社,2014年。

[19] 黄鹏编著:《唐庚集编年校注》,北京:中央编译出版社,2015年。

[20] 刘玉明:《织金老城纪事》,贵阳:贵州人民出版社,2016年。

[21] 罗平:《宜宾市翠屏区街道史话》,内部资料,2016年,内部图书准印号:宜翠文广内资〔2016〕075号。(该书2018年12月又经四川民族出版社公开出版)

[22] 张宏主编:《四川地理》,北京:北京师范大学出版社,2016年。

[23] 唐保华编著:《龙城雅韵——张之洞与父兄族戚在安龙诗文选注》,贵阳:贵州人民出版社,2017年。

[24] 中国明史学会、贵州省文史研究馆、安龙县历史文化研究会编:《南明史学术研讨会论文集》,昆明:云南人民出版社,2017年。

[25] 何晓明主编、唐保华执行主编:《安龙出了个文襄公——纪念张之洞诞辰180周年学术研讨会论文集》,武汉:武汉大学出版社,2018年。

[26] 唐保华编著:《贵州西南明清史料辑录》,贵阳:贵州人民出版社,2018年。

[27] 倪宗新:《杨升庵年谱》,北京:中央文献出版社,2018年。

[28] 仁怀市历史文化研究会编,刘一鸣主编:《赤水河流域历史文化研究论文集》

（一），成都：四川大学出版社，2018年。

[29] 龙启权编著：《走进赤水河》，成都：西南交通大学出版社，2018年。

[30] 司马青杉：《被遗忘的光荣——大历史视野下的重庆酒史》，重庆：重庆出版社，2019年。

[31] 罗平：《宜宾市翠屏区古建筑史话》，成都：四川民族出版社，2019年。

[32] 邹永前：《渻井》，北京：九州出版社，2020年。

[33] 黄俊鹏主编：《川南历史文化》，成都：西南交通大学出版社，2021年。

[34] 罗健生撰著，龙先绪整理：《蝶梦庵诗文集》（上下），贵阳：贵州人民出版社，2021年。

[35] 顾建德：《资中籍现当代二十位文艺名家研究》，北京：中国民族文化出版社，2022年。

[36] 陈仁德：《忠州人文杂记》，重庆：西南大学出版社，2023年（待出版）。

[37] 任乃强：《说盐》，《盐业史研究》1988年第1期。

[38] 屈小强、任丽洁：《巫载文化带的形成及其历史地位》，《三峡学刊》1994年第4期。

[39] 屈小强：《三星堆文明时期的食盐贸易》，《盐业史研究》1994年第1期。

[40] 陆荣华：《略论渝东盐业运销制度的嬗变》，《盐业史研究》2003年第1期。

[41] 赵永康：《井口遥相眺　南井问遗碑》，赵永康：《我家江水初发源》，北京：作家出版社，2009年。

[42] 黄天玉、李英：《云锦：天衣无缝　灿若云霞》，《纺织服装周刊》2014年第27期。

[43] 潘大林：《一江绣水向北流》，《红豆》2017年第10—11期（总361、362期）。

[44] 粟品孝：《宋末抗元义士先坤朋考略》，《地方文化研究辑刊》2018年第1期。

[45] 甘光地：《惠民汉安长陈君》，《内江日报》2018年11月3日第3版。

[46] 赵车：《喀斯特坝子上的"人间烟火"》，《贵州全域旅游》2019年4月。

[47] 麻勇斌：《"坝"定贵州》，《贵州全域旅游》2019年4月。

[48] 寸云激、马健雄：《云贵高原坝子社会研究的方法与问题》，《广西民族大学学报》（哲学社会科技版）2020年第6期。

[49] 李明政：《蝉翼》组诗之《白是一种静止的光芒——赤水河古盐道渡口》，《人民文学》2022年第2期。

[50] 邹锡汇（执笔）、萧燕编剧：《报恩塔》（新编大型历史川剧），内部资料，准印证号：泸江新出内〔2017〕第022号。

后记

为书稿配完照片,已是壬寅年阳春三月。中国大西南的气候,有两点值得记录:一是三十多天前滇黔、桂西大面积瑞雪飘飘;二是川滇黔结合部宛然由冬入夏,城内外裙飘曳、花招摇。待校完稿时已值炎炎八月,川渝等中国南方各地酷暑难耐,草枯竹黄;嘉陵江等河流几近断流,赤水河上游也露出了今人从未见过的古码头遗痕。

未知两千年前的秦汉年间,是否也有如此特殊气候现象的接连发生,踯躅于古西南的多种族群,有无现代人的惊诧与迅速应对?由此联想历史上众多未解之谜,愈发产生探求的冲动。这本小书,就是在这样的激情下,反复思索、考证写就的。

田野调查,东奔西走;文献检索,昼夜搜寻;访师问友,教诲难忘。7年弹指一挥,有的已自阴阳两隔,蔡美彪、李学勤、胡昭曦、傅天琳、康立沙、唐光星、伍松乔、王继超、张思宁、刘盛源……回想他们对这个课题研究的期盼,唏嘘感慨。

笔者从小受到母舅赵永康先生的影响,爱好历史、地理和新闻。感谢泸州市委、市政府大力弘扬中华传统文化,使我在组织承办相关学术活动中,有幸结识了国内历史、考古、民族、语言、民俗诸多方面的专家,在他们的指导和帮助下,我获益良多。沿线各省、市、区上百座城市的众多组织者和研究者支持,更让我在田野求证中省力省心。念兹在兹,此以敬意,不再一一具名。

古老的中国象棋直观是战争对弈,细揣是通道互抢,出口被阻,节点遭堵,再厉害的棋子也是笼中猛虎。反之,谁拼占通道的意识更强、动作更快、手法更巧,谁的胜算就越大。连通世界文明,物理和心理的道路,是自古及今、历史流向未来的血管。西南这方地域,瑰丽而神秘,分布在这里的民族众多。他们的先民,通过大西南陆海走廊穿越时空而来，这是一条从内陆通向浩瀚海洋的跳跃的道路、向海外传播中华文明的走廊，值得研究和探索。触摸这条孕育和见证了中华文明形成和发展的大动脉，仅靠现代化的铁路、水路和公路，无法厘清其走向；单纯地从古籍里寻觅，难窥其全貌。传统的研究方法，无法复印两千年的信息，更无论东西南北的文化发散。

搜寻大西南陆海走廊具体的走向和道路节点，蔡美彪先生说，这是乱麻麻的毛线团，需要脚踏实地考察和冷静思维求证，本书只是对"中国西南陆海走廊"的初步考察和探索，不断调整思路，不断实地重新印证，惶惶恐恐，未敢示人。郭声波先生勉励：任何研究，总需要走出第一步，结论的科学与否、严谨与否、证据充分与否，只有与人交流，才能领悟和进步，别人也才能在你的基础上再进一步。因不辞谫陋，鼓起勇气，谨此呈献读者，就教方家，敬盼指正批评。

赵晓东

2022年4月2日初稿

2022年9月5日又及

图书在版编目（CIP）数据

中国西南陆海走廊：先秦汉晋南方丝绸之路东线出海通道研究 / 赵晓东著. —成都：西南交通大学出版社，2023.3
　ISBN 978-7-5643-9231-4

　Ⅰ. ①中… Ⅱ. ①赵… Ⅲ. ①丝绸之路 – 沿海经济 – 经济史 – 研究 – 西南地区 – 古代 Ⅳ. ①F129.2

中国国家版本馆 CIP 数据核字（2023）第 052539 号

Zhongguo Xinan Luhai Zoulang:
Xianqin Han-jin Nanfang Sichou zhi Lu Dongxian Chuhai Tongdao Yanjiu

中国西南陆海走廊：
先秦汉晋南方丝绸之路东线出海通道研究

赵晓东　著

策划编辑	黄庆斌
责任编辑	吴启威
助理编辑	徐茂嘉
封面设计	李玉红　曹天擎

出版发行	西南交通大学出版社 （四川省成都市金牛区二环路北一段 111 号 　西南交通大学创新大厦 21 楼）
邮政编码	610031
发行部电话	028-87600564　　028-87600533
网址	http://www.xnjdcbs.com
印刷	四川省蜀强印务有限公司

成品尺寸	185 mm × 260 mm
印张	41.75
字数	866 千
版次	2023 年 3 月第 1 版
印次	2023 年 3 月第 1 次
书号	ISBN 978-7-5643-9231-4
定价	398.00 元

图书如有印装质量问题　本社负责退换
版权所有　盗版必究　举报电话：028-87600562